METZLER KABARETT LEXIKON

Metzler Kabarett Lexikon

Von Klaus Budzinski
und Reinhard Hippen
in Verbindung
mit dem
Deutschen Kabarettarchiv

Verlag J. B. Metzler
Stuttgart · Weimar

Die Deutsche Bibliothek –
CIP-Einheitsaufnahme

Budzinski, Klaus:
Metzler-Kabarett-Lexikon / Klaus Budzinski und Reinhard Hippen. In Verbindung mit dem Deutschen Kabarettarchiv. – Stuttgart ; Weimar : Metzler, 1996
ISBN 978-3-476-01448-1
NE: Hippen, Reinhard:; HST

Inhalt

ISBN 978-3-476-01448-1
ISBN 978-3-476-03657-5 (eBook)
DOI 10.1007/978-3-476-03657-5

Ursprünglich erschienen bei
J.B. Metzlersche Verlagsbuchhandlung
und Carl Ernst Poeschel Verlag GmbH in Stuttgart 1996

Einleitung

»Das Kabarett ist immer jung, solange es polemisch und satirisch in einer Weise ist, die ›trifft‹, die den Leuten unter die Haut geht. Und es wird immer zum Amüsierbetrieb herabsinken, wenn seine Autoren müde werden und statt an den Protest und die Aussage daran denken, daß ›die Leute lachen wollen‹ – eine der bedauerlichsten und törichtesten Lügen aller Zeiten.«
Also sprach Carl Merz (1906–1979), einer der bedeutendsten Kabarettisten und Kabarettautoren Österreichs im mittleren Drittel des 20. Jahrhunderts.
Nach diesem Motto richtet sich die Anlage des vorliegenden Lexikons. So vieldeutig der Begriff »Kabarett« sein mag – im Kern bezeichnet er die gesprochene, gesungene, gespielte, auch getanzte Kritik an gesellschaftlichen und politischen Zeiterscheinungen in literarischer Form und unterhaltender Verpackung; einer Kritik, der man – und sei diese noch so fein dosiert – die Wut des Kabarettisten über die Zeitläufte und seine Sehnsucht nach ihrer Änderung anmerken sollte.
In den 115 Jahren seit seinen französischen und den 95 Jahren seit seinen deutschen Anfängen hat sich das in diesem Sinne verstandene Kabarett analog zu den historischen und gesellschaftlichen Umschichtungen immer wieder verändert. Mögen sich das Ensemble aufgelöst, das Nummernkabarett totgelaufen, die Liedermacher abgespalten und die Themen gewandelt haben – im Kern hat sich das Kabarett als zeitkritisches Vehikel erhalten, auch wenn sein Publikum seine ästhetischen Ansprüche und Vorlieben für bestimmte äußere Rituale geändert hat.
Wenn wir den ausschließlichen Interpreten fremder Texte – mit wenigen exorbitanten Ausnahmen – keine eigenen Artikel gewidmet haben, so nicht nur aus Platzgründen, sondern auch unter dem Aspekt des Kabaretts als eines Gesamt(klein)kunstwerks mit seiner Verquickung von Autorschaft und Selbstdarstellung. Dafür haben wir mit der Auflistung der Gastspielstätten, der Kleinkunstpreise und der Kabarett-Agenturen den aktiven Kabarettisten für die Praxis Orientierung und Hilfestellung zu geben versucht.

Die Herausgeber

Was ist Kabarett?

»Kabarett ist szenische Darstellung von Satire. Satire ist die artistische Ausformung von Kritik.«

Werner Schneyder (1978)

»Scherz, Satire, Ironie sind Kinder der Knechtschaft. Der politische Witz ist der Aufschrei der Entrechteten, das Ventil, durch das der Überdruck jedes Meinungsdiktats entweicht. Sie sind allesamt Nachtschattengewächse, die in der Finsternis der Unterdrückung aufblühen, in der Sonne der Freiheit leicht verdorren ... Der politischen Satire fehlt in der freien Demokratie die Stoßkraft, die der Widerstand der Gewalten schafft.«

Erich Fromm (1966)

»Der Schutz durch die Demokratie, der selbstverständlich verteidigt und behauptet werden muß, läßt auch das engagierte Kabarett unverbindlich werden. Die Unterhaltungsfunktion saugt die auf Veränderung gerichtete kritische Tendenz auf. Politik im weitesten Sinn wird zum Gegenstand des Amüsements.«

Manfred Jäger (1968)

»Ich teile die Meinung gewisser Altkabarettisten nicht, daß Kabarett am besten in einer Diktatur funktioniert und daß unser Kabarett deshalb so schwach ist, weil es bei uns ein Zuviel an Freiheit, Ordnung und Zufriedenheit gibt. Jede Erfahrung spricht gegen diese Ansicht.«

Georg Kreisler (1978)

»Kabarett ist nicht l'art pour l'art, sondern kämpferische Aussage gesinnungsfundierter Inhalte.«

Rolf Ulrich, Chef der *Stachelschweine* (1961)

»Kabarett ist Tor und Pforte, durch die viel ›Richtiges‹ in den Menschen hineingespielt werden kann.«

Horst Braun, bis 1975 Hausregisseur der *Stachelschweine* (1973)

»Es stirbt täglich, das Kabarett. Ein Leben lang ist es tot. Über den genauen Todestag ist man sich nicht einig. Vermutlich fiel er mit dem Geburtstag zusammen. Da man auch den Geburtstag nicht präzise benennen kann, wissen wir auch nicht, wann es gestorben ist.«

Dieter Hildebrandt (1978)

 »Kabarett ist kein Hobby, sondern eine Infektion ... Kabarettisten sind Protestanten. Man hat ihnen ein Leids angetan, und nun zahlen sie's heim mit barem Spott.«

Hanns Dieter Hüsch

»Ja, dat do bißchen Politik dursch de Kakau jezogen wird, nä? – bißchen op lustige Art, nä? – die Parteien, nä? – dat stell' isch mir do drunter vor, nä?«

Antwort auf eine Straßenumfrage des WDR, was Kabarett sei, 1978 in Köln

»Der Beitrag des Kabaretts besteht hauptsächlich in der satirischen beziehungsweise humoristischen Beleuchtung von subjektiver Nichterfüllung gesellschaftlicher Erfordernisse, beabsichtigt als produktive Kritik, die Denkanstöße und Handlungsimpulse zur weiteren Vervollkommnung des Menschen gibt.«

Aus einer Leitlinie des wissenschaftlichen Beitrags für Volkskunst beim Ministerium für Kultur der DDR

»Politisches Kabarett muß, um sinnvoll zu sein, außerhalb des Systems agieren, in dem es stattfindet; es muß das System als Ganzes und in seinen Teilen in Frage stellen können; es muß permanenter Revolutionsfunke sein dürfen. Ein solches Kabarett kann aber nur in einer Gesellschaft stattfinden, deren Bürgern sowohl die Freiheit der Gedanken als auch die Freiheit der Umsetzung neuer Gedanken in die Tat garantiert sind. Dies ist in der Bundesrepublik zur Zeit nicht der Fall.«

Georg Kreisler (1978)

»Kabarett ist Notwehr, Kabarett ist Mini-Widerstand. Kabarett gedeiht in schlechten Zeiten, die aber nicht ganz schlecht sein dürfen. Wohlstand gibt für das Kabarett nichts her, denn er bezieht die Kabarettisten ein. Der Protestsänger im Mercedes ist ein linker Peter Alexander.«

Hans Weigel in seinem Buch *Gerichtstag vor 49 Leuten – Rückblick auf das Wiener Kabarett der dreißiger Jahre*. Graz–Wien 1981

»Kabarett ist eine Methode, einem Menschen einen neuen Gedanken näherzubringen, den er von sich aus nie gedacht hätte. Als Unterhaltung. Und Unterhaltung braucht der Mensch, das ist ein Lebensbedürfnis, nur auf unterschiedlichem Niveau. Für den einen ist es Stierkampf, für den anderen das Oktoberfest, und dann gibt es gottseidank noch Leute, die über die Gehirnzellen konsumieren. Das ist dann Minderheitenpublikum. Dieses sprechen wir im Kabarett an.
Der Unterschied zwischen unserem Kabarett und dem jetzigen ist, daß wir damals ein Theaterkabarett hatten. Wir waren mehr Leute. Böswillig könnte man sagen, die Kabarettisten heute wollen schneller mehr Geld verdienen.«

Gerhard Bronner in der »Süddeutschen Zeitung«, 4. Oktober 1995

»Der stellvertretende Intendant des NDR, Ludwig Freiherr von Hammerstein (der leitende Intendant ist krank) ... begründete seinen Beschluß mit der Behauptung, die Sendung verstoße gegen den Staatsvertrag des NDR – danach ist der Sender zur Überparteilichkeit verpflichtet. Er darf keiner Interessengruppe dienen, und seine Ausstrahlungen dürfen die guten Sitten nicht verletzen.«

Bericht der Münchner »Abendzeitung« vom Silvester 1965 über die Absetzung des Fernsehkabaretts *Hallo Nachbarn!* durch die Intendanz des NDR

»Das Cabaret ist nicht dazu da, politische Leitsätze und Dogmen aufzustellen. Es ist nicht dazu da, einfach Neues und noch so Echtes zu propagieren ... Es hat damit keinen wirklichen Erfolg, weil man das vom Cabaret einfach nicht annimmt. Das Cabaret kann nur auf Umwegen eine moralische Anstalt sein ... Wie aber kann nun der Cabaretist, der sich mit Werner Finck stets fragen muß: ›Habe ich undeutlich genug gesprochen?‹, deutlich sprechen? Er kann es auf wirksame Weise nur außerhalb des Cabarets. Und zwar, indem er auf die Straße geht und demonstriert, indem er Zeitungsartikel schreibt, öffentliche Reden hält oder sich ins Parlament wählen läßt ... Und das ist ein Vorteil, den ich aus meiner Funktion im Nationalrat ziehe: Allen denjenigen, die nicht verstanden haben, was ich mit meinem ›Läppli‹ im Cabaret sagen wollte, kann ich es nun vom Nationalratssaal deutlich sagen. Ich kann jetzt deutlich sprechen in der Politik und undeutlich, aber für viele um so besser verständlich, im Cabaret.«

Alfred Rasser, schweizerischer Kabarettist, Erfinder und Darsteller des »Soldaten Läppli« und des »Demokraten Läppli«, von 1967 bis 1975 als gewählter Abgeordneter im Nationalrat, dem schweizerischen Parlament.

»Satire ist das, was sein muß.«

Walter Ulbricht, Staatsratsvorsitzender der DDR 1960–1973

»Kabarett muß nicht sein.«

Peter Wehle, Wiener Kabarettist

»Kabarett ist Spiel mit dem erworbenen Wissenszusammenhang des Publikums.«

Jürgen Henningsen in »Theorie des Kabaretts« (1967)

»Kabarett zieht vorzüglich Leute an, die sich für Gleichgesinnte halten. Folglich attackiert es sein Publikum nicht: es schmeichelt ihm. Gelegentlicher Protest gewisser Irrläufer oder apolitischer Kritiker löst im Kabarettisten ein Glücksgefühl aus, das ihn über die Sinnarmut seines Tuns hinwegtäuscht. Kabarettisten, die mehr wollen, sollten darum ihren Geist für nützlichere Sachen als Kabarett verwenden – oder sich wenigstens das Bescheid wissende, liberale Publikum zum Gegenstand nehmen, das sie nun einmal haben und in dem ein guter Teil ihrer selbst steckt.«

Volker Ludwig in *Kabarett mit K – Fünfzig Jahre große Kleinkunst*, Berlin 1974

Einleitung

X Das Kabarett kommt weg vom Über-etwas-Reden, weg vom lauten Nachdenken über den Widerspruch und entfaltet sich zur Vorführung von Verhaltensweisen satirischer Figuren in zugespitzten Situationen. Damit ist das Publikum mehr gefordert, weil weniger bevormundet. Das Kabarett ist noch weniger, was es ohnehin nicht sein soll: eine Lokalität, wo man kräftig schimpft. Das Publikum soll nicht nur »Spitzen« hören, sondern hinsehen und so den parabolischen Charakter der Szene entschlüsseln, sie als Modellfall erkennen.

Jürgen Hart in einem Gespräch mit Mathias Wedel

»Kabarett is et Leben.«

Antwort einer alten Kölnerin auf eine Straßenumfrage des WDR, 1978.

ABC Politisch-satirisches Kabarett in Wien. (Ursprünglich »Brettl am Alsergrund« im Café City; aus »Alsergrund«, »Brettl« und »City« ergab sich die Abkürzung *ABC*.) Eröffnet im März 1934 im Café City, Porzellangasse 1, mit dem Programm »Alles schon dagewesen« (mit Texten von Kurt Breuer und → *Hugo Wiener* sowie den Darstellern Franz Böheim, Eduard Linkers, Erich Pohlmann, Hans Sklenka, Willy Trenk-Trebitsch u. a.).
Im November 1934 übernahm der Gerichtsberichterstatter des »Tag«, Hans Margulies, die künstlerische Leitung und machte das *ABC* zur politisch schärfsten der Wiener Kleinkunstbühnen der dreißiger Jahre. Im Frühjahr 1935 wurde Leo Askenazy leitender Regisseur, während Franz Paul die geschäftliche Direktion von Margulies übernahm. Mit dem Programm »Von übermorgen bis vorgestern« zog das *ABC* am 14. 6. 1935 in die Räume des Kabaretts »Regenbogen« im Café Arkaden (Universitätsstr. 3), wo es sich eine Zeitlang »ABC im Regenbogen« nannte. Im Februar 1936 wurde Rudolf Steinboeck künstlerischer Leiter des »ABC im Regenbogen« und brachte am 6. 5. 1936 das → *Mittelstück* »Weltuntergang« (»Zwischen Himmel und Erde«) von → *Jura Soyfer* heraus (bis 11. 7. 1936), der nun zum »Hausdichter« des *ABC* wurde. Vom März 1937 an folgten – jeweils umrahmt von Nummernprogrammen – Soyfers »Astoria« (27. 3. bis 17. 4. 1937), sein »Vineta« (11. 9. bis 19. 11. 1937) und »Kolumbus oder Broadway-Melodie 1942« (20. 11. 1937 bis 27. 1. 1938 – eine Bearbeitung von Tucholsky-Hasenclevers Stück »Christoph Columbus oder Die Entdeckung Amerikas« von 1932). Weitere Mittelstücke (und sogar einige abendfüllende Stücke) schrieben Franz Paul, Ernst Spitz und → *Fritz Eckhardt.* Ferner schrieben für das *ABC* Jimmy Berg (auch Komponist und musikalischer Leiter), → *Peter Hammerschlag,* → *Gerhart Herrmann Mostar,* → *Hugo F. Koenigsgarten,* → *Hans Weigel* u. a. Regie führten außer Askenazy und Steinboeck auch Fritz Eckhardt und Herbert Berghof. Unter den Darstellern waren: Leo Askenazy, Franz Böheim, Fritz Eckhardt, Theo Frisch-Gerlach, → *Cissy Kraner,* Robert Lindner, Eduard Linkers, Kitty Mattern, Josef Meinrad, Lilli Palmer, Peter Preses, Illa Raudnitz, Hans Sklenka, Willy Trenk-Trebitsch. Seit Februar 1936 teilte sich Rudolf Steinboeck (der von der → *Literatur am Naschmarkt* gekommen war) als künstlerischer Leiter die Regie mit Askenazy und Berghof. Das letzte Programm des *ABC* vor seiner Schließung am 13. 3. 1938 war eine Operette des Dänen Kjedl Abell, »Die verlorene Melodie« (28. 1. 1938 bis 12. 3. 1938).

Janka, Horst (Hrsg.): *Jura Soyfer – Das Gesamtwerk.* Wien / München / Zürich 1980.

academixer, Kabarett Enstanden 1966 als Studentenkabarett im Politischen Theater »Louis Fürnberg« der Karl-Marx-Universität, Leipzig, gegründet von → *Jürgen Hart.* Das Ensemble – neben Hart: Christian Becher, Rosemarie Radke, Dorit Zallmann, Bernd-Lutz Lange und → *Gunter Böhnke* – tourte, ohne festes Haus, über zehn Jahre durch die DDR, bis sie 1980, inzwischen zum Berufskabarett geworden, im 250 Plätze fassenden Keller des Messehauses Dresdner Hof in der Kupfergasse eine ständige Bleibe fanden.
Heute besteht das Ensemble aus Hart, seiner Frau Katrin (seit 1969), Burkhard Damrau, Hans-Walter Molle (der nach Jürgen Hart heute auch die künstlerische Leitung hat), Andreas Peschel und Peter Treuner.

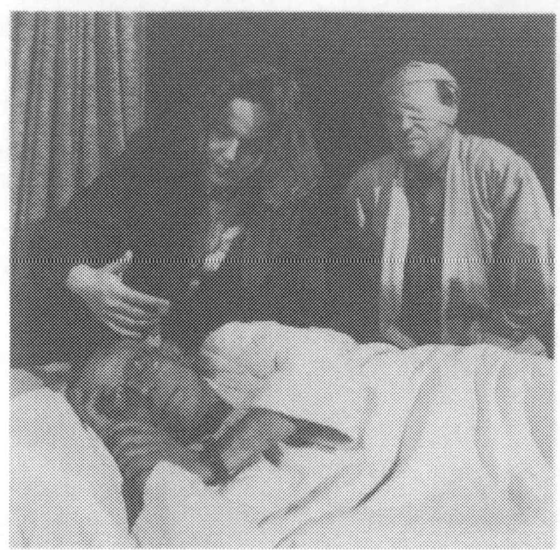

Szene aus dem »academixer«-Programm »genial daneben« (1995); v.l.: Christian Becher, Anke Geisler, Burkhard Damrau (Foto: Uwe Frauendorf)

Ihr erstes Programm hieß »Damit 66 kein 33 werde«, ihr jüngstes vom 14.1. 1996: »Gut aufgeräumt«. Dazwischen liegen rund 50 weitere Programme mit einem bis eineinhalb Jahren Laufzeit. Ihr festes Haus eröffneten sie 1980 mit dem Programm »Unser parteitäglich Brot«.

Zu den Textautoren gehören: Cornelia Molle, Jürgen Hart, Peter Treuner.

Im Deutschen Fernsehfunk der DDR brachten die »academixer« 1975 als erste und letzte die Sendung »Wir machen ein Kulturprogramm« heraus, dann erst wieder nach der Wende die Produktion »Die Wende hoch« (1989). Ihre 1977 produzierte Schallplatte »Ideal und Intensi wirklichkeit« fiel der DDR-Zensur zum Opfer und wurde nie verkauft.

Gastspiele im »academixer«-Keller gaben u.a. → *Matthias Beltz*, → *Otto Grünmandl*, → *Dieter Hildebrandt*, → *Franz Hohler*, → *Achim Konejung*, → *Heinrich Pachl*, → *Gerhard Polt* und die → *Biermös'l-Blos'n*, → *Arnulf Rating*, → *Werner Schneyder* und → *Horst Schroth*.

📖 Hart, Jürgen: *Felix aus der Asche – Satirische Texte aus der Spielkiste der »academixer«*. Berlin 1996

Acapickels Literarisch-musikalisches Kabarett, gegründet 1990 in Zürich als singendes Frauen-Kabarett, das mit Auftritten in der Schweizer Alternativszene begann. In kürzester Zeit wurde das Frauenquartett vom Geheimtip zum erfolgreichen Tournee-Ensemble. Regula Esposito (die sich Helga Schneider nennt) stammt aus Zürich, arbeitete im Archiv des Stadttheaters St. Gallen; Fritz Bisenz (die sich Barbara Hutzenlaub nennt) stammt von der Schwäbischen Alb; Cony Gründler (die sich Hildegard Zipferli nennt) wuchs in Siebeneichen im Kanton Thurgau auf, lernte Coiffeuse und hatte einen Salon für Hunde; Denise Geiser (die sich Juliette Blamage nennt) ist in einem Pariser Vorort geboren, nahm Ballettunterricht und traf in Zürich mit den drei anderen Frauen zusammen. 1994 brachten die »Acapickels« ihr erstes Programm, »Kann denn Singen Sünde sein?« heraus. 1994 wurden sie mit dem *Salzburger Stier* ausgezeichnet.

Die acht Entfesselten Literarisches Tourneekabarett, gegründet im Sommer 1935 von Ernst August Brenn und → *Rudi Godden* (»Klavierduo Bren und Godden«) sowie dem Grotesktanzpaar Krock und Garga, der Chansonniere Gerty von Reichenhall, dem Conferencier Walter Scholz und seiner Frau Käthe. (Nach dem Tode von Walter Scholz Anfang 1937 kamen Hermann Noack und Peter W. Staub hinzu.)

Nach dem Verbot der letzten noch spielenden politisch-literarischen Kabaretts, der → *Katakombe* und der → *Nachrichter,* 1935 von den Nazis als Versuch eines im »neuen Geist« wirkenden Unterhaltungskabaretts begrüßt, versuchten sie, mit unpolitischen Chansons, Film- und Operettenparodien, Spöttereien über »Kleine Schwächen – große Schwächen« (so ein Chansontitel), Groteskpantomimen und vorsichtigen Veralberungen des bürgerlichen Opportunismus das Niveau eines literarischen Kabaretts zu halten. Nach Gastspielen in Berlin (Renaissance-Theater 1936 und Komische Oper 1938) und der deutschen Provinz gingen sie in der Spielzeit 1938/39 an »schlechten Texten« (Gerty von Reichenhall) ein. Einzig Rudi Godden (1907–1941) erwarb sich über das Kabarett hinaus Bekanntheit und Beliebtheit als jungenhaft-liebenswerter Chansonnier und Darsteller in Operette (»Der arme Jonathan«) und Film (»Hallo, Janine!«).

Agitprop Verbale Zusammenziehung von »Agitation und Propaganda«. Schlagwort für die politische Aufklärungs- und Werbearbeit der deutschen Arbeiterbewegung in den zwanziger und zu Anfang der dreißiger Jahre, vornehmlich ihres kommunistischen Teils, mit künstlerischen Mitteln die Massen zu agitieren.
Entstanden nach der Oktoberrevolution 1917 in der Sowjetunion, griff das Agitproptheater als im engeren Sinne lehrhaftes Laientheater mit ideologischer Zielsetzung um 1922 nach Deutschland über. Es bestand zunächst aus Sprechchorgruppen, die bei Massenveranstaltungen der Kommunistischen Partei Deutschlands (KPD) auftraten. Aus ihnen entwickelten sich um 1923/1924 in mehreren deutschen Städten Spielgruppen, die ihr Repertoire nach und nach um kleine Stücke, Sketsche und Songs, aber auch durch Pantomimen, Tanz, Masken- und Marionettenspiele erweiterten und somit Form und Ausdrucksmittel des Kabaretts annahmen.
Die wesentlichsten der etwa 200 deutschen Gruppen und Spieltrupps zwischen 1926 und 1933 waren, angeregt durch die Moskauer »Blauen Blusen« (1927): »Die Roten Ratten« (Dresden, 1926, eine SPD-Gruppe); »Das Rote Sprachrohr« (Berlin, 1927–1931. Leiter: Maxim Vallentin, musikalischer Leiter: → *Hanns Eisler*); »Die Nieter« (Hamburg, 1928); »Die Roten Blusen« (Berlin, 1927, von Arthur Pieck gegründet und geleitet); »Die Roten Raketen« (Berlin, 1927; 1929 verboten, weiteragierend als »Sturmtrupp Alarm«, 1930); »Kolonne links« (Berlin, 1928–1931); »Der Rote Wedding« (Berlin, 1929, deren gleichnamiges Kampflied → *Erich Weinert* und Hanns Eisler verfaßten); »Die Rote Schmiede« (Halle, 1930); »Nordwest ran« (Düsseldorf, 1930, gegründet von dem Schauspieler am Düsseldorfer Schauspielhaus, Wolfgang Langhoff); der »Spieltrupp Südwest« (Stuttgart, 1932, gegründet von dem Dramatiker Friedrich Wolf. Er und Langhoff schrieben für ihre Trupps auch die meisten Texte). Die Spieler waren größtenteils Arbeiter und Arbeitslose.
Anregungen kamen auch vom professionellen Theater, namentlich von Erwin Piscators »Revue Roter Rummel« (1924), in der Hunderte von Laiendarstellern in der äußeren Form der bürgerlichen Revue »unter skrupelloser Verwendung aller Möglichkeiten« (Piscator) agierten. Die »Notverordnung zur Bekämpfung politischer Ausschreitungen« vom März 1931 wirkte sich auf die Agitpropgruppen als Auftrittsverbot aus, das sie jedoch listenreich zu umgehen wußten.

4 In der Emigration konnten die Gruppen ihre Arbeit unmittelbar fortsetzen, so in der von → *Hedda Zinner* und Fritz Erpenbeck geleiteten Truppe »Studio 34« in Prag und in → *Louis Fürnbergs* Gruppe »Echo von links« in Böhmen. In Moskau vereinigten sich die ehemalige Berliner Agitpropgruppe »Kolonne Links« und die »Truppe 31« zum »Deutschen Theater Kolonne Links« (Direktion: Arthur Pieck, künstlerische Leitung: Gustav von Wangenheim). In den fünfziger Jahren entstanden in der DDR für kurze Zeit erneut zahlreiche Agitproptruppen; in den sechziger Jahren verwendeten Singeklubs und -gruppen der DDR, sowie die Mitte der sechziger Jahre in der BRD entstandenen Songgruppen, Straßentheater und einzelne Politrockgruppen Elemente des Agitprop. (→ *Floh de Cologne*, → *Der wahre Anton*, → *Lokomotive Kreuzberg*).

Deutsche Akademie der Künste zu Berlin: *Lieder der Agitprop-Truppen vor 1945*. Leipzig 1958. – Lammel, Inge (Hrsg.): *Das Lied, im Kampf geboren*, Heft 2. Berlin 1959. – Hoffmann-Oswald, Daniel (Hrsg.): *Auf der roten Rampe – Erlebnisberichte und Texte aus der Arbeit der Agitproptruppen vor 1933*. Berlin 1963. – Knellessen, Friedrich Wolfgang: *Agitation auf der Bühne – Das politische Theater der Weimarer Republik*. Emsdetten 1970. – Hoffmann, Ludwig; Hoffmann-Ostwald, Daniel (Hrsg.): *Deutsches Arbeitertheater 1918–1933*, 2 Bände, Berlin 1972. – Damerius, Helmut: *Über zehn Meere zum Mittelpunkt der Welt – Erinnerungen an die »Kolonne Links«. Berlin 1977. – Hoffmann, Ludwig (Hrsg.): Theater der Kollektive – Proletarisch-revolutionäres Berufstheater in Deutschland 1928–1933*, 2 Bände. Berlin 1980.

Alberts, O. (Otto) A. *Chansonautor*

Über die Biographie von Alberts ist wenig bekannt. Er taucht in der Kabarettgeschichte Berlins als einer der meistgefragten Chansonautoren der Jahrhundertwende auf, der vor allem das mondäne Chanson popularisierte. Er schrieb Gassenhauer für Albert Kühne, den Leiter des 1902 in Berlin gegründeten Kabaretts → *Klimperkasten*, wie »Adieu, Marie, ich geh«. Seine Texte waren Bestandteil der Programme und Revuen, die von 1904 bis 1933 in den verschiedenen Berliner Kabaretts von → *Rudolf Nelson* aufgeführt wurden. Im 1904 gegründeten → *Roland von Berlin* und seit 1907 im → *Chat noir* interpretierten → *Käte Erlholz* und → *Paul Schneider-Duncker* seine Chansons in der Vertonung durch Rudolf Nelson. Populär wurden die Lieder, die er für → *Claire Waldoff* schrieb und die Walter Kollo vertonte, z.B. »Was liegt bei Lehmann unterm Apfelbaum?« Alberts besaß um 1908 ein eigenes Berliner Kabarett, »Die taumelnde Muse« an der Potsdamer Brücke. Im Ersten Weltkrieg und in den zwanziger Jahren schrieb er Gesangstexte für Theaterpossen, u.a. 1916 für »Die Mottenburger« von David Kalisch und Alexander Weihrauch. Er war Herausgeber der »Wochenschrift für Bühnenkleinkunst« unter dem Titel »Das Brettl« (November 1910 bis Juli 1911), zu der er selbst eine Reihe von Beiträgen beisteuerte. Einen kleinen Teil seiner Chansons publizierte er in zwei Bänden: *Und andere hübsche Sachen*, 1908; *Im Himmelbett*, 1921. Seine Chansons, mit langen Refrains versehen, die geschickt variiert und der Vorstrophe angepaßt werden, erinnern an die Revue- und Operettenchansons der Jahrhundertwende.

Albrecht, Helmut F. ** 12. 6. 1933 Wiesbaden.*
Werbetexter, Kabarettist und Kabarettautor
Der gelernte Werbetexter spielte Mitte der fünfziger Jahre bei → *Hanns Dieter Hüsch* in der Mainzer → *arche nova,* danach bis 1958 beim → *Kom(m)ödchen.* Im März 1979 brachte er sein erstes Soloprogramm, »Narrenfrühstück – 22 Szenen für einen himmelhoch-traurigen Solisten«, in der Baseler Kleinkunstbühne »Zum Teufel« heraus, gab aber nach einigen Gastspielen wieder auf. Für den WDR schrieb er weiter satirische Unterhaltungssendungen.
Der Durchbruch gelang ihm erst, als er beim WDR unter dem Titel »Allo Chef, alles paletti!« mehr als sechzig Sketsche produzierte und vortrug. Mit der Rolle des pfiffigen Gastarbeiters Ali Übülub schuf Albrecht eine Sympathiefigur, die inzwischen im Fernsehen und seit seinem ersten Auftritt am 16.12. 1990 in Essen auf den Kleinkunstbühnen mit den Programmen »Allo Chef, alles paletti – Der Radio-Liebling-Live« (25. 6. 1992) und »Radio paletti« (17. 3. 1994) etabliert ist.

Albrecht, Helmut F.: *Allo Chef, alles paletti – Sketsche aus dem katastrophalen Alltagsleben.* Niedernhausen /Taunus 1995.

Alleinunterhalter Vortragskünstler, der – nicht nur in Kabaretts – allein ein Programm zur Unterhaltung der Gäste vorträgt. Dazu gehörten früher Rezitatoren wie → *Marcell Salzer,* → *Josef Plaut* und Erwin Eckersberg, ferner Autoren wie Victor Auburtin, → *Anton Kuh* und → *Roda Roda* mit selbstverfaßten Grotesken, Anekdoten und Aphorismen.
In diese Kategorie gehören heute auch Kabarettisten wie → *Wolfgang Gruner,* → *Dieter Hildebrandt,* → *Richard Rogler,* → *Werner Schneyder* u.a. → Conférencier.

Alma Hoppe Politisch-satirisches Kabarett in Hamburg. Eröffnet 1984 mit dem Programm »Die Wende – bitte wenden« mit einem sechsköpfigen Ensemble, darunter Jan-Peter Petersen (der auch die Texte schrieb) und Nils J. Loenicker. Danach brachte die Gruppe in unterschiedlicher Besetzung, aber immer mit Petersen und Loenicker, die Progamme »Die Kanzler-Entführung« (1985); »Prost Wahlzeit!« (1986); »Freiwillige Selbstkontrolle« (1987) und »Sauer macht lustig« (1988) heraus. Schon bald machten sich Petersen und Loenicker als Duo (mit Christoph Cramer am Klavier) künstlerisch selbständig und betrieben von 1988 bis 1994 als Gastspielbühne in Hamburg das »Mon Marthe«. Hier spielten sie ihre Programme »Das Tor zum Geld« (1989); »Ente gut – alles gut« (1989); »Ziel ohne Grenzen« (1990); »Das Phantom in Europa« (1991); »Wer zuletzt lacht im Westen« (1992); »Hai-Lights« (1993).
Im März 1994 eröffneten Petersen und Loenicker in Hamburg-Eppendorf »Alma Hoppes Lustspielhaus«, in dem sie neben zahlreichen Gastspielen folgende eigene Duo-Programme spielten: »PVC – Bis es Euch gefällt« (1994); »Aus Liebe zu Deutschland« (1994); »Affen-Ziwies« (1995) mit Alma Hoppe und → *Uli Bauer, Angelika Beier* und → *Walter Zauner.* 1995 folgte zum zehnjährigen Bühnenjubiläum die Auswahl »Mega-Perls« und das neue Programm mit Petersen und Loenicker: »Bildschirm-Stürmer – Als die Computer laufen lernten« (Musik: Matthias Winkler, Regie: Walter Zauner).

 Alt-Bayern Kleinkunstbühne am Bahnhof Friedrichstraße in Berlin von 1925–1948. Sie bot neben Folkloristischem wie »Drehers Alpenspielen, Watschentänzen, Jodlerei und Rauferei« (→ *Max Herrmann-Neisse*) → *Conférencen* und → *Chanson*vorträge von Berlins besten Kabarettisten, u. a. von → *Wilhelm Bendow,* → *Blandine Ebinger,* → *Fred Endrikat,* → *Paul Graetz,* → *Hellmuth Krüger,* → *Kate Kühl,* → *Harry Lamberts-Paulsen,* → *Paul Morgan,* Genia Nikolajewa, → *Paul Nikolaus,* → *Joachim Ringelnatz,* → *Willi Schaeffers,* → *Claire Waldoff,* Else Ward.

Altenberg, Peter (eigentlich: Richard Engländer)
** 9. 3. 1859 Wien; † 8. 1. 1919 Wien.* Schriftsteller
Studierte Jura und Medizin, wurde freier Schriftsteller. Bohemien, der Typ des Wiener »Kaffeehausliteraten«, schrieb er impressionistische Prosaskizzen und ironische Aphorismen, die sein Freund → *Egon Friedell* in den ersten literarischen Wiener Kabaretts, dem → *Cabaret Nachtlicht* und dem → *Cabaret Fledermaus,* vortrug, sowie kleine Szenen (u. a. »Masken«), die dort aufgeführt wurden. Bei aller Dekadenz plädierte er für eine alternative Lebensweise, für luftige Kleidung, sauerstoffreiche Luft, ausgiebigen Schlaf und leichtverdauliche Delikatessen. → *Karl Kraus* nannte ihn einen, »der im schmutzigsten Winkel des Lebens Literatur geschaffen hat, gleich unbekümmert um die Regeln der Literatur und des Lebens«.

Altenberg, Peter: *Wie ich es sehe.* Berlin 1913. – Kraus, Karl (Hrsg.): *Peter Altenberg Auswahl.* Zürich 1932. – Malmberg, Helga: *Widerhall des Herzens – Ein Peter Altenberg Buch.* München, 1961. – Schweiger, Werner J. *Das große Peter Altenberg Buch.* Wien 1977. – Wysocki, Gisela: *Peter Altenberg.* München 1979. – Kosler, Hans Christian (Hrsg.): *Peter Altenberg, Leben und Werk.* München 1981.

Althaus, Peter Paul ** 28. 7. 1892 Münster; † 16. 9. 1965 München.*
Schriftsteller, Lyriker, Kabarettist
Nach Beginn einer Apothekerlehre meldete sich Althaus als Kriegsfreiwilliger und wurde 1916 verwundet. Während seiner Lazarettzeit verfaßte er die ersten Verse. Seit 1919 studierte er in Münster Philosophie, Kunstgeschichte, Literatur und Musikwissenschaft. Von 1918–33 war er Mitarbeiter der Münchner Zeitschrift »Simplicissimus« und gab selbst zahlreiche Zeitschriften (»Das Reagenzglas«, »Der weiße Rabe« u. a.) heraus. 1922 übersiedelte er nach München, machte dort die Bekanntschaft von → *Erich Mühsam* und → *Joachim Ringelnatz.* Seit 1927 ständiger Mitarbeiter der »Welt am Sonntag«, der er jede Woche ein Gedicht lieferte, und für den Rundfunk. 1939–41 war er Chefdramaturg am Berliner Deutschlandsender, aus dem er auf Betreiben von Goebbels entlassen wurde.
Als Schwabinger Kabarettist von verspielter Grazie, hintersinnigem Humor mit skurrilen Zügen, trat er 1929 erstmals bei → *Kathi Kobus* im → *Simplicissimus* (München) auf und gründete 1930 das Kabarett »Zwiebelfisch«. 1949 Gedichtvorträge in der früheren »Schwabinger Laterne«. 1947 versuchte er gemeinsam mit dem Münchner Hofschauspieler Gustl Weigert die Wiederbelebung des »Schwabinger Brettls«, eines offenen Podiumkabaretts, und beteiligte sich an der Gründung der neuen »Schwabinger Laterne«. 1948 gründete er das Kabarett »Monopteroß« in München, belebte den Künstlerkreis »Seerose« und wurde »Erster Bür-

germeister« der von ihm erdachten »Traumstadt«, die zweimal im Jahr unter Rolf Flügel ihre musischen Bürgerversammlungen abhielt.
In 36 Büchern veröffentlichte er seine Verse, von denen manche (auch unter den Pseudonymen P. Pasquill und Pieter Baathus) später von Ludwig Kusche vertont wurden. Seit 1958 lebte PPA, wie ihn seine Freunde nannten, zurückgezogen in seiner Schwabinger Wohnung, die er kaum noch verließ, von einer 200-Mark-Rente des Bayerischen Rundfunks.

Althaus, Peter Paul: *Traumstadt und Umgebung – Sämtliche Gedichte.* München 1982. – Godden, Walter; Bühren, Georg: *Ansichten aus der Traumstadt – Der Dichter Peter Paul Althaus (1892–1965).* Münster 1992.

Die Amnestierten Politisch-literarisches Reisekabarett. Gegründet als »Literarisches Kabarett, gespielt und geschrieben von Kieler Studenten«, eröffnet am 19. 7. 1947 in der als Mensa der Universität Kiel dienenden Gaststätte »Seeburg« von den Philosophiestudenten → *Joachim Hackethal*, → *Ernst König* und Walter Niebuhr und dem Kunststudenten Jan Siefke Kunstreich (Pseudonym: Kunstryk) mit Texten der Genannten und von Ernst Huhn.
Nach ihrem zweiten Programm nannte sich die Gruppe in Anspielung auf einen Erlaß der Alliierten, wonach alle nach 1919 geborenen Deutschen als »unbelastet« eingestuft wurden, *Die Amnestierten.* Ihr drittes Programm wurde wegen einer Hitler-Szene im April 1948 vom britischen Theateroffizier Melotte verboten, konnte aber – nach einer Probeaufführung in Malente – am 24. 5. 1948 in der »Neuen Mensa/Elac« in Kiel herauskommen. Es folgte am 2. 9. 1948 »Kiel bäumt sich auf«. Mit dem darauffolgenden Programm »Auf eigene Gefahr« gastierten die *Amnestierten* vom 23. 9. 1948 an auf der Deutschen Presseausstellung in Hannover und gingen anschließend auf eine halbjährige Tournee durch Westdeutschland und nach West-Berlin. Ihre letzte Premiere in Kiel (»Hunde sind an der Leine zu führen«) hielten sie am 20. 6. 1949 in der »Bruchbude« ab. Vom August 1949 an verlegten sie sich ausschließlich auf Gastspiele und wurden damit zum bekanntesten Reisekabarett nach 1945 (Auslandsgastspiele: Oktober/November 1949 Dänemark und Schweden, November/Dezember 1950 London und Cambridge). 1950 sprach ihnen der Verband Deutscher Studentenschaften

Plakat des achten Programms 1950

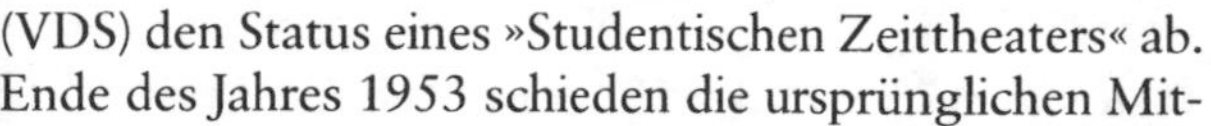

(VDS) den Status eines »Studentischen Zeittheaters« ab. Ende des Jahres 1953 schieden die ursprünglichen Mitglieder aus dem Kollektiv aus und küberließen Hackethal den Namen, der die *Amnestierten* nun als professionelles Tourneekabarett mit häufig wechselnden Darstellern weiterführte, darunter (seit 1953) → *Hans Jürgen Diedrich,* Karl Heinz Gerdesmann, → *Walter Kabel* (Komponist und Pianist), → *Ursula Noack,* → *Hanne Wieder;* seit 1954 Wolfgang Neukirchner (Komponist); seit 1957 Edith Elsholtz, → *Klaus Peter Schreiner* (Autor), → *Gerhard Woyda* (Komponist); seit 1958 Carla Maria Heim. Nach einem Gastspiel im → *»Théâtre Fauteuil«* in Basel (Februar 1961) machten sich die *Amnestierten* im → *Kleinen Renitenztheater* in Stuttgart seßhaft (Premiere: 18. 4. 1961), doch beanspruchte Woyda die alleinige Leitung, so daß Hackethal nach Hamburg ging und dort mit neuem Ensemble in der »Insel« am 3. 11. 1961 sein vorerst letztes Programm »Malice im Wunderland«, startete. Im Februar 1962 machte die Hamburger Flutkatastrophe den *Amnestierten* abrupt ein Ende. Ein Wiederbelebungsversuch im Juni 1965 in der »Tangente« in West-Berlin mit dem Programm »Bal paré« bescherte den *Amnestierten* wegen einer Vietnamszene einen Theaterskandal und damit das endgültige Ende (mit → *Doris Bierett,* Siegfried Dornbusch, Siegrid Hackenberg, Joachim Hackethal und Wolfgang Wiehe).

In den vierzehn Jahren ihres Bestehens legten die *Amnestierten* rund 700000 Reisekilometer zurück. Seitdem wirkt Joachim Hackethal als Autor für andere Kabaretts, als Schriftsteller und Schauspieler. In unbefangener, frischer Studentenmanier attackierte die Truppe zu Anfang restaurative Tendenzen sowie alte und neue Nazis, später auch die Wiederbewaffnung. Unbekümmert mischte sie dabei Elemente der Moritat, der Literaturparodie und der Revue und verschmähte dann und wann auch nicht die Klamotte. Mit wachsender Professionalität verfeinerte sich ihr Stil, ohne je zur Routine zu werden.

Hackethal, Joachim: *Die Kehrseite der Medaille – Ein Leben als Kabarettist in fünf Jahrzehnten.* München 1995.

Andersen, Lale (eigentlich: Elisabeth Carlotta Helena Eulalia Wilke)
**23. 3. 1908 Bremerhaven; †29. 8. 1972 Wien.* Chansonniere, Sängerin

Bevor sie in den dreißiger Jahren den Künstlernamen Lale Andersen annahm, hieß sie – Tochter eines Schiffsstewarts – Elisabeth Carlotta Helena Eulalia Wilke, geborene Bunnenberg. Ihre Schauspielausbildung erhielt sie in Bremen und Berlin, wo sie 1931 zum erstenmal auf der Bühne stand, im Kabarett »Corso« mit Chansons von → *Erich Kästner,* → *Walter Mehring* (»Die kleine Internationale« u.a.) und → *Curt Bry,* der sie auch am Klavier begleitete. 1932 spielte sie in → *Trude Hesterbergs* Künstlerlokal »Groschenkeller« und am »Theater am Kurfürstendamm« in »Mahagonny« von → *Bertolt Brecht* und → *Kurt Weill,* mit Lotte Lenya und Trude Hesterberg. Gastspiele folgten u.a. in → *Willi Schaeffers'* »Kabarett für Alle«, Berlin; »Kristall-Palast«, Düsseldorf; 1933 mit → *Adolf Gondrell* und → *Tibor Kasics* am Flügel im »Annast«, München; mit → *Roda Roda* im »Cabaret Gambrinus«, Basel. In jenem Jahr war sie zeitweise engagiert im Kabarett → *Ping Pong* in Zürich und Berlin. 1935 trat sie bei Theo Prosel im → *Simplicissimus* (München) auf.

Zu weltweitem Ruhm gelangte sie während des Zweiten Weltkrieges als »Lili

Marleen«. Der Soldatensender Belgrad spielte eine ältere, bis dahin nicht sonderlich erfolgreiche Platte von ihr, die die zwiespältige Stimmung des Kriegsjahres 1941 und somit den Nerv der Landser traf. »Lili Marleen«, nach einem Gedicht von Hans Leip mit der Musik von → *Norbert Schultze* (»Bomben auf Engelland«) wurde zum Weltschlager, auch gesungen von → *Marlene Dietrich*, Bing Crosby, Freddy Quinn, → *Hildegard Knef*, Jean-Claude Pascal u. a.
Nach der Schlacht bei Stalingrad ließ Goebbels das Lied, das er immer schon »grauenhaft« fand, verbieten. Lale Andersen erhielt Auftrittsverbot, das jedoch wieder aufgehoben werden mußte, weil ihre Popularität zu groß war. Nach dem Krieg arbeitete sie wieder für Radio Hamburg und unternahm in den sechziger Jahren große Tourneen. Ihre drei populärsten Lieder nach 1945 waren »Unter der roten Laterne von St. Pauli«, »Blaue Nacht am Hafen« (1949) und »Ein Schiff wird kommen« (1959). Auf einer Werbe-Tournee 1972 für ihr gerade erschienenes Erinnerungsbuch »Der Himmel hat viele Farben« (1972) erlitt sie in Wien einen Schwächeanfall mit Herzversagen.

Wilke, Dirk: *Wien einst ... In memoriam Lale Andersen (1945–1972)*. München 1978. – Andersen, Litta-Magnus: *Lale Andersen – die Lili Marleen*. München 1981.

Anekdote (griech. anékdota = etwas noch nicht Veröffentlichtes) Ursprünglich eine mündlich überlieferte Einzelheit zur Kennzeichnung einer Person. In Deutschland erreichte die Anekdote im 16. und 17. Jh. ihren ersten und im 18. Jh. ihren zweiten Höhepunkt. Die moderne Anekdote als literarische Gattung ist eine knappe, prägnante, oft witzig-pointierte Kurzgeschichte, häufig unter Verwendung einer wörtlichen Rede zur Charakterisierung einer Persönlichkeit, einer sozialen Schicht, einer Zeit o. ä. Im Unterschied zum → *Witz* ist die Anekdote meist an eine bestimmte Persönlichkeit gebunden, erzählt weitergreifend und kann auch ernsthafter sein. Die satirische Anekdote eignet sich auch zur Darbietung durch den Vortragskünstler.

Angeloff, Therese **28. 3. 1916 Dresden; † 5. 10. 1985 München.*
Schauspielerin, Schriftstellerin, Kabarettautorin und -leiterin
Schauspiel- und Ballettausbildung in Dresden. Erstes Engagement am »Albert-Theater« in Dresden, dann Operettensoubrette und Salondame. Emigrierte mit ihrem jüdischen Vater, einem Kleinstadttheater-Intendanten, in die Tschechoslowakei. Engagements an Provinzbühnen des Sudetenlandes. Eröffnete 1945 in Dresden ein Privattheater und gründete die »Vereinigte Volksbühne«. Verließ Dresden 1951, kam 1952 über Berlin nach München. Gründete 1953 in der »Künstlerklause« an der Leopoldstraße → *Die kleinen Fische* und schrieb alle Texte selbst. Schrieb außerdem Texte für *Die Zeitzünder* (von 1958 bis 1963), bei denen sie auch Regie führte, ferner für das politische Kabarett der IG Metall (von 1960 bis 1968). Textbeiträge und Regie für das → *Kleine Renitenztheater* (von 1960 bis 1982). 1960 bis 1975 Beiträge zu satirischen Fernsehsendungen im ZDF.

Angeloff, Therese: *Meine Seele hat ein Holzbein* (Selbstbiographie). München 1982.

Angewandte Lyrik → *Lyrik*

Anti Politisch-satirisches Kabarett in Berlin, gegründet 1928 von → *Max Colpet* und → *Erik Ode*, eröffnet im November 1928 in der Lutherstraße 31 gegenüber der »Scala«. Die meisten Texte schrieb Colpet, die Ausstattung besorgte Rolli Gero. Musik: Teddy Stauffer und seine Band. Außer Colpet und Ode wirkten Inge Bartsch und → *Marianne Oswald* mit. Nach dem zweiten Programm, »Kitsch und Romantik«, mußte das *Anti* aus finanziellen Gründen schließen.

Ape, Fred * *13. 4. 1953 Dortmund.* Liedermacher, Kabarettist, Kabarettautor
Trat seit Anfang der siebziger Jahre mit Folksongs auf, schrieb dann eigene Lieder, die er zur eigenen Gitarrenbegleitung vortrug. Einige Lieder wurden durch die Bearbeitungen der Dortmunder Rockgruppe »Cochise« populär. Mit seinen Freunden Klaus Beck und Peter Brinkmann trat er seit 1979 als »Ape, Beck & Brinkmann« bei zahlreichen Festivals und Veranstaltungen auf. Von dem Trio erschienen mehrere Platten, die zweite LP, »Regenbogenland« von 1982, war der Umweltschutzorganisation »Greenpeace« gewidmet. Das Spektrum der Lieder reichte inhaltlich vom akuten Widerstand gegen unsinnige Betonpolitik (»Startbahn«) bis zum Freiheitskampf in der Dritten Welt (»Auf der Flucht erschossen«).
Seit 1988 tritt Fred Ape mit Guntmar Feuerstein (* 8. 6. 1956, Bochum) als »Ape & Feuerstein« in satirisch-musikalischen Kabarettprogrammen auf, für die Ape die Texte und Feuerstein die Musik schreibt: »Alle Extras serienmäßig« (1989); »Wir sind doch alle ein bißchen nervös in letzter Zeit« (1990); »Zum Glück sind wir alle verrückt« (1991); »Abenteuerreisen« (1992); »Der Schüsseldienst« (1993); »Lesen und Lauschen« (1994) und »Handy-Cap« (1995).

APO-Kabarett Zusammenfassende Bezeichnung für diejenigen politischen Kabaretts der BRD, die sich im Gegensatz zum »symptomkritischen« Kabarett der Jahre bis 1964 seit 1965 als »systemkritisch« verstanden, namentlich das (Münchner) → *Rationaltheater* (seit Januar 1965), das Berliner → *Reichskabarett* (seit Oktober 1965), der Kölner → *Floh de Cologne* (seit Januar 1966), zeitweise (etwa zwischen 1968 und 1973) auch die Kölner → *Machtwächter* sowie als Einzelkabarettist → *Dietrich Kittner.*
Analog zu den Bestrebungen der »Außerparlamentarischen Opposition« (APO) jener Zeit begnügten sich diese und andere Kabaretts nicht mit dem Anprangern von »Mißständen« und »Ausuferungen« der bürgerlich-parlamentarischen Demokratie, sondern stellten deren gesamtes »System« in Frage. In der Praxis bedeutete dies, daß sie es nicht mehr beim »Spiel mit dem erworbenen Wissenszusammenhang des Publikums« (Prof. → *Jürgen Henningsen* in seiner »Theorie des Kabaretts«, Ratingen 1967, Seite 27) bewenden ließen, sondern glaubten, weiter ausholen und dem Publikum zur Erhellung der tieferen Zusammenhänge Daten, Fakten und sonstige – von der bürgerlichen Presse vernachlässigte oder verschwiegene – Informationen liefern zu müssen, damit ihre satirischen Attacken verstanden werden konnten.
Solche Abkehr von vordergründigen Rundumschlägen auf Oberflächenerscheinungen wie Politikerfiguren aller Couleur, Korruptionsskandale, Moden, Werbungsmethoden und dergleichen führte zwangsläufig zu einer ideologisch »einseitigen« Agitation, zur Vertiefung der Kritik an Symptomen und zur Erweiterung

der satirischen Objektpalette über die heimischen Probleme hinaus zu internationalen Erscheinungen wie dem Vietnamkrieg, der Dritte-Welt-Politik und allgemein globalen politischen und ökonomischen Phänomenen. Daraus folgten häufig eigene, außerkabarettistische Initiativen der betreffenden Gruppen und Solisten oder ihre Beteiligung an bereits bestehenden. So agitierte → *Rudolf Rolfs* von der → *Schmiere* seit den fünfziger Jahren auf öffentlichen Veranstaltungen gegen Atomrüstung. Notstandsgesetzgebung, Vietnamkrieg. So nahm der »Floh de Cologne«, wenn er nicht auf öffentlichen Veranstaltungen mit künstlerischen Mitteln agitierte, an Demonstrationen wie denen gegen die Notstandsgesetzgebung oder an der »Aktion Roter Punkt« 1969 in Hannover teil. So machte das (Münchner) *Rationaltheater* 1968 die Verwicklung des damaligen Bundepräsidenten Lübke in die KZ-Planung der Nazis publik. So demonstrierte Dietrich Kittner 1965 in Hannover mit Gasmaske und »Zivilschutzfibel« gegen die Fragwürdigkeit des Bevölkerungsschutzes in einem Atomkrieg. So bereicherten er und andere Solokabarettisten wie → *Helmut Ruge* und → *Hanns Dieter Hüsch* – nicht zu vergessen die politischen → *Liedermacher* – politische Veranstaltungen mit ihren satirischen Beiträgen.

Mit dem Auseinanderfallen der APO infolge der Intervention des Warschauer Paktes in der ČSSR 1968 und der Bildung der SPD-FDP-Koalition in Bonn 1969 geriet das »systemkritische« Kabarett in eine Krise, aus der die einzelnen Gruppen unterschiedliche Konsequenzen zogen, von der Selbstauflösung (*Reichskabarett* 1971) bis zur Umstellung auf Agitation mit Rockmusik (*Floh de Cologne* 1970).

In der APO-Zeit stellte sich das herkömmliche Kabarett zum erstenmal selbst in Frage. Außer neuen Zielsetzungen – und in deren Gefolge neuen Techniken der Informationsvermittlung wie filmische und akustische Dokumentationen – fand das Kabarett auch zu neuen Formen: neben den Einzelkabarettisten (die meist aus einem Ensemble hervorgegangen waren) trugen nun auch die Liedermacher selbstverfaßte Satire in Einzelauftritten mit eigener Begleitung zu eigenen Kompositionen vor. Zu Beginn der achtziger Jahre fanden viele »systemkritische« Kabarettisten zur herkömmlichen Form des Kabaretts zurück, wenn auch nicht zur reinen »Symptomkritik«. (→ *Bügelbrett,* → *Institut für Lebensmut*)

arche nova Literarisches Kabarett, eröffnet am 17. 10. 1956 in einem Keller in Mainz von → *Hanns Dieter Hüsch*, dem Autor und Rundfunksprecher Rudolf Jürgen Bartsch, dem Redakteur Heinz Braß, den Schauspielerinnen Helga Mummert und Agnes Verena und dem Maler Ernst Birkheimer. Nach eigenem Anspruch ein »gedachtes und gedichtetes Kabarett« (»12 Arche-Thesen«). Nach sieben Programmen und mehreren Gastspielreisen durch die BRD und nach West-Berlin, die Niederlande, Italien, Österreich und die Schweiz löste sich das Ensemble 1963 auf.

Die Arche (New York) Jüdisch-politisches Kabarett, das sich Anfang 1943 in New York als Exilkabarett etablierte und von den Emigranten Erich Juhn und → *Oscar Teller* (1927 Gründer des Wiener »Jüdisch-Politischen Cabarets«) geleitet wurde. Für die fünf Programme (erstes Programm: »Reisende der Weltgeschichte«) bis 1945 schrieben die meisten Texte Victor Schlesinger und Oscar Teller, weitere Texte trugen Alfred Neumann, → *Walter Mehring*, Friedrich Torberg u.a. bei. Als

 Komponisten und Pianisten fungierten Franz Mittler, → *Fritz Spielmann*, → *Jimmy Berg* (1935 Hauskomponist beim Wiener → *ABC*) und Stephan Wolpe. Als Darsteller agierten: → *Ellen Schwanneke*, Vilma Kürer, Kitty Mattern, Erna Trebitsch, Erich Juhn, Gertrud Hill, Arthur Hoff u.a. Charakteristisch für die Programme, die nur samstags gespielt wurden, war der Mut zur jüdischen Kritik und Selbstkritik. Durch Gastspiele von Boston bis Philadelphia wurden pro Programm an die 100 Vorstellungen erzielt.

Teller, Oscar: *Davids Witz-Schleuder – Jüdisch-Politisches Cabaret*. Darmstadt 1982.

Die Arche (Erfurt) Politisch-literarisches Kabarett, eröffnet 1979 als Einrichtung der Städtischen Bühnen in Erfurt mit dem Programm »Der trojanische Pferdefuß« (17. 2. 1980) im ehemaligen Kino-Café des Programm-Palastes unter Leitung von Karl-Heinz Welzel mit Erfurter Schauspielern. Nach dem zweiten Programm »O-La-La« (4. 12. 1980) übernahm Ulf Annel die Leitung der bis 1987 folgenden zwölf Programme, ihm folgte Rolf Dreher. Einige der »Arche«-Programme waren einzelnen Kabarettisten (z.B. → *Claire Waldoff*, → *Otto Reutter*) oder Autoren (z.B. → *Joachim Ringelnatz*) gewidmet. Das 17. Programm »Ganz offen: Genossen, wir bleiben geschlossen« (3. 2. 1989) wurde nach der Premiere für drei Monate verboten; der Textautor und Darsteller Ulf Annel (neben Cornelia Kluge, Petra Solga, Andreas Kausch, Wolfgang Junge, Andreas Pflug) wurde aus der SED ausgeschlossen und mit Auftrittsverbot belegt. Nach der Wende brachte er in der *Arche* zwei Soloprogramme heraus: »GedankenSprünge oder Risse im Gehirn« (1990) und »Der Hausmeister kehrt zurück« (1993). Seit November 1989 brachte die »Arche« insgesamt vierzehn Programme heraus, zuletzt: »Arche-TV: Das andere Programm« (8. 4. 1995).
Das Kabarett hat bis zu fünf Programme im Spielplan, mit wechselndem Ensemble, zu dem 1996 gehören: Ulf Annel (Autor), Gisela Brand (Autorin), Rolf Dreher (Direktor, Autor), Andreas Kausch (Regisseur, Autor), Cornelia Kluge, Andreas Pflug (Autor), Petra Solga (Autorin) und die Komponisten und musikalischen Leiter Verene Fränzel und Wolfgang Wollschläger. Seit dem 1.1. 1994 ist das Kabarett unter dem Namen »Thüringer Satiretheater und Kabarett Die Arche e.V.« und unter der kaufmännischen Leitung durch Dietmar Schnohr ein selbständiges Unternehmen.

Arendt, Julian ** 1895; † 1938*. Kabarettist, Kabarettautor
Schrieb zahlreiche Chansontexte, darunter mehrere mit aggressiv-politischem Inhalt (z.B. die »Dolchstoßlegende«, »Das Seifenlied«, beide vertont von Otto Stransky). Seine »Ballade von den Säckeschmeißern« wurde 1929 von → *Günter Neumann* für → *Rudolf Platte* in der → *Katakombe* vertont und danach von → *Hanns Eisler* für → *Ernst Busch*, der damit im Kabarett → *Larifari* auftrat. Verfaßte Texte für die Revue »Oh! U.S.A.!« (1926) im »Kleinen Theater« in Berlin und schrieb für das »Boulevard-Theater« 1928 eine zeitkritische Revue, die → *Otto Stransky* komponierte. 1931/32 war er Hausautor des Kabaretts → *Ping Pong*. Viele seiner Chansons wurden in der »Katakombe« vorgetragen, so im März 1931 von Inge Bartsch der »Song von der Tante«(Musik: Paul Strasser) und das »Dienst-

mädchenlied« (Musik: Günter Neumann). Arendt schrieb noch 1933 unter dem Pseudonym Hermann Flack für die »Katakombe«. Im Januar 1933 eröffnete er in Berlin sein kurzlebiges Kabarett »Die Laterne«.

Arp, Philip (eigentlich: Hermann Fischer)
**27. 2. 1929 München; † 17. 2. 1987 München.*
Schauspieler, Kabarettist, Kabarett-Autor
Lernte nach dem Gymnasium verschiedene Instrumente zu spielen (Klavier, Geige, Laute und Fagott). 1946 erste schriftstellerische Versuche. 1949 Schauspielunterricht am Seminar für Ausdrucksbildung in München. Schrieb 1956 die ersten »Valentinaden«, gründete 1959 mit seiner Lebensgefährtin und Mitarbeiterin Anette Spola ein Puppentheater, mit dem sie eigene Stücke in Münchner Bibliotheken und Freizeitheimen spielten. Beide gingen dann von 1963 bis 1968 mit kleinen Stücken auf Tourneen durch die Bundesrepublik und das Ausland. 1969 gründeten sie in einem ehemaligen städtischen Brausebad (neben dem Sozialamt) in der Haimhauserstraße in München das »Theater am Sozialamt« (TamS), das sie 1970 mit »Die stummen Affen« von Fritz Herrmann eröffneten. Im selben Jahr folgte die Inszenierung von Ernst Tollers »Masse Mensch«, in dem Arp spielte und zum ersten Mal Regie führte.
Seit der Gründung des Theaters las Arp an jedem 24. Dezember die »Heilige Nacht« von → *Ludwig Thoma*. 1971 folgte Arps erster »Valentinaden«-Abend mit selbst geschriebenen Texten (Musik: Rudolf Felber). Arp entwarf und baute seine Requisiten und Bühnenbilder selbst. 1973 folgten die »Valentinaden II«, bis 1976 brachten Arp und Spola in jedem Jahr ein neues »Valentinaden«-Programm heraus. 1976 Uraufführung seines Stückes »Zum Runden Eck«; 1977 sein Balladenabend »Des Sängers Fluch – bis Montag ganz«. Nach dem Förderpreis für Literatur der Stadt München (1973) erhielt Arp 1978 den Schwabinger Kunstpreis. Mit → *Jörg Hube* spielte er 1978 an den Münchner Kammerspielen »Nepal« von Urs Widmer und vom selben Autor 1979 am TamS »Stan und Ollie in Deutschland«. Auftritte im »Scheibenwischer« (→ *Medienkabarett*) und in → *Gerhard Polts* Fernseh-Serie »Fast wia im richtigen Leben«. Rollen in mehreren Fernsehspielen. 1985 brachte er seine letzte Theaterarbeit, die von ihm verfaßten Valentinaden »Originalsprengung«, heraus.

Arp, Philip: *Keine Auskunft von Philip Arp*. Regensburg 1980. – Spola, Annette u.a. (Hrsg.): *Philip Arp – Hiermit gebe ich nichts bekannt. Verse, Vorträge, Valentinaden*. Regensburg 1988.

Aschentonnen-Quartett Politisch-satirisches Kabarett in München, Sudetendeutsche Str. 40. Gegründet im Mai 1986 als Hausensemble des → *Hinterhoftheaters* von → *Walter Zauner*, Angelika Beier und Günter Knoll, eröffnet im Juni 1986 mit dem Programm »Der Platz an den Aschentonnen ist sauberzuhalten« mit Uli Bauer, Peter Bachmayer, Angelika Beier und Walter Zauner (Musik: Uli Bauer, Walter Zauner, Regie: Günter Knoll). Es folgten die Programme »Total mörderisch« (November 1987); »Schweinskopf im Delirium« (Februar 1989); »Letzte Ausfahrt Hasenbergl« (Dezember 1989); »Ja, wo samma denn? – Neue Geschichten aus dem Münchner Norden« (März 1991); »Münchner Delirium in 17 Räuschen« (November 1993); »Sondermüll« (Dezember 1995). Hauptautoren sind Günter Knoll und Walter Zauner, Komponisten und Begleiter Uli Bauer und Walter Zauner.

Attenhofer, Elsie **21. 2. 1909 Lugano (Schweiz).*
Kabarettistin, Kabarettautorin

Elsie Attenhofer singt das Chanson »Le cop qoullois«. Text: Max Werner Lenz, Musik: Bernard Schulé

Nach einer dreimonatigen Malausbildung in Paris in die Schweiz zurückgekehrt, traf Elsie Attenhofer mit → *Max Werner Lenz* zusammen, der sie zum → *Cabaret Cornichon* brachte. Mit seinem Chanson »Das alkoholfreie Mädchen« begann im November 1934 ihre kabarettistische Karriere. Nach vier Jahren »Cornichon« schied sie 1938 aus dem Ensemble aus und trat erstmals mit einem eigenen Programm als Solistin auf. Seitdem gastiert sie mit ihren Soloprogrammen (u.a. »Die Schiffsreise«, »Erotik in der Schweiz«, »Herrliche Zeiten«, »Under eus gseit« mit teils eigenen, teils Texten von Max Werner Lenz und → *Walter Lesch* u.a.) in der Schweiz und im deutschsprachigen Ausland. Während des Krieges diente sie als Rotkreuzfahrerin bei der Armee, heiratete den Germanisten Karl Schmid, der später zu einer der brillantesten Figuren des schweizerischen Konservatismus wurde. Bis 1947 trat sie sporadisch wieder im »Cornichon« auf. Ihr bekanntestes Stück ist die »Europa-Union«, deren Urtext von Lenz sie mit aktuellen Einsprengseln und Abwandlungen bis zuletzt vortrug. Zuweilen trat sie mit einem Partner auf, früher mit Lenz, später mit Lukas Ammann. Sie schrieb das gegen den Antisemitismus gerichtete Dialektstück »Wer wirft den ersten Stein?« (1944 Uraufführung in Basel) und die Stücke »Lady mit der Lampe« (1958), »Der grüne Eimer« (1969). 1978–80 gastierte sie in der Schweiz mit dem jungen Ensemble des »Cabarets Sanduhr«. 1987 zog sie sich von der Bühne zurück.

Attenhofer, Elsie: *Cornichon – Erinnerungen an ein Cabaret.* Bern 1975. – Dies.: *Réserve du Patron. Im Gespräch mit K.* Zürich 1989.

Aufhänger Thematischer Ausgangspunkt eines Kabarett-Textes oder eines thematisch durchkomponierten Programms (z.B. Aufrüstung, Bildungspolitik, Situation in Haftanstalten u.ä.). Auch Bezeichnung für eine Spielsituation wie Versammlung, Wartezimmer, Eisenbahnabteil. In → *Friedrich Hollaenders* Kabarettrevue »Höchste Eisenbahn« von 1932 war es das Reisen mit der Eisenbahn, an dem sich das Zeitgefühl vor dem Machtantritt der Nazis »aufhängen« ließ; in der Rockoper »Profitgeier« des → *Floh de Cologne* von 1970 der Tod des Konzernherrn Friedrich Flick, von dem aus die monopolkapitalistische Entartung beleuchtet wurde.

Ausdruckstanz Trat im 20. Jh. auf dem Gebiet des Kunsttanzes neben den klassischen Tanz. Er verstand sich als eigenständiger, von musikalischen Bindungen und akademischer Positionslehre befreiter Ausdrucksträger. Wegweisend

Julia Marcus 1927 im Kabarett »Die Wespen«, Berlin, tanzt ihre Hitler-Parodie (linkes Bild)

Valeska Gert in einem ihrer Grotesktänze (rechtes Bild)

wirkten in diese Richtung Isadora Duncan (1877–1927), Émile Jaques-Dalcroze (1865–1950), Rudolf von Laban (1879–1958) und Mary Wigman (1886–1973) sowie deren Schüler Harald Kreutzberg (1902–1968) und Gret Palucca (1902–1993). Auf den Kabarettbühnen im ersten Drittel des 20. Jh. entwickelten Tänzerinnen wie → *Valeska Gert*, → *Trudi Schoop*, → *Lotte Goslar* und → *Julia Marcus* den Ausdruckstanz zum zeitkritischen Grotesktanz weiter.

Hildenbrandt, Fred: *Tänzerinnen der Gegenwart.* Zürich–Leipzig 1931. – Zivier, Georg: *Berlin und der Tanz.* Berlin 1968. – Schneider, Otto: *Tanz Lexikon.* Mainz–London–New York 1985. 

Baas, Balduin (eigentlich: Siegfried Baaske) **9. 6. 1922 Danzig.*
Schauspieler, Kabarettist, Chansonnier
Nach ersten Auftritten 1940 im »Eulenspiegel« in Danzig, bei denen er sich »Fred« nannte, wurde er eingezogen und war 1944/45 mit einem Wehrmachtskabarett auf Tournee an der Front. Nach dem Krieg trat er als »Balduin III« mit eigenen Texten und Chansons auf zahlreichen Kleinkunstbühnen auf, so im »Kaleidoskop«, Hamburg (1945/46), »Ulenspiegel«, Hannover (1946), »Bronzekeller«, Hamburg (1946), »Tatzelwurm«, Köln (1946), → *Schaubude*, München (1947), → *Bonbonniere*, Hamburg (1948/49), → *Rendezvous*, Hamburg (1950), wo er im ersten Programm »Liebe 47/11« als Regisseur und Darsteller neben seiner Frau Ruth Stephan, → *Thierry*, → *Dirks Paulun*, Peter Ahrweiler u.a. mitwirkte, und im »Greiffi«, Berlin (1952).
Später widmete er sich unter dem Namen Balduin Baas immer mehr der Rundfunk- und Filmarbeit. 1951 hatte er sein Filmdebüt in »Warum denn nicht, Luise?«. Von 1971–77 moderierte er im Westdeutschen Rundfunk (WDR) die Hörfunkserie »Seid frech zueinander«, aus der er wegen zotiger Pointen fristlos entlassen wurde.

Baas, Balduin: *40 – Eine Autobiographie.* Hamburg 1964.

Die Badewanne Literarisch-surrealistisches Maler-Kabarett, zu dem sich seit dem 25.6. 1949 (offizielle Eröffnung am 2.7. 1949) in Berlin im Keller der Femina-Bar, Nürnberger Straße, Schriftsteller, Maler, Musiker, Schauspieler und Tänzer zusammenfanden. Unter der Leitung des Malers Alexander Camaro produzierte man bis zum 17.12. 1949 sechs kollektiv erarbeitete Kabarettprogramme, die auf aktuelle Tagespolitik verzichteten und in der Nachfolge des Zürcher → *Cabaret Voltaire* standen, und veranstaltete danach bis zum 5.8. 1950 verschiedene literarische Lesungen.
Zu den Gründern gehörten neben dem Maler Camaro: Johannes Hübner, Lyriker; Hans Laabs, Maler; Katja Meirowsky, Malerin; Karl Meirowsky, Kunstgeschichtler, sowie die festen Mitarbeiter, u.a. Lo Berken (Liselore Bergmann), Tänzerin; Rolek Casalla, Darsteller; Wolfgang Frankenstein, Maler; Theo Goldberg, Komponist, Pianist; Christa und Waldemar Grzimek, Bildhauer; Werner Heldt, Maler; Joachim Klünner, Übersetzer und Margot Schmidt, Bühnenbildnerin.
Vom 4.2. bis 5.8. 1950 spielte dort das Kabarett → *Die Quallenpeitsche* sechs Programme.
Seit Ende Oktober gaben dort einige junge Schauspieler des Theaters »Die Tribüne« (Klaus Becker, Joachim Teege, → *Rolf Ulrich* und Alexander Welbat) dreimal pro Woche kabarettistische Einlagen. Nach deren zweitem Programm, »Per speck tiefen«, zog dieses Ensemble am 20.1. 1950 in den »Burgkeller« am Kurfürstendamm und spielte dort als → *Die Stachelschweine* im eigenen Hause weiter.
Vom 15.7. 1950 an entstand um Karl Meirowsky eine Nachfolgegruppe im »Opernkeller«, das sogenannte »Atelier«, wo zum alten Kern (Laabs, Casalle u.a.) neu hinzukommen: der Schriftsteller Wolfdietrich Schnurre, die Maler Manfred Buth und Ulrich Härter, die Tänzerin Herta Biskup und der Tänzer Michael Piel, die insgesamt nur zwei Programme aufführten. Als der Femina-Betrieb 1950 pleite machte, wurde aus der *Badewanne* ein reiner Jazzkeller.

Lenk, Elisabeth (Hrsg.): *Die Badewanne – Ein Künstlerkabarett der frühen Nachkriegszeit.* Berlin 1991.

Bairisch Diatonischer Jodel-Wahnsinn Satirisches Musik-Kabarett aus Bayern mit Monika Drasch aus Schwanenkirchen, Otto Göttler aus Giesing und Josef Brustmann aus Wolfratshausen. Je nach Bedarf spielen sie Geige, Dudelsack, Tuba, Flöten, Tenorhorn, Pauke, Mundharmonika, Konzertina, Okarina, Gitarre, Pfantarre, Alphorn, Drehleier, Harfe, Cello, Bandoneon und Zither. Wenn sich Multimusikerin Monika Drasch ihr Dirndl vom Leib reißt und darunter ein Tina-Turner-Trachten-Outfit auftaucht und wenn sie mit giftgrüner Geige und roter Strumpfhose die zeitkritischen Texte singt, dann entsteht schrill und provozierend ein Musik-Spektakel, so hintersinnig wie die → *Biermös'l-Blos'n,* die ebenfalls den Musikantenstadl ausmisten, so daß Volksmusik wieder Spaß macht.

Hugo Ball. Holzschnitt: Marcel Janco, 1916

Ball, Hugo **22. 2. 1886 Primasens; † 14. 9. 1927 Abbondio (Tessin).*
Dichter, Kulturkritiker, Kabarettist, Kabarettautor
Ball begann als Dramaturg (u.a. an den Münchner Kammerspielen). 1915 emigrierte er mit → *Emmy Hennings* in die Schweiz und beteiligte sich in Zürich an der Gründung des → *Cabaret Voltaire* und der Zürcher Dada-Bewegung. Mit seinen »Lautgedichten« trat er in abstrakter Kostümierung im »Cabaret Voltaire« auf, außerdem gab er die gleichnamige Zeitschrift heraus. 1917 wandte er sich vom Dadaismus ab, trat zum Katholizismus über und zog sich mit Emmy Hennings, die er 1920 geheiratet hatte, in das Tessin zurück.

Arp, Hans; Huelsenbeck, Richard; Tzara, Tristan: *Die Geburt des Dada.* Zürich 1957. – Ball, Hugo: *Die Flucht aus der Zeit* (Tagebücher), 1927. – Schifferli, Peter: *Das war Dada.* München 1963. – Teubner, Ernst: *Hugo Ball (1886–1986) Leben und Werk.* Pirmasens 1986.

Ballade (italienisch »ballata«, provenzalisch »balada« = »Tanzlied«) Vom 13. bis zum 15. Jahrhundert bei den romanischen Völkern Bezeichnung für ein kurzes, sentimentales Tanzlied voller Liebesklagen, nahm die Ballade bei ihrer Ausbreitung über England nach Schottland und Skandinavien den Charakter eines Volkslieds mit episch-lyrischem Inhalt an (Götter-, Helden-, Legenden- und [literarische] Ritterballade). Als Kunstballade wurde sie seit dem 18. Jahrhundert in Deutschland von Bürger, Goethe, Schiller, Uhland, Heine, Fontane u.a. zur Darstellung ernster, dramatischer, handlungsreicher Ereignisse in Versform weiterentwickelt.
Für das Kabarett übernahm als erster → *Frank Wedekind* die Form der Ballade zur satirischen Behandlung gesellschaftlicher Erscheinungen (u.a. in »Brigitte B.«), nach ihm vor allem → *Bertolt Brecht* (»Legende vom toten Soldaten«, »Ballade von der Hanna Cash« u.a.), → *Volker Ludwig* (»Ballade von Hänschen R., der immer geradeaus ging«), → *Walter Mehring* (»Die Ballade vom Highwayman ...« u.a.),

→ *Martin Morlock* (»Arthur, der Spielverderber«, »Ballade von den Tierfreunden« u.a.).
In den sechziger Jahren griffen vor allem die → *Liedermacher* die Balladenform erneut auf, wie → *Wolf Biermann* (»Ballade vom Panzersoldat und vom Mädchen«), → *Franz Josef Degenhardt* (»Ballade von den Weißmachern«), → *Gerd Semmer* (»Bunker-Ballade«) und → *Dieter Süverkrüp* (»Western-Ballade«, »Ballade von Hans Dieckhoff«) und knüpften damit an François Villon an (»Ballade von Villon und der dicken Margot«), auch in der Form: der eines drei- bis fünf-, acht- oder zehnzeiligen Strophengedichts, dessen einzelne Verse mit einer gleichbleibenden Zeile (→ *Refrain* oder Kehrreim) schließen.

Bänkelsang Vom 17. bis zum 19. Jahrhundert beliebter Vortrag gesungener → *Moritaten*, bei dem der Vortragende auf einer kleinen Bank (Bänkel) stand und zu einer monoton-eingängigen Drehorgelmusik in holzschnittartig knappen Versen sensationelle, schauerliche oder rührende Ereignisse mit moralisierender Tendenz besang. Dem Bänkelsang vorausgegangen waren im 15. und 16. Jahrhundert das Zeitungs- oder Avisenlied, das aber mit dem Aufkommen der Buchdruckerkunst seinen Nachrichtenwert verlor und dem zeitlos Bewegenden und Belehrenden Platz machte. Als Bänkelsänger traten oftmals ganze Familien auf. Während etwa eine junge Frau die Moritat vorsang, verkauften ihr Mann und/oder ihre Kinder achtseitige Drucke, die eine ausführliche Prosa, das vorgetragene Lied und gelegentlich einen Titelholzschnitt enthielten.

Barbakoff, Tatjana (eigentlich: Cilly Edelberg) * *1899 Libau (Liepajy/Lettland); † 6. 2. 1944 KZ Auschwitz.* Tänzerin
Die Tochter eines jüdischen Russen und einer Chinesin tanzte ohne Ausbildung mit ihrem Mann, dem Tänzer Marcel Boissier (eigentlich: Georg Waldmann) nach dem Ersten Weltkrieg in zahlreichen Berliner Kabaretts und auch außerhalb der Metropole, z.B. 1924 im »Astoria«, Frankfurt und 1925 im »Corso-Cabaret«, Düsseldorf. Die Mentalität der Russen und des Fernen Ostens brachte Tatjana Barbakoff in ihren Tänzen mit farbenprächtigen, aufwendigen Kostümen zum Ausdruck, aber auch mit Parodien, die sie satirisch pointierte, z.B. in »Dadaismus – Wege zu Kraft und Schönheit«. Wegen ihrer Schönheit porträtierten sie zahlreiche Maler (Gert Wollheim, Willy Jaeckel, Waldemar Flaig u.a.). 1931 erschienen die 29 Blätter des »Tatjana-Zyklus« von Christian Rohlfs. 1933 emigrierte sie nach Paris und trat dort in der von Raymond Duncan gegründeten »Académie« auf. 1940 wurde sie in dem »Camp de Gurs« interniert. Als sie daraus frei kam, floh sie in die unbesetzte Zone nach Nizza, wo sie erneut im Januar 1944 aufgegriffen und über das Camp Drancy am 3.2. 1944 nach Auschwitz deportiert wurde. Die Ausdruckstänzerin → *Julia Marcus* stiftete 1986 zum Gedenken an sie in Paris den »Tatjana-Barbakoff-Preis«.

Bauer-Beier-Zauner Politisch-satirisches Kabarett-Trio, gegründet im Frühjahr 1990 von den ehemaligen Mitgliedern des Revuekabaretts → *Blackout* und des → *Aschentonnen-Quartetts* Uli Bauer, Angelika Beier und → *Walter Zauner.* Erstes Programm: »Eine Chance für die Triebe« (April 1990). Es folgten »Endstation

PHALLbeil. Absturz ins Dickicht MANN« (November 1992) und »Die Schöne, das Tier und der Depp. Oder Lüste, Laster & Leidenschaft« (November 1994). Im Frühjahr 1995 gründeten Angelika Beier und Walter Zauner das Duo »Beier & Zauner-Kabarett«. Erstes Programm: »Bis daß der Tod euch scheide« (April 1995). Es folgten: »Die Abgründe hinter Nettelkofen. Sumpfiges aus Bayern« (November 1995) und »Gnadenbrot und Götterspeise« (März 1996).

Becker, Jürgen ** 1960 Zollstock*
Wurde als Jugendlicher aktiv in der Jugendzentrumsbewegung (so 1982 im Vorstand des Jugendzentrums »Alte Schule« in Widdersdorf). Nach einer Lehre als Zeichner in Köln bei der Firma »4711« entschloß er sich 1983, inspiriert von dem Programm »und sie bewegt mich doch« von → *Hanns Dieter Hüsch*, selber auf der Bühne aufzutreten. Moderierte 1989–1995 die »Stunksitzung« des alternativen Karnevals in Köln. Propagierte im April 1989 den »ganzheitlichen Karneval ganzjährig« und gründete am 26.4. 1989 mit den »Stunksitzungs«-Freunden Wolfgang Nitschke und Heiner Kämmerer das Kabarett → *Drei Gestirn Köln Eins* mit dem Programm »Kabarett Pur«, aus dem Becker im September 1989 ausschied und von Wilfried Schmickler abgelöst wurde. Brachte 1993 sein erstes Soloprogramm, »Biotop für Bekloppte« heraus, das er mit dem Köln-Historiker Martin Stankowski schrieb (auch als Buch und CD erschienen): »Klüngel und Klerus um Karneval und Kölsch«. Bestritt zahlreiche Hörfunk-Sendungen (so 1993 mit Didi Jünemann die Reihe »Frühstückspause« im WDR II) und Fernsehsendungen (so 1992–1994 als Moderator von »Mitternachtsspitzen«, WDR).

Becker, Jürgen (Hrsg.): *Treffpunkt Theater.* Köln 1993.

Die Bedienten Literarisch-politisches Kabarett in Berlin, entstanden aus dem in Potsdam gegründeten Kabarett »Kaktus«, das nach vier Programmen am 10.4. 1956 verboten wurde. Der Leiter und Darsteller Kurt Noack und der Regisseur, Autor und Darsteller Wolfgang Pirch gründeten daraufhin »Die Bedienten«, die am 7.12. 1957 mit dem Programm »Vorübergehend geöffnet« Premiere hatten. Schon acht Tage später, am 14.12. 1957, wurde das Kabarett in der DDR erneut verboten. Noack und Pirch gingen nach West-Berlin und gründeten das Kabarett neu, das am 15.3. 1959 in der »Schiefen Bühne«, Lutherstraße, mit dem Programm »Bis hierher und so weiter« herauskam. Die musikalische Leitung hatte der Komponist Peter Schirrmann. Es folgten die Programme »Von der Mars bis an den Kreml« (13.6. 1960) und »Curiosum unheilbares Deutschland« (7.10. 1960) mit Noack, Barbara Ratthey, Rotraud Schindler, → *Dieter Hallervorden* und Wilfried Herbst. Wegen des Textes »Was soll mit den deutschen Ostgebieten werden?« von Marcus Scholz kam es im Ensemble zur Spaltung. Hallervorden und ein Teil des Ensembles (Herbst, Schindler u.a.) lösten sich von Noack und gründeten das Kabarett → *Die Wühlmäuse.*
Im neuen Domizil in der Hardenbergstraße kam am 21.1. 1961 das Programm »Lieb Vaterland, schlaf ruhig ein« unter Leitung von Noack und der neuen Geschäftsführerin Ruth Pechner heraus, mit Beate Hasenau, Renate Küster, Herbert Baneth, Günter Bein und Uwe Gauditz, am Klavier begleitet von dem

Komponisten Horst A. Hass. Trotz der Mitarbeit von Kurt Habernoll (Regie) und → *Volker Ludwig* (Texte) stand das Kabarett nach vier weiteren Programmen – »Recht(s) muß Recht(s) bleiben« (20. 4. 1961), »Bleibe im Lande und wehre Dich redlich« (20. 9. 1961), »Wir Mauerblümchen« (15. 32. 1962) und »Status wo?« (27. 10. 1962) mit Beate Hasenau, Pia Trajun, Siegfried Dornbusch, Andreas Mannkopf – vor dem finanziellen Ruin. Im März 1963 kam es zu Kontroversen über die autoritäre Geschäftsführung von Kurt Noack (Pechner war im März 1962 ausgeschieden). Habernoll und Ludwig gründeten 1963 das kurzlebige Kabarett »Schießbude« und dann 1965 das → *Reichskabarett.*

Noack versuchte mit zweitrangigen Texten und Darstellern weiterzumachen (»O mein Europa«, 1963, »Keine Ferien für den lieben Trott, 1964). Im Mai 1964 wurde das Haus in der Hardenbergstraße an Erich Kaub (der hier das → *Bügelbrett* etablierte) verkauft. *Die Bedienten* gingen mit dem Programm »Oben ohne« (8. 10. 1964) mit → *Ortrud Beginnen*, Kathrin Brigl u.a. auf Tournee in die Schweiz, dann nach Frankfurt am Main, wo Noack 1966 mit dem Programm »Eins im Sinn« im Palmengarten seßhaft werden wollte, was aber scheiterte. Noch im gleichen Jahr löste sich das Kabarett auf. Noack, der danach als Fernsehregisseur arbeitete, versuchte sich Anfang der achtziger Jahre als Solokabarettist. Er starb 1987 51jährig in Berlin.

Beginnen, Ortrud ** 5. 2. 1938 Hamburg.*
Kabarettistin, Chansonniere, Schauspielerin
Besuchte seit 1960 das Schauspielseminar der Hamburger Kammerspiele. 1963/1964 spielte sie im Ensemble des Berliner Kabaretts → *Die Bedienten*, 1970 zelebrierte sie im Berliner → *Reichskabarett* die »Merkwürdigkeitenschau« des »Vereins Sorge e. V.«. Im »Reichskabarett« brachte sie auch ihr erstes Soloprogramm »Letzte Rose« (1973) mit Jürgen Knieper am Klavier heraus. 1974 spielte sie im »Action Theatre«, London, in »Travestie der Liebe« und 1975 im »Modernen Theater II« in München in »Memoiren der Isadora Duncan«. Im »Reichskabarett« begann sie 1975 ihr Tourneeprogramm »Fronttheater« (im Duo mit Waltraut Habicht) und spielte ihr Solo »Da schickt der Herr den Henker aus«, beide von Paul Vasil inszeniert. Es folgten die Soloprogramme: »Ich will deine Kameradin sein – Deutsche Helden- und Soldatenlieder« (1980); »Blut und Eisen, dich will ich preisen – Parodien auf Preußen« (1981); »Lieder, Friede, Eierkuchen – Helden- und Soldatenlieder« (1982) mit dem Komponisten und Pianisten Alfons Nowacki. Unter der Regie von James Lyons und mit Michael Kuhlmann am Klavier folgten die Soloprogramme »Deutsche Hausfrau Superstar« (1985); »O solo Mia« (1986); »Man trägt wieder Arsch auf dem Kopf – Geschichten und schmutzige Lieder aus Vaters Land« (1987); »Mein Freund Rudi – Ein Wohltätigkeitsabend für alternde Achtundsechziger« (1989); »Wie werde ich reich und glücklich – Lieder und Geschichten für harte Zeiten« (1990); »1000 Jahre deutscher Humor – Eine Überanstrengung« (1991); zusammen mit Elke Czischek und Gustav Peter Wöhler: »Wir Mädel singen« (1992) und wieder als Soloprogramme: »Halluzinationen – Unvermeidliche Chansons – andersrum« (1993); »Heldengedenktag« (1996) mit Texten von Michael Zochow, die Uli Brühl vertonte. Die Programme entstanden vielfach neben ihren Theaterengagements und Fernsehverpflichtungen. Erhielt 1976 den → *Deutschen Kleinkunstpreis.*

Beikircher, Konrad **22. 12. 1945 Bruneck/Italien.*
Psychologe, Kabarettist, Schauspieler, Kabarettautor, Komponist
Bis 1964 Schulbesuch in Bruneck und Bozen, seit 1964 Studium in Wien, seit dem Wintersemester 1965 in Bonn: Psychologie, Philosophie und Musikwissenschaften, 1970 Hauptdiplom in Psychologie. 1971–1986 Diplom-Psychologe im Justizvollzugsdienst, zuletzt Oberregierungsrat.
Quittierte im April 1986 aus eigenem Antrieb den Staatsdienst, hatte bereits 1978 Gedichte von H.C. Artmann aus »med ana schwoazzn dintn« vertont und war damit bis 1982 aufgetreten. Spielte 1979–1987 in Bonner Bands mit und arbeitet seit September 1984 im WDR 2 Hörfunk an der Sendung »Unterhaltung am Wochenende« als Moderator und als »Frau Roleber/Walterscheidt« (eine böse rheinische Spießbürgerin) mit.
Als Kabarettist trat er erstmals am 28.3. 1978 in der Jazz-Galerie, Bonn, auf. 1985 erstes Soloprogramm »Hirnschale«, danach »Sarens Frau Walterscheidt« (1986); »Konrad Beikircher: Lieder und Texte« (1987); »Himmel un Ääd – Rheinisch beim Wort genommen« (1990); »Notti« (1991); »Wie isset? Jot!« (1993); »Tach Herr von Beethoven« (1994); »Wo Sie jrad sagen: Beikircher« (1995) und diverse kleine Zwischenprogramme.
Seine Programme erschienen als Buch, CD und Video. Er schrieb Texte für die → *Thomas Freitag*-Programme »Die Riesenpackung« und »Hoppla – Ein deutsches Schicksal«, für das Düsseldorfer → *Kom(m)ödchen* und für seine wöchentliche Kolumne im Kölner »Express«. Als Schauspieler und Komponist der Musik wirkte er u.a. in den Filmen »Die Zimmerlinde« (1985), »Da Capo« (1987) mit.

Beikircher, Konrad: *Is doch klar, Frau Walterscheidt…»*. Reinbek 1986. – Ders.: *Notti*. Bonn/Berlin 1992.

Matthias Beltz 1989 in seinem Soloprogramm »Gnade für niemand – Freispruch für alle«

Beltz, Matthias **31. 1. 1945 Wohnfeld (Vogelsberg/Hessen).*
Kabarettist und Kabarettautor
Studierte 1964–1969 in Gießen und Frankfurt/Main Jura und lebt seit 1966 in Frankfurt. Über die Studentenbewegung kam er in die Gruppe »Revolutionärer Kampf« und war in deren Gefolge 1971–1977 Arbeiter im Achsenbau eines Automobilwerks in Rüsselsheim. Gründete im Sommer 1967 mit → *Dieter Thomas* → *Karl Napps Chaos Theater*. Nach dessen Auflösung bildete er zusammen mit Dieter Thomas und → *Hendrike von Sydow* das → *Vorläufige Frank-*

furter Fronttheater. Spielte mit → *Heinrich Pachl* drei Programme: »Propheten« (1986); »Das Geheimnis der Aktentasche« (1988) und »Schritte« (1990). Im Oktober 1988 Mitbegründer und künstlerischer Direktor des Varietés »Tigerpalast« in Frankfurt/Main. Produzierte 1989 zusammen mit Anne Bärenz und Frank Wolff vom Frankfurter Kurorchester gemeinsam das Programm »Liberté, Egalité, Varieté«.

Seit 1989 Soloprogramme: »Gnade für niemand – Freispruch für alle« (1989); »Füße im Feuer« (1991); »Henker gesucht« (1993); »Die paar Tage noch« (seit 1994). 1990, 1992 und 1994 »Reichspolterabend« mit dem Team Matthias Beltz, → *Achim Konejung*, Heinrich Pachl, → *Arnulf Rating*, → *Horst Schroth*. Zahlreiche Fernsehsendungen, u.a. 1991/1992 die ARD-Satire »Nachschlag«. 1993 erhielt er den »Adolf-Grimme-Preis« in Gold und den → *Deutschen Kleinkunstpreis.*

Von Matthias Beltz erschienen in Buchform: *Schwarze Politik – Pamphlet gegen die öffentlichen Harmoniestifter.* Frankfurt/Main 1987; *Die deutsche Opposition.* München 1989; *Gnade für niemand – Freispruch für alle.* Zürich 1990; *Die paar Tage noch.* Zürich 1994; *Schlammbeißers Weltgefühl – Von der Aufdringlichkeit der Gegenwart.* Zürich 1995.

Benatzky, Ralph **5. 6. 1885 Mähring-Budwitz; † 17. 10. 1957 Zürich.*
Komponist, Pianist, Chanson- und Kabarettautor

Nach einer musikalischen Ausbildung in München promoviert er 1911 in Wien in Germanistik zum Dr. phil. 1910–11 ist er musikalischer Leiter des »Kleinen Theaters« in München, 1912–14 des Kabaretts → *Bonbonniere*, München. 1914 beginnt im Wiener Kabarett → *Simplicissimus* die Karriere des Ehepaares Josma Selim und Ralph Benatzky; er dichtet, komponiert und begleitet die meist elegant-frivolen Chansons, die sie vorträgt.

1925 beginnt für die Revue »Für Dich« am Großen Schauspielhaus in Berlin die Zusammenarbeit mit → *Erik Charell*, für den er einige erfolgreiche Operetten schreibt, u.a. »Casanova« (1928), »Die drei Musketiere« (1929) und als Krönung 1930 »Im weißen Rößl«. Danach wendet er sich dem musikalischen Lustspiel zu und wird einer der Pioniere des Musicals mit »Meine Schwester und ich« (1930), »Bezauberndes Fräulein« (1933, Wien) und 1936 in Wien mit »Axel vor der Himmelstür«, worin Zarah Leander zur Diva aufsteigt. 1932 leitet er in Berlin sein eigenes Kabarett »Die Optimisten«.

Benatzky schrieb über 2000 Chansons, an die 200 Filmmusiken, mehr als 50 Bühnenstücke, Romane, Feuilletons und Gedichte. 1938–40 lebte er in der Schweiz. Da er nicht eingebürgert wurde, ging er in die USA und wirkte dort in einigen Kabarettabenden mit. 1948 kehrte er in die Schweiz zurück, wo er 1953 seinen autobiographischen Lebensroman »In Dur und Moll« veröffentlichte.

Benatzky, Ralph: *Ein Lächeln aus Wien – Das Buch der brillanten Chansons.* München/Berlin/Wien 1928.

Bendow, Wilhelm (eigentlich Wilhelm Emil Bodon) **29. 9. 1884 Einbeck; † 29. 5. 1950 Einbeck.* Schauspieler, Humorist, Kabarettist.

Seit 1907 Engagements als Schauspieler an Bühnen in Berlin (Schillertheater, Deutsches Theater) und Hamburg (Deutsches Schauspielhaus, Thalia-Theater). Seit 1922 wieder in Berlin, trat er in verschiedenen Berliner Kabaretts auf, so u.a.

Wilhelm Bendow

in der → *Wilden Bühne* (seit 1921), der → *Rampe* (1923), in seinem eigenen Kabarett, dem → *tütü,* das er in den Räumen der *Wilden Bühne* 1924 ein paar Monate betrieb, ferner mit seinem Repertoire im → *Kabarett der Komiker* (bis 1944), am → *Nelson-Theater* (in den Kabarettrevuen »Der rote Faden« und »Quick«, beide 1930), am *Korso-Kabarett* sowie als Komiker in den Charell-Revuen »An alle« (1924), »Für Dich« (1925), »Von Mund zu Mund« (1926, zu der er auch Texte beisteuerte), »Casanova« (1928). 1930 wirkte er in der Kabarettrevue »So wird's gemacht« von → *Hellmuth Krüger* und → *Karl Schnog* im »Korso-Kabarett« mit.

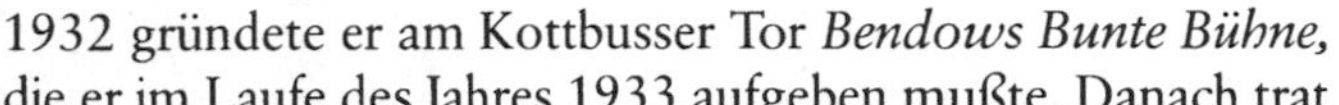

1932 gründete er am Kottbusser Tor *Bendows Bunte Bühne,* die er im Laufe des Jahres 1933 aufgeben mußte. Danach trat er zumeist wieder im »Kabarett der Komiker« auf, wirkte in einigen Filmen mit (»Die göttliche Jette«, »Liebeskommando«, »Münchhausen« u.a.). 1946 war er im wiedererstandenen »Kabarett der Komiker« in der Schaeffers-Revue »Unsterbliches Kabarett« dabei und trat im selben Jahr im »Staubsauger« auf.
Wilhelm Bendow verkörperte den Typ des tuntigen Einzelgängers, der sich in der Tarnkappe des Naivlings über die Zeitläufte lustig macht. Zu seinen Glanznummern in der »Wilden Bühne« und im »Tütü« gehörte Tucholskys politischer Schaubudenmonolog »Die tätowierte Dame«. Heutigen Kabarettfreunden ist zumindest Bendows Stimme vertraut aus der Schallplattenaufnahme des Sketschs »Auf der Rennbahn« (»Wo laufen sie denn, wo laufen sie denn?«).

Bendow, Wilhelm; Schiffer, Marcellus: *Der kleine Bendow ist vom Himmel gefallen.*

Benz, Josef (»Papa Benz«) ** 9. 10. 1863 Gengenbach (Schwarzwald); † 9. 2. 1928 München.* Opernsänger, Gastwirt, Kabarettleiter
Nach seinem Abtritt von der Opernbühne (zuletzt sang er am Münchner »Theater am Gärtnerplatz«) eröffnete Benz im Frühjahr 1900 im Hause seiner Frau (Leopoldstr. 50) in München das »Café Leopold«. Hier trug er bisweilen seine Arien vor, überließ das Podium aber meistens anderen Künstlern. Damit hatte er Deutschlands erste Künstlerkneipe geschaffen.
Bei »Papa Benz« traten u.a. auf: die Brettldichter → *Joachim Ringelnatz,* → *Fred Endrikat,* und die Conférenciers → *Fritz Grünbaum* und → *Adolf Gondrell,* die Komponisten → *Rudolf Nelson* und → *Ralph Benatzky,* die Chansonniere Mary Irber und Benz' Tochter, die nachmalige Stummfilmschauspielerin Lee Parry, sowie → *Karl Valentin* und → *Liesl Karlstadt.* Zu Benzens Stammgästen gehörten Autoren und Zeichner der satirischen Zeitschrift »Simplicissimus« wie → *Ludwig Thoma,* Th. Th. Heine, Rudolf Wilke und der Verleger Albert Langen, die hier Anregungen zu ihren Überlegungen erhielten, in München einen deutschen Ableger des französischen → *Cabaret artistique* zu schaffen.

 Béranger, Pierre Jean de ** 19. 8. 1780 Paris; † 16. 7. 1857 Paris.* Engagierter französischer Chansondichter und Lyriker

Als Bewunderer Napoleons I. geißelte er in seinen auf bekannte Melodien gereimten Spottgesängen mit »Grazie …, feinster Ironie und … meisterhafter Behandlung der Sprache« (Goethe) Korruption, Pfründenwirtschaft und Polizeiwillkür der französischen Restauration. Bérangers Lieder wurden vornehmlich in den Caveaux und Goguettes des frühen 19. Jahrhunderts – einer Art Liedertafeln – gesungen und erfreuten sich außerordentlicher Beliebtheit. Diese Tradition setzten in der zweiten Hälfte des 19. Jahrhunderts die literarischen Clubs fort, von denen über den »Club der Hydropathen« eine gerade Linie zur Gründung des → *Cabaret artistique* verläuft.

Fischer, Jan O.: *Pierre Jean de Béranger.* Berlin 1960. – Remané, Martin (Hrsg.): *Lieb war der König – oh-là-là! – Satirische und patriotische Chansons von Pierre Jean de Béranger.* Berlin 1981.

Berber, Anita ** 1899 Dresden; † 10. 11. 1928 Berlin.* Tänzerin, Schauspielerin

Als Tochter der Kabarettistin → *Lucie Berber* und des berühmten Geigers des Leipziger Gewandhausorchesters, Prof. Felix Berber, begann sie als Hutmodell und nahm mit 16 Jahren Tanzunterricht bei Rita Sacchetto, der großen Tänzerin des Impressionismus. Während des Ersten Weltkrieges besuchte sie die Schauspielschule von Maria Moissi, spielte in Stummfilmen von Richard Oswald: »Dreimädelhaus« 1918; »Die Prostitution« 1919; »Der Graf von Cagliostro« 1920 u. a. Sie tanzte in Berlin 1916 im Apollo-Theater, 1919 im »Wintergarten«, der »Scala« und im Kabarett → *Schall und Rauch* (I). Gab Gastspiele u. a. in Prag, Wien, Budapest. 1920 verpflichtete → *Rudolf Nelson* sie für seine Revuen »Total manoli«, 1921 für »Bitte zahlen« und »Wir stehn verkehrt«, wo sie Shimmy im Smoking tanzte, in einer Mischung aus Grazie und Verworfenheit. Als »tanzende Erlebnissucherin« machte sie bald als Nackttänzerin Schlagzeilen. 1920–23 gab sie Tanzabende mit ihrem zweiten Mann, Sebastian Droste, dem Sohn einer reichen Hamburger Patrizierfamilie. Es entstanden Tänze des »Grauens«, des »Lasters« und der »Ekstase«, mit denen sie 1922–24 u. a. im → *Cabaret Größenwahn*, → *Karussell*, → *Rampe* und »Weiße Maus« gastierte.

Man sah sie in Bars und Nachtlokalen zwischen Hochstaplern und Schiebern, sie nahm Kokain und Morphium. 1925 porträtierte Otto Dix sie als »Göttin der Leidenschaft und des Todes«, ein Bild, das bei den Nazis als »entartet« galt und in der Schweiz versteigert wurde. Von 1926 an war sie als Schauspielerin am Berliner »Intimen Theater« von Gustav Heppner zu sehen, in Stücken wie »Nachtvogel«, »Verlassene« und »Traumspiel« von August Strindberg. Dazwischen ging sie mit dem Deutschamerikaner Henry auf Tournee, mit dem Programm »Die Schiffbrüchigen« und mit dem Tanz »Morphium« (Musik: → *Mischa Spoliansky*), am Klavier begleitet von → *Franz S. Bruinier*, der für sie die Tanzrevue »Die Welt im Spiegel« komponierte. Auf einer Tournee in den Nahen Osten 1927 brach sie in Damaskus zusammen, die Ärzte diagnostizierten »galoppierende Lungenschwindsucht«, an der sie mit 29 Jahren starb.

Rosa von Praunheim verfilmte 1987 ihr Leben unter dem Titel »Anita – Tänze des Lasters« mit → *Lotti Huber.*

Berber, Anita; Droste, Sebastian: *Die Tänze des Lasters, des Grauens und der Ekstase.* Wien 1923. – Fischer, Lothar: *Tanz zwischen Rausch und Tod – Anita Berber 1918–1929 in Berlin.* Berlin 1984.

Berber, Lucie **24. 2. 1877 Masuren (Ostpreußen); † 18. 2. 1954 Berlin.*
Kabarettistin, Chansonniere
Sie heiratete als Lucie Thiem den Geiger Professor Felix Berber (1871–1930), von dem sie ein Kind erwartete, die 1899 geborene → *Anita Berber.* Doch kurz vor Geburt der Tochter trennten sich die Eltern. Lucie Berber begann ihre Karriere 1907 im → *Chat noir,* Berlin (später: »Schwarzer Kater«), wo sie mit Unterbrechungen bis 1914 engagiert war. Sie gastierte u. a. 1910 im → *Linden-Cabaret,* 1920 in der → *Rudolf Nelson*-Revue »Total manoli« und 1923 in der »Bonbonniere«, Zürich. Zu ihrem Repertoire gehörten die Chansons »Brief an den Mond«, »Wat die Biester können«, »Zurück von der Auktion«, »Die Frau über dreißig«, die meisten nach Texten von → *O. A. Alberts,* Willy Achsel, Richard Weininger, vertont von Rudolf Nelson, → *Béla Laszky,* → *Oscar Straus* u. a.
Nach Schließung des Kabaretts im Zweiten Weltkrieg war sie bei der »Deutschen Buchgemeinschaft« in Berlin angestellt. Sie verarmte mehr und mehr und arbeitete in den Nachkriegsjahren als Trümmerfrau.

Berg, Armin **2. 10. 1884 Brünn; † 23. 2. 1956 Wien.*
Humorist, Chanson Autor, -Komponist, Pianist
Seine ersten Erfolge hatte er im »Budapester Orpheum« mit dem Komiker → *Heinrich Eisenbach.* Berg zählte mit → *Franz Engel,* → *Hans Moser* und → *Fritz Grünbaum* vor 1914 zur Spitzenklasse des Altwiener Kabaretts und Varietés, mit einem ausgefeilten Repertoire von Couplets, Witzen, Anekdoten, die sich in Stoff und Vortragsstil ideal mit seiner Persönlichkeit deckten. Ob er vom »Überzieher«, von der »Bundesbahn«, vom »Antiquitätenhändler« oder vom »Kragenknopf« sang – Berg war allezeit ein brillanter Verse- und Witzeerzähler auf der Bühne. »Er selbst war die Type, die er immer darstellte. Der Witz, den er erzählte, brach gleichsam aus ihm heraus; die Pointe, die er servierte, war ein Stück von ihm, ein kleiner Splitter des großen Armin Berg« (Rudolf Weys).
1938 emigrierte er in die USA, wo er mit seiner bodenständigen Kunst nicht Fuß fassen konnte. Nach seiner Rückkehr 1949 nach Wien hatte er gelegentlich Auftritte im → *Simplicissimus* (Wien) und gab einige Gastspiele in Amsterdam und Zürich.

Berg, Jimmy **1909 Wien.* Komponist, Pianist, Kabarettautor
Er begann 1927 in Wien im »Jüdisch-Politischen Cabaret« von → *Oscar Teller,* wo er in fünf Programmen mitwirkte. Als Hauskomponist und musikalischer Leiter wirkte er 1935 im Wiener Kabarett → *ABC,* danach im »Regenbogen«. 1938 Flucht vor den Nazis nach Amerika, wo er als Autor, Komponist und Begleiter für das 1943 von Erich Juhn und Oscar Teller gegründete Exilkabarett → *Die Arche* tätig war. Nach dem Zweiten Weltkrieg war Berg Redakteur der »Voice of America« und trat bis 1957 gelegentlich noch in Kabarett-Veranstaltungen auf.

Ein Abend im Cabaret zum hungrigen Pegasus

Berliner Kneipenbrettl Im Gefolge der Berliner → *Überbrettl* seit dem Januar 1901 etablierten sich kleinere Brettl in verschiedenen Berliner Lokalen, die meisten in der Nähe der Potsdamer Straße.
Als erstes eröffnete der Maler Max Tilke im Hinterzimmer eines italienischen Restaurants am Kaiserin-Augusta-Ufer (Besitzer: Carlo Dalbelli) das »Cabaret zum hungrigen Pegasus«. Tilke, als Maler so erfolglos wie einst → *Rodolphe Salis,* hatte nach einem Aufenthalt in Spanien in Paris das → *Cabaret artistique* kennengelernt und versuchte nun, dessen Geist in seine Gründung zu verpflanzen.
In geselliger Künstler- und Literatenrunde eröffnete er jeden Samstag um 23 Uhr die Vorstellung mit einer launigen → *Conférence,* griff dann zur Gitarre und sang andalusische Volkslieder. Nun entrollte sich ein teils geplantes, teils improvisiertes Programm: Junge Dichter, eigens engagiert, trugen ihre Gedichte vor, eine Dichterin mit dem Künstlernamen »Dolorosa« (recte: Maria Eichhorn) sprach ihre schwül-sinnlichen Verse, ein Maler namens Molly Griebel begleitete sich auf dem Banjo zu »Negersongs«, und Georg David Schultz sang zur Laute eigene Chansons, tanzte und plauderte. Als literarische Stammgäste traten zuweilen auf: → *Peter Hille* mit eigenen Gedichten und Aphorismen, → *Erich Mühsam* mit seinen Verssatiren, → *Roda Roda* mit seinen selbsterlebten Anekdoten und Grotesken sowie → *Hans Hyan* mit seinen Versen aus dem Milieu der Berliner Unterwelt und seine Frau, Käthe Hyan, die zur Laute teils die von ihr vertonten Chansons ihres Mannes, teils volkstümliche und Liebeslieder sang.
Wegen der Zensurgefahr mußten die Kabarettabende als geschlossene Veranstaltungen deklariert werden. Zur Kostendeckung ließ der Wirt einen Sammelteller herumgehen. Später zog der »Hungrige Pegasus« in ein italienisches Weinrestaurant in der Markgrafenstraße um und ging im Frühjahr 1902 ein.
Wenige Wochen nach Eröffnung des *Hungrigen Pegasus* etablierte Hans Hyan im Saal von »Schröders Restaurant« in der Steglitzer Str. 18 seine »Silberne Punschterrine«. Hier conférierte er mit dem groben Charme seines Vorbilds → *Aristide Bruant* und trug unter seinen Chansons auch eine Nachdichtung von Bruants »A la Roquette« ins Berlinische vor. Ferner traten auf: Käthe Hyan, Dolorosa und Johannes Cotta.
Gespielt wurde einmal wöchentlich. Auch hier lebte man von Spenden. Die »Silberne Punschterrine« bestand bis 1904. Im Januar 1902 machte sich Georg David Schultz mit seinem »Poetenbänkel zum siebenten Himmel« in »Colsters

Weinrestaurant« neben dem »Theater des Westens« in der Kantstraße selbständig. Hier wurde allnächtlich gespielt. Für diese »geschlossenen Veranstaltungen« erhob Schultz eine »Garderobengebühr« von drei Mark und saftige Weinpreise. Seine Attraktion war seine Geliebte und spätere Ehefrau, »Marietta di Rigardo«, mit spanischen Tänzen. Außerdem traten bei ihm Peter Hille, Roda Roda und Erich Mühsam auf. Der »Siebente Himmel« bestand bis zum Jahre 1903 (nach anderen Angaben sogar bis 1906), er gehörte jedenfalls zu den langlebigsten Kneipenbrettln der Überbrettl-Bewegung.

Im Herbst 1901 hatte → *Danny Gürtler* Unter den Linden seine »Schminkschatulle« eröffnet. Um sich als dem faszinierenden Mittelpunkt her gruppierte er eine Schar unbedeutender Künstler, die als Gage pro Abend (gespielt wurde dreimal wöchentlich) zwei Mark und ein Gulaschgericht bekamen. Gürtler deklamierte hier mit gewaltigen Pathos eigene, literarisch allerdings wertlose Gedichte sowie Dichtungen von Heinrich Heine.

Als bedeutsamer für das deutsche literarische Kabarett erwies sich das »Cabaret zum Peter Hille«, das sich am 1. 1. 1903 in Dalbellis Weinrestaurant am Kaiserin-Augusta-Ufer im Raum des vormaligen »Hungrigen Pegasus« einrichtete. Hier sammelten sich jeden Montagabend um Peter Hille gleichgesinnte und gleichgestimmte Dichterfreunde, so Else Lasker-Schüler, Richard Dehmel, → *Hanns von Gumppenberg* und → *Erich Mühsam*, und trugen sich gegenseitig und den anwesenden Gästen ihre Dichtungen vor. – Insgesamt gab es in Berlin, zumindest im Jahre 1901, rund vierzig Kneipenbrettl, die aber alle bald eingingen.

Bernauer, Rudolf **20. 1. 1880 Wien; †27. 11. 1953 London.*
Schauspieler, Kabarettautor und Theaterleiter in Berlin
Kam 1899 als Volontär an das »Deutsche Theater«, Berlin, spielte auch kleine Rollen und wirkte 1901 am → *Schall und Rauch* (I) mit. Rief im selben Jahr mit seinem Kollegen Carl Meinhard → *Die Bösen Buben* ins Leben (Premiere: 16. 11. 1901 im »Künstlerhaus«, Bellevuestraße, vor geladenem Publikum), für das er Couplets und Literaturparodien (»Nora«, »Die einsamen Menschen vom Schliersee« u.a.) mit aktuellen politischen Seitenhieben schrieb und auch selber darin mitwirkte.

Nach dem Ende der »Bösen Buben« 1905 schrieb Bernauer Couplet- und Chansontexte für → *Rudolf Nelson* und noch später Lustspiele und Libretti zu Erfolgsoperetten von Walter Kollo (»Wie einst im Mai«, »Filmzauber« u.a.). – Seit 1902 Regisseur am »Deutschen Theater«. Übernahm mit Meinhard 1906 das »Lessing-Theater«, 1907 das »Berliner Theater«, 1911 das »Theater in der Königgrätzer Straße«, 1913 das »Komödienhaus«. Emigrierte 1933 nach England.

Bernauer, Rudolf: *Das Theater meines Lebens.* Berlin 1955.

Bielefeldt, Dirk **14. 5. 1957 Hamburg.* Kabarettist und Kabarettautor
Seine durch zahlreiche Fernsehsendungen bekannt gewordene Figur des Herrn Holm – als Polizisten, Jäger und Förster – hatte er lange beim Straßentheater gespielt. Im Februar 1991 brachte er als Polizist Holm sein erstes Soloprogramm »Herr Holm – keiner für alle« heraus und spielte es über dreihundertmal. Am 26.9.

 1994 hatte sein zweites Soloprogramm »Herr Holm – Der Aufklärer« Premiere. Diese Figur hat Dirk Bielefeldt auch in zahlreichen Fernsehsendungen eingesetzt, wo er in Uniform, mit Hornbrille, schlurfendem Gang und biederer Aktentasche unablässig quasselnd die Staatsbürgerkunde aus dem Beamtenalltag mit trockenem Humor ad absurdum führt.

Bienert, Olaf ** 13. 9. 1910 Gleiwitz; † 23. 9. 1967 Berlin.* Komponist, Pianist
Nach dem Abitur in Gleiwitz absolviert er ein Musikstudium in Breslau und Berlin. Das Geld für das Studium verdient er sich durch Klavierspielen, seit 1932 zusammen mit → *Günter Neumann.* Nach 1945 arbeitet er freischaffend als Komponist, Dirigent und Pianist, hauptsächlich für den RIAS (Rundfunk im amerikanischen Sektor) in Berlin und fürs Fernsehen und Theater. Popularität erlangte er als Komponist und Begleiter des Kabaretts → *Der Insulaner.*
Insgesamt schrieb er ca. 1500 Chansons und Lieder, darunter 12 deutsche Musical-Adaptionen (z.B. »Stop The World«), zu Spielfilmen (u.a. »Movie Crazy«, »Berliner Ballade«, »Metropolis«, »Eva im Frack«). Für Rundfunk- und Fernsehsendungen und für Schallplattenaufnahmen schrieb er Chansons auf Texte von → *Mascha Kaléko,* → *Fred Endrikat,* → *Erich Kästner,* → *Robert T. Odeman*, Wilhelm Busch, Mischa Mleinek, Curth Flatow und Horst Pillau. Von → *Kurt Tucholsky* vertonte er 25 und von → *Joachim Ringelnatz* 30 Chansons.

Otto Julius Bierbaum. Zeichnung: Olaf Gulbransson

Bierbaum, Otto Julius **28. 6. 1865 Grünberg (Schlesien); † 1. 2. 1910 Dresden.* Lyriker, Romancier, Chansonautor
Bierbaum entwickelte mit seinem Roman »Stilpe« (1897) die Idee eines »Literatur-Varieté-Theaters« zur literarischen und künstlerischen Veredelung des Tingeltangelbetriebes seiner Zeit. 1900 legte er mit der Herausgabe einer Sammlung »Deutscher Chansons (Brettl-Lieder)« zusammen mit → *Frank Wedekind,* → *Ernst von Wolzogen,* Detlev von Liliencron, Richard Dehmel, Gustav Falke, Arno Holz, Rudolf Alexander Schröder u.a. den literarischen Grundstein des → *Überbrettls.*
Bierbaum verstand diese Art, »das ganze Leben mit Kunst zu durchsetzen«, als »Angewandte Lyrik«. Bereits 1898 ventilierte er mit Wedekind die Möglichkeiten der Gründung eines deutschen → *Cabaret artistique.* – Am 29. 12. 1901 eröffnete er im Zuge der Überbrettl-Bewegung in Berlin das »Trianon-Theater«, mußte es aber bereits Ende Februar 1902 schließen. Berühmt wurden Bierbaums im »Bunten Theater (Überbrettl)« vorgetragenes Chanson »Der lustige Ehemann« (Musik: Oscar Straus) und sein volksliedhaftes »Laridah«. Literarische Qualität zeigen sein »Lied in der

Nacht« und »Im Schlosse Mirabell«, beide in der Vertonung durch → *Hannes Ruch* von → *Marya Delvard* bei den → *Elf Scharfrichtern* gesungen.

Bierett, Doris ** 17. 1. 1944 Hahnenklee.*
Kabarettistin, Schauspielerin, Chansonniere
Noch während ihrer Ausbildung 1960 am UFA-Nachwuchs-Studio, Berlin, und 1961–1963 an der Max-Reinhardt-Schule, Berlin, begann sie 1962 als Kabarettistin in der → *Friedrich Hollaender*-Revue »Hoppla auf's Sofa« am »Berliner Theater« und spielte danach 1963 an der »Neuen Bühne Berlin« von Jule Hammer, 1964 bei den → *Wühlmäusen* in »Bonn Quichotte«; 1965 bei den → *Amnestierten* in »Bal paré«; 1965 am Berliner → *Reichskabarett* in den Programmen »Kein schöner Land« (1965); »Bombenstimmung« (1966); 1968 an den »Kammerspielen«, Düsseldorf, in der → *Joachim Hackethal*-Revue »Vorbei die Maskerade«; 1970 im → *(Kleinen) Renitenztheater* in »Hören, sehen, abschalten«. Trat seit 1971 verstärkt in Musicals (»Can Can«; »Irma la Douce«; »Hello Dolly«; »Cabaret« u.a.) und Kabarett-Revuen auf, u.a. in der Reprise »Alles Theater« von → *Günter Neumann*, »Dann wieder rechts«; »Sehn'se, das ist Berlin«.
Eigene Chanson-Abende gab sie mit dem Komponisten und Pianisten Christoph Rueger: »Unter der Laterne« (1982); »Chansons aus dem Zylinder« (1983); »Berlin uff'm Sofa« (1985); »Die sieben Todsünden« (1989); »Bierette sich, wer kann« (1990); »Wenn ich mir was wünschen dürfte« (1991). Zahlreiche Platten, Rundfunk- und Fernsehsendungen. Seit 1983 Lehrauftrag für Chanson in Köln und seit 1992 Fachvermittlerin für Musical bei der ZAV/ZBF in Frankfurt am Main.

Wolf Biermann 1980 im »unterhaus«, Mainz

Biermann, Wolf ** 15. 11. 1936 Hamburg.* Politischer Liedermacher
Stammt aus einer kommunistischen Arbeiterfamilie. Ging nach Gymnasium 1953 in die DDR, machte 1955 Abitur und studierte bis 1957 Politische Ökonomie. Danach 1957–1959 Regieassistent am »Berliner Ensemble«, wo er die entscheidenden Begegnungen mit → *Bertolt Brecht* und → *Hanns Eisler* hatte und nach den Vorbildern François Villon, Bertolt Brecht, Heinrich Heine, Georges Brassens erste Lieder schrieb. Nennt sich → *Liedermacher* in Anlehnung an Brechts Begriff »Stückeschreiber«. 1959–1964 studierte Biermann Philosophie und Mathematik an der Hum-

 boldt-Universität, Berlin. 1961/62 gründete er das »Berliner Arbeiter- und Studententheater (b.a.t.)« in der Belforter Straße, das noch vor der Eröffnung verboten wurde. 1962/63 Mitwirkung bei Lyrikabenden, u.a. an der Deutschen Akademie der Künste (hier von Stefan Hermlin vorgestellt), zeitweiliges Auftrittsverbot. 1964 Gastspiele im Berliner Kabarett → *Die Distel* und in der BRD; hier erscheint 1965 seine erste Schallplatte »Wolf Biermann (Ost) zu Gast bei → *Wolfgang Neuss* (West)«, mit dem gemeinsam er 1965 auf der Abschlußkundgebung des Ostermarsches in Frankfurt/Main auftrat, wovon in der DDR private Tonbandmitschnitte kursierten. 1975 erhielt er erneut Auftritts- und Publikationsverbot im Umfeld des 11. Plenums des ZK der SED (Dezember 1975). Im September 1976 in einer Prenzlauer Kirche erster öffentlicher Auftritt nach elf Jahren. Im November 1976 erteilte ihm die DDR überraschend ein Aus- und Wiedereinreisevisum für einen Besuch der BRD. Nach seinem ersten Konzert vom 13. 11. 1976 (Veranstalter: IG Metall, mit TV-Übertragung) verweigerte sie ihm die Wiedereinreise und aberkannte ihm gegen die Proteste vieler Künstler, Schriftsteller, Politiker und einfacher DDR-Bürger die DDR-Staatsbürgerschaft. 1980 machte er eine Tournee durch die BRD und ging im Winter 1980/81 mit seinem »Wintermärchen« auf eine Tournee durch Frankreich.

Am 1./2. 12. 1989 besuchte er erstmals nach der Wende die DDR und nahm zusammen mit Jürgen Fuchs aus dem Munde von Kulturminister Dietmar Keller die Entschuldigung der Regierung für das ihm zugefügte Unrecht entgegen. Es folgten Konzerte in Leipzig und Berlin.

1974 erhielt Biermann den Jacques-Offenbach-Preis der Stadt Köln, 1979 den → *Deutschen Kleinkunstpreis* in der Sparte Chanson.

Biermann, Wolf: *Alle Lieder.* Köln 1991. – Keller, Dietmar (Hrsg.): *Biermann und kein Ende. Eine Dokumentation zur DDR-Kulturpolitik.* Berlin 1991. – *In Sachen Biermann* – Protokolle, Berichte und Briefe zu den Folgen seiner Ausbürgerung. Berlin 1994.

Biermös'l-Blos'n Bayerische Volksmusikgruppe, bestehend aus den Brüdern Hans Well (* 1. 5. 1953), Michael Well (* 10. 10. 1958) und Christoph Well (* 3. 12. 1959) aus Nassenhausen bei Pfaffenhofen westlich München.

Den Söhnen eines Lehrers und Volksmusikanten begann 1978 die herkömmliche bayerische Volksmusik nicht mehr zu genügen. Sie begannen, zu bekannten bayerischen Volksweisen sowie zu eigenen Kompositionen im alten Stil eigene satirische Texte zu singen und damit die Wirklichkeit des modernen Landlebens, das heißt seine Zerstörung anzuprangern. Dazu gehörte für sie die durch den Bau von Kernkraftwerken heraufbeschworene radioaktive Gefahr. Es konnte nicht ausbleiben, daß sie ihre satirische Kritik auf die Vorgänge bei den Massenverhaftungen Nürnberger Jugendlicher 1981 ausdehnten. Weil sie dabei den Rücktritt des bayerischen Innenministers forderten und auch, weil sie den Text der bayerischen Hymne satirisch abwandelten, wurden und werden sie nicht im Bayerischen Rundfunk und Fernsehen gesendet.

Sowohl literarisch wie musikalisch ist der Vortrag der *Biermös'l-Blos'n* von außerordentlicher Qualität. Namentlich Christoph Well spielt sieben Instrumente so vollendet, daß er als Solotrompeter in die Münchner Philharmoniker aufgenommen wurde. Während Christoph an der Münchner Musikhochschule Musik

studierte, studierten seine Brüder Hans Germanistik und Michael Sozialpädagogik. Seit Herbst 1980 treten sie meist zusammen mit → *Gerhard Polt* auf. Mit ihm und wechselnden Partnern wirkten sie auch in den satirischen Stücken von → *Hanns Christian Müller* an den Münchner Kammerspielen mit, so in »München leuchtet« (1984), »Diridari« (1988) und »Tschurangrati« (1993). Gastspielreisen führten die Gruppe durch Bayern und auch durch Norddeutschland (u.a. 1983 gastierten sie im → *Kom[m]ödchen*) und im September 1983 nach Schweden, wo sie in den Goethe-Instituten von Stockholm, Malmö und Göteborg auftraten. Auch an Demonstrationen gegen Kernkraftwerke, für amnesty international oder für die SPD (»Aktion für mehr Demokratie«, 1984; »Aufruf zur Phantasie«, 1985 u.a.) sowie bei zahlreichen Festivals und Kabarett-Tagen nehmen sie als kabarettistische Gesangsgruppe teil. 1981 erhielten sie den Förderpreis zum → *Deutschen Kleinkunstpreis.*
Der bayerische Staatliche Förderungspreis für Darstellende Kunst für 1985 wurde der Gruppe trotz des Vorschlags der Jury vom bayerischen Kultusminister verweigert, woraufhin das Jurymitglied Dieter Dorn, Intendant der Münchner Kammerspiele, aus Protest aus der Jury austrat.

Biermös'l-Blos'n: *Das Liederbuch.* Zürich 1994.

Birkenmeier, Michael **5. 1. 1956 Basel.*
Kabarettist, Kabarettautor, Komponist, Pianist
Die Geschwister Sibylle und Michael Birkenmeier traten zuerst, noch als Schüler, im November 1973 mit eigenen Chansons und Sketschen im Kleintheater »Rampe«, Bern, auf. 1982 stellte Michael Birkenmeier sein erstes Soloprogramm »Schmerzartikel« vor. Zusammen mit seiner Schwester Sibylle bestritt er dann die Programme »Stich ins Harz« (1983–1985); »Dasein im Design« (1986–1988); »Quadratschläge« (1989–1991). Als Michael Birkenmeier erkrankte (aber weiterhin die Texte schrieb), trat Sibylle Birkenmeier in dem Soloprogramm »Menschenskinder« (1991–1993) und mit Klaus, einem weiteren Bruder, als Duo »Mobilitête« (1993–1995) auf. Erst 1995 machten Sibylle und Michael Birkenmeier wieder ein Duoprogramm: »Der Mund ist aufgegangen«.
Für ihr literarisch-musikalisches Schweizer Kabarett, das sie auf vielen Gastspielreisen in Deutschland und Österreich präsentierten, erhielten sie die Preise: → *Salzburger Stier* (1984); → *Deutscher Kleinkunstpreis* (1986); »Oltener Tanne« (1988).

Es sind alle so nett – Szenen, Lieder, Monologe aus dem Kabarett der Eidgenossen. Berlin 1993.

Blackout (englisch = »dunkel machen«) Ursprüngliche Bezeichnung für die abrupte, übergangslose Abdunklung der Kabarettbühne nach der Schlußpointe einer Nummer – eine Methode der Nummernscheidung, die bereits das → *Überbrettl* kannte (nach einem Zeugnis Alfred Kerrs, der in der Rezension eines Programms des Kabaretts *Charivari* in Juli 1901 vermerkte: »... nach jeder Nummer wurde die Bühne verfinstert« in: »Die Welt im Drama«, Berlin 1917, Seite 341). Später wurde der Begriff auf eine kurze Szene, einen gespielten, dialogisierten Witz ausgedehnt, nach deren Pointe schlagartig das Licht ausgeht. Diese Methode, im deutschen

 Kabarett erst seit 1945 verwendet, wurde vom politisch-satirischen Kabarett der sechziger Jahre (→*APO-Kabarett*) verworfen mit der Begründung, sie ermögliche bzw. erleichtere es dem Publikum, die Pointe als solche zu genießen, ohne über Ursachen und Hintergründe des derart aufgespießten Mißstands nachzudenken. Weiterhin verwendet wird der Blackout (Kurzform: Black) als szenischer Einschub in Reportagen oder als Serie mehrerer aneinandergekoppelter Blacks zu einem gleichbleibenden Thema oder zu einem Thema mit gleichem →*Aufhänger* (Blackfolge).

»Blackout« mit dem Programm »Mach's noch mal Noah!« (1983) Oben v.l.: Uli Bauer, Angelika Beier, Erika Fischer, Sol de Sully, Hans Heumann; vorne v.l.: Walter Zauner, Mike Baran, Thomas Bogenhausen Foto: Raimund Kutter

Blackout Politisch-satirisches »Revuekabarett« (Eigenbezeichnung) in München, gegründet 1. 1. 1979 von vier ehemaligen Mitgliedern des Gewerkschaftskabaretts »Münchner Sati(e)rschutzverein«: → *Walter Zauner*, Hans Heumann, Angelika Beier und Sol de Sully sowie Michael Baran von den »Lampenputzern«, → *Uli Bauer* und Annette Hopfenmüller. Erstes Programm: »Wer nicht stören will, muß fühlen« (3. 5. 1979 im »Hinterhoftheaterl«, München, Gabelsbergerstr. 50, später Am Hart, bis 20. 11. 1981). Nach fünf Wochen Tournee durch die südliche BRD brachten sie ihr zweites Programm, »... und bewahre uns vor der Erlösung«, heraus (22. 10. 1980 bis 22. 12. 1981).

Am 4. 5. 1981 verbot ihnen der Kanzler der Katholischen Universität Eichstätt den angekündigten Auftritt wegen antiklerikaler Tendenzen. Nach erneuter Tournee durch die südliche BRD stellten die *Blackouts* am 23. 7. 1981 ein sogenanntes »Zwischenprogramm« mit Gästen vor: »Im Thal der Wülste« (Text und Musik von Peter Jacobi, Laufzeit bis 23. 9. 1981). Weitere Programme: »Stille Nacht, bis es kracht« (1982); »Die Sark-Astro-Show« (1983); »Mach's noch einmal, Noah« (1983); »Im Land des Hechelns« (1985); »Blackouts Rache« (1986); »Manns-Bilder« (1987); »Die Geldinger Pest« (1988); »Die unsägliche Seichtigkeit des Scheins« (1988); »Wackeln im Sturm« (1989). Hauptautoren: Walter Zauner und Sol de Sully. Hauptkomponisten: Walter Zauner, Thomas Bogenberger. Alle Mitwirkenden musizieren, singen und tanzen.

1992 löste sich *Blackout* auf. 1987 hatte sich daneben unter der Regie von Günter Knoll das »Aschentonnenquartett« mit Peter Bachmeyer, Uli Bauer, Angelika Beier und Walter Zauner gegründet, die im von Knoll gegründeten »Hinterhoftheater«, München, bis 1993 fünf Programme herausbrachten. Sol de Sully gründete nebenbei 1986 das »Collage-Theater«, das am 14. 6. 1986 sein erstes Programm, »Herzglück« (mit Uli Bauer, Bruno Hetzendorfer, Klaus Kohler, Sol de Sully), herausbrachte. Weitere Programme: »Manns-Bilder« (1988); »Der Geist ist billig, und das Fleisch ist schwach – Eine Jura-Soyfer-Revue« (1989); »Die Odyssee zum hohen C« (1990); »Triffst du Schubert unterwegs« (1990); »Du verstehst mich nicht« (1991) und »Das faule Ei des Kolumbus« (1992). Hauptautoren des »Collage-Theater« waren Sol de Sully und Bruno Hetzendorfer. 1993 wurde das »Collage-Theater« aufgelöst. Seit 1990 treten unter dem Namen »Bauer, Beier, Zauner« Uli Bauer, Angelika Beier und Walter Zauner auf. Ihrem ersten Programm »Eine Chance für die Triebe« (1990) folgten die Programme »Endstation Phallbeil« (1993) und »Die Schöne, das Tier und der Depp« (1995).

»Der Blaue Vogel« um 1925

Der Blaue Vogel Russisches, literarisch-folkloristisches Emigrantenkabarett. Stark beeinflußt vom ersten russischen Kabarett, der 1908 aus dem Moskauer Künstlertheater hervorgegangen »Letučaja Myš« (Fledermaus). In ihr wurden vor allem Literaturparodien aufgeführt, so auf Maurice Maeterlincks damals beliebtes Stück »Der blaue Vogel«. Von ihm leitete sich der Name des von J. Duvan-Torzoff 1921 in der Goltzstr. 9 zu Berlin gegründeten, unter der Leitung von J. D. Jushnij und mit seinen Conférencen

berühmt gewordenen Kabaretts her. Ausgedehnte Tourneen führten den »Blauen Vogel« mit über 3000 Vorstellungen bis 1931 durch die ganze Welt.
Der *Blaue Vogel* brachte bilderbuchartige Szenen aus dem russischen Volksleben, streng stilisiert in Darstellung, Klang, Bewegung, Rhythmus, Bühnenbild und Kostümen. Sozialkritik trat, wenn überhaupt, in der Verkleidung des Malerischen, Romantisierenden hervor, ob Soldaten, Bäuerinnen oder Jushnijs berühmt gewordene »Wolgaschlepper« (»Burlaki«). Die Zeitkritik lag in der Überzeichnung des Typischen. Zwischen den einzelnen Nummern (im ganzen waren es über siebzig) durchbrach Jushnij den Expressionismus des Gebotenen mit seinen in einem drolligen Deutsch gehaltenen realistischen Plaudereien.
Der Versuch russischer Künstler, das Kabarett nach 1945 in München wiederzubeleben, schlug unter den völlig veränderten Bedingungen fehl.

Der blaue Vogel – Alben des russisch-deutschen Theaterkabaretts. Berlin 1922ff.

Die Bodenkosmetikerinnen Politisch-satirisches, deutsch-türkisches »Putzfrauen-Kabarett« vom »Arcadas-Theater«, Köln, seit 1995. Mit sechs Frauen in ihrem ersten Programm »Die Türkinnen kommen« (1995), zeigen sie das Entstehen von Vorurteilen bei den Deutschen auf.

Bogner, Franz Josef ** 19. 6. 1934 Limburg.*
»Literarisch-mimischer Solokabarettist« (Eigenbezeichnung Bogner)
War bis 1963 Justizbeamter »auf Lebenszeit«, ließ sich nebenher als Schauspieler und Pantomime in Frankfurt/Main, Essen und Paris ausbilden. Schrieb 1958 erste Kabarettexte. Gründete 1963 mit → *Hans Jürgen Rosenbauer* das Studentenkabarett → *Die Freimauler* und arbeitete mit ihm als Autor, Hauptdarsteller und Regisseur.
Von 1964 bis 1967 führte er die Arbeit der »Freimauler« in Frankfurt/Main mit Hans J. Rosenbauer weiter. Deren letztes Programm (»DAS arabische SYSTEM«) spielte er 1970 als Solokabarett weiter. Seitdem bereist Bogner als Einzelkabarettist das In- und Ausland. Sein Repertoire umfaßt – mit aktualisierenden Abwandlungen und Ergänzungen – die Programme »BOGNERS FAUST-THEATER«, »BOGNERS CLOWN-THEATER« (I–IV), »MEMOIREN EINES CLOWNS«, »BOGNERS LACH-SPEZIAL, BOGNERS VIEHISCHES KABARETT.« 1977 erhielt er den → *Deutschen Kleinkunstpreis.*
Bei seinen zahllosen Auftritten im In- und Ausland sah sich Bogner ärgerlichen Reaktionen des Publikums bis hin zu Morddrohungen und Mordanschlag ausgesetzt, das seine »nationalen« oder »religiösen« Gefühle durch ihn verletzt sah. Gleichzeitig erhielt er hymnische Kritiken, u.a. bei seinen Gastspielen auf internationalen Theaterfestivals. Seine Auftritte im Fernsehen wurden teils gekürzt, teils durch visuelle und akustische Überlagerungen partiell unkenntlich gemacht.

Götz, Arnold: *Bogners Clowntheater »Sisyphos« – Darstellung und Wirkungsweise des Clownesken zwischen »Kritischer Selbstreflektion« und »Unterhaltung«.* Frankfurt/Main 1991.

Bohème (frz. Boäm, zu mlat. Bohemus = Böhme, Zigeuner) Ursprünglich Bezeichnung für das ungebundene Leben der Zigeuner, wohl, weil diese über Böhmen nach Westeuropa eingewandert waren. Im 19. Jh. auf das »Zigeunerleben« der freischaffenden Pariser Künstler übertragen, wurde das Wort – ohne Akzent – schließlich international zur Bezeichnung für eine innere und äußere Lebenshaltung in freischweifender Unbekümmertheit, wie sie der Bohèmien auf dem Pariser Montmartre und im 20. Jh. im Quartier Latin praktizierte.
Als Boheme verstand man in Deutschland um die Jahrhundertwende die Gemeinschaft der Künstler und Literaten, die sich von allen Himmelsrichtungen her im Münchner Bezirk Schwabing angesiedelt hatten, um hier Kunst und Leben frei zu gestalten.
Aus der geistigen Verwandtschaft dieser Schwabinger Boheme mit der Pariser Bohème entstanden um die Jahrhundertwende nach dem Vorbild des → *Chat noir* und des → *Mirliton* die ersten deutschen Kabaretts, vielfach angestoßen von französischen Künstlern (→ *Marya Delvard*, → *Marc Henry* bei den → *Elf Scharfrichtern* und später in Berlin von den hugenottenstämmigen Georg David Schulz vom »Cabaret zum siebenten Himmel« und → *Hans Hyan* von der »Silbernen Punschterrine«). In loser Verbindung zum Kabarett entwickelte sich dann in Berlin eine Boheme, deren herausragende Gestalten der Dichter → *Peter Hille* und der Schauspieler und Kneipenbrettl-Wirt → *Danny Gürtler* waren.
Nach dem Zweiten Weltkrieg lebte die Musiker- und Maler-Boheme in den Trümmern Berlins in Gestalt der Literaten und Künstler der → *Badewanne* und der → *Quallenpeitsche* wieder auf, sowie Ende der sechziger Jahre in dem vagabundierenden Wissenschaftler und Künstler → *Rolf Schwendter* und dem Kabarett und Zeitschriften-Autor → *Horst Tomayer.* Ausgeweitet wurde der Begriff nach 1945 international auf die Existentialistenkeller, die Beatniks, Hippies, Provos und die Subkultur.

Murger, Henri: *Bohème – Szenen aus dem Pariser Leben.* Paris 1883/Berlin o.J. – Bab, Julius: *Die Berliner Boheme.* Berlin 1904. – Höxter, John: *So lebten wir – 25 Jahre Berliner Boheme.* Berlin 1929. – Kreuzer, Helmut: *Die Boheme – Beiträge zu ihrer Beschreibung.* Stuttgart 1968.

Böhm, Max **23. 8. 1916 Teplitz-Schönau; †26. 12. 1982 Wien.*
Schauspieler, Komiker, Kabarettist, Conférencier
Zunächst studierte er in Berlin Schauspiel und war dann an verschiedenen Provinzbühnen engagiert, trat jedoch auch in Berlin und Prag auf. 1940–44 spielte er bis zu seiner Einberufung Komödienrollen am Schauspielhaus Bremen. Nach dem Krieg wirkte er im Kabarett »Eulenspiegel« (1945–47) in Linz mit.
Von 1956 an gehörte »Maxi«, wie ihn seine Freunde nannten, siebzehn Jahre zum Ensemble des → *Simplicissimus* (Wien), wo er mit → *Karl Farkas* und → *Ernst Waldbrunn* viele Doppelconférencen kreierte. Er war ein hinreißender Blödler auf der Bühne, zugleich ein hervorragender Imitator. 1976 wurde er festes Mitglied am »Theater in der Josefstadt«, daneben wirkte er viele Jahre am Rundfunk und Fernsehen und conférierte in zahlreichen Kleinkunstbühnen.

Böhm, Maxi: *Bei uns in Reichenberg – Unvollendete Memoiren* (Fertig erzählt von Georg Markus). Wien 1983.

36 **Böhme**, Olaf **23. 9. 1953 Dresden.*
Schauspieler, Kabarettist und Kabarettautor
Promovierte nach dem Mathematikstudium 1972–1976 an der Technischen Universität, Dresden, 1983 auf dem Gebiet der Wahrscheinlichkeitstheorie. Arbeitete seit 1985 in der freien Theater- und Filmszene in der DDR und ist seit 1986 hauptberuflich Leiter des »theaters 50« in Dresden. Spielt seit Herbst 1987 seine Soloprogramme als betrunkener Sachse: »Böhmesche Dörfer«; »Ein Weinen nur und nur ein Lachen« (1987); »Ein Schloß im Wörtersee« (1992); »Und nachts krachen die Kasper« (1992); »4 Jahre deutsche Einheit – 4 Jahre betrunkener Sachse« (1994) und »Die Liebe und der Anarchist – Sachse ahoi!« (1995).

Böhnke, Gunter **1. 9. 1943 Dresden.* Kabarettist und Kabarettautor
Studierte am Leipziger Lehrerseminar und beteiligte sich dort 1966 an der Gründung des Kabaretts → *academixer.* Neben dem Lehrerberuf weiter als Kabarettist tätig. Tritt seit 1988 freischaffend im Duo mit → *Bernd-Lutz Lange* auf, in den Programmen: »Mir fangn gleich an« (1988); »Land in Sicht« (1989); »So sinn mir Saggs'n« (1990); »Wir sehn uns noch« (1992); »Zeitensprünge« (1994).
Als erste Ostdeutsche teilten die beiden in der ARD dreizehnmal den »Nachschlag« aus und zeigten in einer zwölfteiligen Fernsehproduktion des Mitteldeutschen Rundfunks den »Sachsen von Kopf bis Fuß«.

Bois, Curt **5. 4. 1901 Berlin; †25. 12. 1991 Berlin.*
Schauspieler, Kabarettist, Chansonnier
Wurde mit sieben Jahren anstelle seiner älteren Schwester Ilse – auch sie Kinderstar und später erfolgreiche Bühnen- und Film-Komikerin – als Heinerle in Leo Falls Operette »Der fidele Bauer« engagiert. (Premiere: 23.10. 1908 im »Theater des Westens«, Berlin). Es folgten weitere Kinderrollen und 1914–20 Theatertourneen als »Salonhumorist« durch Europa, gelegentlich auch Filmarbeit. 1920 holte ihn → *Rudolf Nelson* an seine Berliner »Künstlerspiele«, wo er in den Revuen »Total manoli« (1920); »Bitte zahlen« (1921) und »Wir stehn verkehrt« (1921) mitwirkte. 1922 gastierte er an der → *Wilden Bühne*, 1923 am Kabarett → *Die Rampe* (Berlin), 1925 im → *Cabaret Größenwahn* und spielte 1926 in der Erik Charell-Revue »Von Mund zu Mund«. Zu seinen u.a. von → *Mischa Spoliansky* und → *Friedrich Hollaender* komponierten, später durch den Tonfilm und Schallplatten verbreiteten Schlagerchansons gehören: »Ich mache alles mit den Beinen«, »Guck doch nicht immer nach dem Tangogeiger hin«, »Der kleine Wolf aus Olmütz« u.a., in denen er die oft skurrilen Nonsens-Texte bis in den Scat-Gesang auflöste. 1926 war er erstmals am → *Kabarett der Komiker* engagiert, wo er u.a. in den Revuen »Kitty macht Karriere« (1927); »Halloh Überfall« (1927) mitspielte. Mit Max Hansen verfaßte er 1931 den Schwank »Dienst am Kunden« und inszenierte und spielte 1932 Friedrich Hollaenders Revue »Frankensteins unheimliche Geschichte«.
Sein Tonfilmdebüt »Der Schlehmil« wurde 1931 zum Überraschungserfolg. Es folgten: »Ein steinreicher Mann« (1932); »Scherben bringen Glück« (1932) u.a.
Am 7.2. 1933 emigrierte Bois mit seiner Frau, der Soubrette Hedi Ury, über Wien, Prag, Paris und London nach New York. 1935/1936 wirkte er in einigen Broad-

way-Inszenierungen mit und zog weiter nach Hollywood, wo er etliche Filme drehte: »Hotel Imperial« (1939); »Casablanca« (1942); »Cover Girl« (1943) u.a. 1950 kehrte er nach Deutschland zurück, spielte zuerst in Ost-Berlin Theater (»Der Revisor«, 1950; »Herr Puntila und sein Knecht Matti«, 1952 u.a.), seit 1954 in West-Berlin. Bis 1985 wirkte er in zahlreichen Theateraufführungen (»Was ihr wollt«, 1957; »Androklus und der Löwe«, 1958; »Der eingebildete Kranke«, 1964 u.a.), Filmen (»Das Spukschloß im Spessart«, 1960; »Ganovenehre«, 1964; »Der Pott«, 1970 u.a.) und Fernsehspielen mit (»Haus Vaterland – Eine sehr deutsche Revue«, 1983; »Kleine Stadt, ich liebe Dich«, 1984; »Adieu Claire«, 1985; »Der Himmel über Berlin« (1986).

Bois, Curt: *Zu wahr, um schön zu sein – Autobiographie.* Berlin 1980.

Bonbonniere (Hamburg) Literarisches Kabarett in Hamburg, Raboisen 19. Eröffnet am 29. 12. 1945 von Heinz Strohkark und → *Lotar Olias* (künstlerischer Leiter) mit dem Programm »Das ganze Leben ist ein Karussell«. Texte schrieben: Bob Iller, Heinz Pauck, → *Paul Schneider-Duncker,* die Musik komponierte und begleitete Lotar Olias. Die Programme wechselten monatlich.
1946 kam als Autor → *Dirks Paulun* dazu, 1947 → *Eckart Hachfeld* (bis 1949), 1949 → *Wolfgang Neuss* und → *Dieter Thierry.* Unter den Mitwirkenden waren u.a. Kirsten Heiberg, → *Ursula Herking,* Paul Hörbiger, Iska Geri, Günther Jerschke, Gerda Maurus, → *Hubert von Meyerinck,* → *Wolfgang Müller,* Wolfgang Neuss, → *Erik Ode,* → *Ralf Wolter* und Ingeborg Wellmann. Regie führten: Erik Ode, → *Rudolf Platte,* Siegfried Breuer u.a. Komponisten waren: Michael Jary, Willi Kollo, Hans Martin Majewski, Lotar Olias, Peter Sandloff und Norbert Schultze. Diese Namen verraten, daß die *Bonbonniere* in Hamburg unmittelbar nach dem Zweiten Weltkrieg ein Treffpunkt versprengter Schauspieler und Komponisten war.
Mit ihrem letzten Programm (»Endstation – alles einsteigen!«) vom November 1950 hörte sie zu existieren auf. Bei einem Gastspiel in West-Berlin 1951 blieb das Kernensemble unter dem Namen »Die Haferstengels« (Ursula Herking, Wolfgang Neuss, Ruth Stephan, Dieter Thierry, Ralf Wolter) in Berlin. Nach Auflösung des Ensembles gingen die Mitglieder teils zu den → *Stachelschweinen,* teils machten sie eigene Programme im → *Nürnberger Trichter.*

Bonbonniere (München) Gehobenes Unterhaltungskabarett mit literarischen Intermezzi. Gegründet 1910 von Hans Meßthaler und → *Gussy Holl* am Kosttor in München (nahe dem Platzl) in einem ehemaligen Café.
Als Meßthaler 1911 starb, ging Gussy Holl nach Berlin und begann ihre Karriere als Chansonniere und Parodistin. Die *Bonbonniere* übernahm der Gastronom Hans Gruß und machte sie zur Spielstätte für viele bekannte Kabarettisten. Zum musikalischen Leiter bestellte er → *Ralph Benatzky,* als Conférenciers verpflichtete er → *Fritz Grünbaum,* → *Willi Schaeffers* und andere. Um 1925 war → *Friedrich Hollaender* künstlerisch-musikalischer Leiter des Unternehmens. Es gastierten u.a.: Max Adalbert, Willi Forst, → *Peter Kreuder,* Lore Leux, Harry Liedtke, Pola Negri, → *Rudolf Nelson,* Asta Nielsen und → *Frank Wedekind.*

 Im September 1924 wurde die politisch-satirische Revue »Bis hierher und nicht weiter!« von Leopold Schwarzschild mit Chansons von → *Walter Mehring*, Heinrich Mann und Siegfried von Vegesack und der Musik von Peter Kreuder aufgeführt. 1930 übernahm → *Adolf Gondrell* die *Bonbonniere* und leitete sie bis zu ihrer Zerbombung 1944. Unter seiner Ägide gastierten hier u.a.: → *Lale Andersen*, → *Fred Endrikat*, Walter Hillbring, → *Ernst Klotz* und → *Joachim Ringelnatz*.
Am 1. 1. 1933 begann in der *Bonbonniere* die → *Pfeffermühle* ihren – kurzfristigen – Münchner Spielbetrieb.

Herbert Bonewitz 1987 in seinem Soloprogramm »Nur keine Panik«

Bonewitz, Herbert **9. 11. 1933 Mainz.*
Komponist, Kabarettist, Kabarettautor
Studierte in Mainz Psychologie und Publizistik, begann 1956 eine kaufmännische Lehre und ein Fernstudium für Grafiker. Seit 1969 Werbeleiter bei den Hakle-Werken, Mainz. Seit 1950 Pianist und Arrangeur bei verschiedenen Chören und Kapellen. Chorleiter und Autor bei den »Gonsbachlerchen«. Debütierte im Fernsehen »mit Gesangstrio und Akrobatik am Flügel« (Bonewitz). Trat 1953 erstmals in der Fernsehfastnachtssendung »Mainz, wie es singt und lacht« auf, seit 1968 in der TV-Sendung »Mainz bleibt Mainz«, in beiden als Büttenredner. 1975 setzte er als Büttenredner aus und debütierte im Winter 1975 als Kabarettist im → *unterhaus* mit seinem Programm »Ein Narr packt aus«, das auch vom Fernsehen übertragen wurde.
Mit seinem »Humoratorium« unter dem Titel »Na, denn viel Spaß!« bekam er am 27. 4. 1977 Ärger mit den Fernseh- und Fastnachtsgewaltigen wegen der angeblichen »Unausgewogenheit« seiner Büttenreden. Bonewitz packte, wie DIE WELT am 29. 2. 1976 schrieb, »seinen Koffer voll Erfahrung aus, und heraus kommt herbe Kritik am ›Narren-Establishment‹, an den Humor-Organisatoren, den geldgierigen ›Berufs-Karnevalisten‹, den ›falschen Autoritäten und ihrer Selbstgefälligkeit‹, den alten Zöpfen und verstaubten Traditionen, der Fernsehfastnacht und dem snobistisch-›feinen‹ Publikum«. Seitdem macht Bonewitz nur noch Kabarett im »Unterhaus«, u.a. mit den Programmen »1, 2, 3 – wo ist der Mensch?» (1980), »Alles nur halb so wild« (April 1981), »Wahn-sinnig ... komisch!« (November 1981). Im Oktober 1983 beschloß Bonewitz, nie mehr in die Bütt steigen und seine Stellung als Werbeleiter bei Hakle aufgeben zu wollen. Er gastiert seither an zahlreichen Kleinkunstbühnen und bezieht mit seiner Mundartkomik, seinen Genre-Bildchen über Kleinbürger und seinen pointenreichen Geistesblitzen kabarettistische Opposition als Gesellschaftskritik in den bisher weiteren zehn Programmen, u.a.: »Total im Bild« (1983), »na, denn ... viel Spaß« (1984), »Mund zu – Ohren auf« (1986), »Nur keine Panik« (1987), »Flügel-Schläge« (1990), »Kopfsalat und Sperrmüll« (1993) und zu seinem zwanzigjährigen Kabarettjubiläum in der »satirischen Inventur«: »Blick zurück nach vorn« (1995).

📖 *Typisch Bonewitz. Satiren von A–Z.* Mainz 1993.

Borchardt, Ulf ** 15. 5. 1939 Berlin.*
Schauspieler, Kabarettist, Kabarettautor, Regisseur
War neben dem Studium der Theaterwissenschaft, Philosophie und Germanistik an der Freien Universität Berlin (1961–1965) Regieassistent (1962–1965) an der »Vagantenbühne«, Berlin. 1965–1967 Ensemblemitglied des Berliner Kabaretts → *Die Wühlmäuse.* 1967–1970 Duoprogramme mit → *Helmut Ruge* bei den → *Münchner Hammersängern.* 1970–1972 Regisseur und Schauspieler am Heidelberger »Zimmertheater« und »Jungen Theater«, Göttingen. Im Dezember 1981 animierte ihn Andreas Zimmermann vom »Berliner-Keller-Kabarett«, dort ein Solo zu spielen. Seitdem hat Borchardt, anfangs mit Texten von Helmut Ruge, dann mit eigenen Texten, elf Programme herausgebracht und auf Tourneen gespielt.

Börner, Edith ** 17. 9. 1955 Dortmund.*
Schauspielerin, Kabarettistin und Kabarettautorin
Nahm nach Studium der Sozialarbeit und Schauspielunterricht an der »Düsseldorfer Werkstatt« Unterricht in Stimmausbildung an der »Schauspielschule Bochum« und 1986–1989 Gesangs- und Tanzunterricht. Wirkte seit 1976 in verschiedenen freien Theatergruppen und seit 1979 auf Tourneen in ganz Deutschland mit dem Kabarett »Extra Dry« (→ *Extra Zwei*). 1988–1992 gehörte sie zum Ensemble des Theaters »Courage«, Essen, und 1988 zur Gruppe der »Improtheaters Emscherblut«. Spielte 1993 in der Frauenrevue »Blutjung, bildschön und zu allem bereit« der »Bloody Girls«. Daneben seit 1987 Soloprogramme: »Hören Sie Mal« (Frauen-Monologe von Jane Martin) und die Kabarettsoli »Pampers, Pömps und Paragliding« (1992); »Brutal Vital« (1995).

Die Bösen Buben Literarisches Kabarett in Berlin, ins Leben gerufen von den Schauspielern am Deutschen Theater → *Rudolf Bernauer* und Carl Meinhard und bestehend aus den beiden sowie Paul Schweiger und Dr. Leo Wulff. Ähnlich wie das → *Schall und Rauch (I),* bei dessen Vorstellungen Bernauer mitgemacht hatte, pflegten die *Bösen Buben* in erster Linie die Dramenparodie.

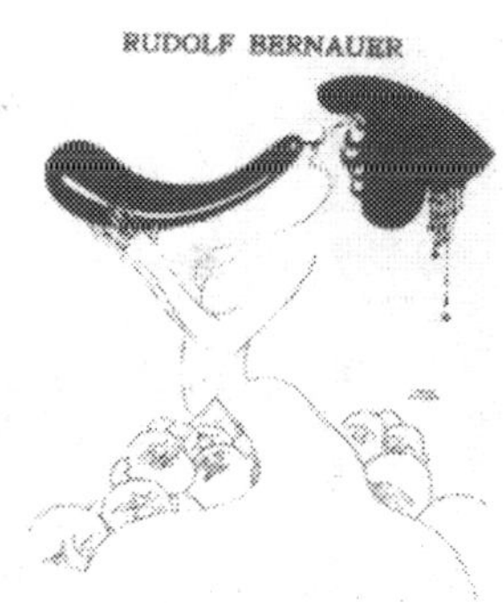

Titelseite der Liedertexte von Rudolf Bernauer

Die erste Vorstellung fand am 16. 11. 1901 im »Künstlerhaus« an der Bellevuestraße vor geladenen Gästen statt. Danach spielte die Gruppe nur sporadisch (etwa ein- bis zweimal im Jahr) für ein ausgewähltes Publikum. Ihre Parodien spickten sie mit Anspielungen auf aktuelle, meist literarische und politische Ereignisse. Bekannt wurde ihre Parodie auf Ibsens »Nora« mit deutlichen Seitenhieben auf die Großmannssucht Kaiser Wilhelms II., ferner ihr Terzett »Die Minderwertigen« mit der jungen Tilla Durieux als Partnerin (eine Satire auf die Gerichtspsychiatrie) sowie Bernauers Couplet »Und Meyer sieht mich freundlich an« mit der Musik des Hauskomponisten Leo Fall, das zu einem Berliner Gassenhauer wurde. Seit 1903 veranstalteten Meinhard und Bernauer zusätzlich die »Bösen-Buben-Bälle«. Das Kabarett hielt sich – auch dank der Seltenheit seiner Vorstellungen – bis 1905.

Brasch, Helmut ** 15. 8. 1913 Berlin; † 2. 7. 1987 München.*
Schauspieler, Kabarettist, Kabarettautor
Studierte Schauspiel bei Paul Bildt in Berlin. Nach ersten Engagements in der Provinz beteiligte er sich 1938 an der Gründung des Kabaretts »Dachluke«, das kurz danach von der Gestapo geschlossen wurde. Spielte nach 1945 am »Hebbel-Theater«, Berlin. War als Leiter, Autor und Darsteller an der Neugründung der »Dachluke« beteiligt, die am 1. 8. 1947 im Berliner Kabarett → *Ulenspiegel* eröffnet wurde, mit dem Conférencier → *Thierry*, Ilse Petri, Klaus Becker, Eva Schuch, Waldemar Pottier u.a., am Flügel begleitet von dem Komponisten des Programms, → *Erich Einegg*. Nach nur einem Programm eröffnete Brasch im Mai 1948 mit → *Ralf Wolter* als Komponist und Pianist und den Darstellern Ursula Schwenzer, Pepi Vogel, Horst Butschke (der seit 1950 im Düsseldorfer → *Kom(m)ödchen* spielte) und Günter Pfitzmann das Kabarett »Zaungäste«, das in den Besatzungszonen mit dem Programm »Ein-, Aus- und Durchblicke« gastierte.
Danach war Brasch 1950 an dem Kabarett → *Struwwelpeter*, Frankfurt/Main engagiert, gründete 1951 mit → *Werner Finck* in Stuttgart das Kabarett → *Mausefalle* und schrieb Texte für das Düsseldorfer → *Kom(m)ödchen* (1953) und für den Berliner »Rauchfang« (1955). 1956–1958 spielte er mit knittrigem Charme und mit bröckelig knarzender Stimme am Münchner Kabarett → *Die kleine Freiheit* in vier → *Friedrich Hollaender*-Revuen und danach bis 1975 in verschiedenen Theaterstücken. Als Initiator eines »Münchner Mitternachtstheater« veranstaltete er am 13. 6. 1973 eine nostalgische Nachtrevue, bei der → *Hanns Christian Müller* sein Debüt als Regisseur gab und zum ersten Mal → *Gerhard Polt* und Gisela Schneeberger auf der Kabarettbühne standen.

Bertolt Brecht singt seine Chansons, 1921

Brecht, Bertolt ** 10. 2. 1898 Augsburg † 14. 8. 1956 Ost-Berlin.*
Lyriker, Dramatiker, Theoretiker und Regisseur
Schon als Gymnasiast vom → *Bänkelsang* des → *Frank Wedekind* beeindruckt, dessen Balladen er gern zur Gitarre vortrug, schrieb und trug Brecht bald eigene Balladen (»Die Legende vom toten Soldaten«) und Moritaten (»Apfelböck«) vor und sang in seinem Erstlingsdrama »Baal« bei einer Aufführung durch die »Junge Bühne« in Berlin den »Choral vom großen Baal« unsichtbar zur Gitarre.
Kabarettistisch beeindruckte ihn in seinen Münchner Jahren vor allem → *Karl Valentin,* in dessen Ensemble er zeitweise mitspielte, und zwar als Flötist in der Szene »Die Oktoberfestschaubude«. Am Tage nach der Premiere seines Kriegs-

heimkehrerstücks »Trommeln in der Nacht« an den »Münchner Kammerspielen« 1922 fand nach der Vorstellung als kabarettistisches Mitternachtstheater die Aufführung der »Roten Zibebe« von und mit Brecht statt. Als zweites Kabarettstück der »Roten Zibebe« brachte Brecht Karl Valentins Szene »Das Christbaumbrettl« heraus.
Im Januar 1922 trat Brecht (sein einziger Auftritt in einem originären Kabarett) in der → *Wilden Bühne* in Berlin auf, wo er seine »Legende vom toten Soldaten« vortrug und damit einen Skandal im Publikum entfesselte. Mit der Einführung des → *Songs* in seine gesellschaftskritischen Stücke – vor allem in der »Dreigroschenoper«, 1928, und »Aufstieg und Fall der Stadt Mahagonny«, 1930, mit der Musik von → *Kurt Weill* – führte Brecht (neben anderen wie → *Walter Mehring* und Georg Kaiser) das kabarettistische Element des direkten Ansprechens bzw. Ansingens des Publikums in die zeitgenössische Dramatik ein. Immer wieder verwendete er die Form lose aneinandergereihter Szenen (wie in »Furcht und Elend des Dritten Reiches«) oder des pointierten Dialogs (wie in den »Flüchtlingsgespräche«). Zahlreich waren seine Kampflieder für den → *Agitprop,* die meisten vertont von → *Hanns Eisler* (»Solidaritätslied«, »Einheitsfrontlied«, »Zu Potsdam unter den Eichen« u.a.). Mit ihnen schlug er die Brücke von Wedekind zu den politischen → *Liedermachern* der sechziger Jahre.

Brecht, Bertolt: *Gesammelte Werke in 20 Bänden.* Frankfurt/Main, 1967. – Dümling, Albrecht: *Laßt euch nicht verführen – Brecht und die Musik.* München 1985. – Mittenzwei, Werner: Das Leben des Bertolt Brecht, Frankfurt/Main 1987.

Brehm, Erich ** 12. 9. 1910 Berlin: † 15.11. 1960 Ost-Berlin.*
Kabarettautor, -leiter, -theoretiker
Ursprünglich Mathematiklehrer, Schulrat. Schrieb seit 1950 als freier Autor Sketsche und Chansons für die Kabaretts → *Frischer Wind* und (seit 1953) die → *Distel,* die er 1953 gründete und deren Direktor er bis 1958 war. Brehm gründete 1945 das erste Ost-Berliner Nachkriegskabarett, das »Kiki«. Er arbeitete an der satirischen Zeitschrift »Eulenspiegel« mit und schrieb Drehbücher für die satirische DDR-Propagandasendung »Das Stacheltier«.

Brettl (Bayerisch = »kleines Brett«) Im Volksmund die seit etwa 1870 aufgekommenen Amüsierlokale mit Gesangs- und Tanzdarbietungen (→ *Tingeltangel,* → *Varieté,* Singspielhallen). Bei Übernahme der Form wollte das → *Überbrettl* die Inhalte der dort gesungenen, meist chauvinistischen und/oder vulgär-sexuellen Couplets literarisch »veredeln«. Heute bezeichnet der Begriff »Brettl« ein Kabarett in kleinem Rahmen (→ *Kneipenbrettl*), in dem Autoren allein oder mit anderen Amateuren auftreten.

Breuer, Thomas C. ** 5. 10. 1952 Eisenach.*
Liedermacher, Kabarettist und Kabarettautor
Lebt seit 1977 als freier Schriftsteller in Heidelberg. Seit dem 30.12. 1977 erste Auftritte als Liedermacher im Duo mit Thommie Bayer, der auch seine Texte vertonte. Mit Bayer und Werner Bodinek machte Breuer unter dem Titel »Die drei Männer, die sich Pferd nannten« drei Programme: »Ritt zurück im Zorn« (1988);

 »Das Jahr des Pferdes« (1990) und »Some like it hot« (1992). Daneben spielte Breuer auf verschiedenen Kleinkunstbühnen sein »Lesekabarett«: »Generalprobe« (1978); »Tourist im eigenen Land« (1979); »Kulturschockschwerenot« (1980, als Buch: Trier, 1980); »Zeitgeist-Surfing« (1982); »Vater bringt uns noch mal unter Mutter Erde« (1982); »Das Trockengewitter findet im Saale statt« (1983); »Exotick« (1984, als Buch: Heidelberg, 1984); »Einer fliegt übers Kuckucksei« (1986); »Schnell Époque« (1987, als Buch: Hamburg, 1987); »Das gewisse Etwas ist ein Dingsbums« (1989); »Sisyphos auf der Rolltreppe« (1990); »Café Jähzorn« (1992, als Buch: Heidelberg, 1992); »Espresso« (1995). Neben seiner regelmäßigen Rundfunkarbeit bei WDR, HR und SDR schreibt er zahlreiche satirische Bücher.

Brix, Fifi (eigentlich: Lore Wittek) ** 16. 12. 1932 Berlin.*
Chansonniere, Textautorin, Komponistin, Pianistin
Wollte Konzertpianistin werden. Sang, um das Studium zu finanzieren, Lieder und Chansons zur eigenen Klavierbegleitung, zuerst im Juli 1958 in → *Willi Schaeffers'* Berliner Kabarett »Tingel Tangel«. Nach zahlreichen Gastspielen mit von ihr vertonten und z. T. selbstgeschriebenen Texten (u. a. von → *Kurt Tucholsky,* → *Erich Kästner,* → *Fred Endrikat,* → *Ernst Klotz,* → *Mascha Kaléko,* → *Robert T. Odeman,* → *Fritz Grasshoff,* Jacques Prévert) hatte sie ihren künstlerischen Durchbruch 1967 im Münchner »Alten Simpl« mit dem Programm »Play Brix«. 1968 erhielt sie den »Schwabinger Kunstpreis«, im selben Jahr machte sie sechs Fernsehsendungen beim NDR unter dem Titel »Play Brix« (Regie: Heinz Dunkhase). 1971 spielte sie in Hamburg mit → *Gert Fröbe* das Duoprogramm »Cocktail«.
Seitdem gastiert sie an allen Kleinkunstbühnen mit ihrem flotten Berliner Mundwerk und immer wieder neuen Chansontexten (von Gerd Wenzel, Wolfgang Malessa u. a.), oft zur klassischen Musik (von Bach, Mozart, Beethoven, Schubert, Liszt u. a.) mit ihren Programmen: »Fifi Brix – live« (1971); »Verbrixt und zugenäht« (1975); »Fifis Festspiele« (1978).

Bronner, Gerhard ** 23. 10. 1922 Wien.* Kabarettautor, Komponist, Kabarettist
Nach der Annektion Österreichs 1938 floh Bronner als Fünfzehnjähriger nach Brünn und ging über England nach Palästina. Schlug sich als Plantagenarbeiter und als Barpianist in Nachtlokalen durch. 1948 nach Wien zurückgekehrt, arbeitete er als Pianist mit eigenen Chansons in der »Marietta-Bar«, trat gastweise im → *Simplicissimus* (Wien) auf und stieß 1950 auf die Gruppe → *Helmut Qualtinger,* → *Michael Kehlmann* und → *Carl Merz,* zu deren satirischem Parodiestück »Reigen 51 – 10 Variationen auf ein Thema von Schnitzler« er die Musik und vom Klavier aus die gesungenen Conférencen beisteuerte.
Im Herbst 1952 brachte die Gruppe an gleicher Stelle (»Kleines Theater im Konzerthaus«) ihr erstes reines Kabarettprogramm, »Brettl vorm Kopf«, heraus (in dem Qualtinger Bronners Chanson »Der g'schupfte Ferdl« sang). Durch Kehlmanns und Bronners Weggang nach Hamburg zum NDR brach die Gruppe 1953 auseinander. Bronner wurde musikalischer Leiter in der Unterhaltungsabteilung des NDR-Fernsehens, kehrte aber 1955 nach Wien zurück. Sang und spielte in der nun von ihm gepachteten »Marietta-Bar«, anfangs mit → *Peter Wehle,* dann mit → *Georg Kreisler* als Partner. Im Sommer 1956 pachtete er das »Intime Theater«

und brachte dort 1956 das Programm »Blattl vorm Mund« (darin sein von Qualtinger gesungenes Chanson »Der Halbwilde«) und (nach einem unpolitischen Intermezzo mit Bronner-Wehles musikalischem Lustspiel »Ich und der Teufel« und einer »beflügelten Kabarettrevue« mit dem Titel »Brettl am Klavier« von und mit Gerhard Bronner, Georg Kreisler, Peter Wehle und Herbert Prikopa) 1957 »Glasl vorm Aug'« heraus, beide mit Helmut Qualtinger, Georg Kreisler, Peter Wehle, Louise Martini, Carl Merz und sich selber.

Ein Jahr lang ohne festes Haus, spielte die Gruppe ihr Programm »Spiegel vorm G'sicht« 1958 weiter im Österreichischen Fernsehen mit so großem Erfolg, daß nur noch die Sportschau mehr Zuschauer anzog und daß aufgrund von Bronners Chanson »Der Papa wird's schon richten«, gesungen von Qualtinger, der österreichische Unterrichtsminister Hurdes zurücktreten mußte. Im Oktober 1959 eröffnete Bronner das von ihm erworbene → *Neue Theater am Kärntnertor* mit der – noch immer – namenlosen Truppe und dem Programm »Dachl überm Kopf«, dem im Oktober 1960 das Programm »Hackl vorm Kreuz« folgte (darin Bronners »Die Ottomanen«).

Als Interpret fremder Texte bekannt wurde Bronner vor allem in den »Travniček«-Duos mit Qualtinger (Texte: Merz-Qualtinger). Als sich Qualtinger Anfang 1961 von der Gruppe abwandte, führte Bronner das Theater zunächst mit einem Gastspiel des Grazer Studentenkabaretts → *Der Würfel* und dann mit Eva Pilz, Peter Wehle und sich selbst angereicherten »Würfel«-Programmen (»Wedl sei der Mensch«, 1961 und »Sumper fidelis«, 1962) sowie mit unpolitischen eigenen Programmen mit Peter Wehle als Partner fort, bis er das Haus am 20. 2. 1966 schloß.

Seither trat er zeitweise wieder im »Simplicissimus« (Wien) auf und betreute seit 1963 im Österreichischen Fernsehen die Sendereihe »Das Zeitventil«. Nebenher übersetzte und bearbeitete er zwischen 1971 und 1976 so bekannte amerikanische Musicals wie »Cabaret«, »Alexis Sorbas« und »Promises, Promises« und erstellte von »My Fair Lady« eine österreichische Fassung. Seit 1973 trat er mit Elfriede Ott in Duoprogrammen in Wien (»Theater in der Josefstadt«), München (»Theater Die Kleine Freiheit«), Salzburg (Festspiele) und seit 1979 im eigenen Kabarett, der »Fledermaus« in Wien, auf. Seit 1970 betreibt Bronner ein eigenes Film- und Fernsehstudio.

Gerhard Bronner hat in den fünfziger Jahren als Textautor, Komponist und Interpret wesentlich dazu beigetragen, das Wiener Kabarett auf ein bis dahin nie so geschlossenes künstlerisches und satirisches Niveau zu heben. Dies machten vor allem seine hohe Musikalität und die daraus fließenden, ins Ohr gehenden Chansons möglich, dazu der leichthin strömende und doch ins Schwarze treffende Witz seiner Texte und die unaufdringliche spielerische Intellektualität seiner Selbstinterpretation. Zusammen mit den anderen Autoren-Komponisten-Interpreten Kreisler und Wehle sowie dem erzkomödiantischen Temperament Qualtingers und der literarischen Qualität von Carl Merz gelang der namenlos gebliebenen Gruppe unter Bronners Initiative eine Art satirisch-musikalisch-dramatisches Gesamtkleinkunstwerk, wie es das deutschsprachige Kabarett vorher nur in Ansätzen gekannt hatte.

Bronner, Gerhard: *Die goldene Zeit des Wiener Cabarets.* Andrä-Wördern 1995.

Aristide Bruant. Lithographie: Henri de Toulouse-Lautrec, 1893

Bruant, Aristide ** 6. 5. 1851 Courtenay; † 11. 2. 1925 Paris.*
Chansonautor und Chanteur (Auteur-Compositeur-Interprète)
Erster großer Chansondichter und -interpret des Kabaretts, anfangs im → *Chat noir* (Paris), seit 1885 in seinem eigenen Cabaret → *Le Mirliton*, davor, dazwischen und danach in den → *Cafés-concert* von Paris.
Der Sohn eines kleinen Landbesitzers mußte, als sein Vater verarmte, mit fünfzehn Jahren das Gymnasium verlassen und ging zu einem Goldschmied in die Lehre. Im Deutsch-Französischen Krieg von 1870 vorübergehend Freischärler, ging Bruant nach dem Krieg nach Paris und wurde dort Frachtbriefschreiber an der Gare du Nord. In den Garküchen und Kneipen des Pariser Nordens lernte er das Proletariat, noch näher das Subproletariat der Hauptstadt kennen und mögen. Er lernte ihren Argot und schrieb und sang darin das Hohelied der Ausgestoßenen und Entrechteten in seinen »Chansons réalistes«, die Volksdichtung im echten und künstlerisch besten Sinne waren (»A Montmerte«, »A Montrouge«, »A Saint-Ouen«, »A Saint-Lazare« u. v. a.).
Äußerlich fand der der oberen Mittelklasse entstammende Bruant seinen Stil in dem plakativ-berühmten Aufzug, in dem Toulouse-Lautrec ihn gemalt hat. Sein Ärger über das ungenierte Kommen und Gehen der Gäste im »Mirliton« während seines Chansonvortrags riß ihn zu drastischen Beschimpfungen hin, die er, als er merkte, daß die Beschimpften dies besonders genossen, zur Routine machte. Bruants großes Entertainertalent hatte der Journalist, Schlager- und Chansonautor Jules Jouy entdeckt, als er ihn in den Cafés-concert in Zylinder, Lackschuhen und buntgestickter Weste leichte Schlager singen hörte. Er schrieb ihm ein paar Lieder des leichten Genres und führte ihn in den → *Chat noir* (Paris) ein. Hier erst entwickelte Bruant seine spezifische Note, die ihn später sporadisch auf die Varietébühne zurückführte, diesmal als den Sänger des Volkes.
So bauten die »Concerts des Ambassadeurs« auf den Champs-Élysées das »Mirli-

ton« naturgetreu auf ihrer Riesenbühne nach und ließen Bruant in seiner typischen Kostümierung seine großen Chansons singen. 1890 gab Bruant seine Chansons unter dem Titel »Dans la rue« gesammelt heraus. 1895 zog er sich vom »Mirliton« und vom Montmartre zurück und verbrachte sein letztes Lebensdrittel, reich und konservativ geworden, fern von den einst Besungenen auf seinem Landsitz nahe seinem Geburtsort Courtenay. Eine kurz vor seinem Tode 1924 aufgenommene Schallplatte gibt eine schwache Vorstellung von seinem starken Chansonvortrag.

Remané, Martin (Hrsg.): *Aristiac Bruant – Chansons.* 2 Bde. Ahrensburg 1956/66. – Rösler, Walter: *Aristide Bruant – Am Montmartre.* Wien 1987.

Die Brücke Politisch-satirisches Kabarettkollektiv in Berlin, gebildet im Mai 1931 aus politisch aktiven Künstlern der → *Katakombe* wie → *Ernst Busch,* → *Annemarie Hase,* → *Rudolf Schündler,* → *Erik Ode,* Fritz Genschow, Renée Stobrawa. Texte schrieben u.a.: → *Julian Arendt,* → *Max Colpet,* → *Robert Gilbert* (unter dem Pseudonym »David Weber«), → *Kurt Tucholsky* u.a. Die Musiken komponierten → *Hanns Eisler* und Erwin Straus. In der *Brücke* sang Ernst Busch u.a. Gilberts »Ballade von der Krüppelgarde« und Tucholsky-Eislers »Anna Luise«.

Bruinier, Franz S. **13. 5. 1905 Biebrich; † 31. 7. 1928 Berlin.*
Komponist, Pianist
Besuchte 1920 die Berliner Hochschule für Musik und wurde mit achtzehn Jahren seit 1923 in der Berliner Kabarettszene aktiv. Er begleitete den Chansonnier → *Jean Moreau* und unternahm mit dem Conférencier Fritz Junkermann ausgedehnte Gastspielreisen. Er komponierte für → *Anita Berber* die Tanzrevue »Die Welt im Spiegel«. 1927 begleitete er am Klavier die Berber mit Partner Henry bei Auslandsgastspielen. Im selben Jahr wirkte er mit seinem Bruder August im Berliner Kabarett → *MA* in der Begleitband »Sid Kay's Fellows« mit. Zwischendurch war er musikalischer Leiter für Luise Werckmeisters »Sommertheater im Zoo« und komponierte für Vicky Werckmeister (die Tochter von Luise) zahlreiche Chansons (»Wer niemals küßt«, »In China nah bei Tietsien« u.a.). Im November 1925 vertonte er → *Bertolt Brechts* »Ballade vom Soldaten« und das »Lied vom Branntweinhändler«. Darauf folgten eine Klavierbearbeitung der später von → *Kurt Weill* vertonten »Alabama«-Songs. In dieser Zeit schrieb er auch die Musik zu Brechts Überarbeitung von Lion Feuchtwangers Stück »Kalkutta, 4. Mai«, mit dem »Surabaya-Johnny« als bekanntestem Song, der 1929 in der Brecht-Weill-Oper »Happy End« Wiederverwendung fand. 1927 folgten seine Vertonungen der »Erinnerungen an die Maria A« und »Seeräuberjenny«, der »Ballade von der Hannah Cash«, sowie des »Songs vom Auto«. Bruinier nahm in seinen Kompositionen also den Stil von Kurt Weill vorweg. Im Spätsommer schrieb er die Musik für → *Walter Mehrings* Rundfunkspiel »Sahara« und komponierte für → *Frank Wedekinds* Bühnenstück »Franziska«, das mit Tilla Durieux in der Hauptrolle, begleitet von Franz S. Bruinier am Klavier, in Berlin, Wien, den Niederlanden und der Schweiz gastierte. In den Niederlanden komponierte er 1927/1928 die Musik zu Simon Kosters Neujahrsrevue »Nul Uhr nul«. Zu dieser Zeit litt er schon an Tuberkulose, an der er, gerade 23 Jahre alt, starb.

Bry, Curt ** 16. 1. 1902 Berlin; † Dezember 1974 Los Angeles /USA.*
Kabarettautor, Komponist, Pianist
Nach dem Studium der Musik in Berlin und München komponierte er Anfang 1924 für die Programme von → *Wilhelm Bendows* Kabarett → *Tütü.* 1930 begann er als Pianist in dem Berliner Kabarett → *Katakombe,* für das er auch Texte schrieb (nach 1933 unter dem Pseudonym Rudolf Aldach). Nach Hitlers Machtantritt emigrierte Bry in die Niederlande, wo er sich im Sommer 1933 dem Kabarett → *Ping Pong* von Kurt Egon Wolff anschloß und von dort bis Ende 1934 Texte für die »Katakombe« lieferte. 1934 ging er nach Zürich und schrieb für das → *Cabaret Cornichon* die Revue »Grand Hotel Gloria Victoria«, danach nach Wien und lieferte Beiträge für die Kabaretts: »Regenbogen« (1935); → *ABC* (1936) und 1936–38 für den → *Lieben Augustin* unter → *Stella Kadmon.* In jener Zeit gastierte er auch als Autor und Komponist am Flügel mit → *Trude Kolman* in ihrem Wiener Zweipersonenkabarett im »Sechsten Himmel«.
Im März 1938, nach dem »Anschluß« Österreichs an das Dritte Reich, flüchtete er in die Schweiz, wo er kurzfristig nochmals für das »Cornichon« arbeitete. Im selben Jahr kehrte er nach Amsterdam zurück, um in die USA zu emigrieren. Er lebte zunächst in New York als Kino-Pianist, zog dann an die Westküste und betätigte sich als Buchhalter, später als Buchprüfer. Er trat nur noch gelegentlich bei Veranstaltungen auf.

Buchholz, Martin ** 12. 5. 1942 Berlin.* Journalist, Kabarettist, Kabarettautor
War nach dem Abitur mit 22 Jahren Reporter und Redakteur, davon dreizehn Jahre bei der von ihm mitgegründeten APO-Postille »Berliner EXTRA-Dienst«, danach Kultur-Ressort-Leiter der »Neuen«, dann bei der satirischen Zeitschrift »Pardon«, zuletzt bei der Zeitschrift »Konkret«. Versuchte sich, zusammen mit Thomas Kühn am Klavier, neben seiner publizistischen Tätigkeit mit den Soloprogrammen »Buchholzens Tierleben« (1980) und »Geh aus mein Herz und suche Freud« (1981). Brachte seit 1983 als hauptberuflicher Solokabarettist zwölf Soloprogramme, meistens zuerst bei den → *Wühlmäusen* in Berlin heraus: »Freud mal Fromm geteilt durch Marx« (1982); »Lacht auf, Verdummte dieser Erde oder Kassandra Große Schwester« (1984); »Der Mensch ist los« (1984); »Dumpfland, Dumpfland« (1986); »Mein Gott, Bertolt« (1986); »Wahnsinn schon mal in Berlin (1987); »Stolz, ein Dumpfer zu sein« (1989); »Ein Sitzenbleiber – zwischen allen Stühlen« (1991); »Wir sind, was volkt« (1992); »Nichts als die Wahrheit« (1993); »Nie wieder Kassandra« (1994) und »Mach mir den Wessi« (1995). In einigen Programmen arbeitete er mit dem Gitarristen Franz de Byl und unter der Regie seiner Lebensgefährtin Harriet Eder zusammen.

Buchholz, Martin: *Die deutsche Verfassung.* München 1989. – Ders.: *Wir sind, was volkt.* Berlin 1993. – Ders.: *Man wird sie eine Männin heißen.* Berlin 1994.

Budzinski, Klaus ** 6. 12. 1921, Berlin.*
Schriftsteller, Kabarettist, Schauspieler, Regisseur, Kabaretthistoriker
Studierte nach Abitur, Schauspielstudium und Zwangsarbeit nach dem Zweiten Weltkrieg in Berlin und München Geschichte und Germanistik. Betätigte sich seit 1946 zuerst in Berlin, seit 1949 in München als Journalist, Feuilletonredakteur,

Theater- und Kabarettkritiker, Sachbuchautor, Übersetzer, Kabarettist, Schauspieler und Regisseur, Mitglied des PEN-Zentrums Bundesrepublik Deutschland. Veröffentlichte 1961 die erste Kulturgeschichte des Kabaretts (»Die Muse mit der scharfen Zunge«), 1966 eine Polemik gegen die Verflachung des politisch-literarischen Kabaretts (»Die öffentlichen Spaßmacher – Das Kabarett in der Ära Adenauer«) und gab mehrere Anthologien mit satirischen und kabarettistischen Texten heraus. 1965 verfaßte er das Antikriegsmusical »Hurra – wir sterben!« und 1982 eine erweiterte Kabarettgeschichte (»Pfeffer ins Getriebe – So ist und wurde das Kabarett«) sowie 1989 »Wer lacht denn da? – Kabarett von 1945 bis heute.«. Ferner produzierte, inszenierte und spielte Budzinski zahlreiche Kabarettrevuen, vornehmlich mit Texten aus den zwanziger Jahren.

→ Literatur zum Kabarett im Anhang.

Das Bügelbrett Politisch-satirisches Kabarett, gegründet 1959 in Heidelberg als Studentenkabarett, seit 1965 in West-Berlin.
Erstes Gastspiel im Herbst 1960 beim VI. Deutschen Studententag in West-Berlin. Nach kurzer Examenspause von dem Studenten der Volkswirtschaft Erich Kaub in der von ihm gegründeten Studentenkneipe »Tangente« im Heidelberger »Gesellschaftshaus« wiederbelebt und am 21. 6. 1960 mit dem Programm »Die großen Tabus« neu eröffnet mit Horst Taubmann, Hannelore Kunz sowie den Studenten Peter Knorr und Wolfgang Beck. Nach der Heirat von Kaub und Kunz im Oktober 1960 und dem Ausscheiden von Horst Taubmann übernahm die nunmehrige → *Hannelore Kaub* die künstlerische Leitung und inszenierte fortan alle Programme selbst.
1962 gastierte das *Bügelbrett* bei den Berliner Kabarett-Tagen des AStA der Freien Universität Berlin und errang (wie auch 1963) den ersten Preis und hymnische Kritiken, u.a. von → *Wolfgang Neuss*. Daraufhin mietete Erich Kaub für zwei Wochen das »Forum-Theater« am Kurfürstendamm für ein Gastspiel. Anschließend bereiste das *Bügelbrett* die BRD und gastierte in verschiedenen Universitätsstädten (u.a. München, Karlsruhe, Stuttgart, Freiburg, Mannheim, Frankfurt [Main]), bis es sich 1965 in West-Berlin niederließ (in der von Erich Kaub in der Hardenbergstraße eingerichteten Berliner »Tangente«). 1964 war es auf Einladung der Berliner Filmfestspiele nach Berlin mit seinem Programm »Millionen BILD-Leser fordern« gekommen, das sie dann in »Überlebensgroß Berlin« umbenannten. 1965 brachten sie zusammen mit den → *Amnestierten* das Programm »Bal paré« heraus. Seit 1964 schrieb, inszenierte und spielte Hannelore Kaub alle ihre Programme selbst.
Seinen Höhepunkt erreichte das *Bügelbrett* 1965 mit seinem Programm »Black & White«, das sich vornehmlich auf Probleme der Dritten Welt konzentrierte. Es folgten 1966 »Auf Gedeih und Verderb«, 1967 (im neuen Haus, der von den → *Stachelschweinen* aufgegebenen »Ewigen Lampe« in der Rankestraße) »Das Kabarett ist tot – Es lebe das Cabaret!« und 1968/69 »Trotzdem ... Rot ist die Hoffnung«. Nach diesem Programm löste Hannelore Kaub aus Gesundheitsgründen das *Bügelbrett* zum 31. 5. 1969 auf. Am 11. 12. 1981 reaktivierte sie es in Heidelberg mit dem Programm »Keine Angst – wir kommen!« mit einigen Mitgliedern des alten Ensembles wie Wolfgang Unterzaucher und Birger Hey-

Hannelore Kaub und Helmut Krauss 1990 im Programm »Gemeinsam sind wir unausstehlich« (Foto: Frank Roland-Beeneken)

mann und gastierte damit von Ende Januar 1982 an in Nachtvorstellungen am Wochenende in der »Komödie« am Kurfürstendamm. Mit ihrem nächsten Programm – »Wir sind auf dem rechten Weg« – zog sie am 29. 1. 1983 in das »Kino am Steinplatz« um und spielte es (mit zwei neuen Fassungen: der ersten nach der Bundestagswahl vom 6. 3. 1983 und der zweiten nach der Sommerpause) bis zum Herbst 1983. Es folgten (mit wechselnden Partnern): »Ach, laßt uns doch in Frieden« (4. 11. 1983), »Souverän? Von wegen!«, »Wenn Schwachsinn zur Methode wird« (1985/86); »Völlig losgelöst« (1986/87); »Nie wieder harmlos!« (1987/88); »Ohne Betäubung« (1988/89); »Hochspannung« (1989/90); »Gemeinsam sind wir unausstehlich« (1990/91). Im Juli 1991 löste sich das *Bügelbrett*-Team auf. Danach spielte Hannelore Kaub noch zwei Solo-Programme (»Die Schnauze voll«, 1993, und »Das Allerletzte«, 1994/95) und hörte mit dem Kabarett endgültig (?) auf.
Das *Bügelbrett* stand und fiel mit Hannelore Kaubs gefühlsgesteuertem, geistkontrolliertem Bühneninstinkt. In der Zeit des → *APO-Kabaretts* seit Mitte der sechziger Jahre stand sie politisch zwischen dem herkömmlichen linksliberalen und dem Agitationskabarett. Dennoch bekam auch sie die Zensur des Fernsehens zu spüren, als ihr der NDR 1964 entscheidende 25 Minuten aus ihrem aufgezeichneten Programm »Stolz auf Deutschland« ohne Absprache herausschnitt und über die Schlußpointe einer de-Gaulle-Nummer Applaus kopierte. Ihr glaubwürdiges Engagement sichert ihr den Zuspruch auch der heute jungen Generation.
1988 erhielt Hannelore Kaub für das *Bügelbrett* den *Deutschen Kleinkunstpreis.*

Buntes Theater (Überbrettl) → *Überbrettl*

Burghardt, Hubert ** 1. 10. 1958 Lippstadt.* Kabarettist und Kabarettautor
Seit 1973 als Schlagzeuger in verschiedenen Bands, seit 1979 überwiegend im Bereich Modern und Latin Jazz. 1983–1986 beim Studenten-Kabarett »Die Kleinen Mäxe« in Münster. Zog nach Abschluß des Studiums nach Dortmund, wo er seit 1985 für den WDR als Moderator und Autor satirischer Hörfunksendungen tätig ist. Zusammen mit Ralf Husmann (* 24. 9. 1964, Dortmund) spielte und schrieb er als Duo »Burghardt & Husmann« bisher sieben Kabarettprogramme.
Husmann studierte seit 1984 Publizistik, Philosophie und Germanistik. Seit der

Schulzeit schreibt er satirische Texte für Zeitungen, Szenemagazine und Kabarettensembles. Ihre Duo-Programme hatten überwiegend im Dortmunder »Fletch Bizzel« Premiere und wurden dann auf Tournee gezeigt: »Und Sie lachen noch« (10. 10. 1987); »Der Ernst des Lebens« (23. 11. 1988); »Preis-Wert« (1. 9. 1989); »UmWerbung« (5. 4. 1991); »Bunte Mischung« (5. 9. 1992); »Bizarre Exzesse« (21. 4. 1994); »Einer muß der Dumme sein« (20. 5. 1995).

Burk, Michael ** 7. 9. 1924 Erlangen.*
Kabarettist, Kabarettautor, -leiter, Romancier
Studierte 1946–47 bei Prof. Emil Pretorius an der Akademie der bildenden Künste, München, Bühnen- und Kostümbildnerei. Gründete Ende 1947 das Tournee-Ensemble »Die Sextaner« und eröffnete es mit einer Vorstellung im Stadttheater Kempten. Nach dem zweiten Programm (»Hände hoch!«) folgten bis Frühjahr 1949 Gastspiele in Düsseldorf (bei → *Mutter Ey*), Köln, Frankfurt am Main und Hannover.
Am 2. 4. 1949 eröffnete Burk »Das Bundeshäuschen« in der Gaststätte »Zum Bären« am Marktplatz in Bonn mit dem Programm »Hauptstadtmelodie«. Darin wirkten – wie schon bei den »Sextanern« außer Burk (der auch die Texte schrieb) u. a. Alice Werner und Horst Butschke mit. 1950 gründete Burk das Reisekabarett »Die Globetrotter« und gab (mit sich selbst, Margret Neuhausen, Günther Jerschke und – als Komponist – Walter Schell van Reth) Gastspiele in Hamburg (→ *Bonbonniere, Hamburg*), Zürich (»Hirschen«), Saarbrücken, München (»Annast«), Nürnberg und West-Berlin (»Greiffi-Bar«).
Seit 1952 gehörten dem Ensemble Hedi Reich, Ursula Noack, Fritz Korn, Schell van Reth und Michael Burk an. Im März 1953 gastierten »Die Globetrotter« im »Théâtre Fontaine« in Paris, danach in Den Haag. Nach einem Gastspiel in München gründete Burk hier → *Die Zwiebel* und leitete sie bis Herbst 1968. Zum 1. 11. 1968 verkaufte er sie an Wolf Rahtjen und zog sich als Leiter, Autor und Darsteller vom Kabarett zurück. Seitdem schreibt er Unterhaltungsromane mit hohen Auflagen.

Busch, Ernst ** 22. 1. 1900 Kiel; † 8. 6. 1980 Ost-Berlin.*
Schauspieler, Chansonsänger
Gelernter Maschinenschlosser, nahm er Schauspielunterricht und spielte seit 1921 Theater: zuerst am Stadttheater Kiel, dann in Frankfurt (Oder). 1927 kam er nach Berlin.
Im »Theater am Nollendorfplatz« spielte er unter der Regie von Erwin Piscator 1927 Ernst Tollers »Hoppla – wir leben!« und 1929 in → *Walter Mehrings* »Der Kaufmann von Berlin« sowie 1928 im »Theater am Schiffbauerdamm« → *Bertolt Brechts* »Dreigroschenoper«. In allen drei Aufführungen sang er einige der darin enthaltenen Songs und Chansons; Walter Mehring hatte Buschs Chansonbegabung entdeckt. Außerdem wirkte er in den Filmen »Dreigroschenoper« und »Kameradschaft« (beide 1931) und »Kuhle Wampe« (1932) mit. Nebenher trat Busch mit revolutionären Songs und Chansons (u. a. von Brecht und → *Robert Gilbert* in der Vertonung durch → *Hanns Eisler*) sowie in bürgerlichen Kabaretts auf (so 1929 bis 1930 in der → *Katakombe* und 1930 in der Revue »Ich tanze um

Ernst Busch

die Welt mit Dir« von → *Marcellus Schiffer* und → *Friedrich Hollaender* im »Deutschen Künstlertheater« und in der Revue »Glück muß man haben!« von Hans J. Rehfisch und Otto Katz mit der Musik von → *Rudolf Nelson* im »Nelson-Theater«).

Bereits 1925 war Busch bei den → *Wespen* aufgetreten, einer linkssozialistischen Kabarettgruppe. Seit Mai 1931 gehörte er dem innerhalb der »Katakombe« wirkenden Kabarettkollektiv → *Die Brücke* an. Hier sang er Gilberts »Stempellied«, seine »Ballade von der Krüppelgarde«, B. Travens »Baumwollpflücker« in der Vertonung durch Hanns Eisler sowie → *Tucholskys* Chanson »Anna-Luise«, das ihm Eisler eigens dafür vertont hatte. – 1933 emigrierte Busch, zuerst in die Niederlande, dann über Belgien, Frankreich, die Schweiz, Österreich 1936 in die Sowjetunion, von wo er im Frühjahr 1937 über Warschau, Wien und Paris nach Spanien fuhr, um dort die gegen die Franco-Faschisten kämpfenden Internationalen Brigaden mit Kampfliedern anzufeuern. Gesungen hatte er auf allen Stationen seiner Emigration. In Frankreich im Mai 1940 interniert, wurde er von den deutschen Besatzern nach Berlin gebracht, wo man ihn 1943 wegen Hochverrats zu vier Jahren Zuchthaus verurteilte. Nach der Befreiung 1945 aus dem Zuchthaus Brandenburg spielte Busch wieder in Berlin Theater: am »Hebbel-Theater«, am »Deutschen Theater« und im »Berliner Ensemble«. 1945 gründete er den Schallplattenverlag »Lied der Zeit«, für den er alle seine Songs und Chansons neu aufnahm.

1961 zog sich Busch aus gesundheitlichen Gründen von der Bühne zurück. 1963–1975 arbeitete er an der Schallplattenreihe »Aurora«. 1969 folgte noch ein Gastspiel in Moskau. Ernst Busch war der größte politische Chansonnier im deutschen Sprachraum, ein mitreißender Interpret der kämpferischen Songs und der satirischen Chansons von Brecht, Mehring, Tucholsky u.a., zumeist in der Vertonung durch Hanns Eisler.

Ihering, Herbert; Fetting, Hugo: *Ernst Busch*. Berlin 1965. – Siebig, Karl: *Ich geh' mit dem Jahrhundert mit – Ernst Busch*. Hamburg 1981. – Hoffmann, Ludwig; Siebig, Karl: *Ernst Busch. Eine Biographie*. Berlin 1987.

Busch, Eva **22. 5. 1909 Berlin*. Schauspielerin, Chansonniere

Nach dem Gymnasium studierte sie am Konservatorium in Berlin Klavier und Violine; erhielt Gesangsstunden bei ihrer Mutter, der Opern- und Konzertsängerin Emmy Zimmermann, und nahm Schauspielunterricht an der Reinhardt-Schule. Vor 1933 war Eva Busch eine profilierte Interpretin des politischen Chansons. Sie trat zusammen mit → *Ernst Busch* auf, mit dem sie seit 1932 verheiratet war. Im April 1933 emigrierte sie nach Amsterdam und spielte dort bei → *Rudolf Nelson* im »La Gaîté«. In Zürich wirkte sie in der → *Pfeffermühle* von → *Erika Mann* mit. Mit ihren mehrsprachigen Songs (Brecht, Tucholsky, Kästner u.a.) trat sie in verschiedenen europäischen Ländern auf, darunter in Belgien, Frankreich und den USA, und nahm zahlreiche Schallplatten für Columbia und Decca auf.

Vom Mai bis Juli 1940 war sie in dem französischen Lager Gurs interniert. Wieder in Paris, wurde sie von der Gestapo verhaftet, eingesperrt und 1942 nach Ravensbrück ins KZ deportiert. Nach ihrer Befreiung 1944 trat sie wieder in Deutschland auf, vornehmlich am Rundfunk, gab wieder eigene Abende, produzierte Sendungen für europäische und amerikanische Rundfunkstationen, darunter für den Bayerischen Rundfunk in Zusammenarbeit mit George Sinclair, mit der sie in Chelles-Coudreaux bei Paris lebte. Nach deren Tod, Anfang der achtziger Jahre, zog sie nach München.

Busch, Eva: *Und trotzdem – Eine Autobiographie.* München 1991.

 Cabaret artistique (französisch: »Künstlerkneipe«) nannte → *Rodolphe Salis* sein Lokal *Chat noir* zum Unterschied von den gewöhnlichen Cabarets (französisch für »Kneipe«), in denen keine Kunst geboten wurde. Der Ausdruck bezeichnet seitdem eine Kleinkunstbühne mit Bewirtung oder eine Gaststätte mit Kleinkunstdarbietungen. Nach den ersten beiden Cabarets artistiques, dem → *Chat noir* (Paris) und dem → *Le Mirliton*, entstanden am Montmartre zahllose andere Cabarets dieser Art, wie »L'Âne rouge«, »Le Chien noir«, »La Lune rousse«, »Le Tréteau de Tabarin«, »La Boîte à Fursy«, »La Roulotte«, das »Cabaret des Quat'z Arts« sowie »Le Lapin agile«, der bereits seit 1860 – zuerst als »Au Rendezvous des Voleurs«, später als »Cabaret des Assassins« – zum Treffpunkt der Maler und Dichter geworden war (Pablo Picasso, Maurice Utrillo, Guillaume Apollinaire, Max Jacob und Suzanne Valadon).

Cabaret Cornichon Literarisch-politisches Kabarett in der Schweiz. Gegründet von → *Walter Lesch* und → *Otto Weissert* am 30. 12. 1933 im Hotel St. Peter in Zürich, eröffnet am 1. 5. 1934 im »Hotel Hirschen« in Zürich von Lesch (Künstlerischer Leiter, Autor und Regisseur) und von Weissert (Verwaltungsdirektor und Komponist). Autoren: Walter Lesch und Albert Ehrismann, Hans Sahl und → *Emil Hegetschweiler*, Kompositionen und musikalische Leitung: Billy Weilenmann und Otto Weissert, Ausstattung: Alois Carigiet. Mitwirkende: Mathilde Danegger, Emil Hegetschweiler, Fritz Pfister, Toni Tuason sowie → *Dora Gerson* (von der → *Katakombe*, Berlin) und Ludwig Donath (Wien).
Im September und Oktober 1934 folgten zwei weitere Programme ohne Titel. Ab 1. September stießen als Darsteller neu zum Ensemble: → *Elsie Attenhofer*, Hilde Herter, Helen Pastorini und Karl Meier, als Komponisten: Hans Rogner, → *Werner Kruse*, Robert Blum, Paul Schoop und K.H. David. Im Herbst 1934 verpflichtete Lesch als Mit-Autor, Schauspieler, Regisseur und Conférencier → *Max Werner Lenz*. Für das Programm »Grand Hotel Gloria Victoria« (November/Dezember 1934) wurden als Komponisten → *Curt Bry*, Huldreich Früh und → *Tibor Kasics* verpflichtet. Für das Programm »Noch sind die Tage der Rosen« (Januar 1935) kamen neu hinzu die Darsteller Traute Carlsen, → *Robert Trösch*, Trudi Stössel und Margrit Pfister (= Margrit Rainer), für »Gradus« (September 1935) → *Heinrich Gretler* und für »Hupa-Haua« (November 1935) → *Alfred Rasser*.
Im Septemberprogramm 1937 (»Xundheit!«) kam als Ausstatter der Maler Hans Fischer dazu, im September 1938 → *Voli Geiler*. 1940 stießen zum *Cornichon* als Autor → *Charles F. Vaucher*, als Darsteller Jacob (»Schaggi«) Streuli und Peter W. Staub, als Tänzerin Marie-Eve Kreis. Im Januar 1949 eröffnete das *Cornichon* sein neues Domizil, das »Theater am Neumarkt« in Zürich (mit dem Programm »... und zweitens, als man denkt«). Dieser Umzug aus dem »Hotel Hirschen« mit seinen 208 Plätzen in das weitaus größere Haus am Neumarkt mit seinen 320 Plätzen (und die damit verbundene finanzielle Besserstellung) konnte jedoch den Niedergang des *Cornichon* seit dem Ende des Zweiten Weltkriegs nicht aufhalten. Gegen das von Max Werner Lenz und Otto Weissert im »Hirschen« im September 1949 aufgezogene → *Cabaret Federal* konnte das *Cornichon* nicht aufkommen. Mit dem Programm »Sicher isch sicher« vom März 1951 hörte das *Cornichon* auf zu bestehen. – Ermutigt durch den Erfolg der → *Pfeffermühle* einerseits, andrerseits

»Cabaret Cornichon« 1934 in der Szene »Großes Oratorium für Zufriedene« mit Elsie Attenhofer, Mathilde Danegger, Dora Gerson, Hilde Herter, Emil Hegetschweiler, Max Werner Lenz, Fritz Pfister

anknüpfend an die Volkstradition der Basler Fasnacht mit ihren satirischen Schnitzelbankversen, schufen Lesch und Hegetschweiler mit dem *Cornichon* das erste eigenständig schweizerische Kabarett. Über die innerschweizerische Satire hinaus übernahm das *Cornichon* seit 1934 bzw. seit 1938 eine kabarettistische Stellvertreterfunktion für das abgewürgte politisch-literarische Kabarett in Deutschland und Österreich.

Viele Interventionen der deutschen bzw. italienischen Auslandsvertretungen in Bern gegen antifaschistische Programmnummern (April 1939, Mai und September 1942, Oktober 1943, Januar 1944) bestätigen die Wirksamkeit dieser Angriffe auf das Bewußtsein der Schweizer. Im September 1945 protestierte gar noch die französische Botschaft, und zwar gegen eine de Gaulle-Nummer, zur gleichen

Zeit, als das *Cornichon* Wohltätigkeitsveranstaltungen für »das notleidende Deutschland« durchführte. Nach dem Zweiten Weltkrieg auf innerschweizerische Themen zurückgeworfen, verloren die Programme an Gehalt und satirischem Biß. Zudem machten sich einige Ensemblemitglieder selbständig, so → *Elsie Attenhofer*, → *Voli Geiler*/→ *Walter Morath*, Margrit Rainer/Ruedi Walter, nachdem es überdies zu Meinungsverschiedenheiten zwischen den Leitern und Textautoren über den neu einzuschlagenden Weg gekommen war.

Attenhofer, Elsie: *Cornichon – Erinnerungen an ein Cabaret.* Bern 1975. – *Das Cornichon-Buch.* Zürich 1950 (Sketsche und Chansons).

Cabaret Federal Politisch-satirisches Kabarett in Zürich, gegründet 1949 nach Auseinandersetzungen innerhalb des → *Cabaret Cornichon* von dessen Mitgliedern Zarli Carigiet, → *Max Werner Lenz* und → *Dr. Otto Weissert.*
Eröffnet am 16. 9. 1949 im Kursaal von Bad Ragaz mit dem Programm »Hinter-em-Mond« (vom 21. 9. 1949 an im »Hotel Hirschen«, Zürich, aus dem das »Cornichon« inzwischen ausgezogen war) mit Blanche Aubry, Lukas Ammann, Zarli Carigiet, → *Helen Vita* und Max Haufler. Die Texte schrieben: → *Werner Wollenberger*, Max Werner Lenz und → *César Keiser*, die Musiken Otto Weissert und Mario Hirlé (Am Klavier: Nico Kaufmann). Im zweiten Programm (»Fantasie in Swiss-Dur«, 25. 2. 1950) kam als neuer Autor → *Fridolin Tschudi* dazu, während Elisabeth Gmür für Helen Vita einsprang. César Keiser und Margrit Läubli spielten zum erstenmal im *Federal* in dem Programm »Spanisch Nüssli« (13. 9. 1951), Simone Müller und Stephanie Glaser in »Hinter-em-eigene Vorhang« (8. 4. 1952), für das als neuer Autor → *Charles F. Vaucher* schrieb. Für das vierzehnte Programm (»Ganze Schweiz heiter«, 1955) steuerte → *Dieter Hildebrandt* einen Text bei, im siebzehnten Programm (»Eus gaht's guet«, 1957) wirkten neu Ines Torelli und Peter W. Staub mit, während → *Sammy Drechsel* Regie führte.
Nach der Modernisierung des »Hotel Hirschen« übersiedelte das *Cabaret Federal* in das neue »Theater am Hechtplatz« und eröffnete es mit dem Programm »Eusi chlii Stadt« Ende April 1959. Mit dem zwanzigsten Programm, »Schön ist die Jugend«, in dem übrigens Bruno Ganz mitwirkte (Premiere: Oktober 1960), hörte das *Cabaret Federal* auf zu existieren. Einen Vorschlag von Walter Roderer (seit 1954 im Ensemble), den Namen »Federal« zu übernehmen und das Unternehmen weiterzuführen, lehnte Otto Weissert ab, der mittlerweile kaufmännischer Direktor des Schauspielhauses Zürich geworden war.
Aus der nach dem Zweiten Weltkrieg veränderten Weltlage zog das *Cabaret Federal* die Konsequenz, sich mehr als das »Cabaret Cornichon« (und auch im Stil artistischer) satirisch auf die Zu- und Mißstände im eigenen Land, auf Spießigkeit, Fremdenfeindlichkeit und Geschäftemacherei zu konzentrieren. Neue Autoren, neue Regisseure und neue Darsteller brachten frischen Wind in das schweizerische Kabarett, das freilich durchaus nicht den Blick über die Grenzen hinaus aufgab und z.B. das Wiedererwachen des Nazigeistes in der BRD geißelte (in der Nummer »Herrliche Zeiten« von Fridolin Tschudi). Außer ihm schrieben nun Werner Wollenberger, César Keiser und Guido Baumann Texte (und natürlich immer noch Max Werner Lenz), neben Zarli Carigiet spielten und sangen nun Helen Vita, Simone Müller, Blanche Aubry, Stephanie Glaser, Lukas Ammann, neben Max

»Federal« 1952, Programm »Hinder-em eigene Vorhang« mit dem Ensemble in der Szene »Der Rückzug«

Werner Lenz inszenierten Willy Duvoisin, → *Werner Wollenberger* und César Keiser. Höhepunkte waren: der Monolog »Thomas Mann im Mond« von Lenz (dargestellt von Ammann, 1949), »Der Glaser« von Wollenberger (dargestellt von Carigiet, 1949), »Der Emigrant«, eine Pantomime von und mit César Keiser und Margrit Läubli, »Frau Burger« von Wollenberger (dargestellt von Simone Müller, 1952).

Hinter dem eigenen Vorhang – Das Buch vom Cabaret Federal. Zürich 1954.

Cabaret Fledermaus Literarisches Kabarett in Wien, eröffnet Anfang 1907 im Keller des Hauses Johannesgasse 12 von → *Marc Henry.* Die Innenausstattung besorgten Künstler der »Wiener Werkstätten«, als »dekorative Mitarbeiter« wirkten Emil Orlik, Gustav Klimt und Oskar Kokoschka daran mit. Hier traten auf: Marc Henry und → *Marya Delvard*, Carl Hollitzer mit alten Landsknechtsliedern, → *Roda Roda*, die Geschwister Wiesenthal (mit Tänzen) sowie → *Egon Friedell.* Literarische Beiträge lieferten u. a. Franz Blei, → *Hanns Heinz Ewers*, Gustav Falke, *Egon Friedell*, → *Alfred Polgar*, Max Mell, Ludwig Scharf, → *Peter Altenberg.*
Im Eröffnungsprogramm projizierte Oskar Kokoschka »bewegliche Lichtbilder« (»Das getupfte Ei«) auf die weiße Wand. Marc Henry und Marya Delvard trugen in entsprechenden Kostümen szenisch alte französische Volkslieder vor. Egon Frie-

dell trat in seinen und Polgars kabarettistischen Einaktern »Goethe im Examen« und »Soldatenleben im Frieden« auf und sprach (neben Lina Vetter-Loos) Peter Altenbergs Skizzen, Roda Roda trug seine Grotesken vor, und Felix Dörmann rezitierte. Als Gäste von der Berliner → *Überbrettl*-Bewegung wirkten mit: → *Robert Koppel* vom »Bunten Theater« (Überbrettl) und Käthe Hyan von der »Silbernen Punschterrine« (mit Liedern zur Gitarre) sowie → *Hanns Heinz Ewers* mit eigenen Gedichten und Gertrude Barrison mit Rokoko- und Biedermeiertänzen. Nach dem Ausscheiden von Marc Henry und Marya Delvard führte Egon Friedell das *Cabaret Fledermaus* als künstlerischer Leiter bis zu seinem Ende 1910 weiter.

»Cabaret Fledermaus«. Innenseite des Programmheftes, Wien 1907

📖 Veigl, Hans (Hrgs.): *Sezessionistisches Kabarett.* Wien 1993

Cabaret Größenwahn Politisch-literarisches Kabarett in Berlin, eröffnet am 23. 12. 1920 im ersten Stock über dem »Café des Westens« (vom Volksmund »Café Größenwahn« genannt), Ecke Kurfürstendamm/Joachimsthaler Straße, von → *Rosa Valetti.* Als Schülerin der Pariser Chansonniere »La Petroleuse«, einer Freundin von → *Aristide Bruant,* versuchte die Valetti, mit ihrer Gründung einen Hauch Montmartre-Cabaret nach Berlin zu bringen. Im *Cabaret Größenwahn* sang sie Chansons von Bruant (in der Übersetzung durch Ferdinand Hardekopf) und kreierte u.a. → *Walter Mehrings* »Berlin simultan« und → *Klabunds* Adaption des Berliner Lieds »Obdachlosenasyl«.
Politische Chansons stellten allerdings nur einen geringen Teil der Programme, die auf das zahlungskräftige Publikum des Berliner Westens, noch dazu in der Inflation, Rücksicht nehmen mußten. Außer Rosa Valetti wirkten vor allem mit: ihr Bruder Hermann Vallentin und die von ihr entdeckte → *Kate Kühl,* sowie → *Kurt Gerron,* der Conférencier → *Harry Lamberts-Paulsen* sowie → *Friedrich Hollaender* und → *Blandine Ebinger* mit den »Liedern eines armen Mädchens«. Als junger Schauspieler und Berlin-Neuling trat → *Gustaf Gründgens* hier mit einer selbstverfaßten Wandervogelparodie (»Der neue Mensch«) auf. Musikalischer Leiter war Friedrich Hollaender, von der zweiten Spielzeit an → *Claus Clauberg.* Musikstücke stammten ferner von → *Werner Richard Heymann,* → *Mischa Spoliansky* und → *Franz Wachsmann.* Nach dem Weggang der Valetti Ende 1922 führte Dr. Hanns Schindler das Unternehmen bis 1925 weiter, dann übernahm es Gustav Heppner vom »Intimen Theater« und machte aus ihm das »9-Uhr-Einakter-Theater«.

Cabaret Nachtlicht Literarisches Kabarett in Wien, wurde um die Jahreswende 1905/06 eröffnet in der Ballgasse 6 von → *Marya Delvard,* → *Marc Henry* und

→ *Hannes Ruch* nach Beendigung des Wiener Gastspiels der → *Elf Scharfrichter.* Die Programme schöpften teils aus deren Repertoire (Bierbaum, Dehmel, Gumppenberg, Liliencron, Wedekind), teils aus Texten von Felix Dörmann, → *Peter Altenberg*, Hermann Bahr und Franz Blei. Dörmann trug hier aus eigenen Werken vor, → *Roda Roda* las seine Grotesken, → *Erich Mühsam* sprach seine satirischen Verse, und der Maler Carl Hollitzer sang zur Trommelbegleitung alte Landknechtslieder. → *Karl Kraus*, dem *Nachtlicht* anfangs sehr gewogen, war regelmäßiger Gast und führte sogar einmal in einem Einakter Regie. Schon nach einem Jahr schloß das *Nachtlicht.* Seine Betreiber eröffneten in der Johannesgasse ein neues Kabarett: das → *Cabaret Fledermaus.*

Veigl, Hans: *Sezessionistisches Kabarett.* Wien 1993.

Cabaret Rotstift Politisch-literarisches Kabarett seit 1954 in Schlieren (Schweiz). Im dortigen Schulhaus Hofacker brachten die Amateur-Kabarettisten bis heute 19 Programme heraus. Angefangen 1954 mit dem Programm »Zyt isch Gäld«, hatte das Lehrer-Kabarett zum 40. Geburtstag 1995 mit dem Programm »Da simmer nomal« Premiere, mit Werner von Aesch (seit 1954 dabei), Heinz Lüthi (seit 1977 dabei), Jürg Randegger (seit 1965 dabei), die auch als Autoren die Programme schreiben, und den Musikern Walter Dütsch (Klavier, Keyboard), Viktor Lerch (Violine, Baß), Klaus Accola (Schlagzeug). Zahlreiche Darsteller spielten in den Programmen, die auch auf ausgedehnten Tourneen in der Schweiz gezeigt wurden, wie etwa der spätere Solist Fredy Lienhard (1960–1964) oder Max Bürgi (1954–1977). Die *Rotstifte* bieten kabarettistische Unterhaltung in einfallsreicher musikalischer Verpackung.

Lüthi, Heinz: *Cabaret Rotstift – Story, Texte, Anekdoten.* Zürich 1978. – Ders.: *40 Jahre Cabaret Rotstift.* Basel/Berlin 1994.

Cabaret Rüeblisaft Literarisch-politisches Kabarett in Baden bei Zürich. Ältestes noch existierendes Profikabarett der Schweiz. Gegründet 1953 von Alfred Bruggmann und Oskar Hoby, zwei Schauspielern vom Stadttheater Sankt Gallen, die bereits mit → *Emil Hegetschweiler* und → *Alfred Rasser* auf Tourneen gewesen waren. Eröffnet am 20. 6. 1953 mit dem Programm »Frische Rüeblisaft«. Mit seinem vierten Programm (»Ganz im Vertrauen«) bezog das *Cabaret Rüeblisaft* am 1. 12. 1954 sein jetziges Stammhaus, das »Kornhaus« in Baden. Außer Bruggmann und Hoby wirkten mit: Regina Brandt, Vera Furrer. Heute besteht das Ensemble nur noch aus Furrer und Bruggmann. Die meisten Texte (zuweilen auch die Musiken) schrieb und schreibt Bruggmann selber. Ferner schrieben für das *Cabaret Rüeblisaft*: Josef Elias, Hans Gmür, → *Walter Lesch*, Fritz Sidler und → *C. F. Vaucher.*

10 Jahre Cabaret Rüeblisaft. Baden 1963.

Cabaret Voltaire Literarische Bühne der Dada-Bewegung, eröffnet am 5. 2. 1916 von dem 1915 in die Schweiz emigrierten deutschen Dichter und Regisseur → *Hugo Ball* und seiner Frau, der Chansonniere → *Emmy Hennings*, im Gasthof »Meierei«, Spiegelgasse 1, Zürich. Schon am Eröffnungsabend gesellten sich der

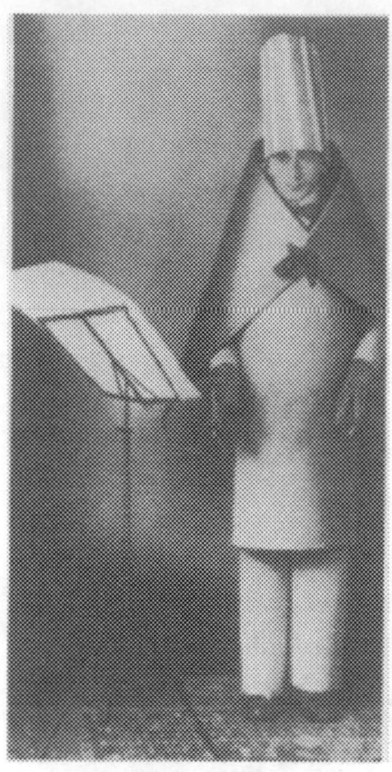

Hugo Ball rezitiert 1916 im »Cabaret Voltaire«, Zürich sein Lautgedicht »gadji beri bimba«
Foto: Kunsthaus Zürich

Maler Marcel Janco (1895–1984) und der Dichter → *Tristan Tzara* (1896–1963), beide aus Rumänien, sowie der elsässische Maler, Bildhauer und Dichter Hans (Jean) Arp (1887–1966) dazu. Später stießen zu der Gruppe, die sich kurz danach den Namen »Dada« gab, der österreichische Schriftsteller Walter Serner (1889–1942?) und der Berliner Arzt und Schriftsteller → *Richard Huelsenbeck* (1892–1974). Die ersten Programme umfaßten Rezitationen von Versen von Blaise Cendrars, Jakob van Hoddis, Max Jacob, Wassilij Kandinskij, Else Lasker-Schüler, Alfred Lichtenstein, → *Christian Morgenstern*, → *Erich Mühsam* und Franz Werfel sowie den Vortrag von Liedern und moderner Klaviermusik von Claude Debussy, Alexander Skrjabin und Arnold Schönberg. Das eigentlich dadaistische Element brachte erst Huelsenbeck in die Programme, indem er seine die Syntax polemisch aufbrechenden Gedichte zu stark rhythmisierter Trommelbegleitung vortrug. Unter Anleitung von Tzara trugen Huelsenbeck und Janco (erstmals am 29. 3. 1916) gleichzeitig in Deutsch, Englisch und Französisch, begleitet von »bruitistischen« Schnarr-, Pfeif- und Heulgeräuschen, sogenannte »Simultangedichte« vor, die die menschliche Stimme als Gleichnis der im modernen mechanischen Prozeß unlösbar umherirrenden Seele darstellen sollten. Vollends aufgelöst wurde die »durch den Journalismus verdorbene und unmöglich gewordene Sprache« (Ball) in Balls »Lautgedichten« aus erfundenen Worten, die er, in einen teils zylindrischen, teils konischen Umhang aus Glanzpappe gehüllt, vor zwei Notenständern rezitierte.

Dada und damit das *Cabaret Voltaire* verstand sich als Antikunst, als künstlerischer Protest gegen das internationale, sich im Weltkrieg selbst zerfleischende Spießbürgertum mit seiner in den Augen der Dadaisten verdorbenen Kunstauffassung. Dem Chaos der europäischen Selbstvernichtung stellten sie die Zertrümmerung herkömmlicher Kunstformen und der Sprache selbst entgegen, der Sinnlosigkeit des Krieges den Un-Sinn ihrer Hervorbringungen, mit denen sie freilich – in Zürich wie später in Berlin (→ *Schall und Rauch* [II]) – kaum mehr als eine Bürgerschreckfunktion erfüllten. – Am 15. 5. 1916 brachten die Initiatoren des *Cabaret Voltaire* eine Zeitschrift gleichen Titels heraus. Am 14. 7. 1916 veranstalteten sie den ersten Dada-Abend außerhalb des Cabarets, und zwar im »Zunfthaus zur Waag«. Das Programm kündigte »Musik, Tanz, Theorie, Manifeste, Verse, Bilder, Kostüme, Masken« an. Die Eröffnung der »Galerie Dada« in der Bahnhofstraße/Ecke Paradeplatz am 17. 3. 1917 (mit einer »Sturm«-Ausstellung, dazu »abstrakten« Tänzen, neuer Musik und Puppentheatervorführungen) bedeutete das Ende des *Cabaret Voltaire.* Hier kamen nun die Futuristen (Marinetti), Frühexpressionisten (Kandinskij) und Surrealisten (Apollinaire) zu Wort und Bild, hier aber auch sang Emmy Hennings nach der Melodie »So leben wir alle Tage« Hugo Balls »Totentanz«.

Während über Tristan Tzara der »Mouvement Dada« über die Pariser Dada-

Bewegung in den literarischen Surrealismus Frankreichs mündete, kam Dada 1917 durch Huelsenbeck nach Berlin und beeinflußte durch den Maler George Grosz und den Dichter → *Walter Mehring* das 1919 neu erstandene »Schall und Rauch» (II).

Ball, Hugo: *Cabaret Voltaire – Sammlung der künstlerischen und literarischen Beiträge.* Zürich 1916. – Schifferli, Peter: *Als Dada begann.* Zürich 1957. – Schifferli, Peter (Hrsg.): *Dada in Zürich.* Zürich 1957 – Hippen, Reinhard: *Erklügelte Nervenkultur – Kabarett der Neopathetiker und Dadaisten.* Zürich 1991. – Riha, Karl (Hrsg.): *Dada Zürich.* Stuttgart 1991.

Café-chantant (französisch für »Gesangscafé«) Zu Beginn des 19. Jahrhunderts entstanden als Frühform der französischen Music Hall in den Industrie- und Handelszentren Frankreichs Kaffeehäuser mit kleinen Bühnen für Vorträge von Gesangsdarbietungen. Hier ergötzten sich Kleinbürger und Proletarier bei Kaffee und anderen Getränken an volkstümlichen → *Couplets*, in denen menschliche Schwächen und Tagesereignisse persifliert wurden. Allein in Paris gab es um 1850 rund 200 Cafés-chantants. Außer professionellen Coupletsängern traten hier zuweilen auch Amateure auf, z.B. bei speziell dafür arrangierten Wettbewerben. Von etwa 1846 an trat an die Stelle des relativ kleinen Café-chantant das → *Café-concert.*

Café-concert (französisch für »Konzertcafé«) Seit etwa 1846 lösten die Cafés-concerts (im Volksmund »Caf'conc'« genannt) als Vergnügungsstätten mit Bewirtung mehr und mehr die relativ kleinen Cafés-chantants ab. Sie waren weder Konzertsäle noch Kaffeehäuser, sondern boten in langgestreckten Sälen mit hoher Bühne über die üblichen komischen und Gesangsnummern hinaus eine üppige Ausstattung und Kostümierung.
In ihrer Glanzzeit im Zweiten Kaiserreich ließ der zeitkritische Biß der Couplets und Chansons merklich nach und wurde durch derbe Erotik für Auge und Ohr verdrängt. Zu den bekanntesten Cafés-concerts in Paris, in denen auch Interpreten des literarischen Chansons wie → *Yvette Guilbert* und → *Aristide Bruant* auftraten, gehörten der *Alcazar*, das *Concert des Ambassadeurs, Eden, Eldorado, Parisien, Scala.* Gegen Ende des 19. Jahrhunderts nannten sich die großen Cafés-concerts nach englischem Vorbild Music Halls, was im Deutschen ungefähr dem → *Varieté* entspricht.

Camp, Sarah (eigentlich: Dr. Elisabeth Pflanz) * *11. 12. 1946 Rosenheim (Obb.).* Kabarettistin, Autorin, Schauspielerin, Regisseurin
Studierte Germanistik, Philosophie und Pädagogik in München und Würzburg und promovierte 1976 zum Dr. phil. Debütierte mit ihrem Soloprogramm »Baukasten – eine bayerische Satire auf das Weihnachtsgeschäft«, am 13. 11. 1977 im »Modernen Theater«, München (Laufzeit bis Mai 1978, zahlreiche Wiederaufnahmen und Gastspiele im In- und Ausland). Weitere Programme: »Der blaue Vorhang« (mit Laien, 1978), »Das rasende Kirchenjahr« (1979), »Wozu das ganze Theater?« (1980), »Es darf geweint werden« (1981); »Baumgrenze« (1983/84), »Mice! Ein Musical« (1988); »MAAMMA!« (seit 1994; damit auch Gastspiele). Zwischendurch spielt sie immer wieder Theater und schreibt Drehbücher für

satirisch-humoristische Fernsehserien (u.a. »Küchengeschichten« mit Walter Sedlmayr und ihr selbst). Sie spielte in den Filmen »Der ganz normale Wahnsinn« von Helmut Dietl (1978) und in »Die zweite Heimat« von Edgar Reitz (1988).
Mit eigenen und fremden Texten engagierte sie sich bei politischen Aktionen wie Ostermarsch, Friedensbewegung und Gewerkschaftsaktionen und geht mit ihren Soloprogrammen auf Gastspielreisen. 1981 erhielt sie den Ernst-Hofrichter-Preis, München.

Carow, Erich ** 17. 6. 1893 Berlin; † 31. 1. 1956 West-Berlin.*
Komiker, Kabarettist, Kabarettleiter
Der Sohn einer Berliner Waschfrau schloß sich 1912 einem Wanderzirkus an, um Reprisenclown zu werden. Im Zirkus Schumann in Berlin trat er dann als Tanzkomiker auf. Im Berliner »Walhalla-Theater« sah er in einer James-Klein-Revue Lucie Blattner, die er später heiratete. Gemeinsam spielten sie in Berliner Tanzgaststätten Stegreifburlesken. Mit dem so verdienten Geld mietete sich Erich Carow im Biertunnel des »Walhalla-Theaters« am Weinbergsweg im Berliner Norden ein. Sein Etablissement nannte er »Carows Lachbühne«.
Seine derben Possen, die er hier mit seiner Frau Lucie spielte, seine Clownerien aus dem Leben der »kleinen Leute«, hob er durch seine tragikomische Darstellung auf ein literarisches Niveau. Unter seine Gäste – Proletarier und Kleinbürger des Berliner Nordens – mischten sich in den zwanziger Jahren zunehmend Künstler und Intellektuelle des Berliner Westens, so → *Trude Hesterberg*, Heinrich Mann und → *Kurt Tucholsky*, die seine Kunst lobend beschrieben. Im März 1930 gastierte Carow in der Berliner »Scala« mit ebensolchem Erfolg wie am Weinbergsweg. »Carows Lachbühne« wurde 1943 bei einem Bombenangriff zerstört. 1955 eröffnete er in Gatow sein »Haus am See«, das noch nach seinem Tode als Kleinkunststätte weiterbestand.

📖 Georg, Manfred; Schaeffers, Peter: *Erich Carow – Karriere eines Berliner Volkskomikers.* Berlin 1930.

Chanson (französisch = Lied, Gesang) Das Chanson hat in Frankreich eine lange und vielfältige Tradition. Sie reicht von den Kriegsliedern des Frankenreiches (in lateinischer Sprache) über die Minnelieder der Troubadours und Trouvères und das Chanson de geste (Loblied auf historische Taten oder Sagen), die Kampfgesänge der Französischen Revolution (auf beiden Seiten der Barrikaden) bis zu den politischen Spottliedern, vor allem von → *Pierre Jean de Béranger* in der Zeit des Zweiten Kaiserreichs. Ein Nebenstrom floß über die Caveaux und Goguettes (eine Art Liedertafel) sowie seit 1871 die Literatenclubs der Dritten Republik als konstituierendes Element in das → *Cabaret artistique* ein.
Seit der Mitte des 19. Jahrhunderts war das Volkschanson mehr und mehr zum vulgär-erotischen Amüsierliedchen oder zum chauvinistischen Kitschgesang in den → *Cafés-chantants* und den → *Cafés-concerts* verkommen. Aus diesen Niederungen hob innerhalb dieser Vergnügungsstätten → *Yvette Guilbert* das Chanson durch ihren Vortrag auf eine neue literarische Ebene, während → *Aristide Bruant* dem Volkschanson innerhalb des »Cabaret artistique« in Text und Vortrag neue

Impulse gab, aus welchem Zusammenfließen die neue Gattung des literarischen Kabarettchansons im heutigen Sinne entstand.
Während sich das literarische Cabaretchanson in Frankreich nach dem Verblühen des Montmartre-Cabarets gegen Ende des 19. Jahrhunderts selbständig weiterentwickelte und sich wieder vornehmlich in den Music Halls ansiedelte (aber auch im Quartier Latin gepflegt wurde), nahm es in den deutschsprachigen Ländern eine eigene, eng mit dem Kabarett verbundene Entwicklung (→ *Frank Wedekind,* → *Walter Mehring,* → *Kurt Tucholsky,* → *Klabund,* → *Erich Kästner,* → *Friedrich Hollaender,* → *Hanns Eisler,* u.a.), bis es sich seit der Mitte der sechziger Jahre in den Liedern der → *Liedermacher* (→ *Franz Josef Degenhardt,* → *Wolf Biermann,* → *Dieter Süverkrüp,* → *Hanns Dieter Hüsch,* → *Hannes Wader,* → *Konstantin Wekker,* → *Walter Mossmann* u.a.) erneut verselbständigte. (→ *Song*).

Ostwald, Hans: *Lieder aus dem Rinnstein.* 3 Bde. Berlin 1903, 1904, 1906. – Greul, Heinz: *Chansons der zwanziger Jahre.* Zürich 1962. – Ruttkowski, Wolfgang Victor: *Das literarische Chanson in Deutschland.* Bern-München 1966. – Schmidt, Felix: *Das Chanson – Herkunft, Entwicklung, Interpretation.* Ahrensburg-Paris 1968. – Pablé Elisabeth (Hrsg.): *Rote Laterne – Schwarzer Humor. Chansons dieses Jahrhunderts.* Salzburg o.J. – Dies.: *Blutrote Laterne – Tiefschwarzer Humor. Ungeschminkte Lieder.* Salzburg 1969. – Schulz-Koehn, Dietrich: *Vive la Chanson.* Gütersloh 1969. – Neff, Wilhelm: *Das Chanson.* Leipzig 1972. – Guilbert, Yvette: *Die Kunst, ein Chanson zu singen* (Hrsg. Walter Rösler). Berlin 1981. – Hippen, Reinhard: *Das Kabarettchanson.* Zürich 1986.

Chansonnier, Chansonniere Im deutschen Sprachgebrauch übliche Bezeichnungen für den bzw. die Vortragende(n) von → *Chansons.* Im Französischen hat die ursprünglich für einen Chansonsänger im → *Cabaret artistique* geprägte Wortbildung »Chansonnier« im Laufe der Zeit die Bedeutung eines kabarettistischen Alleinunterhalters angenommen, der nicht unbedingt singen muß, sondern die Tagesereignisse witzig kommentiert, also eher dem ähnelt, was im Deutschen unter einem → *Conférencier* verstanden wird. So finden sich die kleinen Kabaretts am Montmartre in Paris in den Anzeigenteilen der Zeitungen unter »Les Chansonniers« rubriziert. Die korrekte Bezeichnung für den oder die Vortragende(n) eines Chansons, »Chanteur« bzw. »Chanteuse«, haben sich im deutschen Sprachgebrauch bisher ebensowenig eingebürgert wie die Bezeichnungen »Auteur-Interprète« für einen Liedermacher, der seine fremdvertonten Texte vorträgt, und »Auteur-Compositeur-Interprète« für einen Liedermacher, der seine selbstverfaßten und selbstvertonten Lieder selbst vorträgt. Für die Sängerin nichteigener Chansons hat sich der Begriff *Chansonniere* gegen den früher gebräuchlichen → *Diseuse* durchgesetzt.

Chat noir (Berlin) (französisch für »Schwarzer Kater«) Literarisches Kabarett, gegründet im Herbst 1907 von → *Rudolf Nelson* im »Großen Café« am Potsdamer Platz, kurz darauf Übersiedelung in Räume im ersten Stock über »Castans Panoptikum« in der »Passage« Unter den Linden/Friedrichstraße.
Nach der damit vollzogenen Trennung Nelsons von seinem bisherigen Kompagnon, dem Chansonnier und Conférencier → *Paul Schneider-Dunker,* mit dem zusammen er seit 1904 den → *Roland von Berlin* betrieben hatte, brauchte er einen neuen Chansonnier und Conférencier. Er fand den einen in → *Jean Moreau,* den

»Chat noir«. Oberer Saal des Cabarets in Paris, 1881

anderen in → *Fritz Grünbaum*. 1911 debütierte hier die Chansonniere → *Gussy Holl*. Ferner traten auf: → *Lucie Berber*, → *Käte Erlholz*, → *Claire Waldoff*, der Komiker Theodor Francke sowie → *Willy Prager* und → *Willi Schaeffers*. Texte schrieben: Willy Prager, → *Fritz Grünbaum*, → *O. A. Alberts*, Willi Wolff und Willi Hagen.

1914 gab Nelson das *Chat noir* auf und eröffnete, dem »Zug nach dem Westen« folgend, am Kurfürstendamm → *Nelsons* »Künstlerspiele«. Infolge der Deutschtümelei nach Ausbruch des Ersten Weltkriegs nannte sich das Unternehmen nunmehr »Schwarzer Kater«, ging aber noch im selben Jahre ein.

Chat noir (Paris) Erstes → *Cabaret artistique* und damit erstes Kabarett, gegründet von → *Rodolphe Salis* und eröffnet am 18.11.1881 in einem umgebauten ehemaligen Postamt auf dem Boulevard Rochechouart 84 am Fuße des Montmartre in Paris.

Salis, ein Maler und Grafiker, hatte damit ursprünglich eine Künstlerkneipe von Künstlern für Künstler im Sinn. Indessen verkehrten im *Chat noir* von Anfang an auch Nichtkünstler, die freilich Freunde der Kunst und ihrer Exponenten waren. Jeden Freitagabend ruhte der allgemeine Kneipenbetrieb. Dann stellten sich in geschlossener Gesellschaft Literaten, Dichter, Maler, Bildhauer, Musiker und Schauspieler gegenseitig ihre Kunstschöpfungen – in der Regel Chansons – vor und diskutierten über Kunst und Literatur. Die Teilnehmer gehörten in der Anfangszeit überwiegend dem »Club der Hydropathen« um Emile Goudeau an, einem der vielen Künstler- und Intellektuellenzirkel, die, von der aufblühenden

französischen Industriegesellschaft an den Rand gedrängt, von dorther die Großbourgeoisie der Dritten Republik attackierten und verspotteten.
Zum Stamm des *Chat noir* gehörten die Schriftsteller und Dichter Alphonse Allais, Charles Cros, Maurice Donnay, Maurice Boukay, Jules Jouy, Maurice Mac Nab, Gabriel Montoya, Maurice Rollinat, die fast alle in sogenannten Brotberufen ihr Geld verdienten, ferner der Chansonnier → *Aristide Bruant*, die Maler und Zeichner Caran d'Ache, André Gill, Henri Rivière und Adolphe Willette sowie die Komponisten Claude Debussy, Paul Delmet, Georges Fragerolle und Erik Satie. Unter der Chefredaktion von Emile Goudeau brachte der *Chat noir* eine gleichnamige satirische Zeitschrift heraus. – Zum Kabarett im heutigen Sinne wurde der *Chat noir* dadurch, daß Salis seine Künstlerkneipe unter dem Ansturm der über den Boulevard Rochechouart Flanierenden dem großen Publikum öffnete. Zwar erhob er keinen Eintritt, doch schlug er kräftig auf das bei ihm obligatorische Bier auf. 1885 bezog Salis mit dem *Chat noir* neue Räumlichkeiten in einer dreigeschossigen Künstlervilla in der – heutigen – Rue Victor Massé, während das bisherige Quartier von Aristide Bruant gepachtet und als → *Le Mirliton* (Die Rohrflöte) weitergeführt wurde.
In den prachtvoll ausgestatteten und mit einer Fülle von Kunstwerken bestückten neuen Räumen bot der *Chat noir* neben den herkömmlichen Rezitationen und Chansonvorträgen im obersten Geschoß als neue kabarettistische Kunstform Schattenspiele, zu denen der Maler Henri Rivière die Silhouetten und Dekorationen schuf. Im Mittelgeschoß befand sich nun die Redaktion der Zeitschrift. Salis selber hatte seine Rolle als einstmals derber Kneipenwirt mit der eines in prächtiger Phantasieuniform auftretenden Grandseigneurs vertauscht, hatte in seinen Conférencen die ursprüngliche Derbheit zu spöttischer Süffisance verfeinert.
Der Zustrom eines immer exklusiver werdenden Publikums mit seiner Vorliebe für patriotische Schattenspiel-Epen drückte mehr und mehr auf das künstlerische und literarische Niveau, bis der *Chat noir* seit der Weltausstellung von 1889 zur Touristenattraktion absank. Nach einigen Tourneen war Salis 1897 am Ende: Sein Pachtvertrag lief Ende Februar aus, Salis erkrankte und starb im März desselben Jahres.

De Casteras, R.: *Avant Le Chat Noir – Les Hydropathes.* Paris 1945. – Carco, Francis: *La Belle Époque au temps de Bruant.* Paris 1954. – Herbert, Michel: *La chanson à Montmartre.* Paris 1967.

Clauberg, Claus ** 12. 4. 1890 Schwerin; † 15. 3. 1963 Schwerin.*
Komponist, Pianist, Chansonautor
Nach dem Studium verschrieb er sich der ernsten Musik. 1921 verpflichtete ihn → *Rosa Valetti* als Hauskomponist und musikalischen Begleiter an ihr Berliner → *Cabaret Größenwahn*, wo er u.a. »Bladdy Gloth« von → *Jakob van Hoddis* und rund zehn Texte von dem Valetti-Bruder Hermann Vallentin vertonte. 1922 wirkte er an den Berliner Kabaretts → *Wilde Bühne*, → *Schall und Rauch* (II), wo das Clauberg-Chanson »Berlin, ich liebe Dich« gesungen wurde, und beim Kabarett → *Küka*, wo »Nord-Süd« nach einem Text von → *Karl Schnog* erklang. 1926 vertonte er im Kabarett → *Die Wespen* Texte von → *Erich Weinert* (»Die braune Kuh«), → *Leo Heller* (»Die Sterne«), → *Kurt Tucholsky* (»Mutterns Hände«, »Da-

nach«), die → *Ilse Trautschold* kreierte. Danach ging er zu den Berliner »Wanderratten« und Ende 1930 zum Kabarett »Die Pille«, die ihre Satire unter dem Piscator-Regieschüler Wolfgang Böttcher gegen den Faschismus richtete. Hier vertonte er Texte von → *Hardy Worm* (»Witwenball« u.a.). Schrieb zahlreiche Chansons, darunter allein 60 Vertonungen für → *Claire Waldoff.*
1934 wurde die Aufführung seiner Chansons wegen antinazistischer Tendenzen verboten. Clauberg schuf nun in aller Stille: Kammermusik, Orchester- und Instrumentalwerke, zwei Opern, zwei Sinfonien und Ballettsuiten. Als er 1943 in Berlin ausgebombt und ihm dafür jegliche Entschädigung verweigert wurde, tauchte er in seiner Geburtsstadt Schwerin unter. Nach dem Zweiten Weltkrieg stellte er sich als Landesleiter der Gewerkschaft für Kunst und Schrifttum dem Aufbau der DDR zur Verfügung.

Schütte, Wolfgang U.: *Mit Stacheln und Sticheln – Beiträge zur Geschichte der Berliner Brettl-Truppe »Die Wespen« (1929–1933).* Leipzig 1987.

Colpet, Max (eigentlich Max Kolpenitzky, bis 1933 Max Kolpe) * *19. 7. 1905 Königsberg (Pr.).* Schriftsteller, Kabarettist, Drehbuch-Autor
Studierte 1926 in Berlin Bauingenieurswesen, hatte als Hilfslehrer in einer Privatschule die Söhne von → *Willi Schaeffers* und → *Rudolf Nelson,* Peter Schaeffers und → *Herbert Nelson*, als Schüler und kam durch sie zum Kabarett. Schrieb Gedichte für das »Berliner Tageblatt«, den »Querschnitt« und den »Simplicissimus« und trat mit ihnen im → *Küka* auf sowie bei den Hausfrauennachmittagen von Willi Schaeffers in der »Femina«. Gründete 1928 zusammen mit → *Erik Ode* das → *Anti.* Schrieb seit 1929 Sketsche und Chansons für die → *Katakombe*, für Rudolf Nelson (die Jugendrevue »Junge, Junge!« sowie für die Revue »Es hat geklingelt«, 1932), für das → *Tingel-Tangel-Theater* und für das → *Kabarett der Komiker* (1931/32).
1933 emigrierte Max Colpet über Wien, wo er für → *Trude Kolmans* Kabarett im »Grand Hotel« Texte schrieb, nach Paris und verfaßte dort zusammen mit Billy Wilder mehrere Drehbücher (u.a. für »Ihr erstes Rendezvous«, 1940). 1940 Flucht, Internierung (in Frankreich und in der Schweiz), 1945 Rückkehr nach Paris, 1948 nach Hollywood, 1958 Rückkehr nach Europa. Colpet hat zahlreiche Drehbücher geschrieben und Musicals übersetzt und bearbeitet. Sein eigenes Musical, »Millionen für Penny«, wurde 1967 am Münchner »Theater am Gärtnerplatz« uraufgeführt. Auch Kabarettexte schrieb er wieder nach seiner Rückkehr nach Deutschland, und zwar für die → *Stachelschweine*, die → *Zwiebel*, die → *Münchner Lach- und Schießgesellschaft* und → *Die Kleine Freiheit.*
Weltbekannt wurden seine Chansons, die er für → *Marlene Dietrich* schrieb, (wie »Allein in einer großen Stadt«, »The Beast in Me«) und übersetzte (wie »Sag mir, wo die Blumen sind«, nach Pete Seeger, »Bitte geh nicht fort«, nach Jacques Brel, »Nein, ich verliebe mich nie mehr«, nach Hal David und Burt Bacharach). Colpet übersetzte außerdem einige Protestsongs, darunter »Le déserteur« von Boris Vian und »The Universal Soldier« von Buffe Saint-Marie. Ferner schrieb er Chansons für → *Hildegard Knef*, → *Hanne Wieder*, Grethe Weiser, Louise Martini, → *Lale Andersen*, Katja Ebstein, Romy Schneider, Freddy Quinn, → *Jürgen Scheller*, Klaus Havenstein, Topsy Küppers, Karl Schönböck.

Colpet, Max: *Sag mir, wo die Blumen sind. Erinnerungen.* München 1976. – *Wenn man trotzdem lacht,* München. 1980.

Comedy Englisch für »Komödie«. Wurde in den neunziger Jahren zur Bezeichnung für eine neue Blödelwelle der Lach- und Spaßkultur.
In unterschiedlichen Erscheinungen mit verschiedenen Bezeichnungen und auf unterschiedlichstem Niveau hat es → *Komik* gegeben. In den zwanziger Jahren u.a. mit → *Karl Valentin,* dem Münchner Genie absurder Komik, in den fünfziger Jahren mit → *Heinz Erhardt* u.a. als harmlose Komik, in den sechziger Jahren mit den Blödelbarden Schobert & Black, der Gruppe Insterburg & Co, → *Otto* u.a. als Nonsens, in den siebziger Jahren mit → *Dieter Hallervorden,* → *Loriot* u.a., die ihre Komik in Fernsehsendungen und Kinofilmen präsentierten. In den achtziger Jahren begann das »Schmidt-Theater« in Hamburg mit Corny Littmann, Ernie Reinhardt (als Lilo Wanders) und Marlene Jaschke die Comedy in einer eigenen Fernseh-Show zu verbreiten.
Anfang der neunziger Jahre begannen eine Reihe von Komikern, die sich jetzt Comedians nannten, ihre Form auf den Kleinkunstbühnen durchzusetzen, wie Duo Badesalz, Tom Gerhardt, Rüdiger Hoffmann, Helge Schneider u.a., die dann durch Schallplatten, Filme und Auftritte in immer größeren Hallen einen Comedy-Boom auslösten. Seit November 1993 produziert der Fernsehsender RTL die mehrfach preisgekrönte Comedy-Show »Samstag Nacht«, die inzwischen mehr als vier Millionen Zuschauer hat. Dabei wirken inzwischen bekannte Comedians mit, wie Wigald Boning, Olli Dittrich, Esther Schweins, Tanja Schumann, Mirco Nontschew, Stefan Jürgens und Tommy Krappweis. Boning (* 1967) und Dittrich (* 1957) erzielten als Gesangs-Duo »Die Doofen« mit ihren Platten (»Lieder, die die Welt nicht braucht«, »Lieder für Melonen« u.a.) Millionenumsätze. Beim Fernsehsender VIVA moderiert der singende Stefan Raab (»Wer schleppt die tollsten Weiber ab? Bööörti Vooogts!«). Bei SAT 1 läuft allabendlich die zynische »Harald-Schmidt-Show« mit Comedy-Gästen. Zum erstenmal wurde 1995 der Deutsche Schallplattenpreis der Phono-Akademie in der Kategorie Comedy vergeben an »Die Doofen«. Im Rundfunk erreichten 1995 Comedy-Reihen wie »Feinkost-Zipp« (SWF 3), »Quatsch« (NDR 2) oder »Die Arschkrampen« (im »Frühstyx-radio« von Radio ffn) Kultstatus.
In Köln wird seit 1990 alljährlich das »Internationale Comedy Festival« veranstaltet, mit Akrobatik-Acts, Geräusch- und Stimmenimitation, Musik, Pantomime, Zauberei u.a. Zusätzlich bereichern Filmkomödien wie »Männerpension« (Regie: Detlev Buck); »Der bewegte Mann« (Regie: Sönke Wortmann); »Stadtgespräch« (Regie: Rainer Kaufmann) oder »Abbuzze« mit dem hessischen Duo Badesalz in den neunziger Jahren das Jux- und Witz-Panorama.
Das neue Wort soll vor allem die Grenzen zum Kabarett aufzeigen, während im angelsächsischen Sprachraum alles *Comedy* heißt, auch das Kabarett. Die klassische Figur des bundesrepublikanischen Brettls war der Narr als Kleinbürger: → *Hildebrandt,* → *Polt,* → *Hüsch* u.a. gestalteten ihn jeder auf seine Art, liebenswert oder boshaft, töricht oder verschmitzt. Die Comedy setzte demgegenüber zunächst auf die Pose des betrunkenen Proleten. Karl Dall, Jürgen von der Lippe, Mike Krüger u.a. waren komisch, weil sie unter dieser Maske bei den Privatsen-

 dern durften, was im Medium sonst nicht erlaubt war: Zoten reißen und ihre Gäste anpöbeln. Mit den Comedians etablierte sich demgegenüber in den neunziger Jahren eine Komik der Infantilisierung durch verspielte, bisweilen offen alberne Unsinnsspäße bis zur alkohol-fäkalisch-sexuellen Einfärbung.

Conférencier Frz. für »Vortragender«, als solcher Begriff nur im deutschsprachigen Raum gebräuchlich, wohingegen die Franzosen diese Gattung »animateur« oder »présentateur«, die Engländer »compère« nennen.
Im → *Nummernprogramm* und im → *Varieté* ursprünglich der Ansager der jeweils folgenden Nummer, später auch bei Modeschauen der Ansager der jeweiligen Kreationen. Diese Überleitungen nannte man Conférencen.
Aus dem plaudernden Überbrücken technisch bedingter Pausen und dem geistigen Zusammenhalt einer innerlich oft sehr unterschiedlichen Nummernfolge, wie es noch der erste Kabarett-Conférencier → *Rodolphe Salis* pflegte, entwickelte sich im deutschsprachigen Kabarett der Conférencier nach und nach zu einer eigenständigen »Nummer« witzig philosophierender Zeit- und Menschenbetrachtung. Mit diesem Ausbau der dienenden zur beherrschenden und schließlich autonomen Funktion begann bereits 1901 → *Ernst von Wolzogen* in seinem → *Bunten Theater (Überbrettl)*, bis schließlich in → *Werner Finck* der Conférencier zur Seele zuerst der → *Katakombe* und nach dem Zweiten Weltkrieg zum Soloprogramm unabhängig von bestimmten Programmen und Spielstätten wurde. (Siehe auch → *Alleinunterhalter.*)
Im Wiener Kabarett tat den Schritt vom Monolog zum Dialog zuerst der Conférencier → *Fritz Grünbaum*, als er, 1922 aus Berlin zurückgekehrt, im → *Simplicissimus (Wien)* mit dem kurz zuvor dorthin engagierten jungen Conférencier → *Karl Farkas* die Doppelconférence entwickelte. Nach Emigration und Krieg heimgekehrt, setzte Farkas diese Tradition mit neuen Partnern fort, vor allem mit → *Ernst Waldbrunn,* → *Gerhard Bronner* und → *Fritz Muliar.*
Im Berlin der zwanziger Jahre etablierten die Doppelconférence die Wiener → *Paul Morgan* und → *Kurt Robitschek.* Eine Art absoluter Doppelconférence auf höherer Ebene praktizierten seit Ende der siebziger Jahre → *Dieter Hildebrandt* und → *Werner Schneyder* mit ihren abendfüllenden kabarettistischen Dialogen.

Wiener, Hugo: *Doppelconférence.* Wien/München 1972.

Conrads, Heinz **21. 12. 1913 Wien; † 9. 4. 1986 Wien.*
Schauspieler, Kabarettist, Conférencier, Chansonnier
Schon als Schüler conférierte er Festabende, nahm 1942 Schauspielunterricht und gab am Wiener Stadttheater sein Debüt an der Seite von → *Trude Hesterberg* in »Kleopatra die Zweite«, einem Lustspiel von Max Christian Feiler. Weitere Rollen folgten, bis er als Conférencier bei diversen Veranstaltungen zu tingeln beginnt. 1945–48 war er bei Otto Oegyn (→ *Karl Farkas* war noch im Exil) am → *Simplicissimus* (Wien) engagiert, spielte 1949 im Kabarett »Moulin Rouge«, kehrte jedoch 1950 auf Anraten von → *Hugo Wiener* für viele Jahre an den *Simpl* zurück.
Im Februar 1946 begann er im Österreichischen Rundfunk mit einer eigenen

Sendung »Was gibt es Neues?«, die er vierzig Jahre moderierte und die in den sechziger Jahren unter dem Titel »Was sieht man Neues?« auch im Fernsehen lief. Conrads spielte an vielen Theatern in Wien, wirkte in Filmen mit und besang zahlreiche Schallplatten mit Chansons im Wiener Dialekt (»Schuster Pokerl«, »Krach-Polka« u.a.), meistens vertont von Gustav Zelibor.

Conrads, Heinz *Vergessene Neuigkeiten.* Wien/München 1959. – Ders: *Meine ersten 60 Jahre.* Wien/Zürich/München 1977. – Schenz, Marco: *Heinz Conrads – Erinnerungen an einen Volksliebling.* Frankfurt/Berlin 1987.

Couplet (Frz. für »Pärchen«) Seit dem 18. Jh. Bezeichnung für ein Strophenlied aktuell-politischen oder erotischen Charakters mit meist gleichlautender Endzeile oder → *Refrain,* vorgetragen vor allem im Singspiel (Nestroy, Kalisch, Raimund), in der Operette (Offenbach), später auch im Kabarett. (→ *Claire Waldoff,* → *Otto Reutter,* → *Willy Rosen,* → *Günter Neumann*).
Ähnlich dem → *Chanson,* das aber nicht unbedingt auf einen Refrain angewiesen ist, bezieht das Couplet seinen Witz aus der Mehrdeutigkeit, die der Refrain durch die jeweils voraufgehende Strophe erhält. Anders als das Chanson beutelt das Couplet Zeit und Zeitgenossen weniger auf satirisch-agressive als auf humoristisch-versöhnliche Art. Refrain oder gleichbleibende Endzeile enthalten häufig eine dem Volksmund abgelauschte oder sonst geläufige Redensart wie »In fünfzig Jahren ist alles vorbei« (Otto Reutter), »Man muß auf alles vorbereitet sein« (Günter Neumann).
Schon Johann Nestroy flocht in seinen Possen zeitkritische, je nach Tagesaktualität immer wieder abgewandelte Couplets ein. → *Max Reinhardt* ließ in seiner berühmten Inszenierung von »Hoffmanns Erzählungen« von 1931 Kabarettisten wie → *Paul Graetz* auf Offenbach-Melodien Couplets mit aktuellen Zeitbezügen singen.
Neben den genannten Meistern des Couplets im Kabarett bedienten sich gelegentlich auch Autoren wie → *Kurt Tucholsky* und → *Walter Mehring* der Coupletform.

 Dada-Kabarett → *Cabaret Voltaire*

DDR-Kabarett Nachdem seit dem Ende des Zweiten Weltkriegs in Ost und West des noch ungeteilten Berlin und auch in der sowjetisch besetzten Zone ein reges Kabarettleben erblüht war, stellten mit der Gründung der DDR 1949 die meisten ostdeutschen Kabaretts ihren Spielbetrieb ein. In Ost-Berlin hatte am 1.9. 1945 der → *Frische Wind* im Haus des ehemaligen Kabaretts → *Alt Bayern* seine kurze Programmfolge begonnen, hörte aber Anfang 1949 noch vor Gründung der DDR auf. Eines der renommiertesten Unternehmen, die am 17.11. 1945 in Leipzig von dem Schriftsteller Ferdinand May, dem Schauspieler Egon Herwig und dem Theaterkapellmeister Joachim Werzlau gegründete → *Rampe* (Leipzig), schaffte es bis Anfang 1950, als ihr künstlerischer Leiter Tino Constantin sich in die BRD absetzte.
Erst ein halbes Jahr nach Stalins Tod beschloß der Ost-Berliner Magistrat im Zuge des von Chruschtschow eingeleiteten »Tauwetters« die Gründung eines staatlich kontrollierten Kabaretts, der → *Distel*, die am 2.10. 1953 ihren Spielbetrieb aufnahm. Sie wie auch die nachfolgenden Berufskabaretts – geplant war je eins für die 15 DDR-Bezirke, von denen bis zur Wende 1989 13 verwirklicht wurden – waren staatliche bzw. städtische Einrichtungen, deren Programme von den jeweiligen Behörden kontrolliert und noch vor der Premiere zensuriert wurden. Aus den Versuchen einzelner Kabarettisten, die Kritik an öffentlichen Mißständen von den unteren auf die höheren Führungsebenen auszudehnen oder gar hohe Staatsfunktionäre, wenn auch noch so gutmütig, zu persiflieren, resultierte neben Verboten einzelner Nummern oder ganzer Programme oftmals die Absetzung der verantwortlichen Kabarettleiter, ja, wie im Falle des Leiters der → *Pfeffermühle* (Leipzig) von 1955–1957, → *Conrad Reinhold*, deren Vertreibung. So erklärt sich der in den Biographien der einzelnen hier aufgeführten DDR-Kabaretts erwähnte häufige Wechsel der Direktoren. Oftmals überstanden die bis 1989 verantwortlichen Kabarettleiter die Wende mit Bravour und wirken unbeschadet ihrer einstigen Bekenntnisse zum Sozialismus sowjetischer Prägung in den nunmehr privatisierten Unternehmen weiter.
Zum Selbstverständnis einzelner Kabarettleiter und -Autoren zu Zeiten der DDR folgende Zitate: Laut einem ddp-Bericht von einer Diskussion in West-Berlin über das DDR-Kabarett in der »Süddeutschen Zeitung«, München, vom 23.8. 1985 galt dem → *academixer*-Chef → *Jürgen Hart* als Voraussetzung des Kabaretts in der DDR »die Übereinstimmung von Publikum und Satiriker in ihrem parteilichen Grundinteresse.« Für → *Wolfgang Schaller*, den Dramaturgen der Dresdner → *Herkuleskeule*, hatte die Satire in DDR es schwer, »denn es fehlt uns an existentiellen Widersprüchen mit dramatischer Zuspitzung«. Allein → *Peter Ensikat*, Autor für »Distel«, »Herkuleskeule«, »Pfeffermühle« und andere Kabaretts, fand, tiefer lotend, in vorsichtiger Formulierung schon damals, die Satire habe »es bei uns zu leicht, weil so viele eingebildete Tabus existieren, daß man nur zu sagen braucht, wie die Wirklichkeit wirklich ist, und schon hat man das Interesse auf seiner Seite.«
Für Rainer Otto, den langjährigen Dramaturgen der *Pfeffermühle* und einst führenden Kabaretthistoriker der DDR, »begreift die Satire in der bürgerlichen Gesell-

schaft sich als Ankläger der Absichten und Praktiken des Staates und seiner führenden Klasse, der Bourgeoisie«, während sich »die Satire in der sozialistischen Gesellschaft (...) im Bunde mit den Zielen und Errungenschaften des sozialistischen Staates und seiner führenden Klasse, der Arbeiterklasse (weiß)«. Typisch für diese Einstellung sei nach Otto der Titel des ersten Programms des ersten DDR-Kabaretts, die → *Distel*: »Hurra! Humor ist eingeplant!«.
Der Kabaretthistoriker Rudolf Hösch befand in seinem Buch »Kabarett von gestern und heute. Band II, 1933 bis 1970«: »Der Spezifik des kabarettistischen Genres entspricht es, den gesellschaftlichen Fortschritt hemmende Erscheinungen aller Art satirisch bloßzustellen. So entlarvt das Kabarett in der DDR jene klassenfeindlichen und imperialistischen Kräfte, die in der internationalen Politik an der Vorbereitung eines dritten Weltkriegs arbeiten. Gleichzeitig tritt es gegen alles auf, was den Prinzipien in unserem Land wesensfremd ist, greift Auffassungen und Verhaltensweisen an, die nicht auf der Höhe unserer gesellschaftlichen Erfordernisse stehen. Das Kabarett wird damit zu einem wirksamen Instrument sozialistischer Demokratie.« (→ *Rat der Spötter*).
Resümee des Chefs der → *Arche* (Erfurt) bei den Thüringer Theatertagen Anfang November 1989: »Die Wende hat uns hart getroffen« Womit er allerdings den Umstand meinte, daß das laufende Programm plötzlich »unaktuell« geworden war.

Berger, Manfred: *Kabarett nach vorn.* Berlin 1966. – Hösch, Rudolf: *Kabarett von gestern – 1900–1933.* Band I. Berlin 1967. – Ders.: *Kabarett von gestern und heute – 1933–1970.* Band II. Berlin 1972. – Branster, Gerhard: *Kunst des Humors – Humor der Kunst.* Leipzig 1980. – Rösler, Walter; Otto, Rainer: *Kabarettgeschichte.* Berlin 1981. – Biskupek, Matthias; Wedel, Mathias: *Streitfall Satire.* Leipzig 1988. – Gebhardt, Horst (Hrsg.): *Kabarett heute.* Berlin 1987. – Wedel, Mathias: *Ausverkauft – Kabarett Betrachtungen.* Berlin 1989.

Degenhardt, Franz Josef ** 3. 12. 1931 Schwelm (Westfalen).*
Politischer Liedermacher, Autor, Jurist
Studierte 1952–1956 Rechtswissenschaften in Freiburg und Köln. 1960 zweites juristisches Staatsexamen, 1961–1969 Assistent am Institut für Europäisches Recht an der Universität Saarbrücken, 1966 Dr. jur., 1961 Beitritt zur SPD, 1963 erste Lieder bei Radio Bremen und Debüt als Liedermacher im »Jungen Theater«, Göttingen. Erste Langspielplatte 1963: »Zwischen null Uhr und Mitternacht« (neu unter dem Titel »Rumpelstilzchen«). Seit 1966 Auftritte beim »Festival Chanson Folklore International« auf der Burg Waldeck.
1967 von → *Wolfgang Neuss*, → *Wolf Biermann* und Rudi Dutschke zum Sozialismus bekehrt. Gab 1969 seinen Universitätsposten auf und ließ sich in Hamburg als Rechtsanwalt nieder. 1973 brachte er seinen ersten Roman, »Zündschnüre«, heraus, danach folgten »Brandstellen« (1975), »Die Mißhandlung« (1979), »Der Liedermacher« (1982), »Die Abholzung« (1985), »August Heinrich Hoffmann, genannt Fallersleben« (1991). 1971 wurde er aus der Hamburger SPD ausgeschlossen, seit 1971 ist er Mitglied des PEN-Zentrums Bundesrepublik Deutschland.
Degenhardt fing mit poetischen Liedern voll leiser Trauer und anarchistisch-surrealistischer Metaphern an, die er treffend »Bänkel-Songs« nannte, lobte aber

auch den Genuß (vornehmlich des Weins). Erste, noch etwas unklare Sozialkritik übte er 1965 in seinem berühmt gewordenen Lied »Spiel nicht mit den Schmuddelkindern«. Unter dem Titel dieses Songs erschien 1965 seine Chanson-Anthologie, die bis heute mit über 200 000 verkauften Exemplaren zu den erfolgreichsten Veröffentlichungen ihrer Art gehört. Danach zielte er auf das deutsche Spießertum aller Schattierungen (»Wenn der Senator erzählt«, 1967, »Deutscher Sonntag«, 1965). Nach 1967 wurden seine Lieder politischer (»Vatis Argumente«, »Verteidigung eines Sozialdemokraten«, »Progressiv, dynamisch, mit Phantasie – aber sachlich«), rutschten auch bisweilen in Agitation ab (»Zwischentöne sind nur Krampf im Klassenkampf«). Noch 1968 artikulierte er in dem Chanson »Zu Prag« seine »Wut über den Sieg der Panzer« über den Sozialismus »zu Prag«. Nach dem Auseinanderbröckeln der APO näherte sich Degenhardt mehr und mehr der DKP an. Unter dem Titel »Der ganze Degenhardt« edierte die Schallplattengesellschaft Polydor 1981 eine Kassette mit sämtlichen Produktionen des Sängers. Mit der Schallplatte »Junge Paare auf den Bänken« (1986) bekannte sich der Dichtersänger zu seinem Bruder in Apoll, zu Georges Brassens, dessen Chansons er in deutscher Übertragung nachspürt. Neben Wolf Biermann gehört Franz Josef Degenhardt zu den poetischsten unter den großen politischen Liedermachern im deutschen Sprachgebiet. 1983 erhielt er in der Sparte Chanson den → *Deutschen Kleinkunstpreis* und wurde im selben Jahr korrespondierendes Mitglied der DDR-Akademie der Künste.

Arnold, Heinz Ludwig (Hrsg.): *Franz Josef Degenhardt.* München, 1972. – Degenhardt, Franz Josef: *Kommt an den Tisch unter Pflaumenbäumen – Alle Lieder.* München 1979. – Ders.: *Reitet wieder an der schwarzen Mauer – 53 neue Lieder.* München 1987.

Marya Delvard, Silhouette vom Plakat, 1901

Delvard, Marya (eigentlich: Marie Biller) * *11. 9. 1874 Rechicourt (Lothringen); † 25. 9. 1965 Pullach bei München.*
Erste Chansonniere des deutschen Kabaretts

Studierte seit 1896 in München Musik, lernte hier den Studenten und Journalisten → *Marc Henry* kennen, der sie als einzige Frau in das Ensemble der von ihm zusammengebrachten → *Elf Scharfrichter* eingliederte.

In diesem Kabarett errang sie mit ihrer an → *Yvette Guilbert* angenäherten Erscheinung und Vortragskunst Ruhm vor allem mit → *Chansons* von → *Frank Wedekind* (»Ilse«), → *Otto Julius Bierbaum* (»Lied in der Nacht«), und Heinrich Lautensack (»Der Tod singt«). Nach dem Ende der »Elf Scharfrichter« im Herbst 1904 ging Marya Delvard auf Gastspielreisen durch Deutschland und Österreich. Anfang 1906 eröffnete sie mit Marc Henry in dem Schrammellokal »Apollo« in Wien das → *Cabaret Nachtlicht* und 1907 das → *Cabaret Fledermaus*, wo sie zusammen mit Henry überwiegend altfranzösische Volkslieder (in entsprechenden Kostümen), immer aber auch als Zugaben deutsche Lieder und Chansons vortrug.

Seit 1909 ging sie mit Henry mit beider Programm »Moderne Kammerkunst-Abende« auf Tourneen durch Europa und nach Nord- und Südamerika, Kanada und Australien. Beim Ausbruch des Ersten Weltkriegs ließ sie sich in Portofino bei Rapallo nieder, während Henry nach Frankreich zurückkehrte. Gab dann Einzelabende, auch in Rotkreuzlazaretten in der Schweiz. Von 1927 bis 1929 lebte sie noch einmal in München, ging dann nach Berlin und Wien. Bei der Weltausstellung 1937 in Paris sang sie deutsche und französische Volkslieder und ließ sich 1939 in Poitiers nieder. Hier erreichte die 84jährige eine Einladung der Stadt München zur Achthundertjahrfeier der Stadt. Dort trat sie in kleinem Kreise noch einmal mit ihren einstigen Chansons auf. In einem Künstleraltersheim in Pullach bei München ist sie 91jährig gestorben.

Deutscher Kleinkunstpreis → *Anhang*

Deutschmann, Matthias ** 16. 9. 1958 Betzdorf/Sieg.*
Kabarettist und Kabarettautor

Matthias Deutschmann 1993 in seinem Soloprogramm »Wenn das der Führer wüßte« (Foto: Jacques Levesque)

Brach ein Biologiestudium in Freiburg ab. Als Textautor, Darsteller und Cellist gehörte er 1980 zusammen mit Willi Winter, Sabine Korn u.a. zu den Gründern des Freiburger Studentenkabaretts »Schmeißfliege«, das am 29.4. 1980 sein erstes Programm »Wochenend und Sonnenschein« vorstellte. Es folgten die Programme »Der Rechtsweg ist ausgeschlossen« (1981); »Rundflüge, Höhenflüge, Abstürze« (1982); »Valium für Fortgeschrittene« (1982). 1983 wirkte er in der Nachfolgetruppe »Exclusiv Cabaret« mit Joschi Krüger und Cornelia Peschke in dem Programm »Applaus von der falschen Seite« mit. Danach löste sich das Trio auf. Deutschmann schrieb und spielte 1984 mit → *Volkmar Staub* das Duoprogramm »Nachschlag« und schrieb Texte für das Düsseldorfer → *Kom(m)ödchen*, 1986 auch für → *Michael Quast*. Wirkte 1982 und 1985 an Fernsehproduktionen der »Medienwerkstatt Freiburg« (u.a. für das »Kleine Fernsehspiel« des ZDF) mit. Seit 1985 Solokabarettist mit den Programmen: »Blinder Alarm« (1985); »Eine Schnauze voll Deutschland« (1986). Hier entwickelte er seinen an → *Wolfgang Neuss* geschulten Improvisationsstil. 1988 folgte das Programm »Einer flog übers Grundgesetz«.

Danach übersiedelte Deutschmann nach Berlin. Der Fall der Mauer schlug sich in dem Programm »Amokoma« (1989, zusammen mit Christian Kunert) nieder. Seit Januar 1990 spielte er deutsch-deutsche Improvisationen mit dem »Solo für Deutschmann«. Arbeitete danach mit dem Regisseur Ulrich Waller in den Programmen: »Das kleine Fegefeuer« (1991); »Wenn das der Führer wüßte« (1993); »Nachtangriff« (1995) zusammen. Im Januar 1993 spielte er in den Freiburger »Kammerspielen« die Rolle des Diderot in der Uraufführung »Diderot und das dunkle Ei« von Hans Magnus Enzensberger. Im November 1993 wurde sein Stück »Tausend Jahre sind genug« in der Studiobühne Potsdam uraufgeführt. Im August 1993 entließ Intendant Stolte ihn aus dem »Morgenmagazin« des ZDF, weil er in einem satirischen Kommentar zur Bewerbung Berlins für die Olympiade 2000 den Präsidenten des IOC, Antonio Samaranch, als »Franco-Faschisten a. D.« bezeichnet hatte. 1994 servierte er im Auftrag des SFB den »Nachschlag« (→ *Medienkabarett*). 1992 erhielt er den »Deutschen Kabarettpreis« des »Burg-Theaters«, Nürnberg, 1994 den → *Deutschen Kleinkunstpreis.*

Deutschmann, Matthias: *Hitler on the Rocks – Deutsche Etüden.* Freiburg 1987.

Dialekt Hinsichtlich Lautwert und Wortschatz von der Schriftsprache abweichende, landschaftlich unterschiedliche Mundart. Der Dialekt als zwanglose, umgangssprachliche Redeweise wurde seit jeher im Kabarett zur Gestaltung von Bühnenfiguren genutzt. Neben österreichischen (→ *Josef Hader* u. a.) und schweizerischen (→ *Emil* u. a.) Dialekten ist das deutschsprachige Kabarett von Solisten unterschiedlicher Mundart-Landschaften geprägt, z. B. im Bayerischen von → *Karl Valentin,* → *Gerhard Polt,* → *Siegfried Zimmerschied* u. a.; im Schwäbischen von → *Willy Reichert* und → *Oscar Heiler,* → *Mathias Richling,* → *Uli Keuler* u. a.; im Sächsischen von Rudolf Mälzer, → *Bernd-Lutz Lange* u. a.; im Saarländischen von Gerd Dudenhöffer u. a., im Ruhrgebiet von → *Jürgen von Manger,* → *Elke Heidenreich* u. a., am Niederrhein von → *Hanns Dieter Hüsch,* in Norddeutschland von → *Jochen Steffen,* in Hamburg von → *Dirks Paulun,* in Mainz von → *Herbert Bonewitz* u. a. Teilweise spielen die heutigen Mundart-Solisten nur vor Publikum in den entsprechenden Landstrichen.

Diedrich, Hans Jürgen **30. 4. 1923 Stralsund.*
Schauspieler, Kabarettist, Kabarettautor
Wurde nach dem Abitur 1943 außerplanmäßiger Reichsbahninspektor, dann eingezogen und Leutnant bei den Panzergrenadieren. Nach britischer Gefangenschaft 1946 entlassen. Über eine Laienspielgruppe kam er an die »Städtischen Bühnen Hamburg-Harburg« und machte zwischendurch am → *rendezvous* Kabarett. Mit der ebenfalls dort auftretenden → *Ursula Noack* wechselte er 1953 zu den → *Amnestierten.* 1956 wurde er an die → *Münchner Lach- und Schießgesellschaft* engagiert, spielte vom ersten Programm an vierzehn Jahre dort mit und steuerte für drei Programme auch Texte bei. Seit 1972 ist er Mitglied des »Bayerischen Staatsschauspiels«. Spielt und führt Regie in Film und Fernsehen.

Dietrich, Marlene (eigentlich: Maria Magdalena von Losch) **27. 12. 1901 Berlin; † 6. 5. 1992 Paris.* Schauspielerin, Chansonniere, Kabarettistin
Studierte Schauspiel an der Reinhardt-Schule in Berlin. Spielte seit 1922 kleinere Rollen in Filmen und an Berliner Theatern. Trat 1926 in der Charell-Revue »Von Mund zu Mund« auf.
Erster Kabarettauftritt bei einer Jubiläumsveranstaltung für den Komiker Guido Thielscher als eines der »Thielscher-Girls« (»Nachtkabarett«, 27.3. 1928 im »Lustspielhaus«, Berlin). Sang und spielte in der Kabarettrevue »Es liegt in der Luft« von → *Marcellus Schiffer* und → *Mischa Spoliansky* vom 15.5. 1928 in der »Komödie«, Berlin. In »Zwei Krawatten«, einem »Revuestück« von Georg Kaiser (Musik: Spoliansky), wurde sie zusammen mit Hans Albers von dem Regisseur Josef von Sternberg für den Film »Der blaue Engel« (1929) entdeckt, der ihr ihre Weltkarriere

bescherte. Ging am 1.4. 1930 nach Hollywood. Bereits vor 1933 hat sie Chansons von → *Friedrich Hollaender* und → *Rudolf Nelson* auf Schallplatten gesungen. Nahm 1933 in Paris zahlreiche Platten mit Songs und Chansons emigrierter Kollegen auf, kreierte 1943 auf englisch das Lied von der »Lili Marleen«, das sie mit vielen anderen ihrer Lieder vor amerikanischen Soldaten sang.
Begann 1953 in Las Vegas eine neue Karriere als Chansonniere und bereiste als solche fast die ganze Welt. Ihr nächst der »Lili Marleen« bekanntestes Lied ist Pete Seegers »Sag mir, wo die Blumen sind« (deutsche Fassung: → *Max Colpet*). Marlene Dietrich war die bedeutendste Chansonniere im deutschen Sprachraum und überdies eine der großen internationalen Chansonnieren der Gegenwart.

Marlene Dietrich – Dokumente/Essays/Filme. Zusammengestellt von Werner Sudenhoff. München 1977/78. – Droz, René: *Marlene Dietrich und die Psychologie des Vamps.* Zürich 1961. – Riva, Maria: *Meine Mutter Marlene.* München 1992. – Bach, Steven: *Marlene Dietrich. Die Legende. Das Leben.* Düsseldorf, 1993.

Diseuse Veraltete Bezeichnung für eine Vortragskünstlerin im Kabarett (männliche Form: Diseur), heute allgemein durch »Chansonniere« ersetzt. Falsch ist deren Bezeichnung als »Chansonette«, weil dies im Französischen ein »kleines Lied« (und nicht die Vortragende) bezeichnet. (→ *Chansonnier, Chansonniere*)

Die Distel Politisch-satirisches Kabarett in Berlin. Gegründet auf Beschluß des Magistrats von (Ost-)Berlin von → *Erich Brehm*, eröffnet am 2. 10. 1953 im »Haus der Presse« am Bahnhof Friedrichstraße mit dem Programm »Hurra, Humor ist eingeplant!«
Die Gründung dieses ersten bedeutsamen Kabaretts der DDR war gleichermaßen begünstigt wie gehandicapt durch den Tod Stalins im März und den Arbeiteraufstand vom 16./17. Juni 1953. Die anfangs relativ harmlosen Programme gewannen nach dem von Chruschtschow eingeleiteten »Tauwetter« 1956 an satirischer Schärfe. Das bewies sich in der kritischen Betrachtung des Erziehungswesens in der DDR (in dem Programm »Wenn die kleinen Kinder schlafen«, April 1957) und in der blinden Sowjethörigkeit ihrer Funktionäre (in dem Programm »Wohin rollst du, Erdäpfelchen?«, Oktober 1957). Und schon gab es mit dem letztgenannten Programm Schwierigkeiten mit dem DDR-Kulturministerium wegen einer Kritik an dessen Kulturpolitik.
Die Hemmnisse, denen ein politisches Kabarett in einem totalitären Staat naturgemäß ausgesetzt ist, lassen sich u.a. ablesen an dem häufigen Wechsel der (von der Bürokratie eingesetzten) Direktoren und an der im Parteiorgan »Neues Deutschland« geäußerten Kritik. Nach der Direktion Brehm (1953–1958) wurde Hans Krause *Distel*-Direktor (1958–1963), danach Dr. Georg Honigmann, der in seiner Linientreue die Programme derart abflachen ließ, daß sogar das »Neue Deutschland« den neuen Trend rügte. Erst 1968 aber wurde Honigmann von → *Otto Stark* abgelöst, der die Distel bis 1990 leitete. Seit dem 2. 2. 1990 ist die Kabarettistin → *Gisela Oechelhaeuser* Intendantin des 1991 in eine private GmbH umgewandelten Unternehmens.
Am 28. 4. 1976 eröffnete die *Distel* mit dem Programm »Auf ein NeuNTes« eine zweite Spielstätte in einem 335 Plätze fassenden Filmtheater in der Degnerstraße

»Die Distel« 1967. Programm »Requiem für alte Hüte«, in der Szene »Musenschulung«

in Berlin-Hohenschönhausen, in der parallel zu den laufenden Vorstellungen in der Friedrichstraße dreimal wöchentlich die im Repertoire enthaltenen Programme gespielt wurden.

Wie die politisch-satirischen Kabaretts in West-Berlin und der BRD setzte die *Distel* seit Mitte der sechziger Jahre in mehreren Programmen Film- und Toneinblendungen sowie eigens angefertigte Zeichentrickfilme ein.

Hauptautoren seit 1953 waren: → *Erich Brehm*, Hans Harnisch, → *Heinz Kahlow*, → *Hans Rascher*, → *Hans Krause*, → *Peter Ensikat*, → *Edgar Külow.* Regie führten u.a. Wolfgang E. Struck, Otto Stark, Peter Ensikat und → *Robert Trösch.* Aus der großen Zahl der Darsteller seien herausgehoben: → *Gina Pressgott*, Werner Lierck, → *Gustav Müller*, → *Hanna Donner*, Ingrid Ohlenschläger, → *Heinz Draehn*, → *Gerd E. Schäfer*, → *Ellen Tiedtke*, Robert Trösch, Ilse Maybrid. Das heutige Ensemble besteht aus Gisela Oechelhaeuser, Gert Kießling, Michael Nitzel, Edgart Harter, Dagmar Jaeger u.a. sowie aus den Autoren Peter Ensikat, → *Inge Ristock*, Edgar Külow, Heinz Lyschik u.a. Regie führen vornehmlich Gisela Oechelhaeuser und Peter Ensikat.

Der Spielplan der *Distel* orientierte sich bis Ende 1989 vornehmlich an »ökonomisch-ideologischen Problemen, Alltagsthemen und der Auseinandersetzung mit dem Imperialismus in überwiegend szenischer Form, oft mit großer Ausstattung« (in: »Unterhaltungskust A–Z«, Berlin-Ost, 1977).

Bis zum Zusammenbruch der DDR hat die *Distel* 76 Programme, also pro Jahr im Durchschnitt zwei, herausgebracht und diesen Rhythmus bis heute beibehalten. Seit dem ersten Nach-Wende-Programm ist ihr bisher jüngstes – »Rette uns, wer kann!« vom 31. 12. 1995 – das neunzigste. Nach der Umwandlung in eine GmbH fungieren als Gesellschafter → *Gisela Oechelhaeuser* (gleichzeitig Intendantin), Brigitte Köppe, Norbert Dahnke und → *Peter Ensikat.* Hauptautoren seit 1990 sind: Inge Ristock, Peter Ensikat, Dieter Lietz, Heinz Lyschik und → *Wolfgang Schaller.*

Wie kaum ein satirisch zustechendes Kabarett seit der vorigen Jahrhundertwende

entging auch die *Distel* nicht der Zensur. Nur, daß diese nicht von außen auf sie zuschlug, sondern sozusagen eingebaut war, insofern, als die DDR-Kabaretts staatliche bzw. städtische Einrichtungen waren und ihre Programme vor der Genehmigung zur Aufführung von den zuständigen SED-Stellen absegnen lassen mußten.
Obwohl sich die *Distel* seit ihrer Gründung als auf dem Boden der sozialistischen Grundordnung agierend verstand und sich 1961 vom Staatsratsvorsitzenden Walter Ulbricht persönlich den Nationalpreis der DDR verliehen ließ, eckte sie bei aller Linientreue doch aus ihrem satirisch-kritischen Selbstverständnis immer wieder bei den Funktionären an, auch wenn sie die Ausbürgerung des bedeutendsten DDR-Satirikers → *Wolf Biermann* ausdrücklich billigte.
1988 wurde das Programm »Keine Mündigkeit vorschützen« von Magistrat und Partei verboten. Ein Verbot des letzten DDR-Programms »Wir sind schon eine Reise wert« vom 22. 4. 1989 scheiterte am einmütigen Widerstand des Ensembles, das schon am 18. 12. 1989 in einem gemeinsamen Programm mit den West-Berliner → *Stachelschweinen* den politischen Umschwung bewältigte und ihn mit dem Programm »Mit dem Kopf durch die Wende«, ihrem 77., gebührend beging. Inzwischen hat sie es auf runde 90 gebracht, zuletzt mit »Wir sind doch nicht betroffen« (1995), »Im Westen geht die Sonne auf« (1995) und »Rette uns, wer kann« (1996). Diese Programme bleiben im Repertoire. – Auch im Fernsehen, das 1963 die *Distel* zum letztenmal übertragen hatte, konnte sie nun wieder erscheinen, 1990 und 1991 allein in zehn Produktionen.

Brehm, Erich (Hrsg.): *Die Distel blüht zum Spaße*, Berlin 1958. – Krause, H.H.: *Das war (Dis)Tells Geschoß*. Berlin 1961. – Krause, H.H. (Hrsg.): *Greif zur Frohkost, Kumpel!* Berlin 1962. – *Wir stossen an – 10 Jahre Distel*. Berlin 1963. – *Disteleien*. Berlin 1973. – *Disteleien*. Berlin 1978. – Gebhardt, Horst (Hrsg.): *Distel-Stichproben*. Berlin 1983. – Deißner-Jenssen, Frauke (Hrsg.): *Disteleien – Kabarett-Szenen*. Berlin 1976. – Oechelhaeuser, Gisela (Hrsg.): *Von der Wende bis zum Ende*. Berlin 1990. – Oechelhaeuser, Gisela (Hrsg.): *Das letzte Ende*. Berlin 1991.

Donner, Hanna ** 4. 1. 1927 Waldheim.* Kabarettistin, Schauspielerin
Nach einer Tanzausbildung am Chemnitzer Theater erste Engagements in Karl-Marx-Stadt (Ballett) und Leipzig (Ballettsolo, dann Schauspiel). 1951 übernahm sie die Einstudierung der Tänze beim DDR-»Kabarett auf Reisen«. Von dem zweiten Programm (19. 2. 1954), »Mensch fahr richtig«, an beim Berliner Kabarett → *Distel*, wo sie bis 1990 im 78. Programm, »Über-Lebenszeit«, mitwirkte und gelegentlich auch Texte schrieb. Sie heiratete den »Distel«-Darsteller Helmut Hellmann. Als hervorragende Darstellerin besonders sächsischer und Berliner Figuren, oft auch verschrobener und skurriler Typen, wirkte sie auch in Kabarettfilmen (»Stacheltiere« u.a.) der DEFA mit, sowie in Spielfilmen und Fernsehproduktionen.

Lyschik, Heinz: *Hanna Donner – Versuch einer Biographie.* In: Kassette 9. Berlin 1986.

Doppelconférence → *Conférencier*

Dorette, Dora **27. 2. 1908 Jena; † 3. 3. 1993 Köln.* Chansonniere
Sie wuchs in Radebeul bei Dresden auf, wo sie sich am dortigen Konservatorium zur Opernsängerin ausbilden ließ. Sie verkörperte den Chanson-Typ der »Dame«, künstlerisch perfekt, kultiviert, kritisch, ironisch und unterhaltsam. Ihre Kabarettkarriere begann Anfang der dreißiger Jahre am → *Simplicissimus* (München), von dort führte sie der Erfolg an fast alle Kleinkunstbühnen und Varietés in Deutschland. Am häufigsten gastierte sei seit 1934 im »Kaiserhof« in Köln.
Ihr Repertoire von weit über 100 Titeln enthielt Chansons von → *Oscar Straus,* → *Kurt Tucholsky,* → *Friedrich Hollaender,* → *Rudolf Nelson,* → *Walter Mehring* u.a. Mancher dieser Texte, z.B. von → *Erich Kästner*, später von → *Robert T. Odeman,* → *Fred Endrikat* und → *Curth Flatow,* wurden eigens für sie geschrieben. Ihre große Sympathie galt auch dem volkstümlichen Lied, bei dem sie sich selbst zur Gitarre begleitete. Seit 1955 gehörte sie zum Ensemble von → *Willi Schaeffers*, mit dem sie über ein Jahrzehnt mit dem Programm »Unsterbliches Brettl« gastierte. Sie gestaltete auch zahlreiche Rundfunksendungen beim WDR in Köln, wo sie 1958 endgültig seßhaft wurde.

Dorfer, Alfred ** 1965 Wien.* Kabarettist und Kabarettautor
Der gelernte Schauspieler begann als Autor und Darsteller 1984 in dem politisch-satirischen Kabarett »Schlabarett« zusammen mit Eva Billisch und Roland Düringer in den Programmen »Am Tag davor« (1984); »Atompilz von links« (1985); »Kultur gegen alle« (1986); »Sein und Schwein« (1988); »Otto Fröstl« (1990) und »Planlos« (1990). Mit → *Josef Hader* schrieb er das satirische Volksstück »Indien«, das 1993 mit Hader und Dorfer als Kinofilm herauskam. 1994 trat er in »Freispiel« mit → *Lukas Resetarits* auf. 1995 brachte er sein erstes Soloprogramm, »Alles Gute«, heraus, 1996 folgte das zweite Soloprogramm, »Badeschluß«.

Drachmann, Holger ** 9. 10. 1846 Kopenhagen; † 14. 1. 1908 Hornbaek (Seeland).* Dänischer Dichter und Schriftsteller
Entwickelte 1890 in seinem Roman »Forskrevet« (»Verschrieben«) als erster die Idee einer Veredelung des → *Tingeltangels* hin zum literarischen Kabarett, die der dänische Schriftsteller Hermann Bang 1892 in seinem kurzlebigen *Literaere Varieté* im Tivoli von Oslo umsetzte, bei dessen Eröffnungsvorstellung er einen Prolog von Drachmann sprach.

Draehn, Heinz **28. 11. 1921 Rostock.* Kabarettist
War zuerst Seemann, dann Hafenarbeiter, kam über das Amateurkabarett »Rostocker Spatzen« zum Berliner Kabarett → *Die Distel.* 1955–1986 dort einer der beliebtesten Darsteller, besonders der Kuddeldaddeldu-Monologe (→ *Hans Krause*) und gewichtiger Charakterrollen mit volkstümlicher Ausstrahlung. Wirkte in der DDR auch in zahlreichen Filmen und Fernsehunterhaltungs-Sendungen mit (»Silvesterpunsch«, »Maibowle« u.a.), führte Regie und schrieb Texte für zahlreiche Amateurkabaretts.

Drechsel, Sammy (eigentlich: Karl Heinz Drechsel) ** 25. 4. 1925 Berlin; † 19. 1. 1986 München.* Sportjournalist, Rundfunk- und Fernsehreporter und -moderator, Kabarettleiter, Regisseur und Produzent.
Gründete 1956 zusammen mit Fred Kassen in dessen Lokal »Das Stachelschwein« in der Ursulastraße in München-Schwabing die → *Münchner Lach- und Schießgesellschaft.* Er war Leiter und Regisseur dieses Kabaretts, seit 1959 auch Inhaber des Spiellokals. Seit 1957 inszenierte und produzierte er sämtliche Fernsehsendungen der »Münchner Lach- und Schießgesellschaft«, und deren Gemeinschaftssendungen mit den → *Stachelschweinen* (»Ein Platz an der Sonne«). Von 1973 bis 1979 redaktioneller Mitarbeiter und Regisseur des satirischen ZDF-Magazins »Notizen aus der Provinz« mit → *Dieter Hildebrandt,* seit 1980 Produzent und Regisseur der satirischen Fernsehsendung → *Scheibenwischer* mit Hildebrandt (→ *Medienkabarett*). Von 1974 bis 1981 Produzent der Autorenkabarettprogramme von Dieter Hildebrandt und → *Werner Schneyder.* Produzent der Liederkabaretts »Solo mit Trio« und »Solo mit Quartett« von und mit Werner Schneyder.
Nach dem Tod von Sammy Drechsel übernahm seine langjährige Assistentin Cathérine Miville (die auch Regie beim »Scheibenwischer« führt) die Leitung der »Münchner Lach- und Schießgesellschaft«.

Die Drei Tornados Berliner »Szene«-Kabarett, gebildet aus Holger Klotzbach (* 1946; seit 1981 dabei), Günter Thews (1945–1993) und → *Arnulf Rating* (* 1951). Ihren ersten Auftritt hatten die Studenten der Theaterwissenschaft Thews und Rating zusammen mit ihrem Kommilitonen Hans-Jochen Krank (bis 1980 dabei) am 25. 4. 1977 beim Maifest an der Technischen Universität in West-Berlin anläßlich eines Streiks von FU-Studenten gegen Berufsverbote. Seitdem spielten sie auf Straßen, Plätzen, in autonomen Jugendzentren und linken Berliner Kneipen. Außerdem waren sie jährlich 60000 Kilometer auf Tourneen unterwegs. Ihre Texte und Musiken schrieben und spielten sie selbst. Programme: »Rundschlag am Mittag« (1978), »Flipperschau« (1979), »Der Mai ist gekommen« (1981), »Lust statt Frust« (1983), »Radio Radikal« (1984), »Totalschaden« (1985). 1979 erhielten *Die Drei Tornados* den Förderpreis der Stadt Mainz zum → *Deutschen Kleinkunstpreis.* Ihr Sketsch »Krippenspiel« bei einem Auftritt im WDR-Jugendmagazin »Radiothek« am 30. 12. 1980 löste eine Klage wegen Religionsbeschimpfung aus. Das Verfahren endete 1983 in vierter Instanz mit Freispruch. Im Mai 1979 wurde ihr Film »30 Jahre Grundgesetz« vom SWF nicht gesendet, im März 1980 scheiterte eine geplante Live-Sendung im SWF-III-Programm, im März 1983 machte WDR III eine Einladung zur Talkshow rückgängig, im September 1983 strich der SFB ihre Beiträge zur Sendung »Rock Nacht«. Ein Auftritt im November 1986 in der ARD-Live-

»Die Drei Tornados« mit ihrem Programm »Der Mai ist gekommen« (1981); von oben: Arnulf Rating, Günter Thews, Holger Klotzbach

 Sendung »Extratour« von Radio Bremen wurde wegen einer Nummer abgebrochen, die sich gegen das ARD-Verbot richtete, sechs Wochen vor der Bundestagswahl kein politisches Kabarett mehr zu senden. 1988 weigerte sich der SFB, einen Werbespot der Drei Tornados zu senden, in dem der frühere Ministerpräsident Uwe Barschel erschien.

Ein letztes Mal ging die Gruppe 1988/89 auf Tournee, dann eröffneten sie im August 1990 mit drei Mitgliedern der Kölner Rockgruppe BAP in Berlin (Potsdamer Str. 96) das »Quartier Latin« als Varieté und Gastspielhaus, das unter neuer Leitung am 25. 9. 1992 als »Wintergarten Varieté« neu eröffnet wurde. Holger Klotzbach betreibt seitdem mit Lutz Deisinger in einem Spiegelzelt auf der Garage der ehemaligen Freien Volksbühne in Berlin (Schaperstr. 24) die »Bar jeder Vernunft« als Gastspielhaus. Arnulf Rating betätigt sich seit 1992 als Solist. Günter Thews starb am 30. 1. 1993 an Aids.

Baumgarten, Michael; Schulz, Wilfried (Hrsg.): *Die Freiheit wächst auf keinem Baum – Theaterkollektive zwischen Volkstheater und Animation.* Berlin 1979.

Drei Gestirn Köln Eins Politisch-satirisches Kabarett, gegründet 1989 in Köln als Tourneegruppe mit Heiner Kämmerer (* 31. 5. 1961), Wolfgang Nitschke (* 28. 6. 1956) und → *Jürgen Becker* (* 1960) und eröffnet mit dem Programm »Kabarett Pur«. Alle drei wurden sie im alternativen Karneval, der Kölner »Stunksitzung«, aktiv. Im September 1990 löste Wilfried Schmickler (* 28. 11. 1954) in dem laufenden Programm Becker ab und ersetzte die karnevalistischen Züge durch anarchistische. Schmickler war von 1979–1989 mit dem Leverkusener Kabarett »Matsche, Wörks & Pullrich« unterwegs. Das Männer-Trio schrieb und spielte (mit Musik von Rich Schwab) die Programme »Ich hab' mein Bein in Stalingrad verloren« (September 1990); »Wir sind nicht normal« (September 1991); »Jetzt haben wir sie endlich alle« (September 1992); »Erstaunlich gut gelaunt« (September 1994) und »Wieder das vergessen« (Dezember 1995, auch als Buch 1996). Das Trio trat in zahlreichen Hörfunk- und Fernsehsendungen auf, so in »Mundart« (3Sat); Wilfried Schmickler trat 1992–1994 am Schluß in den »Mitternachtsspitzen« (WDR) als Typ auf, der alles in Frage stellte und sich an dem nach seiner Ansicht zu populistischen Moderator (Jürgen Becker) der Sendung rieb (»Aufhören, Herr Becker!«).

Die Drei Rulands Gesangstrio, bestehend aus Helmut Buth, Manfred Dlugi und Wilhelm Meissner. Sie begannen 1934 in der → *Katakombe* als »Die drei Katakomben-Jungs« (Alternierend mit Buth sang dort Heinz Woetzel).

Nach der Schließung der »Katakombe« im Mai 1935 wurde das Trio als *Die Drei Rulands* an das → *Kabarett der Komiker* engagiert. Es folgten Tourneen und Einzelgastspiele, Rundfunksendungen und Schallplattenaufnahmen. Ihren Durchbruch schafften sie in der Kabarettrevue »3000 Jahre Kabarett« im »Kabarett der Komiker«, in der sie »eigene Parodien zu Tagesfragen« (Buth 1978) brachten. Nach Überwachung der Vorstellungen durch Gestapospitzel wurde ihnen am 3.2. 1939 jedes weitere Auftreten verboten, sie wurden von der Gestapo verhört und aus der »Reichskulturkammer« ausgeschlossen. Während Buth eingezogen wurde, wurden seine Kollegen in Rüstungsbetriebe zwangsverpflichtet.

Dudenhöffer, Gerd * *1949 Bexbach/Saar.*
Komiker, Kabarettist, Schauspieler, Autor
War nach dem Studium des Grafik-Design in München zwölf Jahre in einer Saarbrücker Werbeagentur tätig. Seit 1975 karikiert er in saarländischer Mundart seine Mitmenschen, in Programmen, für die er überwiegend die Texte selbst schreibt (andere stammen von den saarländischen Autoren Gerhard Bungert und Rainer Petto). Nach ersten Auftritten unter den Titeln »Komik-Kabarett« (1978); »Durchaus menschlich« (1980) und »Gemischtes« (1981) ist er seit Januar 1981 hauptberuflich als Kabarettist auf Tourneen mit den Programmen: »Tombola« (1982); »Ich brauch keen Fernseh« (1984); »Tapetenwechsel« (1986); »Kischde un Kaschde« (1987); »Amsel, Drossel, Fink und Heinz« (1989); »Heinz pur« (1990); »Sie müsse entschuldiche« (1992) und »Heinz im Mond« (1994). Dudenhöffer führt in seinen Programmen, in der Rolle des typischen Saarländers »Heinz Becker«, die Eitelkeiten vor, das Floskelhafte der Sprache und den bisweilen tragikomischen Kampf um soziale Anerkennung. 1996 wurde ihm für sein künstlerisches Schaffen der »Saarländische Verdienstorden« verliehen. In zahlreichen Rundfunk- und Fernsehsendungen wirkte er mit, u.a. in »Solo für Spaßvögel«, ARD 1984; mit Jürgen von der Lippe in der Talkshow »So isses«, WDR seit 1984; als Kommentator »Heinz Becker« bei der Fußball-WM, ARD 1986; »Familie Heinz Becker«, ARD/WDR 1992–96. Seine Programme wurden auf mehreren Platten und in dem Buch *...alles geschwätz.* Reinbek 1986, veröffentlicht.

Bungert, Gerhard; Dudenhöffer, Gerd; Lehnert, Charly: *De Becker Story – Leben und Werk eines typischen Saarländers.* Lebach 1984.

Die Dusche Politisch-satirisches Kabarett, gegründet im September 1976 in Mannheim in der Alten Feuerwache von Klaus-Jürgen Hoffmann. Am 26.5. 1977 erstes Programm »1990! ... was nun?« mit Mechthild Bernath, Klaus-Jürgen Hoffmann (auch Regie und Texte), Manfred Fischer, Gerhard Pappe (auch Texte), Wolfgang Schmitter (auch Texte), Fabian Scheusser, Ulrike Stegmüller und Dieter Fiebelkorn (Pianist). Jährlich bringt das Ensemble, ergänzt durch Christel Aderhold (1977–1985, Darstellerin), Ulrich Preiß (seit 1983 Komponist, Pianist), Hans Georg Sütsch (seit 1984 Darsteller) u.a., ein oder zwei Programme heraus, insgesamt bisher 24 Programme. Zuletzt seit 12.06. 1996 »Jetzt geht's looos« mit Klaus-Jürgen Hoffmann, Wolfgang Schmitter, Hans Georg Sütsch, Angela Pfützenreuther, mit Texten von → *Wolfgang Marschall*, der seit 1990 die letzten sechs Programme schrieb und inszenierte. Daneben spielte das Kabarett zahlreiche Sonderprogramme in der am 31.12. 1982 eröffneten Mannheimer Kleinkunstbühne »Klapsmühl am Rathaus«, wo auch Gastspiele stattfinden. 1981 erhielt die »Dusche« den Kleinkunstpreis des Landes Baden-Württemberg.

Hoffmann, Klaus-Jürgen: *Hinter den Kulissen – 15 Jahre Kabarett »Dusche«.* Osthofen 1992.

Blandine Ebinger als »Armes Mädchen«

Ebinger, Blandine
**4. 11. 1899 Berlin; † 25. 12. 1993 Berlin.*
Schauspielerin, Kabarettistin, Chansonniere
Die Tochter eines Musikers und einer Schauspielerin begann mit Kinder- und Jungmädchenrollen an Berliner Theatern. Lernte 1918 → *Friedrich Hollaender* kennen (Heirat 1919), der ihr für das → *Schall und Rauch* (II) Chansons von → *Klabund* und → *Walter Mehring* vertonte und eigene für sie schrieb und komponierte. Ihre spezielle Note traf Hollaender mit seinem für sie geschriebenen Zyklus »Lieder eines armen Mädchens« (u.a. »Das Groschenlied«, »Das Wunderkind«, »O Mond!«, »Wenn ick mal dot bin«, »Currende«), die sie erstmals 1921 im → *Cabaret Größenwahn* vortrug. Dort schrieb er ihr um dieselbe Zeit auch den Schlager »Johnny, wenn du Geburtstag hast«.
Als Schauspielerin wirkte die Ebinger 1923 in Hollaenders musikalischer Fassung von → *Wedekinds* »Kaiserin von Neufundland« an den »Münchner Kammerspielen« mit, als Kabarettistin in Hollaenders Revuetten »Laterna magica« (1926), »Das bist du« (1926) und »Es kommt jeder dran« (1928 – darin ihr großes Chanson »Die Trommlerin«), ferner in der Kabarettrevue »Es liegt in der Luft« (1928) von → *Marcellus Schiffer* und → *Mischa Spoliansky* und trat auch an Hollaenders eigenem Kabarett, dem → *Tingeltangel-Theater*, außerdem in vielen eigenen Vortragsabenden auf. Daneben spielte sie in den zwanziger Jahren zahlreiche Rollen an Berliner Theatern.
1937 emigrierte sie in die USA, wo sie bis 1947 blieb. Seit 1948 lebte Blandine Ebinger wieder in Berlin. Seitdem spielte sie wieder auf der Bühne, im Film und im Fernsehen und gab bis 1982 wieder eigene Chansonabende. Von 1974 bis 1982 wirkte sie an den »Berliner Festwochen« mit und gab Gastspiele im In- und Ausland (Paris u.a.). Im Oktober 1982 trat sie mit einer großen Veranstaltung in der »Akademie der Künste« in West-Berlin endgültig von der Bühne ab. Blandine Ebinger verkörperte bis zuletzt den Typ des zu kurz gekommenen Berliner Kellerkindes, wie es von Zille hätte entworfen sein können, mit seinen tragikomischen Klagen, Ängsten und Hoffnungen. Diesem Typ gab sie mit leiser Stimme einen um so stärkeren, die große Kunst streifenden Ausdruck.

Ebinger, Blandine: *Blandine...* Zürich 1985.

Eckhardt, Fritz **30. 11. 1907 Linz (Österreich); † 31. 12. 1995 Klosterneuburg (Österreich).* Schauspieler, Autor, Kabarettist
Der Sohn eines Revuedirektors besuchte das Reinhardt-Seminar in Wien. Nach Engagements in der österreichischen Provinz stieß er 1935 zum → *Lieben Augustin*, wo er spielte und inszenierte. 1936 conferierte, schrieb und inszenierte er im → *ABC* und verfaßte von 1939 bis 1944, getarnt durch seinen Kollegen Franz Paul, Texte für das → *Wiener Werkel* (»Sebastian Kampels Höllenfahrt«, »Die Tokioten«).

Im Juni 1945 erweckte er den »Lieben Augustin« als Direktor zu neuem Leben, wirkte 1947 beim »Kleinen Brettl« mit und leitete gleichzeitig das »Künstlertheater«. Bevor er seine Fernsehkarriere als »Inspektor Marek« im »Tatort« (ARD) begann, schrieb Eckhardt Komödien und Kabarettexte, u.a. für den »Igel«, Graz, die »Bärentatze«, Bern (1942), das »Kleine Welttheater«, Innsbruck, die → *Zwiebel*, München, und spielte und schrieb 1958 für das »Fred-Kraus-Brettl« und 1963 für das Bronner-Kabarett (»Das heiße Eisen«) sowie für das → *(Kleine) Renitenztheater*, Stuttgart.

Eckhardt, Fritz: *Ein Schauspieler muß alles können.* München 1989.

Ehrlich, Max **25. 11. 1892 Dresden; † 30. 10. 1944 KZ Auschwitz.* Schauspieler, Kabarettist
Während seiner Ausbildung als Schauspieler 1911 in Berlin gehörte er zusammen mit Conrad Veidt und Else Eckersberg zum jüngsten Jahrgang der Schauspielschule des Deutschen Theaters. Mit seinem Imitationstalent war Ehrlich schon 1920 eine begehrte Nummer am Kabarett. Unerreicht waren seine Kopien prominenter Bühnengrößen, darunter Alexander Moissi, Guido Thielscher, Albert Bassermann und Max Pallenberg, den er als Gretchen das König-Thule-Lied sprechen ließ. Die Vielseitigkeit seiner Begabung – er conférierte, parodierte, schrieb Sketsche und Revuen – verband ihn lange mit dem → *Kabarett der Komiker.* Einen Namen hatte er auch als Darsteller in den Haller- und → *Nelson*-Revuen, als Komiker in Operetten und Lustspielen, als Autor des Theater-Anekdotenbuchs »Von Adalbert bis Zilzer«, als Sprecher der »Wendriner«-Texte von → *Kurt Tucholsky* sowie als Interpret populärer Lieder und Chansons auf Schallplatten. 1930–33 drehte er 17 Filme, zehn Kurzfilme, davon sechs als Regisseur. Im Herbst 1932 trat er an → *Bendows Bunter Bühne* auf. Doch seit 1933 durfte er in Deutschland nicht mehr arbeiten. Er ging mit der Nelson-Revue über die Schweiz in die Niederlande. Von dort kehrte er 1935 nach Deutschland zurück, um in den Kabarettprogrammen des Jüdischen Kulturbunds in Berlin aufzutreten. Er gestaltete mit → *Willy Rosen* Revuen wie »Vorhang auf!« und »Bitte einsteigen!«. 1939 ging er endgültig in die Niederlande und gastierte dort in Willy Rosens »Theater der Prominenten«.
1943 verbrachten ihn die Nazis in das Internierungslager Westerbork, wo er Leiter der »Bühne Lager Westerbork« wurde. 1944 wurde der »Berlinischste Conférencier«, wie man ihn nannte, über Theresienstadt ins Konzentrationslager Auschwitz deportiert und dort ermordet.

Ehrlich, Siegwart (eigentlich: Siegbert Ehrlich) **17. 12. 1881 Leipzig; † 20. 1. 1941 Barcelona.* Komponist, Pianist, Chansonautor
Studierte 1901–1904 Architektur an der Technischen Hochschule in Berlin, nahm danach in Leipzig ein privates Musikstudium auf. Sein erstes Chanson war »Mein kleiner Jim« (1913). Erst seit 1919 erschienen von ihm zahlreiche Couplets, Chansons, Schlager und Tänze; einen davon, einen Valse Boston mit dem Titel »Wellenspiel«, schrieb er für die Tänzerin → *Anita Berber.*
Seit Anfang der zwanziger Jahre trat er zusammen mit der Chansonniere Lotte

Hané (20.6. 1881–14.5. 1962) in den Berliner Kabaretts auf, so 1922 im → *Schwarzen Kater* und im Amsterdamer »Cabaret Gaité«. 1927 schrieb er für die James-Klein-Revue »Streng verboten« das Couplet »Amalie geht mit'n Gummikavalier«. 1928 hatte im Zirkus Busch Ehrlichs »Berlins erste Sport-Revue« unter dem Titel »Für jeden etwas« und im gleichen Jahr in der Haller-Revue »Schön und schick« der Schlager »Ich bin die Marie von der Haller-Revue« Premiere.
Ehrlich schrieb auch für den Tonfilm, so »Sei mein Eintänzer heut nacht« (1931). Im Mai 1933 emigrierten Siegwart und Lotte Ehrlich nach Barcelona. Dort komponierte er unter den Pseudonymen Sidney Ward oder Victorio.

Eichhorn, Bernhard ** 17. 4. 1904 Schortewitz /Anhalt; † 6. 2. 1980 Miesbach/Oberbayern.* Komponist, Dirigent
Studierte an der Akademie der Tonkunst in München, war 1934–1944 Musikdirektor am Staatstheater Dresden und 1945–1947 Kapellmeister an den »Münchner Kammerspielen«. Seitdem freischaffend als Komponist für Rundfunk, Fernsehen, Film und Bühne. Er schrieb Kompositionen für einzelne Stücke der Kabaretts → *Die Nachrichter,* → *Schaubude* und → *Kleine Freiheit.* Nach 1945 wurde er vor allem als Komponist der Filme und Fernsehspiele Helmut Käutners bekannt. 1958 erhielt er den Bundesfilmpreis und 1968 den Schwabinger Kunstpreis der Stadt München für Musik.

Einegg, Erich (eigentlich: Wulff Wyneken) ** 5. 9. 1898; † 1950 Berlin.* Komponist, Pianist, Kabarettautor
Schrieb Revuen, Kurzszenen und Chansons. Vertonte 1925 Texte (»Trinklied« u.a.) von → *Hans Reimann*, die auch in der Zeitschrift »Weltbühne« veröffentlicht wurden. 1928 gründete er mit → *Rosa Valetti* das Kabarett → *Larifari* in Berlin, arbeitete 1932–33 für → *Valeska Gerts* Berliner Kabarett »Kohlkopp« und schrieb 1934 für das Kabarett im Eden-Hotel die Revue »Du ahnst es nicht« mit → *Hilde Hildebrand.* Nach 1945 arbeitete Einegg für kabarettistische Rundfunksendungen und 1947 als Autor, Komponist und Pianist für das Kabarett »Dachluke«, im Berliner »Ulenspiegel«.

Eisenbach, Heinrich ** 18. 8. 1870 Krakau; † 14. 4. 1923 Wien.* Schauspieler, Komiker
In seinen Wanderjahren versuchte er sich als Clown, Sänger, Tänzer und Schauspieler, trat als Gesangskomiker in Varietés und Konzert-Cafés und zusammen mit seiner Frau als komisches Tanzduett auf. Sein Name ist besonders mit dem »Budapester Orpheum« verbunden, dem er zwanzig Jahre als Komiker, Regisseur, Dramaturg und Mitautor von Stücken verbunden war. Hier trat er zusammen mit Max Rott, Sandor Rott, Hans Moser, Risa Bastee und → *Armin Berg* auf. Im Repertoire standen vornehmlich Possen sowie jiddische Volksstücke. Die sanfte Verruchtheit seiner Komik, gekoppelt mit einer witzig gewürzten Tageskritik, machte ihn schnell populär.

Eisler, Hanns ** 6. 7. 1898 Leipzig; † 6. 9. 1962 Ost-Berlin.*
Komponist und Musiktheoretiker
Studierte 1919 bis 1923 bei Arnold Schönberg und Anton von Webern Kompositionslehre. Komponierte nach anfänglichen Erfolgen mit Zwölftonmusik Lieder und Balladen für die revolutionäre Arbeiterbewegung, vor allem für den → *Agitprop* (z.B. für »Das Rote Sprachrohr«, dessen musikalischer Leiter er von 1927 bis 1929 war, ferner für den »Roten Wedding«). Er vertonte 1930 → *Bertolt Brechts* »Die Maßnahme« und viele seiner Chansons, außerdem Songs und Chansons von Johannes R. Becher und → *Kurt Tucholsky*, und zwar hauptsächlich für → *Ernst Busch* (»Solidaritätslied«, »Anna Luise« u.a.).
Seit 1933 im Exil, komponierte er 1937 Kampflieder für die Internationalen Brigaden im Spanischen Bürgerkrieg. 1938 ging er in die USA, wo er weiter mit Brecht zusammenarbeitete und einige preisgekrönte Filmmusiken schrieb. 1950 kehrte er über Wien nach Ost-Berlin zurück und übernahm eine Meisterklasse für Komposition an der dortigen Akademie der Künste. Komponierte die DDR-Hymne, auch Kantaten, Lieder sowie Chor-, Orchester-, Kammer-, Bühnen- und Filmmusik. – Mit seinem Volksliedton hat Hanns Eisler auch das literarische und politische Chanson den Massen und dem großen Publikum überhaupt nahegebracht.

Schebera, Jürgen: *Hanns Eisler – Eine Bildbiographie.* Berlin 1981.

Die Elf Scharfrichter Politisch-literarisches Kabarett in München, entstanden aus der Auflehnung junger Künstler und Schriftsteller gegen einen im Frühjahr 1900 im Deutschen Reichstag eingebrachten Gesetzentwurf zur Einschränkung der künstlerischen Freiheit (»Lex Heinze«).
Federführend bei der Gründung waren der Schriftsteller und Regisseur Otto Falckenberg, der Kritiker und Lyriker → *Leo Greiner* und der Student Achille Georges d'Ailly-Vaucheret (Künstlername: → *Marc Henry*), ein in München lebender Franzose. Nach endlosen Diskussionen in den Schwabinger Lokalen »Café Stephanie« und »Dichtelei« über Aufführungsstätte, Form und Inhalt einer deutschen Spielart des → *Cabaret artistique.* Henry hatte in Paris am Cabaret »Le lapin agile« conferiert – verkauften Falckenberg und Greiner Anteilscheine zu je hundert Mark an Münchener Mäzene. Mit dem Erlös baute der dem Freundeskreis angehörende Architekt Max Langheinrich den Paukboden hinter der Gaststätte »Zum goldenen Hirschen« in der Türkenstr. 28 zu einem kleinen Theater mit Bühne, »versenktem Orchester« und raffinierter Beleuchtungstechnik aus. An den Wänden hingen Graphiken von Charles Léandre, Félécien Rops und Théophile Steinlen sowie einiger Zeichner der »Jugend« und des »Simplicissimus« und die von Wilhelm Hüsgen gefertigten Masken der *Elf Scharfrichter.* Am Eingang zum Zuschauerraum stand ein »Schandpfahl« mit dem Wahrzeichen der Gruppe: einem Totenschädel mit Zopfperücke, in dem ein Henkerbeil steckte. Am 13. April 1901 führten die aus elf Männern und einer Frau (→ *Marya Delvard*, der Freundin Henrys) bestehende Truppe unter dem Namen *Die Elf Scharfrichter* ihre erste »Exekution« einem geladenen Publikum vor. Es waren – mit ihren Scharfrichternamen:

84 Marc Henry (Journalist, Conférencier) = Balthasar Starr
Leo Greiner (Kritiker, Lyriker) = Dionysius Tod
Otto Falckenberg (Autor, Regisseur) = Peter Luft
Richard Weinhöppel (Komponist) = Hannes Ruch
Max Langheinrich (Architekt) = Max Knax
Robert Kothe (Rechtsanwalt, Lautensänger) = Frigidius Strang
Ernst Neumann (Maler, Graphiker) = Kaspar Beil
Wilhelm Hüsgen (Bildhauer) = Till Blut
Willy Rath (Schriftsteller) = Willibaldus Rost
Willi Örtel (Maler) = Serapion Grab
Viktor Frisch (Maler, Graphiker) = Gottfried Still
Marya Delvard (ohne Pseudonym).

»Scharfrichter«-Karikatur von Ernst Stern, in der Mitte Marya Delvard

Nach der Begrüßung der Gäste durch Marc Henry und dem Aufzug der übrigen zehn Kabarettisten in blutroten Kutten und mit geschulterten Henkerbeilen begann ein buntes Programm mit Brettlliedern aus → *Otto Julius Bierbaums* Anthologie »Deutsche Chansons (Brettllieder)«, aber auch mit eigenen Beiträgen (von Greiner, → *Hanns von Gumppenberg* alias Jodok) und Liedern aus »Des Knaben Wunderhorn«, gesungen zur Laute von Weinhöppel. Im zweiten Teil faszinierte die hohe, schmale Gestalt der Delvard das Publikum mit dem Vortrag von Bierbaums »Lied in der Nacht« und → *Frank Wedekinds* »Ilse«.

Trotz satirischer Einakter wie Gumppenbergs Literaturparodie »Der Nachbar« oder Willy Raths später verbotenen politischen Marionettenspiels »Eine feine Familie« bildeten das Kernstück aller Programme Volkslied, Kunstlied und Chanson, darunter Jodoks »Lucrezia«, Bierbaums »Im Schlosse Mirabell« und → *Ludwig Thomas* »Der Schwalangscher« sowie Lieder von Eichendorff, Heine, Dehmel, Liliencron, Gustav Falke und anderen. – Eine eigene Note brachte der Dramatiker und Dichter Frank Wedekind mit dem Vortrag eigener Lieder und Balladen (»Der Tantenmörder«, »Brigitte B.« u.a.) in die Programme. Zum erweiterten Ensemble gehörten rund zwei Dutzend »Henkersknechte«, darunter der Dichter → *Heinrich Lautensack* und der nachmalige Verleger Reinhard Piper. An der Gestaltung der Programmhefte wirkten mit: die »Simplicissimus«-Zeichner Bruno Paul, Rudolf Wilke, Julius Diez, Ernst Stern, Thomas Theodor Heine (von dem das berühmte Plakat stammt), sowie von der »Jugend« Arpad Schmidhammer. Weiterhin arbeiteten mit: die Autoren Paul Schlesinger (später als »Sling« bekannter Journalist), der Bildhauer Waldemar Hecker, der Dichter Ludwig Scharf, der Rezitator Arcus Troll und, als zweiter Kapellmeister, der Komponist Leonhard Bulmans; die Interpreten Hans Dorbe, Ria Classen, Emanuel Franz, Olly Bernhardi, Friederike Gutman-Umlauft, Kurt Miller, Paul Larsen, Heinz Lebrun u.a.

»Die Elf Scharfrichter«

Anders als das knapp drei Monate zuvor in Berlin eröffnete erste deutsche Kabarett, das → *Bunte Theater (Überbrettl)* mit seinen 650 Plätzen und allabendlichem Spielplan brachten die *Elf Scharfrichter* einem kunstsinnigen Publikum von jeweils nur hundert Personen dreimal wöchentlich Lyrisches in Lied und Chanson und Satirisches (das allerdings mehr kulturpolitische als rein politische Spitzen enthielt) in literarischer Hochform. Wurde beim »Bunten Theater« Bierbaums »Lustiger Ehemann« zum Gassenhauer, so bei den *Elf Scharfrichtern* Thomas »Schwalangscher« zum Volkslied. War das »Bunte Theater« ein Schauspieler- und Literatenkabarett, so die *Elf Scharfrichter* ein Künstlerbrettl, durch Weinhöppel auch musikalisch von künstlerisch hoher Qualität.

Der große künstlerische, personelle und technische Aufwand bei 100 Plätzen, 35 Mitwirkenden und monatlichem Programmwechsel brachte die *Elf Scharfrichter* trotz ausverkaufter Vorstellungen und privater Spenden an den Rand des geschäftlichen Ruins. Im Herbst 1904 löste sich das Kabarett auf. Mit Weinhöppel als musikalischem Leiter ließen sich Marc Henry und Marya Delvard danach in Wien nieder und gründeten 1906 das → *Cabaret Nachtlicht.*

Die Elf Scharfrichter. Berlin 1901. – Rath, Willy: *Münchner Künstlerbrettl – Erinnerungen an die Zeit von 1901.* Berlin 1912. – Greul, Heinz (Hrsg.): *Die Elf Scharfrichter.* Zürich 1962.

Emil (eigentlich: Emil Steinberger) * *6. 1. 1933 Zürich.*

Dialektkomiker, Kabarettist, Autor

Nach Postbeamtenlehre Ausbildung zum Grafiker an der Kunstgewerbeschule Luzern, trat 1956 im Kabarett »Güggürügü« auf. 1959 bis 1962 leitete er das Kabarett »Cabaradiesli«, für das er auch Texte schrieb. Hier spielte er seine erste Solonummer, »Der Mann mit dem Drang«, bereits im Stil seiner späteren Soloprogramme und begann solistisch mit den Programmen »Emil und die vierzig Räuber« (1964); »Onkel Emils Hütte« (1965); »Emils Neid Club« (1966) und »Emil läßt Dampf ab« (1968). 1965 bis 1958 arbeitete er als selbständiger Grafiker.

1967 eröffnete er ein Kleintheater in Luzern, 1968 übernahm er die Leitung des »Kino Moderne«. 1970 gestaltete er mit → *Franz Hohler* zusammen »Geschichten, die das Leben schrieb«. Seitdem trat er hauptsächlich als Solokabarettist und Dialektkomiker auf Tourneen auf, mit den Programmen »E wie Emil« (1972); »Emil träumt« (1976). 1977 trat er im Programm »Kniemil« des Zirkus Knie auf, 1980 bis 1985 spielte er sein letztes Programm, »Feuerabend«. Daneben absolvierte er zahlreiche Rundfunk- und Fernsehauftritte (»Emil auf der Post«, 1975; »Opus in Cés-Dur«, 1976; »Emil und seine Berufe, 1979 u.a.) und Filme (»Die Schweizermacher«, 1979; »Video Liebe«, 1982; »Kaiser und eine Nacht«, 1986 u.a.). Ende der achtziger Jahre zog er sich ganz von der Bühne zurück und ging in die USA. 1976 erhielt er den → *Deutschen Kleinkunstpreis* und 1983 den → *Salzburger Stier.*

Annoni, Mondo: *Emil.* Zürich 1972. – Steinberger, Emil u.a.: *Emil im Zirkus.* Gümlingen 1978. – Steinberger, Emil: *Feuerabend.* Zürich 1985.

Endrikat, Fred ** 7. 6. 1890 Nakel an der Netze; † 12. 8. 1942 München.*
Lyriker, Kabarettist, Conférencier
Aufgewachsen in Wanne-Eickel als achtes Kind eines Bergmannes, begann er eine Schlosserlehre und wurde Pferdejunge im Schacht. Durch den Lokalkomiker Karl Bolesko, als dessen Bühnentechniker er gelegentlich agierte, kam er in Berührung mit dem Kabarett und schrieb erste Verse und Sketsche, mit denen er erstmals als Siebzehnjähriger in der Kleinkunstbühne »Nehring« in Wanne-Eickel auftrat. Nach dem Ersten Weltkrieg war er mit seinen skurril-kauzigen Versen regelmäßiger Gast in den Berliner Kabaretts »Meran«, »Eulenspiegel«, → *Kabarett der Komiker* und seit 1926 im Kabarett → *Alt-Bayern* sowie im Varieté »Wintergarten«. Außerhalb der Metropole gastierte er 1920 in der von Maria von Körffy geleiteten »Astoria-Bar« in Frankfurt/Main, im Kabarett »Libelle«, Mannheim, und 1928 im »CT-Café-Kabarett«, Leipzig (dort zusammen mit seiner dritten Frau und Bühnenpartnerin Irmgard Borchardt).
1932 löste er als »Hausdichter« → *Joachim Ringelnatz* am Münchner Kabarett → *Simplicissimus* ab, sprach dort mit einem Telefonbuch in der Hand seine eigenen Verse und schrieb für die → *Katakombe* und das Wiener → *ABC*, sowie Chansons für → *Claire Waldoff*, Marita Gründgens, → *Dora Dorette*, → *Walter Hillbring*, → *Adolf Gondrell* u.a. 1935 erschien sein erstes Gedicht-Bändchen, »Die lustige Arche«, dem weitere folgten. 1937 gründete er sein eigenes Kabarettensemble »Die Arche«, mit dem er dezent auf NS-Kurs ging, so, wenn er gegen »Miesmacher, Meckerer, Hamsterer und Intellektuelle« zu Felde zog.

Endrikat, Fred: *Das große Endrikat-Buch.* Köln 1976.

Engel, Franz ** 16. 9. 1898 Wien; † 16. 10. 1944 KZ Auschwitz.*
Schauspieler, Kabarettist
Begann seine Laufbahn nach dem Ersten Weltkrieg. Spielte in Wien an verschiedenen Bühnen und Kabaretts, z.B. 1923 am »Chat noir«, und wurde 1934 von → *Karl Farkas* an die Stelle seines langjährigen Freundes → *Fritz Grünbaum*, mit dem er sich überworfen hatte, an den → *Simplicissimus* (Wien) geholt, für den

Engel eine Vielzahl von Sketschen schrieb und Doppelconférencen mit Karl Farkas vorführte. Seit 1937 war er als Parodist am Rundfunk tätig, z.B. in der Revue »Hallo, hallo, hier Radio Wien«, in der er Publikumslieblinge wie Hans Albers, → *Armin Berg* und Jan Kiepura imitierte.
1938 emigrierte er nach Holland, spielte dort anfangs bei → *Rudolf Nelson* eine Franz Engel-Revue, dann in dem Joodschen Kleinkunst-Ensemble in Amsterdam. 1944 wurde er im Lager Westerbork interniert, im September nach Theresienstadt und von dort im Oktober 1944 ins Konzentrationslager Auschwitz verschleppt und dort ermordet.

Ensikat, Peter **27. 4. 1941 Finsterwalde.*
Schauspieler, Kabarettautor, Regisseur
Studierte an der Theaterhochschule Leipzig und hatte dort erste Berührung mit dem Kabarett → *Rat der Spötter*, das 1961 verboten wurde. 1962–1965 Schauspieler am Jugendtheater Dresden und Autor des Dresdner Kabaretts → *Herkuleskeule*. Danach bis 1974 Schauspieler und Regisseur am Kindertheater Berlin. Von 1969 bis Anfang der achtziger Jahre Autor beim Berliner Kabarett → *Die Distel*. Seit 1974 freischaffender Autor von zahlreichen Kabarett- und mehreren Kinderstücken. Schrieb 1980 mit → *Wolfgang Schaller* für die »Herkuleskeule« »Bürger, schützt Eure Anlagen« (das 1983 auch als Buch erschien), ein Kabarettstück, das an 30 Theatern und Kabaretts der DDR gespielt wurde. Mit den ebenfalls an der »Herkuleskeule« uraufgeführten und von Rostock bis Weimar nachinszenierten Programmen »Aus dem Leben eines Taugewas« (1984), »Auf Dich kommt es an, nicht auf alle« (1986) und »Überlebenszeit« (1988) gehörten Ensikat/Schaller in den achtziger Jahren zu den meistgespielten Autoren in der DDR.
Weitere Zusammenarbeit mit Schaller für die »Herkuleskeule«: »Rassefrauen« (1990), »Gibt es ein Leben vor dem Tod?« (1992) u.a. Seit 1992 arbeitet Ensikat wieder für *Die Distel* als Autor (mit Schaller: »Im Westen geht die Sonne auf«, 1995 u.a.), Regisseur und Gesellschafter des nach der Wende privatisierten Kabaretts. In seinen autobiographischen Skizzen »Ab jetzt geb' ich nichts mehr zu« gibt Ensikat Einblicke in die Arbeit eines Kabarettautors in der ehemaligen DDR. Sie zeigen, welcher Sprache sich ein Satiriker bedient, um Klartext durch die Blume zu sprechen.

Ensikat, Peter: *Wenn wir den Krieg verloren hätten – Satirische Monologe.* Berlin 1993. – Ders.: *Ab jetzt geb' ich nichts mehr zu – Nachrichten aus den neuen Ostprovinzen.* München 1993. – Ders.: *Uns gab's nur einmal – Eine satirische Bilanz.* Berlin 1995.

Entertainer → *Alleinunterhalter*

Entrée → *Opening*

Erhardt, Heinz **20. 2. 1909 Riga; † 5. 6. 1979 Hamburg.*
Schauspieler, Komiker, Lyriker, Chansonautor
Nach der Ausbildung am Leipziger Konservatorium (Klavier und Komposition), trug er 1937 erstmals eigene Lieder in den Rundfunksendern Königsberg und Danzig vor. 1938 Auftritte in Breslau (in Vertretung von → *Peter Igelhoff*). Im

gleichen Jahr verpflichtete ihn → *Willi Schaeffers* ans Berliner → *Kabarett der Komiker.* Außerdem trat Erhardt in der »Scala« auf, kreierte Songs wie »Fräulein Mabel« und seine für ihn typische Ankündigung »Noch'n Gedicht«. Im November 1941 wurde er zum Musikcorps der Marine in Stralsund eingezogen, dann zur Truppenbetreuung abkommandiert und nach Kiel versetzt.
Nach 1945 gestaltete er für den NWDR die wöchentliche Sendereihe »Sowas Dummes« und schrieb und sprach die »Glosse der Woche«. 1946 debütierte er in Hamburg als Schauspieler in »Frauen haben das gern« von Arnold und Bach. Seit Mitte der fünfziger Jahre arbeitete Erhardt intensiv beim Film und erhielt in »Der müde Theodor« (1957) seine erste Hauptrolle. Die folgenden Filme wurden auf seine Person und seinen albernen Witz zugeschnitten, der nichts Aggressives oder Boshaftes hatte, sondern stets eine sympathische Mitmenschlichkeit ausstrahlte.

Das große Heinz-Erhardt-Buch. Hannover 1970 – Berg, Rainer; Klenzmann, Norbert: *Heinz Erhardt – dieser Schelm,* Hannover 1987.

Erlholz, Käte (eigentlich: Katharina Reinholz) **20. 10. 1876 Königsberg (Pr.); † 5. 9. 1958 Amsterdam.* Schauspielerin, Chansonniere
Spielte in klassischen Stücken in der Provinz, zuletzt in Wiesbaden. Während eines Sommerengagements in Heringsdorf lernte → *Rudolf Nelson* sie kennen und engagierte sie 1906 an den → *Roland von Berlin.* 1907 zog sie mit ihm in den → *Chat noir* (Berlin) um. Sie heirateten am 21.12. 1909.
Mit ihrem Witz und ihrer eleganten Schnodderigkeit war sie Nelsons beste Interpretin, namentlich mit Texten von → *Kurt Tucholsky* (u.a. »Total Manoli«, »Die Dame mit'n Avec«, »Fang nie was mit Verwandtschaft an!«, die sie alle in *Nelsons Künstlerspielen* kreierte).
Anfangs der dreißiger Jahre zog sie sich vom Kabarett zurück. 1934 ging sie mit Nelson ins holländische Exil nach Amsterdam. Weil sie nicht den Rassegesetzen der Nazis unterlag, konnten sowohl Rudolf Nelson als auch ihr Sohn → *Herbert Nelson* überleben. Nach 1945 ging sie nicht mehr nach Deutschland zurück.
Mit Käte Erlholz war die erste große Chansonniere Berliner Provenienz geboren: keß, schlagfertig, voll trockenen Humors und doch mit der Grazie und Grandezza der weltstädtischen großen Dame.

Erste Allgemeine Verunsicherung Rock-Musik-Kabarett aus Wien, gegründet 1977 mit Eik Breit (Baß, Gesang), Klaus Eberhartinger (Gesang), Nico Holm (Klavier, Gesang), Wilfried Scheutz (Gesang), Andreas Stenmo (Schlagzeug) und Thomas Spitzer (Gitarre, Gesang). Nach ihren ersten Auftritten im Mai 1978 mit ihrer satirischen »Weihnachtsshow« erschien im Oktober 1978 ihre erste Platte. Danach folgten Programme »Café Passée« (1980); »Spitalo Fatalo« (1983) als klinische Überprüfung der Gegenwartsverhältnisse sowie »Geld oder Leben« (1985). Danach entwickelte sich die Gruppe zur Tournee-Rockband und gab die geschlossenen kabarettistischen Programme zugunsten ihrer Lied-Musik-Programme auf.

Ewers, Hanns Heinz **3. 11. 1871 Düsseldorf; † 12. 6. 1943 Berlin.*
Lyriker, Dramatiker, Essayist, Romancier (»Alraune«)
Ewers hatte in Paris das → *Cabaret artistique* kennengelernt und darüber ein Buch (»Das Cabaret«, Berlin 1904) geschrieben. In → *Ernst von Wolzogens* »Buntem Theater (Überbrettl)« trat er 1901 als Rezitator eigener Gedichte auf, wurde wenig später künstlerischer Leiter des »Bunten Brettls« (→ *Überbrettl*) und trat sporadisch auch im → *Hungrigen Pegasus* und seit 1907 gelegentlich im → *Cabaret Fledermaus* in Wien auf.
1912 gab er eine Sammlung französischer Volks- und Cabaretlieder unter dem Titel »Joli Tambour« heraus. In den zwanziger Jahren wandte er sich (wie auch Wolzogen) dem Nationalsozialismus zu und schrieb 1932 einen Roman über Horst Wessel.

Sennewald, Michael: *Hanns Heinz Ewers.* Meisenheim 1973.

Exilkabarett Nach dem Machtantritt der Nazis am 30. Januar, spätestens nach dem Reichstagsbrand am 27. Februar 1933, verließen die meisten deutschen und österreichischen Kabarettisten Deutschland und suchten zunächst in den deutschsprachigen Ländern Österreich und der Schweiz Zuflucht und neue Betätigungsmöglichkeiten.

In Österreich brachte im Herbst 1933 → *Kurt Robitschek* an den Wiener »Kammerspielen« die Kabarettrevue »Wiener Illustrierte« heraus, mit Lia Dahms, Hans Moser, → *Oskar Karlweis* u.a., danach die 1932 in seinem Berliner → *Kabarett der Komiker* uraufgeführte Kabarettoper »Rufen Sie Herrn Plim« mit → *Curt Bois*, Irene Eisinger, → *Paul Morgan*, Willy Trenk-Trebitsch und Fritz Wiesenthal. Nach Schließung des Berliner → *Tingeltangel Theaters* im Mai 1935 ging → *Trude Kolman*, die es bis dahin geleitet hatte, im September ebenfalls nach Wien und machte dort im »Grand Hotel« zusammen mit Beate Moissi und Paul Morgan ein Kabarett mit Texten von → *Max Colpet* u.a. auf, bis sie mit dem Autor-Komponisten → *Curt Bry* in ihrem Kabarett »Sechster Himmel« ihr Zwei-Personen-Kabarett etablierte. Von der → *Katakombe*, Berlin, kam Sonja Wronko und eröffnete mit Rolli Gero von den → *Unmöglichen* das Kabarett »Sonjas Plüschsofa«.
Auch einige reichsdeutsche Schauspieler und Autoren konnten in den Wiener Kellerkabaretts Fuß fassen, so der ehemalige Oberspielleiter am Stadttheater Breslau, Martin Magner, und Traute Witt von der Berliner → *Katakombe*, die zur → *Literatur am Naschmarkt* gingen, und → *Gerhart Herrmann Mostar* , der Hausautor beim → *Lieben Augustin* wurde.

In der Schweiz hatte es bis dato kein Kabarett gegeben. Um so mehr Aufmerksamkeit erregte die aus München nach Zürich emigrierte → *Pfeffermühle*, die am 1. Oktober 1933 im Hotel »Hirschen« ihren Spieltrieb auf Schweizer Boden fortsetzte. Schon vorher waren von der → *Katakombe* → *Dora Gerson* und Ludwig Donath, vom → *Tingeltangel Theater* die Schweizerin → *Trudi Schoop* sowie die Autoren → *Curt Bry*, Hans Sahl und → *Karl Schnog* eingetroffen, die dann alle für das urständig Schweizerische → *Cabaret Cornichon* (gegründet am 30. Dezember 1933) arbeiteten.

 Am Zürcher Schauspielhaus lief im September 1933 unter der Regie von Leopold Lindtberg → *Friedrich Hollaenders* Revuette »Höchste Eisenbahn« mit u.a. → *Therese Giehse* (von der »Pfeffermühle«) sowie den aus Deutschland geflüchteten Schauspielern Kurt Horwitz, Leonard Steckel und Erwin Kalser. Von den → *Nachrichtern* konnte der mit einer Jüdin verheiratete → *Kurd E. Heyne* in die Schweiz emigrieren und am Stadttheater Basel als Schauspieler und Regisseur arbeiten. (Siehe auch → *Lagerkabarett.*)

Die Niederlande waren das dritte Land, in dem das Exilkabarett – zumindest dasjenige bürgerlicher Prägung – ein der deutschen Sprache großenteils mächtiges Publikum fand. Als erstes Emigrantenkabarett eröffnete am 6. Mai 1933 das 1930 in Berlin gegründete → *Ping Pong* seinen Spielbetrieb im Amsterdamer »Rika Hopper Theater«. Hauptautor und -Komponist war → *Curt Bry*, Mitwirkende u.a. → *Dora Gerson*, Dotz Sohn-Rethel und Liselotte Wilke (die später als → *Lale Andersen* berühmt werden sollte). 1934 lud der niederländische Kabarett-Unternehmer Louis Davids, der seit 1931 das Kurhaus-Kabarett im Seebad Scheveningen leitete und später das »Leidseplein Theater« in Amsterdam eröffnete, → *Rudolf Nelson* und sein Ensemble zu einem Gastspiel ein. Kurz darauf eröffnete Nelson sein eigenes Kabarett, »La Gaîté«, mit Dora Gerson, Curt Lilien, Fritzi Schadl, Peter W. Staub u.a., während er im Sommer im Kurhaus-Kabarett mit seiner Truppe in Scheveningen gastierte.
Gleichfalls in Scheveningen etablierte der Autor-Komponist → *Willy Rosen* sein »Cabaret der Prominenten«, mit Darstellern wie Siegfried Arno, → *Max Ehrlich*, Camilla Spira, → *Otto Wallburg* u.a. – 1935 gastierte auch die → *Pfeffermühle* in den Niederlanden. (Siehe auch → *Lagerkabarett.*)

In der Tschechoslowakei fanden sich 1933 hauptsächlich Vertreter der kommunistischen → *Agitprop*-Bewegung zusammen. So gründete 1934 die deutsche Schriftstellerin → *Hedda Zinner* mit ihrem Mann, Fritz Erpenbeck, das »Studio 34«, das auf der Bühne der Prager »Urania« mit seinem »Stimmorchester« nach dem Muster der »Voice Band« des Emil František Burian agitierte, sich allerdings Ende 1934 auflöste.
Die aus Deutschland emigrierten Künstler hatten sich schon 1933 in verschiedenen Verbänden organisiert, so im »Bund proletarisch-revolutionärer Schriftsteller« unter dem Vorsitz von Johannes R. Becher, an dem sich auch dem Kabarett nahestehende Autoren wie Hedda Zinner, Max Zimmering und → *Louis Fürnberg* beteiligten. Die Theaterkünstler hatten sich in weiteren Verbänden zusammengeschlossen, führten Lesungen und kabarettistische Abende durch und förderten einige Agitpropgruppen. So führte Louis Fürnberg seine 1932 in Berlin gegründete Truppe »Echo von links« weiter, und Kuba (Kurt Barthel) übernahm 1935 die Leitung der Agitationstruppe »Roter Stern«, die seit 1936 unter dem Namen »Neues Leben« auftrat. Mit Songs, Gedichten und Kampfliedern agitierte von 1936 bis 1938 die von Gerda Kohlmey gegründete, später von Erwin Geschonneck geleitete »Freie deutsche Spielgemeinschaft«.
1936 eröffnete der deutsche Schauspieler Hans Fürth in Prag als Gastspielbühne »Die Schaubude«, wo gleich von 1933 an deutschsprachige Ensembles und Solo-

Kabarettisten gastierten, darunter aus Wien → *Fritz Grünbaum* und → *Karl Farkas*, die → *Literatur am Naschmarkt*, sowie aus Berlin das → *Kabarett der Komiker* und aus Zürich die → *Pfeffermühle*. Auch eigene Produktionen brachte die »Schaubude« heraus.

In Frankreich gründeten deutsche Emigranten im März 1934 in Paris das »Cabaret Die Laterne«. Dort traten u.a. → *Marianne Oswald*, Steffi Spira und Helene Weigel auf. Die Musiken komponierte Joseph Kosma. Im Frühjahr 1938 setzte ein Teil des Ensembles die Arbeit in der »Bunten Bühne« fort. (Siehe auch → *Lagerkabarett*.)

In England kam es erst 1939 zur Gründung eines deutschsprachigen Kabaretts, als österreichische Emigranten in London »Das Laterndl« eröffneten. Bereits seit 1933 waren viele deutsche und österreichische Emigranten nach England geflüchtet, so der Kabarettist → *Paul Graetz* und die Kabarett-Komponisten → *Mischa Spoliansky* und Hans May. Nach dem März 1939 retteten sich die aus der Tschechoslowakei dorthin emigriert gewesenen Schauspieler wie → *Annemarie Haase* und Paul Lewitt und Autoren wie Kuba (Kurt Barthel) und Max Zimmering sowie der Fotomonteur John Heartfield nach England. Dem »Laterndl« folgte im Juli 1939 das »4 and 20 Black Sheep«, aus dem 1940 die »Kleine Bühne« hervorging.

Exilkabarett. Das Programm »Der unsterbliche Schwejk« im »Laterndl« in London 1940 mit Martin Miller als Schwejk

Während sich der ehemals reichsdeutschen Schauspieler und Kabarettisten der im Dezember 1938 gegründete »Freie Deutsche Kulturbund« annahm, wurde das im März 1939 gegründete »Austrian Centre« zum Treffpunkt ihrer österreichischen Kollegen.

Mit den Londoner Exilkabarett bekannt wurden seit 1938 die heimlichen deutschen und österreichischen Hörer der BBC (British Broadcasting Corporation), die die regelmäßigen satirischen Sendungen der »Volksjenossin Frau Wernicke« (= Annemarie Haase) und »Kurt und Willy« (= Fritz Wendhausen und Peter Ihle nach Texten von Bruno Adler und Norman Cameron) sowie die Briefe des »Gefreiten Adolf Hirnschal an sein vielgeliebtes Weib« (= Fritz Schrecker nach Texten von → *Robert Lucas*) hörten. Weitere Autoren waren → *Hugo F. Königsgarten* und → *Rudolf Spitz*. (Siehe auch → *Lagerkabarett*.)

Titel des Programmheftes der »4 and 20 Black Sheep« 1939

In den USA scheiterten fast alle Versuche, für längere Zeit Emigrantenkabaretts zeitsatirischen Zuschnitts zu etablieren. Selbst → *Friedrich Hollaender,* der in New York sein → *Tingeltangel Theater* (mit → *Blandine Ebinger* und → *Lotte Goslar*) aufleben lassen wollte, mußte nach kurzer Zeit schließen, während → *Kurt Robitschek,* der am Broadway in New York 1938 sein → *Kabarett der Komiker* (mit Ilse und → *Curt Bois* und → *Margo Lion*) neu eröffnet hatte, den Spielbetrieb mit überwiegend, allerdings nicht rein unpolitischen Unterhaltungsprogrammen bis nach 1945 aufrechterhalten konnte. Auch die → *Pfeffermühle* erlitt mit ihrem Gastspiel 1937 Schiffbruch. Zu einer einigermaßen kontinuierlichen Kabarettarbeit kam es noch am ehesten in zwei Unternehmungen: der 1941 von → *Valeska Gert* in New York gegründeten »Beggar Bar« und der von → *Oscar Teller* 1943 in New York neu eröffneten → *Jüdisch-politischen Kleinkunstbühne* → *Die Arche* (gegründet 1927 in Wien).

In ihrer »Beggar Bar« brachte Valeska Gert weiterhin ihre Grotesktänze, an der »Arche« wirkten namhafte Autoren, Komponisten und Darsteller jüdischer Herkunft (außer Ellen Schwanneke) wie u.a. → *Hugo F. Königsgarten,* Victor Schlesinger, Oscar Teller, → *Jimmy Berg,* → *Fritz Spielmann* sowie, als Darsteller, Kitty Mattern, Vilma Kürer, Arthur Hoff. »Beggar Bar« wie »Arche« stellten ihren Spielbetrieb 1945 ein. Valeska Gert kehrte nach Deutschland zurück, während Oscar Teller nach Israel ging.

Reines Unterhaltungskabarett machten Anfang der vierziger Jahre in einzelnen Veranstaltungen in New York die Österreicher → *Karl Farkas,* → *Oskar Karlweis,* → *Roda Roda,* Willy Trenk-Trebitsch, → *Armin Berg* und → *Ralph Benatzky.*

In Moskau schlossen sich 1934 die kommunistischen Berliner Agitpropgruppen »Kolonne links« und »Truppe 1931« (→ *Agitprop*) zum »Deutschen Theater Kolonne links« unter der Leitung von Arthur Pieck und Gustav von Wangenheim zusammen. Über den Moskauer Rundfunk sprach → *Erich Weinert* 1942 satirische Gedichte, die auch als Flugblätter über der gegnerischen Front abgeworfen wurden.

In Spanien konnten während des Bürgerkrieges die deutschen Spanienkämpfer → *Ernst Busch*, Ludwig Renn und → *Erich Weinert* in republikanisch-spanischen Zeitschriften und Rundfunksendern satirische Gedichte und Songs veröffentlichen bzw. vortragen.

In Skandinavien gründete die dänische Chansonnière Lulu Ziegler während der deutschen Besetzung in Kopenhagen ihr Kabarett »Lille Kongensgade« (Kleine Königsstraße), in dem auch deutsche Emigranten auftraten.
In Stockholm gründete Curt Trepte, der 1934 in Moskau an der Agitpropgruppe »Kolonne links« mitgewirkt hatte, die »Freie Bühne«. Dort gab man im Februar 1944 einen »Theater- und Kleinkunst-Abend« unter dem Titel »Was mancher nicht kennt« mit Texten und Liedern von in Deutschland verbotenen Autoren. So las u.a. Carl von Ossietzkys Tochter Rosalind Gedichte von Oskar Maria Graf. – Emigrantenkabaretts im eigentlichen Sinne gab es in den skandinavischen Ländern nicht.

In Palästina gründete → *Stella Kadmon* nach ihrer Emigration aus Wien 1938 ihr Kabarett »Papillon«. Das jüdische Kabarett → *Kaftan* aus Berlin veranstaltete Rezitationsabende mit Ruth Klinger, Maxim Sakaschansky und Hermann Vallentin, dem Bruder von → *Rosa Valetti*, und → *Louis Fürnberg*. Deutsche Kunst- und Literaturfreunde taten sich mit angestammten Künstlern zu der Vereinigung »Jaifa« zusammen, die durch Kleinkunstabende die neu eingewanderten Künstler unterstützen wollten.

In den überseeischen Ländern entwickelten sich kabarettistische Aktivitäten deutschsprachiger Emigranten allgemein erst seit Kriegsbeginn, so in Argentinien, Sidney, Shanghai und Mexiko, wo Steffi Spira in einem Heinrich-Heine-Club unter dem Vorsitz von Anna Seghers und Egon Erwin Kisch kabarettistische Abende gab.

Teller, Oscar: *Davids Witzschleuder.* Darmstadt 1982. – Allgemeine Literatur: Huder, Walter (Hrsg.): *Theater im Exil 1933–1945* (Akademie der Künste, Berlin 1973). – Hirsch, Karljacob: »Kabarett in der Emigration« und PEM (= Paul Markus): »Kabarettisten ohne Kabarett« (beides in: *Das literarische Kabarett*, Heft 2, München 1946).

Extempore → *Improvisation*

Extra Zwei Politisch-satirisches Kabarettduo seit 1988 mit den Kabarettistinnen Ulla Diekneite (* 1957), Conny Reisberg (* 1953) und der Autorin und Technikerin Suse Othmer (* 1954).
Hervorgegangen aus dem 1979 gegründeten Frauenkabarett »Extra Dry« mit → *Edith Börner*, Ulla Diekneite und Conny Reisberg, die vorher noch den Kabaretts »Reißzwecke« (1977) in Dortmund und »Kalte Schnauze« (1979) in Unna angehörte. (»Extra Dry« schrieb und spielte die Programme: »Der Nächste, bitte« [1979]; »Rette sich, wer kann« [1982]; »Lieber niederträchtig als hochschwanger« [1984]. Danach schied Edith Börner aus.)
Ulla Diekneite und Conny Reisberg spielten als »Extra Zwei« die Programme:

»Rosen und Knoblauch« (1988); »Die Bühne bebt« (1991); »Tanzende Finanzen« (1993); »Entgleisungen« (1995). »Extra Zwei« verfaßten und spielten eigene Rundfunk- und Fernsehbeiträge, so in RTL, Kanal 4 und WDR 3 Ausschnitte aus ihrer »Front-Frauen-Revue« (1995). Sie gehören überdies zu den Intitiatorinnen des »Netzwerks Frau und Kabarett«, für das Suse Othmer und Conny Reisberg die interne »Zeitschrift ohne Namen« (ZON) herausgeben.

📖 Rogler, Marianne (Hrsg.): *»Front-Frauen«*. Köln 1995.

Faltsch Wagoni Literarisch-musikalisches Kabarettduo, gegründet im Frühjahr 1983 von Silvana Prosperi, die vorher Musikkritikerin beim Münchner »Blatt« war, und Thomas Busse, der 1976–1980 als Straßenmusiker und Sänger radikaler Lieder unter dem Namen »Tommi« begann und zusammen mit dem »Mobilen EinsatzorKester« Konzerte gab. Der Name *Faltsch Wagoni* stammt aus dem Alltag der beiden: Das Paar lebte zwar in Wohnwagen, aber sie waren doch bloß »falsche« Zigeuner.
Als Dreiercombo zusammen mit Olo Oleschko begann »Faltsch Wagoni« 1981 mit »Schlechte Musik für gute Menschen«. Im Frühjar 1983 brachten Prosperi und Busse ihr erstes Duo-Programm »Bös bis bissig« (Groteskmusik) heraus. Es folgten die abendfüllenden Programme: »Der letzte Heuler« (18. 7. 1984); »Aus vollen Rohren – in allen Richtungen« (14. 8. 1985); »Walfisch Tango – Ein Singspiel für die arbeitende Bevölkerung« (6. 8. 1986); »Auch an den Plätzen fanatischer Verzweiflung glimmt ein Funke Lebenslust« (28. 11. 1987); »Hitparade paradox« (18. 5. 1989); »Wenn schon daneben, dann neben dir« (24. 8. 1989); »Einer platzt an der Sonne« (31. 12. 1990); »Volapüks Rache«, ein mehrsprachiges Musikspektakel (3. 4. 1992); »Balsam der einsamen Herzen«, zwei simultan gespielte Solostücke (29. 1. 1994); »Vom Feinsten und Gemeinsten« (24. 5. 1994); »Soweit die Sinne trügen« – Ton-Bild-Schau (seit 21. 12. 1995). Nach den Nummernrevuen der ersten Jahre machen »Faltsch Wagoni« seit 1986 von Thomas Busse verfaßte zusammenhängende Themenprogramme, die über die Lust an hemmungsloser Vielfalt sich zu einer poetischen Form des Musiktheaters (Textmusikspektakel) entwickelten.

Faltsch Wagoni: *Volapüks Rache.* München 1994.

Farkas, Karl **28. 10. 1893 Wien; † 16. 5. 1971 Wien.*
Schauspieler, Kabarettist und Kabarettautor, Theaterleiter und Drehbuchautor
Spielte Komikerrollen an der »Neuen Wiener Bühne«, ehe er 1921 beim Direktor des → *Simplicissimus* (Wien), Egon Dorn, vorsprach und als Conférencier engagiert wurde. Zusammen mit → *Fritz Grünbaum* entwickelte er hier seit 1922 die Doppelconférence (→ *Conférence*).
Mit zeitlichen Unterbrechungen prägte Karl Farkas das Gesicht des »Simpl« als einer Stätte bester kabarettistischer Unterhaltung ohne moralischen oder politischen Tiefgang durch seine gescheiten Conférencen und sein Gespür für Talente. – Schon seit 1920 wirkte Farkas an Wiener Kabaretts wie der → *Hölle* und der »Femina«. 1923 brachte er die Revue »Wien, gib acht!« heraus und 1926 zusammen mit Grünbaum die Revue »Wien lacht wieder« (Musik: → *Ralph Benatzky*), die ein Serienerfolg wurde. 1924 übernahm er mit Grünbaum die Direktion des »Wiener Stadttheaters« und 1927 allein das »Moulin Rouge«, wo er weitere Revuen herausbrachte. 1927 wurde Farkas künstlerischer Leiter des »Simpl«.
1938 emigrierte er, zunächst nach Frankreich, dann in die USA, wo er in → *Exilkabaretts* in New York auftrat. Nach seiner Rückkehr nach Wien 1946 übernahm er erneut die künstlerische Leitung des »Simpl«, schrieb die Programme, conferierte und schrieb außerdem Kabarettistisches für Funk und Fernsehen. Er starb bei der

 Vorbereitung eines neuen »Simpl«-Programms im Alter von 77 Jahren. Über sein Verständnis von Kabarett sagte Farkas einmal: »Ich will die Leute lachen machen – wenn sie später nachdenklich werden, gut. Moralische Anstalt – bitte nein!«

Wiener, Hugo: *Doppelconférence.* Wien 1972. – Markus, Georg: *Karl Farkas – Ein Leben für die Heiterkeit.* Wien 1983. – Veigl, Hans: *Karl Farkas – Ins eigene Nest.* Wien 1988. – Ders.: *Gscheite & Blöde – Doppelconférencen.* Wien 1993. – Markus, Georg: *Das große Karl Farkas Buch.* Wien 1993.

Das Faule Ei Ursprünglich ein Schülerkabarett, gegründet 1958 von Michael Uhden und Peter Grande am Gymnasium in Bad Harzburg. Spielte auch an den Universitäten Münster und Göttingen, meist vor studentischem Publikum mit überwiegend studentischen Themen, und nannte sich nach der Mitwirkung an einem Sommerfest der Universität Hamburg 1962 *Hamburger Studentenkabarett Das faule Ei.* Einiges Aufsehen erregt die Gruppe bei den Essener Kabarett-Tagen 1966, bei denen → *Kay Lorentz* den Leiter, Michael Uhden, an das → *Kom(m)ödchen* engagierte. Peter Grande versuchte danach, *Das faule Ei* weiterzuführen, gab aber nach dem zehnten Programm (»Rouge et noir«) 1968 auf. Aus diesem Kabarett ging u. a. Ute Gerlach (später → *[Kleines] Renitenztheater*) hervor.

Federal → *Cabaret Federal*

Fernrohr Politisch-satirisches Kabarett, gegründet im Dezember 1983 in München von Christian Springer, Helmut Schleich, Andreas Rüttenauer und Klaus Weinzierl als Schülerkabarett und eröffnet mit dem Programm »Wie kommt das Schoko in die Lade?«. Als Studenten der unterschiedlichen Fachrichtungen brachten sie (ohne Weinzierl) 1987 das Programm »Im Land der Zwerge« heraus, danach folgten »Schwarzgeräuchertes« (1988); »Wir müssen draußen bleiben« (1989); »Zeitseuchen« (1991); »gelting – Heut gehn wir die Zeit totschlagen« (1992); »Sonderanfertigung« (1992); »Das Beste« (1992) und »Die geile Messe« (1993), nunmehr mit Beatrice Murmann und Heidi Dünzl (Musik) im Ensemble. Nach der Premiere beim Münchner »Tollwood-Festival« erhielten sie im Jahr darauf im Vorfeld einer Aufführung in Ebersberg Mord- und Bombendrohungen. Jedoch konnten CSU und katholische Jugend ihre Forderung, die Aufführung zu verhindern, nicht durchsetzen. Prozesse von aufgebrachten Bürgern und dem Erzbischöflichen Ordinariat in München gegen das Kabarett wegen Beleidigung und Beschimpfung religiöser Bekenntnisse wurden eingestellt. Dem alternativen Münchner Privatsender »Radio Feierwerk« wurde wegen der Sendung des Programms mit Lizenzentzug gedroht. Dagegen wurde das Kabarett 1995 von der Landeszentrale für Neue Medien (BLM) für eine Reportage innerhalb einer Musiksendung mit dem BLM-Hörfunkpreis ausgezeichnet.

Fernrohr produzierte den Super-8-Film »Wo der Auerhahn boizt« (1984) und die Bauerntheater-Parodie »Wenn der Toni mit der Vroni« (1985) und auf dem »Tollwood-Festival« 1992 die erste Gemeinschaftsproduktion der Münchner Kleinkunstszene, »Stoppt Kabarett 2000«. Seit 1989 gehören sie zu den Organisatoren von »Kabarett Kaktus«, dem Nachwuchs-Festival für junge Kabarettisten in München, womit seit 1992 ein Newcomer-Austausch zwischen München und

Wien verbunden ist. 1994 brachten Springer und Schleich das Duo-Programm »Handlanger. So einfach wird's gemacht« und 1995 (ebenfalls als Duo) »Das Foucaultsche Hendl« heraus.

Fernsehen → *Medienkabarett*

Fettnäpfchen Politisch-satirisches Kabarett in Gera, gegründet 1970 von dem Grafiker Gerd Weidner (der auch die Texte schrieb), in dem ausgebauten Kohlenkeller (»Höhler«) unter dem barocken Rathausturm, mit dem Programm »Kritik liegt in der Luft« (mit Gerd Weidner, Renate Mayn, Peter Eheleben). Nach dem zweiten Programm »Auf in den Krampf« (1971) als Berufskabarett anerkannt, spielten sie unter der Leitung von Karl-Heinz Rothin das Programm »Derf'n die'n das« (1973) mit Gerd Weidner, Peter Eheleben, Renate Mayn, Nina Haiser, das vornehmlich Alltagsprobleme (»Da muß doch was zu lachen sein«, 1975) aus lokaler Sicht behandelte. Als erstes Berufskabarett der DDR nahm es ein Programm für Schüler ins Repertoire (»Schulspottakiade«, 1975). Seit 1979 gab es jährlich ein bis zwei aktuelle satirische Programme. Höhepunkte bis 1989 waren die Programme: »Das eigene Lachen« (1983); »Denn wofür lebt der Mensch« (1983); »Über all(e) Moral« (1984) und »Preussens Gloria« (1987). Mit letztgenanntem folgte das Kabarett dem Trend zum Kabarettstück in der DDR.
Durchschnittlich wurde in diesen zehn Jahren alle zwei bis drei Jahre ein Programm verboten. Bis zur Wende 1989 brachten sie insgesamt dreißig Programme heraus, dann übernahm Jörg Sobiella (seit 1984 Dramaturg des Ensembles) und 1992 Eva-Maria Fastenau (seit 1978 Darstellerin im Ensemble) die Leitung des Unternehmens. Seit 1989 folgten sieben weitere Programme, zuletzt »Blanker Wohnsinn« (1995) mit Eva-Maria Fastenau, Reinhard Geisdorf, Gabriele Reinecker, Andrea Roßbach und Thomas Schuch. Im Mai 1995 eröffnete das Kabarett eine zweite Spielstätte als »Kabarett auf dem Dorf« in Kapellendorf (Thüringen). 1995 erhielt das Kabarett den sächsischen Kleinkunstpreis »Goldenes Reibeisen«.

Matthias Biskupek: *Ein betretenes Fettnäpfchen.* In: Kassette 7. Berlin 1984.

Fiebig, Hans ** 1930 Berlin.* Kabarettautor
War bis 1965 als Mechaniker in der DDR tätig, schrieb danach erste Texte für Amateur-Kabaretts und Zeitschriften, seit 1969 für die Kabaretts → *Die Distel* und »Die Reizzwecken«. Arbeitete in den siebziger und achtziger Jahren verstärkt an Programmen der Magdeburger → *Kugelblitze,* des Potsdamer → *Kabarett am Obelisk,* der → *Oderhähne*, Frankfurt/Oder und der → *Herkuleskeule*, Dresden mit. Schrieb seit 1972 für Fernsehauftritte der »Drei Didaktiker« in der DFF-Sendung »Ein Kessel Buntes«. Seit der Wende schreibt er vorrangig für die Satire-Zeitschrift »Eulenspiegel« sowie Texte für die Berliner → *Stachelschweine* und »Die Reizzwecken«.

Film Die ersten öffentlichen Spielfilmvorführungen fanden 1895 in Berlin und Paris statt. Um 1915 setzte sich endgültig der abendfüllende Spielfilm durch; um 1925 experimentierte der Film unter dem Eindruck des Futurismus und Dadaismus, z.B. der »absolute Film«, mit abstrakten Formen in rhythmischer Bewegung.

 1930–45 wurde der Tonfilm als Unterhaltungsfilm (besonders als Musik- und Revuefilm) populär. Vornehmlich in diesen Filmen wie auch in Produktionen des Neorealismus (1945–50) und dem Trivial- und Unterhaltungsfilm seit 1950 und den Produktionen der »Jungen Filmemacher« seit 1965 spielten zahlreiche Kabarettisten Haupt- und Nebenrollen. Für diese Filme schrieben Kabarett-Autoren Drehbücher, Dialoge, → *Chansons* (Filmchansons) und Kabarett-Komponisten Musikstücke und Melodien. Ausgesprochen kabarettistische Handlungselemente weisen seit etwa 1930 der Revuefilm und 1931 sechs Kurzspielfilme unter dem gemeinsamen Titel »Kabarett-Programm« (Nr. 1–Nr. 6, Regie: → *Kurt Gerron*) auf; nach 1945 u.a. in »Der Apfel ist ab«, 1948, nach dem gleichnamigen Kabarettprogramm der 1935 verbotenen → *Nachrichter* (Regie, Drehbuch: → *Helmut Käutner*, Bobby Todd); »Berliner Ballade«, 1949 (Regie: → *R.A. Stemmle*, Drehbuch: → *Günter Neumann*, mit → *Gert Fröbe* als »Otto Normalverbraucher«); »Wir Wunderkinder«, 1957 (Regie: Kurt Hoffmann, Drehbuch: Heinz Pauck, Günter Neumann, mit → *Wolfgang Neuss* und → *Wolfgang Müller* als Moritaten singende »Erklärer«); »Das Mädchen Rosemarie« (Regie: Rolf Thiele, Drehbuch: Erich Kuby, Chansontexte: → *Jo Herbst*, → *Rolf Ulrich*, Musik: → *Norbert Schultze*); »Das Spukschloß im Spessart«, 1959 (Regie: Kurt Hoffmann, Drehbuch, Chansons: Günter Neumann, → *Friedrich Hollaender* u.a.); »Wir Kellerkinder«, 1960 und »Genosse Münchhausen«, 1963 (jeweils Drehbuch und Hauptdarsteller: Wolfgang Neuss); »Macht nur so weiter«, 1970 (Drehbuch, Hauptdarsteller: → *Werner Finck*).
Auf der Kabarettbühne wurde der Film als optisches Medium zur authentischen Dokumentation bestimmter Vorgänge, Sachverhalte und Personen eingesetzt (z.B. in den sechziger Jahren beim Kabarett → *Floh de Cologne* und dem → *Münchner Rationaltheater*). Die öffentliche Hysterie im Anschluß an die terroristischen Morde von 1977 veranlaßte einige deutsche Regisseure (Alexander Kluge, Rainer Werner Fassbinder u.a.) zu dem Kollektivwerk »Deutschland im Herbst«, das in dem satirischen Porträt von Franz Josef Strauß, »Der Kandidat«, 1980 einen Nachfolger fand. In den achtziger Jahren begannen eine Reihe von Kabarettisten ihre Popularität aus der Kabarettszene mit humoristischen und kabarettistischen Spielfilmen zu ergänzen (→ *Dieter Hallervorden*, → *Loriot*, → *Gerhard Polt*, → *Ottfried Fischer*, → *Siegfried Zimmerschied* u.a.).

Finale (ital./frz. = Schlußteil) Im Kabarett Abschluß(nummer) des Programms, oft Form und Thema des → *Openings* wiederaufnehmend; soll eine Zusammenfassung der Programmthemen und -aussagen geben und das Publikum zu Folgerungen anregen. Im → *Varieté* u.ä. Veranstaltungsformen vereinen sich oft alle Mitwirkenden als Programmbeschluß zum Finale.

Finck, Werner **2. 5. 1902 Görlitz; † 31. 7. 1978 München.* Schauspieler, Conférencier, Kabarettist, Buchautor
Besuchte die Kunstgewerbe-Akademie in Dresden, war dann Redaktionsvolontär bei den »Görlitzer Nachrichten«. Wirkte bei verschiedenen Laienspielscharen mit (Haaß-Berkow, Blachetta, u.a.). Kam über die Landestheater von Bunzlau und Darmstadt 1928 nach Berlin. Sprach Gedichte bei den → *Unmöglichen* und beim → *Larifari* sowie im → *Küka.* Dort sah ihn der Berliner Kunsthändler Karl Neu-

mann-Nierendorf und lud ihn zu einem Gastspiel ins Vereinslokal des »Vereins Berliner Künstler« in der Bellevuestr. 3 ein.

Der Erfolg ermutigte ihn, zusammen mit → *Hans Deppe* und einigen anderen jungen Schauspielern die → *Katakombe* zu gründen. Am 16.10. 1929 kam das Kollektiv mit seinem ersten Programm heraus, das sofort Anklang bei Publikum und Presse fand. Finck war – und blieb – bis zum Verbot der »Katakombe« im Mai 1935 ihr geistiger und künstlerischer Mittelpunkt, als Conférencier wie als gelegentlicher Mitspieler. Nach dem Auszug einer Gruppe aus dem Kollektiv im Dezember 1930 teilte sich Finck die Leitung mit → *Rudolf Platte.* Nach Schließung der »Katakombe« am 10.5. 1935 durch die Nazis kam Finck kurzfristig in das KZ Esterwegen. Nach seiner Entlassung erhielt er für ein Jahr Auftrittsverbot. Von 1936 an durfte er für das »Berliner Tageblatt« Glossen schreiben (gesammelt in »Das Kautschbrevier«, 1938) und seit 1937 wieder auftreten (»Spaß – ernst genommen«, April 1937 im → *Kabarett der Komiker*). Im Januar 1939 verbot »Reichspropagandaminister« Goebbels das Programm des *Kabaretts der Komiker*, in welchem Finck conferierte (→ *Die Drei Rulands,* → *Peter Sachse*), und schloß ihn aus der »Reichskulturkammer« aus.

Werner Finck, Selbstporträt

Den Zweiten Weltkrieg verbrachte Finck an verschiedenen Fronten, zuletzt in Italien. Nach Kriegsende tat er sich 1946 mit → *Hellmuth Krüger* und Walther Kiaulehn in München zu einem »Schmunzelkolleg« zusammen, leitete 1947 zusammen mit den Schweizern Trudi Schoop und Max Mumenthaler das Cabaret »Nebelhorn« im Zürcher Niederdorf. 1948 gründete er die → *Mausefalle* (Stuttgart), 1951 die → *Mausefalle* (Hamburg), in denen beiden er spielte (in Hamburg nur Kabarett, in Stuttgart außerdem satirische Stücke). Mit der »Mausefalle« (Stuttgart) ging er 1951 auf eine halbjährige Südamerika-Tournee.

Neben seiner Tätigkeit als Schauspieler (u.a. in → *Brechts* »Flüchtlingsgesprächen«, Shaws »Pygmalion« und »Androklus und der Löwe«, Shakespeares »Hamlet« [als Polonius] schuf und praktizierte er seit 1946 eine neue Form der Conférence, indem er, seine Lebensgeschichte mit der Geschichte der jüngsten Vergangenheit verknüpfend, das Schicksal eines modernen Eulenspiegel und Schweijk demonstrierte. Diese Soloabende nannte er »Kritik der reinen Unvernunft« (von 1946 bis 1949), »Am besten nichts Neues« (1953), »Sire, geben Sie Gedanken...!« (1960), »Der brave Soldat schweigt« (1963), »Bewältigte Befangenheit« (1964), »Sie werden lachen – mir ist es ernst« (1970). Außerdem gründete Finck zum höheren Spaße verschiedene Vereine und »Parteien«, so 1946 die »Schmunzelpartei«, 1950

 die »Radikale Mitte«, 1951 die »Gesellschaft zur Pflege und Förderung Punkt« und die »Karl-Friedrich-Flögel-Gesellschaft« und 1962 »NURSO«.
Das Geheimnis seiner Unbeliebtheit bei den jeweils Mächtigen und seiner Beliebtheit bei den immer Ohnmächtigen sah er selber darin, daß er nie satirisch attackierte, sondern stets humorig entlarvte. Was zur Konsequenz hatte, daß dieser urkonservative Mann zeitlebens viel mehr von rechts als von links angegriffen worden ist. Fincks Stärke lag in der Aktivierung der Denkvorgänge seines Publikums durch wortspielerische Andeutungen und unvollendete Sätze – eine Methode, die ihn in den dreißiger Jahren den Nazis ebenso verdächtig machte wie ihn durch die Maschen ihres autoritären Netzes schlüpfen ließ, nach Ende der Diktatur aber zwangsläufig an politischer Durchschlagskraft einbüßte. Dennoch war und bleibt Finck einer der großen Erneuerer des zeitsatirischen Kabaretts, weil er ihm länger und stärker als andere Conférenciers eine philosophische Dimension gab.
Seine Gedichte, Betrachtungen und Conférencen gab Finck heraus in den Sammlungen »Neue Herzlichkeit« (1931), »Das Kautschbrevier« (1938), »Fin(ck)-enschläge« (1953), »USA USA usw. usw.« (1965), »Alter Narr – was nun?« (1972), »Zwischendurch – Ernste Versuche mit dem Heiteren« (1975), »Heiter – auf verlorenem Posten« (1977). Seine Biographie mit Bildern und Dokumenten, von ihm selbst erzählt, gab Klaus Budzinski 1966 unter dem Titel »Witz als Schicksal – Schicksal als Witz« heraus.

Kaspar Fischer 1966 in seinem Soloprogramm »Ein Mensch wird gemacht« als Strauss in der Szene »Ein gemachter Mann«

Fischer, Kaspar ** 19. 5. 1938 Küsnacht.* Zeichner, Schauspieler, Kabarettist, Autor
Zeichnen lernte er während seiner Jugend unter dem Tisch seines Vaters, des Zeichners und Malers Hans Fischer (fis), der bereits Bühnenbilder für das → *Cabaret Cornichon* gemacht hatte. Nach dem Abitur Besuch des Max Reinhardt-Seminars, Wien (1958–61) und Engagements 1961–63 an den »Vereinigten Bühnen«, Graz, und 1963–67 an den »Kammerspielen«, München. Seit 1967 Tourneen mit eigenen Programmen, u. a.: »Zirkus« (1963); »Ein Mensch wird gemacht« (1968); »Pantalone geht ins Kloster« (1969); »In Indien« (1970); »Der Kellner« (1972); »Der König« (1975); »Zuschauer im Hirn« (1979); »Im Himmel« (1984); »Yuya« (1985); »Der Inselfisch« (1986); »Das Erdferkel spricht« (1988); »Der Omelettenheilige«(1989); »Pitzl« (1990); »Der Lebensbaum« (1991); »Die Makkaronisten« (1995).

Alle diese Arbeiten beschäftigen sich mit dem Handwerk des Schauspielers, dem Material und Möglichkeiten des Theaters. In den frühen Programmen steht die Beziehung zwischen dem Darsteller und den gespielten Figuren, zwischen Körperlichkeit und Erfindung im Vordergrund. Die späteren versuchen Voraussetzungen für Missverständnis und Verstehen zu klären. Improvisation, Masken, gelegentlich Puppen kommen vor, und in fast allen Programmen wird auf der Bühne gezeichnet.
Zahlreiche Ausstellungen und Fernsehaufzeichnungen seiner Programme, die er auch in verschiedenen Bücher im Zytglogge Verlag, Bern, veröffentlichte. 1981 erhielt er den → *Deutschen Kleinkunstpreis.*

Fischer, Ottfried ** 7. 11. 1953 Ornatsöd (Bayern).*
Kabarettist, Kabarettautor, Schauspieler
Nach kurzem, abgebrochenem Studium der Rechte begann er 1978 im »Hinterhoftheater«, München, mit dem Kabarettensemble »Machtschattengewächse« unter Günter Knoll (Leitung, Texte) mit den Programmen: »Bleiben Sie sachlich« (1978); »Menschen sind keine Tomaten« (1979); »Handstand am Rand« (1982). Schrieb und spielte dann zusammen mit → *Jockel Tschiersch* drei Duoprogramme: »Mattscheibenweise kommerzwärts« (1981); »Mit Gewalt komisch« (1984); »Störfall« (1986), danach mit Manfred O. Tauchen das Duoprogramm »Anton und das Wunderkind« (1988). Brachte 1989 im »Hinterhoftheater« sein erstes Soloprogramm, »Schwer ist leicht was«, heraus (auch als Buch erschienen: Liechtach, 1990). 1994 folgte sein zweites Soloprogramm, »Was tun?«. Trat in zahlreichen Rundfunk- und Fernsehsendungen auf, u.a. 1983 in der → *Werner Schneyder*-Show »Meine Gäste und ich«, 1985–1987 in den Fernsehserien »Irgendwie und sowieso«; »Der Schwammerlkönig«; »Zur Freiheit«; 1988–1992 in »Extratour«; »Mitternachtsspitzen« mit → *Richard Rogler*; »Jonas« mit → *Bruno Jonas*; »Spottschau« mit → *Dieter Hallervorden* und spielte 1996 die Hauptrolle in der SAT 1-Serie »Der Bulle von Tölz«. Spielte ferner in den Filmen: »Kolp« (1983); »Ein Prachtexemplar« (1989, Regie: Bruno Jonas); »Go, Trabi, Go« (1990); »Das schreckliche Mädchen« (1990); »Der Superstau« (1991); »Langer Samstag« (1992) u.a. Schreibt seit 1993 monatlich eine ständige Kolumne, »Drucksachen«, in der Münchner »Abendzeitung«.
Zusammen mit Jockel Tschiersch erhielt er 1985 den → *Salzburger Stier* und 1986 den → *Deutschen Kleinkunstpreis.*

Fischer, Tim ** 12. 3. 1973 Delmenhorst.* Chansonnier
Organisierte während des Besuchs der Freien Waldorfschule mit fünfzehn Jahren zusammen mit einer klavierspielenden Schulfreundin öffentliche Auftritte im Oldenburger Bistro »Capitol«. Stellte sich im Herbst 1989 beim Kleinkunstfestival in Wilhelmshaven erstmals einer größeren Öffentlichkeit vor. Zusammen mit dem Komponisten und Pianisten Rainer Bielfeldt entstand 1990 der Chansonabend »Zarah ohne Kleid«. Dabei ging es ihm nicht um bloße Imitation, auch nicht um Perücke, Pumps, Fummel, Boa oder gar Travestie. Vielmehr benutzte er in Ermangelung eigener Texte die Lieder von damals, um seine »eigenen Geschichten« zu erzählen. Seit dem 14.9. 1991 spielte er am Stadttheater Wilhelmshaven in der

Uraufführung des Musicals »Kennwort: Einsames Herz« von Rainer Bielfeldt (Musik) und Edith Jeske/Christine Vogelay (Libretto).
Danach übersiedelte Tim Fischer nach Berlin. Im Februar 1993 stellte er in der »Berliner Kabarett Anstalt« (BKA) unter dem Titel »Wenn die Liebe ausgeht« mit einer Band seinen zweiten Chansonabend vor, mit Liedern von Peer Raben und vertonten Texten von Rainer Werner Fassbinder, Hans Magnus Enzensberger, Wolf Wondraschek u.a. Es folgten die Programme» »Weil mir so fad ist« (1993) mit Chansons von → *Marcellus Schiffer*, Lion Feuchtwanger, → *Mischa Spoliansky*, → *Bertolt Brecht*, Willi Kollo u.a. und am 23.3. 1994 in der Berliner »Bar jeder Vernunft« das vierte Programm »...und habt mich gern« mit Thomas Dörschel am Klavier, das neben den »Liedern eines armen Mädchens«, die → *Friedrich Hollaender* 1921 für → *Blandine Ebinger* schrieb, den vierteiligen Lied-Zyklus der Lyrikerin Lioba Happel (Musik: Franz Hummel) enthält. Weitere Programme: »Na, so was« (1995) und zuletzt »Chansons« (seit dem 29.8. 1995). Im August 1994 sang er in dem Programm »Niemand liebt dich so wie ich« zusammen mit Cora Frost berühmte Duette. 1995 erhielt er in der Sparte Chanson den → *Deutschen Kleinkunstpreis.*

Fitz, Lisa **15. 9. 1951 Zürich.*
Volksschauspielerin, Kabarettistin, Liedermacherin
Der bayerischen Volkstheaterfamilie Fitz entstammend, nahm sie zunächst Gitarren-, Gesangs-, Ballett- und Musikunterricht, danach Schauspielunterricht in München. Mit der Schauspielerin Mona Freiberg trat sie eine Zeitlang als Gesangsduo »Mona & Lisa« auf, schrieb sich aber bald eigene Lieder wie »I bin bläd«, mit dem sie der Bayerische Rundfunk als Moderatorin seiner »Bayerischen Hitparade« engagierte. Später moderierte sie die ARD-Sendung »Noten für zwei.«
Durch ihre Heirat (1980) mit dem in München aufgewachsenen persischen Musiker Ali Halmatoglu (von dem sie inzwischen geschieden ist) kam sie mit dem Rock in Verbindung und begann, zeitkritische Lieder zu schreiben und zur Begleitung durch die Rock-»Gruppe Hydra« ihres Mannes auf Veranstaltungen zu singen. Bundesweit bekannt wurde Lisa Fitz mit ihrem Song »Mein Mann ist Perser« in der »Scheibenwischer«-Folge vom Juni 1983, in dem sie die verkappte und offene Ausländerfeindlichkeit satirisch aufs Korn nimmt. Politisch engagierte sie sich zunächst für die SPD, dann für »Die Grünen«. Programme: »Die heilige Hur« (1983), »Lady Boss« (1987), »Geld macht geil« (1989), »Heil« (1993), »Kruzifix« (1996). Alle Programme wurden als Buch und Platte veröffentlicht. 1990 erhielt sie in der Kategorie Lied/Chanson den → *Deutschen Kleinkunstpreis.* Außerdem spielt sie in herkömmlichen und modernen bayerischen Volksstücken (wie Ludwig Thomas »Der Wittiber«, Franz Xaver Kroetz' »Das Nest« und »Nicht Fisch nicht Fleisch« sowie Karl Schönherrs »Glaube und Heimat«) und singt ihre Lieder auch zur eigenen Gitarrenbegleitung.

📖 Fitz, Lisa: *Flügel wachsen nach.* Stuttgart 1994.

Flacke, Ursula **22. 12. 1949 Lippstadt.*
Liedermacherin, Kabarettistin, Kabarettautorin, Schauspielerin
Gelangte nach Abbruch der Schule in Köln als schlagersingende Jennifer Christie in die ZDF-Hitparade. Schaffte dann auf dem zweiten Bildungsweg das Abitur, studierte in Mainz und gründete dort die »Mainzer Songgruppe«. Trat seit 1977 als politische Liedermacherin mit den Programmen »Eigentlich bist du ein Mensch« (1978) und »Üb immer Reu und ... na, Sie wissen schon« (1982) bei zahlreichen Festivals und Veranstaltungen auf. Nahm mehrere Schallplatten mit Bandbegleitung auf und arbeitete als Autorin für Rundfunk und Fernsehen. Wirkte mit in den Theater-Revuen »Deutschlands Erwachen« (1983) von → *Reinhard Hippen* und → *Volker Kühn*, der Dada-Collage »Qualle Traum erdrosselt meine Singe« (1985, Alte Oper, Frankfurt) und in der Helmut Baumann-Inszenierung »Da machste wat mit« (1986), einer »Sternstunden«-Revue zur 750-Jahr-Feier Berlins, mit → *Brigitte Mira* und → *Ralf Wolter* u.a. Trat 1991/1992 im → *Renitenztheater* in »Haus Deutschland« von → *Peter Ensikat* auf. Brachte 1984 ihr erstes politisch-satirisches Soloprogramm zur Frauenthematik, »Ich hab die Bombe im Kopf«, danach die Programme »Panik im Paradies« (1987) und »Küß mich, Chaos« (1989) heraus, danach mit Rainer Hannemann als Co-Autor und Regisseur die Programme »Couchzonen» (1991) und »Zurück zum blauen Planeten« (1994).
Als Autorin von Kindersendungen im Hörfunk tritt sie seit 1995 auch mit einem Kinderprogramm, »Max – Ein Kinderkäferkabarett«, auf.

Flatow, Curth **9.1.1920 Berlin.* Kabarett- und Theaterautor
Nach einer Ausbildung als Modezeichner stellte er sich nach Kriegsende erstmals am 24.6. 1945 mit eigenen Gedichten im → *Kabarett der Komiker* in Berlin vor. Im Dezember 1945 gründete er mit Roma Bahn, → *Kate Kühl*, Hilde Seipp, → *Hubert von Meyerinck*, Hans Nielsen und dem Pianisten Albrecht Nehring in Berlin das Kabarett »Die Außenseiter«, dessen einziger Autor er war. Für das »Kabarett der Komiker« schrieb er zusammen mit Bruno Balz und dem Komponisten Heino Gaze die Revue »Melodie der Straße«, die vom November 1947 an über 500mal in der »Neuen Scala« in Berlin unter der Regie von → *R.A. Stemmle* mit → *Willi Schaffers,* → *Edith Schollwer,* → *Walter Gross,* → *Wolfgang Müller* u.a. lief. 1950 folgte die Revue »Wir sind über'n Berg« (Musik → *Olaf Bienert*). 1951–52 arbeitete er am Kabarett »Nürnberger Tichter«, danach als freier Autor für den Rundfunk (u.a. monatlich für die »Rückblende«), schrieb über 25 Filmdrehbücher (»Der Pauker«, 1958; »Ganovenehre«, 1966 u.a.), sowie Fernsehspiele (»Ein Mann für alle Fälle«, 1972; »Ich heirate eine Familie«, 1982 u.a.), Theaterstücke (»Das Fenster zum Flur«, 1959; »Das Geld liegt auf der Bank«, 1968; »Durchreise«, 1982 u.a.). Schrieb zahlreiche Chansontexte (u.a. zu 30 Filmen), die von Loni Heuser, Olga Irene Fröhlich, → *Dora Dorette,* → *Maren Kroymann* u.a. interpretiert wurden.

Fledermaus → *Cabaret Fledermaus*

»Floh de Cologne« 1972; Programm »Lucky Strike« mit v.l.: Markus Schmidt, Hansi Frank, Theo König, Gerd Wollschon, Dieter Klemm, Dick Städtler

Floh de Cologne Politisch-satirisches Kabarett in Köln. Gegründet im Januar 1966 von fünf Studenten der Theaterwissenschaft an der Universität Köln: → *Gerd Wollschon* (Künstlerischer Leiter, Haupttextautor und Darsteller), Dieter Klemm (Geschäftsführer und Darsteller), Britta Baltruschat, Hans-Jörg Frank und Markus Schmidt. Erste Spielstätte: das Hinterzimmer des Lokals »Franziskaner im Gürzenich«.

Die ersten beiden Programme (»Vor Gebrauch Kopf schütteln«, Januar 1966, und »Trari-trara – Die Pest ist da!«, Juni 1966) boten konventionelles Nummernkabarett. Erst mit seinem Programm »SimsSALabimbambaSAladUSAladim« (Januar 1967) wandelte sich der Stil des *Floh de Cologne* zu einem »Ineinander und Miteinander von Zitat und Kommentar, Prosa und Vers, skandiert von Sprechchören mit Soloeinlagen, akzentuiert durch Beat, illustriert durch Dia-, akustisch erhärtet durch Tonbanddokumente; das Ganze gegliedert durch eine teilweise akrobatische Choreographie« (Klaus Budzinski in »Pfeffer ins Getriebe«, S. 258). Der erste Programmteil attackierte das kapitalistische System am Beispiel der Großen Koalition von SPD/CDU/CSU, der zweite am Beispiel des Vietnamkrieges, wobei die politische Lethargie des Publikums als Angriffsobjekt einbezogen wurde. Bundesweites Aufsehen erregte der *Floh de Cologne* mit seinem Gastspiel bei den »Essener Kabarett-Tagen« (→ *Kabarett-Fesitvals*) im Juli 1967.

In ihrem vierten Programm, »Zwingt Mensch raus« (Januar 1968), hängten sie ihre Kapitalismuskritik an der Werbung und dem damit zusammenhängenden »Konsumzwang« auf – formal ähnlich dem vorangegangenen Programm. Ihre Agitation gipfelte in der Aufforderung an das Publikum: »Zieht in leerstehende Häuser und

Wohnungen ein! Treibt vorehelichen Geschlechtsverkehr oder Ehebruch! Stehlt die Grundnahrungsmittel, die ihr braucht!« Darauf reagierten die Staatsgewalt und die von ihr mitgetragenen öffentlichen Medien mit Anzeigen u.a. wegen Kuppelei, Verbreitung unzüchtiger Schriften, Gotteslästerung und Religionsbeschimpfung, Beleidigung eines ausländischen Staatsoberhaupts (Schah Reza Pahlawi) bzw. mit der Streichung einer SPD-Nummer und der Absetzung eines ganzen Programmitschnitts (WDR 1967 und 1968).
Mit ihrem »7. Programm« genannten fünften Programm verzichteten die »Flöhe« ganz auf herkömmliche kabarettistische Mittel und begannen, ihre Botschaft, verstärkt durch Dick Städtler (Elektrogitarre), mit Rock- und Beatmusik zu satirischen Texten an ein neues Publikum zu bringen, zuerst an Jugendliche allgemein, dann – mit dem Programm »Fließbandbaby's Beat Show« (Oktober 1969), ihrem Durchbruch – an die Gruppe der Auszubildenden. Zur Tourneetruppe geworden, gab der *Floh de Cologne* nun sein Domizil im »Franziskaner am Gürzenich« auf. Hatte er damit die traditionellen Bahnen des zeitkritischen Kabaretts verlassen, ging er mit seinem siebten Programm, »Profitgeier« (Dezember 1970), einen Schritt weiter: den zur – ersten deutschsprachigen – Rockoper. Mit den Spielstätten (Lagerhallen, Jugendzentren, Freiluftfestivals) wurde auch sein Publikum immer größer; den »Profitgeier« sahen rund 300000 Menschen. Im Oktober 1972 folgte die »Rock-Jazz-Rakete LUCKY STRIKE«, im Dezember 1973, anläßlich des Todes des Industriemagnaten Friedrich Flick, die »Geier-Symphonie in Rock-Dur«. Das Programm »Mumien – Kantate für Rockband« (April 1974) befaßte sich mit der Diktatur in Chile, die »Rock-Show TILT« (April 1975) mit den Aussichten arbeitsloser Jugendlicher, »Prima Freiheit« (1978) zielte auf das Parteiensystem, »Koslowsky« (1980) nahm sich der wirtschaftlichen und sozialen Probleme der »kleinen Leute« an. 1980 erhielten sie den → *Deutschen Kleinkunstpreis*. – 1968 brachte der *Floh de Cologne* eine erste LP unter dem Titel »Vietnam« zusammen mit dem Liedermacher → *Dieter Süverkrüp* heraus. Seit 1970 wurden alle Programme auf Langspielplatten aufgenommen. Nach mehr als 1500 Auftritten und mehr als 100000 verkauften Langspielplatten erschien Anfang 1983 ihre letzte LP, »*Faaterland*«. 1983 löste sich das Ensemble, nachdem eine geplante Tournee mit ihrem letzten Programm, »Abschied der Flöhe«, nicht zustande gekommen war, bei einem großen Fest in der Kölner Sporthalle auf (Gerd Wollschon hatte sich bereits 1976 vom *Floh de Cologne* getrennt).

Floh de Cologne: *Profitgeier und andere Vögel*. Berlin 1971.

Flüsterwitz In unfreien Gesellschaften entstehender Wortwitz als Ventil unterdrückter Kritik an den bestehenden Verhältnissen und ihren Trägern.
Die Versuche, solche Kritik öffentlich vorzutragen, wurden in den verschiedenen undemokratischen Epochen deutscher Geschichte unterschiedlich unterdrückt. So durften die meisten der seit 1901 im Deutschen Reich entstehenden Kabaretts ihre Kritik, wenn überhaupt, nur in geschlossenen Vorstellungen anbringen. Oder sie enthielten sich, wie das Berliner *Überbrettl*, von vornherein jeglicher satirischer Opposition. In der Zeit des Nationalsozialismus wie in der DDR-Ära versuchten die Machthaber zunächst, den öffentlich vorgetragenen politischen Witz für ihre

Zwecke systemkonform zu nutzen, was aber beiden Regimes nicht gelang, so daß der politische Witz in den Untergrund abtauchte und zum Flüsterwitz wurde. Dabei wurden oftmals gegebene Grundsituationen je nach Regime abgewandelt. Konnte der Kabarettist → *Werner Finck* bis zum Verbot seines Kabaretts → *Katakombe* durch die Nazis 1935 mit verschleierten Andeutungen und → *Wortspielen* das Regime öffentlich sanft kritisieren, so wurden nach dem ihm auferlegten Auftrittsverbot viele Flüsterwitze ihm als Urheber zugeschrieben, ebenso wie dem Münchner Komiker Weiß Ferdl, der als altes Parteimitglied für seine weniger feingesponnenen Witze eine gewisse Narrenfreiheit genoß. Auch → *Karl Valentin* wurde häufig als Urheber von Flüsterwitzen genannt, allerdings ohne daß er solche öffentlich vorgetragen hätte.
Anders als die Nazis versuchte das DDR-Regime, in den von ihm subventionierten und kontrollierten Kabaretts die satirische Kritik auf die von unteren Parteiinstanzen verursachten »Mißstände« abzulenken. Wo sich die Kritik an höhere Ebenen wagte, wie z.B. in einem Sketsch von Conrad Reinhold, dem Leiter der → *Pfeffermühle* (Leipzig) (1955–1957), schritt die Staatsmacht mit Berufsverboten oder Vertreibung ein.

Willenbacher: *Deutsche Flüsterwitze.* Karlsbad 1935. – Wilhelm Königswarter: *Der Witz als Waffe.* Berlin 1947. Kurt Hirche: *Der braune und der rote Witz,* Düsseldorf 1964. – Hans-Jürgen Brandt: *Witz mit Gewehr – Gezieltes Lachen hinter Mauer und Stacheldraht.* Stuttgart 1965. – Reinhard Wagner (Hrsg.): *DDR-Witze – Walter schützt vor Torheit nicht, Erich währt am längsten.* Berlin 1994.

Förster, Petra ** 1964 Herzogenaurach.* Kabarettistin und Kabarettautorin
Kam über dem zweiten Bildungsweg zum Jurastudium in Erlangen, das sie mittendrin abbrach. Macht seit Mai 1990 feministisches Frauenkabarett mit den Programmen: »Nur nicht aus Liebe weinen« (1990); »Es ist nie zu spät« (1992); »Mit den Waffeln einer Frau« (1996). Petra Förster gehört mit ihren Figuren, die zwischen Alltag, Alptraum und Abenteuer balancieren, zweifelsfrei in die erste Kategorie weiblicher Dar- und Vorstellungskunst. 1995 erhielt sie den Lüdenscheider Kleinkunstpreis.

Rogler, Marianne (Hrsg.): *Front-Frauen.* Köln 1995.

Four-and-twenty Black Sheep → *Exilkabarett (London)*

Franke, Werner ** 31. 1. 1940 Paderborn.* Biologe und Kabarettautor
Studierte Biologie, Chemie und Physik an der Universität Heidelberg und schrieb 1959 Texte für das Kabarett »Intermezzo«, Berlin, 1960 für die → *Zwiebel*, München, und → *Die Bedienten.* War seit 1961 neben → *Hannelore Kaub* Hauptautor für das → *Bügelbrett* und schrieb ferner 1965 für das → *Renitenztheater* Stuttgart, und 1965 bis 1967 für das → *Kom(m)ödchen.* Verfaßte kabarettistische Rundfunksendungen: Für den Saarländischen Rundfunk bearbeitete er in 10 Folgen → *Walter Mehrings* Roman »Müller – Chronik einer deutschen Sippe« (1980–1981); »Wie das Geschwätz es befahl« (WDR II, 1967) u.a. Promovierte 1967 zum Dr. rer. nat. Habilitierte sich 1971 für das Fach Zellbiologie, wurde 1973 zum Wissenschaftlichen Rat und Professor an der Universität Heidelberg ernannt und war 1980 bis

1991 geschäftsführender Direktor des Instituts für Zell- und Tumorbiologie am »Deutschen Krebsforschungsinstitut«, Heidelberg. Errang für seine Leistungen im Bereich der experimentellen Krebsforschung zahlreiche Preise und Ehrungen (so den »Wilhelm-Feldberg-Preis«, London, 1995; den »Deutschen Krebspreis«, 1995). Franke ist außerdem führend auf dem Gebiet der Dopingforschung.

Franke, Wolfgang ** 6. 10. 1935 Berlin; † 7. 3. 1988 Düsseldorf.* Kabarettautor
Studierte an der Freien Universität Berlin Theaterwissenschaft, Germanistik und Romanistik und promovierte 1962 zum Dr. phil. Schrieb 1960 für → *Die Bedienten* und schrieb seit 1962 für → *Das Kom(m)ödchen*, ferner für → *Die Zwiebel*, → *Die Stachelschweine* und → *Die Wühlmäuse.*

Frankenfeld, Peter ** 31. 5. 1913 Berlin; † 4. 1. 1979 Hamburg.*
Conférencier und Showmaster
1928 brannte er als 15jähriger zum Zirkus durch, wurde jedoch vom Vater zurückgeholt. 1938 sprach er bei → *Willi Schaeffers* im → *Kabarett der Komiker* vor und wurde als Conférencier für die Nachmittagvorstellungen engagiert. Seit 1939 spielte er in Sketschen im Abendprogramm und trat als Solist in selbstgeschriebenen Szenen auf. Bis zu seiner Einberufung Ende 1940 war er u.a. engagiert im »Annast« München, in der Berliner »Scala« und der »Plaza«, im »Liebich« Theater, Breslau, im »Drahnovsky-Varieté«, Prag.
1948 kehrte er mit einem Gastspiel in der Frankfurter »Palette« zum Varieté zurück. Hier entdeckte ihn Toni Hofbauer als Moderator für Radio Frankfurt. Er schrieb und sprach zahlreiche Sendungen und Sendereihen, u.a. »Der Frankfurter Wecker«, »Peters Bastelstunde«. Das aufkommende Deutsche Fernsehen griff auf Frankenfeld und seine Radio-Popularität zurück. Er wurde über Jahre zum Publikumsliebling der Bundesrepublik. Frankenfeld war seit 1956 mit der Schauspielerin Lonny Kellner verheiratet.

Kellner-Frankenfeld, Lonny: *Peter Frankenfeld – Das war mein Leben.* München 1982. 

Frauenkabarett Analog zu den soziologischen Umschichtungen seit dem Beginn der Kabarettgeschichte hat sich die Stellung der Frau im Kabarett stark gewandelt. Hatte sie bis 1918 eher die Funktion des erotischen Reservats in den männlich dominierten Brettln und Kabaretts und sah sich demzufolge auf das von Männern für sie geschriebene Chanson, entweder das sogenannte »Dirnenlied« oder die Darstellung der »Femme fatale«, reduziert, so spielte sie sich seit den zwanziger Jahren als Verkörperung eines selbstbewußt gewordenen Frauentyps mehr und mehr in den Mittelpunkt kabarettistischer Produktionen. So etwa 1928 in der Kabarettrevue »Es liegt in der Luft« mit dem Duett »Wenn die beste Freundin mit der besten Freundin« zweier bisexueller Frauen, dargestellt von → *Margo Lion* und → *Marlene Dietrich.*
Dabei waren die von Frauen repräsentierten oder geleiteten Brettl-Betriebe zu Anfang des Jahrhunderts, wie z.B. »Die Elf Scharfrichterinnen«, »Zur grünen Minna« oder »Zur buckligen Anna«, von nur kurzer Dauer. Als 1903 die → *Bösen Buben* gegründet wurden, eröffneten eine Woche später die »Bösen Mädchen«, die allerdings schon nach zwei Wochen wieder aufhörten. Selbst die von Frauen

 geleiteten Kabaretts, etwa das am 23.12. 1920 in Berlin von → *Rosa Valetti* eröffnete → *Cabaret Größenwahn* oder die von → *Trude Hesterberg* am 15.9.1921 in Berlin eröffnete → *Wilde Bühne*, wurden in den Programmen von Männern geprägt, die auch für die Protagonistinnen die Chansons schrieben. Die weibliche Dominanz dagegen verkörperte → *Erika Mann* in ihrem politisch-satirischen Exilkabarett → *Die Pfeffermühle* zusammen mit → *Therese Giehse*.
Mit Unterbrechungen versuchte von 1959 bis 1994 → *Hannelore Kaub* mit ihrem Kabarett → *Bügelbrett* die weibliche Sicht der Dinge einzubringen, ohne jedoch das »Thema Frau« grundsätzlich zu thematisieren. Dennoch gilt bis in unsere Tage die Frau in den Ensemblekabaretts mehr oder weniger als Alibifrau. Der Versuch des → *Renitenztheaters* in Stuttgart 1969 mit »My four Ladies« und 1970 mit »Für eine Handvoll Frauen« und des Münchner → *Rationaltheaters*, 1979 ein reines »Frauenkabarett«, bestehend aus vier Mitgliedern, auf das Brettl zu stellen, verlief nach einiger Zeit im Sande. Erst, als sich viele Kabarettisten vom Ensemble-Kabarett abwandten und Soloprogramme darboten, konnten sich auch Frauen, sozusagen ohne männlichen Ballast, kabarettistisch profilieren, so u.a. → *Lisa Fitz*, → *Sarah Camp*, → *Lila Luder*, → *Susanne Weinhöppel*, → *Gabi Lodermeier*, → *Lisa Politt*, → *Hilde Wackernhagen*, → *Rosa K. Wirtz*, → *Anka Zink*, sowie als Duo die → *Missfits*. Eher am Rande des deutschen Kabaretts agieren die vier türkischen Kabarettistinnen der Kölner → *Bodenkosmetikerinnen* vom »Arcadas Theater«.
Im Rahmen eines im September 1995 bei Heppel & Ettlich in München von dem 1993 gegründeten Netzwerk »Frau und Kabarett« organisierten »Frontfrauen-Festivals« diskutierten zwei Beteiligte, Susanne Weinhöppel und Rosa K. Wirtz, über die Probleme weiblicher Kabarettisten, ähnliche Profikarrieren wie ihre männlichen Kollegen zu machen. Rosa K. Wirtz machte für den oft unzutreffenden Mangel an Professionalität die »Unentschiedenheit vieler Frauen«, sich zwischen diesem Beruf und ihrem Partner, womöglich noch ihrem Kind, zu entscheiden, verantwortlich, während Susanne Weinhöppel den Mangel an Solidarität unter den brettelnden Frauen beklagte. Ein drittes Minus sprach → *Maren Kroymann* mit der »Erotik-Hürde« an: die Neigung vieler Männer, eine hübsche Frau als scharfzüngige Satirikerin nicht ernst zu nehmen. Dagegen führt Wirtz den Mut der Frauen auf der Brettl-Bühne ins Feld, sich häßlich zu machen, die »Ulknudel« herauszukehren, wenn sie ihre Botschaft über die Rampe bringen wollen: »Auf der Bühne schön sein, das kann jede.«

Rogler, Marianne (Hrsg.): *Front Frauen – 28 Kabarettistinnen legen los.* Köln 1995.

Die Freimauler Studentenkabarett an der Universität Frankfurt (Main), nach eigenem Verständnis »Mimobrettl«. Gegründet im Frühjahr 1963 in Limburg (Lahn) von → *Franz Josef Bogner* (erstes Programm »Schändet mir die Leiche nicht!« in Limburg vom 2.7. bis 10.7. 1963, Texte und Regie: Bogner). Mit ihrem zweiten Programm, für das nun auch → *Hans Jürgen Rosenbauer* Texte schrieb, übersiedelten sie im September 1964 nach Frankfurt. Die Leitung übernahm jetzt Rosenbauer. Im September 1967 löste sich die Gruppe nach fünf Programmen und einer USA-Tournee auf.
Die Freimauler experimentierten als erstes deutsches Kabarett nach 1945 mit

neuen Kabarettformen, indem sie das Gewicht auf mimisches Vorzeigen statt auf verbale Analyse legten. Sie selbst definierten sich als ein »mimisches (nicht unbedingt pantomimisches) Kabarett, das nicht Sprechkabarett im gängigen Stil zu sein versucht, sondern sich bewußt den Gesetzen und Forderungen der Bühne unterwirft. Spiel ist nicht dem Text untergeordnet. Es kommt nicht auf die Aussage ('ehrlich und schonungslos'), sondern auf das WIE der Aussage an« (1966).

Freitag, Thomas **17. 6. 1950 Alsfeld.* Schauspieler, Kabarettist, Kabarettautor
Nach Schauspielausbildung bei Carlo Fuß in Stuttgart erstes Engagement am → *Kleinen Renitenztheater* (1974), seit 1975 Schauspieler am Stadttheater Gießen. Entwickelte nebenher ein eigenes Programm mit »In-flagranti-Parodien«, in denen er sich in der Denk- und Sprechweise bekannter Politiker zu Themen der Zeit äußerte. Darüber hinaus umfaßt sein Solorepertoire musikalische Parodien, kabarettistische Reportagen und Chansons. Er gastierte damit in München, Stuttgart und Berlin. 1976 brachte er im Gießener Theaterstudio sein zweites Programm, »Ansichten eines Trittbrettfahrers«, heraus.
Nach einem Gastspiel im → *Kom(m)ödchen* wurde er 1977 in dessen Ensemble aufgenommen. Mit → *Lore Lorentz* zusammen spielte er die Duoprogramme »Ende offen« (1981), »Playback« (1982) und das Ensembleprogramm »Die Sache Mensch« (1983). Daneben trat er weiterhin mit seinen Soloprogrammen auf (»Pfui – da steht er!«, 1978; »Comeback mit Schiller«, 1980; »...und sie bewegt sich doch«, 1982, mit Jonathan Hubbard, Piano und Jochen Schaal, Baß – mit diesem Programm brachte er Formen des Straßen- und Agitationstheaters auf die Bühne). Mit Michael Krausnick und → *Horst Gottfried Wagner* schrieb er 1985 das Programm »Wer kommt mit durchs Nadelöhr?«. Nebenbei produzierte er für die ARD die Fernsehserie »Freitags Abend«. Es folgten die Programme: »Was sind denn das für Leute?« (1986), »Bitte auslachen lassen« (1988), »Die Riesenpackung« (1990) und »Hoppla – Ein deutsches Schicksal« (1993, Co-Autor: Konrad Beikircher), mit dem er von den Kleinkunstbühnen in die Stadthallen wechselte. Nach einer ›schöpferischen Pause‹ spielt er seit September 1996 sein Programm »unplugged«.

Freudenreich, Winfried **29. 4. 1940 Neiße.* Kabarettist und Kabarettregisseur
Nach Tätigkeit als Fernmeldemechaniker und Mitarbeit im Amateurkabarett »Die Brummbären«, Berlin, kam er 1961 zum Erich-Weinert-Ensemble der Nationalen Volksarmee. Dort war er bis 1965 als Mitglied des Kabaretts → *Die Kneifzange* Interpret von → *Chansons* und → *Liedern* und spielte die seriösen Rollen. Seit 1965 (bis zur Auflösung 1990) war er Regisseur für »Die Kneifzange« und inszenierte auch Programme für die Konzert- und Gastspieldirektion (KGD) der DDR (»Käpt'n Brass« u.a.). Freudenreich war auch Moderator des Armeemagazins »Die Augen links« im DDR-Fernsehen.

Friedell, Egon (eigentlich: Egon Friedmann) **21. 1. 1878 Wien; † (Selbstmord) 16.3. 1938 Wien.* Schriftsteller, Schauspieler, Kabarettist, Theaterkritiker
Promovierte 1904 zum Dr. phil. War von 1908 bis 1910 künstlerischer Leiter des → *Cabaret Fledermaus* in Wien. Schrieb – außer seinem Lebenswerk, der »Kultur-

geschichte der Neuzeit« (1922 bis 1932) – literarhistorische Arbeiten, Aphorismen und Essays sowie zusammen mit → *Alfred Polgar* parodistische Einakter für das Kabarett (»Goethe im Examen«, »Soldatenleben im Frieden«, »Der Petroleumkönig« u.a.), in denen er gern selbst auftrat, und las in Kabaretts (→ *Hölle*, »Fledermaus«, → *Simplicissimus*, Wien aus eigenen Werken. Berühmt wurden die Skizzen und Anekdoten seines Freundes → *Peter Altenberg* in seiner Interpretation (und die von ihm im Stile Altenbergs erfundenen eigenen) auf der Kabarettbühne. Seit 1924 stand er jährlich abwechselnd in Berlin und Wien als Schauspieler auf einer der Reinhardt-Bühnen. Als er nach dem »Anschluß« Österreichs 1938 Gestapobeamte in sein Haus gehen sah, stürzte er sich aus dem Fenster.

Haage, Peter: *Der Partylöwe, der nur Bücher fraß.* Hamburg 1971.

Frischer Wind Politisch-satirisches Kabarett, eröffnet am 1.9. 1946 im Haus des ehemaligen Kabarettlokals → *Alt Bayern* in der Friedrichstr. 94 im Ostteil der damals noch ungeteilten Stadt Berlin.
Erstes Programm: »Halt dir feste!« mit Joachim Krüger als Conférencier, Ursula Voß, Charlotte Brummerhoff und Walter Gross als Darstellern sowie dem Tanzpaar Lilo Nowka und Michael Piel. In weiteren Programmen wirkten u.a. mit: Bruno Balz, Loni Michaelis, → *Robert T. Odeman.* Theo Schall und → *Robert Trösch.* Im Dezember 1946 Übersiedelung in den »Pfeiler-Gewölbe-Saal« des Friedrichstadt-Palastes (wo einst das → *Schall und Rauch* [II] spielte), im Herbst 1948 ins »Haus Vaterland« am Potsdamer Platz. Autoren u.a. → *Erich Brehm* (alias »Awril«), E.R. Greulich (alias »Erge«), Horst Heitzenröther. Nach dem Herbstprogramm 1948 (»Berlin diesseits von Gut und Böse«) stellte der *Frische Wind* Anfang 1949 den Spielbetrieb ein.

Fritz, Bruno **4. 3. 1901 Berlin; † 12. 6. 1984 Berlin.* Schauspieler, Kabarettist
Nach dem Besuch der Max-Reinhardt-Schule in Berlin ging er 1919 ans »Schiller-Theater«, von wo aus er bereits 1927 zum Berliner Rundfunk wechselte. 1927/28 Regisseur und Darsteller beim Kabarett → *MA* und 1927 in der → *Friedrich-Hollaender*-Revue »Das bist du«. Trat 1933 in der → *Katakombe* auf und gründete am 10.9. 1935 in den Räumen der inzwischen verbotenen *Katakombe* mit → *Tatjana Sais* das Kabarett »Tatzelwurm«, dessen zwei Programme (mit Ivo Veit, → *Ursula Herking*, Gerda Kretschmar, Renate Siegen, Heinz Heimsoth u.a.) ohne politische Conférencen gespielt wurden.
Nach 1945 trat er als Mitglied von → *Günter Neumanns* Funkkabarett → *Der Insulaner* besonders in der ständig aktualisierten Nummer des telefonierenden »Herrn Kummer« hervor. Als Inbegriff des schlagfertigen Berliners wirkte er auch im Theater (u.a. 1955 in »Das kleine Teehaus«, 1972 in »Der Raub der Sabinerinnen«), im Film (u.a. 1950 in »Herrliche Zeiten«, 1955 in »Der Hauptmann und sein Held«) und im Fernsehen mit (u.a. 1960 in »Kannten Sie den?«, 1963 in »Berliner Bilderbogen«).

Fröbe, Gert (eigentlich: Karl-Gerhard Fröber) *25. 2. *1913 Planitz (Sachsen); † 5. 9. 1988 München.*
Schauspieler und Kabarettist
Verdiente sein erstes Geld als Stehgeiger und in einer Maschinenfabrik, wurde Maler und sprach 1936 (als Kulissenmaler am Dresdner Staatstheater) dem Schauspieler Erich Ponto vor, der ihn daraufhin ausbildete.
Nach einem Engagement in Wuppertal ging er nach Kriegsdienst und Kriegsende nach München. Vom 16.1. 1946 an trat er mit Pantomimen im Münchner Kabarett *Würfel* auf. Ein weiteres Engagement im → *Simplicissimus* (München) mit Morgenstern-Gedichten ließ den Regisseur → *R.A. Stemmle* auf ihn aufmerksam werden, der ihn für die Rolle des »Otto Normalverbraucher« in seinem satirischen Film »Berliner Ballade« engagierte. Auch nach Beginn seiner Weltkarriere als Schauspieler in internationalen Filmen begab sich Fröbe immer mal wieder aufs Brettl, so 1967 (mit Herta Worrell) wieder im *Simpl* (München), 1971 (mit → *Fifi Brix*) im → *(Kleinen) Renitenztheater*, 1972 solo im → *unterhaus* (»Morgenstern am Abend«) und 1974 und 1979 in der → *Münchner Lach- und Schießgesellschaft* und im (Kleinen) Renitenztheater mit dem Programm »Durch Zufall frei«.

Gert Fröbe 1972 in seinem Soloprogramm »Morgenstern am Abend« (»Fisches Nachtgesang«)

Frost, Cora (eigentlich: Nina Frost) *5. 7. *1963 München.*
Chansonniere, Schauspielerin, Tänzerin, Autorin
Seit ihrem 18. Lebensjahr agiert sie auf der Bühne, zuerst als Tänzerin in Strip-tease-Lokalen und seit 1981 als Vortragende eigener Lieder. Gefördert von der Schauspielerin Marianne Sägebrecht, trat sie in München in verschiedenen Produktionen auf. 1987 stellte sie mit ihrem Komponisten und musikalischen Begleiter Gert Thumser ihr erstes Soloprogramm unter dem Titel »Ich bin nur ein armer Wanderg'sell« vor. Es folgten die Programme »Bitteres Bier – Machoabend« (1989); »Ruckzuck ist die Lippe dick« (1991). 1993 brachte sie ihre Kurt Weill-Revue »Heilige Lotte hilf« im »Modernen Theater«, München, heraus, die noch im selben Jahr von den Weill-Erben verboten wurde. 1994 präsentierte sie ihren vierten Liederabend, »Starimbiß«, und das Duettprogramm »Niemand liebt dich so wie ich« mit → *Tim Fischer*. 1995 folgte »Ich sehe was, was du nicht siehst«. Außerdem trat Cora Frost als Tänzerin und Darstellerin in zahlreichen Theaterinszenierungen auf, u.a. 1990–1993 in der »Dreigroschenoper«-Inszenierung des »Volkstheaters«, München; 1992 in »Sex und Leim« im »Modernen Theater«, München. 1992 schrieb und inszenierte sie die Weihnachts-Revue »Petersburger Schlittenfahrt« am »Münchner Lustspielhaus«. Ihr erstes Theaterstück, »Splitter oder Weil wir böse böse böse sind«, eine Synthese aus Biographien diverser Räuberinnen, inszenierte sie 1995 am »eNTe«-Theater, München. Cora Frost beherrscht wie keine andere den Wechsel zwischen Introversion und Extraversion, zwischen Depression und Aggression. »Eiseskälte und gläserne Härte« diagnostizierte die »Wochenpost«. Sie sei »eine Intellektuelle« und möglicherweise »das Größte und Gefährlichste, was der deutschen Kleinkunst zustoßen konnte«, staunte die FAZ.

112 **Fürnberg**, Louis **24. 5. 1909 Iglau (Mähren); †23. 6. 1957 Weimar.*
Schriftsteller, Lyriker, Vortragskünstler

Absolvierte 1925 eine Kunstkeramiker-Lehre in einer Porzellanfabrik in Karlsbad. 1927 erste Auftritte als Bänkelsänger mit Balladen von → *Frank Wedekind* und François Villon. In Berlin seit 1929 als Barpianist und Verlagslektor tätig. 1932 gründete er mit anderen in Prag die Spieltruppe »Echo von links«, veröffentlichte unter dem Pseudonym »Nuntius« erste Gedichte und Songs, mit denen er auch Vortragsabende gab. 1933 schrieb er für die »Rote Fahne«, das Zentralorgan der KPD, und arbeitete als Redakteur an Willi Münzenbergs »Arbeiter-Illustrierten-Zeitung« (AIZ). Im Prager Exil arbeitete er 1936 an der kleinen Agitprop-Bühne »Das neue Leben« mit. 1939 nach der Okkupation der Tschechoslowakei verhaftet. Nach geglückter Befreiung emigrierte er über Italien, Jugoslawien, Griechenland und die Türkei nach Palästina, wo er von 1941–46 in Jerusalem lebte.

1946 kehrte er nach Prag zurück, von wo aus er wieder Vortragsabende mit eigenen Gedichten (die in verschiedenen Ausgaben erschienen) in Österreich und der Schweiz veranstaltete. Seit 1954 lebte er in der DDR.

📖 Fürnberg, Louis: *Echo von links.* Berlin 1959. – Ders.: *Und Sterne wandern, wo ich gehe – Gedichte, Lieder, Songs* (Hrsg. Helga Bemmann). Berlin 1971. – Ders.: *Ein Lesebuch für unsere Zeit.* Berlin/Weimar 1981.

Gag (abgeleitet vom mittelengl. *gaggen* = erwürgen, ersticken, auch: jemandem den Mund stopfen; heute = witziger Einfall) Komische Bild- oder Wortpointe, im Verlauf eines Geschehens auf der Bühne des Kabaretts oder in Film und Fernsehen. Nur im Zusammenhang eines Geschehens ist der Gag verständlich und reizt zum Lachen. Er ist, wie der Witz, selten losgelöst von der Handlung lebensfähig, sondern entsteht aus der Handlung heraus. Der Gag ist nicht immer vom Autor vorgegeben, sondern wird häufig aufgrund eines Einfalls vom Regisseur oder Darsteller oder eigens dafür engagierten »Gagmen« in das Geschehen eingebaut.

Die Galgenstricke Politisch-satirisches Kabarett seit 1976 in Esslingen. Ging, als Studentenkabarett gegründet, zunächst auf Tourneen und spielt seit 27.5. 1985 in eigener Kleinkunstbühne in Esslingen, Webergasse 9 als »Kabarett der Galgenstricke«. Begonnen hatte das Kabarett 1976 mit dem Programm »Tatort Schule«. Im Oktober 1977 gründeten die Mitglieder nach ihren Studienabschlüssen das hauptberufliche Kabarett *Galgenstricke.* In wechselnden Besetzungen (Erich Koslowski, Johannes Rainer Soppa, Klaus-Dieter Trieß u.a.) schrieben und spielten sie weitere fünf Programme. Nach dem sechsten Programm, »So nicht« (1981), schied Soppa aus, für ihn trat Herbert Häfele dem Ensemble bei. 1984 gründete sich ein Förderverein, der heute noch besteht. Bis 1985 spielte das Trio Häfele, Koslowski und Trieß insgesamt zwölf Programme auf Gastspielreisen und einmal wöchentlich in der Esslinger Studentenkneipe »Vier peh«, wo sie auch Kabarett-Gastspiele organisierten. Mit dem zehnten Programm, »Uns geht's gut«, eröffneten sie 1985 ihr eigenes Haus mit rund 100 Sitzplätzen, in dem auch zahlreiche Gastspiele von Gruppen und Solisten stattfinden. 1988 verließ Trieß das Kabarett und arbeitet seitdem als Solist. Häfele und Koslowski brachten als Duo *Die Galgenstricke* neben der Organisation der Gastspiele folgende eigene Programme heraus: »Ich bin deutsch, ein Stolzer zu sein« (25.10. 1989); »Demarkisten« (24.10. 1990); »Männer-Laster« (5.2. 1992); »Mitternachtskabarett« (17.3. 1993); »Das Ozonloch lügt« (13.4. 1994); »Voll daneben« (23.4. 1996). Die Programme des Kabaretts wurden mehrfach von Rundfunk und Fernsehen gesendet. Ferner wirkten die *Galgenstricke* in vier Filmen (in ARD und ZDF) über die Kultur der Region Esslingen mit.

Gassenhauer Der Begriff setzt sich zusammen aus »Gasse« und »hauen« = laufen (wie in »Hau ab!«) und bezeichnet ein vornehmlich in Großstädten wie Wien und Berlin entstandenes, leicht einprägsames, künstlerisch anspruchsloses Lied. Anders als der heutige »Schlager« entstand der Gassenhauer spontan im Volksmund, oft auch in textlicher Abwandlung von Operetten- oder Opernnummern (z.B. der »Jungfernkranz«-Arie aus C.M. v. Webers »Freischütz«, dem Einzugsmarsch aus Verdis »Aida« oder den Märschen aus »Fatinitza« und »Dichter und Bauer« von F. v. Suppé). Zu den Gassenhauern in heutiger Zeit zählen die – allerdings von individuellen Autoren verfaßten – Karnevalsschlager.

Gastspielstätten →*Anhang*

 Die GAUwahnen Politisch-satirisches Kabarett unter der Leitung von Dr. Erhard Jöst (* 1947). Eröffnet am 30.4. 1988 in Heilbronn mit dem Programm »Chaos Regional«, mit Erhard Jöst, Raphael Stix, Bettina Stix, Norman Stürtz, Jörg Seebacher. Danach folgten – im »Kulturkeller« Heilbronn und auf Tourneen gespielt – die Programme »GAUfahrt« (30.9. 1989); »Alles lacht den Räten« (21.9. 1990); »Jubilieren und Satiren« (23.4. 1991) »PFAUereien« (7.10. 1992); »Über(s) Leben« (26.2. 1993); »Kaufrausch« (9.12. 1994); »Seid auf der Hut!« (19.7. 1995), zuletzt mit Erhard Jöst und Martin Heigold, die auch die Texte schreiben, und mit Alexandra Müller; Musik: Jörg Seebacher. Am 2.10. 1993 spielten sie mit und bei den → *Oderhähnen* in Heilbronns Partnerstadt Frankfurt/Oder die »Nacht der deutschen (Gem)Einheit«.
Da Erhard Jöst Gymnasiallehrer ist, wurde öfters versucht, ihn über das zuständige Kultusministerium bzw. über das Oberschulamt zu disziplinieren, obwohl er seine Tätigkeiten als Lehrer und als Kabarettist stets strikt getrennt hat. Bis zu seinem Wechsel vom Kultus- ins Finanzministerium in Baden-Württemberg hat Minister Gerhard Mayer-Vorfelder (CDU) die Strafmaßnahmen stets persönlich angeordnet. Schon 1981 erfolgte die erste Strafversetzung von Jöst wegen der Verwendung des Heinrich-Heine-Zitats »Und fehlt der Pfaffensegen dabei, die Ehe wird gültig nicht minder« in seiner Hochzeitsanzeige. 1987 folgte die Überprüfung auf Verfassungstreue nach der satirischen Persiflage der (inoffiziellen) baden-württembergischen Landeshymne. 1989 wurde Jöst nach einem Sketsch der *GAUwahnen* über einen SPD-Stadtrat zum Rücktritt als stellvertretender SPD-Ortsvereinsvorsitzender gezwungen. 1991 wurde seine Petition um Einsichtnahme in die eigene Personalakte vom Landtag zurückgewiesen, der Kultusminister hatte ihn als »Volksverhetzer« tituliert. 1995 erfolgte die zweite Strafversetzung, wegen Auseinandersetzungen als Personalratsvorsitzender mit dem Schulleiter, wobei das Oberschulamt als Begründung u.a. auch Kabarett-Songs der *GAUwahnen* heranzog. Diese vielfältigen Aktionen hat Jöst in insgesamt sechs Büchern dokumentiert, die alle im Dreisam Verlag in Freiburg erschienen sind. Davon befassen sich zwei mit seinem Kabarett.

📖 Jöst, Erhard: *GAUerkundungen – Satirische Streifzüge.* Freiburg 1990. – Ders.: *Steinerweichend schlecht – Ein Kabarett unter der Presse.* Freiburg 1992.

Gebrauchslyrik → *Lyrik*

Gedicht → *Lyrik*

Geier, Gerhard * *1932 Berlin.* Kabarettist und Kabarettautor
Wollte Textilkaufmann in der DDR werden, arbeitete seit 1956 für den Deutschlandsender. Mitgründer, Autor und Darsteller des Berliner Kabaretts »Lachbrett«, das sich 1962 mit dem Programm »Pointen müssen sitzen« vorstellte. Neben seinen Arbeiten als Autor und Moderator für Radio DDR (»Spaßvögel«) und Stimme der DDR (»Tusch«, »Spaß am Spaß«) schrieb er für eine Reihe von DDR-Kabaretts, seit 1973 für → *Die Distel*, Berlin; seit 1975 für das → *Fettnäpfchen*, Gera; seit 1981 für die → *Kugelblitze*, Magdeburg; seit 1982 für die → *Herkules-*

keule, Dresden, und seit 1984 für das → *Kabarett am Obelisk*, Potsdam. Bildete mit → *Inge Ristock* und → *Hans Rascher* das Autoren-Team »Rigera«.

Geiler, Voli (** 18. 11. 1915; † 10. 11. 1992 Zürich)* und
Morath, Walter (** 26. 9. 1918; † 3. 7. 1995 Basel*
– Schweizerisches Kabarettduo, hervorgegangen aus dem → *Cabaret Cornichon*, aus dessen Ensemble sie sich nach dem Zweiten Weltkrieg lösten. 1948 traten sie zusammen mit → *Werner Finck*, → *Trudi Schoop* u.a. im Kabarett »Nebelhorn« auf, ehe sie, bekanntgeworden vor allem durch gemeinsame Rundfunksendungen, am 1.12. 1948 ihren ersten Duoauftritt (»Programm für zwei«) in Zürich wagten. Der Erfolg bewog sie, von 1951 an auf Tourneen zu gehen, zuerst in die BRD und nach Österreich, von 1953 an nach Israel, in die Türkei und nach Südamerika. Anfang 1959 kehrten sie nach Zürich zurück und spielten ihr Programm »Zehn Jahre Voli Geiler und Walter Morath« im Zürcher Schauspielhaus.

Voli Geiler und Walter Morath 1950 in der Szene »Fußballmatsch«

Nach vielen Tourneen mit ihren Programm »Dolce vita« brachten sie 1962 ein Programm in fünf Sprachen (»European Rendezvous«) heraus, mit dem sie dann nach New York und nach London gingen. Ende 1963 starteten sie ihr letztes Programm. »Expo/Impo«. Den Hauptteil ihrer Texte schrieb ihnen → *Charles F. Vaucher*. – Seit 1964 war Voli Geiler als freie Schauspielerin tätig (so als Jente in »Anatevka«), während Morath bis 1977 dem Ensemble des Zürcher Schauspielhauses angehörte. 1967/68 spielten sie noch einmal zusammen in einem Reprisenprogramm, »Lachende Souvenirs«, und als Schauspieler in Komödien (in Basel und Zürich).

Jäggi, Willy (Hrsg.): *Voli Geiler, Walter Morath – 2 Schauspieler, 1000 Gesichter*. Basel 1960.

Gerron, Kurt (eigentlich: Kurt Gerson) ** 11. 5. 1897 Berlin; † (ermordet) 15. 11. 1944 Auschwitz*. Schauspieler, Kabarettist, Chansonnier
Studierte Medizin in Berlin, wurde 1919 im → *Küka* für das Kabarett entdeckt. Trat 1921 in der → *Wilden Bühne* mit Texten von → *Walter Mehring* (»Dressur« u.a.) und → *Hans Janowitz* auf, 1922 im → *Cabaret Größenwahn* (u.a. mit Kurt Megerle von Mühlfelds »Friedrichstraße«) und 1924 in der → *Rakete*. 1927 wirkte er in der Revuette »Das bist du« von → *Friedrich Hollaender* und 1930 in der → *Nelson*-Revue »Der rote Faden« mit, die er inszenierte und in der er Hollaender/Nelsons Chanson »Das Nachtgespenst« kreierte. Inszenierte, ebenfalls 1930, die Nelson-Revuen »Quick« und »Glück muß man haben«. 1928 sang und spielte er

 den Tiger Brown in der Uraufführung der »Dreigroschenoper« im »Theater am Schiffbauerdamm«. In dem Film »Der blaue Engel« spielte er den Direktor der Varietétruppe und drehte nebenher unzählige weitere Filme.
1933 emigrierte Gerron in die Niederlande und trat an → *Willy Rosens* Cabaret der Prominenten in Scheveningen auf. Nach der Besetzung durch deutsche Truppen wurde Gerron in das KZ Theresienstadt verschleppt. Hier gründete und leitete er das → Lagerkabarett »Das Karussell« und sang darin Songs von → *Brecht* und → *Weill.* Im September 1944 zwang ihn die Lagerleitung, einen für das neutrale Ausland und für das Internationale Komitee vom Roten Kreuz bestimmten Propagandafilm mit dem Titel »Der Führer schenkt den Juden eine Stadt« zu inszenieren. Nach Beendigung der Dreharbeiten wurde Gerron nach Auschwitz deportiert und dort vergast.

📖 Felsmann, Barbara; Plümm, Karl: *Kurt Gerron – Gefeiert und gejagt, 1897–1944.* Berlin 1992. – Liebe, Ulrich: *Verehrt, verfolgt, vergessen – Schauspieler als Naziopfer.* Weinheim, Berlin 1992.

Gerson, Dora ** 1899 Berlin; † 1943 KZ Auschwitz.*
Schauspielerin, Kabarettistin, Chansonniere
Besuchte Anfang der zwanziger Jahre die Schauspielschule von Max Reinhardt in Berlin. Ihr erstes Engagement bekam sie 1922 an der »Volksbühne«, wo sie bis 1928 blieb. Anschließend spielte sie hauptsächlich an den Berliner Kabaretts, z.B. → *Katakombe,* → *Die Wespen,* → *Die Brücke.* Mit dem Kabarett → *Ping Pong* ging sie 1933/1934 in die Schweiz und trat dort auch im → *Cabaret Cornichon* auf. 1934 folgte sie dem *Ping Pong* in die Niederlande, wo sie auch nach Auflösung des Kabaretts blieb und in niederländischen Kabaretts und als Pausen-Nummer in Kinos auftrat. Während des Zweiten Weltkrieges versuchte sie, mit ihrem Mann und ihren zwei Kindern illegal von Frankreich aus in die Schweiz zu gelangen. Vor dem Grenzübertritt gefaßt, wurden sie in das Durchgangslager Drancy gebracht, von dort nach Auschwitz, wo die ganze Familie vergast wurde.

📖 Klöters, Jacques: »Momente so, Momente so – Dora Gerson und das Emigranten-Kabarett Ping Pong«. In: Dittrich, Kathinka; Würzner, Hans (Hrsg.): *Die Niederlande und das deutsche Exil 1933–1940.* Königstein 1982.

Gert, Valeska (eigentlich: Valeska Gertrud Samosch) ** 11. 1. 1892 Berlin; † 16. 3. 1978 Kampen (Sylt).* Tänzerin, Schauspielerin, Kabarettistin
Schöpferin der modernen Grotesktanzpantomime. Schauspielunterricht bei Maria Moissi, Berlin. Debütierte 1916 auf einem Tanzabend von Rita Sacchetto in Berlin und trat 1917 allein und mit der Tänzerin Siddhi Riha als »Einlagen« zwischen den Filmen im Ufa-Theater am Nollendorfplatz auf. Nach festen Schauspielengagements an den »Münchner Kammerspielen« und am »Deutschen Theater«, Berlin, wirkte sie 1920 im → *Schall und Rauch* (II) mit.
Sie gab unzählige solistische Tanzabende in Theatern und Konzertsälen. Gastierte mit ihren Tanzpantomimen u.a. in Paris, England, Skandinavien, Österreich, Ungarn und der Schweiz und – auf Einladung der Sowjetregierung – Ende der zwanziger Jahre in Moskau, Leningrad und Kiew. Als Kabarettistin trat sie in der → *Hollaender*-Revuette »Laterna magica« (1926) und im → *Tingeltangel-Theater,* der → *Katakombe* sowie in ihrem eigenen Kabarett, dem »Kohlkopp«, auf. Filmte

u.a. in G.W. Pabsts »Die freudlose Gasse« (1925) und seinem »Tagebuch einer Verlorenen« (1929), ferner in der »Dreigroschenoper« (1931), in Fellinis »Julia und die Geister« (1965) und Schlöndorffs »Der Fangschuß« (1977).
1938 emigrierte sie nach New York, wo sie die »Beggar Bar« gründete und betrieb (→ *Exilkabarett*). 1947 zurückgekehrt, eröffnete sie 1950 in der Paulsborner Str. 94 in Berlin ihre »Hexenküche«, wo sie nun von der Tanz- zur Wort- bzw. Lautsatire überging. Nach Schließung der »Hexenküche« 1956 übersiedelte sie nach Kampen auf Sylt und führte dort bis zu ihrem Tode ihr Cabaretlokal »Ziegenstall«. Anschließend an seinen Film »Der Fangschuß« drehte Volker Schlöndorff 1977 einen eigenen Film über »die Erfinderin der modernen Tanzpantomime« mit dem Titel »Nur zum Spaß – nur zum Spiel«.

Hildenbrandt, Fred: *Die Tänzerin Valeska Gert.* Stuttgart 1928. – Gert, Valeska: *Mein Weg.* Paris 1931. – Dies.: *Die Bettlerbar von New York* (erschienen im Selbstverlag, o.J.) – Peter, Frank Manuel: *Auf den Spuren von Valeska Gert. Eine dukumentarische Biographie.* Berlin 1984. – Eglau, Johannes: *Ich will leben, auch wenn ich tot bin.* Berlin 1992.

Geschwister Pfister Musikalisches Gesangsquartett aus der Schweiz mit Lilian Naef (* 1963) als »Lilo Pfister«, Max Gertsch (* 1963) als »Willi Pfister«, Tobias Bonn (* 1964) als »Toni Pfister« und Christoph Marti (* 1965) als »Fredi Pfister« (später »Ursli Pfister«) die alle von 1984–1988 eine Schauspielausbildung am Konservatorium für Musik und Theater in Bern absolvierten. Danach gingen sie einzeln in verschiedene Theater-Engagements. Nebenbei probierten sie weiter, wie schon zu Studienzeiten, Lieder und Sketsche. Nach kleinen Gastspielauftritten folgte 1991 das erste abendfüllende Programm »Melodien fürs Gemüt«, als komisch-kitschige Parodie auf ein Sänger-Quartett, begleitet von Johannes Roloff am Klavier.
Danach präsentierten sie als Trio seit 10. Dezember 1993 das Tournee-Programm »a pure joy« mit »Toni« und »Ursli Pfister« und »Fräulein Schneider«, einem neuen Mitglied der Truppe. Musikalisch begleitet vom Johannes Roloff-Trio, mit Hans Schumann, Schlagzeug und Jürgen Schäfer, Bass. 1994 wirkten sie in der Eigenproduktion der Berliner »Bar jeder Vernunft«, der → *Ralph Benatzky*-Operette »Im weißen Rößl« mit, zusammen mit Meret Becker, → *Max Raabe*, Otto Sander, Gerd Wameling u.a. 1995 folgte das Programm »March for Glory« als eine »amerikanisch-bulgarisch-helvetische Einheit im Kampf für gerechte und friedliche Unterhaltung.«

Giebel, Andreas ** 4. 6. 1958 München.* Kabarettist und Kabarettautor
Nahm 1978 an diversen Rhetorik- und Theaterseminaren teil. 1979 erster Auftritt mit Max Schembor in München. Mit dem Dachauer Maler Heiko Klohn gründete er 1980 das »Verbraucherfreundliche Kabarett«, das jedoch nie zur Aufführung kam. 1985 schrieb und spielte er sein erstes abendfüllendes satirisch-politisches Soloprogramm unter dem Titel »Der Mensch ist sein Fehler« und gab damit zahlreiche Gastspiele. Im selben Jahr folgte das Programm »Zeit zum Menschsein«. Seit September 1986 ist er hauptberuflich als Kabarettist auf Tournee mit den Programmen: »Der beste Mensch der Welt« (1986); »Wenn da Boazuhocker draamd« (1987) und, unter der Regie von Mathias Repiscus, »Zwecks fester Lösung locker binden« (1989). Danach schrieb und spielte er zwei Duopro-

gramme mit → *Urban Priol*: »Gehn tut alles« (1992) und »Mehr untenrum« (1994). Als Solist spielte er danach die Programme: »zaghaft schlachten« (1994) und »Alpenvirus« (1996). 1993 führte Giebel Regie beim Soloprogramm »Filmriss« des Kabarettisten → *Bernd Gieseking*. Trat in zahlreichen Rundfunk- und Fernsehsendungen auf, so spielte er 1993 die Hauptrolle in einer »Tatort«-Folge.
1994 wirkte er in dem Kinofilm »Schartl« von → *Siegfried Zimmerschied* mit. Er erhielt die Preise: Passauer Scharfrichterbeil (1985), den Saarländischen Kleinkunstpreis, St. Ingbert (1988) und den Österreichischen Kleinkunstpreis, Feldkirch (1989).

Therese Giehse 1934 in der »Pfeffermühle« mit der Szene »Die Dummheit spricht«

Giehse, Therese (eigentlich: Therese Gift) ** 6. 3. 1898 München; † 3. 3. 1975 München.*
Schauspielerin und Kabarettistin
War seit 1925 an den »Münchner Kammerspielen« engagiert. Gründete zusammen mit → *Erika Mann* und deren Bruder Klaus 1932 in München die → *Pfeffermühle* und emigrierte im April 1933 mit dem Ensemble nach Zürich. Sie blieb von der Premiere am 1. 1. 1933 bis Anfang 1937 als Darstellerin bei der »Pfeffermühle«. Herausragende Interpretin der Chansons »Frau X«, »Kaltes Grauen«, »Die Dummheit spricht«, »Des Fischers Fru« (von Erika Mann).
Nach Auflösung der »Pfeffermühle« während eines USA-Gastspiels 1937 wurde Therese Giehse an das Zürcher Schauspielhaus engagiert, wo sie u. a. die Uraufführung von → *Brechts* »Mutter Courage« spielte. Seit 1948 Mitglied des »Berliner Ensembles«, seit 1950 wieder an den »Münchner Kammerspielen«, seit 1970 auch an der Berliner »Schaubühne«. Gab an den »Münchner Kammerspielen« Soloabende mit Texten von Bertolt Brecht (»Bertolt Brecht gesungen – gelesen«) und wirkte 1960 an der kabarettistischen Revue »Ach, du goldene Zeit!« und 1966 in der Tucholsky-Matinee »Opposition! Opposition!« mit.

📖 Sperr, Monika: *Therese Giehse: Ich hab nichts zum Sagen*. München 1973.

Gieseking, Bernd ** 7. 10. 1958 Minden.* Kabarettist und Kabarettautor
Absolvierte 1978 eine Zimmermannslehre in Minden und studierte von 1981 an evangelische Theologie in Kassel. Wirkte 1979–1981 im Amateurkabarett »Mindener Stichlinge« mit und war Gründungsmitglied des Kasseler Kabaretts »Zappenduster« (1984–1988). Tritt seit 1989 als Solist auf. Sein erstes politisch-satirisches Programm: »Hoffentlich lacht keiner« (1989, Regie: Matthias Günther). Es folgten die Programme: »Alles in bar« (1990, Regie: Michael Marschall); 1993 »Filmriss« (Regie: → *Andreas Giebel*); 1996 »Alles wird gut«. Die Musik zu den Programmen komponierten Johannes Schlecht und Reinhard Karger. Zwischendurch schrieb (zusammen mit Verena Joos) und spielte Gieseking mit Reinhard Karger das Duoprogramm »Kompakt und käuflich – Zwei Herren auf dem Weg

zur Kunst« (1992). Er verfaßte und spielte in den jeweils zum 1. Mai vom HR ausgestrahlten satirischen Sendungen »Pessimismus ist heilbar« (1992); »Pro oder Post, sind wir dafür oder danach?« (1993); »Schweinezyklus und Rentenfrage« (1994). Außerdem schrieb er das Libretto für die Oper »Fußgängerzone« (Musik: Reinhard Karger), uraufgeführt 1992 am Staatstheater Kassel, und die Revue »Das Geisterschiff«, 1995 zur 500-Jahr-Feier der Stadt Emden, sowie das Theaterstück »Breitenauer Wände«, 1995 am Staatstheater Kassel. 1990 erhielt er den Kulturförderpreis der Stadt Kassel.

Gieseking, Bernd: *Das Staubuch – Ein Lesebuch für Anhalter.* Kassel 1994.

Gigampfi Politisch-literarisches Kabarett in Basel, gegründet 1954 von Roland Rasser (* 27. 7. 1932), dem Sohn von → *Alfred Rasser.*
Eröffnet am 29.9. 1954 im Restaurant »Greifen« mit dem Programm »Aimol obe – aimol unde«. Nach zwei weiteren Programmen (gastweise in zwei weiteren Gaststätten gespielt) bezog das *Gigampfi* am 27. November 1957 mit dem Programm »Pscht ... wytersage!« ein festes Haus: das »Théâtre Fauteuil« am Spalenberg in Basel. Hier spielte es bis 1963 jährlich zwei Programme. Seitdem bringt das »Théâtre Fauteuil« überwiegend Gastspiele fremder Kabarettisten und Kabarettgruppen heraus. Hauptautor des *Gigampfi* war Max Afflerbach, weitere Texte steuerten bei: → *Charles F. Vaucher,* → *Hanns Dieter Hüsch* und Alfred Rasser. Außer Roland Rasser spielten u.a. Dolly Goetz, Diana Billo, Marianne Simon, Paul Göttin und Ernst Egger.

Gilbert, Robert (eigentlich: Robert Winterfeld) * *29. 9. 1899 Berlin; † 20. 3. 1978 Minusio (Tessin).* Chanson- und Kabarettautor, Librettist, Komponist
Der Sohn des Operettenkomponisten Jean Gilbert studierte an den Universitäten Berlin und Freiburg Philosophie und Kunstgeschichte. Verfaßte die Gesangstexte zu etwa sechzig Operetten (darunter »Im Weißen Rößl«) und über hundert Tonfilmmelodien, schrieb und komponierte (als musikalischer Autodidakt) Schlager (»Am Sonntag will mein Süßer mit mir segeln gehn« u.a.) und verfaßte die Texte zu fast allen Evergreens von → *Werner Richard Heymann* (»Das gibt's nur einmal«, »Ein Freund, ein guter Freund«, »Liebling, mein Herz läßt dich grüßen« u.a.).
Er schrieb – unter dem Pseudonym David Weber – nebenher sozialanklägerische Chansons (»Stempellied«, »Lied der Arbeitslosen«, »Ballade von der Krüppelgarde« u.a.), die → *Ernst Busch* in der innerhalb der → *Katakombe* gastierenden → *Brücke* vortrug. Lebte von 1939 bis 1950 im Exil in New York. 1950 zurückgekehrt, begann er 1951, Sketsche und Chansons für die → *Kleine Freiheit* (von 1951 bis 1955) und danach für → *Die Zwiebel* zu schreiben. Schrieb 1954 zusammen mit Heymann das musikalische Lustspiel »Kiki vom Montmartre« und 1963 mit → *Per Schwenzen* »Das Blaue vom Himmel«.
Hauptsächlich fertigte er die deutschen Fassungen amerikanischer Musicals (»My Fair Lady«, »Hello Dolly!«, »Cabaret«, »Der Mann von La Mancha«, »Gigi« u.a.). Eine eigene Art satirischer Lyrik entwickelte er in seinen im Exil geschriebenen berlinischen Reminiszenzen.

Meine Reime – Deine Reime. New York 1946; *Meckern ist wichtig – nett sein kann jeder.* Berlin 1950; *Frischer Wind aus der Mottenkiste.* Berlin 1951; *Vorsicht, Gedichte!* Berlin 1960; *Mich hat der Esel im Galopp verloren.* München 1972.

Glauche, Hans **7. 2. 1928 Freiberg; † 11. 8. 1981 Dresden.*
Kabarettist, Kabarettautor, Kabarettregisseur
Von Beruf Rechtspfleger, begann er Anfang der fünfziger Jahre beim Amateur-Kabarett »Die Funken« und stieg 1959 bei der Berliner »Spottgemeinschaft«, einem Kabarett der DDR-Konzert- und Gastspieldirektion (KGD), ein. Seit 1961 gehörte er zum Ensemble der Dresdner → *Herkuleskeule*, wo er sich mit seinen Solo-Conférencen, seinen verschmitzt-komischen sächsischen Typen und Duo-Sketschen profilierte, die er für seine Standard-Typen »Gustav und Erich« schrieb und die er mit Fritz Ehlert in der »Herkuleskeule« spielte. Glauche, als Kabarett-Komiker auch durch gelegentliche Fernsehauftritte populär, schrieb 1976 mit → *Wolfgang Schaller* das Kabarettical »Ein bißchen Stück«, das in Dresden Premiere hatte.

Godden, Rudi **18. 4. 1907 Berlin; † 4. 1. 1941 Berlin.*
Schauspieler, Tenorbuffo, Kabarettist
Entschied sich nach zweieinhalbjähriger Lehre in einer Hamburger Ölfirma für einen künstlerischen Beruf. Nahm Gesangsunterricht, um Opernsänger zu werden, gab dieses Ziel jedoch zugunsten des Kabaretts auf. Mit den »Blue Boys«, einer von ihm gegründeten Gruppe, trat er im »Alsterpavillon« in Hamburg auf und ging danach mit ihr auf eine Holland- und Deutschland-Tournee. Im Sommer 1935 gründete er mit Ernst August Brenn das literarische Tournee-Kabarett → *Die acht Entfesselten*, in dem er als Pianist (Klavierduo Bren und Godden), Gesangsparodist und Conférencier seine musikalisch-komödiantischen Fähigkeiten voll entfalten konnte. In dem jungenhaft kecken und witzigen Komiker besaß das Kabarett den selten anzutreffenden Typ des singenden Schauspielers, dessen Spiel in jeder Phase von tänzerischem Rhythmus und hoher Musikalität getragen war. Bei einem Gastspiel der »Acht Entfesselten« im Mai 1936 im Berliner »Renaissance-Theater« wurde er für den Film entdeckt. Gleich seine erste Rolle als Inspizient in dem Varietéfilm »Truxa« von 1936 war ein durchschlagender Erfolg. Rudi Godden, der seit 1937 mit Gerty von Reichenhall, Partnerin bei den »Acht Entfesselten«, verheiratet war, erhielt 1939 für den Bereich Kabarett Aufrittverbot. Er starb 1941 an einer Blutvergiftung.

Die Gondel Politisch-literarisches Kabarett in Berlin, eröffnet im Mai 1923 in der Bellevuestr. 4 am Potsdamer Platz von dem Komponisten Hans May und dem Maler und Regisseur Paul Leni (der 1924 den Stummfilm »Wachsfigurenkabinett« drehte).
Stilistisch in Nachahmung des → *Blauen Vogels*, gab sich *Die Gondel* inhaltlich konkreter und zeitkritischer. Für sie schrieben → *Marcellus Schiffer* und, bevor er 1924 Berlin verließ, → *Kurt Tucholsky* (»Gesang der Bergleute«, »Tobak«, »Auf Wiedersehn, Marie!«, »Gassenhauer«, »Die Liebesorgel«). Hier auch konnte → *Paul Nikolaus* seine geschliffenen politischen Conférencen voll zur Geltung bringen. *Die Gondel* existierte bis 1926.

Bock, Hans-Michael: *Paul Leni.* Frankfurt/Main 1986.

Gondrell, Adolf (eigentlich: Adolf Grell) * *1. 6. 1902 München; † 13. 1. 1954 München.* Schauspieler, Conférencier, Kabarettleiter
Der Sohn des Münchner Schauspielers Adolf Grell begann als Charakterkomiker am Stadttheater Görlitz. Bereits 1923 conferierte er im → *Simplicissimus* (München) und 1926 im »Annast« am Münchner Hofgarten und wurde bald zum witzigsten Conférencier Deutschlands außerhalb von Berlin.
Anfangs der dreißiger Jahre trat er im »Deutschen Theater«, München, und in Berlin im »Wintergarten«, der »Scala«, dem → *Kabarett der Komiker* und der »Femina« auf. 1938 übernahm er die → *Bonbonniere* (München) und leitete sie bis zu ihrer Ausbombung 1944. Nach dem Tode der »Simpl«-Wirtin Kathi Kobus (1929) hatte er den »Simplicissimus« (München) gekauft und an → *Theo Prosel* verpachtet. Gondrells Paradestück war die Rezitation von → *Ludwig Thomas* »Der Münchner im Himmel«. Gondrell drehte einige Filme mit → *Karl Valentin* und spielte nach dem Zweiten Weltkrieg Charakterrollen an den »Münchner Kammerspielen« (u.a. »Herr Puntila und sein Knecht Matti« von → *Bertolt Brecht).*

Goslar, Lotte * *27. 2. 1907 Dresden.* Tänzerin, Pantomimin
Studierte um 1925 an der Mary Wigman-Schule in Dresden Ausdruckstanz und debütierte in der Tanzgruppe von Gret Palucca. Mit ihren – wie sie sie nannte – »Groteskerien« (»Der Unwirsch«, »Alräunchen«, »Die Jungfrau« u.a.) trat sie seit 1931 im Berliner → *Kabarett der Komiker,* der »Scala« und 1933 in → *Friedrich Hollaenders* → *Tingel Tangel Theater* in Berlin auf. Diese getanzten Miniaturen, die meistens drei, vier Minuten kurz sind, reihte sie als »Tänze der Häßlichkeit« zu einem knapp und klar entworfenen Panorama des Lebens aneinander. Nach 1933 ging sie nach Prag, wo sie im »Befreiten Theater« der Bühnenrebellen Georg Voskovec und Jan Werich auftrat. Während eines Gastspiels in den Niederlanden wurde sie 1936 von → *Erika Mann* an deren Kabarett → *Pfeffermühle* engagiert, mit der sie 1937 auch in New York gastierte. Lotte Goslar blieb in Amerika, lebte 1943–1950 in Hollywood und spielte am »Turnabout Theater«. Hier half sie → *Bertolt Brecht* bei der Choreographie zu seinem »Galileo Galilei« mit Charles Laughton. 1954 gründete sie »Lotte Goslar's Pantomime Circus« und gastierte mit ihm weltweit – mehrfach auch in Deutschland – mit den Programmen »Humans Only« (1954), »All is Fun« (1963), »Clowns und Other Fools« (1966) und mit der Uraufführung der »Zirkusszene« von Bertolt Brecht.

Gottfurcht, Fritz * *8. 8. 1901 Berlin; † 1973 London.* Kabarettautor
Gründete 1920 mit Moriz Seeler die »Junge Bühne«, Berlin. Seit 1927 schrieb er Artikel für die »Weltbühne« und 1928/29 Texte für das Berliner Kabarett → *Larifari.* Im Londoner Exil verfaßte er mit → *Egon Larsen* die Programme für das → *Exilkabarett* » 4 & 20 Black Sheep« (24 schwarze Schafe), die im Juli 1939 mit der Kabarettrevue »Going, Going – Gong« Premiere hatten. 1940–1944 schrieb er mit Larsen die zweisprachigen politisch-satirischen Revuen der von Erich Freund gegründeten »Kleinen Bühne« des »Freien Deutschen Kulturbundes«. Nach 1945 arbeitete er unter dem Namen Frederick Gotfurt in London als Filmautor und Dramaturg.

 Graetz, Paul **2. 7. 1890 Berlin; † 16. 2. 1937 Hollywood.*
Schauspieler, Kabarettist, Chansonnier
Kam über das »Neue Theater«, Frankfurt (Main), 1916 an das »Deutsche Theater« in Berlin und debütierte hier in der Reinhardt-Inszenierung des »Kaufmann von Venedig«. Seit Eröffnung des → *Schall und Rauch (II)* 1919 Star dieses Kabaretts, in dem er »Wenn der alte Motor wieder tackt« von → *Kurt Tucholsky* und »Heimat Berlin« von → *Walter Mehring* kreierte. Trat 1921 an der → *Wilden Bühne* auf. Nach Ausscheiden aus dem »Deutschen Theater« seit 1925 freier Bühnen- und Filmschauspieler sowie Kabarettist. 1928 Auftritte im → *Kabarett der Komiker* und im → *Alt Bayern.* Männlicher Lieblingsinterpret von Tucholsky, der für ihn ferner das Chanson »Immer raus mit der Mutter« und den Sketsch »Herr Wendriner geht ins Theater« schrieb. Graetz wirke am 18. Januar 1930 zusammen mit → *Ernst Busch,* → *Rosa Valetti* und → *Karl Valentin* in der politischen Veranstaltung »Sturm über Berlin« mit. Sang und spielte 1931 in der Reinhardt-Inszenierung von »Hoffmanns Erzählungen» im »Großen Schauspielhaus«. Emigrierte 1933 nach England, 1935 weiter in die USA und drehte hier wie dort einige Filme.

Grasshoff, Fritz **9. 12. 1913 Quedlinburg.*
Lyriker, Chansonautor, Schriftsteller, Maler
Lernte zuerst Kirchenmalerei, war dann als Journalist tätig. Im Zweiten Weltkrieg Soldat, beschrieb er diese Zeit bissig in seinem einzigen Roman »Der blaue Heinrich« (1980). Aus der Kriegsgefangenschaft mit einigen Bildern und ernsten Versen zurückgekehrt, widmete er sich der scharfzüngigen Lyrik, die ihm als Kaschemmen- und Rumpelkammerromanzen, Hafenballaden, Spelunkensongs und Brettlgesänge nachhaltigen Erfolg bescherten, zuerst mit der »Halunkenpostille« (1948), dann mit »Graßhoffs unverblümtem Lieder- und Lästerbuch« (1965), dem »Bilderreichen Haupt- und (G)liederbuch« (1970) und dem »Seeräuberreport« (1972), allesamt von eigener Hand kongenial illustriert. Grasshoff übersetzte Horaz sowie die Verse des Vaganten Carl Michael Bellman und schrieb die Chorlieder-Revue »Warehouslife« und das Kindermusical »Foxy rettet Amerika«. Viele Verse aus seinen Büchern wurden von Heinz Gietz, → *Lotar Olias* u.a. vertont und interpretiert von → *Lale Andersen,* Günter Pfitzmann, Ingrid van Bergen, → *Hanne Wieder,* Schobert & Black u.a. Für Hans Albers schrieb er die Songs »Käpt'n Bye-Bye« und »Nimm mich mit, Kapitän, auf die Reise«. Seit 1983 lebt Fritz Grasshoff in Kanada, wo er sich ganz der Malerei widmet.

Gray, Allan (eigentlich: Josef Zmigrod) **23. 2. 1902 Tarnow (Polen); † 10. 9. 1973 Chesham (England).* Komponist, Pianist
Studierte in den zwanziger Jahren bei Arnold Schönberg Kompositionslehre, wurde Bühnenmusiker am Berliner Staatstheater, wo er Kompositionen z.B. für Georg Kaisers Stück »Von morgens bis mitternachts« schuf, und arbeitete 1921–1924 für die Berliner Kabaretts → *Wilde Bühne,* → *Die Rampe* und ab 1929 für → *Die Katakombe.* Er komponierte Chansons nach Texten von → *Kurt Tucholsky* (»Lucindy«), → *Joachim Ringelnatz* (»Ritter Sockenburg«), → *Erich Kästner* (»Modernes Märchen«, »Herbstnacht in Berlin«), → *Max Colpet* (Kolpe) (»Das Lied vom kleinen Mädchen«, »Mensch, ick bin Type«), → *Dinah Nelken* (»From-

mer Wunsch«), die von Interpreten wie → *Margo Lion,* → *Paul Graetz,* → *Curt Bois* u.a. gesungen wurden. Seine Revuen (»Der Tag zweier Menschen«, »Wie bleibe ich arm und glücklich«, »Die fleißige Leserin« nach einem Text von → *Marcellus Schiffer* u.a.) wurden an zahlreichen Bühnen gespielt. Der Rundfunk zog ihn für Hörspiele heran, und 1931 verpflichtete ihn der Tonfilm für Filmmusiken (»Berlin-Alexanderplatz«, »Emil und die Detektive«, »Rund um eine Million« u.a.). Zu Filmschlagern wurde u.a. »Flieger, grüß mir die Sonne«, »Niemand fragt uns«, »Liebe kommt – Liebe geht«. 1933 emigrierte Gray nach Paris, später nach London, wo er wieder als Komponist für Revuen und Filme arbeitete.

Greiner, Leo ** 1. 4. 1876 Brünn (Mähren); † 22. 8. 1928 Berlin.*
Lyriker, Dramatiker
Studierte seit 1901 Literatur und Ästhetik in München und war Mitbegründer des Kabaretts → *Die Elf Scharfrichter,* wo er unter dem Pseudonym »Dionysius Tod« schrieb und spielte. Von ihm stammt auch die Eröffnungshymne des Künstlerkabaretts, die von dem Ensemble in blutroter Henkerstracht und mit geschultertem Beil als Tanz um den schwarzen Richtblock gesungen wurde. Als neuromantischer Lyriker und Dramatiker fand er später eine Anstellung als Lektor im S. Fischer Verlag, Berlin.

Gretler, Heinrich ** 1. 10. 1897 Zürich-Hottingen; † 30. 9. 1977 Zürich-Hottingen.* Schauspieler, Kabarettist
Wirkte nach der Ausbildung am Lehrerseminar Küsnacht 1916–18 als Landschullehrer. Nahm Schauspielunterricht bei Josef Danegger und gab erste kabarettistische Rezitationsabende. 1931 trat er in Berlin in → *Friedrich Hollaenders* Revue »Höchste Eisenbahn« auf. Zusammenarbeit mit Erwin Piscator und → *Bertolt Brecht* (»Aufstieg und Fall der Stadt Mahagonny«). Spielte in Boulevardkomödien, Lustspielen und Dialektfilmen, die die nationale Unabhängigkeit der Schweiz verteidigten. 1935–40 Mitglied des → *Cabaret Cornichon* in Zürich und bis 1945 Ensemblemitglied des Zürcher Schauspielhauses. Drehte nach 1947 zahlreiche Filme.

Wollenberger, Werner: *Heiri Gretler – Der große Schweizer Schauspieler.* Zürich 1977.

Grieß, Robert ** 31. 3. 1966 Bonn.* Kabarettist und Kabarettautor
Als Student der Theaterwissenschaft und Germanistik stellte er mit 21 Jahren am 31.10. 1987 sein erstes Programm, »Abgehauen«, im Jugendkulturcafé in Troisdorf vor. Dem ersten Erfolg folgten die Programme: »Männer wie wir« (1989); »Europa? – find ich gut!« (1991); im Duo mit Hans-Peter Lengkeit »Greenpeace – Die Rainbow-Warriors unterwegs« (1993) und wieder als Solo »Nur die Liebe zählt« (1994). Grieß ist freier Mitarbeiter verschiedener Rundfunkanstalten. Für sein politisch-satirisches Kabarett erhielt er 1988 den Saarländischen Kleinkunstpreis, St. Ingbert, und das »Passauer Scharfrichterbeil«.

Erwin Grosche 1992 (Foto: Uwe Nölke)

Grosche, Erwin **25. 11. 1955 Anröchte/Kreis Lippstadt.*
Schauspieler, Kabarettist und Kabarettautor
Trat bereits als Vierzehnjähriger an den »Westfälischen Kammerspielen«, Paderborn, auf. Begann mit seinem Bruder Heiko als »Grosches Phantasiefabrik« mit den Duo-Programmen »Nehmt meine Tränen ernst« (1976) und »Kubukika« (1979). Tritt seit 1980 als Solist auf.
Sein poetisches Kabarett begann mit dem Solo »Der Himmel über Anna« (1980), dann folgten die Programme: »Manche Gegenstände sind humorlos« (1983); »Gescheiterte Wunder« (1987); »Komische Helden« (1989); »Zimmer 7 meldet sich nicht mehr« (1993); »Der fliegende Mensch« (1993); »Am Amazonas« (1994). Er machte 1995 ein Kinderkabarett »Die Orchesterprobe« und brachte mehrere Schallplatten für Kinder sowie zahlreiche Buchveröffentlichungen heraus, darunter die Bühnentexte »Vom großen G und kleinen Glück« Paderborn 1991, sowie Kinder-, Kriminal- und Kleinstadtgeschichten. 1985 erhielt er den Förderpreis zum → *Deutschen Kleinkunstpreis.*

Größenwahn → *Cabaret Größenwahn*

Groteske Künstlerische und literarische Stilart, die scheinbar Unvereinbares miteinander verbindet und in Umbruchepochen in phantastischer Verzerrung und Entstellung das überkommene Bild einer heilen Welt der veränderten Wirklichkeit gegenüberstellt. Einige Autoren der Neuzeit haben mit diesem Stil auch das Kabarett beeinflußt, so etwa → *Frank Wedekind,* → *Christian Morgenstern,* → *Bert Brecht*, Friedrich Dürrenmatt, Pirandello, Ionesco u.a. Direkt in (österreichischen und deutschen) Kabaretts trug der Schriftsteller → *Roda Roda* seine Grotesken vor. Die rein kabarettistische Groteske (auch als Schwarzer Humor bekannt) pflegten und pflegen u.a. → *Karl Valentin* und → *Georg Kreisler.*

Grünbaum, Fritz **7. 4. 1880 Brünn; † 14. Januar 1941 Dachau.*
Kabarettautor, Conférencier, Librettist
Studierte Jura (Dr. jur.), begann dann als Conférencier in der → *Hölle.* Dort sah ihn → *Rudolf Nelson* und engagierte ihn 1907 an seinen → *Chat noir* (Berlin). 1914 ging Grünbaum nach Wien zurück und wurde Soldat.
Nach dem Ersten Weltkrieg trat er im → *Simplicissimus* (Wien) in Sketschen auf und entwickelte 1922 mit → *Karl Farkas* die Doppelconférence (→ *Conférencier*). Schrieb ferner für die »Hölle« und die »Femina« kleine kaberettistische Revuen und conferierte in ihnen. Verfaßte mit Farkas zusammen die Revue »Wien lacht wieder« (Musik: Ralph Benatzky). Zwischendurch trat er wieder in Berlin (1920 in der → *Rakete*, 1924 im → *Kabarett der Komiker*) auf, ferner in Leipzig (»Nachtfalter«) und München (1923) in der → *Bonbonniere* (München). Für Rudolf Nelson schrieb er 1920 die Kabarettrevue »Total Manoli«, für Leo Fall das Libretto zu

dessen Operette »Die Dollarprinzessin«, ferner das Drehbuch zu dem Film »Liebeskommando« und Schlager (»Ich hab das Fräulein Helen baden sehn«).

Genée, Pierre; Veigl, Hans (Hrsg.): *Fritz Grünbaum – Die Schöpfung und andere Kabarettstücke.* Wien 1985. – Dies.: *Fritz Grünbaum – Die Hölle im Himmel und andere Kleinkunst.* Wien 1985. – Veigl, Hans (Hrsg.): *Fritz Grünbaum – der leise Weise.* Wien 1992. – Ders. (Hrsg.): *Gescheite & Blöde – Doppelconférencen.* Wien 1993.

Fritz Grünbaum. Zeichnung: Sipos

Gründgens, Gustaf **22. 12. 1899 Düsseldorf; † 7. 10. 1963 Manila.*
Schauspieler, Regisseur, Theaterleiter, Chansonnier, Kabarettist
Gründgens frönte sein ganzes Schauspieler- und Intendantenleben lang immer wieder seiner Vorliebe für Kabarett, Revue und Chanson. Schon als Schauspieler in Düsseldorf rezitierte er und trug in parodistischer Absicht bekannte Schlager vor. Während seines ersten Engagements in Berlin 1922/23 trat er vom 4.10. 1922 an im → *Cabaret Größenwahn* mit einer eigenen Wandervogelparodie (»Der neue Mensch oder Hab Sonne im Herzen!«) in der Vertonung durch Theo Mackeben zusammen mit Else Ehser auf. In der Hollaender-Schiffer-Nelson-Revue »Der rote Faden« mit → *Margo Lion,* → *Kurt Gerron,* → *Wilhelm Bendow* u.a. 1930 im »Nelson-Theater« sang und spielte er den Prince of Wales und trat im selben Jahr in der Nelson-Revue »Glück muß man haben« auf.
1931 inszenierte er am »Theater am Kurfürstendamm« die Schiffer-Spoliansky-Revue »Alles Schwindel«, in der er mit Margo Lion auch mitwirkte. Im Februar 1947 führte Gründgens Regie für die Kabarettrevue »Alles Theater« von → *Günter Neumann* (im Cabaret → *Ulenspiegel*). Auch auf dem Theater und im Film spielte und sang Gründgens gern Kabarettistisches. So schrieb er für die Uraufführung der Künneke-Operette »Liselott« im Februar 1932 sich selbst und seinen Partnerinnen Käthe Dorsch und → *Hilde Hildebrand* mehrere Chansons. 1936 schrieb er für Paul Apels Lustspiel »Hans Sonnenstößers Höllenfahrt« einige Chansons (»Ich tret' aus mir heraus« u.a.), inszenierte und spielte es an dem von ihm geleiteten »Staatlichen Schauspielhaus«. In dem Film »Tanz auf dem Vulkan« (1938) sang er den Schlager »Die Nacht ist nicht allein zum Schlafen da«. In dem Film »Ein Glas Wasser« (Regie: → *Helmut Käutner*) sang er mehrere Chansons. Auch seine berühmt gewordene Mephisto-Interpretation weist deutlich kabarettistische Züge auf.

Gründgens, Gustaf

Riemenschneider, Heinrich (Hrsg.) *Gustaf Gründgens.* Düsseldorf 1980. – Weber, Franz-Josef (Hrsg.): *Gustaf Gründgens – Gedichte und Prosa.* Siegen 1984.

Gruner, Wolfgang **20. 9. 1926 Rathenow (Havel).*
Kabarettist, Kabarettautor, Berliner Dialektkomiker
Besuchte die Finanzschule (zur Vorbereitung auf die Laufbahn eines Steuerinspektors). Wurde 1944 zum »Volkssturm« eingezogen, kehrte 1949 nach fünfjähriger sowjetischer Kriegsgefangenschaft nach Berlin zurück. Schauspielausbildung bei Marlise Ludwig. Erstes Engagement an der »Tribüne«, später an der »Komödie«, am »Theater am Kurfürstendamm« und am »Hebbel-Theater«.
Seit 1951 Mitglied der → *Stachelschweine* als Darsteller, seit 1959 auch als Textautor. Schrieb 1961 auch Texte für → *Die Wühlmäuse.* Wirkte in satirischen Filmen mit wie »Der Hauptmann und sein Held«, »Wir Wunderkinder« u. a. Seit 1951 in zahlreichen Rundfunk- und Fernsehsendungen, u. a. als »Straßenfeger Otto Schruppke« (von 1958 bis 1968 SFB). Soloprogramme: »Qualnacht« (1968–1969); »Öffnen Sie mal Ihr Handschuhfach« (1970). Spielte mit → *Wolfgang Neuss* in dem Film »Zwei Berliner in Paris«. Wolfgang Gruner hat den volkstümlichen Stil der »Stachelschweine« wesentlich mitgeprägt. Daß das anfangs hochpolitische Kabarett in den 47 Jahren seines Bestehens allmählich zur klamottenseligen Volksbelustigung herabgesunken ist, ist ebenfalls nicht zuletzt Gruners Verdienst.

Dahlmeier, Horst: *Wolfgang Gruner – Schnauze mit Herz.* Bonn 1977.

Otto Grünmandl 1984 in seinem Soloprogramm »Ich komme aus der Wirtschaft« (Foto: Bernd Weisbrod)

Grünmandl, Otto **4. 5. 1924 Hall (Tirol).*
Schriftsteller und Ein-Mann-Kabarettist
Studierte von 1945 bis 1947 Technik an der TH Graz, war 1948 bis 1965 Textilkaufmann. Seit 1965 freier Autor. Schrieb Hörspiele (»Salzwege«, »Divertimento für 5 Bankbeamte und 1 Kutscher« u. a.) und Humorbücher (»Meinungsforschung im Gebirge« und »Berge denken anders«). Von 1972 bis 1981 Leiter der Sparte Unterhaltung im ORF-Landesstudio Tirol. Seit 1981 nur noch Kabarettist. Erstes Programm: »Alpenländische Interviews« (1973, mit Theo Peer); ferner: »Der Einmann-Stammtisch« (1974); »Ich heiße nicht Oblomow« (1979); »Ich bin ein wilder Papagei« (1982); »Ich komme aus der Wirtschaft« (1984); »Fußbad im schwarzen Meer« (1986). 1993 schrieb und spielte er zusammen mit → *Georg Kreisler* und Ensemble in Tirol das Kabarettstück »Tirili«.

Schreibt kaberettistische Fernsehsendungen und kabarettistische Beiträge zu entsprechenden Sendungen bei ARD, ZDF und ORF (»Die Magazyniker«, ORF-Serie 1975; »Neues aus Transkastanien«, ZDF 1979; Doppelconférence mit Lukas Resetarits in der ORF-Fernsehsendung »Zukunftswerkstätte vorbereitet« (1980); »Die ganze Welt und überhaupt«, Dialogserie des Bayerischen Rundfunks mit → *Gerhard Polt*, seit 1980). Grünmandl erhielt 1970 den Österreichischen Staatspreis für Hörspiele und 1978 den → *Deutschen Kleinkunstpreis.*

Grünmandl, Otto: *Berge denken anders.* Wien 1973. – Ders.: *Meinungsforschung im Gebirge.* Wien 1973.

Gruppo di Valtorta → Valtorta

Guilbert, Yvette **20. 1. 1867 Paris; †2. 2. 1944 Aix-en-Provence.*
Chansonniere und Schauspielerin
In den neunziger Jahren des 19. Jahrhunderts die erste große Diseuse als Interpretin des literarischen Kabarettchansons in den französischen → *Cafés-concerts.* War Modistin, spielte zuerst kleine Rollen in kleinen Pariser Theatern, trat dann in Cafés-concerts in der französischen Provinz auf und wurde wegen ihrer dürren Figur vom Publikum meist ausgelacht und ausgepfiffen. Auch im »Eldorado« in Paris scheiterte sie.
1891 fand sie bei einem Bouquinisten am Seinequai ein Bändchen Gedichte von Leon Xanrof, in denen sie sofort Verwandtes spürte. In Lüttich und in Brüssel hatte sie mit dem Vortrag dieser Chansons Erfolg. Wieder in Paris, durfte sie im »Moulin Rouge« eine halbe Stunde vor dem Beginn des allgemeinen Publikumstanzes auftreten. Hier sah und hörte sie ein Kritiker der satirischen Zeitschrift »Gil Blas« und schrieb einen Hymnus auf sie. Daraufhin wurde sie an den »Divan Japonais« engagiert, ein Café-concert, in dessen Untergeschoß literarisch gehobene Vorführungen stattfanden. Hier begann der kometenhafte Aufstieg der Yvette Guilbert. Für sie schrieben nun außer Xanrof auch andere bekannte Autoren des → *Cabaret artistique* wie Maurice Mac Nab, Maurice Donnay, Jules Jouy. → *Aristide Bruant* überließ ihr sein Chanson »A Saint-Ouèn«.

Yvette Guilbert. Zeichnung: C. Leandre

Yvette Guilbert ist nie in einem Kabarett aufgetreten, sondern veredelte das Genre des leichten bis seichten Tingeltangelliedchens zum literarischen Chanson durch

 ihren komödiantisch-dramatischen Vortrag auf den Varietébühnen von Paris und der französischen Provinz. Nach der Jahrhundertwende ergänzte sie ihr Repertoire durch altfranzösische Volkslieder, weltliche und geistliche Gesänge und gastierte fortan nur mehr in Theatern und Konzertsälen. Ihre Tourneen brachten sie außer nach England, Rußland, Österreich und den Vereinigten Staaten immer wieder nach Deutschland, wo sie ihr bestes Publikum fand und wo ihre Chansonkunst die Vorstellungen der → *Bierbaum* und → *Wolzogen* ermutigte, auch das deutsche Varieté auf ein künstlerisches Niveau zu heben.
1925 spielte sie in W.F. Murnaus »Faust«-Verfilmung die Marthe Schwerdtlein, 1937 unter Ernst Josef Aufricht in dessen Pariser »Dreigroschenoper«-Inszenierung am »Théâtre de l'Étoile« die Mrs. Peachum. 1928 erschienen ihre Lebenserinnerungen »Lied meines Lebens«. – Wie Aristide Bruant war Yvette Guilbert eine Erneuerin des französischen Chansons und ist gleich ihm innerhalb und außerhalb Frankreichs bis heute unerreicht.

Guilbert, Yvette: *Lied meines Lebens – Erinnerungen.* Berlin 1928. – Hanke, Helmut: *Yvette Guilbert – Die Muse vom Montmartre.* Berlin 1934. – Gilbert, Yvette: *Die Kunst, ein Chanson zu singen.* Hrsg. v. Walter Rösler. Berlin 1981.

Hanns von Gumppenberg. Zeichnung: Ernst Stern

Gumppenberg, Hanns von ** 4. 12. 1866 Landshut; † 29. 3. 1928 München.* Schriftsteller, Dramatiker, Literaturparodist, Theaterkritiker
Schrieb unter dem Pseudonym »Jodok« parodistische Einakter (»Überdramen«) für die → *Elf Scharfrichter* (»Der Nachbar« nach Gerhart Hauptmann, »Der Veterinärarzt« nach Maurice Maeterlinck u.a.). Von 1901 bis 1903 war er (als Nachfolger des »Scharfrichters« Willy Rath) Theaterkritiker bei den »Münchner Neuesten Nachrichten«. Seine Parodien auf zeitgenössische deutsche Lyriker trug Otto Falckenberg bei den *Elf Scharfrichtern* vor. Gesammelt erschienen sie zum erstenmal 1891 in den »Münchner Flugschriften«, 1901 unter dem Titel *Das teutsche Dichterroß – In allen Gangarten geritten* (15. Auflage München 1966).

Gumppenberg, Hanns von: *Lebenserinnerungen.* Berlin 1929. – Ders.: *Das teutsche Dichterroß.* München 1916/1966.

Günther, Frank ** 1899 Berlin; † 1944 Berlin.* Schauspieler, Conférencier, Chansonautor
Noch während seiner Ausbildung an der Reinhardt-Schule in Berlin veröffentlichte er mit zwanzig Jahren erste Skizzen und Erzählungen. 1920 trat er mit eigenen Gedichten in der »Fledermaus«, Berlin, bei den Gebrüdern Lieban auf. Neben seiner Anstellung im Scherl-Verlag als Zeitschriftenredakteur versuchte er sich am Kabarett. 1920 öffnete Harry Waldau mit ihm das Kabarett »Spinne«. → *Trude Hesterberg* förderte ihn als Nachwuchstalent, und am Stuttgarter Rundfunk arrangierte er 1924 mit Erfolg den ersten deutschen Kabarettabend. Im gleichen Jahr ging er mit der → *Gondel* auf Tournee. Mit seinem Engagement in → *Peter Sachses* »Korso-Kabarett« schaffte er den Durchbruch.

Stilistisch stand er → *Hellmuth Krüger* und → *Harry Lamberts-Paulsen* nahe. Als er 1932 in der → *Katakombe* einmal → *Werner Finck* vertrat, wurde sein Gastspiel wegen des großen Erfolges verlängert. Bekannt war Günther in den zwanziger Jahren auch als Regisseur und Darsteller mit umfangreichen Verpflichtungen für Rundfunk, Film und Schallplatte. Für namhafte Kabarettkünstler schrieb er Chansons, u.a. für → *Claire Waldoff,* → *Kate Kühl,* Erika Gläßner und → *Paul O'Montis.* 1927 erschien sein Buch »Wir Menschen«. 1930 spielte er seine erste Tonfilmrolle in dem UFA-Film »Abschied«, in dem auch Erwin Bootz, der die Filmmusik dazu schrieb, mitwirkte.

Gürtler, Danny ** 1875 Darmstadt; † 30. 4. 1917.*
Schauspieler und Kabarettist
Der Sohn eines Bankprokuristen war ein genialischer Bohemien (er nannte sich selber »König der Boheme«), der durch viele, teils sentimental-infantile, teils gewalttätige Aktionen von sich reden machte. Hochbegabt, wie er war, spielte er am Wiener »Burgtheater«, mußte dort aber aufgrund eines Skandals ausscheiden. 1901 gründete er in Berlin das Kneipenbrettl »Schminkschatulle« und trug mit mißreißendem Pathos eigene Gedichte vor. Im gleichen Jahr war er im »Charivari« (→ *Überbrettl*) engagiert. Gürtler, den → *Max Herrmann-Neisse* dem »Kunstzigeunertum« zurechnete, trat mit Vorliebe in braunem Samtjackett und hohen Schaftstiefeln auf, mit einem riesigen Kalabreserhut auf dem Kopf und einem roten Tuch um den Hals, und ähnelte auch sonst seinem Vorbild → *Aristide Bruant,* indem er soziales Mitlied mit den Ausgebeuteten und seinen Einsatz für den Weltfrieden unbefangen mit einem kaisertreuen Nationalismus zu verbinden wußte. Sein Vortrag war so suggestiv, daß ihm die Frauenherzen zuflogen und er als Kabarettist monatlich 6000 Goldmark verdiente.

130 **Habekost**, Christian **27. 3. 1962 Mannheim.*
Kabarettist, Kabarettautor, Mundartlyriker
Nach dem Studium der Anglistik und der Politischen Wissenschaften in Mannheim und London promovierte er 1991 über afro-karibische Performance-Kultur. Zahlreiche Veröffentlichungen und Übersetzungen zum Thema, längere Studienaufenthalte in Jamaika und Trinidad. Begann 1986 als Student, zusammen mit Peter Fröhlich, mit dem Duo-Kabarett »Die Vordenker«, das schnell über die Universität hinaus Aufmerksamkeit errang. Nach fünf erfolgreichen Programmen machte sich Habekost 1990 als Solokabarettist selbständig und arbeitet seitdem mit dem BOTAO-Tanzensemble (mit seiner Frau Bettina Habekost, Cornelia Leitz und Karin Rottmann) an seiner neuen Kabarettkonzeption, bei der sich karibische Rhythmen und Performance-Stile mit politischer Mundartlyrik vereinen. In der Mannheimer »Klapsmühl am Rathaus« hatten seine folgenden Programme, mit denen er auch auf Tournee ging, Premiere: »Friede, Freude, Eierkuchen« (1990); »Alles wird Wut« (1992); »ÜberlebensstrateGier« (1993); »...und ab dafür« (1994); »Kabarett im Cyberspace« (1995). Er veröffentlichte Gedichte und Kurzgeschichten in zahlreichen Anthologien und eigenen Büchern. 1994 erhielt er den baden-württembergischen Kleinkunstpreis.

Habekost, Christian: *vun unne – Dub-Poesie in unardischer Mundart.* Speyer 1992.

Hachfeld, Eckart **9. 10. 1910 Mörchingen (Lothringen) † 5. 11. 1994 Berlin.*
Schriftsteller, Kabarettautor
Dr. jur., ursprünglich Wirtschaftsjurist. Offizier im Zweiten Weltkrieg. In britischer Kriegsgefangenschaft gründete er 1946 im Camp Sheffield ein Lagerkabarett (»Das Waschbrettl«). 1947 nach Hamburg entlassen, traf er dort → *Werner Finck*, der ihn ermutigte, für das professionelle Kabarett zu schreiben. Erste Texte 1949 und 1950 für die → *Bonbonniere* (Hamburg). Schrieb 1949 bis 1955 Texte für → *Wolfgang Neuss'* Paukensoli und für das Paar Wolfgang Neuss und → *Wolfgang Müller.*
1950 vier Programme für das → *rendezvous* und vier für die »Bonbonniere«. Ging 1950 mit dem »Bonbonniere«-Ensemble nach West-Berlin. 1951 Texte für den → *Nürnberger Trichter*, 1953 für das Kabarett im »Rauchfang«, 1952 für Werner Fincks Kabaretts → *Die Mausefalle* (Stuttgart und Hamburg). Von 1953 bis 1978 ständiger Autor des → *Kom(m)ödchens.* Gelegentliche Mitarbeit bei den → *Stachelschweinen* (seit 1955), → *Die Zwiebel* (seit 1960), → *Die Bedienten* (1962 und 1964), für das → *Reichskabarett* (von 1965 bis 1968), seit 1983 für das → *Institut für Lebensmut* sowie von 1963 bis 1965 für »Hallo, Nachbarn!« (→ *Medienkabarett*).
Ferner schrieb Hachfeld für Funk und Fernsehen sowie die wöchentliche Zeitsatire »Amadeus geht durchs Land« (seit 21.8. 1954 für Die »Welt«, seit 1964 für den »Stern«). Schrieb außerdem für Udo Jürgens die Liedertexte zu dem Musical »Helden Helden« und die Chansons »Lieb Vaterland« und »Mit 66 Jahren«. Eckart Hachfeld zählte zu den meistbeschäftigten und einfühlsamsten Textautoren des deutschen Kabaretts zwischen »Stachelschweinen« und »Reichskabarett«. Seine knappen, wie angegossen sitzenden Verse sicherten ihm ein Publikum weit über das Kabarett hinaus.

Ludwig, Volker; Hachfeld, Rainer: *Mein Lieblingshachfeld.* Berlin 1985.

Hackethal, Joachim ** 7. 11. 1924 Gotha.*
Schriftsteller, Schauspieler, Kabarettautor, Kabarettist
Studierte Volkswirtschaft in Jena und Kiel. Gründete 1947 in Kiel zusammen mit seinen Kommilitonen Ernst König, Jan Siefke Kunstreich und Walter Niebuhr das Studentenkabarett → *Die Amnestierten*, deren Leiter, Protagonist und hauptsächlicher Textautor er bis zu ihrem Ende 1961 war.
Seitdem schreibt er Texte für andere Kabaretts, so von 1961 bis 1962 für das → *(Kleine) Renitenztheater*, von 1963 bis 1966 für → *Die Zwiebel*, von 1965 bis 1969 für die → *Münchner Lach- und Schießgesellschaft*, seit 1969 für → *Die Machtwächter*, 1949/50 und 1973 für das → *Kom(m)ödchen.* Erhielt 1975 (zusammen mit den »Machtwächtern«) den → *Deutschen Kleinkunstpreis.* 1965 brachte er noch einmal ein »Amnestierten«-Programm heraus, »Bal paré« in West-Berlin, das aufgrund einer Vietnamnummer einen Theaterskandal auslöste. Außerdem ist Hackethal als Autor (u.a. für das Fernsehen) und als Schauspieler in Funk, Film und Fernsehen tätig.

Hackethal, Joachim: *Die Kehrseite der Medaille – Ein Leben als Kabarettist in fünf Jahrzehnten.* München 1995.

Hader, Josef ** 18. 2. 1962 in Waldhausen (Niederösterreich).*
Kabarettist, Kabarettautor
Der Bauernsohn aus dem Waldviertel besuchte die Bischöfliche Knabenschule des Klosters Melk. Wollte mit zehn Jahren Pfarrer werden und wirkte am dortigen Stiftsgymnasium beim Schultheater und Schulkabarett mit. Nach dem Abitur studierte er einige Semester Geschichte und Germanistik in Wien. Gründete 1981 die Kabarettgruppe »Die Heiterdenker«. Danach schrieb und spielte er – ein formensprengender politisch-satirischer Solokabarettist – die Programme »Musik gegen Noten« (1982); »Fort Geschritten« (1984, mit dem er in der Wiener Fußgängerzone auftrat); »Der Witzableiter und das Feuer« (1985, mit Otto Lechner am Klavier); »Im milden Westen« (1986); »Tausche Witze gegen Geld« (1987); »Biagn oder Brechn« (1988); »Bunter Abend« (1990); »Im Keller« (1992) und »Privat« (1994). 1991 spielte er im Österreichischen Fernsehen »Hader fürs Heim«. Schrieb mit → *Alfred Dorfer* das satirische Volksstück »Indien«, das 1993 mit Hader in der Hauptrolle als Kinofilm herauskam. Erhielt 1985 den → *Salzburger Stier* und 1990 den → *Deutschen Kleinkunstpreis.*

Josef Hader in seinem Soloprogramm »Privat« (1994)

Hallervorden, Dieter ** 5. 9. 1935 Dessau.*
Kabarettist, Kabarettautor und -leiter, Nonsenskomiker
Studierte Romanistik in Ost- und West-Berlin sowie Publizistik und Theaterwissenschaft. Erste Bühnenversuche an Studentenbühnen in Ost- und West-Berlin.

 Fiel bei der Aufnahmeprüfung zur Max-Reinhardt-Schule, Berlin, durch. Bekam einen kostenlosen Studienplatz an der privaten Schauspielschule von Marlise Ludwig. Erstes Engagement an der »Tribüne« in West-Berlin.
Nach Abspaltung einer Gruppe vom Ensemble der → *Bedienten* 1959 eröffnete Hallervorden am 22. 12. 1960 in West-Berlin sein eigenes Kabarett, → *Die Wühlmäuse*. 1963 führte er Regie bei den → *Sieben Schaben*, 1967 spielte er sein erstes Soloprogramm (»Seltsame Begegnung« nach Slawomir Mrozek). Spielte seit 1968 immer wieder in Film und Fernsehen. Synchronisierte seit 1970 die deutsche Stimme des englischen Filmkomikers Marty Feldman. In dem TV-Film »Das Millionenspiel« (1970) spielte er einen eiskalten Killer, in dem Psycho-Thriller »Der Springteufel« (1974) einen manischen Tramper.
1972–1976 begann er mit der Blödelsendung »Abra-Makabra« (Regie: → *Joachim Roering*) seine Nonsenskarriere im Deutschen Fernsehen; 1976–1978 folgten 21 Sendungen »Nonstop-Nonsens«. Seinem ersten Kinofilm »Mehrmals täglich« (1968) folgten rund zehn weitere Spielfilme, u.a. »Darf ich Sie zur Mutter machen« (1973); »Ach, du lieber Harry« (1980); »Didi – der Doppelgänger« (1984); »Der Experte« (1984); »Bei mir liegen Sie richtig« (1990). 1990 kehrte er zum politisch-satirischen Kabarett zurück und produzierte für SAT 1 »Die Spottschau« und seit 1994 für die ARD »Spott-Light« – obwohl auch hier die tagesaktuellen politischen Sketsche von der Komik des Nonsens-»Didi« profitieren.

Hallervorden, Dieter: *Worüber ick mir schieflache*. Königstein, 1983. – Ders.: *Der Dichter und die Brombeeruhr*. Niedernhausen/Taunus 1994.

Die Hammersänger Politisch-literarisches Kabarett, gegründet als Studentenkabarett an der Freien Universität Berlin Ende November 1963 von den Studenten Wolfgang Hasel (Germanistik), Claus Raab (Musik) und → *Helmut Ruge* (Soziologie) sowie der Schauspielschülerin Skil Kaiser. Die Texte schrieb Helmut Ruge, der im Januar 1964 die Leitung der Gruppe übernahm. Erstes Programm: »Hiebe 64« (Februar 1964 im »Haus am Preußenpark«, West-Berlin). Zweites Programm: »Kritik der kleinen Zukunft« (Juni 1964, Regie Günter Bein, ehemals Leiter der »Brennesseln«). Drittes Programm: »Die Verfolgung und Ermordung des Tabus – dargestellt durch die Schmierentruppe der Novizen zu Dahlem unter Anleitung der Herren Bein und Bruchhäuser« (Dezember 1964).
Mit dem vierten Programm, »Dies irae oder Der Tag des offenen Sarges« (September 1965), Durchbruch bei der Presse und Anerkennung bei den »Essener Kabarett-Tagen« 1966 und 1967 (→ *Kabarett-Festivals*). 1965 spielten sie dreimal wöchentlich im Haus der → *Wühlmäuse*, 1966 und 1967 im Haus des → *Reichskabaretts*. Dazwischen Gastspiele in der BRD, der Schweiz und Skandinavien. Im Herbst 1967 Übersiedelung nach München, seitdem *Münchner Hammersänger*. Weitere Programme u.a. »Volkskörperpflege« (1968), »Vorsicht – die Mandoline ist geladen! oder Beutemüller konzertiert zum letzten Mal« (1969), »Die Meise auf dem Vibraphon« (1972, mit → *Jörg Hube*). Seit 1975 trägt Ruge seine Programme allein vor.
In der Form des bürgerlichen Kabaretts und mit der scheinbaren Bonhomie Helmut Ruges haben *Die Hammersänger* von Anfang an radikale, von sozio-

logischem und volkswirtschaftlichem Faktenwissen untermauerte Aufklärung im komödiantischen Gewande an ein Publikum heranzubringen verstanden, das dem auch in der Form harten Agitationskabarett der sechziger Jahre ferngeblieben ist.

Hammerschlag, Peter **1902 Wien; † nach 1942 (deportiert und wahrscheinlich ermordet).* Kabarettautor und Conférencier

Begann 1930 an der → *Katakombe*, Berlin, und formte nach deren Vorbild seit November 1931 den Stil des von ihm mitgegründeten → *Lieben Augustin* in Wien, für den er von 1931 bis 1934 schrieb und in dem er – in kleinen Rollen, als Stegreifdichter und als Conférencier – auftrat.

Von 1936 bis 1938 schrieb er für die → *Literatur am Naschmarkt.* Floh 1938 nach Jugoslawien, kehrte aber 1940 heimlich nach Wien zurück und schrieb unter Pseudonym für das → *Wiener Werkel.* 1943 fiel er der »Aktion Brunner« zum Opfer: Er wurde deportiert und wahrscheinlich in Auschwitz ermordet.

Peter Hammerschlags lyrisch-verspielte Art des Dichtens brachte eine eigene Note in das Repertoire der Wiener Kleinkunstbühnen in den dreißiger Jahren. Als der »Liebe Augustin« Ende 1934 politisch schärfer satirisch wurde, war Hammerschlags Zeit als Hausautor abgelaufen. In der »Literatur am Naschmarkt« fand er ein neues Betätigungsfeld, das genügend weit gefächert war, um auch seine Note zur Geltung zu bringen.

Torberg, Friedrich (Hrsg.) *Peter Hammerschlag – Der Mond schlug grad' halb acht.* Wien 1972. – Bronner, Gerhard (Hrsg.): *Peter Hammerschlag – Steif weht die Brise von der Postsparkassa.* Wien 1984.

Hansen, Max (eigentlich: Max Haller) **22. 12. 1897 Mannheim; † 13. 11. 1961 Kopenhagen.* Kabarettist, Chansonnier, Chansonautor, Komponist

Der Sohn eines dänischen Vaters und einer Wiener Mutter jüdischer Abstammung stellte sich 1914 siebzehnjährig im → *Simplicissimus* (München) als Nachwuchstalent vor. Ging dann nach Wien, wo er sich als Bänkelsänger sein Gesangsstudium verdiente. Er nannte sich nun Hansen und schlug Kapital aus seiner kräftigen, modulationsfähigen Stimme, indem er mit komischen Couplets, Sketschen und Opernparodien als »der kleine Caruso« durch Kabaretts und Varietés tingelte. 1923 wurde er, damals die Zugnummer am Wiener Ronacher, für die Rolle des Zsupan in »Gräfin Mariza« ans »Theater an der Wien« verpflichtet, eine Inszenierung, die nach 900 Aufführungen vom »Metropol-Theater«, Berlin, übernommen wurde. Seit 1925 besang er Schallplatten mit eigenen Chansons, die durch ihren kabarettistisch-parodistischen Witz auffielen.

1924 gründete er mit → *Paul Morgan* und → *Kurt Robitschek* das → *Kabarett der Komiker*, 1927 eine eigene Bühne am Lehniner Platz, spielte 1925–1929 in Revuen u.a. am »Theater des Westens«, im »Wintergarten« und in James-Klein-Revuen. → *Max Reinhardt* engagierte ihn für »Die schöne Helena«, Erik Charell für Franz Lehars »Die lustige Witwe«. Sein größter Bühnenerfolg wurde seit dem 8.11. 1930 der Leopold in → *Ralph Benatzkys* Operette »Im weißen Rößl« unter der Regie von Erik Charell am »Großen Schauspielhaus«, Berlin. Nach einigen Kurztonfilmen, darunter »Jetzt gehts der Dolly gut« (1929), der auf dem gleichnamigen Chanson basierte, gründete er mit Paul Morgan die Trio-Film GmbH, deren einzige Produktion die Filmparodie »Das Kabinett des Dr. Larifari« (1930) blieb.

Sein Gespür für visuelle Wirkung und körperliches Timing, sowie seine einprägsame, leicht näselnde Stimme machten ihn zum idealen Tonfilmkomiker. Bei der Premiere seines Films »Das häßliche Mädchen« kam es im September 1933 zu antisemitischen Ausschreitungen gegen ihn, weil er bereits 1932 in seinem Schlager »Warst Du schon mal in mich verliebt?« Hitler als homosexuell verspottet hatte. Hansen ging nach Wien, wo er noch in einigen Lustspielen mitwirkte, so in der zusammen mit Paul Morgan verfaßten Komödie »Axel vor der Himmelstür« (1936), mit der die Schwedin Zarah Leander ihren deutschsprachigen Durchbruch hatte.

1938 emigrierte er nach Kopenhagen, wo er als dänischer Staatsbürger, der er von Vaters Seite her war, den Zweiten Weltkrieg überlebte. Seit 1951 kehrte er, zumindest zeitweise, nach Deutschland zurück. So spielte er u. a. in den fünfziger Jahren, zusammen mit Oskar Karlweis und Hertha Staal, in der musikalischen Komödie »Bei Kerzenlicht« von Robert Katscher im »Theater am Kurfürstendamm«, Berlin.

Harnisch, Hans **8. 6. 1904 Zwickau; †22. 6. 1972 Ost-Berlin.*

Kabarettautor und Kabarettkritiker

War ursprünglich Lehrer, dann Redakteur und Lektor beim »Verlag Volk und Wissen« und beim »Verlag der Nation« in der DDR. Wurde 1955 Dramaturg der → *Distel*, für die er seit 1956 auch regelmäßig Texte schrieb. Schrieb ferner Texte für die → *Pfeffermühle* (Leipzig) und die → *Herkuleskeule*, Dresden. War außerdem Dramaturg der DEFA-Propaganda-Fernsehsendung »Das Stacheltier«, zuletzt Dramaturg des Friedrichstadt-Palastes und stellvertretender Chefredakteur der Zeitschrift »Unterhaltungskunst«. Auch Beiträge in Zeitschriften über Probleme des Kabaretts und der Satire.

Hart, Jürgen **1942 Leipzig.*

Schauspieler, Kabarettist, Kabarettautor, Komponist, Regisseur

Hart gehört zu den Gründungsmitgliedern der → *academixer*, die sich 1966 als Studentenkabarett der Leipziger Karl-Marx-Universität bildeten. Der gelernte Lehrer machte 1976 das Kabarett zum Hauptberuf, von 1980 bis 1990 leitete er die *academixer* als Direktor. Er schrieb über dreißig Kabarett-Programme und mehr als 200 Lieder (»Sing, mei Sachse, sing«). Gelegentliche Gastspiele bei Film, Fernsehen und Theater. So spielte er den Striese im »Raub der Sabinerinnen«. Zahlreiche Schallplattenproduktionen (»Überall sin Sachsen«, »Hart an der Grenze«).

Hart, Jürgen: *Die unernste Geschichte Sachsens.* Leipzig 1995. – Hart, Jürgen: *Felix aus der Asche – Satirische Texte aus der Spielkiste der »academixer«*, Berlin 1996.

Hartwig, Heinz **25. 3. 1907; †25. 1. 1988 Markt Indersdorf.*

Werbefachmann und Kabarettautor

1941 Autor und Leiter einer Soldatenbühne und Verfasser bissiger Verse unter dem Titel »Dichter Qualm«. Nach Ende des Zweiten Weltkriegs gründete Hartwig mit → *Gerhart Herrmann Mostar* 1945 das Reisekabarett → *Die Hinterbliebenen.* Seitdem auch Autor zahlreicher Unterhaltungssendungen an allen deutschsprachigen Rundfunkanstalten. Verfasser und Herausgeber mehrerer »Schmunzelbücher« und Mitautor der Revue »Alles Theater« (1953 am »Deutschen Theater«, München). Schrieb Hörspiele und Drehbücher für Fernsehsendungen. Hartwigs leicht fließende Verse für die *Hinterbliebenen* machten treffsicher, aber nie bösartig Inventur in der geistigen Hinterlassenschaft der Nazizeit und nahmen Erscheinungen und Tendenzen der Jahre zwischen Kriegsende und Währungsreform publikumswirksam, doch kompromißlos aufs Korn.

Hartwig, Heinz: *Keine sanften Flötentöne.* München 1948. – Ders.: *Gelebt, gelacht, gelästert.* Stuttgart 1981.

Hase, Annemarie (eigentlich: Annemarie Hirsch) * *14. 6. 1900; † 22. 2. 1971 Berlin.* Schauspielerin und Kabarettistin

Debütierte als Schauspielerin in Osnabrück, als Kabarettistin 1921 am → *Schall und Rauch* (II), ging 1921 zur → *Wilden Bühne*, wirkte in den *Hollaender*-Kleinrevuen »Laterna magica« (1926), »Das bist du« (1927) mit sowie im → *Tingel Tangel Theater* (1931), im → *Küka*, bei den → *Wespen*, in der → *Katakombe* (1930/31) und bei der → *Brücke* (1931). Theater spielte sie in München (»Kammerspiele«), Berlin, Stuttgart, Kassel, Hamburg.

Emigrierte 1936 nach England und trat 1939/40 in der »Kleinen Bühne« des »Freien Deutschen Kulturbundes« (→ *Exilkabarett*) auf. Nach Kriegsbeginn sprach sie in den deutschsprachigen Sendungen der BBC London die »Frau Wernicke«. Kehrte 1948 zurück, von 1949 bis 1961 Mitglied des »Berliner Ensembles«, danach am »Deutschen Theater« (beide Ost-Berlin). Wirkte 1955 im Ost-Berliner »Palast-Brettl« unter dem »Friedrichstadt-Palast« (dem ehemaligen Domizil des »Schall und Rauch« [II]) mit. – Annemarie Hase vertrat im Berliner Kabarett der zwanziger Jahre den Typ der gewitzten Frau aus dem Volke, vornehmlich in Chansons von Leo Heller, → *Friedrich Hollaender*, → *Erich Kästner*, (der für Sie seine »Ankündigung einer Chansonette« schrieb), → *Klabund*, → *Walter Mehring* und → *Joachim Ringelnatz.*

Naumann, Uwe (Hrsg.): *Bruno Adler: Frau Wernicke – Kommentare einer Volksjenossin.* Mannheim 1990.

Hassencamp, Oliver * *10. 5. 1921 Rastatt; † 1. 4. 1988 Waging/Bayern.* Schauspieler, Kabarettist, Kabarettautor, Buchautor

Nach Schulzeit in Salem und Kriegsdienst 1946 Regieassistent von Erich Engel an den »Münchner Kammerspielen«. Studierte nebenher Kunstgeschichte und Psychologie und nahm Schauspielunterricht im Schauspielstudio von Heinrich Koch. Debütierte 1947 an den »Münchner Kammerspielen« in der Uraufführung von Max Frischs »Nun singen sie wieder«. Spielte 1948 bei der → *Schaubude*, gehörte von 1951 an zum Direktorenkollektiv der → *Kleinen Freiheit*, für die er Texte schrieb und bei der er auftrat.

Zog sich 1955 an den Schreibtisch zurück, schrieb zeitkritische Zeitungskolumnen, Essays, Kurzgeschichten, Romane und Filmdrehbücher. Schrieb die Romanreihe »Bekenntnisse eines möblierten Herrn« (1960), »Erkenntnisse eines etablierten Herrn« (1972) und »Geständnisse eines graumelierten Herrn« (1982) sowie den politischen Roman »Das Recht auf den anderen« und einige humoristische Romane. 1977 erschien seine Satirensammlung »Sage und schreibe«, 1978 seine Aphorismensammlung »Klipp und klar«, 1983 seine Erinnerungen an die erste Nachkriegszeit, »Der Sieg nach dem Krieg«, 1984 (als Fortsetzung) »Das große Wundern«. Außer für die »Kleine Freiheit« schrieb er Texte für die → *Stachelschweine*, das → *Kom(m)ödchen*, → *Die Zwiebel* und die → *Münchner Lach- und Schießgesellschaft*, der er auch den Namen gab. Er erhielt 1967 den Tukan-Preis und 1984 den Ernst-Hoferichter-Preis.

Hassencamp, Oliver: *Fröhliche Zeiten*. München 1984.

Hebenstreit und Wallig Politisch-satirisches Kabarettduo (Holger Hebenstreit und Manfred [Woody] Wallig). Begann 1985 unter dem Namen »Hinterhaus-Kabarett« im gleichnamigen Kabarett in Wiesbaden.
In dem von ihnen 1979 in der Wiesbadener Karlstraße 15 mitgegründeten Gastspielhaus »Hinterhaus« spielte zuerst Manfred Wallig die Soloprogramme »Tschüss, Stumpfsinn!« (1979) und »Querbeet« (1980), bevor sie mit Gitta Jacob, Marc van den Broek und Ilse Schroer zwei Ensembleprogramme herausbrachten: »Freiheit statt Sozialismus« (1980) und »Fiesbaden abwaschbar« (1981).
Danach schrieben und spielten sie als hauptberufliches Kabarett-Duo die Programme: »Wir schaffen uns schon« (1984); »Wahnsinnig normal« (1986); »Horrorskope« (1988); »Grenzenlos beschränkt« (1990); »Irre Aussichten« (1992); »Hauptsache, gut drauf!« (1994) und – zu ihrem zehnjährigen Bestehen – »Deutschland im Rückspiegel« (1995). Seit 1988 arbeiten sie mit dem Regisseur Reinhard Papula zusammen.

Heckner, Norbert ** 18. 5. 1953 München.* Schauspieler und Kabarettist
Brachte sein erstes Kabarettprogramm (»Wer bremst?«) am 8.7. 1991 im »Fraunhofer«, München, heraus. Tritt zwischen seinen Bühnenengagements unregelmäßig als Kabarettist auf, zuweilen mit → *Andreas Rebers*, mit dem er erstmals am 31.12. 1989 das gemeinsame Programm »Bayrisch-niedersächsischer Freundschaftsabend« zeigte. Am 18.1. 1994 brachte Heckner allein das Programm »Jetzt freu dich halt – Ein optimistisches Kabarett« heraus. Mit Rebers zusammen spielt er auch seit dem 9.3. 1994 das Programm »Männer zwischen Windeln und Weißbier«. Seit dem 14.3. 1996 trat Heckner in der »Kleinen Komödie«, München, zusammen mit → *Hans Jürgen Diedrich*, in der Komödie »Dinner für Spinner« auf.

Hedemann, Walter ** 17. 7. 1932 Lübeck.* Liedermacher
Er wuchs in Naumburg an der Saale auf, kam über ein Musikstudium (Konzertpianist) in Halle und Berlin (zusätzlich Deutsch und Englisch) 1985 als Studienrat nach Hameln, wo er heute mit seiner Familie lebt. Anfang der sechziger Jahre begann er Couplets und Chansons zu schreiben. Debütierte mit seinem ersten Lied »Der Verkehrsampelfan« 1963 bei Radio Bremen. Betrat 1965 im Rahmen des Festivals »Chanson Folklore International« auf Burg Waldeck, an dem er sich

auch in den beiden folgenden Jahren beteiligte, erstmals die Bühne. 1967 hatte er als Chansonnier seinen ersten großen Erfolg: Bei einem »Sängerkrieg« auf den Wellen von Radio Bremen errang er den ersten Preis – vor → *Hanns Dieter Hüsch.* Aber trotz dieses Erfolges, trotz anschließender Schallplattenaufnahmen (»Unterm Stachelbeerenbusch« 1970; »Herzlich willkommen« 1975; »Erfreuliche Bilanz« 1979; »Kabarett aus Hameln« 1984 u.a.), trotz der folgenden, im Durchschnitt jährlich etwa fünf Hörfunk- und Fernsehproduktionen, bester Kritiken, hielt sich Hedemann aus der Vermarktungsindustrie heraus.

Hedemann, Walter: *Chansons.* Bad Godesberg 1970.

Hegetschweiler, Emil **15. 10. 1887 Zürich; † 1. 10. 1959.*
Gastronom und Kabarettist
Gelernter Konditor, erwarb er die Helmhaus-Konditorei in Zürich, die bald zum Treffpunkt von Schauspielern, Malern, Sängern und Autoren wurde. Hier wurde 1933 die Idee der Gründung des → *Cabaret Cornichon* unter reger Anteilnahme des Wirts entwickelt. Hegetschweiler wirkte dann bis 1942 in dessen Programmen als Darsteller und Autor mit.

Arnet, Edwin (Hrsg.): *Emil Hegetschweiler in seinem Leben – in seinen Rollen.* Zürich 1960.

Heiler, Oscar **23. 11. 1906 Gablenberg; † 9. 4. 1995 Stuttgart.*
Schauspieler, Komiker
Der gelernte Buchhändler gehörte den Spartakisten an, verehrte Rosa Luxemburg und Karl Liebknecht und praktizierte die Freikörperkultur. Bis ins hohe Alter war er stolz darauf, ein Linker zu sein. Begann 1928 am Schauspielhaus, Stuttgart, eine Schauspielerlaufbahn. 1930 wurde ihm wegen einer Krebsgeschwulst ein Bein amputiert. Heiler überwand diese Lebenskrise als Conférencier an der Stuttgarter Kleinkunstbühne »Pavillon Excelsior«, wo er mit → *Paul O'Montis,* → *Lale Andersen,* → *Oskar Karlweis,* → *Trude Hesterberg,* → *Fred Endrikat,* → *Joachim Ringelnatz* u.a. auftrat. Hier begann er 1932 mit → *Willy Reichert* kleine Einakter zu spielen. Mit dem Sketsch des Ungarn Ladislaus Vadnay, »Die Friedenskonferenz«, einer Parodie auf den Genfer Völkerbund, waren die schwäbischen Originale »Häberle und Pfleiderer« geboren und vierzig Jahre an allen Kleinkunstbühnen und Varietés unterwegs. In zahlreichen Rundfunk-, Fernseh- und Schallplattenaufnahmen wurden ihre über 200 Sketsche, mit denen sie das Schwäbische popularisierten, festgehalten. Nach dem Tod von Willy Reichert (1973) wirkte Heiler noch in einigen Fernsehspielen und Theaterstücken mit.

Heiler, Oscar: *Sind Sie ein Schwabe, Herr Häberle?* Stuttgart 1976. – Ders.: *Bekenntnisse eines Komödianten.* Gerlingen 1991. – Keuler, Ulrich: *Häberle und Pfleiderer – Zur Geschichte, Machart und Funktion.* Tübingen 1992.

Heller, Fritz **1889 Wien; † 24. 12. 1966 Wien.*
Schauspieler, Kabarettist, Komiker
Obwohl von den Eltern zum Rabbiner bestimmt, begann er seine Laufbahn in der Wiener Kindertheatergruppe Duschinsky. Als Schauspieler schlug er sich an vielen Provinzbühnen durch. Als Komiker populär wurde er seit 1920 im Wiener

Fritz Heller, der Komiker im Wiener »Simplicissimus«

Kabarett → *Hölle* und seit 1922 in Doppelconférencen mit → *Fritz Imhoff* in der »Femina«, wo er mit Unterbrechungen bis 1938 alle komischen Rollen spielte, so als »Bauchrednerpuppe«, als »alte Dame mit Kapotthütchen«, als »Baby im Kinderwagen«. Seit 1924 wurde er für die »Emil-Schwarz-Revuen« im Wiener »Ronacher« engagiert, so neben Lilian Harvey in der Revue »Alles per Radio«.
1938 wurde er in das KZ Dachau verschleppt, von wo ihn seine Frau für 900 Reichsmark mit dem Versprechen, das »Deutsche Reich« für immer zu verlassen, freikaufte. Am 12.4. 1939 emigrierte das Ehepaar von Triest nach Shanghai, wo Heller als Brotausträger und mit Kleinkunstveranstaltungen in Lokalen mühselig seinen Lebensunterhalt verdiente. Im Januar 1951 kehrte Heller mit seiner Frau über Neapel in einem Viehwaggon nach Wien zurück. Trat wieder im Theater auf und spielte in Fernsehstücken und zahlreichen Filmen (»Herr Puntila und sein Knecht Matti«, 1955 u.a.) und wurde am Kabarett → *Simplicissimus* (Wien) für die folgenden fünfzehn Jahre der beliebteste Komiker.

Heller, Leo ** 18.3. 1876 Wien; † um 1949.* Journalist, Kabarettautor, Erzähler
Kam als junger Mann nach Berlin, schrieb 1901 Texte für das → *Überbrettl.* Hauptberuflich Redakteur an der »Nationalzeitung«, schrieb er zumeist Gedichte und Szenen im Jargon (und mit Themen) der Berliner Unterwelt, so für die »Weiße Maus« und (1921) für die → *Wilde Bühne*, als deren Hausautor ihn → *Trude Hesterberg* engagierte. 1921 gab er seine Gedichte gesammelt unter dem Titel »Aus Pennen und Kaschemmen« heraus, dem 1922 der Band *Berlin, Berlin, wat macht et?»* folgte. Außer der Hesterberg trugen vor allem → *Annemarie Hase* und Dora Paulsen seine Texte im Kabarett vor.

Hempel-Soos, Karin . Journalistin, Kabarettistin, Lyrikerin
Drehte als Journalistin Dokumentarfilme und verfaßte Zeitungsberichte. Als SPD-Mitglied engagiert sie sich im Kreis von SPD und Gewerkschaftsfrauen. Als Kabarettistin (»Spottdrossel von Bonn«) attackiert sie die »Patriarchen« der eigenen Partei. Das satirische Spiel mit der Sprache, das »Entlarven von Worthülsen« brachte sie mit viel Komik in Programmen unter Titeln wie »Ich fühl mich wohl mit Blüm und Kohl« (1984); »Für Männer verboten« (1986); »Jungfrau H.C.« (1988, mit → *Konrad Beikircher*); »Frauen gehören ins Bett« (1989) und »Der Männerbeauftragte« (1996).
Ein Porträt von Anna Dünnebier brachte die ARD 1983 in der Sendereihe »Frauengeschichten«. Seit 1988 moderiert sie beim WDR in der Hörfunksendung »Unterhaltung am Wochenende«. Ihre lyrischen Gedichte veröffentlichte sie in fünf Bänden.

Hennings, Emmy ** 17. 1. 1885 Flensburg; † 10. 8. 1948 Sorengo bei Lugano.* Schauspielerin und Vortragskünstlerin
Trat in Berlin, Budapest, München [im → *Simplicissimus* (München)] auf. Lernte in München → *Hugo Ball* kennen (Heirat 1920), emigrierte mit ihm 1915 in die Schweiz und trat dort im → *Cabaret Voltaire* auf. Schrieb Gedichte, Erzählungen, Märchen, Legenden und Erinnerungen an Hugo Ball.

Merkelbach, Bernhard (Hrsg.): *Emmy Ball-Hennings – Betrunken taumeln alle Litfaßsäulen. Frühe Texte.* Hannover 1990.

Emmy Hennings. Holzschnitt: Marcel Janco, 1916

Henningsen, Jürgen ** 1. 6. 1933 Kiel; † 14. 10. 1983 Münster.* Kabaretttheoretiker und -autor
Studierte in Kiel und Göttingen Pädagogik, Philosophie, Germanistik, Anglistik und vergleichende Indogermanische Sprachwissenschaft. 1954/55 Lehrer, 1957 Dr. phil. Von 1964 bis 1967 Dozenturen an den Pädagogischen Hochschulen Hannover und Kettwig (Ruhr). Dort gab er dem Lehrerkabarett → *Die NIveau-HILISTEN* (1964 bis 1971) mit Textbeiträgen und Regie Stil und Linie. 1967 veröffentlichte er eine »Theorie des Kabaretts«, war Referent für Grundsatzfragen und Koordinierung der Lehrerbildung und für Politische Bildung im Kultusministerium von Nordrhein-Westfalen. 1976 regte er zusammen mit seinem Kollegen Professor Dr. Anton Austermann die Gründung des Münsteraner Studentenkabaretts »Fortschrott« an, bestehend aus Studenten der Pädagogik am Institut für Erziehungswissenschaft der Universität Münster, schrieb Texte dafür und spielte mit.

Henry, Marc (eigentlich: Achille Georges d'Ailly-Vaucheret) *(Lebensdaten nicht bekannt).* Schriftsteller, Journalist, Kabarettist
Trat in Paris im Cabaret »Le Lapin agile« auf. Ging zum Studium nach München und gab hier die »Revue Franco-Allemande« heraus. 1900 initiierte er die Gründung einer deutschen Version des → *Cabaret artistique* und brachte die → *Elf Scharfrichter* zusammen, deren Organisator und Conférencier er bis zu deren Ende 1904 war. Als einzige Frau hatte er → *Marya Delvard* in das Ensemble eingebracht. 1906 eröffneten beide in Wien das → *Cabaret Nachtlicht* (das Henry nach einem handgreiflichen Streit und nachfolgendem Prozeß mit → *Karl Kraus* aufgab) und 1907 das → *Cabaret Fledermaus.* Schrieb zusammen mit → *Hanns Heinz Ewers* das Libretto zu Eugen d'Alberts Oper »Die toten Augen«. Henry kehrte vor Ausbruch des Ersten Weltkrieges nach Frankreich zurück und soll 1915 gefallen sein.

Herbst, Jo ** 11. 8. 1928 Berlin; † 18. 9. 1980 Berlin.*
Schauspieler, Kabarettist, Kabarettautor
Sah als Schauspielschüler in Berlin 1947 die Kabarettrevue »Schwarzer Jahrmarkt« von → *Günter Neumann* und beschloß, Kabarettist zu werden. Gründete 1949 mit anderen → *Die Stachelschweine* und wurde einer ihrer besten Autoren und Darsteller. Schrieb Texte auch für das Kabarett im »Rauchfang«, den → *Nürnberger*

 Trichter, → *Die Schiedsrichter* und die → *Münchner Lach- und Schießgesellschaft*. Blieb bei den *Stachelschweinen* bis 1964 und schrieb bis 1961 Texte für sie. Wirkte bei der Neuinszenierung des »Schwarzen Jahrmarkts« 1972 in West-Berlin mit, ferner – als Darsteller und Autor – in zahlreichen kabarettistischen Veranstaltungen, in Funk und Fernsehen, trat in Komödien auf und in Filmen, u.a. in »Der Hauptmann und sein Held« (1955), »Die Halbstarken« (1956), »Das Mädchen Rosemarie«, (1958, auch als Chansonautor).

Ursula Herking 1945 in der »Schaubude«, München, mit dem »Marschlied 45« von Erich Kästner (Text) und Edmund Nick (Musik)

Herking, Ursula (eigentlich: Ursula Klein) **28. 1. 1912 Dessau; † 17. 11. 1974 München.* Schauspielerin und Kabarettistin

Die Tochter eines Schauspielers und einer Sängerin erhielt ihre Ausbildung bei Leopold Jessner an der Staatlichen Schauspielschule, Berlin. Erstes Engagement 1930 in Dessau, 1933 kurz am »Schiller-Theater«, Berlin, dann von → *Paul Schneider-Duncker* an dessen Kabarett im Restaurant »Uhlandeck« verpflichtet. Dort entdeckte → *Werner Finck* sie und engagierte sie an die → *Katakombe*. Daneben drehte sie bei der Ufa einige kleinere Filme und wirkte in dem Spielfilm »Die vier Gesellen« (mit Ingrid Bergman) mit. Nach Schließung der *Katakombe* war sie 1935 beim → *Tatzelwurm*, spielte dann aber hauptsächlich Theater (u.a. am »Deutschen Theater« und an deren »Kammerspielen«). 1937 wirkte sie in einer Kabarettrevue von und mit → *Helmut Käutner* im → *Kabarett der Komiker* mit. 1946 wurde sie an die → *Schaubude*, München, engagiert. Hier begann mit dem »Marschlied 1945« von → *Erich Kästner* ihre große Zeit als Kabarettistin (»Das Lied vom Warten«, »Fräulein Grün« u.a.). Nach dem Ende der *Schaubude* spielte sie bis 1949 wieder Theater, gastierte ein halbes Jahr beim → *Kom(m)ödchen*, Düsseldorf, ging dann an die → *Bonbonniere* (Hamburg), wo sie zusammen mit → *Wolfgang Neuss* auftrat (Programm »Narr-kose«, 1950, u.a.). Dort wurde sie von → *Trude Kolman* gesehen und 1951 nach München an → *Die Kleine Freiheit* engagiert.
Bereits am 24.4. 1951 schied sie aus dem Kollektiv der »Kleinen Freiheit« aus und ging nach Berlin. Gründete dort mit Wolfgang Neuss, → *Wolfgang Müller*, → *Dieter Thierry*, Walter Gross und anderen den → *Nürnberger Trichter*. 1954 machte sie

mit Wolfgang Neuss im »Rauchfang« ein literarisches Zweipersonenkabarett und spielte mit ihm, Thierry und Müller in der »Komödie« 1954 in Nachtvorstellungen »Macht bloß keen Theater!«. Zwischendurch Theater und Film. 1955/56 spielte sie noch einmal in der »Kleinen Freiheit«. In dem Siodmak-Film »Kinder, Mütter und ein General« erlebte sie endlich ihren Durchbruch zur Charakterschauspielerin.

Trotz Kabarettmüdigkeit machte sie danach doch wieder Kabarett: von Herbst 1956 bis April 1958 in der → *Münchner Lach- und Schießgesellschaft*, danach 1959 im »Kom(m)ödchen«. Spielte in der → *Zwiebel* mit → *Michael Burk* zwei Duoprogramme (»Blumen für Frau Müller«, 1957, und »Doppelbett mit Einzelhaft«, 1960). 1963 mit dem Stück »Gigi« (nach Colette) auf Tournee, 1964 Tournee durch die Goethe-Institute Skandinaviens mit ihrem Soloprogramm »Kinder, wie die Zeit vergeht!«. Spielte 1967 in der »Kleinen Freiheit« das Stück »Schwester George muß sterben« von Frank Marcus, 1969 am »Westfälischen Landestheater« → *Brechts* »Die Mutter« und 1972 am »Jungen Theater«, Hamburg, Rolf Hochhuths »Die Hebamme«. Erhielt 1967 den Schwabinger Kunstpreis.

Ursula Herking war als Kabarettistin eine typische Vertreterin der »Neuen Sachlichkeit«, nüchtern mit verdecktem Herzen, von einer bis ins Alter hinein mädchenhaften Kumpelhaftigkeit. Als Autor lag ihr am meisten Erich Kästner. Ihm verdankte sie ihre großen Chansons, vor allem in der »Schaubude«.

Herking, Ursula: *Danke für die Blumen*. München 1973.

Herkuleskeule Politisch-satirisches Kabarett in Dresden, gegründet 1954 auf Initiative von → *Otto Stark* von Künstlern des Staatstheaters, des Landesschauspiels und des »Theaters der jungen Generation«, Dresden.

Erstes Auftreten am Silvesterabend bei einem bunten Programm der Staatstheater im Großen Haus. Offizielle Premiere am 8. 1. 1955 im Otto-Grotewohl-Saal. Erstes Programm »Derf'n die'n das?« mit Ilse Maybrid, Lilo Oesterreich, Greta und Waldemar Baeger, Alexander Bauer, Wilhelm Burmeister. Heinz Löffler und Hans Lucke, und mit Texten von Otto Stark, Klaus Eidam, Hans Lucke, Otto Pirwitz, Ulrich Pohle und Alexander Bauer. Seit 1956, nach Verkleinerung des Ensembles auf Ilse Maybrid, Waldemar Baeger, Alexander Bauer und Otto Stark, nannte es sich *Herkuleskeulchen*, spielte nur noch selten und löste sich nach dem Überwech-

»Herkuleskeule«, Programm »Antrak auf STUMPHsinn« mit Gunter Antrag (oben) und Wolfgang Stumph, 1991

 seln von Stark zur → *Distel* (als Leiter) im Sommer 1959 auf. Neugründung durch den Rat der Stadt Dresden mit Manfred Schubert als neuem Leiter und einem neuen Ensemble 1960, Eröffnung am 1. 5. 1961 als »Kabarett der Stadt Dresden« mit dem Programm »Keine Witzbeschwerden«. Nach mehreren vorübergehenden Quartieren faßte die *Herkuleskeule* 1965/66 im Saal des Clubhauses am Hans-Beimler-Platz festes Quartier. Seit Dezember 1967 versuchte sie, vom reinen Nummernkabarett weg und zum Themenprogramm hinzukommen. 1967 Einbau sowjetischer Satiren in das Programm »Lach schneller, Genosse!«. 1980 brachte die *Herkuleskeule* mit »Bürger, schützt Eure Anlagen oder Wem die Mütze paßt« ein revueartig gebautes Programm als »Diskussionsstück« heraus, das → *Peter Ensikat* und → *Wolfgang Schaller* verfaßt hatten. Nach weiteren Stücken des Autorenduos (z.B.»Aus dem Leben eines Taugewas«, 1984; »Auf dich kommt es an, nicht auf alle«, 1986; »Überlebenszeit«, 1988) wurde Schaller 1988 künstlerischer Leiter und Gesellschafter des nach der Wende privatisierten Kabaretts. Ende 1988 absolvierte die *Herkuleskeule* ihr erstes Auslandsgastspiel. Sie steuerte mit Programmen von »Warten auf k.o.« (1991) bis »Bar aller Illusionen« (1993) über die Wogen der ersten Einheitsjahre und spielte in der bewährten Zusammenarbeit von Ensikat/Schaller die Programme »Rassefrauen« (1990) und »Gibt es ein Leben vor dem Tod?« Im Februar 1996 folgte »Jeder frißt sich selbst« (Regie: Matthias Nagatis) mit Manfred Breschke, Jörg Lehmann (Klavier), Jens Köhler (Cello) nach Texten von Breschke und Ralf Günther. Im Juni 1996 hatte das Programm »Schonni Wocher« von Ensikat/Schaller Premiere. Für die bisher neunzehn Programme zeichnet Wolfgang Schaller verantwortlich.

Lit.: Schaller, Wolfgang/Zobel, Wolfgang (Hrsg.): *Herkules-Keulereien – Kabarett-Texte.* Berlin 1976.

Herrmann-Neiße, Max (eigentlich: Max Herrmann) ** 23. 5. 1886 Neisse (Oberschlesien); † 8. 4. 1941 London.*
Lyriker, Kabarettautor, Theater- und Kabarettkritiker
Studierte in München und Breslau Germanistik und Kunstgeschichte. Seit 1909 freier Schriftsteller, seit 1917 in Berlin. Von 1914 bis 1917 veröffentlichte er mehrere Gedichtbände. Schrieb 1920 politische Couplets für das → *Schall und Rauch* (II), trat 1921 mit eigenem Repertoire in der → *Wilden Bühne* und in der → *Retorte* (Leipzig) auf. Schrieb von 1920 an die ersten ernst zu nehmenden Kabarettrezensionen in der »Neuen Schaubühne«, in »Der Kritiker« und im »Berliner Börsen-Courier«. 1924 erhielt er den Eichendorff-Preis.
Von 1925 bis 1929 war er Kabarettkritiker am »Berliner Tageblatt«, von 1926 bis 1932 Mitarbeiter an der »Literarischen Welt« und an → *Hans Reimanns* »Stachelschwein«. Schrieb nebenher weiter Gedichte, auch Romane und Theaterstücke. 1933 Emigration über Zürich nach London. Zwei weitere Gedichtbände 1936 und 1942. – Max Hermann-Neisse war nicht nur ein sprachsinnlicher Lyriker, sondern auch der erste, der das Kabarett als eigenständige Kunstform ernst nahm.

Grieger, Friedrich: *Max Herrmann-Neisse – Eine Einführung in sein Werk.* Wiesbaden 1951. – Max Hermann-Neisse: *Schriften zum Kabarett.* Bd. 9 der *Gesammelten Werke*, hrsg. von Klaus Völker. Frankfurt/Main 1988. – Völker, Klaus: *Max Hermann-Neisse – Künstler – Kneipen –*

Kabaretts. Berlin 1991. – Bemmann, Helga (Hrsg.): *Max Hermann-Neisse – Noch immer klimpert das Klavier – Gedichte, Lieder und Satiren.* Berlin 1974.

Herrchens Frauchen Satirisches Kabarett-Duo mit Lisa Politt und Gunter Schmidt. Begonnen hatten beide im »Hamburger Tuntenchor«, als sie mit Corny Littmann und Ernie Reinhardt im Schwulen-Kabarett »Familie Schmidt« auftraten. Spielen seit 1984 zusammen, zuerst in dem Programm »Hurra, ein Junge!«. Danach folgten die selbstgeschriebenen Programme »Fühlt euch wie Zuhause« (1984); »Prokuristen in Aspik« (1987); »Lieder, die Mut machen« (1987), »Herren-Los« (1991) und »Gedankenstrich« (1994). Dazwischen spielte 1989 Lisa Politt das Solo-Programm »Marika Rökk und ich – Eine Zwangsvorstellung«. 1991 erhielten sie den Förderpreis zum → *Deutschen Kleinkunstpreis.*

Hesterberg, Trude **2. 5. 1892 Berlin; † 31. 8. 1967 München.* Schauspielerin, Kabarettleiterin, Operettensängerin, Chansonniere, Kabarettistin

Trude Hesterberg

Die Tochter eines Berliner Drogisten studierte am Stern'schen Konservatorium Opern- und Konzertgesang und wurde 1912/13 an das »Deutsche Theater«, Berlin, als Claudine in Molières »George Dandin« engagiert. Spielte und sang 1913 in Köln in der Revue »Kölle, dat is jett för dich«. Nach Rückkehr Mitwirkung in musikalischen Lustspielen und Operetten in Berlin. In Jean Gilberts »Puppchen« sang sie den Titelschlager. Erster kabarettistischer Auftritt 1914/15 im »Eispalast« (nachmals: »Admiralspalast«) mit Couplets u.a. von Willy Prager. Sprang 1919 für die erkrankte → *Gussy Holl* im → *Schall und Rauch* (II) ein und fand so zum literarischen Chanson. 1920/21 wieder Operette (»Metropoltheater«). Am 5.9. 1921 eröffnete sie die → *Wilde Bühne*, die sie leitete und in der sie selber auftrat. Ende 1923 gab sie die »Wilde Bühne« ab und spielte und sang erneut in Operetten, Revuen und musikalischen Lustspielen, 1925 »Wann und Wo?«, 1926 »An und aus«, ferner »Dreimäderlhaus« u.a. Kreierte in »Die Scheidungsreise« den Schlager »Wer wird denn weinen, wenn man auseinandergeht?«. Sang 1928/29 im »Großen Schauspielhaus« vierhundertmal »Die lustige Witwe«, spielte 1930 in »Die drei Musketiere«, 1932 »Eine Frau, die weiß, was sie will«. Danach auf Gastspielreisen durch Deutschland. Sang und spielte die Witwe Begbick in → *Brecht*/ → *Weills* »Aufstieg und Fall der Stadt Mahagonny« (Dezember 1931 in Berlin).

 1926 und 1928 im → *Kabarett der Komiker,* 1931 im → *Karussell* in der kabarettistischen Revue »So wird's gemacht«. 1933/34 Tournee mit → *Kurt Robitschek* durch die Tschechoslowakei. Eröffnete 1933 in der Behrenstraße in Berlin das Kabarett → *Musenschaukel.* Stellte in ihrem Künstlerlokal »Groschenkeller« 1932 den Berlinern die → *Nachrichter* vor. Filmte und spielte Theater in Berlin und nach dem Zweiten Weltkrieg in München (hier als Mrs. Peachum in der Wiederaufführung der »Dreigroschenoper« an den »Münchner Kammerspielen«). Soloauftritte mit Chansons u.a. in der → *Zwiebel* (1959). Mitwirkung in der Kabarettrevue »Ach, du goldene Zeit!« 1960 an den »Münchner Kammerspielen«. Moderation der Fernseh-Jugendsendung »Teenager Party«.

Trude Hesterberg gehört zu der Generation Berliner → *Diseusen* und Chansonnieren, die im ersten Drittel des 20. Jahrhunderts einen eigenen, großstädtischen Chansonstil prägten. Anders als ihre Kolleginnen kam sie von der Operette und stellte ihren Gesangsstil jeweils auf die unterschiedlichen Sparten ein.

Hesterberg, Trude: *Was ich noch sagen wollte.* Berlin 1971.

Heymann, Werner Richard ** 14. 2. 1896 Königsberg; † 30. 5. 1961 München.*
Komponist

Studierte Musiktheorie und Kontrapunkt bei Paul Scheinpflug in Königsberg. Komponierte als Sechzehnjähriger sein erstes Orchesterwerk, nach dem Ersten Weltkrieg Bühnenmusiken. Seit 1919 mit → *Friedrich Hollaender* Hauskomponist am → *Schall und Rauch* (II), von 1921 an an der → *Wilden Bühne.* Vertonte Chansons von → *Klabund,* → *Walter Mehring,* → *Kurt Tucholsky* u.a. Schrieb seit 1925 Musiken zu Stummfilmen und »Stimmungsmusiken« für Dreharbeiten. Von 1926 bis 1928 Generalmusikdirektor der Ufa.

Nach Aufkommen des Tonfilms erfolgreichster Filmkomponist Deutschlands mit Schlagern für »Die drei von der Tankstelle«, »Bomben auf Monte Carlo«, »Der Kongreß tanzt«, »Ein blonder Traum« u.a. nach Liedtexten von → *Robert Gilbert.* 1933 Emigration nach Paris (wo er Komödien, u.a. von Sacha Guitry, komponierte), dann in die USA. Schrieb dort Musiken für Filme der »Centfox«, Hollywood. Bühnen- und Filmmusiken in Paris und London. 1936 wieder in Hollywood, schrieb er die Musiken zu über vierzig Tonfilmen, u.a. »Ninotschka«, »Rendezvous nach Ladenschluß«, »Sein oder Nichtsein«. 1950 nach Europa zurückgekehrt, ließ er sich in München nieder, komponierte erneut Filmmusiken (zu »Alraune« u.a.) und schrieb zusammen mit Gilbert Chansons zur Bühnenfassung von »Professor Unrat« von Erich Ebermayer in der »Kleinen Komödie«, München. 1953 schrieben die beiden das musikalische Lustspiel »Kiki vom Montmartre« (1954 Uraufführung in Stuttgart). Letztes persönliches Auftreten in der Tucholsky-Matinee »Und ruh' von meinem Vaterlande aus« 1960 an den »Münchner Kammerspielen« als musikalischer Begleiter seiner alten Kabarettchansons.

Werner R. Heymanns Musiken glichen sich kongenial der jeweiligen Textvorlage an, ob es Walter Mehrings Großstadtlyrik war (»Die Kälte«, »An den Kanälen«) oder Kurt Tucholskys erotische Balladen (»Das Leibregiment«, »Die Dorfschöne«). Selbst seine Schlagerevergreens (»Liebling, mein Herz läßt dich grüßen«, »Das gibt's nur einmal, das kommt nicht wieder« u.a.) verloren nie das Chansonelement, waren Schlagerchansons im besten Sinne.

Heyne, Kurd E. **3. 10. 1906 Braunschweig; † 7. 5. 1961 bei Luzern.*
Schriftsteller, Schauspieler, Komponist, Kabarettist, Regisseur
Studierte in Göttingen und Berlin Philologie. Gründete zusammen mit → *Helmut Käutner* und Bobby Todd 1930 → *Die Nachrichter*, war ein Teil von ihnen und schrieb für sie Texte und Chansons. Nach dem Ende der »Nachrichter« 1935 schrieb er zunächst Theaterstücke und musikalische Lustspiele (»Juchten und Lavendel« mit Helmut Käutner und Bernhard Eichhorn, »Ein Mann kommt in die Stadt« mit → *Werner Finck* und Harald Böhmelt). Emigrierte 1938 in die Schweiz und wirkte bis zu seinem Tode am Stadttheater Basel als Schauspieler und Regisseur. Verfaßte nebenbei heitere und ernste Hörspiele, die vom schweizerischen Rundfunk und nach dem Zweiten Weltkrieg auch von deutschen Rundfunkanstalten häufig gesendet wurden, sowie Texte für den → *Kaktus.*

Hildebrand, Hilde **10. 9. 1897 Hannover; † 25. 5. 1976 West-Berlin.*
Schauspielerin, Kabarettistin, Chansonniere
Nahm 1905 Ballettunterricht am Hoftheater Hannover. Kam 1922 nach Berlin, trat seit 1924 als Salondame in Boulevardstücken an Theatern in Berlin, Hamburg, Stuttgart, Frankfurt/Main auf. Wirkte im Juli 1927 im → *Kabarett* der Komiker in dem Programm »Hier herrscht Ordnung« mit. 1932 engagierte → *Rudolf Nelson* sie an sein Kabarett im Blauen Saal des Edel-Hotels für die Kabarettrevuen »Es hat geklingelt« (1932) und »Etwas für Sie« (1933; darin »Der Vamp«, »Die Dame von der alten Schule«).
In der Uraufführung von Künnekes »Lieselott« Februar 1932 sang sie zusammen mit → *Gustaf Gründgens* das Chanson »Gräfin, was sind wir beide vornehm!«. Sang Chansons auch in Filmen (»Die englische Heirat«, 1935, darin »Liebe ist ein Geheimnis«), »Große Freiheit Nr. 7« (1944, darin »Beim erstenmal, da tut's noch weh«). In der Neuverfilmung der »Dreigroschenoper« 1962 war sie die Mrs. Peachum. Spielte nach dem Zweiten Weltkrieg Theater (»Die Irre von Chaillot«, »Besuch der alten Dame«) und sang Chansons in Rundfunk- und Fernsehsendungen.
Ihre vampige Note, ihre Kühle und aufreizende Eleganz prädestinierten sie zur Nachfolgerin von → *Marlene Dietrich.* Daß sich die Nazis für Zarah Leander entschieden, hing nicht zuletzt mit ihrer ablehnenden Haltung gegenüber dem Regime zusammen.

Hildebrandt, Dieter **23. 5. 1927 Bunzlau (Niederschlesien).*
Kabarettist, Kabarettautor, Schauspieler
Sohn eines Landwirtschaftsschuldirektors. War mit sechzehn Jahren Flakhelfer in Berlin. Geriet mit achtzehn Jahren in britische Kriegsgefangenschaft. 1947 Abitur in Weiden (Oberpfalz). War danach zwei Jahre Lagerarbeiter in einem amerikanischen PX-Laden in Grafenwöhr. 1950 Immatrikulation für Literatur- und Kunstgeschichte und für Theaterwissenschaft an der Universität München, um Dramaturg und Regisseur zu werden. Nahm nebenher zwei Jahre Schauspielunterricht bei Alice Strathmann am Seminar für Ausdrucksschulung in München. Arbeitete als Werkstudent, Bankbote, Hilfsarbeiter, Regenschirmverkäufer. Wurde 1952

Dieter Hildebrandt 1972 in der »Münchner Lach- und Schieß-gesellschaft« mit seinem Solo in »Der Abfall Bayerns«

Platzanweiser in der → *Kleinen Freiheit.* Begegnete dort bei einem Gastspiel des Studentenkabaretts »Die Seminarren« → *Klaus Peter Schreiner.*

Kam Januar 1955 in Kontakt mit Hans Guido Weber und Gerd Potyka von der Studiobühne der Universität München und stellte mit ihnen und Schreiner das Programm eines studentischen Faschingskabaretts zusammen, das sie am 17. 2. 1955 in der »Alten Laterne« in Schwabing aufführten (→ *Die Namenlosen*). Aufgrund des Erfolgs und der Weiterführung der »Namenlosen« brach Hildebrandt nach zehn Semestern und mit einer angefangenen Dissertation sein Studium ab und wurde hauptberuflich Kabarettist und Kabarettautor – bis Herbst 1956 bei den »Namenlosen«, von Dezember 1956 bis Sommer 1972 bei der → *Münchner Lach- und Schießgesellschaft* als Autor und Interpret, seitdem nur noch als – gelegentlicher – Autor. Moderierte von 1973 bis 1979 die monatliche satirische Fernsehsendung »Notizen aus der Provinz« (ZDF) und ist seit Juni 1980 Protagonist der satirischen Fernsehserie »Scheibenwischer« des SFB (→ *Medienkabarett*).

Von 1974 bis 1982 schrieb und spielte er mit → *Werner Schneyder* die Duoprogramme »Talk täglich«, Mai 1974; »Lametta & Co.«, November 1975; »Wie abgerissen«, Oktober 1977; »Keine Fragen mehr«, April 1979; »Ende der Spielzeit«, Oktober 1981. Unternahm 1977 eine Tournee mit den »Philharmonischen Cellisten«, Köln, und dem Programm »Klassik, Ragtime, Kabarett«. Schrieb 1966 ein Soloprogramm für → *Ursula Herking*, außerdem zahlreiche Beiträge zu Funk- und Fernsehsendungen. 1983 Mitwirkung in dem satirischen Film »Kehraus« von → *Gerhard Polt* und → *Hanns Christian Müller.* 1984 Mitwirkung in dem »szenischen Kabarett« »München leuchtet« an den »Münchner Kammerspielen«. Las seit 1985 öffentlich aus dem Manuskript seines Buches »Was bleibt mir übrig«. Im historischen Gewand des Satirikers Julius Stettenheim alias »Wippchen« (1831–1916) nahm er 1991 mit Renate Küster und Franz Josef Grümmer das Kriegsgeschehen der Gegenwart satirisch unter die Lupe. Erhielt 1977 den → *Deutschen Kleinkunstpreis* und für seine »Scheibenwischer«-Sendungen vom Verband deutscher Kritiker den Berliner Kunstpreis 1983 für Fernsehen.

Dieter Hildebrandt verkörpert den Typ des verschmitzten »kleinen Mannes«, der – ein moderner Eulenspiegel und Schweijk – mit lächelndem Gesicht harte, zugespitzte Wahrheiten in intellektuell geschliffener Form sagt. Auch außerhalb des Kabaretts agiert er, freilich stets mit kabarettistischen Mitteln, für linke Initiativen.

Er ist der bekannteste und beliebteste Kabarettist im deutschen Sprachraum, was ihm Schwierigkeiten mit Politikern und Fernsehgewaltigen allerdings nicht erspart.

Hildebrandt, Dieter: *Was bleibt mir übrig – Anmerkungen zu (meinen) 30 Jahren Kabarett.* München 1986. – Ders.; *Denkzettel.* München 1992. – Ders.: *Der Anbieter.* Berlin 1994.

Hille, Peter ** 11. 9. 1854 Erwitzen (Westfalen); † 7. 5. 1904 Berlin.*
Lyriker, Aphoristiker, Romancier, Kabarettist
Hille war um die Jahrhundertwende einer der führenden Köpfe der Berliner Boheme. War nach langen Wanderungen 1885 nach Berlin gekommen und sprach in verschiedenen Berliner → *Kneipenbrettln* seine Gedichte und Aphorismen, so erstmals 1901 im »Hungrigen Pegasus«, 1903 im »Poetenbänkel zum Siebenten Himmel«. 1903 etablierte er sich im »Ristorante Vesuvio« von Carlo Dalbelli mit seinem »Cabaret zum Peter Hille« und las dort Freunden (unter ihnen Else Lasker-Schüler, Margarete Beutler, Richard Dehmel und → *Erich Mühsam*) seine Gedichte und Aphorismen vor. Alle seine Texte kritzelte er auf kleine Zettel, die er in einem großen Sack mit sich herumtrug. Er starb, keine fünfzig Jahre alt, lungenkrank auf einer Parkbank vor der S-Bahn-Station Berlin-Lichterfelde.

Hart, Julius (Hrsg.): *Peter Hille – Gesammelte Werke.* Berlin 1921.

Die Hinterbliebenen Literarisch-politisches Reisekabarett, gegründet im Frühsommer 1945 in Bad Reichenhall von dem Berliner Schriftsteller → *Heinz Hartwig*, dem Wiener Schauspieler Roman Sporer und dem Regisseur Hans Albert Schewe, zu denen sich der Regisseur Fritz Peter Buch und der Schriftsteller und Kabarettautor → *Gerhart Herrmann Mostar* gesellten.

Nach dem Eröffnungsprogramm Anfang Dezember 1945 (»Wir heizen ein«) im Bauerntheater der Leni Meth in Bad Reichenhall zogen *Die Hinterbliebenen* vier Jahre lang zuerst durch die bayerische Provinz und dann durch die drei Westzonen Deutschlands und machten im Juni 1946 auch einen Abstecher nach Berlin (→ *Cabaret Ulenspiegel*). Die Texte schrieben Hartwig und Mostar, die Darsteller waren: Hans Bernuth, Ruth von Brause, Gerda Bundesmann, Hans Günter Dzulko, Senta Foltin, Jente von Lossow, Elisabeth Puhr, Margarete Trampe und Claire Winter. Anfang 1949 fielen *Die Hinterbliebenen* der Währungsreform zum Opfer und lösten sich auf.

»Die Hinterbliebenen«. Plakat eines Gastspiels 1946

148 *Die Hinterbliebenen* verstanden sich als sozialistisches Kabarettkollektiv. Bei all ihrem Witz und all ihrer musischen Begabung benutzten sie das Unterhaltende ihrer Texte als Mittel zur Aufrüttelung und zur Selbstbesinnung ihres Publikums unter Lachen. Ihre unbestechliche Kritik trug ihnen den Argwohn der Besatzungsmächte und die Mißgunst vieler Gruppen der Besiegten ein, die sich in Pfeifkonzerten, Abreißkommandos und Zensurmaßnahmen äußerten.

Die Hintertreppe Politisch-satirisches Kabarett in Nürnberg, Luitpoldstraße 15, unter Leitung von Horst W. Blome (* 1938), eröffnet am 6.10. 1962 mit dem Programm »Hoppla, wir beben« mit Gisela Dietz, Alexa Pichel, Horst W. Blome (der auch die Texte schrieb), Jost Hinrich Busse. Mit dem gleichen Ensemble spielte Blome die Programme: »Wer einmal in den Fettnapf tritt« (25. 3. 1963); »Über allen Zipfeln ist Ruh« (22. 2. 1964); »Wer nie sein Brot mit Zähnen aß« (31. 10. 1964); »Die Rübe ist der Güter höchstes nicht« (23. 1. 1965) und zahlreiche Theaterstücke, u.a. »Schloß Gripsholm« (1964) nach einem Roman von → *Kurt Tucholsky*; »Autobus S« (1966) von Raymond Quenau. Dann folgten, mit Blome und Maximilian Sillaber, zwei Soloprogramme: »Bis zum letzten Wutstropfen« (8. 12. 1965) und »Ene mene mink-mank...« (6. 5. 1966), in denen Sprache und Satire schärfer wurden. Mit dem Ensemble folgte noch das zehnte Programm »Wer mit Hunden schläft« (25. 7. 1967).
Erste Demonstrationen in der Zeit der Außerparlamentarischen Opposition (APO) in Nürnberg (mit Blome-Transparenten: »Fickt Frau Saubermann«) führten zur Festnahme des Theateraktivisten. Ein öffentliches »Schah-Happening« in einer belebten Fußgängerzone (bei dem u.a. ein Darsteller als Persiens Schah Reza Pahlevi mit einer Rolle Toilettenpapier gekrönt wurde) erregte bei den Nürnberger Stadträten Empörung.
Sein letztes Programm, »Ist der Marx bewohnt?«, brachte Blome als Solo heraus, in dem er, aus den »Grundlagen des 19. Jahrhunderts« des völkischen Kulturphilosophen Houston Stewart Chamberlain lesend, einen Striptease vollführte. Er bekam mehrere Strafanzeigen wegen Erregung öffentlichen Ärgernisses, u.a. vom Evangelisch-Lutherischen Dekanat, weil er am Portal der St.-Sebaldus-Kirche in Nürnberg am 31.10.1967 zum 450. Jahrestag der Reformation 95 neue »Thesen« angeschlagen und verteilt hatte, aufgrund derer er »wegen Verbreitung unzüchtiger Schriften« zu vier Monaten Haft ohne Bewährung verurteilt wurde. Blome wurde aus der SPD ausgeschlossen, da er nach Ansicht seiner früheren Parteifreunde das »Ansehen der Partei« durch seine Auftritte und Demonstrationen »aufs Schwerste geschädigt« hatte. Der Kabarettkeller der Hintertreppe wurde ihm gekündigt und am 31.12. 1967, angeblich »wegen fehlender Parkplätze«, geschlossen.
Blome trat danach bis Mitte der achtziger Jahre als Solist bei verschiedenen Festivals und Veranstaltungen auf, u.a. mit »Songs und Texten von Brecht«. Nach dem 1968 eröffneten Postershop, »Cuba-libre-Laden-« (»Linker Lust-Laden«), mit angeschlossenem Versand, eröffnete Blome 1970 in Nürnberg das »Libresso-Buchzentrum« und betrieb 1973 bis 1976 in der Brosamenstraße 12 das Gastspielhaus »Theater am Kopernikusplatz« (TAK).

Hippen, Reinhard ** 17. 1. 1942 Leer/Ostfriesland.*
Gründer des »Deutschen Kabarett-Archivs« (→ *Kabarett-Archive*)
Studierte von 1962 bis 1966 Design und Visuelle Kommunikation an der Werkkunstschule Rheinland-Pfalz. Danach dort zwei Jahre Assistent und vier Jahre Lehrbeauftragter. Von 1968 bis 1989 freischaffender Grafik-Designer.
Begann 1958 mit dem Sammeln von Materialien über das Kabarett und baute sein Hobby zum Deutschen Kabarett-Archiv aus, das seit 1989 in der Trägerschaft der Stadt Mainz als Stiftung Deutsches Kabarettarchiv weitergeführt wird, in der Hippen als Archivar tätig ist. Von 1964 bis 1970 Mitherausgeber der Zeitschrift »song«. Ständiger Mitarbeiter der Zeitschriften »folk-magazin«, »Pardon« u.a. Mitveranstalter bzw. Berater zahlreicher einschlägiger Kulturveranstaltungen, u.a. der »Chanson Folklore International Festivals« auf Burg Waldeck (1964–1969), der »Essener Kabarett-Tage« (1964–1968), der »Essener Song-Tage« (1968) und des »Open-Ohr-Festivals« in Mainz (seit 1974). Initiator und Jurymitglied verschiedener Wettbewerbe, u.a. »Deutscher Kleinkunstpreis« (→ *Kabarett-Preise*) seit 1974. Hielt und hält Vorträge und Seminare über die Themen »Politisches Lied«, »Chanson« und »Kabarett« in Kulturhäusern, Volkshochschulen und Universitäten. Veranstaltete 1979 eine Ausstellung zum Thema »Chanson«, 1981–84 die Wanderausstellung »80 Jahre Kabarett in Deutschland«, die in mehr als zwei Dutzend westdeutschen Städten und im Ausland gezeigt wurde; verfaßte zum gleichen Thema die ZDF-Matinee »Kein Grund zum Feiern« (18. 1. 1981) und – mit → *Volker Kühn* – die zwölfteilige Hörfunkserie »Sich fügen – heißt lügen«. Autor der Hörfunkserien über die Themen »Chanson«, »Politisches Lied« und »Geschichte des Kabaretts« an verschiedenen Sendern. 1989 Wanderausstellung »Hurra, Humor ist eingeplant – 40 Jahre Kabarett in der DDR«. 1991–94 Fernseh-Kabarettreihe »90 Jahre Satire gegen den Zeitgeist« monatlich im Kanal 4, die von RTL ausgestrahlt wurde. Zahlreiche Veröffentlichungen in Zeitschriften, Büchern und Einzelsendungen von Hörfunk und Fernsehen und eine auf 25 Bände angelegte Buchreihe *Kabarettgeschichte-n* im Pendo-Verlag, Zürich.

→ Literatur zum Kabarett im Anhang.

Hoche, Karl ** 11. 8. 1936 Schreckenstein (Böhmen).*
Schriftsteller, Kabarettautor, Kabarettist
Studierte 1961–1965 Jura in München, war während seiner Referendarzeit 1966–1967 als Autor und Darsteller bei dem Münchner Kabarett »Die Stichlinge«. Hoche gab die Juristerei auf und lebt als freier Schriftsteller in München. Er veröffentlicht in Blättern wie »Pardon« und »Die Zeit«, schreibt für den Rundfunk. Texte lieferte er auch für das Stuttgarter → *Renitenztheater* (1970) und für das Düsseldorfer → *Kom(m)ödchen* (1976). Seine literarischen Parodien erschienen 1971 in »Schreibmaschinentypen«, seine Satiren und Parodien 1976 in »Das Hoche Lied« und 1983 in »Ein Strauss Satiren«. 1984 veröffentlichte er unter dem Titel »Die Lage war noch nie so ernst« »Eine Geschichte der Bundesrepublik in ihrer Satire«.

 Hoerning, Hanskarl **28. 12. 1931 Leipzig.* Kabarettist und Kabarettautor
Begann nach dem Schauspielstudium in Leipzig im Juni 1954 am »Theater der jungen Garde« in Halle im Kabarettprogramm »In Teufels Küche«; war 1955/56 als Darsteller und Autor bei den »Halberstädter Würstchen«. Trat seit 1958 in mehr als siebzig seither gelaufenen Programmen der → *Pfeffermühle* (Leipzig) auf, einige Jahre in der Standardszene »Straßenbauarbeiten« (mit Manfred Stephan). Bestritt daneben zwei Soloprogramme: »Der Brettlstudent« (1976) und »Scherz mit Vieren« (1984). 1976 gründete er in Leipzig mit dem Komponisten Christoph Rueger das kurzlebige »Cabaret am Naschmarkt«. 1988 erinnerte er mit einer szenischen Lesung im Leipziger Külz-Haus an den Kabarettisten → *Wolfgang Neuss* (»Neuss Denken«). 1996 verabschiedete er sich von der *Pfeffermühle* mit dem Programm »Freiheit ausgeschlossen oder Wir kommen (uns) ins Gehege«, in dem er neben Heiderose Seifert und Dieter Richter spielte. Hoerning schrieb zeitweise für das Fernsehen, u.a. 1963 das Fernsehmusical »Zimmerkomödie«. In verschiedenen Büchern (»Geh hin, wo der Pfeffer wächst«, Berlin 1984; »Keinen Pfifferling wert«, Jena 1989) beschrieb er (belegt durch Textbeispiele) seine »Pfeffermühlen«-Zeit. 1994 zog Hoerning das vorläufige Fazit seines Kabarettisten-Daseins in dem Buch *Harlekin im Stasiland*, 1996 veröffentlichte er *Drachensaat – 75 Jahre Kabarett in Leipzig.*

Hoffmann, Klaus **26. 3. 1951 Berlin.*
Schauspieler, Chansonnier, Liedermacher
Machte nach einer Lehre in der Stahl- und Eisenbranche als Aussteiger eine längere Asienreise. Absolvierte bis 1974 eine Schauspielausbildung am Berliner Max Reinhardt-Seminar. Spielte einige Rollen an der »Freien Volksbühne«, Berlin (u.a. den Romeo in »Romeo und Julia«, den Alan in Peter Shaffers »Equus«). Wirkte 1976 in einer Reihe von Fernseh- und Filmproduktionen mit. Seine Rolle des Edgar Wibeau in Ulrich Plenzdorfs Film »Die neuen Leiden des jungen W.« machte ihn in Deutschland bekannt und brachte ihm zwei Auszeichnungen ein: die »Goldene Kamera« (1976) und den »Bambi« (1977). 1977/78 war er am »Thalia-Theater«, Hamburg engagiert.
Mehr und mehr drängte es ihn jedoch zur Musik. Zunächst mit Liedern von Jacques Brel, die er ins Deutsche übertrug und für die er 1978 den → *Deutschen Kleinkunstpreis* erhielt, während ihm 1980 für seine Schallplatte »Westend«, die eigene Lieder enthält, der Preis der »Deutschen Phonoakademie« zugesprochen wurde. Immer wieder entzog er sich der Vermarktung, um sich danach mit neuen Gedanken und musikalischen Ideen zurückzumelden. »Ciao Bella« aus der gleichnamigen Schallplatte von 1983 markiert einen solchen Wendepunkt, die Aufarbeitung seiner Kindheit.

Hoffmann, Klaus: *Was fang ich an in dieser Stadt – Lieder aus fünfzehn Jahren*, Berlin 1983 – *Wenn ich sing. Tschangzongs, vastehste? – Lieder und Texte*, Reinbek 1986.

Hofnarren Seit dem hohen Mittelalter bis ins 17. Jahrhundert (Frankreich) und 18. Jahrhundert (Deutschland) Spaßmacher und Unterhalter an Fürstenhöfen, denen ihre Herren gnädig gestatteten, mehr oder weniger scharfe Kritik an ihnen und anderen Personen und Zuständen zu üben. Die Grenzen wiesen ihnen absolutistische Fürsten wie der Preußenkönig Friedrich Wilhelm I., der Gelehrte zu Hofnarren degradierte und ihnen ihren anbefohlenen Freimut durch grausame Scherze zu vergelten pflegte. Die Hofnarren in einer Monarchie sind nicht zu verwechseln mit Kabarettisten in einer Demokratie, obwohl sie häufig als solche bezeichnet werden – verdienter- wie unverdientermaßen.

Franz Hohler 1979 in »Schubert-Abend« (Foto: Klaus Hennch)

Hohler, Franz ** 1. 3. 1943 Biel (Schweiz).*
Schriftsteller, Solokabarettist, Liedermacher
Aufgewachsen in Olten, studierte fünf Semester Germanistik und Romanistik an der Universität Zürich. Begann am 7. 5. 1965 während seines Studiums im Kellertheater der Universität Zürich mit dem Programm »pizzicato«. Es folgten: »Die Sparharfe (1967), »Kabarett in 8 Sprachen« (1969), »Doppelgriffe« (1970), »Die Nachtübung« (1973) und »Schubert-Abend« (1979). Schon mit seinem ersten Programm gastierte Hohler in größeren Theatern und Kabaretts in der Schweiz, in Berlin und in der → *Münchner Lach- und Schießgesellschaft.* Seither haben ihn seine Soloprogramme (»Der Flug nach Milano«, 1985; »Ein Abend mit Franz Hohler«, 1990; »Drachenjagd«, 1994; »Wie die Berge in die Schweiz kamen«, 1995) außer in die deutschsprachigen, die romanischen und die skandinavischen Länder u.a. in die ČSR, nach Jugoslawien, Frankreich, Israel, Kanada und in die USA geführt.
Hohler hat überdies Erzählungen, Kinderbücher, Theaterstücke, Hör- und Fernsehspiele geschrieben. Seit 1979 gestaltete er eine regelmäßig gesendete satirische Viertelstundensendung, »Denkpause«, im schweizerischen Fernsehen. Aufgrund einer kritischen »Denkpausen«-Folge über Kernkraftwerke am 13. 11. 1981 weigerte sich die Regierung des Kantons Zürich unter dem Druck der Energielobby, Hohler den ihm von einer Jury einstimmig zugesprochenen Literaturpreis 1982 für sein Buch »Die Rückeroberung« zu überreichen (woraufhin die Züricher Literaturkommission geschlossen zurücktrat). Am 7. 10. 1983 setzte das schweizerische Fernsehen kurzfristig eine »Denkpausen«-Folge ab, in der Hohler das Chanson »Le déserteur« von Boris Vian auf Schwyzerdütsch als »Herr Oberschtdivisionär« vorgetragen hatte, und ersetzte sie durch eine frühere Folge. Daraufhin beschloß Hohler, von 1984 an keine »Denkpausen«-Folgen mehr zu gestalten.
1973 erhielt er den *Deutschen Kleinkunstpreis*, im Dezember 1982 verlieh der »World Wildlife Fund« (Sektion Schweiz) Hohler für »Die Rückeroberung« seinen Ehrenpreis »Der grüne Zweig« (mit 130000 Mitgliedern die größte Umweltschutzvereinigung des Landes).
Franz Hohler begann eher als literarischer Humorist denn als Satiriker. Die oftmals vertrackte Wortakrobatik seiner kleinen Alltagsgeschichten begleitete er sitzend auf einem Cello. Zunehmende Politisierung machte ihn zum Satiriker, den angstvolle Zukunftsvisionen die Gegenwart schärfer sehen und attackieren lassen.

Hohler, Franz: *Das Kabarett Buch.* Darmstadt 1988.

 Holger, Gerd (eigentlich: Gerhard Hoschke) ** 18. 4. 1918 Sangerhausen.*
Komponist, Pianist
Begann 1945 an den Fränkischen Bühnen in Leipzig, wo er die Dekorationen für Operetten und musikalische Lustspiele malte. Hier lernte er seine spätere Ehefrau → *Ursula Schmitter* kennen, mit der er 1949–1950 an dem Leipziger Kabarett → *Die Rampe* wirkte. Hier wurde aus dem Bühnenbildner ein Komponist, der bis heute 400 Songs und Chansons für Ursula Schmitter schrieb. 1955–1976 gehört das Ehepaar in 42 Programmen dem Kabarett → *Pfeffermühle* (Leipzig) an. Nebenbei komponierte Holger für den Rundfunk (1957–1958 Rundfunkkabarett »Tandaradei«). Am 23.3. 1972 gab Ursula Schmitter ihren ersten Chansonabend, »Die und etwas anderes mehr«, dem bis 1987 vier weitere Soloprogramme folgten, die Gerd Holger ausnahmslos komponierte und am Klavier begleitete. Seit 1992 gaben die beiden auch Gastspiele in Westdeutschland. Holgers satirisches Musical »Ein gewisser Herr Wolf« (Text: → *Hanskarl Hoerning*) wurde 1968 nach der Generalprobe am Elbe-Elster-Theater in Leipzig verboten. Für 1996 ist eine Neubearbeitung geplant. Am 30.8. 1995 feierte das Ehepaar in der »Pfeffermühle« (Leipzig) sein 50jähriges Bühnenjubiläum.

Gerd Holger – Musik für die Pfeffermühle. In: Kassette 3. Berlin 1972. – Ders: *Kabarettlieder-Magazin.* Leipzig 1989.

Holl, Gussy ** 1888 [?] Frankfurt (Main); † Juli 1966 Salzburg.*
Schauspielerin, Chansonniere, Parodistin
Besuchte die Reinhardt-Schule. Debütierte 1910 im »Intimen Theater«, Nürnberg, bei Emil Meßthaler, der im selben Jahre mit ihr in München die → *Bonbonniere* (München) gründete, aber bereits 1911 starb. 1911 verpflichtete → *Rudolf Nelson* sie an seinen → *Chat noir* (Berlin). 1912 nahm sie ein Engagement an das → *Linden-Cabaret* an. Spielte dann Operette und Theater in Berlin (»Metropol-Theater«, »Residenztheater«, »Lessing-Theater«). Machte noch einmal Kabarett in → *Schall und Rauch* (II). Mit der Darstellung der »Öffentlichen Meinung« in der Reinhardt-Inszenierung von Offenbachs »Orpheus in der Unterwelt« im »Großen Schauspielhaus« 1921/22 beschloß sie ihre Karriere und heiratete den Schauspieler Emil Jannings.

Hollaender, Friedrich *18.10. 1896 London; † 18. 1. 1976 München.*
Kabarettautor, und -Komponist, Schriftsteller
Sohn des Operettenkomponisten Victor Hollaender. Seit 1901 in Berlin. Studierte an der Akademie für Musik in Berlin als Meisterschüler von Engelbert Humperdinck. Im Ersten Weltkrieg Kapellmeister im »Theater an der Westfront«.
1919 holte ihn → *Max Reinhardt* als Hauskomponisten und musikalischen Leiter ans → *Schall und Rauch* (II). Dort komponierte Hollaender für → *Klabund* (»Ich baumle mit de Beene« u.a.), → *Walter Mehring* (»Heimat Berlin« u.a.), → *Kurt Tucholsky* (»Zieh dich aus, Petronella!« u.a.), entdeckte dort → *Blandine Ebinger* als Chansonniere, der er für das → *Cabaret Größenwahn* seit 1921 die »Lieder eines armen Mädchen« schrieb und komponierte, auch »Johnny, wenn du Geburtstag hast« (sie heirateten 1919). Hier wie in der → *Wilden Bühne* und der → *Rakete* komponierte er auch weiterhin fremde Texte (so Tucholskys »Rote

Melodie« für → *Rosa Valetti*) und schrieb außerdem Bühnenmusiken für Reinhardts Inszenierungen von Stücken von Fritz von Unruh (»Phäa«), Walter Hasenclever und Ernst Toller sowie für Else Lasker-Schülers »Die Wupper« und für → *Frank Wedekinds* Pantomime »Die Kaiserin von Neufundland« (aufgeführt an den »Münchner Kammerspielen«, 1923).

Friedrich Hollaender mit Marlene Dietrich in den 60er Jahren

Schon seit 1919 verfaßte er Schlager (»Liliput«, »Ich mache alles mit den Beinen«, »Guck doch nicht immer nach dem Tangogeiger hin!« u.a.). 1925 war er künstlerisch-musikalischer Leiter der → *Bonbonniere* (München). Am 19.2. 1926 brachte Hollaender im heutigen »Renaissance-Theater« seine erste, selbstgeschriebene und -komponierte Kabarettrevue, »Laterna magica – Auch eine Revue«, heraus. Unter vielerlei zeitkritischen Spitzen war auch ein Schlager darin (»Du bist mein Typ«). Hollaender begriff das neue Genre – er nannte es »Revuette« – als Gegensatz zu → *Rudolf Nelsons* bis auf eine einzige politische Nummer durchwegs unpolitischen Kleinrevuen. Der Erfolg dieses Erstlings ermutigte ihn zu weiteren »Revuettes«.

Im April 1926 brachte er im »Theater am Kurfürstendamm« »Das bist du« heraus. Es folgten im »Kleinen Theater« (Unter den Linden) im November 1926 die »Hetärengespräche« (Text: → *Marcellus Schiffer*) in Hollaenders Vertonung und Inszenierung (von Februar 1927 an im umgebauten »Renaissance-Theater«), 1927/28 »Bei uns um die Gedächtniskirche rum« im »Theater am Kurfürstendamm« und im Juli 1928 »Es kommt jeder dran« (darin »Die Trommlerin«) im »Deutschen Künstler-Theater«. Für das »Nelson-Theater« schrieb er zusammen mit Marcellus Schiffer die Texte zu den Kleinrevuen »Der rote Faden« (darin »Das Nachtgespenst«) und »Quick« (beide 1930, Musiken: Rudolf Nelson). 1929 schrieb er für → *Marlene Dietrich* die Chansons zu dem Film »Der blaue Engel«, mietete sich von seiner Gage die Kellerräume der ehemaligen »Wilden Bühne« unter dem »Theater des Westens« und eröffnete dort am 7.1. 1931 sein → *Tingel-Tangel-Theater.*

Das erste Programm war eine bunte Kabarettmischung. Im September ließ Hollaender die Revuette »Spuk in der Villa Stern« folgen, im Dezember 1931 »Allez hopp!« (darin »Die zersägte Dame« und »Das Wunderkind«) und Ende 1932 »Höchste Eisenbahn« (darin »Das Lied vom falschen Zug«). 1932 heiratete er, von Blandine Ebinger geschieden, die Kabarettistin Hedi Schoop.

Ende Februar 1933 Emigration nach Paris, drei Monate später nach Hollywood, wo er ein *Tingeltangel* mit englisch gespielten Programmen eröffnete (→ *Exilkabarett*). Nach wenigen Monaten gab er es auf und begann, Filmmusiken (insgesamt 165) für »Paramount«, »Warner Bros.« und »Universal« zu komponieren (»Moonlight and Shadows«, »Whisper in the Dark«, »The Boys in the Backroom« u.a.). 1952 kehrte Hollaender nach Deutschland zurück und wurde 1955 endgültig in München seßhaft. Nach einer mißglückten Inszenierung seines kabarettistischen Stücks »Scherzo« in Hamburg gab ihm → *Die Kleine Freiheit* Gelegenheit zu einem großen Comeback auf seinem ureigenen Gebiet, der »Revuette«. Hollaender schrieb und komponierte hier »Hoppla, aufs Sofa!« (1957), »Der große Dreh« (1958), »Es ist angerichtet« (1959) und »Futschikato« (1961). Dazwischen brachte er in eigener Produktion und Regie »Rauf und runter« (im Münchner »Intimen Theater«) heraus. Danach inszenierte er »Hoppla, aufs Sofa!« am »Berliner Theater« und stellte aus vielen alten und mehreren neuen Nummern zahlreiche Funk- und Fernsehsendungen zusammen. Außerdem schrieb er Filmmusiken (»Das Spukschloß im Spessart« u.a.). 1972 erhielt er den Schwabinger Kunstpreis für Musik. Hollaender schrieb ferner das satirische Musical »Adam und Eva« und – zusammen mit → *Robert Gilbert* und → *Per Schwenzen* – das musikalische Lustspiel »Das Blaue vom Himmel«.
In Friedrich Hollaender vereinten sich zum erstenmal in der Geschichte des deutschsprachigen Kabaretts satirischer Witz und musikalische Phantasie zu einem großstädtischen Gesamtkleinkunstwerk. Bei aller Gefälligkeit seiner durchkomponierten Revuetten erreichten einzelne Nummern (»Die Trommlerin«, »Die Bäume« u.a.) ein über die Tagessatire hoch hinausreichendes literarisches Niveau.

📖 Hollaender, Friedrich: *Von Kopf bis Fuß – Mein Leben mit Text und Musik.* München 1965/Berlin 1973. – Kühn, Volker: *Spötterdämmerung – Vom langen Sterben des großen kleinen Friedrich Hollaender.* Frankfurt/Main 1988.

Hölle »Theater-Kabarett« in Wien, eröffnet nach der Jahrhundertwende von den Gebrüdern Natzler im Kellergeschoß des »Theaters an der Wien«, 1926 von Direktor Spitz im IV. Bezirk neu eröffnet. In ihrem ersten Domizil spielte die *Hölle* kleine Operetten und während der langen Aufführungsserie der »Lustigen Witwe« im »Theater an der Wien« eine Parodie darauf unter dem Titel »Die zweite Ehe der lustigen Witwe«. Später umrahmte sie ihre Kurzoperetten mit kabarettistischen Nummern.
In der *Hölle* traten → *Fritz Grünbaum*, → *Fritz Heller*, → *Karl Farkas* und → *Heinrich Eisenbach* auf. 1912 gastierte hier → *Danny Gürtler*. In den zwanziger Jahren warb Direktor Spitz die Prominenten des → *Simplicissimus* (Wien) mit Spitzengagen ab. – Ein komischer Einakter (»Alles für Slowenien«) wurde im Oktober 1912 von der Zensur »aus politischen Gründen« verboten.

📖 Veigl, Hans (Hrsg.): *Nachtlichter – Sezessionistisches Kabarett.* Wien 1993.

Horn, Kristin ** 16. 12. 1936 Thüringen.*
Liedermacherin, Pianistin, Schriftstellerin
Nahm mit acht Jahren Klavierunterricht und war mit zwölf Meisterschülerin von Prof. Celensek, Weimar. Besuchte mit fünfzehn die Kunstakademie in Karlsruhe, war dann in Stuttgart Schülerin von Willi Baumeister bis zu dessen Tode 1955. Wurde mit neunzehn als Chansonautorin und -interpretin von Guy Walter vom SWF, Baden-Baden, entdeckt und gefördert. Gab zahlreiche Gastspiele, so 1959 in Willi Schaeffers' »Tingeltangel«, Berlin, im »Simpl«, Mannheim, in der → *Wendeltreppe*, Hamburg, und in der → *arche nova*, Mainz. Nach einem heiratsbedingten Karrierebruch trat sie mit 26 Jahren und ganz andersartigen Liedern erneut auf und wurde damit zu einer der neuen deutschen Liedermacherinnen des »Chanson-Folklore-Festivals« (seit 1964) auf der Burg Waldeck. 1968 brach sie ihre Karriere abermals ab, ließ sich jedoch 1974 zu einer Liederwoche im → *unterhaus*, Mainz, bewegen. Schrieb dafür in wenigen Wochen 14 »Lieder aus Weiberfeder«. Brach Ende der achtziger Jahre ihre Tourneen und Gastspiele erneut ab und betätigt sich seitdem in ihrem Wohnort Freudenstadt nur noch schriftstellerisch.
Ihre Lieder veröffentlichte sie auf den Schallplatten »68 Lebensjahre« (1967); »Was treibt uns um?« (1982); »Einfach Lieder« (1984). 1982 erhielt sie den »Deutschen Kleinkunstpreis« für die Sparte Chanson.

Budzinski, Klaus (Hrsg.): *Linke Lieder*. München/Bern/Wien 1966.

Hube, Jörg ** 22. 11. 1943 Neuruppin.*
Schauspieler, Kabarettist, Kabarettautor
Schauspielausbildung im Mozarteum, Salzburg. Nach Theaterjahren in der Provinz Partner von → *Helmut Ruge* in dessen Programm »Maria hilf!« (Oktober 1971) und »Die Meise auf dem Vibraphon« (September 1972) bei den Münchner → *Hammersängern* in den Räumen der → *Münchner Lach- und Schießgesellschaft*. Dort brachte Hube am 31. 7. 1975 ein eigenes Kabarettprogramm, »Herzkasperls Altstadtfunk«, heraus, mit dem er im Herbst 1975 in die Gaststätte »Fraunhofer« (Fraunhoferstr. 9) übersiedelte. Gastierte damit u.a. in West-Berlin, Hannover, Mainz *(unterhaus)*, Nürnberg, Passau, Salzburg, Liechtenstein.

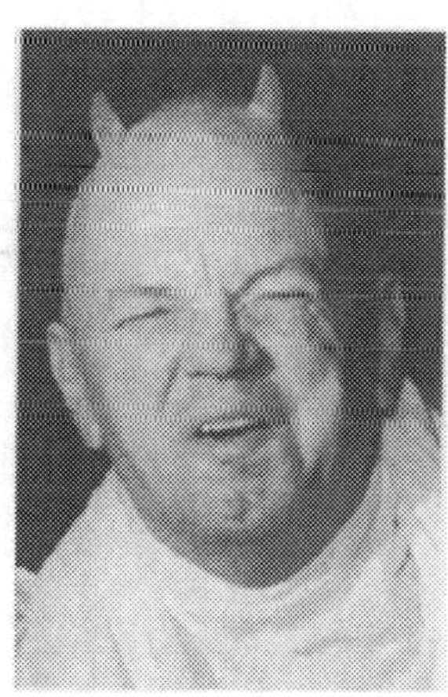

Jörg Hube 1994 in seinem Soloprogramm »Herzkasperls Biograffl«
(Foto: Oda Sternberg)

Im Juli 1975 folgte das Programm »Herzkasperl«, im Mai 1981 »Herzkasperls Salto Normale« im »Fraunhofer«. 1978 spielte er das »Herzkasperl«-Programm (wie stets mit seiner Partnerin Elisabeth Fall) auf dem Münchner Marienplatz und bei der Kabarettwoche der »Münchner Kammerspiele« in deren Werkraumtheater. 1982 erhielt er den → *Deutschen Kleinkunstpreis* und den Förderpreis der Stadt München für darstellende Kunst. Im November 1986 folgte »Herzkasperls Abermakaber«. Als Schauspieler wirkte Hube mit in »Das Nest« von Franz Xaver Kroetz (»Modernes Theater«, München, 1974), in »Nepal« von Urs Widmer (»Münchner Kammerspiele«, 1979), in Widmers »Stan und Olli« (»Theater am Sozialamt«, München, 1981), außerdem in Funk- und Fernsehsendungen (so 1984 in der TV-Serie »Heimat« und 1994 in

 »Bayern am Abgrund«, einem satirischen Porträt des alten Ludwig Thoma). Nach fünf Jahren als Leiter der Falckenberg-Schauspielschule in München kehrte Hube im Herbst 1994 mit dem Programm »Herzkasperls Biograffl« auf die Kabarettbühne zurück.
Jörg Hube ist in seiner Mischung von praller Komödiantik, sprachlichem Feingefühl und moralischem Gewissen eine singuläre Erscheinung im deutschsprachigen Kabarett, ein bitterer Kasperl, der die Regionen des Genialen streift.

Huelsenbeck, Richard **23. 4. 1898 Frankenau (Hessen); †20. 4. 1974 Muralto (Tessin).* Arzt, Schriftsteller, Kabarettist
Kam 1916 aus Berlin nach Zürich und wirkte dort am kurz zuvor gegründeten → *Cabaret Voltaire* mit. Kehrte im Mai 1917 nach Berlin zurück und rief dort zusammen mit Raoul Hausmann und → *Walter Mehring* die Berliner Dada-Bewegung ins Leben. Nahm am 12.4. 1918 an der ersten Veranstaltung des »Clubs Dada«, am 7.12. 1918 an der »Sonntagsmatinee« des Clubs in der »Tribüne« teil, wo er seine »Phantastischen Gebete« und »Bruitistischen Litaneien« aus dem *Cabaret Voltaire* vortrug. Machte nach 1918 Weltreisen als Schiffsarzt und Korrespondent, emigrierte 1936 nach New York, wo er als Psychiater arbeitete.

Das war Dada – Dichtungen und Dokumente. Zürich 1963. – Huelsenbeck, Richard: *Mit Witz, Licht und Grütze* (Erinnerungen), 1957. – Mehring, Walter: *Berlin Dada.* Zürich 1959. – Huelsenbeck, Richard: *Reise bis ans Ende der Freiheit – Autobiographische Fragmente.* Heidelberg 1984. – Feidel-Mertz, Hildegard: *Der junge Huelsenbeck.* Gießen 1992.

Humor (lateinisch = »Feuchtigkeit«) Gattung der → *Komik.* Eines der Stilmittel des Kabaretts. Im Gegensatz zur → *Satire,* die ihren Gegenstand negiert, ihn attackiert und der Lächerlichkeit preisgeben will, bejaht der Humor das Wesentliche seines Objekts, nimmt die »Übel der Welt« in resignierender Heiterkeit als gegeben hin und mißbilligt allenfalls individuell bedingte Auswüchse. Jean Paul sah im Humor das »umgekehrt Erhabene«, das »das Endliche durch den Kontrast mit der Idee« vernichtet. → *Werner Finck* formulierte 1974: »Humor ist eine zwischen dem Tragischen und Komischen genau in der Mitte pendelnde bürgerlich-romantische Stimmung, die nichts wichtig nimmt außer sich selbst. Um das zu verstehen, muß man aber Humor haben.« Abarten des Humors sind: der schwarze Humor (das Scherzen mit dem Schrecklichen in der Absicht, die Absurdität der menschlichen Existenz darzustellen); der Galgenhumor – die Heiterkeit angesichts des Unentrinnbaren wie zum Beispiel des gewissen Todes im Angesicht des Galgens (auch im übertragenen Sinne gebraucht). – Einer der wenigen deutschen Satiriker, die sowohl satirischen Witz als auch Humor hatten, war → *Kurt Tucholsky.*

Humorist 1. ein Vortragskünstler, der sein Publikum mit → *Humor* unterhalten will (→ *Otto Reutter*) und dabei auf äußere Effekte weitgehend verzichtet; 2. ein Schriftsteller, der humorvolle Werke produziert und sie vortragen kann (→ *Roda Roda*), aber nicht muß.

Hungriger Pegasus → *Berliner Kneipenbrettl*

Hüsch, Hanns Dieter *6. 5. 1925 Moers (Niederrhein).
Autor, Komponist, Kabarettist, Kabarettgründer
Studierte nach einem Semester Medizin in Gießen Literaturgeschichte und Theaterwissenschaft in Mainz, um Opernregisseur zu werden. Schrieb nebenbei Gedichte und Chansons und spielte im Mainzer Zimmertheater kleine Rollen. Zog 1947/48 mit dem Studentenkabarett »Die Tolleranten« durch westdeutsche Universitätsstädte. Als sich das Ensemble 1949 auflöste, schrieb er sich unter dem Titel »Das literarische Klavier« ein Soloprogramm mit eigenen Texten und Musik und ging damit auf Gastspielreisen.

Hanns Dieter Hüsch 1949 in seinem ersten Soloprogramm »Chansons, Gedichte und Geschichten«

1953 führte er im Mainzer »Zimmertheater« ein »Kritisches Oratorium für Soli, Chor und Reißnagelklavier« auf. 1956 gründete er in Mainz die → *arche nova*. Seine 1959 im Auftrag des WDR geschriebenen »Carmina urana – Vier Gesänge gegen die Bombe« ließ der Sender ungesendet; sie erschienen erst vier Jahre später auf einer Schallplatte. Nach dem Ende der *arche nova* 1962 setzte Hüsch seine Linie mit Soloprogrammen, auch in Hörfunk und Fernsehen, fort. – Hüschs satirisch-musikalische Programme waren nach seinem eigenen Zeugnis »bis 1965/66 fast nur unpolitisch«. Seit dem »Festival Chansons Folklore International« auf Burg Waldeck 1966 engagierte er sich im linken Spektrum, ohne doch je seine Poesie und seinen behutsamen Spott aufzugeben.

1967 »Quartett« mit → *Franz Josef Degenhardt*, → *Wolfgang Neuss* und → *Dieter Süverkrüp*; 1972 Tournee mit → *Hannes Wader* und Schobert & Black. 1972 erhielt Hüsch als erster den → *Deutschen Kleinkunstpreis* (nochmals 1982), 1977 die Ehrenbürgerwürde der Stadt Mainz und 1978 die Gutenberg-Plakette. Von seinen über 50 Solo-Programmen seit 1949 seien genannt: »Cabaretüden« (1967), »Enthauptungen« (1970), »Privatissime« (1974), »Das schwarze Schaf vom Niederrhein« (1976), »Preis am Stiel« (1979), »Das neue Programm« (1981–1984), »Tabula rasa – Deutsche Geschichte in 90 Minuten« (1982), »40 Jahre unterwegs« (1988), »HÜSCH, ein neues Kapitel« (1993–1997), »Meine Geschichten« (1994–1997), »HÜSCH, 50 Bühnenjahre« (1997).

Schrieb und spielte auch Programme mit anderen Kabarettisten (so mit → *Franz Hohler*, Wendelin Haverkamp, → *Dieter Nuhr*), mit Laien, Berufsschauspielern, Jazz- und Big Bands und Kammermusikern.

Hüsch ist ferner als Autor, Moderator und Interpret in zahlreichen Hörfunk- und Fernsehsendungen (WDR und Saarländischer Rundfunk) tätig sowie als Mitautor und Mitwirkender beim ZDF, auch in der ARD-Sendung »Scheibenwischer« (→ *Medienkabarett*). Seit 1976 Mitautor und Dialogpartner von → *Helmut Ruge* in der monatlichen satirischen Hörfunksendung »Hammer und Stichel« des WDR. Schrieb zahlreiche Fernsehsendungen, u.a. die Serie »Der goldene Sonntag« für den Süddeutschen Rundfunk. Textsammlungen (u.a.): »Frieda auf Erden« (1959),

Hanns Dieter Hüsch 1993 in »Ein neues Kapitel«

»Cabaretüden« (1963), »Carmina urana« (1964), »Archeblues und andere Sprechgesänge« (1968), »Da habt ihr es – Stücke und Lieder für ein deutsches Quartett« (mit Degenhardt, Neuss und Süverkrüp, 1968), »Freunde, wir haben Arbeit bekommen« (1968), »Enthauptungen« (1971), »Und wenn der Mond dann rot ist« (1972), »... den möcht ich sehn« (1978), »Hagenbuch hat jetzt zugegeben & andere Rede- und Schreibweisen« (1979).

Hanns Dieter Hüsch ist unter den deutschsprachigen Kabarettisten der lyrischste, ein phantasiesprudelnder Wort- und Tonkomponist und virtuoser Interpret seiner selbst. Sein Sprachwitz entlarvt durch Wiederholungen und durch verbalen Leerlauf das unsäglich Kleinbürgerliche, das er auf diese Weise indirekt anprangert und sozusagen durch sich selbst der Lächerlichkeit preisgibt. Trotz ausgesprochen individualistischer Weltsicht engagiert er sich für eine menschenwürdigere Gesellschaft und nimmt offen Partei für entsprechende politische Aktionen. Wiederholte Zensurversuche westdeutscher Rundfunkanstalten haben nicht verhindert, daß Hanns Dieter Hüsch mit am häufigsten von allen deutschen Kabarettisten auf dem Bildschirm erscheint.

🕮 Frühling, Elke: *Hanns Dieter Hüsch... ein Mainzer Kabarettist.* Mainz 1984. – Schroeder, Bernd: *Hanns Dieter Hüsch hat jetzt zugegeben.* Zürich 1985. – Mittenzweig, Stefanie; Weisbrod, Bernd: *Hüsch – und fordere mich nochmal zum Tanz.* Mainz 1989. – Hüsch, Hanns Dieter: *Du kommst auch drin vor – Gedankengänge eines fahrenden Poeten.* München 1990. Ders.: Meine Geschichten. Köln 1996.

Hyan, Hans **2. 6. 1868 Berlin; † 6. 1. 1944 Berlin.*
Schriftsteller und Kabarettist
Schrieb Romane und Chansons. Erstes Auftreten als Kabarettist im Oktober 1901 im »Hungrigen Pegasus«. Gründete im November 1901 die »Silberne Punschterrine« (→ *Berliner Kneipenbrettl*). Sprach in beiden seine Gedichte aus dem Berliner »Milieu« (»Ludenlied«, »Schutzmannslied«, »Der Einbruch bei Tante Klara« sowie »Die letzte Nacht« nach → *Aristide Bruants* »A la Roquette«). Trat meist im selben Programm wie seine Frau Käthe Hyan auf, die Lieder zur Laute sang. Conferierte nach dem Ersten Weltkrieg im Kabarett »Rote Nachtigall«. Schrieb 1930 eine kriminologische Studie »Sexualmörder in Düsseldorf«.

Imhoff, Fritz (eigentlich: Friedrich Arnold Heinrich Jeschke) ** 6. 1. 1891 Wien; † 24. 2. 1961 Wien.* Schauspieler, Sänger, Humorist
Nach dem Besuch der Handelsakademie nahm er Gesangsunterricht und war seit 1913 unter dem Namen Fritz Imhoff als Sänger am Stadttheater Baden bei Wien engagiert. 1920–1928 entwickelte er sich am »Johann Strauß-Theater« in Wien zu einem der populärsten Volksschauspieler und Operettenkomiker. Bis 1938 war er an fast allen Wiener Kabaretts und Varietés verpflichtet. Seine rundlich-gemütliche Statur brachte ihm 1921 die erste Filmrolle in »Der Klub der Dicken« ein. Ähnlich wie Hans Moser, der freilich ungleich nervöser agierte, spielte Imhoff zumeist den cholerischen Kleinbürger, dessen wortreicher Zorn sich an vielerlei großen und kleinen Alltagsproblemen entzündet. Nach 1945 trat er einige Jahre am → *Simplicissimus* (Wien) auf und reüssierte auf der Bühne auch in Stücken von Molnar und Nestroy.

Improvisation Die Kunst des Kabarettisten, abweichend vom feststehenden Text in sogenannten Extempores auf aktuelle Ereignisse einzugehen oder auf Zurufe aus dem Publikum zu reagieren. Als namhafte Improvisateure des modernen Kabaretts gelten vor allem → *Anton Kuh*, → *Karl Farkas*, → *Werner Finck*, → *Dieter Hildebrandt* und → *Matthias Beltz*. Beliebt war früher auch die Kunst von → *Conférenciers* (→ *Willi Schaeffers*, → *Hellmuth Krüger*, → *Urban Priol* u.a.), aus Worten, die ihnen auf Anforderung das Publikum zurief, spontan kleine Gedichte zu formen.
Die Improvisation basiert auf dem Stegreifspiel der altrömischen Mimen und Atellanen, der altenglischen Komödianten, der Commedia dell'Arte, des Wiener Volkstheaters sowie auf der Figur der »Lustigen Person« (Hanswurst) in ansonsten ernsten Theaterstücken.
Im Rahmen des Kabaretts sind auch musikalische und tänzerische Improvisationen üblich.

Institut für Lebensmut Politisch-satirisches Kabarett in West-Berlin. Eröffnet von → *Volker Ludwig* und → *Detlef Michel* am 1.5. 1983 mit dem Programm »Zukunft – warum denn?« mit Texten von Volker Ludwig, Detlef Michel, → *Ekkart Hachfeld*, Rainer Hachfeld, Henning Venske und Henning Spangenberg. Mitwirkende: Sabine Lorenz, Stefan Gossler, Christian Kunert, Bernd Vollbrecht. Im Juni 1984 wegen Differenzen im Ensemble eingestellt. – *Das Institut für Lebensmut* war der kurzfristige Versuch einer Wiedererweckung des von den gleichen Autoren bestrittenen, 1971 aufgegebenen → *Reichskabaretts.* Es spielte im Probenraum des seinerzeit beibehaltenen GRIPS(Kinder-)Theaters unter dem Stadtbahnbogen Altonaer Straße. Anders als das *Reichskabarett* verstand sich das *IfL* nicht als ein Kabarett der direkten Aktion, sondern der Ironisierung des drohenden Untergangs durch scheinbar tröstenden Zuspruch.

Die Insulaner Politisch-literarisches Rundfunkkabarett in West-Berlin, gegründet Ende 1948 von → *Günter Neumann* und von ihm geleitet, mit Texten und Musiken versehen und musikalisch begleitet bis Januar 1958, dann wieder 1960, 1963 und 1968.

»Die Insulaner« 1950 mit (obere Reihe) v. l.: Olaf Bienert, Ewald Wenck; (darunter) v. l.: Joe Furtner, Ilse Trautschold, Edith Schollwer, Günter Neumann, Bruno Fritz, Agnes Windeck, Walter Gross, Tatjana Sais

Den Namen leitete Neumann von der von ihm seit dem Sommer 1948 redigierten satirischen Zeitschrift »Der Insulaner » her, die ihrerseits aus dem kommunistisch inspirierten «Ulenspiegel« hervorgegangen war. Als der Chefredakteur dieser in den Westsektoren ansässigen satirischen Zeitschrift, Herbert Sandberg, mit dem Beginn der Berliner Blokkade in den Ostsektor der Stadt gegangen war, hatte Neumann sie als »Der Insulaner« weitergeführt und Texte daraus dem »Rundfunk im amerikanischen Sektor (RIAS)« für eine einmalige Sendung angeboten, die dann am 25.12. 1948 ausgestrahlt wurde. Der Anklang bei den von den Landzufuhren abgeschnittenen West-Berlinern war so groß, daß *Die Insulaner* hinfort regelmäßig ausgestrahlt und damit zum ersten Massenkabarett der deutschen Nachkriegsgeschichte wurden. Insgesamt brachte es die Serie auf 150 Folgen. Die Texte und Musiken lieferte Günter Neumann. Es wirkten mit: → *Tatjana Sais*, Agnes Windeck, → *Edith Schollwer*, → *Ilse Trautschold*, Rita Paul, Joe Furtner, → *Bruno Fritz*, Walter Gross, Ewald Wenck sowie Gäste. Am Flügel: Günter Neumann und → *Olaf Bienert* bzw. Heinz Reinfeld. Von 1960 bis 1962 Tourneen durch die BRD, die Schweiz und Luxemburg. 1962 Auftritt im Berliner »Sportpalast«. 1963 Tournee (mit Georg Thomalla) mit dem Sammelprogramm »15 Jahre Günter Neumann und seine ›Insulaner‹«. 1967 Programm »Die Insulaner – jetzt wird's zu bunt« zur Internationalen Funkausstellung in West-Berlin. Der Versuch eines Comebacks im RIAS 1968 scheiterte nach drei Sendungen.

Die Insulaner des an sich unpolitischen Günter Neumann waren kabarettistischer Ausdruck einer historischen Situation, in der – nach Adenauers Empfehlung »Keine Experimente!« – eine eigenständige deutsche Außenpolitik nicht gemacht wurde. Um auf die entpolitisierten Massen wirken zu können, verwandte Neumann Elemente des vormärzlichen Berliner Volkshumors nach Art Adolf Glaßbrenners und brachte das → *Couplet* nach Art David Kalischs und → *Otto Reutters* zu neuer Blüte. Nachdem die deutsche Politik seit 1966 eigene außenpolitische Initiativen zu entwickeln begann, hatten sich *Die Insulaner* mit ihrer undifferenzierten Anti-Ost-Propaganda überlebt.

Van Sweringen, Bryan T.: *Kabarettist an der Front des Kalten Krieges – Günter Neumann und das politische Kabarett 1948–1968.* Passau 1989 (überarbeitet 1995). – Stürickow, Regina: *Der Insulaner verliert die Ruhe nicht.* Berlin 1993. – *Günter Neumann und seine Insulaner – Aufnahmen aus den Jahren 1948–1964.* Buch mit 8 CDs. Berlin 1995.

Ironie (griechisch = »erheuchelte Unwissenheit«, »Verstellung«) Literarischer Kunstgriff, durch Rede, aber auch durch Gestik, Mimik und Haltung das Gegenteil dessen auszudrücken, was Rede, Pose oder Gebärde zu äußern vorgeben, und es dadurch in Frage zu stellen. Mit den Mitteln des Scheinlobs, der Über- und Untertreibung beabsichtigt die Ironie eine Problematisierung von Urteilen über Personen, Zustände und Verhaltensweisen. Im Altertum benutzte Sokrates die Ironie als Vehikel didaktischer Kommunikation, indem er seine Schüler durch bewußt falsche oder fragwürdige Wertvorstellungen, logische Fehlschlüsse oder fragende Schein-Unwissenheit zu positiver Erkenntnisanstrengung provozierte. In Deutschland wurde seit der Romantik (F. und A.W. Schlegel, Tieck, Brentano, E.T.A. Hoffmann, Grabbe u.a.) die Ironie zur literarischen Kunstform und kulminierte im 20. Jahrhundert in den Romanen Thomas Manns und Robert Musils. In der Kurzform des Kabaretts tritt die Ironie meist hinter dem → *Spott* zurück, der seine Gegenstände unumwunden und direkt aufs Korn nimmt.

Irreführung In den Irrtum führen: Man produziert beim Zuhörer eine Meinung (Urteil) und entzieht ihm später die versprochene Sanktionierung dieser vorgeprägten Meinung. Dazu gehört auch das »Mißverstehen«, das durch die Doppeldeutigkeit von Wörtern (→ *Wortspiel*) absichtlich erzeugt wird, wobei der eine die Worte des anderen nicht richtig versteht, sondern klanglich ähnliche zu hören glaubt, (z.B. im Kabarett in Doppelconférencen von → *Karl Farkas* und → *Fritz Grünbaum* »Der Gescheite und der Blöde«). Es wird also ein Verhören vorgetäuscht. Die Irreführung ist ein typisches Mittel des Kabaretts, das auch in der Form der → *Travestie* oder → *Parodie* angewendet wird und dabei die etablierte Struktur des erworbenen Wissenszusammenhangs nutzt, um für die Länge einer Nummer (Sketsch, Conférence, Chanson u.ä.) oder eines Programms, eine andere (auch verbotene, tabuisierte) Meinung beim Zuhörer zu etablieren, die dann oft nicht bestätigt, sondern, auch nach der Methode der Entlarvung, zurückgezogen wird. Die Irreführung kann in einzelnen Wörtern oder Textzeilen auftreten, kann aber auch einer ganzen Nummer die Struktur geben. Der betroffene Zuhörer/Zuschauer reagiert, nach Erkenntnis der bei ihm produzierten Irreführung, meistens mit Lachen oder Beifall, manchmal mit Protest.

162 **Jaeger**, Heino ** 1. 1. 1938 Harburg.* Kabarettist, Kabarettautor, Komiker
Studierte 1956–1959 an der Hochschule für Bildende Künste, Hamburg. Schuf neben Gemälden und Zeichnungen Kurzgeschichten und kabarettistische Texte, die im Rundfunk (WDR-Sendereihen: »Menschen wie Sie und ich«; »Fragen Sie Dr. Jaeger« u.a.), im Fernsehen und auf Langspielplatten (»Wie das Leben so spielt«, 1971; »Meisterstücke«, 1977 u.a.) Verbreitung fanden. »Dr. Jaeger Lebensberatungspraxis« wurde zum Markenzeichen des fast konkurrenzlosen, unheimlich genau hinhörenden und zur rezitatorischen Mimesis fähigen »Ohrzeugen unserer Zeit« (→ *Hanns Dieter Hüsch*). Der satirische Komiker war einer der ersten, der seine Zeitgenossen nicht nur einfach karikierte, sondern unsere Kommunikation durch erfundene Szenen (Solo-Miniaturen) und Telefonate (archetypische Dialoge) in unbeschreiblicher Differenziertheit und Genauigkeit durch Tempi, Tonlagen und Klangfarben in der Stimme satirisch entlarvte. Seine künstlerische Lähmung infolge der Zerstörung seines Ateliers durch einen Brand 1984 unterbrach er durch eine Ausstellung seiner Werke 1988 in Harburg.

Busch, Ralf (Hrsg.): *Heino Jaeger – Gemälde, Zeichnungen, Texte.* Hamburg 1988.

Janowitz, Hans ** 2. 12. 1890 Podebrady (Böhmen); † 25. 5. 1954 New York.*
Schriftsteller, Kabarettautor
Gehörte in Prag zum Kreis um Max Brod und Franz Kafka. Schrieb mit Carl Mayer 1920 das Drehbuch zu dem Stummfilm »Das Cabinet des Dr. Caligari«. Wurde 1921 von → *Trude Hesterberg* als Autor und Regisseur an die → *Wilde Bühne* verpflichtet. Janowitz gab seine Chansontexte 1923 unter dem Titel »Asphaltballaden« heraus.

Jonas, Bruno ** 3. 12. 1952 Passau.* Kabarettist, Kabarettautor und -regisseur
Jonas war wie → *Siegfried Zimmerschied* und → *Rudolf Klaffenböck* Ministrant in Passau. Gründete nach Abitur und Zivildienst 1975 in Passau mit Zimmerschied das Kabarett → *Die Verhohnepeopler* (Premiere: 17. 7. 1975), das ihm ein Verfahren wegen Religionsbeschimpfung einbrachte. Er immatrikulierte sich 1975 an der Universität München für Germanistik, Politologie und Geschichte, später noch für Philosophie und Theaterwissenschaften. 1976–1978 Autor und Darsteller am Münchner → *Rationaltheater* in den Programmen »Bonzenshow« (1976), »Fahr sicher mit dem Bundeswahn« (1978). Gründete 1979 das Kabarett → *»Gesellschaft mit beschränkter Hoffnung«*, in dessen Programm »Vertreten und verkauft« er als Autor, Regisseur und Darsteller mitwirkte. 1980 zweites Soloprogramm; »Total verwahllost«. 1981–1984 war Jonas Mitglied des neuen Ensembles der → *Münchner Lach- und Schießgesellschaft* und spielte in deren Programmen »Umzingelt« (1981), »Wir werden weniger« (1982), »Pinks an die Macht« (1983) und »Auf Nummer Sicher« (1984) mit, zu denen er zusammen mit → *Klaus Peter*

Bruno Jonas

Schreiner auch die Texte schrieb. 1987 folgte sein drittes Soloprogramm »Der Morgen davor«, danach »Wirklich wahr« (1990), »Hin und zurück« (1995). Arbeitete außerdem als Autor und Darsteller an den Programmen der TV-Sendungen »Scheibenwischer« und »Nachschlag« (→ *Medienkabarett*) mit. Seit 1986 diverse Fernsehsendungen bei Radio Bremen, z.B., ARDweit ausgestrahlt: »Extratour«. 1986–1992 schrieb und spielte er in 25 Sendungen unter dem Titel »Jonas«, 1989 schrieb und inszenierte das Fernsehspiel »Ein Prachtexemplar«. 1992 Buch, Regie und Hauptdarsteller in seinem ersten satirischen Kinofilm »Wir Enkelkinder« und seit 1995 für Radio Bremen »Jonas check-up«, eine fünfmal im Jahr gesendete Kabarett-Show. Im Februar 1996 erhielt er den eigentlich für Schlagertexte bestimmten Fred-Jay-Preis der GEMA.

Einige seiner Soloprogramme sind als Buch erschienen: »Der Morgen davor«. München 1987; »Wirklich wahr«. München 1991; »Hin und zurück«, München 1995.

Jüdisch-Politisches Kabarett 1927 von den Wiener Zionisten → *Oscar Teller*, Victor Schlesinger und Fritz Stöckler im Saal des Porrhauses in der Treitlstraße in Wien gegründetes Kabarett, das sich gegen das Assimilationsbestreben der österreichischen Juden an ihre z.T. antisemitische Umwelt richtete. Die meisten Texte schrieben neben Benno Weiser die drei Gründer unter dem Sammelnamen »Victor Berossi«. Darsteller: Rosl Safier, Otto Presser, Kurt Riegelhaupt, Leopold Dickstein (auch Musik) u.a. Hauskomponist war Arthur Reichenbaum. Programme bis 1938: »Juden hinaus!«, »Rassisches und Klassisches«, »Ho-ruck nach Palästina!«, »Sorgen von morgen«, in denen der Linie entsprechende Texte auch anderer jüdischer Autoren aufgenommen waren. Nach der Annektion Österreichs gründete Teller in New York das → *Jüdisch-Politische Cabaret* → *Die Arche* (→ *Exilkabarett*).

Teller, Oscar: *Davids Witzschleuder*. Darmstadt 1982. – Veigl, Hans (Hrsg.): *Jüdisches Kabarett in Wien 1890–1938*. Wien 1992.

Jung-Wiener Theater zum Lieben Augustin Erstes literarisches Kabarett Wiens. Eröffnet am 16.11. 1901 von dem Schriftsteller Felix Salten im Keller des »Theaters an der Wien«, versuchte es sich im Stile des Berliner → *Überbrettls* mit der Rezitation von Dichtungen Friedrich von Bodenstedts durch eine dünngewandete Dame namens Sartori, durch eine szenische Aufführung von Ludwig Uhlands Ballade »Des Sängers Fluch« mit Musik, ferner mit Liedern von → *Otto Julius Bierbaum* und dem Schattenspiel »Ahasver« nach Henry Rivière vom → *Chat noir* (Paris). Im ersten Programm wirkte auch → *Frank Wedekind* mit. Während das Schattenspiel ausgelacht und durch eine dramatische Skizze von Courteline ersetzt, der abschreckende Wedekind durch eine Kinderszene von Jeanne Marni abgelöst wurde, bescherte diesem Kabarett (und seinem Publikum) den einzigen Erfolg die Wiener Operettensoubrette Hansi Niese. Das Unternehmen ging noch im Jahre 1901 ein.

 Kabarest Politisch-satirisches Kabarett seit 1985 in München; hervorgegangen als Rest aus dem fünfundzwanzig Jahre lang aktiven Amateurkabarett »Münchner Sati(e)rschutzverein« unter Leitung von Rola Sachsberger, das sich 1985 auflöste. Als Übriggebliebene nannten und nennen sie sich *Kabarest*, wie 1985 ihr erstes Programm: die Grafikerin Karin Bölter, die Jugendamtsangestellte Brigitte Hoffmann, die Sozialarbeiterinnen Lisa Grundhuber und Gretl Rost und der komponierende, begleitende und mitagierende Kinderarzt Martin Grundhuber. Mit eigenen Texten oder solchen von Karl Heinz Hummel, einem hauptberuflichen Sozialarbeiter im Münchner Sozialamt, bieten sie von Zeit zu Zeit (seit 1990 unter der Regie von Ioan C. Toma) eigenständige Programme: »Hiebe in die Saiten der Kohl-Aera« (1988); »Ja, so kann's gehen« (1989); »Wir sind Einheiteres Volk« (1990); »Keiner weiß, wie's weitergeht« (1991); »Am Zahn der Zeit« (1992) und »Angerichtet« (1995).
Mit erfrischend amateurhafter Professionalität greift dieses überwiegend weibliche Kabarett, das aber kein »Frauenkabarett« sein will, vor allem die sozialen Themen auf, die ihnen ihre Berufe liefern.

Kabarett Deutsche Form des französischen Worts »Cabaret«, das zunächst eine runde, mit fächerartig angeordneten Schüsselchen bestückte Speisenplatte bezeichnete und danach jene Schenken, in denen neben Getränken solche bunten Platten serviert wurden. Wie der Begriff »Varieté« steht der Begriff »Cabaret« in der Unterhaltungskunst für ein zeitlich und örtlich begrenztes Miteinander verschiedener Kunstformen wie Drama, Dichtung, Tanz, schöne Literatur und bildende Kunst zum Zwecke leichter und teilweise oder durchgehend zeitkritischer Unterhaltung. (Davon abgeleitet → *Kleinkunst.*) Vom Varieté, in dem → *Tanz* und Artistik überwiegen, hat das Kabarett die Form des bunten Allerleis übernommen und sie mit einer teils literarisch, teils dramatisch, teils poetisch, teils tänzerisch ausgedrückten »Aussage« aufgefüllt, die sich kritisch mit Zeiterscheinungen und deren Exponenten im öffentlichen Leben auseinandersetzt.
Im Unterschied zu den zahlreichen »Cabarets« im Sinne von einfachen Kneipen verstand → *Rodolphe Salis*, der Gründer und Leiter des ersten Kabaretts (→ *Chat noir* [Paris, 1881]), seine Kneipe als → *Cabaret artistique*, also als Künstlerkneipe, in der zunächst in der Hauptsache Künstler verkehrten und sich zwanglos gegenseitig ihre Kunstschöpfungen vorstellten. Durch die Ausweitung des Kreises der Gäste auf Nichtkünstler wurde das »Cabaret artistique« wenig später zum literarischen Kabarett im seither geläufigen Sinne.
Aus diesem ursprünglichen Kneipenbrettl mit sporadischen Künstlerabenden und lose improvisierten Vortragsfolgen vor konsumierenden Gästen entwickelte sich, zumal im deutschen Sprachraum, das theaterartige Kabarett mit festen Sitzreihen und festem, täglich gespieltem Programm. Daneben besteht das Kneipenbrettl seit jeher fort (bekanntestes Beispiel: der → *Simplicissimus* [München] sowie als Mischform: die → *Münchner Lach- und Schießgesellschaft*) und ist in jüngster Zeit in der alternativen → *Szene* zu neuer Blüte gelangt.
Strukturell bündelt das Kabarett die dem Theater entlehnten Formen der Szene, des Einakters, des Dialogs und des Monologs mit den von der Literatur übernommenen Formen der Lyrik, der Prosa und des Essays und den der → *Musik*

entstammenden Kategorien → *Lied*, → *Song*, → *Chanson* und → *Couplet*. Durchzogen werden diese Elemente im literarischen, im politisch-literarischen und im politisch-satirischen Kabarett mit vielfältigen Formen der → *Satire* (wie → *Parodie*, → *Travestie*, → *Irreführung* mit überraschendem Ausgang, → *Wortspielereien* und pantomimischen wie rein visuellen Effekten). Das Ziel ist ein »zündender Witz« insofern, als die unerwartete Pointe im Publikum einen Denkvorgang entzünden soll – im Unterschied zum Witz als Selbstzweck, wie ihn die literarisch unambitionierte, zeitkritisch neutrale → *Kleinkunst* und das → *Artistische Kabarett* pflegen.

Artistisches Kabarett Im allgemeinen die Kleinkunst ohne literarische oder satirische Ambitionen, zumeist in Nachtclubs mit Möglichkeiten des Publikumstanzes und dazwischengeschobenen artistischen und sentimentalen oder frivolen Gesangsdarbietungen (Schlager, Chanson) dargeboten.

Literarisches Kabarett Nach dem Vorbild des → *Cabaret artistique* bildeten sich seit der Jahrhundertwende Kneipenbrettl und Kabarettheater auch in Deutschland (1901 das *Bunte Theater* → *[Überbrettl]* und das → *Schall und Rauch* [I] in Berlin, die → *Elf Scharfrichter* und [1903] der → *Simplicissimus* in München); ferner in Österreich-Ungarn das → *Cabaret Nachtlicht* (1906), das → *Cabaret Fledermaus* (1907), die → *Hölle* und der → *Simplicissimus* 1912, in Wien: der *Grüne Lampion* in Krakau (1905), die *Moderne Bühne* in Budapest (1910), die *Bar Montmartre* (1911) und *Die rote Sieben* (1914) in Prag; im zaristischen Rußland die *Fledermaus* (1908) und die *Rosarote Laterne* (1913) in Moskau, der *Spiegel* (1908) und der *Streunende Hund* (1911) in St. Petersburg und der *Momus* (1912) in Warschau; in Norwegen das *Literaere Varieté* (schon 1892 in Oslo von Hermann Bang und → *Holger Drachmann*) und das *Chat noir* (1912) in Oslo sowie in den Niederlanden das *IntiemTheater* (1912). Ein Sonderfall war die 1897 in Barcelona gegründete Künstlerkneipe »Els quatre gats« (Die vier Katzen), in der der Maler Maurice Utrillo mit anderen Künstlern Schattenspiele im Stil des Pariser »Chat noir« aufführte.

Diese literarischen Kabaretts boten zumeist lockere Mischungen aus → *Bänkel- und Kunstliedern*, Chansons, Tänzen, Musikstücken, Einaktern, Parodien auf literarische und dramatische Werke, zuweilen auch Puppenspiele, oft unter Mitwirkung der Autoren, wobei die Nummern durch geistreiche Plaudereien eines → *Conférenciers* verbunden wurden. Bedingt durch die scharfe Theaterzensur in den drei Großmächten Mittel- und Osteuropas unterdrückte das literarische Kabarett seine anfängliche Zeitkritik, verflachte aber allmählich auch künstlerisch und literarisch und tendierte mehr und mehr zur unverbindlichen, wenn auch immer noch witzigen Unterhaltung. Mit dem Ende des Ersten Weltkriegs ging auch das literarische Kabarett im großen ganzen zu Ende.

Politisch-literarisches Kabarett Vom Ersten Weltkrieg erschüttert, besannen sich viele Kabarettisten auf die literarischen und zeitkritischen Ursprünge des deutschen Kabaretts. Aus dem → *Cabaret Voltaire* (Zürich 1916/17) leiteten → *Walter Mehring*, Richard Huelsenbeck, George Grosz und John Heartfield die antibürgerliche Pose her, als sie 1919 Stil und Inhalt des von → *Max Reinhardt* wiedererweckten Kabaretts → *Schall und Rauch* (II) in Berlin bestimmten. Mit ihm wurde das literarische Kabarett zur politischen Tribüne der aus dem Krieg heimgekehrten Dichtergeneration.

In rascher Folge entstanden weitere Kabaretts dieser Art wie das → *Cabaret Größenwahn*, die → *Rampe*, die → *Wilde Bühne* (sämtlich in Berlin) sowie die → *Retorte* (Leipzig), wenngleich in allen die politische Satire nur einen geringen Anteil hatte. Nach dem Ende der Inflation erlag das politisch-literarische Kabarett der wiedererwachten Sorglosigkeit und Vergnügungssucht seines Publikums. Spurenelemente erhielten sich vor allem in dem 1924 gegründeten → *Kabarett der Komiker* durch seine → *Conférenciers*. Nachdem in der zweiten Hälfte der zwanziger Jahre das Revuekabarett dominiert hatte, erweckten gegen Ende des Jahrzehnts junge Schauspieler, Schriftsteller, Journalisten und Maler das Künstlerbrettl zu neuem Leben (→ *Katakombe*, → *Larifari*, → *Die Unmöglichen*, → *Die Nachrichter*, → *Die Pfeffermühle* u.a.) und gaben ihm merklich satirische Züge. Ausläufer dieser Gattung retteten sich personell über den Zweiten Weltkrieg hinweg in die ausgehenden vierziger Jahre (→ *Werner Finck*, → *Erich Kästner*, → *Trude Kolman*, → *Hellmuth Krüger*, → *Günter Neumann* u.a.) und lebten in neuen Gründungen fort (→ *Schaubude* und → *Kleine Freiheit*, München, Günter Neumanns »Schwarzer Jahrmarkt« in Berlin, → *Die Rampe*, Leipzig).

Daneben wuchsen aus den geistigen Kriegstrümmern unzählige Brettl, die den überkommenen Fundus von Gedichten und Chansons der Kästner, → *Joachim Ringelnatz* und → *Kurt Tucholsky* auswerteten, aber fast alle gingen nach der Währungsreform von 1948 ein. (Über das politisch-literarische Kabarett in Österreich → *Der liebe Augustin*, → *Die Stachelbeere*, → *ABC*, → *Literatur am Naschmarkt* sowie in der Schweiz *Die Pfeffermühle*, das → *Cabaret Conichon* und das → *Cabaret Federal*, in anderen Ländern → *Exilkabarett*.)

Politisch-satirisches Kabarett Eine neuerliche Konkretisierung erfuhr das zeitkritische Element des Kabaretts nach dem Zweiten Weltkrieg, als es in der Abrechnung mit dem Nationalsozialismus und – teilweise – in der Hoffnung auf eine sozialistische Zukunft satirisch eindeutig Stellung bezog. (Diese Entwicklung hatten bereits einige → *Exilkabaretts* während des Krieges vorweggenommen.)

Die ersten Nachkriegskabaretts dieser Gattung waren → *Die Hinterbliebenen* (Bad Reichenhall, 1945), der → *Frische Wind* (Berlin, 1946), → *Die Amnestierten* (Kiel, 1947), die → *Stachelschweine* (West-Berlin 1949), → *Die Schmiere* (Frankfurt [Main], 1950). In den fünfziger Jahren folgten die → *Münchner Lach- und Schießgesellschaft* (München, 1956) und das → *Bügelbrett* (Heidelberg, 1959), in den sechziger Jahren → *Die Leid-Artikler* (Hannover, 1960), → *Die Wühlmäuse* (West-Berlin, 1960) → *Die Hammersänger* (West-Berlin, 1964, später München), ferner die – meist aus diesen Ensembles hervorgegangenen – Solokabarettisten wie → *Hanns Dieter Hüsch*, → *Dietrich Kittner*, → *Helmut Ruge* u.a.

Mit dem Anwachsen der Jugendprotestbewegung Mitte der sechziger Jahre schärfte sich die politische Satire von der »Symptomkritik« zur »Systemkritik« in Kabaretts wie dem → *Rationaltheater* (München, 1965), dem → *Reichskabarett* (West-Berlin, 1965), dem → *Floh de Cologne* (Köln, 1966).

Die allgemeine Publikumszustimmung zu den vom Fernsehen ausgestrahlten etablierten Kabaretts (→ *Kom[m]ödchen, Stachelschweine, Münchner Lach- und Schießgesellschaft*) hatte der jüngeren Generation die Wirkungslosigkeit politischen Kabaretts dieser Machart vor Augen geführt. Nun wollte man das Kabarett als Instrument des politischen Kampfes gegen das kapitalistische System einsetzen. Dies mußte in letzter Konsequenz zur Selbstaufhebung des Kabaretts führen, was der *Floh de Cologne*, das *Reichskabarett* und das *Bügelbrett* Anfang der siebziger Jahre erkannten und sich wie der *Floh* zur Politrockgruppe wandelten oder wie die beiden anderen den Spielbetrieb einstellten. Wiederbelebungsversuche wie der kurzfristige Betrieb des aus dem »Reichskabarett« hervorgegangen → *Institut für lebensmut* (1983/84) und die Wiederaufnahme des »Bügelbretts« (1981–1995) blieben vereinzelt und ohne nachhaltige Wirkung.

→ Bibliographie im Anhang

Kabarett der Komiker (»Kadeko«) Literarisches Kleinkunsttheater in Berlin, gegründet 1924 von → *Kurt Robitschek* und → *Paul Morgan*, eröffnet am 1.12. 1924 im Haus der → *Rakete*, Kant-, Ecke Joachimsthaler Straße.

Robitschek, im Sommer 1924 von Wien nach Berlin gekommen, war mit Morgan und Max Adalbert am »Charlott-Casino« engagiert gewesen und hatte sich aufgrund dieses erfolgreichen Gastspiels mit Morgan in der *Rakete* eingekauft. Unter dem Namen *Kabarett der Komiker in der Rakete* schrieben und spielten sie dort eine Persiflage auf den gerade aufkommenden Nazismus, »Quo vadis?«, zusammen mit → *Curt Bois*, → *Kurt Gerron* und → *Margo Lion* (Musik: Willy Rosen). Später schrieben auch → *Walter Mehring*, → *Marcellus Schiffer*, → *Kurt Tucholsky* und → *Erich Weinert* Texte für das *Kadeko*. Am 1.12. 1925 übersiedelte das Kabarett in das »Palmenhaus« am Kurfürstendamm (Eröffnung mit der Robert-Stolz-Operette »Märchen im Schnee«) und bezog am 28.9. 1928 eine eigens dafür eingerichtete Spielstätte in dem Mendelssohn-Bau am Lehniner Platz (Eröffnung mit der Revueoperette »Kitty macht Karriere«). Dort wurde es am 15.2. 1944 ausgebombt.

Das *Kabarett der Komiker* war der Versuch, das nach dem Ende der Inflation von Publikumsschwund bedrohte literarisch-politische Kabarett durch eine Verbindung mit Varieté- und Kleinkunstelementen am Leben zu erhalten. Das literarische, gemäßigt zeitkritische Element brachten neben Robitschek und Morgan die witzigsten Conférenciers des damaligen Berlin in die Programme, als da waren: → *Max Ehrlich*, → *Werner Finck*, → *Fritz Grünbaum*, → *Hellmuth Krüger*, → *Paul Nikolaus*, → *Willy Prager*, → *Willi Schaeffers* und → *Karl Schnog*. Als Komiker traten auf: Max Adalbert, Siegfried Arno, → *Wilhelm Bendow*, Curt Bois, Felix Bressart, → *Paul Graetz*, Hans Moser, → *Max Hansen*, Szöke Szakall, → *Otto Wallburg*, → *Gisela Werbezirk*, → *Lotte Werkmeister*; als Chansonniers: → *Ernst Busch*, → *Blandine Ebinger*, → *Kurt Gerron*, → *Trude Hesterberg*, → *Kate Kühl*, → *Margo Lion*, → *Paul O'Montis*, Hermann Vallentin, → *Claire Waldoff* u.a. In Stückrollen traten auf: Elisabeth Lennartz, → *Theo Lingen*, Lucie Mannheim, Gerda Maurus, Adele Sandrock, Reinhold Schünzel, → *Ellen Schwanneke*, Camilla Spira, Jacob Tiedtke, Hedwig Wangel u.a. Ferner wirkten mit: die Parodistin Ilse Bois, als Anekdotenerzähler → *Hans Reimann* und → *Roda Roda*, als Komponist und musikalischer Entertainer → *Willy Rosen* u.v.a.m.

Außer Nummernkabarett und Gastauftritten (auch → *Yvette Guilbert*, Lucienne Boyer, Albert Préjean und → *Joachim Ringelnatz* gastierten hier) brachte das *Kadeko* kabarettistisch aufgemachte Kurzoperetten (z.B. »Die schöne Galathee« in der Bearbeitung durch → *Friedrich Hollaender*) und parodistische Operetten (wie 1924 »Quo vadis?«), aber auch Einakter wie »Die Himmelfahrt der Galgentoni« und »Der Fall des Generalstabchefs Redl« (mit Wolfgang Heinz) sowie die Kurzoper »Rufen Sie Herrn Plim!« von Marcellus Schiffer und → *Mischa Spoliansky.*
Eine Glanznummer des *Kadeko* war das »Meistersingerquartett« mit Adalbert, Hansen, Morgan und Robitschek; sein besonderes Verdienst: die Einladung an → *Karl Valentin* und → *Liesl Karlstadt* zu einem Gastspiel nach Berlin (Oktober 1924), das ihnen zu ihrem überregionalen Durchbruch verhalf (weitere Valentin-Gastspiele: 1928, 1930, 1935, 1938). Im September 1933 mußte Robitschek die Leitung des *Kadeko* abgeben und emigrierte nach Wien. Leiter wurde Dr. Hanns Schindler, nach dessen Tod 1938 Willi Schaeffers, der das Unternehmen im alten Stil, wenn auch ohne allzu gewagte Zeitsatire fortzuführen sich bemühte. Dennoch wurde ihm 1939 ein Programm verboten, in dem → *Werner Finck*, die → *Drei Rulands* und → *Peter Sachse* aufgetreten waren. (Sie wurden daraufhin aus der »Reichskulturkammer« ausgeschlossen, was Auftrittsverbot bedeutete.)
In den dreißiger Jahren traten im *Kadeko* u.a. auf: Alexis, Erwin Hoffmann, Peter Igelhoff, Rosita Serrano, → *Edith Schollwer*, Loni Heuser. – Nach der Ausbombung der Räume am Lehniner Platz übersiedelte das *Kadeko* in das benachbarte »Café Leon«, mußte aber im Zuge der allgemeinen Theaterschließungen am 31.8. 1944 den Spielbetrieb einstellen. Im Mai 1945 eröffnete Schaeffers es erneut im »Café Leon«, spielte danach in wechselnden Quartieren, bis er es am 28.4. 1946 in der »Neuen Scala am Nollendorfplatz« etablierte. Von September 1947 bis April 1948 spielte er dort Heino Gazes Kabarettrevue »Melodie der Straße«, mit der er anschließend auf Tournee ging. Im November 1949 gastierte im *Kadeko* → *Rudolf Nelson* mit Dora Paulsen. 1950 mußte es aus finanziellen Gründen schließen.

Schaeffers, Willi: *TingelTangel.* Hamburg 1959.

Kabarett-Agenturen → *Anhang*

Kabarett-Archive
»Stiftung Deutsches Kabarettarchiv«, Rheinstraße 48, 55116 Mainz. – Das »Deutsche Kabarettarchiv« wurde 1958 von → *Reinhard Hippen* gegründet. Seit 1961 hat das Archiv seinen Sitz in Mainz und wurde hier 1989 in die Trägerschaft der Stadt Mainz übernommen. Das »Deutsche Kabarettarchiv« umfaßt eine Bibliothek, eine Discothek, ein Schall- und Videoarchiv, Plakat-, Zeitschriften- und Notensammlungen. Der Hauptbestandteil des Archivs sind die fortlaufend aufgenommenen und zugeordneten Archivalien in rund 2200 Ordnern zu rund 60000 Namen und Stichworten des deutschsprachigen Kabaretts aus der Bundesrepublik, der ehemaligen DDR, Österreich und der Schweiz sowie den Exilkabaretts in verschiedenen Ländern. Zu den umfangreichen Beständen gehören auch die Nachlässe von → *Werner Finck,* → *Willi Schaeffers,* → *Greta Keller,* → *Jürgen von Manger* u.a. Das Archiv wird durch einen Förderkreis e.V. unterstützt und interessierten Benutzern nach Vereinbarung zugänglich gemacht.

»Bundesvereinigung Kabarett e. V.«, c/o Henry Pucklitzsch, Luxemburgstr. 4, 39 114 Magdeburg. – Betreibt seit der Gründung 1989 ein Kabarettarchiv.

»Schweizerisches Cabaret-, Chanson- und Pantomimen Archiv«, Im Seewinkel 2, CH 3645 Thun-Gwatt. – Von Hans Ueli von Allmen Ende der siebziger Jahre gegründet und geleitet, wird es interessierten Benutzern nach Vereinbarung zugänglich gemacht. Das Archiv enthält Sammlungen zum Schweizer Cabaret, Chanson und Pantomime.

Neben diesen Kabarett-Archiven gibt es einige andere Archive, in denen sich Sammlungen zu einzelnen, dem Kabarett nahestehende Personen befinden. Dies sind in alphabetischer Reihenfolge:

»Deutsches Literaturarchiv Marbach«, Schillerhöhe 8–10, 71 672 Marbach am Neckar. Nachlässe und Sammlungen u.a. von → *Otto Julius Bierbaum*, → *Richard Dehmel*, → *Hanns Heinz Ewers*, → *Hanns von Gumppenberg*, → *Max Herrmann-Neiße*, → *Erich Kästner*, → *Hans Reimann*, → *Joachim Ringelnatz*, → *Kurt Tucholsky*, → *Alexander Roda Roda* u.a.
»Deutsches Rundfunkarchiv«, Bertramstraße 8, 60320 Frankfurt/Main. Sammlungen von Tondokumenten, z.B. auch des Kabaretts.
»Deutsches Tanzarchiv Köln«, Subbelrather Straße 247, 50825 Köln. Sammlungen zum Tanz, u.a. auch des Kabaretts.
»Deutsches Theatermuseum« (früher Clara-Ziegler-Stiftung), Galeriestraße 4a, Hofgartenarkaden, 80539 München. Postanschrift: Postfach 221255, 80502 München. Sammlungen u.a. zum Münchner Kabarett.
»Dokumentationsarchiv des österreichischen Widerstandes«, Altes Rathaus, Wipplingerstraße 8, A 1010 Wien. Sammlungen zum Kabarett in Österreich.
»Nederlands Theater Instituut«, Herengracht 160–168, N 1016 BP Amsterdam. Sammlungen zum deutschen Exilkabarett in Holland.
»Stiftung Archiv der Akademie der Künste«, Hanseatenweg 10, 10557 Berlin. Sammlungen zu einzelnen dem Kabarett nahestehenden Personen, u.a. → *Rudolf Bernauer*, → *Elow*, → *Helmut Käutner*, → *Kate Kühl*, → *Walter Mehring*, Erwin Piscator, → *Max Reinhardt*, → *Kurt Tucholsky*.
»Theatermuseum der Landeshauptstadt Düsseldorf, Dumont-Lindemann-Archiv«, Jägerhofstraße 1, Hofgärtnerhaus, 40479 Düsseldorf. Sammlungen zu einzelnen dem Kabarett nahestehenden Personen.
»Theaterwissenschaftliche Sammlung« des Instituts für Theater-, Film- und Fernsehwissenschaft der Universität Köln, Schloß Wahn, Burgallee 2, 51127 Köln. Sammlungen zu einzelnen Bereichen des Kabaretts.

Kabarett-Festivals Veranstaltet werden Kabarett-Festivals zu bestimmten Anlässen, um eine theatralische Form (Lied/Chanson, Folklore, Kleinkunst, Kabarett u.a.) vorzustellen oder um einen bestimmten Inhalt zu propagieren, zu diskutieren, oder um einen bestimmten historischen oder aktuellen Anlaß zu feiern, bzw. zu bekämpfen.
1958 gab es unter dem Titel »Narren, Henker, Komödianten« eine erste Veranstaltung im Urania-Haus, Berlin (Leitung: Jule Hammer, Dr. Wolfgang Müller). 1961 wurden die ersten »Berliner Kabarett Tage« an der Freien Universität, Berlin (Leitung: Hansjörg Schön) durchgeführt.
Die ersten wichtigen Festivals für das Kabarett waren jedoch die »Essener Kabarett-Tage« (1964–1968); die »Erlanger Kabarett-Tage« (1969); parallel dazu liefen das »Chanson-Folklore-Festival«, Burg Waldeck, Hunsrück (1964–1969); die »Es-

 sener Song-Tage« (1968), danach in den siebziger und achtziger Jahren zahlreiche Chanson-Folklore-Festivals in rund 30 Städten. 1968 wurde die »Woche des Kabaretts« in Tübingen und 1968 und 1969 die »Wochen des politischen Kabaretts« im → *Rationaltheater*, München, veranstaltet. In den Jahren darauf folgten zahlreiche Kabarett-Festivals, Kabarettage und Kleinkunstfestivals, rund zehn in den siebziger Jahren, die meistens nur einmalige Veranstaltungen blieben, bis auf die »Kleinkunstwochen«, Giengen, die bis 1983 veranstaltet wurden, sowie die 1979 im »Hinterhoftheater«, München, gegründeten »Kabarettage«, die noch immer alljährlich durchgeführt werden. In den achtziger Jahren wuchsen die Festivals auf die Zahl von über fünfzig und verdoppelten sich nochmals bis in die neunziger Jahre hinein.
Viele der Kabarett-Festivals werden inzwischen jährlich veranstaltet, z.B. in Ahlen, Bremen, Esslingen, Gütersloh, Hamburg, Hattersheim, Kettwig, Lüdenscheid, Nürnberg, Paderborn, Reutlingen, Schwerte, St. Ingbert, Wilhelmshaven, Würzburg, Wuppertal. 1989 wurde das »Festival für Satire« in Magdeburg und in München das Nachwuchsfestival »Kabarett Kaktus« (seit 1992 mit Newcomer-Austausch zwischen München und Wien) ins Leben gerufen. Seit 1990 gibt es ein »Internationales Comedy Festival« in Köln, seit 1991 die »Lachmesse« in Leipzig, seit 1993 die »Satire-Tage« in Dresden und die »Motzart-Woche« in Salzburg, seit 1995 das »Humor- und Satirefestival« in Halle und seit 1996 die »Komik-Tage« in Marburg und das »Festival deutscher Studentenkabaretts« in Cottbus. Das Hamburger Kabarett-Festival auf Kampnagel beging 1996 sein zehnjähriges Bestehen. Zahlreiche »Kulturbörsen« (z.B. in Berlin, Freiburg, Kleve, Suhl u.a.) ergänzen das vielfältige Angebot. Auch die Weiterbildung im Bereich des Kabaretts wird durch Workshops, Seminare, Vorträge und Ausstellungen durch Volkshochschulen, Parteistiftungen, Evangelische und Katholische Akademien und das Deutsche Kabarettarchiv u.a. betrieben.

Kabarett Obelisk Politisch-satirisches Kabarett in Potsdam, seit 23.9. 1978 unter dem Namen »Potsdamer Kabarett am Obelisk«, seit 1995 »Kabarett Obelisk, Satire-Theater Potsdam GmbH.«, Schopenhauerstraße 27. Eröffnet 1978 in einem umgebauten Filmtheater unter der Direktion von Rolf Düdder mit Birgit Frohriep, Karin Kellermann, Uwe Geyer, Karl Sturm, Gisbert-Peter Terhorst mit dem Programm »Startschüsse«. Am 24.11. 1978 folgte als zweite Inszenierung ein im ersten Stock über dem ehemaligen Kino (seit 1984 als »Café Klatsch«) gespieltes Nachtprogramm, »Komm mit mir auf's Kanapee«, und nach gut einem halben Jahr das zweite aktuelle eigene Programm, »Immer wieder blüht uns was« (16.9. 1979), nun schon mit Johanna Lesch und Hans-Joachim Finke als Darstellern, die noch heute zum Ensemble gehören. Das zehnte Programm, »Volldampf voraus« (28.6. 1986), wurde nach Einwänden der »staatlichen Organe« des Bezirks Potsdam nach drei Vorstellungen abgesetzt. Von 1978 bis 1989 waren die Hauptautoren → *Peter Ensikat*, Harry Fiebig, Dieter Lietz, → *Inge Ristock*, Uwe Scheddin, RIGERA (→ *Inge Ristock*, → *Gerhard Geier*, Hans Rascher) und Andreas Turowski. Seit 1990 schreiben die Texte Hans D. Brislinger, Matthias Biskupek, Helmut Fensch, Barbara Kuster, Dieter Lietz, Mathias Wedel und Andreas Zieger, der seit 1990, neben Christian Kozik, auch zu den Hauptkomponisten und musikalischen Begleitern am Klavier gehört.

Seit seinem Beginn verschliß das Kabarett vier Direktoren, fünf Dramaturgen und zwölf Regisseure, die mit den bisher fünfundzwanzig Darstellern die Programme der beiden Bühnen des Hauses gestalteten. 1990 erlosch mit der Auflösung des Bezirks Potsdam dessen Trägerschaft für das Kabarett, das weder die Stadt Potsdam noch das Land Brandenburg übernehmen wollten, weshalb sich die »Obelisk«-Mannschaft entschloß, als privatwirtschaftlich arbeitende Gesellschaft weiterzumachen.
Nach zahlreichen kabarettistischen Nachtprogrammen und Revuen, die sich u.a. mit → *Erich Weinert* (1981) und → *Claire Waldoff* (1987, Wiederaufnahme 1992) befaßten, kam 1994 das 25. Programm heraus: »Vakuum marsch« (16. 1. 1994), mit Gretel Schulze, Gisbert-Peter Terhorst unter der Regie von Rolf Mey-Dahl. Danach folgten die Programme: »Spur der Scheine« (29. 1. 1995); »Wir lieben doch alle« (18. 5. 1995); »Jetzt oder nie« (8. 12. 1995) und »Der Kanzler lebt! Die Revolution geht weiter!« (24. 3. 1996), mit Gretel Schulze, Reimund Groß, Michael Ranz unter der Regie von Marten Sand. Die Geschäftsführung hat seit 1993 der Regisseur Rolf Mey-Dahl, die künstlerische Leitung der Darsteller Gisbert-Peter Terhorst, die zusammen auch die zahlreichen Gastspiele im Kabarett *Obelisk* betreuen.

Uwe Scheddin: *Potsdamer Kabarett am Obelisk.* In *Kassette 8.* Berlin 1985. – Fensch, Helmut (Hrsg.): *Das Würfelei – 15 Jahre Potsdamer Kabarett.* Potsdam 1993.

Kabarett-Preise Es gibt mittlerweile eine große Zahl verschiedener Kabarett- und Kleinkunstpreise, die entweder durch eine Jury oder durch einen Publikumswettbewerb ausgelobt werden. Der älteste und renommierteste ist der »**Deutsche Kleinkunstpreis**«. Seit 1972 einmal jährlich von einer Jury (etwa 25 Fachleute) auf Einladung des Mainzer Forum-Theaters → *unterhaus* vergeben. Preis-Sparten: Kabarett, Chanson/Lied, Kleinkunst und Förderpreis für eine der Sparten. Preis-Geld: Zuletzt 1995 je 10000,– DM. Bewerbung: Nicht möglich. Verleihung: Öffentliche Veranstaltung mit Auftritten der Preisträger in Mainz, die von ZDF und 3SAT übertragen wird. Listen der bisherigen Preisträger, alphabetisch und chronologisch sortiert, finden sich im Anhang dieses Lexikons.
Seit 1982 wird von der AUDS (Arbeitsgemeinschaft für Unterhaltung der deutschsprachigen Sender) der »**Salzburger Stier**« vergeben. Jeweils ein prominenter Pate aus den Ländern Österreich, Deutschland, Schweiz stellt einen Preisträger (oder Gruppe) aus den jeweiligen Ländern vor. Pate und Preisträger werden von der AUDS bestimmt. Preis-Sparten: Kabarett. Preis-Geld: Nur für die Preisträger je 35000,– öS. Bewerbung: Nicht möglich. Verleihung: Öffentliche Veranstaltung an drei Abenden (deutsch, österreichisch, schweizerisch) mit Auftritten der Paten und Preisträger in Salzburg. Eine Liste der bisherigen Preisträger findet sich im Anhang dieses Lexikons.
Seit 1983 wird während der »Kabarett-Tage« im → *Scharfrichter-Haus*, Passau einmal jährlich von einer Jury (sechs Fachleute) das »**Scharfrichterbeil**« vergeben. Preis-Sparten: Kabarett (1., 2. und 3. Preis). Preis-Geld: Ohne finanzielle Dotierung. Bewerbung: Erforderlich mit Ton- oder Video-Cassette, nach Auswahl Einladung zum Wettbewerbsauftritt, danach Entscheidung der Jury. Verleihung: Öffentliche Veranstaltung mit Auftritten der Preisträger in Passau.

 Seit 1980 wird einmal jährlich der »**Kleinkunstpreis des Landes Baden-Württemberg**« von einer Jury vergeben. Preis-Sparten: Kabarett, Kleintheater, Chanson/ Lied, Pantomine, Wortbeiträge. Preis-Geld: Zuletzt je 2500,– DM. Bewerbung: Erforderlich zuerst über die örtlichen Kulturämter, dann Entscheidungen auf lokaler Ebene (Kreisebene), dann Wettbewerbsauftritte im Regierungsbezirk, die dortigen Sieger erhalten den Kleinkunstpreis »Terpsi« (benannt nach der Muse des Tanzes, »Terpsichore«) als Urkunde und Plastik. Danach Einladung zur Ausscheidung auf Landesebene. Verleihung: Öffentliche Veranstaltung mit Auftritten der Preisträger, zuletzt in Karlsruhe.
Seit 1986 vergibt einmal jährlich eine Jury den »**Kleinkunstpreis der Stadt St. Ingbert**«. Preis-Sparten: Politisches Kabarett, Liedermacher, Musiktheater. Preis-Geld: Zuletzt je 5000,– DM. Bewerbung: Möglich an das Kulturamt der Stadt St. Ingbert mit Ton- und Video-Cassette, nach Auswahl Einladung zum Wettbewerbsauftritt, danach Entscheidung der Jury. Verleihung: Öffentliche Veranstaltung mit Auftritten der Preisträger in der Stadthalle von St. Ingbert.
Seit 1986 wird einmal jährlich als Publikumspreis vom Kultur- und Kommunikationszentrum Pumpwerk (An der Deichbrücke, 26382 Wilhelmshaven) in Kooperation mit der Stadt Wilhelmshaven der »**Wilhelmshavener Knurrhahn**« vergeben. Besucher der Kleinkunstveranstaltungen im Pumpwerk können ein Votum abgeben, pro Veranstaltung bewerten zusätzlich 20 Personen auf Stimmzetteln repräsentativ die Vorführung. Eine Jury, die diese Wertungen einbezieht, entscheidet über die Preisträger. Preis-Sparten: Alle Formen der Kleinkunst. Preis-Geld: Einmal 5000,– DM. Bewerbung: Nicht möglich. Verleihung: Öffentliche Veranstaltung mit dem Auftritt des Preisträgers in Wilhelmshaven.
Seit 1990 wird einmal jährlich vom Burg-Theater (Füll 13, 90403 Nürnberg) der »**Deutsche Kabarettpreis**« vergeben. Die Preisträger werden durch eine Hausjury ermittelt. Der Preis wird einmal an einen Profi-Kabarettisten und einmal als Förderpreis für einen Nachwuchs-Kabarettisten vergeben. Preis-Sparten: Politisch-satirisches Kabarett. Preis-Geld: je 2500,– DM. Bewerbung: Nicht möglich. Verleihung: Öffentliche Veranstaltung mit Auftritten der Preisträger in Nürnberg.
Seit 1994 vergibt einmal jährlich das → *Kom(m)ödchen* den »**Kom(m)ödchen-Förderpreis**«. Aus einem Förderwettbewerb ermittelt eine Fachjury den Preisträger. Preis-Sparten: Kabarett. Preis-Geld: 3000,– DM. Verleihung: Öffentliche Veranstaltung mit Auftritt des Preisträgers in Düsseldorf.
Seit 1994 vergibt zweijährig die Stadt Minden (Kulturamt, Kleiner Domhof 17, 32387 Minden) für einen Kabarett-Solisten und für eine Kabarettgruppe den »**Mindener Stichling**« als Förderpreis. Eine siebenköpfige Fachjury ermittelt die Preisträger. Preis-Sparten: Kabarett. Preis-Geld: je (2×) 5000,– DM. Bewerbung: Möglich. Verleihung: Öffentliche Veranstaltung mit Auftritten der Preisträger in Minden.
Einige Preiswettbewerbe sind inzwischen eingestellt worden, wie etwa der von 1980 bis 1989 einmal jährlich mit 5000,– DM an einen Preisträger vergebene »Buxtehuder Kleinkunst-Igel«. Andere, vor allem neu geschaffene Preise sollen hier nur kurz erwähnt werden.
Seit 1989 vergibt das Ravensburger Kupferle den »**Oberschwäbischen Kleinkunstpreis**«. Seit 1990 vergibt der Landkreis Südliche Weinstraße, Landau, einen »**Klein-**

kunstpreis«. Die Stadt Stuttgart stiftete 1991 mit insgesamt 15000,– DM den »**1. Internationalen Varieté Preis**«. Seit 1991 wird jährlich der mit 8000,– DM dotierte »**Kleinkunstpreis**« in Schwerte verliehen. Seit 1992 wird jährlich der mit 4000,– DM dotierte »**Kleinkunstpreis**« in Lüdenscheid vergeben. Seit 1993 hat die Stadt Wolfsburg einen »**Kleinkunstpreis**« und seit 1994 die Stadt Reinheim einen »**Satirepreis**«. Seit 1995 wird vom Bonner Pantheon durch eine Fachjury der Kabarettpreis »**Prix Pantheon**« ermittelt. Mit 14000,– DM hat 1994 die Stadt München einen »**Förderpreis für Kabarett und Kleinkunst**« dotiert. Seit 1996 wird in der Alten Mälzerei, Regensburg, der mit 3500,– DM dotierte **Förderpreis »Thurn & Taxis**« ermittelt.
Verschiedene andere Preise werden in Wettbewerben vor Publikum ermittelt, so seit 1990 der von der Stadt Graz gestiftete »**Kleinkunstvogel**«, die mit 4000,– DM ausgestattete »**Garchinger Kleinkunstmaske**«, einmal jährlich verschiedene Preise in der → *Herkuleskeule*, Dresden, seit 1993 in der Kochsmühle, Obernburg, der »**Obernburger Mühlstein**« und im »unterton«, München, seit 1993 der mit 6500,– DM dotierte »**Kleinkunstpreis**«.
In Wien wird seit 1993 in einem Wettbewerb der nach → *Hugo Wiener* benannte »**Kleinkunstpreis Hugo**« ermittelt und in einem Nachwuchswettbewerb seit 1996 ein »**Kabarettpreis**« bei den → *Kugelblitzen*, Magdeburg.

Kabarettrevue Von → *Rudolf Nelson* geschaffene Form der literarisch-musikalischen Kleinrevue. Nelson hatte seit 1910 parallel zu seinen Kabarettproduktionen Operettenrevuen für das »Metropol-Theater« komponiert und nutzte die Revuefreudigkeit des Berliner Publikums, namentlich nach dem Ersten Weltkrieg, zu der neuen Form der Kabarettrevue in seinen »Künstlerspielen« (später: »Nelson-Theater«) am Berliner Kurfürstendamm. Den Erfolg der Nelson-Revuen begründeten nicht zuletzt die Kompositionen des Hausherrn, seine »Schlager«, von denen wenigstens einer jeder Revue Zugkraft verleihen mußte. Da waren u.a. »Die Peruanerin« (Text: → *Fritz Grünbaum*) 1920 in »Total manoli«; »Die Dame mit'n Avec« (Text: → *Kurt Tucholsky*) 1921 in »Bitte zahlen«; »Das Nachtgespenst« (Text: → *Friedrich Hollaender*) 1930 in »Der rote Faden«. Mit literarischen Mitteln und politisch klarerer Aussage entwickelte Friedrich Hollaender die Kabarettrevue zu der von ihm so benannten »Revuette« weiter (z.B. »Laterna Magica«, 1926; »Bei uns um die Gedächtniskirche rum«, 1927), und davon angeregt brachten → *Marcellus Schiffer* (Text) und → *Mischa Spoliansky* (Musik) 1928 die Revue »Es liegt in der Luft« (mit → *Margo Lion*, → *Marlene Dietrich*, → *Oskar Karlweis* u.a.) auf die Bühne.
Im Gegensatz zu dem thematisch oft weitgefächerten Nummernkabarett wählte die Kabarettrevue ein einziges durchgängiges Thema oder aber auch einen bestimmten Schauplatz (Hotel, Warenhaus, Eisenbahn) als Hintergrund und Bündelungsfaktor von vielerlei damit zu assoziierenden Themen. Nach 1945 griff zuerst → *Günter Neumann* die Form der kleinen Kabarettrevue wieder auf. Auch er hatte schon in den zwanziger Jahren im → *Kabarett der Komiker* in Berlin einige Revuen herausgebracht (»Gib ihm!«, 1927 u.a.). Nun folgten 1946 »Alles Theater«; 1947 »Schwarzer Jahrmarkt« (1974 und danach mit großem Erfolg an vielen Theatern wieder aufgeführt). In den fünfziger Jahren stellte Friedrich Hollaender in der

 → *Kleinen Freiheit* in München diese Form erneut auf die Bühne: »Hoppla, auf's Sofa«, 1957; »Der große Dreh«, 1958; »Futschikato«, 1958; »Es ist angerichtet«, 1959. (Siehe auch → *Revue*, → *Varieté*)

Kabarett-Verbände

Nach der Wiedervereinigung wurde in Magdeburg die **Bundesvereinigung Kabarett e.V.** gegründet. Anschrift: Henry Pucklitzsch, Luxemburgstraße 4, 39114 Magdeburg. Die Vereinigung veranstaltet Kabarett-Festivals, Workshops, betreibt ein Archiv und gibt das Kleinkunstmagazin »Die Pointe« heraus.

Kabarettverband Sachsen e.V., zu erreichen über das »Dresdner Zentrum für Zeitgenössische Musik«, Schevenstraße 17, 01326 Dresden. Der 1995 gegründete Verband veranstaltet Festivals und fördert die ansässige Kleinkunstszene.

Interessengemeinschaft Freie Theaterarbeit, Pfeilgasse 8/3, A-1080 Wien. Der Verein, 1988 gegründet, fördert die Verbesserung der kulturpolitischen, sozialen und rechtlichen Situation der in der freien Theaterarbeit tätigen Personen und Gruppen und ihre Zusammenarbeit und Kommunikation.

Gesellschaft für Unterhaltende Bühnenkunst e.V. (GUBK), Hertzbergerstraße 21, 12055 Berlin. Der Verein, 1991 gegründet, veranstaltet Tagungen und veröffentlicht Publikationen. Der Vorsitzende Dr. Wolfgang Jansen gibt für die Mitglieder die Zeitschrift »Boulevard« heraus, deren gemeinsames Interesse an der Gegenwart und Geschichte der unterhaltenden Bühnenkunst (Varieté u.a.) besteht.

Kurt Tucholsky-Gesellschaft e.V.1, c/o Renate Bökenkamp, Schwarzwaldstraße 4, 78112 St. Georgen. Die Gesellschaft veranstaltet Tagungen, gibt Publikationen heraus und verleiht den »Tucholsky-Preis«. Die Mitglieder erhalten in unregelmäßiger Folge die »Tucholsky-Blätter«, deren gemeinsames Interesse Tucholskys Arbeiten und seine Wirkung heute sind.

Kabel, Walter ** 30. 1. 1927 Hamburg.* Komponist, Pianist

Studierte nach dem Zweiten Weltkrieg Musik und machte ein Examen als Privatmusiklehrer. Bald interessierte sich der Rundfunk für den begabten Musiker; er schrieb erste Kompositionen. Es folgten zwei Jahre als musikalischer Begleiter klassischer Tanzabende. 1953 kam er als Pianist an das Hamburger Kabarett → *Rendezvous*, lernte hier → *Hans Jürgen Diedrich* kennen und ging mit ihm 1957 als Komponist und Pianist zum Reisekabarett → *Die Amnestierten*. Mit ihm im Ensemble waren → *Hanne Wieder* und seine spätere Ehefrau → *Ursula Noack*. 1958 begleitete er in der Münchner → *Kleinen Freiheit* die → *Friedrich-Hollaender*-Revuette »Der große Dreh«. Danach löste er bei der → *Münchner Lach- und Schießgesellschaft* → *Fred Kassen* ab und wirkte dort seit dem fünften Programm, »Warten auf Niveau« (7.1. 1959), bis zum 19. Programm, »Der Abfall Bayerns« (6.7. 1972), fünfzehn Programme lang als Komponist, Arrangeur und musikalischer Begleiter am Klavier. Zwischendurch führte er Kompositionsaufträge für Funk und Fernsehen aus. 1973–1974 komponierte er die Kabarettprogramme von Margot Werner; 1974–1976 die fünf Duo-Programme von → *Dieter Hildebrandt* und → *Werner Schneyder*, um dann noch einmal 1976–1985 in neun Programmen der »Münchner Lach- und Schießgesellschaft« mitzuwirken. Danach arbeitete er 1976–1992 für die Soloprogramme von Astrid Jacob. Seine Chansons wurden auch gesungen von Katja Ebstein, Edith Hancke, Beate Hasenau, → *Trude Hesterberg*, Topsy Küppers u. a.

Kadmon, Stella ** 16. 7. 1902 Wien; † 15. 10. 1984 Wien.*
Kabarettistin, Schauspielerin, Kabarettleiterin
Ausbildung an der Staatsakademie für Musik und darstellende Kunst in Wien. Debütierte 1927 als Chansonniere am »Pavillon« (Wien). Gründete zusammen mit → *Peter Hammerschlag*, den sie an der Staatsakademie kennengelernt hatte, im November 1931 den → *Lieben Augustin*, den sie bis zum März 1938 leitete und in dem sie mitspielte.
Nach dem »Anschluß« emigrierte sie nach Palästina und kehrte 1947 nach Wien zurück. Dort übernahm sie den wiedererweckten *Lieben Augustin* erneut und machte ihn nach drei Kabarettprogrammen 1948 mit → *Brechts* »Furcht und Elend des Dritten Reiches« zur Schauspielbühne unter dem Namen »Theater der Courage«. Im November 1981 zog sie sich von der Leitung der Bühne zurück. – 1981 erhielt sie die Ehrenmedaille der Stadt Wien und den Titel »Professor« verliehen. Stella Kadmon hat mit der Gründung des »Lieben Augustin« die eigentlich zeitkritische Ära des Wiener Kabaretts begonnen und nach dem Zweiten Weltkrieg die Ära des kritischen Zeittheaters eingeleitet.

Mandl, Henriette: *Cabaret und Courage. Stella Kadmon – Eine Biographie.* Wien 1993. 

Kaftan Jüdisch-literarisches Kabarett, eröffnet am 14.2. 1930 im ersten Stock eines Lokals in Berlin, Lutherstraße 31 (wo zuvor das Kabarett → *Anti* gespielt hatte), unter der Leitung des jiddischen Volksliedersängers und Conférenciers Maxim Sakaschansky (1892–1952) und der beiden Geldgeber Ernst Pröckl und Oskar Ebelsbacher, der auch auf Tourneen conférierte.
Im ersten Programm unterhielt Jehuda Pomeranz das Publikum mit jüdischen Melodien am Klavier, Oskar Ebelsbacher erzählte »Rabbinische Weisheiten«, Ernst Pröckl sekundierte als »Daitscher« in zwei Sketschen vom Scholem Alejchem. der intellektuelle Manfred Geis rezitierte hebräische Bibelsprüche aus »Koheleth«. Esther und Jacob Moschkowitz stellten zwei unbeholfene Kleinstädter dar, die nach Berlin zu Besuch kommen. Drei inszenierte Volkslieder spielten in einer Schneiderstube. Höhepunkt des Programms war der Auftritt von Maxim Sakaschansky mit selbstverfaßten satirischen Couplets, in denen er die assimilierten Juden aufs Korn nahm. In einigen Szenen und Dorfduetten assistierte ihm die Schauspielerin und Chansonniere Ruth Klinger (1906–1989), seine Ehefrau von 1931–1945. Das zweite Programm hatte am 15.10. 1930 Premiere mit Sakaschansky und Ruth Klinger und einem wechselnden Ensemble (u. a. mit der Prager Chansonniere Hilda Dulitzkaja) in neuen Räumen, Jägerstraße 9. Danach zahlreiche ausgedehnte Tourneen von Breslau bis in die Niederlande und nach Belgien. Im neuen Domizil im Logenhaus (B'nai B'rith) im Berliner Westen, Kleiststraße 10, war auch das dritte Programm (4. 10. 1931) bei Presse und Publikum ein Erfolg, mit dem das Kabarett *Kaftan* Anfang 1932 auf Tournee nach Österreich ging. Die Programme enthielten vornehmlich jüdische Volkslieder aus Osteuropa und wehmütige Ghettolieder, man zeigte chassidische Tänze, spielte schwermütige Ein-

 akter und rezitierte Balladen und Talmudische Weisheiten. Alfred Kerrs »Jeruscholajim« und Walter Mehrings »Gleichnis über die Meerfahrt« wurden ebenso in die Programme aufgenommen wie »Die Wanderratten« von Heinrich Heine; »Rahel rechtet mit Gott« von Stefan Zweig oder von Rudyard Kipling das Gedicht »Schuhe«, des Lieds der »keuchenden Soldaten Amerikas, die marschieren, marschieren müssen«. Ende März 1932 flohen Sakaschansky und Klinger über die Tschechoslowakei nach Palästina, wo sie noch verschiedentlich auftraten.

Heid, Ludger (Hrsg.): *Ruth Klinger – Die Frau im Kaftan.* Gerlingen 1992.

Kahlau, Heinz ** 6. 2. 1931 Drewitz bei Potsdam.*
Schriftsteller, Lyriker, Erzähler, Kabarettautor
1953 bis 1956 Meisterschüler von → *Bertolt Brecht* am »Berliner Ensemble«. Schrieb Lieder und Songs für den → *Agitprop* sowie Gedichte, Chansons und Couplets für → *Die Distel*, die → *Pfeffermühle* (Leipzig), → *Die Kneifzange* und *Die Kibitzensteiner.* Erhielt 1963 den Heinrich-Heine-Preis der DDR.

Kahlow, Heinz ** 5. 7. 1924 Rostock.*
Schriftsteller, Lyriker, Erzähler, Kabarettautor
Schrieb Songs für den → *Agitprop* sowie Chansons und Couplets für die → *Distel* und die → *Pfeffermühle* (Leipzig). Schrieb Texte und führte Regie beim »Berliner Brettl« (1956). Läßt nach eigener Aussage »vom Gedicht bis zum Fernsehspiel und vom Roman bis zum Feuilleton nichts aus, was satirisch zu schlucken und heiter zu verdauen ist«.

Der Kaktus Politisch-satirisches Kabarett in Basel, gegründet und geleitet von → *Alfred Rasser*, eröffnet am 19.10. 1943 im Restaurant »Gambrinus«, Basel, mit dem Programm »Wenn die Blätter fallen« mit Alfred Rasser und Ruedi Walter. Texte Alfred Rasser, → *C.F. Vaucher* (auch Regie), → *Kurd E. Heyne* und → *Hans Weigel* (Pseudonym: Hermann Kind). Zweites Programm im 1. Stock des »Corso-Theaters« Zürich. Zum Ensemble gehörten ferner: Edith Carola, Michel Simon jun. und Simone Petitpierre.
Nach fünf Nummernprogrammen brachte Rasser seine (und Vauchers) schweizerische Bearbeitung von Hašeks »Bravem Soldaten Schweijk« als »HD-Soldat Läppli« mit sich selbst in der Titelrolle heraus (31. 12. 1945). Wegen des großen Erfolgs dieser Mischung von Kabarett und Volkstheater zog das *Kaktus*-Ensemble in das tausend Plätze fassende »Küchlin-Theater« um. Am 13.9. 1947 folgte die Fassung »Demokrat Läppli«, am 29.9. 1949 der »Weltbürger Läppli«, am 26.12. 1958 der »Millionär Läppli«. Zwischendurch spielte der *Kaktus* im »Gambrinus« wieder Nummernkabarett. 1952 und 1953 spielte Rasser im »Embassy«, Zürich, zwei Einmannkabarettprogramme und gastierte als Solist seit 1958 im »Théâtre Fauteuil«, auch in Zürich und in Bern als Verkörperung des nicht mehr seßhaften *Kaktus.*

Kalauer 1858 erstmals belegte Eindeutschung des französischen Calembour (= Wortspiel) mit Bezug auf die Stadt Calau bei Cottbus. Dort wurden im 19. Jh. derbe Stiefel hergestellt und nach Berlin geliefert. Wahrscheinlich von daher leitet sich die Bezeichnung derber, nicht sehr geistreicher Witze ab, die ihre Lacher mit Vorliebe auf der Vermischung ähnlicher oder gleichlautender Wörter unterschiedlicher oder gar gegensätzlicher Bedeutung beziehen. Der Form des Kalauers bedienen sich heutzutage viele v.a. Solo-Kabarettisten wie etwa – in etwas gehobener Form → *Martin Buchholz.*

Kaléko, Mascha (eigentlich: Golda Malka Engel) * *7. 6. 1912 Schidlow (Polen); †21. 1. 1975 Zürich.* Schriftstellerin, Lyrikerin
Kam als Kind nach Berlin, wo sie eine Bürolehre absolvierte. 1929 druckten Berliner Tageszeitungen erste Gedichte von ihr, die sie selbst als »Gebrauchslyrik« verstanden wissen wollte. Seit 1930 trug sie ihre Verse gelegentlich im Kabarett → *Küka* selbst vor; sie schrieb für → *Claire Waldoff,* → *Annemarie Hase* und → *Rosa Valetti.* 1933 erschien ihr erster Gedichtband (»Das lyrische Stenogrammheft«). Sie blieb, als Jüdin geächtet, in Deutschland, arbeitete bei der Berliner Jüdischen Gemeinde; heiratete den Vater ihres Kindes, den Musikwissenschaftler Chemjo Winawer, der sich später, im Exil, Chimo Vinaver nennen sollte.
1938 entkam sie mit ihrer Familie nach New York, wo 1945 ihre Emigrantenlyrik in deutscher Sprache unter dem Titel »Verse für Zeitgenossen« erschien. 1956 kehrte sie für einige Zeit nach Europa zurück, ging dann zehn Jahre nach Israel. 1968 starb ihr Sohn Steven Vinaver, selbst eine satirische Begabung, gerade 30 Jahre alt. Mascha Kaléko starb während eines Europabesuchs in Zürich.

Kaléko, Mascha: *Das lyrische Stenogrammheft.* Hamburg 1975. – Zoch-Westphal, Gisela: *Aus den sechs Leben der Mascha Kaléko.* Berlin 1987.

Karikatur (ital. caricare = überladen) Künstlerische Darstellungsform, die durch Übertreibung des Typischen komisch wirkt und den Gegenstand der Karikatur, häufig mit dem Ziel politischer Kritik und Entlarvung, lächerlich macht. Insbesondere Fachbezeichnung der bildenden Kunst: Die Anfänge gehen bis ins Neue Reich Ägyptens zurück (karikierende Darstellungen des Volksglaubens). In der Renaissance richtet sich die Karikatur auch gegen Stände, Kirche und Staat. Seit dem 19. Jh. vor allem angewandt in Zeichnungen satirischer → *Zeitschriften.* Heute werden Karikaturen in fast allen Tageszeitungen abgedruckt. Im Kabarett Bezeichnung für eine Methode der Darstellung, neben → *Parodie,* → *Travestie,* → *Satire* u.a. Die Karikatur ist in diesem Zusammenhang ein gröberes Verfahren als die anderen Methoden und wird u.a. angewandt in der → *Szene,* im Dialog, in der Conférence.

Karl Napps Chaos Theater Frankfurter »Szene«-Kabarett, gegründet 1976 von Studenten und ehemaligen Mitgliedern des Sozialistischen Deutschen Studenten-Bundes. Die Gruppe (ausnahmslos Laien) bestand aus sechs Männern und drei Frauen: Dieter, Florian, Henning, Klaus, Matthias, Philipp und Cornelia, Hendrike und Hilde (Nachnamen wurden verschwiegen). Erstes Programm: »Ei, was strahlt denn da?« (8. 12. 1976), eine Szenencollage über die Antikernkraftbewegung. Zweites Programm (1977): »Unser schönes Amerika.« Drittes Programm (1978): »68er Nachlese«.
Mit ihrem vierten Programm »Das Polizeifest« (1979) ernteten sie heftige Kritiken

der »Szene«, weil sie versucht hätten, »*die* als Nachbarn« zu zeigen. Als Reaktion darauf brachten sie zwei Wochen später ihr Programm »Szenen aus der Szene« heraus, eine »bissige Auseinandersetzung mit dem Szene-Publikum«, das sie überregional bekannt machte. Von der anfänglichen Slapstickkomik fanden sie zur »stillen Pointe«, zu »Witz und Schliff« (Christian Schütze in der »Süddeutschen Zeitung«, 21.3. 1981). Anfang März 1982 spalteten sich → *Dieter (Thomas)*, → *Hendrike (von Sydow)* und → *Matthias (Beltz)* von der Gruppe ab und spielten (mit Vor- und Nachnamen) das achte Programm, »Freak und Frieden«, unter dem Namen → *Vorläufiges Frankfurter Fronttheater. Karl Napps Chaos Theater* erhielt 1980 den → *Deutschen Kleinkunstpreis*, 1981 den »Berliner Wecker«.

Karlstadt, Liesl (eigentlich: Elisabeth Wellano) ** 12. 12. 1892 München; † 27. 7. 1960 Garmisch-Partenkirchen.* Schauspielerin, Komikerin
Begann als Verkäuferin, war Mitglied einer Dachauer Bauernkapelle und arbeitete als seriöse Soubrette und Schauspielerin. 1911 lernte sie den Volkskomiker und Kabarettisten → *Karl Valentin* kennen, dessen Bühnen- und Filmpartnerin sie seit 1913 war. Ihren Künstlernamen erfand er in Anlehnung an den von ihm verehrten Volkssänger Karl Maxstadt. Liesl Karlstadt spielte und sprach im Duo mit Valentin unzählige Rollen, dazu über 400 Schallplatten, mit erstaunlicher Wandlungsfähigkeit. 1940 trennte sie sich von Valentin, stand dann noch einmal nach dem Krieg mit ihm auf der Bühne. Nach seinem Tod (1948) spielte sie an verschiedenen Münchner Bühnen, so an den »Kammerspielen«, der »Komödie«, im »Theater am Gärtnerplatz« (u.a. in »Der starke Stamm« von Marieluise Fleisser, in »Magdalena« von → *Ludwig Thoma*, in »Feuerwerk« u.a.), ferner beim Bayerischen Rundfunk (»Brummlg'schichten«, »Familie Brandl« u.a.) Ohne Valentin war sie u.a. in Filmen wie »Fasching« (1939), »Die Trappfamilie« (1956), »Wir Wunderkinder« (1958) zu sehen. Aus ihrer Feder sind nur wenige Sketsche überliefert.

Riegler, Theo: *Das Liesl Karlstadt Buch.* München 1961. – Dimpfl, Monika: *Immer veränderlich – Liesl Karlstadt 1892 – 1960.* München 1996.

Karlweis, Oskar ** 10. 6. 1894 Wien; † 24. 1. 1956 New York.*
Schauspieler, Unterhaltungskünstler
Nach dem Besuch des Gymnasiums studierte er in Wien Jura und wurde bald ans Wiener »Volkstheater« engagiert. 1912–1921 spielte er am »Volkstheater« in München, 1923 an den Wiener »Kammerspielen«, über die er 1927 an das »Deutsche Theater« nach Berlin kam. Seine großen Erfolge hatte er in den Jahren 1927–1933 auch an den Berliner Kabaretts und Varietés. Er war der Partner von → *Marlene Dietrich* und → *Margo Lion* in der Revue »Es liegt in der Luft«, sang bei → *Rudolf Nelson* in der Revue »Die Lichter von Berlin« und verhalf der Ralph Benatzky-Operette »Meine Schwester und ich« 1930 zum Erfolg. Populär wurde er auch durch seine Gastspiele im → *Kabarett der Komiker* und durch seine Filme »Zwei Herzen im Dreivierteltakt«, »Die Drei von der Tankstelle«, »Das Konzert« und »Mamsell Nitouche«. 1935 emigrierte er über Paris, wo er mit anderen Künstlern ein Kabarett ins Leben rief, nach New York. Spielte nach dem Zweiten Weltkrieg gelegentlich wieder in Deutschland Theater.

Kartoon Satirisch-literarisches Kabarett in Berlin, Französische Straße 24, am 15.9. 1990 eröffnet unter der Geschäftsführung von Michael Fülle und der künstlerischen Leitung von Peter Tepper als »Kabarett Förderungs-Gesellschaft mbH« mit dem Programm »Wir müssen alle dran glauben«. Das Kabarett ging hervor aus dem Amateurkabarett »Die Ökognome« an der Hochschule für Ökonomie, Berlin (1974–1990). Als die Hochschule nach der Wende 1989 ihre weitere Unterstützung versagte, eröffnete das Team (drei von ihnen Gründungsmitglieder der »Ökognome«) das Kabarett *Kartoon*. Dem Eröffnungsprogramm folgten die Programme »Aus der Seele geschüttelt« (Tucholsky-Programm, 21.12. 1990); »Nie wieder Pornofilm« (Kishon-Programm, 10.4.1991); »Roter Bruder – Armes Luder« (28. 6. 1991); »Da war doch noch was?« (mit Texten aus der DDR-Zeit, 5.10. 1991); »Brennzeichen D« (5. 6. 1992); »Da samma wieder« (Kästner-Programm, 23.3. 1993); »Teutonia« (10. 6. 1993); »Gibt es ein Leben vor dem Tod?« (3. 3. 1994); »Übergangszeit« (Tucholsky-Programm, 9.1. 1995) und »Verdummt in alle Ewigkeit« (15. 9. 1995) mit Dagmar Gelbke, Sabine Genz, Hendrik Gröll, Klaus Schaefer. Alle Programme inszeniert Peter Tepper und begleitet musikalisch Chris Berghäuser. In den Räumen des »Kartoon« finden auch Gastspiele und Ausstellungen statt.

Das Karussell Literarisches Kabarett in Berlin, eröffnet 1922 im »Haus der Sezession« am Kurfürstendamm von → *Peter Sachse*. Außer dem von Sachse entdeckten Conférencier → *Harry Lamberts-Paulsen* traten hier auf die Chansonnieren → *Trude Hesterberg*, Else Ward, → *Lotte Werkmeister* sowie die Schauspielerin Tilly Wedekind, die Tänzerin → *Anita Berber* und Victor Schwanneke. Außerdem lasen hier Meister der kleinen Form wie → *Roda Roda* und Victor Auburtin ihre Anekdoten und Miniaturen vor und sprach → *Klabund* seine satirischen Balladen. Für das *Karussell* vertonte Lamberts-Paulsen den volksliedhaften »Seemannschoral« von → *Walter Mehring* und trug ihn zusammen mit Victor Schwanneke, Paul Westermeier und Eugen Rex (später ersetzt durch → *Willi Schaeffers*) zum erstenmal vor.

Kasics, Tibor **28. 12. 1904 Budapest.* Komponist, Pianist, Arrangeur
Kam 1919 mit seiner Mutter Ilona Durigo aus Budapest in die Schweiz und studierte Musik in Zürich, Wien und Berlin. Arbeitete in Berlin als Jazz-Pianist und als musikalischer Begleiter am Klavier mit Hans Meyer-Hanno in den Kabaretts → *Küka*, → *Larifari* u.a. Am 28.11. 1929 gründete er als Hauskomponist mit → *Werner Finck* das Kabarett → *Die Katakombe* und begleitete die Programme mit der »Tibor Blue Band«. Wirkte 1934 als Dirigent am Schauspielhaus Zürich und wurde im selben Jahr Mitarbeiter des → *Cabaret Cornichon*, für das er komponierte, arrangierte und bis 1945 die Programme am Klavier begleitete. Arbeitete nach 1939 auch für das Schauspielhaus Zürich als Operettenkapellmeister und seit 1950 als Komponist und Pianist für das → *Cabaret Federal*, Zürich, ferner für die Duo-Programme von → *Voli Geiler*/→ *Walter Morath* und für → *Elsie Attenhofer*, → *Helen Vita* u.a., 1956 für die → *Kleine Freiheit*, München, und das → *Cabaret Rueblisaft* in Baden bei Zürich.
Seit 1982 wirkt Kasics als Musiklehrer an der »Schauspiel-Akademie«, Zürich.

1969 komponierte er die Musik für das Theaterstück »Der grüne Eimer« von Elsie Attenhofer und 1970 für die Zürcher Revue »Eusi chlii Stadt«.

Kassen, Fred (eigentlich: Alfred Kassen) **7. 8. 1903 Langendreer; † 7. 4. 1972 Köln.* Komponist, Pianist, Chansonautor, Kabarettleiter
Studierte Staatswissenschaft, trat danach als Chansonnier am Klavier mit dem Programm »Chansons in allen Sprachen« im Berliner → *Kabarett der Komiker* auf und wurde Barpianist in der »Texas-Bar« und im »Femina-Palast« in Berlin. 1935–1936 war er als »Flüsternder Tenor-Buffo« Mitglied des »Meister-Sextetts«, der Nachfolge-Gesangsgruppe der »Comedian Harmonists«. Nach dem Zweiten Weltkrieg trat er, aus russischer Kriegsgefangenschaft heimgekehrt, 1950–1963 in seiner Bar »Bei Fred« in Rottach-Egern mit eigenen Couplets und Chansons am Klavier auf. Mit dem so verdienten Geld kaufte er sich die Münchner Künstlerkneipe »Stachelschwein« in Schwabing, in der er zuerst allein auftrat und seit 1950 Programme für sein Ensemble (Cordy Ritter, Christiane Meybach, → *Jürgen Scheller*, Rolf Schimpf) schrieb und musikalisch begleitete. 1955–1956 begleitete er das Kabarett → *Die Namenlosen.*
Am 12.12. 1956 fand in seinem Lokal die Premiere des ersten Programms der → *Münchner Lach- und Schießgesellschaft*, »Denn sie müssen nicht was sie tun«, statt, bei der Kassen dann bis zum vierten Programm, »Eine kleine Machtmusik« (7.5. 1958), als musikalischer Leiter und Pianist tätig war. 1959 übersiedelte er nach Köln und gründete dort das → *Senftöpfchen*, das er bis zu seinem Tode leitete. Danach übernahm seine Frau Alexandra die Leitung des Hauses und entwickelte daraus eine renommierte Gastspielbühne.

Czada, Peter; Große, Günter: *Comedian Harmonists – Ein Vokalensemble erobert die Welt.* Berlin 1993.

Kästner, Erich **23. 2. 1899 Dresden; † 29. 7. 1974 München.*
Schriftsteller, Dramatiker, Kabarettautor
Studierte in Leipzig Geschichte, Germanistik, Philosophie und Theatergeschichte. 1922 Feuilletonredakteur an der »Neuen Leipziger Zeitung«. 1925 Dr. phil. Seit 1927 in Berlin als Theaterkritiker und freier Mitarbeiter an der »Weltbühne«, dem »Tagebuch«, der »Vossischen Zeitung«, dem »Berliner Tageblatt« u.a. 1929 Hörspiel »Leben in dieser Zeit«, gesendet von Radio Breslau.
Kästners erste satirische Gedichte erschienen gesammelt in »Herz auf Taille« (1928), »Lärm im Spiegel« (1929), »Ein Mann gibt Auskunft« (1930), »Gesang zwischen den Stühlen« (1932). Gedichte aus diesen Sammlungen wurden in vielen Kabaretts vorgetragen, so an der → *Wilden Bühne* (Pseudonym: Fabian), in der → *Katakombe*, im → *Tingeltangel-Theater* und im → *Küka*, wo Kästner sich selber rezitierte. Schließlich schrieb er direkt fürs Kabarett (so für → *Trude Hesterberg* das Chanson »Ganz besonders feine Damen« und für → *Kate Kühl* eine Parodie auf → *Brechts* »Surabaya-Johnny«. → *Blandine Ebinger* trug im → *Kabarett der Komiker* Kästner-Gedichte vor. Nach 1933 schrieb Kästner anonym noch ein paar Chansons für die »Katakombe« sowie für Trude Hesterbergs → *Musenschaukel*, danach bis zum Ende des Zweiten Weltkriegs nur noch Romane sowie unter Pseudonym das Drehbuch zu dem Ufa-Film »Münchhausen« (1942).

Neben seinen Kinderromanen (»Emil und die Detektive«, 1928, »Pünktchen und Anton«, 1931, »Das fliegende Klassenzimmer«, 1933) hatte er 1931 den satirischen Roman »Fabian« veröffentlicht. Nach 1933 ließ er seine Romane in der Schweiz erscheinen. 1945 mit einer Filmexpedition der Ufa nach Tirol verschlagen, ging er nach Kriegsende nach München und wurde Feuilletonredakteur an der »Neuen Zeitung«. Gleichzeitig schrieb er Szenen und Chansons für die → *Schaubude*, so u.a. das »Marschlied 1945« und »Das Lied vom Warten« für → *Ursula Herking* sowie die Szenen »Die Schildbürger« und »Deutsches Ringelspiel 1947«. 1949 erschien sein Kinderroman »Die Konferenz der Tiere«, 1950 »Das doppelte Lottchen« (auch verfilmt, Bundesfilmpreis 1950). 1951 wurde Kästner Präsident des Deutschen PEN-Zentrums (West). Im selben Jahr bat ihn → *Trude Kolman* um Mitarbeit an ihrer → *Kleinen Freiheit*, deren Hauptautor er bis 1953 war (»Solo mit unsichtbarem Chor«, »Kantate de minoribus« u.a.). 1956 führen die »Münchner Kammerspiele« sein satirisches Stück »Die Schule der Diktatoren« auf, 1959 »Das Haus der Erinnerung«.
Erich Kästner brachte mit seiner »Gebrauchslyrik«, wie er seine Verse nannte, einen neuen sachlichen und doch poetischen Ton in die deutsche Lyrik, voll Heinescher Satire und luzider Sprache. Diese Verse bahnten, weil sie sprechbar waren, der Literatur erneut den Weg ins Kabarett.

Enderle, Luiselotte: *Kästner – Eine Bildbiographie*. München 1960. – Schneyder, Werner: *Erich Kästner. Ein brauchbarer Autor*. München 1982. – Bemmann, Helga: *Humor auf Taille. Erich Kästner – Leben und Werk*. Berlin 1983. – Kordon, Klaus: *Die Zeit ist kaputt – Die Lebensgeschichte des Erich Kästner*. Weinheim 1994.

Die Katakombe Politisch-literarisches Kabarett in Berlin, gegründet von → *Werner Finck* und Hans Deppe, eröffnet 16.10. 1929 im Keller des »Künstlerhauses«, Bellevuestr. 3 (dem Vereinslokal des »Vereins Berliner Künstler«) mit einem namenlosen Programm (»Musik, Tanz, Dichtung, Improvisation«). Texte: Finck und Deppe. Mit: Werner Finck, Hans Deppe, Stina Lindblat, Ruth Poelzig, dem Tanzpaar → *Trudi* und *Hedi Schoop*, Hans Meyer-Hanno, Arnulf Schröder und den Tibor Blue Boys (Musik und Begleitung: → *Tibor Kasics*). Im zweiten Programm (9.12. 1929) kamen dazu: Lulu Basler, Dolly Haas, Sohn-Rethel. Texte (u.a.) von → *Erich Kästner*, → *Walter Mehring*, → *Kurt Tucholsky*. Im dritten Programm (24.1. 1930) neu: → *Ernst Busch;* als Textautor: → *Günter Neumann;* als Bühnenbildner: Erich Ohser. (Mit

»Die Katakombe«, v.l. Arnulf Schröder, Werner Finck, Hans Deppe in Fincks »Tandaradei«, einer Wandervogel-Parodie

diesem Programm gastierte *Die Katakombe* am 21.2. 1930 im → *Kabarett der Komiker.*) Im vierten Programm (5.3. 1930) neu: → *Kate Kühl*, → *Robert Adolf Stemmle*, die Geschwister Witt (Tanzpaar), Choreographie: Mary Wigman. (In diesem Programm sang Ernst Busch Tucholskys »Anna-Luise«, begleitet vom Komponisten → *Hanns Eisler.*) Im fünften Programm (19.4. 1930) kam → *Rudolf Platte* dazu. Ausstattung: Rolli Gero, im sechsten Programm neu als Autor → *Curt Bry* (Pseudonym: Rudolf Aldach). Wegen vorübergehender Exmittierung aus dem »Künstlerhaus« Gastspiel im Nelson-Theater im »Palmenhaus«. Im siebten Programm (10.11. 1930) neu als Darsteller: Rolf Gero, Marcella Salzer, Elisabeth Neumann; als Autor: → *Julian Arendt*; als Komponist Günter Neumann. (In diesem Programm sang Ernst Busch B. Travens »Ballade von den Baumwollpflückern«.)

Im Dezember 1930 kam es über Modalitäten der Gagenzahlung zu Unstimmigkeiten im Kollektiv, in deren Folge Ernst Busch, Kate Kühl, Hans Deppe, Hedi Schoop und Rolf Gero ausschieden und sich Werner Finck (als künstlerischer Leiter) und Rudolf Platte (als geschäftlicher Direktor) die Direktion der *Katakombe* teilten. Als neue Mitwirkende kamen hinzu: im achten Programm (2.1. 1931) Dorothea Albu, Inge Bartsch, Ludwig Donath, → *Annemarie Hase*, Henry Lorenzen als Darsteller; im neunten Programm (9.2. 1931) als Autor → *Max Colpet* (Max Kolpe); im zehnten Programm (25.3. 1931) als Darsteller: → *Trude Kolman* (Gertrud Kohlmann), → *Erik Ode*, Eckstein und Denby (Tanzpaar); als Autor: Max Ophüls; im elften Programm (22.9. 1931) als Darsteller: → *Theo Lingen*, → *Julia Marcus*, Sonja Wronko, als Autoren: → *Hellmuth Krüger*, H.G. Lustig. Ferner traten nach 1930 in der *Katakombe* auf: → *Valeska Gert*, → *Ursula Herking*, → *Tatjana Sais*, → *Rudolf Schündler*, Walter Trautschold, Isa Vermehren, Walter Gross, Ivo Veit, Kadidja Wedekind u.a. Am Klavier begleitete nun → *Edmund Nick*.

Titelseite des Programmheftes, Berlin 1929

Als 1932 das »Künstlerhaus« in der Bellevuestraße den Besitzer wechselte, gastierte die *Katakombe* vorübergehend im neuen Domizil des → *Blauen Vogels* im »Palmenhaus« am Kurfürstendamm und zog wenig später in den ersten Stock des Hauses Lutherstr. 22. Nach den Jahren der gefälligen kabarettistischen Unterhaltung seit dem Eingehen der politisch-literarischen Kabaretts um das Jahr 1924 hatte die *Katakombe* eine Wiedergeburt des literarischen und künstlerischen Brettls im Sinne der → *Elf Scharfrichter* gewagt, freilich mit deutlicheren politischen Akzenten. Den raffinierten Augen- und Ohrenschmaus der kabarettistischen Kleinrevuen des Kurfürstendamms lösten naive Spielfreude, Lust an der literarischen Parodie, auch im Tanz, heitere Satire und die in ihrer scheinbar frisch-fröhlichen Naivität präzis ihre Objekte treffenden Conférencen von Werner Finck ab. Diese unbefangen wirkende Art einer in scheinbar zustimmenden Humor verpackten Satire garantierte der *Katakombe* nach 1933 zunächst das Überleben, da die Nazis Kleinkunststätten, sofern sie »judenrein« waren (was nun sowohl auf die *Katakombe* wie auf das → *Tingeltangel-Theater* und das *Kabarett der Komiker* zutraf) gern weiterexistieren ließen (auch wegen ihrer Funktion als Ventil für politische Unlustgefühle des noch zu gewinnenden Bürgertums).

Am 10. Mai 1935 allerdings wurde die *Katakombe*, hauptsächlich wegen zweier gegen die »Winterhilfe« und die heimliche Wiederaufrüstung (»Das Fragment vom Schneider«) gerichteten Sketsche, auf Anweisung von Reichspropagandaminister Goebbels verboten und Werner Finck sowie die Darsteller Heinrich Giesen, Walter Trautschold und Rudolf Platte »in Schutzhaft genommen« und am 24.5. 1935 (außer Platte) für sechs Wochen in das Konzentrationslager Esterwegen überführt (zusammen mit Walter Gross, Walter Lieck und → *Günther Lüders* vom ebenfalls verbotenen *Tingeltangel-Theater*). Am 26.10. 1936 wurde gegen Finck und Trautschold (sowie gegen Gross, Lieck und Lüders) vor dem Sondergericht des Landgerichts Berlin wegen »Vergehens gegen das Heimtückegesetz« verhandelt. Die Verhandlung endete für alle Angeklagten mit Freispruch mangels ausreichender Beweise.

Heiber, Helmut: *Die Katakombe wird geschlossen*. München/Bern/Wien 1966.

Kaub, Hannelore ** 7. 7. 1936 Berlin.*

Kabarettistin, Kabarettautorin und -leiterin

Studierte in West-Berlin Publizistik und in Heidelberg Englisch und Spanisch am dortigen Dolmetscher-Institut der Universität. 1959 stieß sie als Hannelore Kunz zu dem damaligen Studentenkabarett → *Bügelbrett*, schrieb Texte dafür, führte Regie und wirkte mit. Ende 1960 übernahm sie – nach ihrer Eheschließung mit dem geschäftlichen Leiter des Kabaretts, Erich Kaub – als Hannelore Kaub die künstlerische Leitung.

1964 fiel sie wie so viele zeitkritische Kabarettisten der Zensur des Fernsehens zum Opfer, als der Norddeutsche Rundfunk aus der Aufzeichnung des »Bügelbrett«-Programms »Stolz auf Deutschland« entgegen seiner Zusage vier Hauptnummern herausschnitt und die unliebsame Pointe einer Nummer über den französischen Staatspräsidenten de Gaulle akustisch mit Beifallsgeräusch zudeckte. Hannelore Kaubs Protest und ihre Bitte um die öffentliche Bekanntgabe der Schnitte blieben unberücksichtigt. (→ *Zensur*)

Zwischen Juni 1969 und November 1981 pausierte sie aus Gesundheitsgründen. Seit Dezember 1981 leitete sie das »Bügelbrett« erneut, schrieb alle Texte selbst, führte Regie und spielte in allen Programmen als einzige Frau mit. 1969 kaufte das → *Kom(m)ödchen* pauschal ihr Programm »Trotzdem... Rot ist die Hoffnung!«, brachte aber nur wenige Nummern daraus. Anfang der siebziger Jahre schrieb sie gelegentlich eigens für das »Kom(m)ödchen«. 1969/70 für die SDR-Sendung

»Heiße Sachen«. Am 16. 10. 1980 und am 16. 6. 1983 wirkte sie als Autorin und Darstellerin in der satirischen Fernsehsendung »Scheibenwischer« (→ *Medienkabarett*) und 1981 in der TV-Ost-West-Sendung »Kennzeichen D« mit. 1969 erhielt sie den Kunstpreis der Stadt Berlin und 1988 den Ehrenpreis zum → *Deutschen Kleinkunstpreis.*

Als eine der besten deutschsprachigen Kabarettistinnen beendete Hannelore Kaub ihre Kabarettarbeit 1995 mit dem Soloprogramm (nach insgesamt 26 Programmen) unter dem Titel »Das Allerletzte«.

Käutner, Helmut **25. 3. 1908 Düsseldorf; †20. 4. 1980 Castellina (Italien).* Schauspieler, Autor, Kabarettist, Regisseur

Beschäftigte sich mit Graphik und Innenarchitektur, bevor er 1927 in München das Studium der Theaterwissenschaft aufnahm und bei der »Bayerischen Landesbühne« als Schauspieler auftrat. Gründete für einen Faschingsball des Kutscher-Seminars mit → *Kurd E. Heyne* und Bobby Todd → *Die Nachrichter.* Nach dem Verbot dieses Kabaretts im Oktober 1935 spielte er als »ambulanter Komödiant« (Käutner) in Leipzig und München Theater und trat als Kabarettist 1937 in einer selbstverfaßten Revue am → *Kabarett der Komiker* auf. Schrieb (mit Heyne und → *Bernhard Eichhorn*) das musikalische Lustspiel »Juchten und Lavendel« und als Coautor Drehbücher.

Führte seit 1939 Regie in mehreren Filmen (»Romanze in Moll«, 1943, »Große Freiheit Nr. 7«, 1944, »Unter den Brücken«, 1945, »In jenen Tagen«, 1946, »Die letzte Brücke«, 1953, »Des Teufels General«, 1954, »Das Glas Wasser«, 1960 u.a.). Der nach dem verbotenen »Nachrichter«-Stück 1948 gedrehte Film »Der Apfel ist ab« wurde ein Mißerfolg. Zog sich nach 1960 von der Filmregie zurück und spielte nur noch Rollen in Film und Fernsehen.

Neben Kurd E. Heyne prägte Käutner wesentlich Stil und Aussage der »Nachrichter«, den unbefangenen Stil einer ernüchterten Zwischenkriegsgeneration und die leicht satirische Absage an Rummel und falsches Pathos.

Käutner, Helmut: *Abblenden – Sein Leben – Seine Filme.* München 1981. – Jacobsen, Wolfgang; Prinzler, Hans Helmut (Hrsg.): *Käutner.* Berlin 1992.

Kehlmann, Michael **21. 9. 1927 Wien.* Kabarettist, Kabarettautor, Regisseur

Der Sohn eines expressionistischen Schriftstellers mußte aus »rassischen« Gründen die Schule verlassen, versuchte eine Schlosserlehre. Noch während des Zweiten Weltkriegs lernte er → *Helmut Qualtinger* kennen. Machte nach dem Krieg Abitur, studierte an der Universität Wien Germanistik, Philosophie und Theaterwissenschaften und schrieb nebenher Artikel und Gedichte für Zeitungen und Zeitschriften. Wirkte bei der Aufführung eines eigenen Stücks am »Studio der Hochschulen« mit.

Gründete dort das Kabarett »Die Grimasse« und gastierte mit dem Programm »Wir stellen fest« in den »Kammerspielen«. 1950 übernahm er die künstlerische Leitung des »Kleinen Theaters im Konzerthaus«. Über Qualtinger trat er mit → *Carl Merz* in Verbindung. Zu dritt schrieben sie ein Kabarettprogramm, »Blitzlichter«, das aber nicht einschlug. Danach schrieben sie das kabarettistische Stück »Reigen 51 – 10 Variationen auf ein Thema von Schnitzler«. Für die Musik zogen sie → *Gerhard Bronner* zu, der dann in der Aufführung das Geschehen vom Flügel aus musikalisch conferierte. Damit war der Grundstein zu einer neuen, politisch-literarischen Ära des Wiener Kabaretts gelegt. Nach dem von den vieren geschriebenen, inszenierten und gespielten Programm »Brettl vorm Kopf« (1952) ging Kehlmann als Fernsehregisseur zum NDR. Inszenierte Fernsehspiele (»Radetzkymarsch« u.a.), später auch an Theatern (»Akademie-Theater«, Wien, u.a.).

Keiser, César (eigentlich Hanspeter Keiser) * *4. 4. 1925 Basel.*
Kabarettist, Kabarettautor, -regisseur, -produzent
Ausbildung als Fachlehrer für Zeichnen, Schreiben und Handarbeit (Lehrerdiplom). Gründete 1947 mit anderen in Basel das Studentenkabarett → *Kikeriki*, schrieb Texte dafür und spielte mit. Ein Gastspiel im »Hirschen« in Zürich führte zur Eingliederung von Keiser und dem Mitautor und Regisseur des *Kikeriki*, → *Werner Wollenberger*, in die Autorengemeinde des dort beheimateten → *Cabaret Federal.* Daraufhin ließ Keiser das Angebot einer Lehrerstelle an der Kunstgewerbeschule in Basel fahren, übersiedelte nach Zürich und wirkte von 1951 bis 1958 als Autor und Darsteller am »Cabaret Federal«. Arbeitete danach drei Jahre in einer Firma für Werbefilme als Zeichner. Seit 1962 spielt er mit seiner Frau, → *Margrit Läubli*, mit der er am *Federal* engagiert war, Duoprogramme mit stark pantomimischem Einschlag, das erste vom 18. 4. 1962 an im »Theater am Hechtplatz«, Zürich (Texte: Keiser und → *Fridolin Tschudi*, Choreographie: Albert Mol). Es folgte im Frühjahr 1963 das Programm »Opus 2«. Seit »Opus 4« (Frühjahr 1966) schreibt, inszeniert und choreographiert Keiser alle Duoprogramme selbst. Durchschnittlich alle zwei Jahre bringen Keiser und Läubli ein neues »Opus« heraus, mit dem sie dann auf Tourneen innerhalb und außerhalb der Schweiz gehen. Nach »Opus 10« (1981) folgten »Opus 11« (1984), »Opus 12« (1986) und »Opus 13« (1989). Außerdem spielten sie die Programme »Opus USA« (1980), »Das Tagebuch von Adam und Eva« (1973), »Cabaret? Cabaret!« (1976) sowie im Fernsehen (SDR) »Opus in Ces-dur« (1976) und 1983 in → *Werner Schneyders* Fernsehserie »Meine Gäste und ich« (ARD).
César Keisers und Margrit Läublis artistisches, pantomimisches und spielerisch hochstilisiertes Totalkabarett ist zeitkritisch ohne tagespolitische Bezüge.

Keiser, César: *Texte zur Unzeit.* Rorschach 1986.

Keiser, Lorenz * *1959 Zürich.* Kabarettist, Kabarettautor, Regisseur
Der Sohn von → *Margrit Läubli* und → *César Keiser* begann Satiren für die Programme der Eltern (»Opus 12, 1986; »Opus 13«, 1989) und für verschiedene Zeitungen und Zeitschriften (»Nebelspalter« u.a.) zu schreiben und arbeitete als Autor und Regisseur kabarettistischer Rundfunksendungen. Seinem ersten Soloprogramm von 1992 folgte 1994 sein zweites Soloprogramm unter dem Titel »Der Erreger«. 1995 brachte das »Theater am Hechtplatz« in Zürich seine musikalische Komödie (Musik: George Gruntz) »Wer zuletzt stirbt« mit César Keiser in der Hauptrolle heraus. Erhielt 1989 den → *Salzburger Stier.*

Keiser, Lorenz: *Jetzt heilen wir uns selbst.* Hamburg 1991.

 Keller, Greta ** 8. 2. 1905 Wien; † 4. 2. 1977 New York.*
Sängerin, Chansonniere
Erhielt mit acht Jahren Tanzunterricht und durfte mit elf Jahren schon auftreten. Nach einer Schauspielausbildung gab sie ihr Debüt im »Pavillon« in Wien, als singende und tanzende Darstellerin in dem amerikanischen Boulevardstück »Broadway«. 1929 erhielt sie von der Berliner »Ultraphon« den ersten Schallplattenvertrag, als Plattenstar wurde sie durch ihre tiefe, rauchige Stimme weltberühmt. Der Weg führte von Wien über Prag nach Berlin, ihre Mehrsprachigkeit und ein internationales Repertoire von Robert-Stolz-Melodien bis zu Cole-Porter-Songs machten sie in den dreißiger Jahren auch in den USA bekannt. »Greta's Keller« im New Yorker Waldorf Astoria war einige Jahre lang eine stadtbekannte Attraktion. Sie spielte am Broadway, sang im Rundfunk und trat zusammen mit ihrem Ehemann John Sargent sowie bekannten Orchestern und Showstars wie Fred Astaire auf. Zu ihrem Repertoire gehörten Chansons von Autoren und Komponisten wie Noël Coward, → *Ralph Benatzky*, George Gershwin, → *Friedrich Hollaender*, → *Erich Kästner*, Peter Kreuder, Theo Mackeben, → *Rudolf Nelson*, → *Kurt Tucholsky*, → *Kurt Weill* u.a. Nach 1946 gab sie erneut Konzerte in ganz Europa und in New York, wo sie seit 1961 wohnte.

Die Kettwichte Politisch-satirisches Schülerkabarett des Theodor-Heuss-Gymnasiums in Essen-Kettwig. 1965 gegründet von dem Studiendirektor für Deutsch, → *Ernst König* (* 10. 8. 1920), der als Student in Kiel 1947 die → *Amnestierten* mitgegründet hatte und für sie bis 1953 als Autor und Darsteller agierte. (1956 schrieb er unter dem Titel »Das 'Überbrettl' Ernst von Wolzogens und die Berliner ›Überbrettl‹-Bewegung« die erste Kabarett-Dissertation). 1959–1965 leitete er als Lehrer am Humboldt-Gymnasium in Düsseldorf das Schülerkabarett »Pempelmusen«.
Nach seinem Wechsel an das Theodor-Heuss-Gymnasium in Kettwig gründete König erneut ein Schülerkabarett, das am 25.11. 1966 mit dem Programm *Die Kettwichte* (der dann zu ihrem Kabarettnamen wurde) mit 15 Schülerinnen und Schülern und dem Lehrer Hans Buring (* 19. 6. 1938) am Klavier begann.
Bis einschließlich des vierten Programms (»Bürger, laß' den Kopf nicht hängen«, 18.11. 1969) leitete Ernst König das Kabarett und blieb ihm bis zu seiner Pensionierung 1983 als Berater verbunden. Danach übernahm mit dem fünften Programm (»Westlich der Wirklichkeit«, 28.1. 1972) der musikalische Leiter Hans Buring Leitung und Regie des Kabaretts. Bis 1996 brachte er mit wechselnden Schülerensembles die in Kursen erarbeiteten 22 Programme heraus, zuletzt mit 15 Mitwirkenden und einem sieben Personen starken Begleitorchester das Programm »30 Jahre Kettwichte – always ultra« (6. 9. 1995). In den Richtlinien für die »Literaturkurse« der gymnasialen Oberstufe in NRW, in denen die Programme der *Kettwichte* erarbeitet werden, formulierte Hans Buring u.a. die Absicht, mit dem Kabarett »die Fähigkeit der Schüler zur Kritik und zur Veränderung fördern« zu wollen.

Keuler, Uli **3. 12. 1952 Kirchheim-Teck.* Kabarettist, Kabarettautor, Komiker
Der gebürtige Schwabe studierte an der Universität Tübingen Rhetorik, Germanistik und Volkskunde und promovierte 1992 mit einer Arbeit über »Häberle und Pfleiderer – Zur Geschichte, Machart und Funktion einer populären Unterhaltungsreihe«, die auch als Buch erschien. Neben dem Studium trat er bereits im Januar 1973 auf zahlreichen Veranstaltungen und Festivals auf, mit seinen schwäbischen Alltagssituationen, die er im schwäbischen Dialekt darstellte. Die Titel seiner dann entstehenden Programme sind relativ beiläufig und die Spielzeiten vage. Er spielt keine festen Programme innerhalb eines bestimmten Zeitraums, sondern wechselt die Nummern in einem rotierenden Verfahren langsam, aber kontinuierlich aus und tritt damit überwiegend in Baden-Württemberg auf. Seit Mitte bis Ende der siebziger Jahre spielte er das Soloprogramm »Die Fahrprüfung«, danach bis 1986 »Zuwiderhandelnde werden von unseren Saalordnern geschunkelt« und seit 1986 »Geduld, Geduld, das Schlimmste kommt noch« sowie »Schreie aus den Urgründen der schwäbischen Seele«. Keuler präsentiert (auch in zahlreichen Rundfunk- und Fernsehsendungen) ein Kaleidoskop von Alltagsbildern – vertraut und skurril zugleich und mit einem Hang zum Makaberen, der dem Publikum manchmal das Lachen verschlägt.

Die Kiebitzensteiner Politisch-satirisches Kabarett, zunächst im Saal des Puppentheaters, Halle, seit 1971 in eigener Spielstätte im Rundsaal der »Moritzburg«, Friedemann-Bach-Platz 5, 06114 Halle.
Der Name des Kabaretts ist abgeleitet von der Burg Giebichenstein, einem Wahrzeichen der Stadt Halle. Am 20. Oktober 1967 Eröffnung des Kabaretts unter Leitung des Schauspielers und Sängers Henry Braun mit dem Programm »Der gute Mensch von nebenan« mit Irmgard Braun-Trautmann, Henry Braun, Karlheinz Loehmke, Rolf Thieme; musikalische Leitung: Hans Joachim Wenzel. Nach Anfangsschwierigkeiten (Autorenmangel) zunächst vornehmlich mit von anderen Kabaretts der DDR übernommenen Texten. Programme u.a.: »Auch Halle ist seine Preise wert« (1968); »Diskretion – nicht unsere Sache« (1969); »Mir nach, Medaillen« (1969); »Schach unterwegs« (1970). Nach 1970 bildete sich rasch ein eigenes Stammautoren-Team mit Henry Braun, Heinz Helm, Hans Joachim Lotze, Peter Seidel und Wolfgang Schrader.
Die *Kiebitzensteiner* spielten mit wachsender Qualität der Interpretation die folgenden Programme, in denen meist ideologisch-ökonomische Fragen behandelt wurden: »Girren ist menschlich« (1970); »Das klassische (H)Erbe« (1971); »Des Pudels Kern« (1971); »Ein Frühlinksmärchen« (1973); »Die Jugend haben wir hinter uns« (1973); »Blick zurück nach vorn« (1974); »Denk-Mal-Pflege« (1975); »Ehrlich fährt am längsten« (1975); »Da biste bedient« (1976); »Unsere Ze(h)ntralschaffe« (1977); »Eine Lachhilfestunde« (1978) u.a. In Ensemble spielten u.a. zeitweise noch: Karin Kellermann, Siegfried Köhler, Siegmar Schramm, Horst Sonntag; die musikalische Leitung übernahm 1969 Joachim Seidel und danach 1974 Wolfgang Hudy. 1975 wird erstmals mit Wolfgang Schrader ein Dramaturg und 1977 mit Heinz Helm ein Hausautor eingestellt.
Nach dem plötzlichen Tod von Henry Braun (1924–1979) übernahm Irmgard Braun-Trautmann die Leitung des Kabaretts und der nachfolgenden Programme:

 »Dreißtigkeiten« (1979); »Mit Pauken und Moneten« (1980). Neu ins Ensemble kamen Gabriele und Helmut Reichhardt, Klaus Reichenbach, Arndt-Michael Schade. Im Herbst 1981 übernahm Hannelore Renner die Direktion und Horst Günther die künstlerische Leitung der Programme: »Mit 80 Sachen« (1981); »Kleines bißchen Stück« (1981); »Spurensicherung« (1982); »Es leben die kleinen Unterschiede« (1984); »Keine Zeit Genossen« (1988) u.a. Nach der Wende übernahm Rolf-Jürgen Voigt die Leitung und spielte mit neuem Ensemble (u.a. Nuri Feldmann, Anna Kurek, Gabi Müller, Silke Nawrodi, Ines Paulke, Constanze Roeder, Susanne Schwab, Horst Günther, Christian Gutowski, Andreas Neugeboren, Hartmut Tietz) die Programme: »Keine Müdigkeit vorschützen« (1989); »Überlebenszeit« (1990); »Wir werden die Maus schon fleddern« (1990); »Im wilden Osten« (1991, daß → *Heinrich Pachl* verfaßte und inszenierte); »Wer sind wir denn?« (1991) u.a. Neben zahlreichen Nachtprogrammen (u.a. → *Erich Kästner*-Programm »Die Welt ist rund, denn dazu ist sie da«, 1989; → *Friedrich Hollaender*-Revuette »Ich sitze immer im falschen Zug«, 1996) wurde 1995 unter dem Titel »Wir leisten uns was« das erste »Humor- und Satirefestival« durchgeführt.

Kikeriki Politisch-literarisches Kabarett in Basel, gegründet August 1947 anläßlich eines Balls von Studenten und Grafikern im Saffran-Zunfthaus von Hanspi Hort, Ferdi Afflerbach, Steff Elias und → *César Keiser.* Für Leitung, Regie und den Hauptteil der Texte stand der damalige Germanistikstudent → *Werner Wollenberger,* der dem Ensemble Qualität und Richtung gab. Einen anderen Teil der Texte schrieb César Keiser. Eröffnet wurde das *Kikeriki* am 30.8. 1947 mit dem Programm »40 Grad im Schatten« (mit Trudi Roth u.a.). 1950 Tournee durch die BRD, danach Gastspiel im Zürcher »Hirschen«, damals der Spielstätte des → *Cabaret Federal,* das starken Anklang fand und zur Eingliederung von Wollenberger und Keiser in die Autorengemeinde und von Trudi Roth in das Spielerensemble des *Federal,* jedoch auch – nach acht Programmen – am 7.4. 1951 zur Auflösung des *Kikeriki* führte.

Kittner, Dietrich **30. 5. 1935 Oels (Schlesien).*
Kabarettist, Kabarettautor, Kabarettleiter

Dietrich Kittner

Studierte Geschichte und Jura in Göttingen. Gründete 1960 das »Göttinger Studenten- und Dilettanten-Kabarett« → *Die Leid-Artikler.* Erstes Programm: »Kompromisere« (24. 2. 1960). Übersiedelte mit dem fortan → *Die Leid-Artikler* heißenden Kabarett nach Hannover. Zweites Programm: »In höheren Kr(e)isen« (27. 11. 1960).

Nach acht Programmen und der Auflösung des Ensembles 1966 trägt Kittner seine Programme im Alleingang vor, zunächst als »Dietrich Kittners Staatstheater«, dann als »Kittners kritisches Kabarett« (»Bornierte Ge-

sellschaft«, 1966; »Wollt ihr den totalen Mief?«, 1968; »Konzertierte Reaktion oder Zustände wie im neuen Athen«, 1969: »Siecher in die 70er«, 1970: »Dein Staat, das bekannte Unwesen«, 1971; »Schöne Wirtschaft«, 1974; »Kittners progressive Nostalgie«, 1976; »Dem Volk aufs Maul«, 1978; »Maden in Germany«, 1983; »Hai Society oder Kein Grund zur Beruhigung«, 1987; »Der Widerspenstigen Zählung«, 1987; »Das Ei des Kohlumbus: Droge Deutschland«, 1991; »Groß, größer, am... Ende oder Das Vierte reicht!«, 1993; »Lüge auf den ersten Blick – Lachdienliche Hinweise«, 1996.
Seit dem 2. 12. 1975 hat er ein festes Domizil im »Theater an der Bult«, Bischofsholer Damm 88, in Hannover. Erhielt 1980 den Deutschen Schallplattenpreis und 1984 den → *Deutschen Kleinkunstpreis.*
Mit seinen – immer wieder aktualisierten – Programmen bereist Kittner die BRD (jährlich rund 70000 km) und spielt vor jährlich ca. 150000 Besuchern, u.a. in Veranstaltungshallen, Vortragssälen, Volkshochschulen, Universitäten, Kabaretts, und tritt gelegentlich bei Großveranstaltungen im Freien (z.B. Rote-Punkt-Aktion, Hannover 1969) auf. In Sketschen, satirischen Monologen und Songs (zur eigenen Gitarrenbegleitung) greift er voll Witz und Schlagkraft vom Standpunkt eines orthodox geprägten Sozialismusverständnisses die Ungereimtheiten des kapitalistischen Systems an. Seine volkstümliche Sprache, sein Mut, seine Geradheit und sein Einfallsreichtum beeindrucken auch ein Publikum, das Kittners politische Überzeugung nicht teilt.
Stadt, Staat und öffentliche Institutionen reagieren auf Kittners vielfältige kabarettistische Provokationen mit Auftrittsverboten und Subventionskürzungen. Im Sommer 1965 wurde er auf offener Straße verhaftet, weil er sich, orientiert an der »Zivilschutzfibel« der Bundesregierung, mit Stahlhelm und Gasmaske in ein Café im Zentrum Hannovers gesetzt hatte.

Kittner, Dietrich: *Vor Jahren noch ein Mensch – Aus dem Alltag eines Kabarettisten.* (Autobiographie). Hannover 1984. – Ders.: *Vorsicht, bissiger Mund!* Hannover 1985. – Ders.: *Gags & Crime.* Hannover 1989.

Klabund (eigentlich: Alfred Henschke) * *4. 11. 1890 Crossen/Oder;* † *14. 8. 1928 Davos (Schweiz).* Lyriker, Dramatiker, Romancier, Kabarettautor
Studierte 1909 in München Germanistik und lernte durch den Theaterprofessor Arthur Kutscher → *Frank Wedekind* kennen. Trug erste Gedichte im → *Simplicissimus* (München) vor. Unter dem Einfluß der Vagantenlyrik von François Villon und der → *Bänkellieder* Frank Wedekinds, den er in seinen Münchner Studienjahren als Chansonnier erlebt hatte, verfaßte Klabund, sozusagen als Nebenprodukte seiner expressionistischen Lyrik, Bänkellieder in dichterisch überhöhtem Argot und trug sie nach dem Ersten Weltkrieg im → *Schall und Rauch* (II) und in der → *Wilden Bühne* vor. 1917 war er in Zürich mit dem → *Cabaret Voltaire* in Berührung gekommen.
Sein öffentlich bekundeter Pazifismus brachte ihm 1919 sogar vorübergehend Verhaftung und Gefängnis in der Schweiz ein. Viele seiner Lieder vertonte → *Friedrich Hollaender* (»Da muß ich fliegen«, »Rag 1920« sowie »Mignon vom Kietz«, »Dornröschen vom Wedding«, »Ich baumle mit de Beene«, die ihn zu seinen »Liedern eines armen Mädchens« anregten). – Klabund war nicht politisch im

 Sinne von → *Walter Mehring* und → *Kurt Tucholsky*. So sind denn auch seine eigens fürs Kabarett geschriebenen Chansons eher die Auflehnung eines Dichters gegen die in seine Welt brutal einbrechende Wirklichkeit von Krieg und Nachkriegszeit.

Kaulla, Guido von: *Brennendes Herz Klabund – Legende und Wirklichkeit*. Zürich/Stuttgart 1971.

Klaffenböck, Rudolf **14. 3. 1952 Passau.*
Kabarettist, Kabarettautor, Filmemacher
War acht Jahre Ministrant. Studierte von 1972 bis 1976 an der Fachhochschule München Grafik-Design. Drehte 1980 einen satirischen Kurzfilm über den Politischen Aschermittwoch in Passau (»Ascherdienstag«). Machte 1980 zusammen mit → *Bruno Jonas*, → *Siegfried Zimmerschied* und Elmar Raida Kabarett in Passau (»Passauer Abende«). Drehte 1981 einen satirischen Kurzfilm über die Passauer Fronleichnamsprozession (»Bleibe bei uns, Herr, denn es will Abend werden«). Erstes Soloprogramm: »Passauer Pfarrfamilienabend« (1. 10. 1981) im »Theater im Fraunhofer«, München. Zweites Soloprogramm: »Bayern-Expreß« (27. 11. 1983). Klaffenböck bildet zusammen mit Zimmerschied und Jonas das Trio ehemaliger Passauer Ministranten, das »die oft genug paradoxe, absurde und nicht selten makabre Realität der Dreiflüssestadt« (Klaffenböck) nach den Meldungen der lokalen geistlichen und weltlichen Presse in satirischer Selektivität nachzeichnet.

Klamotte (aus der Gaunersprache für »zerbrochener Mauerstein«) Ursprünglich Bezeichnung für einen wertlosen Gegenstand, dann für schäbige Kleidung, heute umgangssprachlich auch für Kleidung an sich. In Theater und Kabarett Bezeichnung für derbe, grobe Späße ohne geistiges Niveau oder zeitkritische Zielrichtung. Prominenter Vertreter: Tom Gerhardt (→ *Comedy*).

Die Kleine Freiheit Politisch-literarisches Kabarettheater in München, gegründet von → *Trude Kolman*, eröffnet am 25.1. 1951 im »Atelier-Theater«, München, Elisabethstraße 34, mit dem (Versuchs-)Programm »Die Kleine Freiheit« mit Texten von → *Erich Kästner*, → *Robert Gilbert* und → *Per Schwenzen*.
Der Erfolg führte zur Bildung eines Kollektivs, bestehend aus den Hauptakteuren Trude Kolman, → *Ursula Herking*, → *Oliver Hassencamp*, Karl Schönböck und Bum Krüger. Nach Übersiedelung in den ersten Stock der Bar »Barberina« in der Pacellistraße Eröffnung mit »Die Kleine Freiheit« am 8.3. 1951. Nach drei weiteren Programmen (»Ente gut – alles gut«, 10.4. 1951; »Das faule Ei des Kolumbus«, 20.6. 1951; und »Affen unter sich«, 12.9. 1951) Übersiedelung in ein festes Domizil in der Maximilianstr. 8 (Keller des »Opern-Espressos«). Dort am 6.12. 1951 Eröffnung mit dem Programm »Achtung, Kurve!«. Aus den zwölf Kabarettprogrammen in der Maximilianstraße ragen hervor: »Kleine Wäsche« (19. 5. 1952), »Alle Wege führen nach Schilda« (15. 9. 1953) sowie ein Programm über die Kaiserzeit, »Plüsch und Pleurösen« (1953/54). Zu den hauptsächlichen Autoren gehörten: → *Curt Bry*, Erich Kästner, Robert Gilbert, → *Martin Morlock*, Oliver Hassencamp, → *Werner Wollenberger*, Per Schwenzen und Walter Ulbrich. Darsteller: → *Helmut Brasch*, Alois Maria Giani, Monika Greving, Oliver Hassencamp, Klaus Havenstein, → *Ursula Herking*, Gertrud Kückelmann, Eva Maria

»Die Kleine Freiheit«, Ensemble 1951, (obere Reihe) v.l.: Oliver Hassencamp, Hannelore Schützler, Herbert Weicker, Bum Krüger, Ursula Herking, Jochen Breuer, Karl Schönböck; (untere Reihe) v.l.: Hellmuth Krüger, Per Schwenzen, Christiane Maybach, Erich Kästner, Robert Gilbert; (vorne Mitte) Trude Kolman

Meineke, Hans Nielsen, Rainer Penkert, Karl Schönböck, Hannelore Schützler, Peter W. Staub, Selma Urfer, → *Helen Vita.* Komponist und Begleiter: Jochen Breuer.

Nach der Schließung der → *Schaubude* Anfang 1949 leitete *Die Kleine Freiheit* eine neue Kabarettära in München ein. Nach der Bewältigung der Vergangenheit folgte die Auseinandersetzung mit den restaurativen Tendenzen der Gegenwart. Dies besorgten zwar auch die Angehörigen der Vor-Weltkriegs-(I-)Generation – Kästner, Schwenzen und Gilbert – mit Scharfblick und Bravour, doch gab dem Fühlen und Denken der Zwischenkriegsgeneration erst der 20 Jahre jüngere Martin Morlock adäquaten Ausdruck. Vor allem seine literarisch wie gestanzten Balladen prägten im Verein mit Trude Kolmans abgezirkeltem Regiestil das Gesicht der *Kleinen Freiheit*, vor allem in deren Hoch-Zeit zwischen 1952 und 1954. Die satirische Schärfe, wie sie in »Kleine Wäsche« (Mai 1952) und »Alle Wege führen nach Schilda« (September 1953) zum Ausdruck kam, war bereits zwischen Februar und August 1953 durch die publikumswirksame Veralberung der Restaurationstendenzen in »Plüsch und Pleurösen« abgestumpft, da gerade die Form dieses Programms eher Sehnsucht nach der »guten, alten Zeit« als Abschreckung vor ihrer Wiederkehr bewirkte.

Zudem bewog Trude Kolmans Liebe zum »kabarettistischenTheater« sie zu Stükken wie Christopher Frys »Ein Phönix zuviel« (Frühjahr 1952), Ernst Penzoldts »Squirrel« (Herbst 1953). Mit dem Umzug der *Kleinen Freiheit* in die Maximilianstr. 31 im Juli 1956 wollte sie deren kabarettistische Ära beenden, doch gelangen ihr die Inszenierungen kabarettistischer Theaterstücke so wenig, daß sie immer wieder originäres Kabarett dazwischenschieben mußte (August 1956 Wiederaufnahme von »Bier unter Palmen« vom Juni 1954). Aus dem Tief half ihr seit dem Mai 1957 → *Friedrich Hollaender* mit seinen teils neu geschriebenen und komponierten, teils aus früheren Beständen montierten Revuetten »Hoppla, aufs Sofa!« (17.5. 1957), »Der große Dreh« (22.1. 1958), »Es ist angerichtet« (4.12. 1958) sowie – nach einem Intermezzo Hollaenders mit seiner Revuette »Rauf und runter« im »Intimen Theater« (1960) – »Futschikato« (März 1961). Diese Revuetten verdankten ihre Erfolge nicht zuletzt einer Darstellerin und Chansonniere, die wie außer Helen Vita keine andere den Diseusenstil der zwanziger Jahre traf: → *Hanne Wieder* (»Circe«). Ihr zur Seite stand mit schweizerischer Präzision Lukas Ammann vom → *Cabaret Federal.* Mit »Futschikato« war die Kabarettära der *Kleinen Freiheit* endgültig vorbei. Während Hollaenders Abwesenheit hatte Trude Kolman mit wenig Glück vier kabarettistische Theaterstücke, darunter Erich Kubys »Die Dame in Bonn oder Das Ritterkreuz«, herausgebracht und setzte ihre Boulevardinszenierungen nach »Futschikato« bis zu ihrem Tode 1969 fort. Ihre Abkehr vom Kabarett begründete sie 1961 so: »Ich bin gegen politisches Kabarett, weil ich die Zeit dafür für zu ernst halte und die Eisen als zu heiß empfinde, als daß man sie komisch anfassen könnte ... Und so meine ich, daß es besser war, sich dem Sozial- und Kulturkritischen zuzuwenden, und dies in entsprechend liebenswürdiger Form.« Im August 1996 wurde *Die Kleine Freiheit* geschlossen.

Kolman, Trude (Hrsg.): *Münchner Kleine Freiheit.* München 1960.

Die kleinen Fische Politisch-satirisches Kabarett in München, entstanden 1952 aus einer Faschings-Kabarettvorstellung des literarischen Vereins »Die Schublade« in München-Schwabing, für das → *Therese Angeloff* die Texte schrieb und das Ensemble zusammenstellte.
Nach Gastspielen in der Künstlervereinigung »Katakombe« eröffnete Therese Angeloff im März 1953 in der »Künstlerklause« an der Leopoldstraße eine eigene Spielstätte mit dem Programm »Die optimistische Illustrierte« (mit Anita Bucher, Ingrid van Bergen, Lia Pahl, Hannes Ganz und Erich Sehnke). Anfangs gab es alle drei Wochen ein neues Programm. Nach dem Ausscheiden Anita Buchers trat Kinga von Felbinger dem Ensemble bei. 1955 Übersiedelung in den Keller des »Café Freilinger« am oberen Ende der Leopoldstraße, 1957 in die Universitätsreitschule am Englischen Garten. Nach achtzehn Programmen trennte sich im Juni 1958 das Ensemble von Therese Angeloff und spielte (als »Das Ensemble«, angereichert durch Sabine Hahn) unter der neuen Leitung von Alf Tamin in der Maximilianstraße weiter, bis es bald darauf einging.
Die kleinen Fische waren ein typisch schwabingerisches Kabarett. Mit äußerlich turbulenter Lustigkeit, doch mit ernsthaft satirischem Bemühen sangen und sprangen sie gegen Klerikalismus, Wiederaufrüstung und neuen Nazi-Ungeist an – amateurisch unbefangen zwischen den professionellen Münchner Antipoden, der → *Zwiebel* und der → *Kleinen Freiheit.*

Kleines Renitenztheater → *Renitenztheater*

Kleinkunst 1. Seit etwa 1860 Sammelbezeichnung für kunsthandwerkliche Arbeiten kleineren Formats im Altertum (Miniaturen, Statuetten, Geräte usw.).
2. Seit etwa 1900 Sammelbezeichnung für alle in Kabaretts, Varietés und Sing-

spielhallen gebotenen Formen künstlerischer Betätigung ohne qualitative Wertung, also: Artistik, Bänkelsang, Chanson- und Coupletvorträge, Conférence, Grotesktanz, Maskenspiele, Pantomimen, Possentheater, Puppentheater, Rezitation, Sketsch, Slapstick, Tanz, Zauberkunst und dergleichen mehr.

Kleinkunstbühne Räumlich kleinere Theater (meist nur mit 100 Plätzen oder weniger), in denen überwiegend Kabarett und Kleinkunst geboten wird. In Deutschland bezeichnete man die festen und damit ständigen Räume eines Kabaretts auch als »Brettl« oder eben als Kabarett, während in der Schweiz, etwa seit 1970, für die Räume die Bezeichnung »Kleintheater« benutzt wird. Die Entwicklung einer eigenständigen Kleintheaterszene gibt es nur in der Schweiz. In Deutschland gibt es sehr unterschiedliche Kleinkunststätten, die sich zum Teil in umgebauten ehemaligen Lokalen, ausgebauten Kellerräumen, alten Fabrikhallen, in Bürgerhäusern oder in soziokulturellen Zentren befinden. Inzwischen nehmen auch feste Häuser von Kabarettensembles in der BRD und der ehemaligen DDR ab und zu Gastspiele herein.

Klippel, Hermann ** 12. 10. 1921 Großrosseln.* Kabarettautor und Lektor
Studierte 1946–51 in Mainz englische und deutsche Literatur, Philosophie und Theaterwissenschaft. Seit 1952 Verlagslektor und Funkautor und danach ab 1985 freier Kritiker und Autor. Als Verfasser von Realsatiren und als Regisseur war er ab 1948 an den von Elmar Tophoven an der Mainzer Universität initiierten Kabarettrevuen (z.B. »Der Brettlstudent«) beteiligt. Von 1948–50 leitete, inszenierte und schrieb er Texte für das Mainzer Studentenkabarett »Die Tol(l)eranten«, bei denen u.a. → *Hanns Dieter Hüsch* mitwirkte. Im Dezember 1949 hatte das Drei-Mann-Kabarett »Männer machen Geschichten« mit Rudolf Jürgen Bartsch, Hüsch und Klippel Premiere, woraus das jährliche Programm »Weihnachtsmänner machen Geschichte-n« und 1956–63 das literarische Kabarett → *arche nova* entstand, für das Klippel unter dem Pseudonym »Paul Ormont« schrieb. In den sechziger Jahren lieferte er Textbeiträge für das Funkkabarett des Süddeutschen Rundfunks, »Heiße Sachen«, und des Hessischen Rundfunks, »Bis zur letzten Frequenz«. Seine Glossen erschienen in zwei Auswahlbänden: *Nora am Lenkrad und andere Geschichten*, Heidelberg 1991; *Ein Sonntag mit Susanne und andere Geschichten*, Heidelberg 1996.

Klotz, Ernst ** 4. 2. 1894 Dresden; † 27. 8. 1970 Weyarn/Obb.*
Lyriker, Kabarettist
Studierte Kunstgeschichte und promovierte in Germanistik. Übersiedelte 1932 nach München und wurde Redakteur bei den »Fliegenden Blättern«. Schrieb heitere Verse und Feuilletons für die Zeitschriften »Jugend« und »Simplicissimus« und erprobte sein Vortragstalent bei »Papa Steinicke«. Trug seither seine grausig-skurrilen Moritaten und Balladen in der geistigen Nachfolge der → *Morgenstern*, → *Ringelnatz* und → *Endrikat* in Schwabinger Dichterkneipen und Kleinkunstbühnen vor und gab sie gesammelt in den Bänden *Die Badewanne* (1940), *Musik im Kleiderschrank* (1955), *Die Wildsau* (1962) heraus. Erhielt 1962 den Schwabinger Kunstpreis für Literatur.

 Knabe, Gerd ** 13. 1. 1923 Marburg (Lahn).*
Kabarettist, Kabarettautor und -leiter
Gründer, Leiter, Textautor und Darsteller des rechtsextremen politischen Kabaretts → *Die Zeitberichter.* »Meldete sich als Abiturient 1940 freiwillig zur Waffen-SS. Wurde mehrfach ausgezeichnet und war bei Kriegsschluß Oberleutnant. Trat in Gefangenschaft und Internierung als Kabarettist hervor. Gründete 1952 das Kabarett ›Die Zeitberichter‹ und betrieb nebenher von 1958 bis 1979 das eher unpolitische Tourneekabarett ›Frankfurter Brettl‹. Erhielt 1974 zusammen mit seiner Lebens- und Bühnenpartnerin Peppi Kausch die Jahresehrengabe der ›Gesellschaft für freie Publizistik‹.« (Gerd Knabe auf dem Buchdeckel seines Buchs »Zwischen Gestern und Heute – Eine ganz persönliche Conférence«, 1976)
Gerd Knabe schrieb u.a. eine Zeitlang Glossen für die rechtsradikale »Deutsche National-Zeitung«. Nach Ende der »Zeitberichter« gastierte er 1979–1990 als Solist unter Titeln wie »Persönliches und Programmatisches«, »Heiterkeit ist Trumpf« u.a.

📖 Knabe, Gerd: *Jeder Tag zählt. Von der Waffen-SS zum Kabarett.* Knüllwald 1987.

Die Knallfrösche »Politerarisches Kabarett« (Eigenbezeichnung), entstanden aus einem SPD-Wahlkampf-Kabarett 1958/59, gegründet 1960 von Hans Kolo, Ekkehard Kühn und → *Hannes Stütz* als Studentenkabarett. Erstes Programm »Ehret Eure Deutschen Meister«, 1961.
Mit dem dritten Programm, »Die ehrbare Birne«, errangen die *Knallfrösche* bei den »Berliner Kabarett-Tagen« 1961 zusammen mit dem → *Bügelbrett* den ersten Preis und gastierten damit im »Hirschen« in Zürich. Mitwirkende: Jochen Busse, Ute Kilian, Hans Kolo, Ekkehard Kühn (auch Texte und Musik), Ursula Stinner, Hannes Stütz (auch Texte), Friedrich von Thun, Manfred Vosz, Susanne Weber. Nach einem Gastspiel in Basel im Sommer 1963 hörten *Die Knallfrösche* auf, ein Studentenkabarett zu sein. Kühn engagierte ein neues Ensemble, mußte aber noch im selben Jahr aufgeben. 1965 beteiligte er sich an der Gründung des Münchner → *Rationaltheaters.*

Knef, Hildegard ** 28. 12. 1925 Ulm.* Schauspielerin, Chansonniere
Sie begann 1942 eine Ausbildung als Trickzeichnerin bei der Ufa, anschließend an der Staatlichen Filmhochschule Babelsberg. Ihr erster Filmauftritt in »Träumerei« (1944) fällt dem Schnitt zum Opfer, bis Kriegsende erhält sie Nebenrollen. Im ersten deutschen Nachkriegsfilm von Wolfgang Staudte, »Die Mörder sind unter uns« (1946), spielt sie eine KZ-Insassin, die einen Kriegsheimkehrer davon abhält, einen unentdeckten Nazi-Schergen zu richten. In den fünfziger Jahren wird sie zu einer Protagonistin des westdeutschen Nachkriegsfilms, daneben spielt sie auch verschiedentlich Theater. 1963 beginnt sie eine Karriere als Chansonsängerin, vor allem ihre – z.T. selbstgetexteten – Berlin-Lieder machen sie als Chansonniere berühmt. 1986 versuchte sie als Sängerin mit der Chanson-Tournee »Stationen meines Lebens« ein Comeback.

📖 Knef, Hildegard: *Der geschenkte Gaul – Bericht aus meinem Leben.* Wien/München/Zürich 1970. – Dies.: *Tournee, Tournee ...* München 1980. – Dies.: *Ich brauch Tapetenwechsel – Texte.* Wien/München/Zürich 1972.

Die Kneifer Politisch-satirisches Kirchenkabarett, seit 1975 in Hamburg (Alleskehre 35) und auf Tourneen tätig. Rund einhundertmal spielten die Amateur-Kabarettisten jedes ihrer bisherigen, selbst geschriebenen 15 Programme. Begonnen hatten die katholischen Christen unter Leitung des Textautors und Darstellers Reinhard Marheinecke mit seinen Geschwistern Andrea und Jochen Marheinecke, sowie Annette Reisgis und Uwe Ehrlich am 17.2. 1976 mit dem Programm »Wir machen Cabarä«, für das Vater Jens Marheinecke (der schon 1961 im katholischen Jugendkabarett »Die Graumänner«, Hamburg, als Autor und Darsteller mitgespielt hatte) die meisten Texte schrieb. Als Komponist und Pianist wirkte (bis heute) Andreas Willscher mit. Die satirische Bearbeitung der Themen reicht von Parteien, Wirtschaft, Medien bis zur Kirche und ihren Vertretern, was bereits 1981 dazu führte, daß das Bistum Osnabrück ein Verbot der Berichterstattung über dieses Kabarett in der Kirchenpresse erließ. Nach einigen Wechseln im Ensemble wirkten in dem jüngsten Programm, »Frustschutzmittel« (5.5. 1995), als Darsteller Angelika Krusch, Uwe Ehrlich, Reinhard Marheinecke und Michbert Scheben mit, am Klavier begleitete Axel Riemann im Wechsel mit Andreas Willscher. Als Textautor schied Jens Marheinecke 1993 aus, seitdem schreiben Reinhard Marheinecke und Uwe Ehrlich die Programme allein, die auch auf mehreren Cassetten und CD's dokumentiert sind, sowie in den selbstverlegten Büchern *Am besten nichts Neues* (1990); *Hart an der Schmerzgrenze* (1991); *Närrische Zeiten* (1992); *Kneifertourismus* (1996).

Die Kneifzange Politisch-satirisches Kabarett in Berlin, Friedrichstraße 95, seit 1990 unter der künstlerischen Leitung von Wolfgang Rumpf. Entstanden aus dem DDR-Armee-Kabarett der Deutschen Grenzpolizei innerhalb der ehemaligen Nationalen Volksarmee (NVA), das am 8.8. 1955 mit dem Programm »Alarmstufe I« als Amateurkabarett unter Leitung des Textautors und Darstellers Horst Heller begonnen hatte, der schon als Lehrer an der Puschkin-Oberschule in Henningdorf, Ende 1953, gemeinsam mit seinem Kollegen Hans Joachim Frielinghaus ein gleichnamiges Schüler-Lehrer-Kabarett gegründet hatte, für das er auch die Texte der drei Programme schrieb. Schon 1956 wurde aus dem Laienbrettl das einzige berufsmäßige Armee-Kabarett der Welt, dessen männliche Darsteller in dem fünfköpfigen Ensemble konsequenterweise in Uniform auftraten. Man spielte in Kasernen und Armeeheimen und verstand seinen Erziehungs-

»Die Kneifzange« 1964 mit dem Programm »Inspektor Warnicke« V.l.: Lutz Stückrath, Winfried Freudenreich, Hans Hellmann in der Szene »Der Weg ins Nichts«

auftrag als »kritisch-konkrete Hilfe bei der Erziehung verantwortungsbewußter und verantwortungsbewußt handelnder Soldaten ... in der Auseinandersetzung mit dem Gedanken und der Wirklichkeit der militärischen Integration der Armeen der sozialistischen Staatengemeinschaft und der Auseinandersetzung mit Ideologie und Politik des Imperialismus« (Rainer Otto/Walter Rösler in *Kabarettgeschichte*, Berlin, 1977, 1981). Schon in den ersten zehn Jahren ihrer Existenz erhielt »Die Kneifzange« 45 staatliche Auszeichnungen. Im Vorfeld des »Freundschafts- und Verteidigungspaktes« der DDR mit der Tschechoslowakei spielte sie auf einer Tournee durch die ČSSR 1966 sogar einige Programmnummern in tschechischer Sprache. Bis zur Wende 1989 absolvierte sie insgesamt 35 Programme.
Im August 1991 gründete sich die »Kneifzange«, nunmehr auch äußerlich in Zivil, unter dem Dach eines Vereins als »Das Berliner Satiretheater« neu. Die Leitung übernahm von Horst Heller wieder Wolfgang Rumpf. Seit 1.9. 1993 spielt das Kabarett in einem Theater im Internationalen Handelszentrum in Berlin, Friedrichstraße 95. Ihre Stammbühne auf dem ehemaligen Kasernengelände der NVA in Berlin-Biesdorf, Frankenholzerweg 4, wo nach 1990 die Premieren der Programme »Tagesschemen« (1991); »Deutschland, Deutschland, ist das alles?« (1992) und u.a. das Kindermusical »Knoblauch, Thymian, Rosmarin« (1992) stattfanden, mußte 1993 aufgegeben werden. In den neuen Räumen, wo noch einige alte Programme gespielt werden und auch Gastspiele anderer Kabaretts stattfinden, kamen mit dem derzeitigen Ensemble (Martina Block, Yvonne Harnack, Rolf Kober, Thomas Puppe) und mit Texten von Lothar Bölck, Klaus Danegger, Horst Heller, Lutz Streibel, Heinz Lyschik u.a., die folgenden Programme heraus: »Der nackte Wahlsinn« (1994); »Verarscht nach Quoten« (1995); und »Mensch! Deutschland!« (1996).

Tuchsel, Karl-Heinz: *Kabarett für Soldaten.* In: *Kassette 5.* Berlin 1989.

»Knobi Bonbon«: »Putsch in Bonn« (1988) mit Sinasi Dikmen (links) und Mushin Omurca

Knobi-Bonbon-Kabarett Politisch-satirisches deutschsprachiges Kabarett (»von Türken für Deutsche«), mit dem die beiden in Ulm lebenden Türken Sinasi Dikmen (* 1945, seit 1972 in der BRD) und Muhsin Omurca (* 1959, seit 1979 in der BRD lebend) seit 1985 in der Bundesrepublik mit ihren Programmen »Vorsicht! Frisch integriert!« (1984); »Putsch in Bonn« (1988); »The Walls« (1990); »Der Beschneider von Ulm« (1992) und zum zehnjährigen Bestehen mit »Best-of Knobi« (1995) gegen Fremdenfeindlichkeit, Engstirnigkeit und Mangel an Toleranz zu Felde ziehen. Regie bei allen Programmen führte Ralf Milde. Sinasi Dikmen hat bisher zwei Bücher veröffentlicht: »Wir werden das Knoblauch-Kind schon schaukeln« und »Der andere Türke«. Muhsin Omurca, der auch als Karikaturist arbeitet, ist der Herausgeber von »Gülügülü«, der ersten türkischen Satire-Zeitschrift in Deutschland.
1988 erhielten die beiden den Förderpreis zum → *Deutschen Kleinkunstpreis.*

Knöbl, Kuno (eigentlich: Konrad Knöbl-Kastelliz) **21. 12. 1936 Graz.*
Kabarettist, Kabarettautor, -gründer, -regisseur
Studierte Rechts- und Staatswissenschaften, Germanistik, Geschichte und Völkerkunde. Gründete 1958 in Graz das – damalige – Studentenkabarett → *Der Würfel.* Gründete gleichzeitig das »Grazer Hochschulstudio«. Daneben frühzeitig journalistisch tätig. Schrieb nach der Niederlassung des *Würfel* in Wien weiterhin Texte für das Ensemble, inszenierte und conferierte.

Kobus, Kathi ** 17. 10. 1854 Traunstein; † 7. 10. 1929 München.*
Kellnerin, Wirtin, Kabarettleiterin
Übernahm 1895 als bisherige Kellnerin die Münchner Gaststätte »Dichtelei« in der Amalienstraße. Eine Differenz mit deren Hausherrn veranlaßte sie, sich ein neues Lokal zu suchen. Sie fand es in der Türkenstraße 57 als ein altes Kaffeehaus, das den Namen »Kronprinz Rudolf« trug. In der Nacht vom 30. April zum 1. Mai 1903 zogen die Stammgäste in einem Festzug mit ihr um, dem → *Frank Wedekind,* Laute spielend, voranschritt. Ein Freund der Kobus, ein Kroate namens Azbé, der in der Georgenstraße eine Malschule hatte, bezahlte die Einrichtung des Lokals, das sie »Neue Dichtelei« nannte, was ihr aber dann gerichtlich verboten wurde. Zu den Stammgästen gehörten alle Mitarbeiter der Zeitschrift »Simplicissimus«, deren Verleger Albert Langen es ihr gestattete, das Lokal nach seiner Zeitschrift zu nennen. Th.Th. Heine entwarf das Markenzeichen , den französischen Bully, der sich bemüht, mit den Zähnen eine Sektflasche zu öffnen, im Unterschied zum Bully der Zeitschrift, der eine Kette zerbeißt.
Die Namen all derer, die in diesem Kabarett auftraten, sind ein Stück Kabarettgeschichte. 1912 zog sich Kathi Kobus mit einem Reingewinn von 800000 Goldmark in ihre Villa (»Kathis Ruh«) nach Wolfratshausen zurück. Etliche Unfälle und Krankheiten führten jedoch dazu, daß sie im Alter von 75 Jahren völlig verarmt starb.

Brandenburg, Hans: *Bei Kathi Kobus.* München 1930. – Diehl, Walther: *Die Künstlerkneipe »Simplicissimus« – Geschichte eines Münchner Kabaretts 1903–1960.* München 1989.

Koczwara, Werner **28. 9. 1957 Schwäbisch Gmünd.*
Kabarettist und Kabarettautor
Nach dem Studium der Volkswirtschaft, Publizistik und Politikwissenschaften an den Universitäten Freiburg, München und Berlin begann er kabarettistische Beiträge für Funk, Fernsehen und Presse (»Titanic«) zu schreiben. Bereits 1986 schaltete sich der Bayerische Rundfunk aus dem bundesweit gesendeten »Scheibenwischer« (→ *Medienkabarett*) wegen Koczwaras Beitrag »Der verstrahlte Großvater« aus. Seit 1987 Autor für → *Thomas Freitag* und das Stuttgarter → *Renitenztheater.* 1987 erster Bühnen-»Gehversuch« mit der satirischen Nonsens-Lesung »Als Opa Sondermüll wurde«, der die Soloprogramme folgten: »Sterben für Fortgeschrittene« (1988); »Warum war Jesus nicht rechtsschutzversichert?« (1991); »Wenn die Keuschheit im Bordell verpufft« (1994). Erhielt 1989 den *Salzburger Stier.*

Koenigsgarten, Hugo F. ** 13. 4. 1904 Brünn; † 23. 6. 1975 London.* Schriftsteller, Opernlibrettist, Kabarettautor
Wuchs in Berlin auf. Studierte von 1922 bis 1929 an der Universität Heidelberg Literaturgeschichte. Schrieb Opernlibretti für Mark Lothar (»Tyll« 1928, »Lord Spleen«, 1930) sowie einige Kinderopern. Emigrierte 1933 nach Wien. Seine mitgebrachten Literaturparodien (»Dreimal Faust«, »Klassiker frisch gestrichen«; »Julius Cäsar von Gerhart Hauptmann«, »Romeo und Julia von August Strindberg« u.a.) führte seit 1934 der → *Liebe Augustin* auf, für den er zusammen mit → *Gerhart Herrmann Mostar* auch originale → *Mittelstücke* und anderes schrieb (»Reineke Fuchs«, »Heimkehr des Odysseus«).
Emigrierte 1938 nach London und schrieb dort für das »Laterndl« (→ *Exilkabarett*) u.a. den Sketsch »Wiener Ringelspiel« (1939) und das Stück »Das Spiel von Sodoms Ende« (1941).

Kollo, Willi (eigentlich: Willi Kollodziejski) ** 28. 4. 1904 Königsberg; † 4. 2. 1988 Berlin.* Komponist, Pianist, Autor, Chansonnier
Studierte Musiktheorie und Klavier in Berlin. Als Sohn des Operettenkomponisten Walter Kollo wurde er, 17jährig, von den Schwankautoren Arnold und Bach als Librettist für die Operette »Fürst von Pappenheim« verpflichtet. Schrieb 1921 die Eröffnungsrevue »Berliner Ostereier« für das Kabarett »Die weiße Maus«. Operetten-, Schlager- und Chansontexte machten ihn schnell bekannt. Erfolg hatten seine Revuen »Von A-Z« (1925) für den Revueproduzenten James Klein, »Der Zug nach Westen« (1926) im »Berliner Theater«, »Nur Du« (1926) im »Admiralspalast«, »Herrliche Welt« (1926) in der »Scala«, »Es könnte Dein Glück sein« (1940) im → *Kabarett der Komiker.* In den dreißiger Jahren gehörte er zu den erfolgreichen Chansonsängern, die sich selbst am Klavier begleiteten, trat im »Kabarett der Komiker« im »Kabarett für Alle« auf, u.a. mit »Meine kleine Philosophie«. → *Trude Hesterberg* kreierte sein Chanson »Eine Frau wie ich«. 1930 sang er im »Korso Kabarett«: »Das geht alles vorüber, das geht alles vorbei«. Für → *Claire Waldoff* schrieb er u.a. das »Lied vom Vater Zille«. Zu mehr als 200 Film- und Bühnenwerken schuf er Texte und Musik, teilweise auch für die Musik seines Vaters (»Warte, warte nur ein Weilchen«, »Was eine Frau im Frühling träumt« u.a.). Populär wurden die Schlagerchansons »Lieber Leierkastenmann«, »Das war sein Milljöh«, »Nachts ging das Telefon«, »Zwei in einer großen Stadt«. Nach dem Zweiten Weltkrieg schrieb er 1945 für die → *Bonbonniere* (Hamburg) »Faust III« und begleitete 1950 am Klavier sein Musical »Die gelben Handschuhe« in → *Werner Fincks* → *Mausefalle* (Stuttgart).

Kolman, Trude (eigentlich: Gertrud Kohlmann) ** 15. 9. 1904 Nürnberg; † 31. 12. 1969 München.* Kabarettistin, Regisseurin, Kabarettleiterin
Gelernte Buch- und Kunsthändlerin. Nahm Schauspielunterricht bei Tilla Durieux, hospitierte an der → *Wilden Bühne* und spielte 1928 in Berlin Theater. Trat 1928 am → *Larifari* und seit März 1931 an der → *Katakombe* auf. Eröffnete 1932 in der Lutherstraße ihr erstes eigenes Kabarett, das »Casanova«, in dem sie auch auftrat und die Revue »Casanova 1933 oder Viele Geschichten über die Liebe« von → *Günter Neumann* inszenierte. Mitte Februar 1935 eröffnete sie mit Günther

Lüders das → *Tingeltangel Theater* mit der Revue »Ein bißchen glücklich sein« neu und führte es unter dem Schutz eines ihr gewogenen Kritikers des NS-Parteiorgans »Völkischer Beobachter« bis Anfang Mai weiter.
Im September 1935 emigrierte sie nach Wien und inszenierte und spielte Kabarett im »Grand Hotel« (zusammen mit Beate Moissi und → *Paul Morgan*) und 1936 in ihrem eigenen Kabarett, dem »Sechsten Himmel« (mit → *Curt Bry*). Ging 1937 über Paris nach London, gastierte zwischendurch im Zürcher Kabarett »Nebelspalter«, kehrte nach Österreich zurück, wo sie ihren späteren Mann, Dr. Egon Goliat, kennenlernte, mit dem sie 1938 nach Prag emigrierte. Mit ihm ging sie endgültig nach London und eröffnete in der Nähe der Hauptstadt eine Fremdenpension.

Trude Kolman, gezeichnet von dem Kabarettisten Lukas Ammann

1950 besuchsweise in München, stellte sie für den Fasching 1951 versuchsweise ein Kabarettprogramm zusammen, das sie unter dem Titel »Die Kleine Freiheit« am 25.1. 1951 im »Atelier-Theater« München, Elisabethstr. 34, herausbrachte. Der Erfolg bewog sie, das Unternehmen als eigenständiges Kabarett fortzusetzen. – Trude Kolman machte → *Die Kleine Freiheit* zum besten Kabarett Münchens zwischen 1951 und 1955, sowohl, was die Qualität der Texte wie der Darsteller, der Ausstattung und ihrer Regie anbetraf. Mit der Übersiedelung in das heutige Quartier der »Kleinen Freiheit« (Maximilianstr. 31) im Sommer 1956 versuchte sie, ihre Idee eines »kabarettistischen Theaters« zu verwirklichen, erreichte aber mit entsprechenden Stücken nicht den Erfolg ihrer Kabarettprogramme. Mit den Kabarettrevuen des heimgekehrten → *Friedrich Hollaender* erfuhr sie zwischen 1957 und 1961 eine zweite kabarettistische Erfolgssträhne, bevor sie sich – mit wechselnden Erfolgen – dem reinen Boulevardtheater zuwandte.

Komik Jede Art übertreibender Sichtbarmachung von Konflikten einander widersprechender Prinzipien, die, weil sie die Nichtübereinstimmung von Ideal und Wirklichkeit oder von gesellschaftlicher Norm und individuellem Handeln aufdeckt, zum Lachen reizt und dadurch dem Zuschauer das Gefühl von Überlegenheit vermittelt. Komik findet sich in mannigfachen Formen in allen Literaturen und Literaturgattungen und, von ihnen abgeleitet oder sich mit ihnen überschneidend, vor allem im Kabarett auf unterschiedlichstem Niveau (→ *Humor*, → *Ironie*, → *Komiker*, → *Sarkasmus*, → *Satire*, → *Spott*, → *Witz*).

Komiker Darsteller des Komischen; auch Schauspieler, der überwiegend komische Rollen spielt. Die Kunst des Komikers besteht darin, durch die Darstellung von Fehlern und Schwächen einzelner oder der Gesellschaft Diskrepanzen zwischen Sein und Schein bloßzustellen und damit zu ihrer Überwindung aufzufordern. Der Begriff *Komiker* ist eine Kurzform der »Komischen Person« der französischen Komödie des 15. und des Harlekins der Commedia dell'arte des 16. Jahrhunderts, die durch ihr grellbuntes Aussehen, ihr tölpelhaftes Betragen und ihren Mutterwitz das Publikum erheiterten. Seither dient der Komiker als Hanswurst, Kasper, Dummer August; auch als Narr (engl: »Clown«) bei Shakespeare:

ein teils weiser, teils unverschämter Kommentator der Zeitläufte und der aktuellen Dramenhandlung, auf jeden Fall aber als räsonnierende »Stimme des Volkes« gegenüber den agierenden Vertretern von Macht und Autorität. Gegenüber dem anarchischen Charakter der »Komischen Person« stellt der literarisch-politische Kabarettist seine Komik in den Dienst von Moral und Aufklärung.

Das Kom(m)ödchen Politisch-literarisches Kabarett in Düsseldorf, Bolkerstr. 44. Gegründet von → *Kay und Lore Lorentz*, eröffnet als »Die kleine Literaten-, Maler- und Schauspielerbühne« (Untertitel) im ausgebauten Vereinssaal im Rückgebäude einer Kneipe in der Hunsrückenstr. 20 der Düsseldorfer Altstadt am 29. 3. 1947 mit dem Programm »Positiv dagegen«. Texte: Kay und Lore Lorentz, Stefan Stips, Bert Markus und Rudi vom Endt. Mit: Lore Lorentz, Ruth Henrichs, Hans-Walter Clasen, Iris Fanslau, Kay Lorentz, Bernd Nesselhuth, Werner Vielhaber. Regie: Werner Vielhaber, Musik: → *Emil Schuchardt*, Ausstattung: Eduard Marwitz. Als Darsteller kamen u.a. hinzu: Walter Gottschow (1947), → *Hanne Wieder* (1948), Horst Butschke und Karl-Heinz Gerdesmann (1950), Trudi Roth (1953), → *Ursula Herking* (1951 für nur ein Programm), Helga Kruck (1957), Fritz Korn (1958), → *Conrad Reinhold* (für nur ein Programm 1958), Ernst Hilbich (1960), Hans Gerd Kübel (1964), Michael Uhden (1966), Ingrid Ohlenschläger (für nur ein Programm 1966), Heinrich Hambitzer (1971), Jochen Busse (1976), → *Thomas Freitag* (1976), Renate Küster (1978), → *Michael Quast* (1982), Angela Fischer (1983). – Als Autoren wirkten u.a. mit: → *Thaddäus Troll* (1947–1952), → *Martin Morlock* [alias Kurt Zundgut] seit 1949), → *Werner Wollenberger* (seit 1949), → *Eckart Hachfeld* (seit 1951), → *Wolfgang Franke* (seit 1963), → *Volker Ludwig* (seit 1968), → *Hannelore Kaub* (seit 1969) – ferner u.a.: Erich Kuby, Dieter Werner, → *Helmut Brasch*, → *Hanns Dieter Hüsch*, → *Fritz Grasshoff*, → *Herbert Witt*, → *Oliver Hassencamp*, → *Fridolin Tschudi*, → *Per Schwenzen*, → *Dieter Thierry*, Horst Lommer, Alf Tamin, → *Joachim Hackethal*, → *Joachim Roering*, Michael Uhden, → *Volker Kühn*, → *Thomas Freitag*, → *Karl Hoche*, Rainer Hachfeld, → *Detlef Michel*. Regie führten u.a.: Kay Lorentz, Werner Vielhaber, Werner Lenz, Paul Vasil.

Anfang Mai 1967 zog das *Kom(m)ödchen* in ein neues, eleganteres Domizil in der Bolkerstr. 44, das der in Paris lebende Bühnenbildner Fritz Barth mit Möbelstücken aus altfranzösischen Häusern und Schlössern, ornamentierten Wandverkleidungen und Schränken ausgestattet hatte, die zu einer schwarzen Überkommode zusammenschießen. Das *Kom(m)ödchen*, entstanden knapp zwei Jahre

»Das Kom(m)ödchen« 1962; Programm »Bergab geht's leichter«
V.l.: Walter Gottschow, Werner Vielhaber, Renate Clair, Lore Lorentz, Kay Lorentz und Ernst Hilbich singen das »Kom(m)ödchenlied«

nach Ende des Zweiten Weltkriegs, ist das älteste noch bestehende Nachkriegskabarett der BRD. Von den beiden anderen bundesweit bekanntgewordenen Kabaretts der »Gründerjahre« – den volkstümlichen Berliner → *Stachelschweinen* und der journalistischen → *Münchner Lach- und Schießgesellschaft* – unterscheidet es sich durch das Gewicht, das es von Anfang an auf das Literarische in Wort, Form und Ausdruck gelegt hat. Nicht Schauspieler und Maler gaben bei der Gründung den Ausschlag, sondern das aus dem Hörsaal in die letzen Kriegswirren verschlagene Ehepaar Kay und Lore Lorentz. Mit Martin Morlock, Eckart Hachfeld, Werner Wollenberger und Wolfgang Franke stand ihnen über Jahre hinweg ein Autorenstamm hochkarätiger literarischer Qualität zur Verfügung, in Lore Lorentz eine Interpretin von souveränem Charme und von sinnlich wie intellektuell suggestivem Reiz.

Über solchen Qualitäten lähmten die Mittel, mit denen das *Kom(m)ödchen* dem konservativen Bildungs- und Besitzbürgertum an Rhein und Ruhr satirisches Aufbegehren gegen das Bestehende schmackhaft machen wollte – ästhetische Spielerei, formale Überstilisierung, literarische Verfremdung –, oftmals die Härte des satirischen Zugriffs und ließen den Hieb in der Watte kunstvoller Verbrämung verpuffen. Dennoch bemühte sich das *Kom(m)ödchen* immer wieder, sich neuen Strömungen, wenn auch in ironischer Distanzierung, aufzuschließen, nicht nur in der Aussage, auch in der personellen Besetzung seiner Programme. Hatte es mit dem Programm »Zustände wie im alten Rom« (1963) angesichts der fortdauernd gefestigten Restaurationspolitik bei aller kabarettistischen Brillanz resigniert, so rang es sich zur Zeit der APO 1969 mit dem Programm »Es geht um den Kopf« zur treffenden Selbstpersiflage durch. Trotz aller revolutionären Anklänge in diesem Programm versteht sich das *Kom(m)ödchen* nach wie vor als großbürgerlich-liberal. Zu den formalen Wandlungen gehört die Verpflichtung immer wieder neuer Kabarettisten von eigenständigem Format (wie Michael Uhden, Thomas Freitag, → *Michael Quast*, Harald Schmidt, → *Volker Pispers*, → *Frank Lüdecke* u.a.) wie auch die zeitweilige Abwesenheit von Lore Lorentz (z.B. in den Programmen »Saldo rückwärts«, 1978, und »Die Sache Mensch«, 1983/84) und ihre Soloprogramme »Lore Lorentz präsentiert die Pürkels« (1980); »Eine schöne Geschichte« (1984); »Marschmusik für Einzelgänger« (1986); »Spielregeln für Querdenker« (1988) und »Denk ich an Deutschland« (1990). – Als eines der ersten Nachkriegskabaretts gastierte das Kom(m)ödchen seit 1949 im Ausland, so 1949/50 in Zürich, 1951 und 1953 in London, 1961 und 1966 in New York. Nach dem Tode von Kay Lorentz 1993 und Lore Lorentz 1994 übernahm ihr Sohn Kay-Sebastian Lorentz die geschäftliche Leitung des Kabaretts, machte die Bühne mehr und mehr zu einem Gastspielhaus und brachte im September 1995 das 62. Haus-Programm, »Faire Verlierer«, mit dem neuen → Duo *Horst Gottfried Wagner* und → *Frank Lüdecke* heraus. Der Platz vor dem *Kom(m)ödchen*-Eingang Bolkerstr. 44, wurde 1995 in »Kay- und Lore-Lorentz-Platz« umbenannt.

Das Kom(m)ödchen-Buch. Düsseldorf 1955. – Lorentz, Lore: *Gottes Regenbogen hat einen Trauerrand – Szenen und Songs.* Gütersloh 1978. – Franke, Werner; Lorentz, Lore: *Eine schöne Geschichte.* München 1985. – Lorentz, Lore: *Marschmusik für Einzelgänger – Ansichten von Martin Morlock.* München 1986.

Konejung, Achim ** 14. 3. 1957 Krefeld.*
Kabarettist, Kabarettautor, Komponist, Pianist
In Siegen und Antwerpen aufgewachsen, schrieb und komponierte er 1981 sein erstes Soloprogramm, »Die Eddie-Elend Show«, in dem er sich zur Premiere in Wien auch selber am Klavier begleitete. Ein Jahr später Umzug nach Hamburg, dort erste Zusammenarbeit mit → *Horst Schroth* (»Spät und teuer«, 1984), sowie Mitarbeit bei der »Familie Schmidt« (»Alfred on the rocks«, 1984). 1986 brachte er sein Solo »Das unglaubliche Leben des George Villabour« heraus, seit 1987 zwei Programme mit Michael Batz und Horst Schroth, »Die Volkszählungs-Revue« und »Sex total«. 1988 folgt im Duo mit dem Musiker Reinhard Glöder das Programm »Schwein sein« und danach im Duo mit Horst Schroth, mit dem zusammen er 1990 den → *Deutschen Kleinkunstpreis* erhielt, die Programme »Gnadenlos deutsch« (1989) und »Alles meins« (1991). Daneben 1990, 1991 und 1994 Mitarbeit als Co-Autor und Darsteller beim Kabarett »Reichspolterabend« und beim Spielfilm »Der Superstau« (1990). 1993 war Konejung mit eigener Band und seinem One-Man-Musical »Terror, Spaß und Bürgerkrieg« unterwegs. Mit Reinhard Glöder spielt er auf Tournee seit 1995 »Bitte einsteigen! – Eine Kaffeefahrt durch den rheinischen Separatismus« und von 1996 an »Das Original Alptraum-Duo – Eine Slapstick-Satire auf das deutsche Schaugeschäft«.

König, Ernst ** 10. 8. 1920 Oberhausen-Sterkrade.* Kabarettist, Texter, Lehrer
Nach Arbeitsdienst und Wehrmacht (1939–45), 1945/46 Autobahnarbeiter in Irschenberg (Obb), ab Sommer 1946 bis 1949 Studium an der Universität Kiel. Dort 1947 Mitbegründer, Texter und Darsteller des Kabaretts → *Die Amnestierten*,

bis 1953 in neun Programmen dabei, danach noch einige Jahre als Texter. 1953 bis 1957 Wiederaufnahme des Studiums in Kiel und Staatsexamen. Am 30. 6. 1956 Promotion über das erste deutsche Kabarett, »Das Überbrettl Ernst von Wolzogens und die Berliner Überbrettl-Bewegung«, die erste Dissertation über Kabarett in Deutschland. Als Lehrer am Humboldt-Gymnasium in Düsseldorf gründete und leitete er von 1959 bis 1964 das Schülerkabarett »Pempelmusen«. 1964 wechselte er zum Theodor-Heuss-Gymnasium in Kettwig, wo er 1965 das Schülerkabarett → *Die Kettwichte* gründete, das er bis 1975 leitete; danach übernahm der musikalische Leiter Hans Buring die Leitung. Ernst Königs Tätigkeit beschränkte sich seitdem (1983: Pensionierung) auf Beratung und Regieassistenz des Kabaretts.

Koppel, Robert ** 9. 1. 1874 Bochum; † 21. 8. 1966 Zürich.* Vortragskünstler, Chansonnier
1900 debütierte er als Bariton im »Lindencabaret« zu Colmar. 1901 engagierte ihn → *Ernst von Wolzogen* zur Eröffnung des → *Überbrettls*, des ersten deutschen Kabaretts, in Berlin. Hier kreierte Koppel zusammen mit Bozena Bradsky zur Musik von → *Oscar Straus* den »Lustigen Ehemann« von → *Otto Julius Bierbaum*, den meistgesungenen Brettl-Schlager der Jahrhundertwende. Als Sänger und Gestalter anspruchsvoller Kabarettlieder und klassischer Gesangsstücke gehörte er längere Zeit zum Ensemble von → *Rudolf Nelson* in Berlin, mit dem er auf Tournee ging. Koppel, ein Interpret von subtiler künstlerischer Ausstrahlung, war auch von Anfang an beim Rundfunk dabei. Schon 1923 findet sich sein Name regelmäßig in der Programmspalte der »Funkstunde«. 1933 floh er vor den Nazis nach Bozen, Nizza und Nancy. Erst 1954 kehrte er nach Berlin zurück, ließ sich aber am 1. Januar 1959 endgültig in Lugano-Massagno nieder.

Kraner, Cissy (eigentlich: Gisela Kraner) ** 13. 1. 1923 Wien.* Schauspielerin, Chansonniere, Kabarettistin
Sie studierte Gesang am Wiener Konservatorium und begann fünfzehnjährig nebenher als Operetten-Soubrette am »Deutschen Theater« in Wien. 1936–1937 wurde sie an das Wiener Kabarett → *ABC* engagiert und spielte in den Programmen »Narrenstreiche« und »Wienerisches, allzu Wienerisches« nach Texten von → *Peter Hammerschlag und* → *Jura Soyfer*, ferner am Wiener Kabarett »Kleinkunst in den Colonnaden« und dem »Theater für 49«. Schließlich ging sie 1938 an das »Theater der Prominenten« von → *Willy Rosen* in Scheveningen und spielte am »Arena« in Rotterdam zahlreiche Operetten.
Am 14.6. 1938 emigrierte sie als Nichtjüdin mit ihrem jüdischen Partner → *Hugo Wiener* nach Kolumbien, wo sie mit der »Revista Vienesa« (Wiener Revue) zur 400-Jahr-Feier von Bogotá im Teatro Colón auftraten. Die beiden heirateten am 6.4. 1943 in Caracas (Venezuela) und begannen eine gemeinsame Karriere, die sie nach ihrer Rückkehr 1948 nach Wien vom 9.9. 1949 an für rund zwanzig Jahre am Wiener Kabarett → *Simplicissimus* fortsetzten. Cissy Kraner trug dort und später auf zahlreichen Tourneen in ganz Österreich, Deutschland, Israel, in der Schweiz, in Rundfunk- und Fernsehsendungen und auf vielen Schallplatten, zu Hugo Wieners Begleitung seine Chansons vor: »Verzwickte Verwandtschaftsverhältnisse«, »Aber der Nowak läßt mich nicht verkommen«, »Ich wünsch mir

 zum Geburtstag einen Vorderzahn«, »Die Pokornys« u.a. Nach dem Tod von Hugo Wiener am 14.5. 1993 gastierte Cissy Kraner mit seinen Chansons, begleitet von dem Conférencier und Pianisten Herbert Prikopa.

Kraner, Cissy: *Aber der Hugo ließ mich nicht verkommen – Lieder und Erinnerungen* (aufgezeichnet von Georg Markus). Wien 1994.

Karl Ferdinand Kratzl 1995 in seinem Soloprogramm »Die Plauderstunde und Der heilige Strohsack«

Kratzl, Karl Ferdinand **27. 11. 1953 Wien.*
Kabarettist und Kabarettautor
Der Wiener Schauspieler, der Psychologie, Zoologie und Anthropologie studiert hat, begann am 7.1. 1990 in Wien mit dem Soloprogramm »Bist du einsam heut nacht?«, in dem er mit makabren Szenen ein Konglomerat kaputter, psychisch gebrochener Gestalten porträtierte. Danach folgten die Soloprogramme »An einem Bächlein helle« (1991); »Die Reise ins Glück« (1992); »Im Liebesrausch« (1992), in dem er einen Querschnitt unserer heimlichen Sehnsüchte darstellt. 1994 folgte »Powder me« und 1995 »Die Plauderstunde oder Der heilige Strohsack«. Die unterschiedlichsten transzendentalen Erfahrungen ziehen sich wie ein roter Faden durch die Programme, mit denen er auf Tournee nach Deutschland und in die Schweiz geht. Das scheinbar disparate Nebeneinander von Liedern, Geschichten, Sketschen und Gedichten verdichtet sich zu einem verworrenen Ganzen. 1992 erhielt er den → *Salzburger Stier.*

Kraus, Karl **28. 4. 1874 Gitschin (Böhmen); † 12. 6. 1936 Wien.*
Schriftsteller, Sprach-, Kultur- und Gesellschaftskritiker
Sohn eines wohlhabenden jüdischen Fabrikbesitzers, der 1877 mit seiner Familie nach Wien übersiedelte. Studierte in Wien acht Semester Jura und Philosophie und wurde Mitarbeiter verschiedener Wiener und reichsdeutscher Zeitungen und Zeitschriften mit Theaterkritiken und Beiträgen über das Theater. 1899 gründete er die Zeitschrift »Die Fackel«, deren Herausgeber und – seit 1912 – alleiniger Autor er bis zu seinem Tode war.
Mit dem Kabarett verband ihn sein Sinn für die volkstümliche Satire Raimunds und Nestroys und für die satirische Opéra comique Offenbachs sowie seine starke Begabung für den Vortrag eigener und fremder Verse, Couplets, Essays und szenischer Stücke, die er in rund 700 Lesungen, auch auf Vortragsreisen, rezitierte. In seinem Lesedrama »Die Letzten Tage der Menschheit« (1922) prangerte er in kabarettistischer, also satirisch-szenischer Manier die »Verlotterung der Sprache« durch die Presse der Donaumonarchie als Ausdruck der Korruption und der Unwahrhaftigkeit und als letztlich kriegsauslösenden Faktor an. Kraus stand der → *Überbrettl*-Bewegung anfangs interessiert und wohlwollend gegenüber und verkehrte 1906 im → *Cabaret Nachtlicht*, wo er auch einmal einen Einakter inszenierte. An den jüdischen Volkskomikern »Die Budapester« rühmte er das »wahre Theatervergnügen« und insonderheit in deren Protagonisten → *Heinrich*

Eisenbach einen »Possenreißer, der zum Erhabenen nicht einmal einen Schritt braucht«.

Weigel, Hans: *Karl Kraus oder Die Macht der Ohnmacht.* Wien-Frankfurt-Zürich 1968. – Fischer, J.M.: *Karl Kraus.* Stuttgart 1974. – Krolop, Kurt: *Sprachsatire als Zeitsatire bei Karl Kraus.* Berlin 1992.

Krause, Hans **22.3. 1924 Berlin.* Kabarettautor, Schauspieler
Nach Engagements am »Deutschen Theater«, Berlin, wirkte er an den Kabaretts »Laterne«, Berlin (1950–1952) und »Kleine Bühne«, Berlin (1953) mit. Seit 1953 bis in die achtziger Jahre war er Hauptautor des Berliner Kabaretts → *Die Distel* und 1958–1963 auch deren Direktor. Seither ist er freiberuflicher Autor von Kabarettexten (u.a. »Kuddeldaddeldu« für → *Heinz Draehn*), humoristischen Gedichten, Kurzgeschichten, Glossen, heiteren Fernsehspielen und Textbüchern für Programme der Konzert- und Gastspieldirektion (KGD) in der DDR und für zahlreiche Amateurkabaretts (»Ihabetiker«, »Lachberater« u.a.). Krause zählte zu den profiliertesten Kabarettautoren der DDR, vor allem aktueller politischer Texte.

Krawczyk, Stephan **31. 12. 1955 Weida (Thüringen).* Politischer Liedermacher
Nach dem Abitur 1974 Wehrdienst in der DDR bis 1976, anschließend Beschäftigungen aus Hauswart und Kulturhausmitarbeiter. 1976 Eintritt in die SED; 1978–1982 Fernstudium im Fach Konzertgitarre an der Franz-Liszt-Hochschule, Weimar, danach freiberuflicher Liedermacher. 1982 einzige Schallplattenproduktion in der DDR (mit der Gruppe »Liedehrlich«). Im Oktober 1983 erstes öffentliches Auftreten. 1984 Wechsel nach Berlin, Kontakt zur Künstlerszene des Prenzlauer Bergs und zu oppositionellen Gruppen, zunehmend offen kritische künstlerische Verarbeitung der Themen Machtmißbrauch, Umweltzerstörung, Konsumgesellschaft, fehlende Alternativen. 1985 Austritt aus der SED (in Ausschluß umgewandelt), Berufsverbot durch Entzug der Zulassung als freiberuflicher Liedermacher.
In dieser Zeit fanden seine Programm-Konzerte starken Publikumsanklang: »Mach nicht so ein blödes Gesicht« (1984), »Pässe, Parolen« (1985) und »Steinschlag« (1986 mit Freya Klier), »Alles in mir revoltiert« (Brecht-Programm 1986), »Wieder stehen« (1987) – alle Programme in kirchlichem und privatem Rahmen. 1987 Mitarbeit an dem einzigen illegalen DDR-Rundfunksender »Schwarzer Kanal«. Setzte sich im November 1987 in einem Offenen Brief an den SED-Chefideologen Kurt Hager für unabhängige Kunst und Achtung der Menschenrechte in der DDR ein. Wurde im Januar 1988 auf dem Weg zur Berliner Liebknecht-Luxemburg-Demonstration festgenommen und unter Androhung einer langjährigen Haftstrafe wegen landesverräterischer Beziehungen zum Ausreiseantrag gezwungen. Reiste am 2.2. 1988 mit Freya Klier nach Westberlin aus. 1988 erste Tournee durch die BRD, die Schweiz und Österreich. Auftritte in den USA, Kanada und Frankreich mit den Programmen: »Wie gehts?« (1989), »Terrormond« (1992), »Milonga« (1994) und »Glücksrabe« (1995).

Krawczyk, Stephan: *Wieder stehen.* München 1988. – Ders.: *Schöne wunde Welt.* Berlin 1990. – Ders.: *Dreißig Vögel.* Berlin 1996.

Georg Kreisler 1971

Kreisler, Georg **18. 7. 1922 Wien.*
Schriftsteller, Kabarettist, Komponist und politischer Liedermacher
Studierte nach dem Realgymnasium Klavier, Violine und Musiktheorie, emigrierte 1938 mit seiner Familie in die USA. Arbeitete in Hollywood als Filmmusiker, lernte an der University of Southern California dirigieren, komponieren und orchestrieren. Von 1942 bis 1945 US-Soldat, von 1944 an in Europa, u.a. als Dolmetscher. Schrieb während seiner Militärzeit ein Soldaten-Musical und durfte es mit einer Truppe vor US-Soldaten aufführen. Zog im besetzten Gebiet US-Shows auf.
1945 und 1946 wieder in Hollywood, wo er u.a. mit Charles Chaplin an dessen Film »Monsieur Verdoux« arbeitete. Sang bis 1955 in New Yorker Nachtlokalen Chansons und schrieb Lieder für Rundfunk und Fernsehen. Stilistisch beeinflußt von dem satirischen Entertainer am Klavier Tom Lehrer, machte Kreisler erste Tourneen durch die USA. 1955 nach Wien zurückgekehrt, sang er im Winter 1955/56 eigene Chansons, vornehmlich in der »Marietta-Bar« (u.a. »Taubenvergiften im Park«, angelehnt an Tom Lehrers »Poisoning Pidgeons in the Park«). Pachtete zusammen mit dem aus Hamburg vom NDR nach Wien zurückgekehrten → *Gerhard Bronner* 1956 das »Intime Theater«, wo sie gemeinsam mit → *Carl Merz*, → *Helmut Qualtinger*, → *Peter Wehle* und Louise Martini mit dem Programm »Blattl vorm Mund« an den Durchbruch einer neuen Art Wiener Kabaretts anknüpften, den 1952 seine derzeitigen Partner sowie der – inzwischen ausgeschiedene → *Michael Kehlmann* mit dem Programm »Brettl vorm Kopf« geschafft hatten. In »Blattl vorm Mund« sang, spielte und dirigierte Kreisler Bronners »Karajanuskopf« und schrieb mit Bronner eine Parodie auf »Orpheus in der Unterwelt«. 1957 schied er aus der Doppeldirektion aus, wirkte aber im nächsten Programm (»Glasl vorm Aug'«) noch als Autor und Komponist mit.
1958 übersiedelte er mit seiner Frau, der Soubrette und Chansonniere Topsy Küppers, nach München und 1975 nach West-Berlin. Mit ihr spielte er die Programme: »Zwei alte Tanten tanzen Tango« (1961), »Lieder für Fortgeschrittene« (1967), »Protest nach Noten« (1968), »Gemma Wiener vergiften« (1969). Sein Theaterstück »Heute abend – Lola Blau« (auch als Doppel-LP erschienen), das 1971 mit ihm und Topsy Küppers im Wiener »Theater im Konzerthaus« Premiere hatte, wird bis heute an verschiedenen Theatern nachgespielt, wie auch seine Stücke »Die ideale Gattin« (1965), »Polterabend« (1966), »Der tote Playboy« (1975), »Von morgens bis mitternachts« (1976), »Oben« (1989).
Nach der Trennung von Topsy Küppers war Kreisler wieder mit Soloprogrammen

unterwegs: »Autobiographie« (1971), »Ich weiß nicht, was soll ich bedeuten« (1972), »Allein wie eine Mutterseele« (1974), »Retrospektive« (1975) und »Unheilbar gesund« (1975). Seit 1977 ist Barbara Peters, mit der er inzwischen in vierter Ehe verheiratet ist, seine Partnerin. Mit ihr spielte er die Programme: »Rette sich, wer kann« (1977), »Lieder am Ultimo« (1978), »Everblacks« (1979), »Gruselkabinett« (1981), »Wo der Pfeffer wächst« (1982), »Alte Lieder rosten nicht« (1983), »Wenn die schwarzen Lieder wieder blühn« (1987), »Ernste Bedenken« (1994), dem im Herbst 1996 sein jüngstes, völlig neues Duoprogramm folgen soll. 1971 schrieb und spielte er mit Ensemble »Hurra, wir sterben!« im → *Renitenztheater*, Stuttgart, und 1993 mit → *Otto Grünmandl* als Co-Autor und Darsteller in Tirol das Kabarettstück »Tirili«. Populär wurde er mit seinen makaber-grotesken Liedern der Gattung schwarzer Humor (»Zwei alte Tanten tanzen Tango«, »Der guate alte Franz« u.a.).

Mitte der sechziger Jahre wurden seine Chansons zuerst resignativer, dann »politischer« im Sinne eines Engagements für Frieden und gegen Restauration und Neonazismus, ohne daß er sein differenzierendes Sprachgefühl und seinen Humor aufgegeben hätte.

Mit seinen Programmen tritt er im Funk und Fernsehen auf. Von seinen rund 600 Chansons sind die Textsammlungen erschienen: »Zwei alte Tanten tanzen Tango« (1961), »Der guate alte Franz« (1962), »Seltsame Gesänge« (1963), »Lieder zum Fürchten« (1964), »Nichtarische Arien« (1967), »Ich weiß nicht, was soll ich bedeuten« (1973), »Ich hab ka Lust« (1980), »Taubenvergiften für Fortgeschrittene« (1983) und »Worte ohne Lieder« (Satiren, 1995).

1989 schrieb Georg Kreisler ein Erinnerungsbuch unter dem Titel »Die alten bösen Lieder« (Wien 1989), 1996 seinen ersten Roman »Der Schattenspringer« (Berlin 1996). 1988 erhielt er das Ehrenzeichen der Stadt Wien in Gold.

Kreuder, Peter ** 18. 8. 1905 Aachen; † 18. 6. 1981 Salzburg.*

Komponist, Pianist

Bekam bereits 1908 in Berlin Klavierunterricht und gab mit sechs Jahren sein erstes öffentliches Klavierkonzert. 1914–1917 lernte er in Hamburg Kompositionslehre und studierte 1922–1924 in München an der Staatlichen Akademie der Tonkunst Musik. Nebenher spielte er seit 1923 Klavier im Kabarett → *Bonbonniere* (München), für die er auch die Revue »Bis hierher und nicht weiter« schrieb. Nach dem Studium gründete er in Hamburg eine Jazzkapelle und wirkte 1925 als Pianist im Hamburger Kabarett »Jungfrau«. 1926 war er musikalischer Leiter bei → *Rudolf Nelson* in Berlin und in gleicher Funktion 1928–1930 an den »Münchner Kammerspielen«. 1930 arrangierte er → *Friedrich Hollaenders* Musiken zu dem Revuestück »Phäa« von Fritz von Unruh, wie später die Musiken von Hollaenders eigenen Revuen. 1929–1933 begleitete er verschiedentlich im → *Kabarett der Komiker* (u.a. 1932 in »Bitte weitersagen«), machte Plattenaufnahmen mit → *Marlene Dietrich*, → *Greta Keller*, Rosita Serrano, Willi Forst und → *Curt Bois*. 1936 wurde er Musikdirektor der Bayerischen Staatsoperette in München. Er komponierte die Musik zu rund 200 Filmen, schrieb mehrere Musicals und gab (vor allem nach 1945) fast 4000 Konzerte. Bekannte Schlager wurden: »Ich werde jede Nacht von Ihnen träumen«, »Ich brauche keine Millionen«, »Sag beim Abschied leise Servus« und, von Hans Albers gesungen, »Good bye, Johnny«.

Kreuder, Peter: *Schön war die Zeit – Musik ist mein Leben.* München 1955. – Ders.: *Nur Puppen haben keine Tränen.* München 1971.

Kroymann, Maren ** 1949 Tübingen.*
Sängerin, Schauspielerin, Kabarettistin, Kabarettautorin
Nach einer Ballettausbildung am »Württembergischen Staatstheater« nahm sie, nach dem Abitur in den USA, Schauspielunterricht und trat Engagements am Theater in Tübingen an. 1970/1971 studierte sie in Paris und Berlin Romanistik und Anglistik. Seit 1973 war sie Mitglied des »Hanns-Eisler-Chores«, Berlin, und an verschiedenen Berliner Bühnen (»Theatermanufaktur«, »Vagantenbühne« u.a.) engagiert. Seit 1980 arbeitete sie als Autorin und Sprecherin für den SFB und den Sender RIAS, Berlin. Im Mai 1982 präsentierte sie ihr erstes Soloprogramm, einen Frauenabend über die Selbstherrlichkeit der Männer. Danach spielte sie 1983 bis 1987 im Trio mit Otto Beatus (* 1948, Klavier) und Hellmut Pätsch (* 1944, Gitarre) das Programm »Auf Du und Du mit dem Stöckelschuh«, in dem sie das reduzierte Frauenbild in den Schlagern der fünfziger Jahre vorführte und scheinbar längst überwundene Gefühle, Gedanken und Sehnsüchte vergegenwärtigte. 1984 sendete die ARD in der Reihe »Die zerteilte Zeit« ein Porträt der Künstlerin. 1988 spielte sie in der ARD die schwäbische Pfarrersfrau Wiegandt in der Serie »Oh Gott, Herr Pfarrer« und die Hauptrolle in der Vorabendserie »Vera Wesskamp«. 1992 moderierte sie beim NDR 3 die Fernsehserie »Fünf vor Talk« und präsentierte als »Nachtschwester Kroymann« 1993 (Texte: Simone Berowiak) und 1996 (Texte: Hans Zippert) die gleichnamige Fernsehserie.

Krüger, Hellmuth ** 22. 6. 1890 Dorpat; † 5. 8. 1955 München.*
Kabarettautor, Conférencier
Wurde nach dem Besuch von Schauspielschulen in Köln und München 1913 Schauspieler in Nürnberg und war danach fünf Jahre am »Deutschen Theater« in Berlin engagiert. Entdeckte bei Auftritten in der von baltischen Aristokraten aufgezogenen »Kurländischen Diele« am Prager Platz in Berlin sein Talent zum Conférencier. Wurde von seiner Landsmännin, der Schauspielerin Elsa Wagner, dem Leiter des → *Schall und Rauch* (II), Hans von Wolzogen , empfohlen. 1919/20 beim »Schall und Rauch« (II), von 1920 bis 1922 in der → *Rakete* Hausconférencier.
Danach conferierte er u.a. im »Korso-Kabarett«, im → *Kabarett der Komiker*, im → *Tingeltangel-Theater*, im → *Alt Bayern*, im »Kabarett für alle«, bei den → *Wespen* (1932), in der »Scala« (Berlin) und in der → *Bonbonniere* (München). 1930 spielte er in der von ihm und → *Karl Schnog* verfaßten Kabarettrevue »So wird's gemacht« im Korso-Kabarett mit. Krüger hatte 1930 das Chanson »Wenn wir wüßten, was der Adolf mit uns vorhat« geschrieben (das → *Willi Schaeffers* im »Kabarett der Komiker« vortrug). Während der Nazizeit wich er in unpolitische Unterhaltung aus. Von 1945 bis 1948 war er Hausconférencier der → *Schaubude*, wirkte 1946 im »Schmunzelkolleg«, München (mit → *Werner Finck*, Walther Kiaulehn und → *R.A. Stemmle*), mit und trat 1946 im → *Ulenspiegel* (Berlin) auf, wo 1947 seine Kabarettrevue »Wir sind noch einmal sitzengeblieben« lief. Ferner conferierte Hellmuth Krüger 1946 in der → *Mausefalle* (Stuttgart) und 1951 im ersten Pro-

gramm der → *Kleinen Freiheit* (München). Seit 1947 conferierte er in Sendungen des Bayerischen Rundfunks (u.a. im »Nudelbrett«).

Krüger, Hellmuth: *Das Loch im Vorhang.* Berlin 1920. – Ders.: *Von Liebe ist nicht die Rede.* München 1947.

Kruse, Werner ** 1910 Zürich; † 1984 Schaffhausen.* Komponist, Pianist
Nach einem Klavierstudium in Zürich wirkte er 1933–1937 als Komponist und musikalischer Leiter (neben Magnus Henning) in der → *Pfeffermühle* und 1934–42 am → *Cabaret Cornichon*, Zürich. Er vertonte Chansons für zahlreiche Kabaretts, u.a. für die »Bärentatze«, Bern (1942), »Kaktus«, Basel (1943), → *Cabaret Federal*, Zürich (1950), »Äxgüsi«, Zürich (1956), und für die Schweizer Kabarettsolisten → *Alfred Rasser*, → *Elsie Attenhofer*, → *Voli Geiler und Walter Morath*, → *César Keiser und Margrit Läubli*, Stephanie Glaser und Walter Roderer. 1955–1960 begleitete er sechs Programme des Düsseldorfer → *Kom(m)ödchens* und blieb diesem Kabarett als Komponist noch einige Jahre erhalten. In den siebziger Jahren komponierte er, wieder in der Schweiz lebend, die Musik zu einigen Bühnenstücken: »Die Schlacht bei St. Irgendwo« (1972), »Ein Basler in Zürich« (1978) u.a. und verfaßte eigene Satiren.

Kruse, Werner: *Reklamationen.* Schaffhausen 1986. – Ders.: *Satiren.* Schaffhausen 1988.

Kübler, Arnold ** 2. 8. 1890 Wiesendangen; † 1983 Zürich.*
Schauspieler, Kabarettist, Zeichner
Studierte in Zürich und Rom Geologie. Nach einer Bildhauerlehre ging er als Schauspieler an verschiedene Bühnen und schrieb erste Stücke. In die Schweiz zurückgekehrt, übernahm er die Chefredaktion der »Zürcher Illustrierten«; 1941 gründete er die Zeitschrift »DU«, die er bis 1957 leitete. Danach arbeitete er als freier Schriftsteller, Kabarettist und Zeichner. Sein Leben hat er in vier »Oeppi«-Romanen aufgezeichnet. Seine Tochter Maya Kübler, die 1938 zum Ensemble des Züricher → *Cabaret Cornichon* gehörte, war mit dem französischen Chansonnier Boris Vian verheiratet.
Arnold Kübler begann als erster Ein-Mann-Kabarettist der Schweiz 1954 mit seinem Soloprogramm »Grümpelchammer«, dem 1956, mit der Musik von Max Lang und unter der Regie von → *C.F. Vaucher*, »Neues aus der Grümpelchammer« folgte. Darin erzählte er mit zündendem Witz die Geschichte eines Menschen, der sich in keine beim Schweizer so beliebte Schablone pressen läßt. 1960 folgten zwei weitere Programme: »Sage und schreibe« und »3 + 4 = 5«, und 1972 sein letztes Programm unter dem Titel »Bericht«. Danach arbeitete Kübler nur noch als Zeichner und Autor zahlreicher Bücher.

Kübler, Arnold: *Sage und schreibe – Humoristisch-kabarettistisch-autobiographischer Beitrag.* Zürich 1969.

Die Kugelblitze Politisch-satirisches Kabarett in Magdeburg, Breiter Weg 200.
Eröffnet am 26.11. 1977 unter der Leitung von Siegfried Schäfer mit dem Programm »Wir pfeifen an« und dem Ensemble Silvia Löhken, Helga Spielberger, Heinrich Banet, Dieter Langkabel und Klaus Ziller. Die *Kugelblitze* spielten zuerst

 (1977–1986) in einem Zelt im ehemaligen Varieté »Kristallpalast«; 1986 zog die Truppe in den ersten Kabarett-Neubau der DDR um. Die Darsteller wechselten ziemlich oft, und auch in der Leitung gab es Wechsel: Nach Siegfried Schäfer (1977–1979) kam Rolf Voigt, der 1986 von Günter Kulbe (dem ehemaligen Leiter des Magdeburger Amateurkabaretts »Die Zange«) abgelöst wurde. Seit 1987 führte die Direktion der Textautor und Darsteller → *Hans Günther Pölitz*, der nach »Krach um weitere Subventionen« 1992 zur → *Münchner Lach- und Schießgesellschaft* wechselte. Danach übernahm den Posten kurzfristig Hans-Jürgen Lehmann, seit 1993 hat der musikalische Leiter des Kabaretts, Ernst-Ulrich Kreschel, auch die Gesamtleitung inne.

Die bisher 40 Programme wurden von rund dreißig Autoren geschrieben. Nach den ersten fünf Programmen wurde 1980 nach mehrwöchigen Proben das Programm »Ach, du meine Güte« vom Stadtrat für Kultur (SED-Bezirksleitung) abgesetzt. Im Vorfeld des X. Parteitages der SED und bei der damaligen desolaten Wirtschaftslage der DDR waren öffentliche Mangelware-Diskussionen nicht erwünscht. 1988 brachte es das siebzehnte Programm unter dem Titel »Der Fortschritt ist hinter uns her« bis zur öffentlichen Generalprobe, danach wurde es ebenfalls vom zuständigen Stadtrat für Kultur wegen »konterrevolutionärer Tendenzen« abgesetzt. Mit dem sechzehnten Programm »Wir sind so frei« hatten die *Kugelblitze* 1988 eine zweite Spielstätte im Keller (maximal 60 Plätze) des Hauses Breiter Weg 200 eröffnet. Seit der Wende 1989 brachten die *Kugelblitze* 23 Programme heraus, allein 1994 sechs Produktionen, zum Teil in Verbindung mit dem »Theater der Landeshauptstadt«, mit dem zusammen seit 1992 alle Bühnen der Stadt in einer »Theater-GmbH« verwaltet werden. Anfang 1994 wurde das 31. Programm unter dem Titel »Es hat alles wi(e)der Sinn« herausgebracht, danach folgten: »Lauf doch nicht immer weg« (1994); »Willkommen im Paradies« (1994); »Es bleibt alles ganz anders« (1994); »Othello darf nicht platzen« (1994); »Sekt und Saurier« (1994); »Macht-Programm mit Fernbedienung (1995); »Mein Freund Harweg« (1995); »HopsiTalfahrt oder Pathologen küßt man nicht« (1995); »Alles in bester Verfassung« (1996) und zuletzt das 43. Programm »Wir machen uns frei« (1996) mit dem derzeitigen Ensemble: Silvia Löhnken, Helga Spielberger, Heinrich Banet, Lars Johansen. Wenn die *Kugelblitze* auf Tournee gehen, finden in beiden Theatern Gastspiele statt. Das Kabarett ist traditionell Gastgeber des »Magdeburger Festival der Satire« und schrieb im Dezember 1995 den »1. Kleinkunstwettbewerb« aus, der im eigenen Haus 1996 durchgeführt wurde.

Kuh, Anton ** 12. 7. 1891 Wien; † 18. 1. 1941 New York.*
Schriftsteller, Bohemien, Stegreifconférencier
Der Sohn des Hebbel-Biographen Emil Kuh gehörte dem literarischen Kreis um → *Peter Altenberg* und → *Egon Friedell* an. Schrieb vornehmlich Aphorismen und Essays, war aber viel besser im Vortrag seiner geistsprühenden Conférencen und freien Polemiken, die er – um seinen ständigen Geldmangel zu beheben, wenn ihm niemand mehr etwas lieh – in Sonntagsmatineen im »Konzerthaus« in Wien oder im »Theater am Kurfürstendamm« in Berlin vor stets vollbesetzten Häusern darbot (weshalb ihn → *Kurt Tucholsky* einen »Sprechsteller« nannte).

Nach einer erbitterten Pressefehde mit → *Karl Kraus*, den er den »Affen Zarathustras« nannte, ging Kuh Mitte der zwanziger Jahre nach Berlin, wo er u.a. für die »Weltbühne« schrieb. 1933 emigrierte er nach Wien, 1938 weiter in die USA. Seine aufgeschriebenen Werke erschienen 1981 in Wien unter dem Titel »Luftlinien«.

Greuner, Ruth (Hrsg.): *Anton Kuh – Luftlinien.* Wien 1981. – Lehner, Ulrike (Hrsg.): *Anton Kuh – Zeitgeist im Literatur-Café.* Wien 1983.

Kühl, Kate (eigentlich: Elfriede Katharina Neerhaupt) * *16. 12. 1899 Köln; † 29. 1. 1970 Berlin.* Chansonniere, Schauspielerin
Wollte Opernsängerin werden. Wurde in Berlin von → *Rosa Valetti* für die → *Rampe* entdeckt, wo sie u.a. eigens für sie von → *Kurt Tucholsky* geschriebene Chansons sang (so 1922 »Die Dorfschöne«). Kreierte wenig später in der → *Wilden Bühne* Tucholskys »Leibregiment«. 1927 sang sie in Erwin Piscators Inzenierung von Ernst Tollers »Hoppla – wir leben!« die Chansons von → *Walter Mehring*, 1928 die Lucy in der Uraufführung von → *Bertolt Brechts* »Dreigroschenoper«. Zwischendurch trat sie im Sprechtheater auf (u.a. in Shaws »Kaiser von Amerika« und in Pirandellos »Sechs Personen suchen einen Autor«). Von März bis Dezember 1930 trat sie in der → *Katakombe* auf, die sie mit anderen wegen Mißhelligkeiten mit → *Werner Finck* verließ. – Ihre größten Chansonerfolge hatte sie mit Tucholskys »Der Graben«, seinem »Seemannslied« und seiner »Roten Melodie«, mit → *Klabunds* »Matrosenlied«, → *Joachim Ringelnatz'* »Seepferdchen«, → *Friedrich Hollaenders* »Die zersägte Dame«, mit Brechts »Ein Pferd klagt an« und seinem »Surabaya-Johnny« sowie mit → *Erich Kästners* Parodie darauf.
In der Nazizeit schlug sie sich u.a. als Landfunksprecherin am Reichssender Berlin durch. Nach 1945 spielte sie in der Neuinszenierung der »Dreigroschenoper« am Hebbel-Theater, Berlin, die Mrs. Peachum und trat in Günther Weisenborns »Die Illegalen« auf. In den sechziger Jahren wurde sie auch den Jüngeren bekannt mit einer LP mit Chansons von Walter Mehring, die Bert Grund vertont hatte. Kate Kühl gehört neben → *Ernst Busch* zu den großen Interpreten des politisch-literarischen Chansons deutscher Zunge.

Kühn, Volker * *4. 11. 1933 Osnabrück.* Kabarettautor und Regisseur
Kam über den Journalismus zur Funk- und Fernseharbeit. 1965–1969 Redakteur beim Hessischen Rundfunk, produzierte dort bis 1977 die Funkkabarett-Reihe »Bis zur letzten Frequenz«, für die er 1968 den Kurt-Magnus-Preis der ARD erhielt. Seit 1970 freischaffend. Autor und Regisseur von Programmen des → *Reichskabaretts* (»Hab Bildung im Herzen«, 1967; »Der Guerilla läßt grüßen«, 1968; »Ex und hopp«, 1970) und der → *Wühlmäuse* (»Deutschland, wir kommen!«, 1971). Schrieb außerdem Texte für das → *Kom(m)ödchen*, für → *Wolfgang Neuss*, → *Hanns Dieter Hüsch*, → *Jürgen von Manger* u.a. Schrieb und produzierte zahlreiche satirische Fernsehsendungen (darunter »Die halbe Eva«, »Euer Clown kann ich nicht sein«, 1980), TV-Porträts (u.a. 1973 über Wolfgang Neuss: »Ich lache Tränen, heule Heiterkeit«) und Fernsehshows (»Einmal vor und Revue«, »Herzeleid und Tränenbäche« u.a.). Startete 1973 mit → *Dieter Hildebrandt* die ZDF-Satire-Reihe »Notizen aus der Provinz« (→ *Medienkabarett*). Schrieb und inszenierte ferner TV-Dokumentationen (»Bombenstimmung – Unterhaltung un-

 term Hakenkreuz«, ARD, 1987; »Totentanz – Kabarett hinter Stacheldraht«, ARD, 1991; »Die zehnte Muse – Geschichte und Geschichten ums Kabarett«, ZDF 1991ff.) Montierte und produzierte mehrere satirische Bühnenshows und Schallplatten (»Marxmenschen«, 1968, mit Wolfgang Neuss; »Wie die Alten singen – Die große Pop-Show unserer Star-Politiker«, 1969; »Pol(h)itparade – Musik aus Studio Bonn«, 1973–1975; »Ich bin Kohl, mein Herz ist rein«, 1984).
Veröffentlichte ferner »Kleinkunststücke«, eine Kabarett-Bibliothek in fünf Bänden, 1987–1994; »Das Kabarett der frühen Jahre«, 1984; den Bildband »Die bissige Muse – 111 Jahre Kabarett«, 1994; »Leise rieselt der Schmäh« (Parodien), 1985; »Das Wolfgang Neuss Buch«, 1981/97; die Friedrich-Hollaender-Biographie »Spötterdämmerung«, 1988/96; sowie mehrere Kabarettanthologien. Kühn ist Mitglied des PEN der BRD.

Küka (Künstler-Kaffee) Café in der Budapester Straße an der Kaiser-Wilhelm-Gedächtniskirche in Berlin, war von 1920 bis 1930 ein Treffpunkt noch nicht arrivierter Künstler, Schriftsteller und Schauspieler, die hier Gelegenheit hatten, bei billigem Verzehr eigene oder fremde zeitkritische Verse vorzutragen. Zu den Gästen gehörten u.a. → *Max Colpet*, → *Werner Finck*, → *Annemarie Hase*, → *Resi Langer*, → *Erich Mühsam*, → *Erich Kästner*, → *Karl Schnog*, Ernst Toller, → *Erich Weinert*. Im April 1930 ging das letzte Programm über das Podium des *Küka*, nachdem der völkisch eingestellte Besitzer des Lokals dem revolutionären Satiriker Erich Weinert Hausverbot erteilt hatte.

Külow, Edgar ** 10. 9. 1925 Werdohl (Westfalen).*
Kabarettist, Kabarettautor, Schauspieler, Regisseur
Bekam während seines Pädagogikstudiums in der BRD als KPD-Mitglied Schwierigkeiten, ging in die DDR und nahm in Leipzig Schauspielunterricht. Arbeitete seit 1949 zunächst als Sprecher am Sender Leipzig, kam 1958 zur → *Pfeffermühle* (Leipzig), schrieb dort zahlreiche Texte, führte Regie und übernahm 1962 die Direktion, die er 1964 wegen des verbotenen Programms »Wollen wir doch mal ehrlich sein« aufgeben mußte. Betreute als Autor und Regisseur seit 1968 das Amateurkabarett »Die Taktlosen«, Halle, und schrieb und inszenierte für das Berliner Kabarett → *Die Distel.* 1977/1978 führte er als »Versammlungsleiter« die Autorenabende in der »Distel«, auf denen unveröffentlichte oder abgelehnte Texte der »Distel«-Autoren vorgetragen wurden. Mit einer in vielen DDR-Kabaretts bereits verschüttet gewesenen Korrektheit verletzte Külow einige für DDR-Satiriker absolute Tabus und kratzte am wohlgehüteten Image »führender Persönlichkeiten«. Nach der Wiedervereinigung gastierte er als Solist an zahlreichen Kleinkunstbühnen in den neuen Bundesländern oder im Duo mit dem Liedermacher Reinhold Andert. Er schrieb daneben 1963–1967 für das Kabarett → *academixer* und für die einzige Satire-Zeitschrift der DDR, den »Eulenspiegel«, spielte und inszenierte für das DDR-Fernsehen (»Tele-BZ« u.a.) und übernahm Charakterrollen in Fernsehspielen und Filmen (»Liebesfallen« u.a.).

Brauneis, Hans: *Edgar Külow – nicht sehr ergiebig?* In: *Kassette* 6. Berlin 1982. – Külow, Edgar: *Koslowski in Weimar.* Berlin 1996.

Künneke, Evelyn **15. 12. 1921 Berlin.* Tänzerin, Sängerin
Als Tochter des Operettenkomponisten Eduard Künneke wuchs sie infolge eines Engagements des Vaters 1924–1926 in den USA auf. Nach Berlin zurückgekehrt, besuchte sie verschiedene Ballett-, Schauspiel- und Gesangsschulen. Danach wurde sie zweite Solotänzerin an der Berliner Staatsoper. Mitte der dreißiger Jahre ließ sie sich als Steptänzerin ausbilden und trat als solche unter dem Pseudonym Evelyn King in Berliner Kabaretts und Varietés auf, so im → *Kabarett der Komiker* und in der »Scala«. 1939 untersagten ihr die Nazis Auftritte unter dem englisch klingenden Künstlernamen, woraufhin sie unter ihrem richtigen Namen tätig wurde. Wegen jüdischer Verwandter erhielt sie keine Bühnenengagements. Mit dem Komponisten Peter Igelhoff nahm sie ihre erste Schallplatte auf. Danach arbeitete sie mit Michael Jary zusammen, der ihr einige ihrer erfolgreichsten Schlager schrieb.
Während des Zweiten Weltkrieges ging sie häufig auf Wehrmachts-Tourneen. Nach Kriegsende trat sie erneut als Swinginterpretin auf, arbeitete für den amerikanischen und britischen Rundfunksender. Ihre erste Filmrolle spielte sie 1941 in → *Helmut Käutners* »Auf Wiedersehen, Franziska«. Das von Michael Jary komponierte und von ihr gesungene Lied »Sing Nachtigall, sing« wurde zum Schlager. Evelyn Künneke, die sich vital, schnoddrig-frech und mit großer Geste gibt, gelang 1976 ein Comeback in der Hamburger Musik-Kneipe »Onkel Pö's Carnegie Hall«. Danach gastierte sie mit Chansons an verschiedenen Kleinkunstbühnen, so am Münchner → *Simplicissimus* und am → *(Münchner) Rationaltheater.*

Kunze, Heinz Rudolf **30. 11. 1956 Espelkamp-Mittwald.*
Liedermacher und Kabarettist
Begann nach dem Studium der Germanistik und der Philosophie in Münster und Osnabrück zuerst als Lyriker, im November 1980 als Rockmusiker mit eigenen Liedern und hatte beim »Pop-Nachwuchs-Festival« in Würzburg einen ersten Erfolg. Unternahm 1981 seine erste Deutschland-Tournee mit dem Debüt-Album »Reine Nervensache«. 1987 ging Kunze mit siebzig Konzerten auf seine bisher längste Tournee. Er schrieb das deutsche Libretto für das Musical »Les Misérables« nach Victor Hugo (Premiere 1988 im »Raimund-Theater«, Wien) und 1994 den deutschen Text für das Musical »Miss Saigon« (Premiere 2.12. 1994 in Stuttgart). 1991 begann er als Kleinkünstler im Mainzer → *unterhaus* mit dem Programm »Sternzeichen Sündenbock«.
Erhielt 1978 den Literatur-Förderpreis seiner Heimatstadt Osnabrück, 1982 den »Willy Dehmel-Preis« und den von → *Konstantin Wecker* gestifteten Kleinkunstpreis »Berliner Wecker«, 1983 den »Deutschen Schallplattenpreis« der Phono-Akademie für das zweite Album »Eine Form von Gewalt«, 1987 den »RTL-Sonderlöwen« in der Sparte »Neues Deutsches Lied«.
Sein Song »Sex mit Hitler« wurde wegen des Titels vom Bayerischen Rundfunk nicht gesendet.

Kunze, Heinz Rudolf: *Nicht, daß ich wüßte – Lieder und Texte 1992–1995.* Berlin 1995.

214 **Lagerkabarett** In den von den Nazis errichteten Konzentrations- und Arbeitslagern sowie in den Internierungslagern der von ihnen besetzten und nicht besetzten europäischen Länder fanden sich dort eingesperrte Verfolgte zu den unterschiedlichsten kabarettistischen Aktivitäten zusammen.
Das zeitlich erste Lagerkabarett in Deutschland veranstalteten die Insassen des KZ Börgermoor im Sommer 1933 unter Anleitung des Schauspielers Wolfgang Langhoff im Rahmen einer »Zirkusvorstellung«, nach der das von Langhoff verfaßte Lied der »Moorsoldaten« gesungen wurde. Mitte Mai 1935 gab der kurz zuvor in das KZ Esterwegen eingelieferte → *Werner Finck* dort eine Sondervorstellung. Aus dem KZ Buchenwald ist das »Klagelied eines Häftlings« von → *Karl Schnog* überliefert, das sein Mitgefangener, der Schriftsteller Bruno Apitz, dort vorgetragen hat. Selbst im KZ Dachau gab es ansatzweise einige Satire-Versuche, so etwa eine heimlich vorgetragene Parodie auf Schillers »Glocke«. Erst im Frühjahr 1938 entfalteten sich in Dachau einige satirische Aktivitäten, als nach dem »Anschluß« Österreichs prominente Wiener Kabarettisten wie → *Fritz Grünbaum* und → *Hermann Leopoldi* in der Freizeit Solo-Kabarett machten. Dort dichtete auch der Wiener Kabarettautor → *Jura Soyfer* ein eigenes Lagerlied, wie es der Wiener Satiriker und Librettist Franz Lehars, → *Fritz Löhner-Beda*, für das KZ Buchenwald getan hatte.
Doch erst seit Ende 1942, als man die Häftlinge in Dachau und Buchenwald für ihren beginnenden Einsatz in der Rüstungsindustrie bei Laune halten wollte, konnten sie offiziell satirische Theatervorstellungen geben. Im KZ Dachau kam die Aufführung einer Parodie auf die Tiroler Ritterstücke zustande, die der Wiener Journalist Rudolf Kalmar vor seiner Inhaftierung geschrieben hatte und die am 13. Juni 1943 als »Die Blutnacht auf dem Schreckenstein« mit mehr oder minder versteckten Anspielungen auf den Naziterror mit Erwin Geschonneck in der Hauptrolle des blutigen Ritters Adolar auf die selbstgezimmerte Bretterbühne gebracht wurde. Im Winter 1943/44 führten Buchenwald-Häftlinge eine Opernparodie »Buchhäuser oder der Läusekrieg auf der Waldburg« auf.
Daß alle diese Aktivitäten entweder heimlich oder, wenn offiziell geduldet, unter größter Vorsicht und enormen Schwierigkeiten vonstatten gingen, versteht sich von selbst.

In den außerdeutschen Internierungslagern entfaltete sich nach Beginn des Zweiten Weltkriegs ebenfalls ein reiches kulturelles Leben mit einem beträchtlichen Anteil von Satire und Kabarett.

Frankreich richtete 1939 gleich bei Kriegsbeginn die ersten Internierungslager für »feindliche Ausländer« – darunter deutsche und österreichische Emigranten und ehemalige Spanienkämpfer – ein. Unter schwersten Bedingungen gelang es den Internierten, in einigen der über ein Dutzend Lager kulturelle Veranstaltungen aufzuziehen. So gab es im Lager von Le Vernet auch ein Kabarett. In den Lagern Villemalard, Marolles und Cépoy zog der Kabarettist → *Peter Pan*, der vor 1933 im → *Küka*, bei den → *Wespen* und anderen Berliner Kabaretts aufgetreten war, Theater- und kabarettistische Veranstaltungen auf. Zu regelmäßigen Kabarettvorstellungen kam es erst 1940 bis 1942 im Lager von Gurs, an denen zeitweise auch

→ *Ernst Busch* mitwirkte. Hier inszenierten die Emigranten, begünstigt durch die heimlich mit der Résistance sympathisierenden Wachmannschaften, für die 12 000 Internierten politisch-satirische Zeitrevuen. Die Texte schrieb Peter Pan, die Musik komponierte und spielte Charles Leval.

In der Rumpf-Tschechoslowakei (damals als »Protektorat Böhmen und Mähren« unter deutscher Herrschaft) errichteten die Nazis in der ehemaligen Festung Terežin (Theresienstadt) seit dem Herbst 1941 ein sogenanntes »Vorzugslager«, auch »Altersghetto« genannt, das, offiziell als Vorzeigelager für internationale Menschenrechtskommissionen gedacht, in Wirklichkeit als Durchgangslager für Deportationen nach Auschwitz diente.

»Karussell« 1944; Lagerkabarett in Theresienstadt mit Kurt Gerron Zeichnung: Fritta

Hier entfaltete sich ein reges kulturelles Leben, anfangs heimlich und tastend auf Dachböden, in Kammern, Kellern und unbewohnten Räumen, und seit dem Frühjahr 1942, als das Lager für die Besichtigungen durch das Internationale Rote Kreuz unter dem Stichwort »Verschönerung« herausgeputzt wurde, als »Freizeitgestaltung« unter Förderung durch die SS-Lagerleitung. Neben klassischen Konzerten, wissenschaftlichen Vorträgen, Rezitationen und Theateraufführungen fanden vor allem Lustspiele, Operetten- und Kleinkunstaufführungen lebhaften Zuspruch.
Vornehmlich zu nennen sind hier die Kabarettveranstaltungen von Hans Hofer, Leo Strauß, Ernst Morgan und Bobby John, sowie den Pragern Karel Švenk und Josef Lustig. Einen Höhepunkt bildete das Kabarett-Ensemble »Das Karussell« unter der Leitung von → *Kurt Gerron.*
Nichtsdestoweniger waren die Lebensverhältnisse bedrückend und wurden nach und nach sämtliche Mitwirkenden zusammen mit ihrem Publikum Ende 1944 in das Vernichtungslager Auschwitz deportiert und dort vergast.
Es versteht sich von selbst, daß in den reinen Vernichtungslagern keinerlei kulturelle Veranstaltungen möglich waren.

In den Niederlanden wandelte die SS das bereits vor dem deutschen Einmarsch errichtete Internierungslager Westerbork zu einem Durchgangslager für niederländische sowie geflüchtete deutsche und österreichische Juden um. Um keine Panik unter den über hunderttausend Häftlingen aufkommen zu lassen, förderte auch hier die SS-Lagerleitung kulturelle Veranstaltungen, die allerdings fast ausschließlich in Kabarettvorstellungen bestanden.

 Obwohl schon am 15. Juli 1942 die ersten Transporte nach Auschwitz rollten, traten in Westerbork so hochqualifizierte Schauspieler und Kabarettisten wie → *Max Ehrlich* und → *Otto Wallburg* auf, an zwei Flügeln begleitet von → *Willy Rosen* und Erich Ziegler. Sie alle waren nach 1933 in die Niederlande ausgewandert und hatten dort bereits Kabarett gemacht. Der theaterfreudige Lagerkommandant Konrad Gemmeker hatte eigens dafür aus dem Holz einer geplünderten Synagoge eine »Bühne Lager Westerbork« errichten lassen. Auch eine Aufführung des Singspiels »Im Weißen Rößl« mit Camilla Spira als Rößl-Wirtin fand hier statt. Viele Künstler wurden im Oktober 1943 nach dem dritten Programm nach und nach nach Auschwitz abgeschoben, so daß im März 1944 nur noch die zehn auf der Bühne agierenden Darsteller übrigblieben. Die letzten Mitglieder der »Bühne Lager Westerbork« wurden im Herbst 1944 zunächst nach Theresienstadt deportiert, von wo sie dann nach Auschwitz weitertransportiert und dort vergast wurden.

Internierungslager in den unbesetzten Ländern Europas gab es seit Kriegsbeginn in der Schweiz, Italien und Großbritannien.

In der Schweiz entwickelte sich vor allem in den Sonderlagern Gordola und Bassecourt ein vielfältiges kulturelles Leben mit Theateraufführungen, Lied- und Chansonvorträgen und Rezitationen. Der Berliner Kabarett- und Chanson-Autor → *Max Colpet*, der 1940 aus Paris in die Schweiz geflohen war, gründete 1942 in einem Schweizer Internierungslager mit dem Schauspieler Max Straßberg ein Kabarett, das in verschiedenen Männerlagern gastierte.

In Großbritannien wurden Anfang Mai 1940 alle »feindlichen Ausländer«, darunter die aus Deutschland und Österreich geflüchteten Juden, auf der Isle of Man interniert. Nach der Kapitulation Frankreichs wurden die meisten, darunter 6564 Deutsche und Österreicher, zusammen mit deutschen Kriegsgefangenen nach Australien und Kanada deportiert. In den Insel-Camps gab es Theateraufführungen, Rezitationen mit Texten von → *Kurt Tucholsky*, → *Erich Kästner* und → *Joachim Ringelnatz* sowie satirische Sketsche und kleine Revuen.

In dem Lager Hutchinson Camp gründete der österreichische Autor Peter Herz ein »Stacheldraht-Kabarett«. Nachdem die britische Regierung Ende 1941 die Freilassung aller Internierten verfügt hatte, verlegte Herz seine kabarettistischen Aktivitäten in den von ihm im Mai 1941 gegründeten »Blue Danube Club« in London, der noch bis 1954 existierte.

In Italien wurden nach dessen Kriegseintritt Ende Juni 1940 »feindliche Ausländer« interniert – deutsche und österreichische Emigranten ebenso wie Engländer, Niederländer, Südafrikaner, Australier und Inder. Im Internierungslager Eboli östlich von Neapel verfaßte der emigrierte Wiener Hermann Hakel zu Silvester 1942 für seine deutschsprechenden Kameraden eine Kabarett-Revue über die Vertreibung der Juden aus dem Paradies und ihren Auszug aus Ägypten unter dem harmlosen Titel »I Emigranti« und danach die Revue »Auf Wiedersehn in Wien«, in welcher Churchill, Mussolini, Hitler und Roosevelt die Welt unter sich aufteilten. Das war Anfang Oktober 1943, als sich nach Mussolinis Sturz die deutschen Truppen auf eine Linie nördlich von Neapel zurückgezogen hatten und die Internierten sich in die umliegenden Wälder schlugen.

Lamberts-Paulsen, Harry ** 1895 Hamburg; † 20. 6. 1928 Berlin.*
Kabarettist und Conférencier
Im Ersten Weltkrieg Reserveleutnant, wurde Lamberts-Paulsen nach dem Krieg von → *Peter Sachse* für das Kabarett entdeckt. Forsch und volkstümlich, gehörte er zu den witzigsten und schlagfertigsten Conférenciers der zwanziger Jahre. Mit Sachse zusammen übernahm er 1922 die Leitung des → *Karussell*, conferierte u.a. in Sachses »Weißer Maus« und im → *Kabarett der Komiker.*
1925 übernahm er von → *Rosa Valetti* deren → *Rampe*, wo er eine Gastspielreihe unter dem Titel »Die Pistole« mit bekannten Künstlern aufzog, u.a. mit → *Erich Weinert.* Lamberts-Paulsen trat auch gemeinsam mit → *Claire Waldoff* auf. Die Berliner »Volksbühne« hatte ihn gerade für eine Bühnenrolle vorgesehen, als Lamberts-Paulsen mit Leberkrebs ins Krankenhaus mußte, an dem er am 20.6. 1928 starb. Tausende gaben ihm das letzte Geleit. Zu seinem Gedenken stiftete der Herausgeber des »8-Uhr-Abendblatts«, Victor Hahn, auf Anregung von Sachse den »Lamberts-Paulsen-Ring« des deutschen Kabaretts mit der Inschrift: »Bester, gedenke des Besten!«

Lange, Bernd-Lutz ** 15. 7. 1944 Ebersbach/Sachsen.*
Kabarettist und Kabarettautor
Zuerst tätig als Gärtner, Buchhändler und Redakteur, war er 1966 als Autor an der Gründung der → *academixer* in Leipzig beteiligt und arbeitete seit 1982 als Autor für das Amateur-Kabarett »Dusterschützen« in Leipzig. Seit 1988 freiberuflicher Kabarettist und Autor sowie Darsteller im Duo »Böhnke und Lange« mit Gunter Böhnke (* 1. 9. 1943, Dresden), der nach einem Pädagogikstudium 1966 gleichfalls Mitbegründer und Darsteller der *academixer* war. Bisher spielten sie auf Tourneen zusammen mit dem Rainer-Vothel-Trio die politisch-literarischen Programme »Mir fangn gleich an« (1988); »Land in Sicht« (1990); »So sinn mir Saggsn« (1991); »Wir sehen uns noch« (1992) und »Zeitensprünge« (1995). Die Bühnenprogramme des Duos wurden von Rundfunk und Fernsehen gesendet, sie moderierten dreizehnmal 1993 den »Nachschlag« und zeigten im MDR in einer zwölfteiligen Serie »Die Sachsen von Kopf bis Fuß«.

Lange, Bernd-Lutz: *Liederliches Leipzig*, 2 Bände. Leipzig 1985. – Ders.: *Nischd erreichd un drodsdähm frehlich».* Leipzig 1990. – Ders.: *Kaffeepause – Texte für zwischendurch.* Leipzig 1991. – Ders.; Forchner, Ulrich: *Bonzenschneider und Rennpappe – Der Volksmund in der DDR.* Leipzig 1994.

Langer, Resi Conférenciere, Vortragskünstlerin
Ihre Lebensdaten sind unbekannt. Zuerst tauchte ihr Name als Vortragskünstlerin bei den → *Hugo Ball*-Abenden zwischen 1912 und 1915 auf. 1918 heiratete sie den Verleger und Schriftsteller Alfred Richard Meyer (1882–1956), der unter dem Pseudonym Munkepunke auch fürs Kabarett schrieb und in dessen Verlag 1913 von Resi Langer das lyrische Flugblatt »Rokoko« erschien. Seit 1920 trat sie zusammen mit → *Hans Reimann* in zahlreichen Kabaretts in Berlin auf, u.a. 1921

 im → *Schall und Rauch* (II) und der → *Wilden Bühne*, 1922 im → *Karussell*, 1924 in der → *Rampe*. Zwischen 1921 und 1927 conférierte sie mehrere Autorenabende des Leon-Hirsch-Verlages und gehörte seit 1929 zu dem von Hirsch gegründeten Kabarett → *Die Wespen*, wo sie Texte von Arno Holz, → *Christian Morgenstern*, Alfred Lichtenstein und → *Frank Wedekind* rezitierte und Chansons von → *Karl Schnog* und → *Erich Weinert* vortrug. Daneben conférierte sie im »Wintergarten« die »Matinee der Prominenten« (1929), in der »Femina« (1931) und im »Kabarett der Namenlosen« (1933). Als die Kabaretts nach 1933 schließen mußten, arbeitete sie als Ansagerin bei Modeschauen.

Schütte, Wolfgang U.: *Mit Stacheln und Sticheln – Beiträge zur Geschichte der Berliner Brettl-Truppe »Die Wespen« (1929–1933)*. Leipzig 1987.

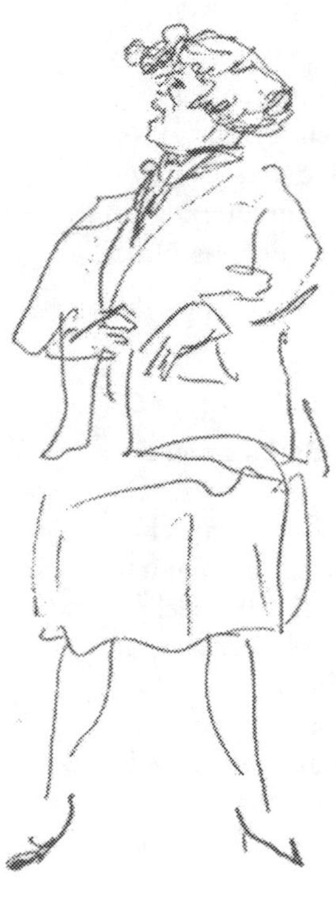

Rosa Valetti 1929 in einer Zeichnung von Benedikt Fred Dolbin

Larifari Politisch-satirisches Kabarett ohne festes Haus in Berlin, gegründet 1928 von → *Rosa Valetti* und dem Komponisten → *Erich Einegg*. Mit Gastspielen, mal im → *Blauen Vogel*, mal im Nelson-Theater, mal im »Palmenhaus«, versuchte die Valetti noch einmal, politisch bewußtes Kabarett zu machen. In dieser Absicht unterstützt wurde sie von → *Ernst Busch*, der hier die beißendsten Songs aus seinem Repertoire sang (u.a. → *Brechts* »Legende vom toten Soldaten« und → *Julian Arendts* »Seifenlied«) sowie Verse von Julian Arendt und → *Karl Schnog* vortrug.
Ferner wirkten im *Larifari* u.a. mit: Roma Bahn, → *Max Colpet*, → *Werner Finck*, → *Valeska Gert*, → *Annemarie Hase*, → *Trude Kolman*, → *Kate Kühl*, → *Hubert von Meyerinck*, → *Rudolf Platte*, Adele Sandrock, Leonard Steckel, Aribert Wäscher, Else Ward. Texte schrieben u.a. Erich Einegg, Werner Finck (»Minutenparodien«), Günther Franzke (Schwenn), → *Fritz Gottfurcht*, Egon Jacobsohn, Hermann Kesten, → *Rosa Valetti*, Aribert Wäscher. Kompositionen und am Klavier: Erich Einegg, → *Tibor Kasics*.

Larsen, Egon (eigentlich: Egon Lehrburger) ** 13. 7. 1904 München*. Schriftsteller, Journalist, Kabarettautor
Seit 1925 freier Journalist, 1929–1934 Reporter der Zeitung »Berliner Tageblatt« und 1934 für die Zeitschrift »Die neue Weltbühne«, Prag. Emigrierte nach verhängtem Schreibverbot im Januar 1935 nach Paris und im Oktober 1935 nach Prag, wo er für verschiedene Zeitungen (u.a. als Korrespondent der »New York Times«) und 1936 für das Exilkabarett »Schaubude« arbeitete. Im Dezember 1938 ging er nach London, wo er für den Deutschen Dienst der BBC und Texte für das Exilkabarett »4 & 20 Black Sheep« (24 schwarze Schafe) schrieb, das im Juli 1939 mit der Kabarettrevue »Going, Going – Gong« im Arts Theatre Premiere hatte. 1940–1944 verfaßte er mit → *Fritz Gottfurcht* für die von Erich Freund gegründete »Kleine Bühne« des Freien Deutschen Kulturbundes zweisprachige, politisch-satirische Revuen. 1944–1945 wurde er noch für den

»Soldaten-Sender Calais« und die Zeitung »Freie Tribüne« tätig. Larsen, der etwa 50 Bücher veröffentlichte, wurde nach dem Zweiten Weltkrieg Korrespondent des Bayerischen Rundfunks (seit 1954) und für die »Süddeutsche Zeitung«.

Larsen, Egon: *British Humor.* London 1963. – Ders.: *Weimar Everwitness – Autobiographie».* London 1977.

Laszky, Béla (eigentlich: Béla Latzky) ** 3. 6. 1867 Nyita (Ungarn); † 1. 11. 1935 Wien.* Komponist, Pianist
Schrieb als sogenanntes »Wunderkind« mit zehn Jahren die erste Komposition, ein »Nocturno«, mit 15 Jahren sein erstes Chanson unter dem Titel »Meiner Einzigen«. Studierte am Wiener Konservatorium, war dann als Kapellmeister in Innsbruck und Czernowitz. Komponierte Fugen, Sonaten, Lieder, Couplets und Chansons. Ging 1900 nach Berlin und wurde als Komponist und Pianist 1901 Nachfolger von → *Oscar Straus* am → *Überbrettl*, arbeitete dann im »Charivari« (1901) und in München für die »Sieben Tantenmörder« (1904). Wirkte seit 1906 in Wien an den Kabaretts → *Hölle* und → *Cabaret Nachtlicht.* Lernte die Chansonniere Mela Mars kennen, die er heiratete und für die er zahlreiche Chansons komponierte (»Der unsittliche Goethe«, »Manöverkritik«, »Die Sternentaler«, »Grisettchen« u.a.) und mit der er zuerst, seit 1912, im Kabarett → *Simplicissimus* (Wien) auftrat, danach in ganz Europa und Amerika. Die Texte schrieben ihnen → *Fritz Löhner-Beda*, Arthur Rebner, Julius Brammer, Rideamus (d.i. Fritz Oliven), Homunkulus (d.i. Robert Weil) u.a. Nach dem Tode von Mela Mars 1919 wurde seine neue Partnerin Annemarie Hegner, mit der er 1920 im Wiener Kabarett → *Cabaret Nachtlicht* debütierte, mit neuen Chansons (»Das Spitzenstrumpfband«, »Tanz der Blinden«, »Tugend und der Teufel« u.a.). Weitere seiner Partnerinnen waren Marion Marx, Mizzi Günther, Trude Voigt, Traute Carlsen, Anny von Kessler und Grete Deditsch. Laszky, der auch Operetten und Singspiele komponierte, wurde 1928 künstlerischer Leiter im Berliner »Charlott Casino« und 1931 am Kabarett → *Simplicissimus* (München).

Das Laterndl → *Exilkabarett* (London)

Die Laterne → *Exilkabarett* (Paris)

Läubli, Margrit ** 3. 4. 1928 Zürich.* Kabarettistin
Ursprünglich Tänzerin. Engagement am Stadttheater Basel, dann Stipendium in Paris. Kam durch Zufall ins → *Cabaret Cornichon* und spielte dort zwei Programme. Seit Herbst 1951 im → *Cabaret Federal.* Lernte dort → *César Keiser* kennen und spielt seit 1962 mit ihm kabarettistische Duoprogramme.

Lautensack, Heinrich ** 15. 7. 1881 Vilshofen; † 10. 1. 1919 München.* Lyriker, Kabarettist
Studierte an der Technischen Hochschule München, gehörte 1901 zu den Gründern und als »Henkersknecht« zu den Mitgliedern der → *Elf Scharfrichter*, für die er eine Reihe von besinnlichen, oft melancholisch-düsteren Texten schrieb. Am bekanntesten wurden seine Chansons, die die Scharfrichter-Diseuse → *Marya*

Delvard vortrug. Lautensack, der sich als Schüler → *Frank Wedekinds* verstand, war bei den Elf Scharfrichtern »Mädchen« für alles»: Souffleur, Requisiteur, Kleindarsteller, Maskenbildner und Inspizient in einer Person. Seit 1907 lebte er in Berlin als freier Schriftsteller, Dramatiker (»Hahnenkampf«, 1908; »Pfarrhauskomödie«, 1911 u.a.), Filmautor (»Unheilbar«, 1917 u.a.) und Herausgeber der Zeitschrift »Bücherei Maiandros«. 1914–1917 war er Soldat. Er endete in geistiger Umnachtung.

Kristl, Wilhelm Lukas: *Und morgen steigt ein Licht herab – Vom Leben und Dichten des Heinrich Lautensack.* München 1962. – Lautensack, Heinrich: *Das verstörte Fest – Gesammelte Werke.* München 1966.

Die Leid-Artikler Politisch-satirisches Kabarett, gegründet als »Göttinger Studenten- und Dilettanten-Kabarett Die Leid-Artikler« 1959 von dem Geschichts- und Jurastudenten → *Dietrich Kittner* (Erstes Programm: »Kompromisere«, 24.2. 1960). 1960 nach Hannover übergesiedelt und fortan unter dem Namen *Die Leid-Artikler* Berufskabarett (zweites Programm: »In höheren Kr[e]isen«, 21.2. 1961).
Vier Jahre lang zogen *Die Leid-Artikler* (Dietrich und Christel Kittner, Rosemarie Schulz, Gisela Kugel, Dor Knecht und Willi Weist-Bosch) als Reisekabarett durch die BRD. 1964 ließen sie sich im »Intimen Theater« in Hannover nieder und bestritten dort vier weitere Programme (»Im Westen nichts Treues«, 1965; »Goldene Pleiten«, 1965; »Arm, aber kleinlich«, 1966; »Bornierte Gesellschaft«, 1966), bis sich die Truppe 1966 auflöste und Kittner unter der Firmierung »Dietrich Kittners Staatstheater« (später »Kittners kritisches Kabarett«) seit dem 24.2. 1967 seine Texte allein vorzutragen begann.

Leipziger Funzel Politisch-satirisches Kabarett in eigenen Räumen in Leipzig, Nikolaistraße 12–14, nebst der angrenzenden Kneipe namens »Grenzenlos«. Ihr Direktor, Thorsten Wolf, hatte zuvor 1979–1990 das Amateurkabarett »Baufunzel« in Leipzig geleitet, wo auch einige der *Funzel*-Mitarbeiter (Gisela Straube, Dieter Klarholz, Leo Spiegel u.a.) begannen.
Zuerst wurde das Programm »Mein Leipzig lob ich mir« (1990) in der »Zitrone«, einem Klub in der Trabantenstadt Grünau, gespielt. Als 1992 das Kabarett dort ausziehen mußte, hielten sich Thorsten Wolf und sein Ensemble (Gisela Straube, Alexander Riedel und Dieter Klarholz am Klavier) durch Gastspiele in Westdeutschland über Wasser und traten bis Mitte Mai im »Haus Leipzig« auf. Ende Mai fanden sie nur wenige Schritte von der Nikolaikirche entfernt Räume, die sie mit Sponsorengeldern und dem Erlös von Werbeverträgen ausbauen und am 7.9. 1992 mit dem Programm »Schutzlos glücklich« eröffnen konnten. Es folgten die Programme: »Schein oder nicht sein« (1992); »Deutsch bis in die Mark« (1994); »Wir sind gesellschaftsfähig« (1995).
Neben Wolf spielen im Ensemble Ines Meier, Gisela Straube und Günter Schwarz (1972–1990 bei der → *Pfeffermühle*, Leipzig). Die Texte, die Dieter Klarholz vertont, schreiben u.a. Leo Spiegel und Siegfried Mahler (1960–1988 bei der »Pfeffermühle«, Leipzig), der auch Regie führt.

Leipziger Pfeffermühle → *Pfeffermühle (Leipzig).*

Lenya, Lotte (eigentlich: Karoline Blamauer) * *18. 10. 1898 Wien; † 27. 11. 1981 New York.* Sängerin, Schauspielerin
Sie stammte aus einfachen Wiener Vorstadtverhältnissen: Ihr Vater war Fiaker, ihre Mutter Wäscherin. Ihren Bühnenlaufbahn begann sie als Tänzerin, als Schauspielerin wurde sie erst später entdeckt. Von 1916–1920 gehörte sie dem Ensemble des Zürcher Stadttheaters an. Anfang der zwanziger Jahre kam sie nach Berlin und lernte hier 1923 den Komponisten → *Kurt Weill* kennen, den sie 1925 heiratete. Seit der Uraufführung der »Dreigroschenoper« 1928 war sie die klassische Seeräuber-Jenny der deutschen Theater- und Filmgeschichte. Es folgten 1930 Rollen in »Aufstieg und Fall der Stadt Mahagonny« und »Happy End«. 1933 sang sie in Paris »Die sieben Todsünden«. Im selben Jahr emigrierte sie mit ihrem Mann nach Paris und von dort 1935 nach Amerika. In den USA spielte sie in den dreißiger und vierziger Jahren wieder Theater. Nach dem Tod Kurt Weills 1950 gab sie eine Reihe von Gedenkkonzerten und trat u.a. in dem Musical »Cabaret« auf.

Spoto, Donald: *Die Seeräuber-Jenny – Das bewegte Leben der Lotte Lenya.* München 1990.

Lenz, Max Werner (eigentlich: Max Russenberger) * *7. 10. 1887 Kreuzlingen (Schweiz); † 31. 10. 1973 Bassersdorf bei Zürich.*
Schauspieler, Regisseur, Kabarettautor, Kabarettist
Ausgebildet in Sankt Gallen als Strickereientwerfer, wurde Lenz 1916 Schauspieler: von 1917 bis 1920 am Stadttheater Zürich, von 1920 bis 1931 (auch Regisseur) in Frankfurt (Main), Dessau, München (»Kammerspiele«) und am »Deutschen Theater« in Rumänien. Kehrte 1931 in die Schweiz zurück, wo er einige Theaterstücke schrieb (u.a. die Komödie »Heil dir, Helvetia!«).
In einer Aufführung seiner Bearbeitung der »Schönen Helena« von Offenbach, in der er auch als Darsteller mitwirkte, sah ihn 1934 der Leiter des → *Cabaret Cornichon*, → *Walter Lesch*, und engagierte ihn im Herbst 1934 als Autor, Regisseur, Darsteller und Conférencier an sein Haus. Lenz schrieb für das »Cornichon« zahlreiche berühmt gewordene Chansons (u.a. »Mensch ohne Paß«, »Gesundung der Kunst«, »Der Rattenfänger«, »Größenwahn«) und verarbeitete die mundartlichen Kurzszenen des Volksschriftstellers Jakob Bührer (»Das Volk der Hirten«) zu Fünf-Minuten-Sketschen, womit er eine volkstümlich schweizerische Note in das Schweizer Kabarett brachte. Lenz schrieb vornehmlich Chansons und Monologe für → *Elsie Attenhofer* (u.a. »Das alkoholfreie Mädchen«, »Europa-Union«). 1947 schied er aus dem »Cornichon« aus und schrieb hinfort Texte für das → *Cabaret Federal* sowie für Soloprogramme von → *Alfred Rasser.*

Leopoldi, Hermann (eigentlich: Ferdinand Cohn) * *15. 8. 1888 Wien-Meidling; † 28. 6. 1959 Wien.* Komponist, Pianist, Klavierhumorist
Seinen ersten Klavierunterricht erhielt er bei seinem Vater, einem versierten Orchestermusiker, der die Wiener Volkssänger bei ihren Auftritten in Hernals begleitete. Nach dem Schulabschluß ging er als Pianist auf Tournee. Nach dem Ersten Weltkrieg begann er in den Wiener Nachtlokalen seine Karriere als Unterhaltungs-

 künstler am Klavier. In dem mit Fritz Wiesenthal gegründeten Nachtlokal »LW« entstanden die ersten eigenen Kompositionen. Als komponierender Klavierhumorist gehörte er zu den Zugnummern der Wiener Varietés, Kabaretts und Boulevardtheater. Mitte der zwanziger Jahre absolvierte er Engagements in Berlin bei → *Rudolf Nelson*, in Prag, Paris und Bukarest. Seit 1926 besang er Schallplatten. Vom März 1938 bis Anfang 1939 war Leopoldi zuerst in Dachau, dann in Buchenwald inhaftiert. Hier komponierte er in Zusammenarbeit mit → *Fritz Löhner-Beda* das »Buchenwaldlied«. Über seine Frau, Tochter eines deutsch-amerikanischen Industriellen, erhielt er die Ausreisebewilligung in die USA. Am Broadway in New York begann er von 1940 an eine neue künstlerische Zusammenarbeit mit der Sängerin Helly Möslein. Im »Café Grinzing« von New York traten beide in Shows und Konzerthallen auf, zusammen mit → *Ralph Benatzky*, → *Oskar Karlweis*, → *Karl Farkas*, Siegfried Arno, → *Alexander Roda Roda* und anderen Exilkünstlern. 1947 kehrte Hermann Leopoldi nach Wien zurück, gastierte im Ronacher und ging wieder auf Tourneen.

Lesch, Walter **4. 3. 1898 Zürich; † 28. 5. 1958 Zürich.*
Schriftsteller, Dramaturg, Kabarettautor und -leiter
Dr. phil. War Direktionssekretär, Hauslehrer, Journalist, Kaufmann, Filmautor, Regisseur und Dramaturg, bevor er 1928 in Zürich das Kabarett »Krater« gründete. Ende 1933 gründete er das → *Cabaret Cornichon*, dessen künstlerischer Leiter und Hauptautor (teilweise zusammen mit → *Max Werner Lenz*) er bis zum Ende des »Cornichon« 1951 war.
Lesch hat das »Cornichon« mit Umsicht und Geschick durch die Fährnisse gesteuert, die mit Interventionen fremder Mächte (in den dreißiger und ersten vierziger Jahren von seiten Deutschlands und Italiens, nach dem Kriege von seiten Frankreichs) die Existenz der frei geäußerten Satire in der Schweiz bedrohten. In vielen Chansons und Szenen attackierte er Nazismus und Faschismus und die ängstliche Neutralitätspolitik der Schweiz (u.a. »Er ist an allem schuld«, »Großes Oratorium für Zufriedene«, »Abessinische Litanei«, »Die Demokratie in eigener Person«). Wie Lenz schrieb auch er Texte für Soloprogramme von → *Elsie Attenhofer.* Zusammen mit Lenz gab er dem »Cornichon« die spezifisch schweizerische Note. 1948 schrieb Lesch die kabarettistische Revue »Die kleine Niederdorf-Oper«.

Leuckert, David **29. 8. 1964 Berlin.* Kabarettist, Kabarettautor, Komponist
Besuchte drei Jahre eine Theaterschule in Stuttgart. Brachte 1988 sein erstes Soloprogramm, »Kab'rett vorm Kopf?!« heraus, das er bei verschiedenen Kabarett-Tagen und Festivals spielte. 1990 folgte »Bitte nicht stehenbleiben«, das zweite Kabarettstück mit eigenen Texten und Kompositionen. Danach folgten die Soloprogramme »Liebe und andere Katastrophen« (1992) und »Ist es schön für dich?« (1995). Verblüffend wandlungsfähig wechselt David Leuckert von »Kalle« Kubitzke, seinem Alter Ego, zu den einzelnen Prototypen seiner satirischen Zielgruppen mit Stimme, Gestik und Mimik, spielt dazwischen mit den Händen Gitarre, klappert mit den Zähnen Volkslieder, imitiert mit Zunge und Lippen

Trompeten und Schlagzeug und präsentiert damit ein parodistisches Abbild der Gesellschaft.

»Der Liebe Augustin« 1931 in der Szene »Die Geburt des Schlagers« V.l.: Peter Hammerschlag, Grete Wagner, Alfred Edthofer, (sitzend:) Fritz Spielmann, Stella Kadmon, Gerti Sitte, Walter von Varndal

Der Liebe Augustin Literarisch-politisches Kabarett in Wien, eröffnet am 7.11. 1931 von der Schauspielerin → *Stella Kadmon* als Kollektiv mit dem Schriftsteller → *Peter Hammerschlag*, dem Zeichner Alex Szekely und dem Musiker → *Fritz Spielmann* (1932 bis 1937: Franz Eugen Klein) im Keller des »Café Prückl«, Biberstr. 2. Mitwirkende außer den Genannten: Lisa Thenen, Walter von Varndal, Grete Wagner. Bis zum Revirement 1935 wirkten ferner mit: Anton Edthofer, Tom Kraa u.a. Bis zu seinem neunten Programm (März-Mai 1933) gab sich *Der liebe Augustin* als buntes Brettl im Fahrwasser der Berliner → *Katakombe* (bei der Hammerschlag gastiert hatte) mit viel Raum für Improvisationen. So machte etwa Hammerschlag auf Zurufe aus dem Publikum blitzartig (er nannte es »Blitzen«) Gedichte nach Art eines ihm genannten Autors, während Szekely in der Manier eines ihm genannten Malers das dazu passende Bild zeichnete. Weitere Spezialitäten waren die Literaturparodie und der parodistische Tanz (Gerti Sitte, später Traute Witt). Bis 1934 bestimmte Peter Hammerschlag als Hausdichter mit seiner an → *Peter Altenberg* geschulten feuilletonistisch-verspielten Schreibart das Gesicht des *Lieben Augustin*. Mit seinem Austritt aus dem Kollektiv nach neun Programmen im Herbst 1934 und dem Eintritt von → *Gerhart Herrmann Mostar* als neuem Hausautor wandelte der *Liebe Augustin* auch seinen Stil: Er verlegte sich – auch unter dem Einfluß des in der → *Literatur am Naschmarkt* gebotenen kabarettistischen Zeittheaters – mehr auf das Theatermäßige, brachte Einakter und schließlich auch → *Mittelstücke*, die ihm neben Mostar hauptsächlich → *Hugo F. Koenigsgarten* schrieb. Gemeinsam verfaßten beide für das (im Garten des Café Hohe Warte aufgeführte) Sommerprogramm 1935 eine Allegorie auf Hitler: »Reineke Fuchs«. Während vom bisherigen Ensemble als Darsteller einzig Kraa und Varndal blieben, trugen zur neuen Ära vor allem bei: als Darsteller Gusti Wolf, Vilma Kürer, Alice Lach, Wilhelm Hufnagl, Manfred Inger u.a., als Autoren neben den Genannten → *Curt Bry* und Hans Fischer sowie als Regisseure Peter Ihle, Martin Magner, Herbert Berghof, Leo Askenazy, → *Fritz Eckhardt.* Statt eines festen Ensembles gab es nur noch Stückverträge.

Zu den literarischen wie politischen Höhepunkten des *Lieben Augustin* gehört Mostars von Herbert Berghof vorgetragene »Legende vom namenlosen Soldaten« (1935) als Antwort auf die Anordnung der Nazis, die Namen der im Ersten Weltkrieg gefallenen deutschen Juden von den Kriegerdenkmälern zu entfernen. Seine wichtigsten Programme: »Lysistrata« (1934), »Reineke Fuchs« (1935), »Die Ballade vom lieben Augustin« (1936), »O du liebe Weltgeschichte« (1936), »Zirkus Universum« (1937). Mit seinem 35. Programm (»Der Durchschnittsmensch«) von Curt Bry (Premiere: 17.2. 1938) stellte der *Liebe Augustin* am 10.3. 1938 seinen Spielbetrieb ein.

Der liebe Augustin war das erste eigenständige Wiener literarisch-politische Kabarett und die Urzelle der in den dreißiger Jahren nachfolgenden Wiener Kleinkunstbühnen. Im Juni 1945 ließ ihn Fritz Eckhardt im Prückl-Keller wiederaufleben mit dem Programm »Wiener Panoptikum« (mit sich selbst, Elly Naschold, Egon Kment, zeitweise auch Kurt Nachmann und → *Carl Merz*). Im September 1946 übernahm Carl Merz die Direktion. 1947 kehrte Stella Kadmon aus dem Exil in Palästina heim und versuchte, den *Lieben Augustin* im alten Stile fortzuführen, kam aber über drei Programme (»Wir pflanzen«, »Reflexe«, »Der goldene Ball«) nicht hinaus. Mit → *Brechts* »Furcht und Elend des Dritten Reiches« und Siegfried Freibergs »Kleinem Welttheater« wandelte sich ihr Kabarett 1948 in eine Kleinbühne unter dem Namen »Theater der Courage«, das sie bis zum 31.12. 1981 leitete.

Weys, Rudolf: *Wien bleibt Wien, und das geschieht ihm ganz recht. Cabaret-Album 1930–1945.* Wien 1974. – Mandl, Henriette: *Cabaret und Courage. Stella Kadmon – Eine Biographie.* Wien 1993.

Lied In sich geschlossene lyrische Form, meist aus mehreren gleichgebauten und gereimten Strophen und mit sangbarer Melodik (→ *Lyrik*); älteste und am weitesten verbreitete Musikgattung. Man unterscheidet nach der Entstehung Kunst- und Volkslied, nach dem Text geistliche (Kirchen-) und weltliche Lieder (etwa Arbeiter-, Kinder-, Liebes-, Marsch-, Tanz-, Wanderlieder u.a.). Unterschieden werden nach der historischen Form: → *Chanson,* → *Ballade,* Hymne, Madrigal, Ode oder Rondeau; nach dem Formbau Strophenlieder (alle Textstrophen haben die gleiche Melodie) und durchkomponierte Lieder (jede Strophe hat eine eigene Melodie).

Das literarisch greifbare Lied begann im 12. Jh. mit Marienliedern, setzte sich im Kunstlied des Minnesangs und im mittelalterlichen Volkslied fort, das als Ausdruck kollektiver oder auch vorgeblich subjektiver Stimmungen über die Romantik bis zum Impressionismus gepflegt wurde. In neuerer Zeit ist, vor allem im

Kabarett, anstelle der Bezeichnung Lied der an Vagantenlied und → *Moritat* (Bänkelsang) anknüpfende → *Song*, das → *Chanson* und das Politische Lied getreten, deren Interpreten allerdings heute wieder als Liedersänger bzw., wenn sie auch die Autoren sind, als → *Liedermacher* bezeichnet werden.

Liederjan Das Musik- und Gesangstrio aus Hamburg entwickelte seine Vortragsweise in der Gruppe »Tramps and Hawkers« und anderen. Nach ersten Erfolgen mit irischen Liedern beschlossen die Gruppenmitglieder 1975, nach deutschsprachigem Material zu suchen. Daraus ergab sich die Gründung der Gruppe *Liederjan* mit Jörg Ermisch (* 17. 4. 1948, Hamburg), der vornehmlich Gitarre und Concertina spielt; Anselm Noffke (* 29. 10. 1946, Kiel) (Geige, Banjo und Mandoline) und Jochen Wiegandt (* 18. 5. 1947, Güstrow), der hauptsächlich die Texte der Gruppe verfaßte. Nach dem ersten Auftritt am 15.9. 1975 in Hamburg mit »Volksliedern aus fünf Jahrhunderten« wurde Liederjan eine der begehrtesten Gruppen, trat regelmäßig auf Festivals und in Clubs auf und nahm mehrere LPs auf. 1980 schied Jochen Wiegandt, der in den Schuldienst ging, aus der Gruppe aus. An seine Stelle trat 1980–1986 Rainer Prüß (* 6. 3. 1945 Dithmarschen). Für ihn kamen 1987–1992 Edzard Wagenaar und seit 1993 Wolfgang Rieck.
Liederjan brachte bisher die Programme »Unsere Klingel ist kaputt« (1983); »Idiotenclub« (1985); »Mit der Torte durch die Tür« (1988); »Rettet C-Dur« (1988); »Land in Sicht« (1990); »Wie im Paradies« (1994) und zusammen mit → *Henning Venske* 1995 »Die Chancen stehen 40:70«. Von den Fernsehsendern wurden sie mehrfach zensiert, u. a. strich der NDR 1984 in der Bill-Ramsey-»Show ohne Schuh« ihr Lied »Der Graben« (Text: → *Kurt Tucholsky*). Am 8.5. 1995 verließen sie die Livesendung des NDR, »Aktuelle Schaubude«, in der ohne ihr Wissen auch Heino auftrat. *Liederjan* erhielt 1985 den → *Deutschen Kleinkunstpreis* in der Sparte Chanson.

Liedermacher Sammelbezeichnung für Chansonniers, die sich ihre Lieder selber schreiben, komponieren und sie vortragen. Die Bezeichnung ist erstmals im 18. Jh. (bei F. v. Hagedorn) belegt, allgemein als Bezeichnung für Autoren; diese erhielt dann Anfang der sechziger Jahre des 20. Jahrhunderts konkrete politische Bedeutung. → *Wolf Biermann* nannte sich so in Anlehnung an → *Bertolt Brecht*, der sich als »Stückeschreiber« verstand. Der Begriff verbreitete sich in den sechziger Jahren (parallel zu Filmemachern und Kunstmachern); er betont das »ehrlich Handwerkliche« im Gegensatz zum »manipuliert Industriellen«. Liedermacher sind weitgehend identisch mit dem französischen Auteur-Compositeur-Interprète, wenngleich die hier als Lied verstandene Gattung weniger dem klassischen französischen → *Chanson* als dem angelsächsischen Folksong (personifiziert im »Singer-Songwriter«) nahesteht.
Mit dem Verfall des herkömmlichen literarisch-politischen Kabaretts Anfang bis Mitte der sechziger Jahre sah sich die darstellende Satire auf ihre Ursprünge zurückverwiesen: auf das literarisch-zeitkritische Chanson. So übernahmen die neuen Liedermacher – in erster Linie → *Franz Josef Degenhardt,* → *Dieter Süverkrüp* und Wolf Biermann – formal viel vom französischen Chanson (vor allem von

 Georges Brassens, * 1921), während sie sich inhaltlich am amerikanischen Folksong, genauer am Topical Song, orientierten. Den neuen Anstoß zum politischen Lied hatten in den USA das »Civil Rights Movement« für die Rassengleichstellung von 1960 sowie die Protestbewegung gegen den Vietnamkrieg gegeben. Die jungen amerikanischen Protestsänger orientierten sich an linken Folk-Singern wie Woodie Guthrie (1912–1967) und Pete Seeger (* 1919), die in den vierziger Jahren die gewerkschaftlich ausgerichteten »Almanac Singers« gegründet hatten. Beim Folk Festival in Newport 1963 fanden sie in Tom Paxton, Phil Ochs und vor allem in dem 22jährigen Bob Dylan ihre unmittelbaren Interpreten. Bald drang der engagierte Folk Song nach Deutschland vor, befördert von Joan Baez in die BRD und von Perry Friedman in die DDR.

In der BRD, wo die Erschießung des Studenten Benno Ohnesorg in West-Berlin, die bevorstehende Notstandsgesetzgebung und der Vietnamkrieg in der Jugend ein Protestpotential aktiviert hatten, wurden Inhalte und Form des neuen Folksongs aufgegriffen und zu eigenständigen »Protestliedern« verarbeitet. Namentlich Degenhardt, Süverkrüp und → *Hannes Wader* lehnten sich mehr oder weniger an die amerikanische Tradition an, während → *Walter Mossmann* eher an der französischen anknüpfte. In der DDR sang Wolf Biermann gegen die bürokratische Verkrustung des Staatsapparats an, beeinflußt sowohl von den Chansons des François Villon (um 1431 – um 1463) wie vom amerikanischen Folksong. Ausgehend von den Festivals »Chanson Folklore International« (1964 bis 1969) auf der Burg Waldeck im Hunsrück, wo noch nebeneinander traditionelle und aktuelle politische Lieder und → *Songs*, literarische Chansons, Liebes- und Nonsenslieder gesungen wurden, teilten sich die durch Festivals bekanntgewordenen Liedermacher seit Anfang der siebziger Jahre in drei große Gruppen, zu denen in der Folgezeit immer neue Autoren und Interpreten hinzukamen.

Die erste Gruppe greift mit ihren Liedern – oft nach Volksweisen, mit → *Wortspielen* und vielfältigen Assoziationen – in die tagespolitischen Auseinandersetzungen ein, so bei Streiks und Massendemonstrationen u.a. gegen die Atombombe (Ostermarschbewegung), Rassendiskriminierung, soziale Unsicherheit und Krieg (z.B. den Vietnamkrieg). Den ersten politischen Liedermachern (Degenhardt, Süverkrüp, Biermann) folgten in den siebziger Jahren Mossmann, Wader, → *Konstantin Wecker*, Ekkes Frank, → *Rolf Schwendter* u.a. nach. In diese Kategorie gehören auch die Politrockgruppen wie der → *Floh de Cologne*, die → *Schmetterlinge* u.a. sowie Songgruppen wie »Die Conrads«, »Peter, Paul und Barmbeck« und aus der Frauenbewegung hervorgegangene Solistinnen und Gruppen wie Ina Deter, → *Bettina Wegner*, »Schneewittchen«, »Flying Lesbians«. Viele Sänger belebten durch ihre Interpretation traditionelle Volks- und Arbeiterlieder, andere – wie → *Ernst Busch*, Hein und Oss Kröher, Peter Rohland, Wolfram u.a. – entwickelten sie weiter.

Die zweite Gruppe, deren Lieder vornehmlich in Geschichten die Wirklichkeit beschreiben, karikieren oder parodieren, steht in der Tradition des literarischen → *Chansons*. Neben der »Berliner Schule« um → *Reinhard Mey* (mit → *Ulrich Roski*, Schobert & Black, Manfred Maurenbrecher, Lothar von Versen u.a.) wurden in der Anfangszeit vor allem → *Kristin Horn*, Lerryn, → *Christof Stählin* und Eva Vargas bekannt. Auf dem von Hildegard Knef und Udo Jürgens bereiteten Boden löste diese Gruppe der Liedermacher im Schallplattengeschäft die Schlagersänger ab. Dazu kamen im Laufe der siebziger Jahre noch Wolfgang Ambros, Arik Brauer, Georg Danzer, Katja Ebstein, Gunter Gabriel, Nina Hagen, André Heller, → *Klaus Hoffmann*, Peter Horton, Joana, Knut Kiesewetter, Udo Lindenberg, Ulla Meinecke, Marianne Mendt, Marius Müller-Westernhagen, Erika Pluhar, Ulrik Remy, → *Hans Scheibner*, Herman van Veen u.a.

Die dritte Gruppe stieß mit ihren Liedern, gesungenen Sprüchen, Limericks und Wortcollagen im Lauf der siebziger Jahre die Nonsenswelle an, die in den achtziger Jahren durch die Comedywelle neu belebt wurde. Aus den Anfängen von Schobert & Black, Insterburg & Co. u.a. entwickelten → *Dieter Hallervorden*, Mike Krüger, Jürgen von der Lippe, → *Otto* u.a. den musikalisch untermalten Unsinn, wie in den neunziger Jahren Wigald Boning, Helge Schneider u.a.

Allen drei Gruppen zuzurechnen sind Kabarettisten wie → *Hanns Dieter Hüsch*, → *Franz Hohler*, → *Dietrich Kittner*, → *Georg Kreisler* u.a.

1968 wurde zum erstenmal außerhalb der Burg Waldeck ein größeres Festival, die »Internationalen Essener Songtage«, veranstaltet. Anfang der achtziger Jahre gab es rund 70 Chanson-Folklore-Festivals in verschiedenen Städten der BRD, die bis auf wenige (z.B. »Open-Ohr-Festival«, Mainz; »Bardentreffen«, Nürnberg) wieder aufgegeben wurden.

Die Songwelle in West-Deutschland stieß auch in der DDR auf großes Interesse. Der seit 1959 in Ost-Berlin lebende kanadische Sänger Perry Friedman führte im Januar 1960 im »Klub der Jugend« in Berlin eine erste »Hootenanny« durch, bei der Sänger wie Lin Jaldati, → *Gisela May*, Hermann Hähnel und Karl-Heinz Weichert mitwirkten. Im Januar 1967 war Pete Seeger für einige Tage in der DDR zu Gast. Dabei traf er u.a. mit dem 1966 gegründeten »Hootenanny-Klub«, Berlin (1967–1990, in »Oktoberklub« umbenannt) zusammen, der ihm mit Hauptautor Hartmut König seine neuesten Lieder vorspielte. In der Folgezeit entstanden zahlreiche Lieder- und Singeklubs, die noch wesentlich offener und politisch weniger instrumentalisiert waren als später in der Singebewegung. Anfang 1967 schlug man eine härtere ideologische Gangart ein und hob – von einer enormen Propagandakampagne begleitet – die FDJ-Singebewegung aus der Taufe.

Die Liedermacher- und Folk-Szene entwickelte sich nun in enger Verbindung mit der FDJ (Freie Deutsche Jugend); es wurden Sendungen beim Jugendsender DT 64 eingeführt und 1967–1979 allwöchentlich Lieder in der Programmzeitschrift »FF-dabei« veröffentlicht, die dann in den DT-64-Liederbüchern zusammengestellt wurden. Seit 1967 traf man sich jedes Jahr bei der »Werkstattwoche der Singeklubs« und von 1970 bis 1990 zwanzigmal auf dem Berliner »Festival des politischen Liedes« (außerdem 1973 beim Liedfestival während der »X. Weltfestspiele«). 1992 bewies das »Zwischen-Welt-Festival« unter dem Motto »WiderStehen«, daß es auch unter veränderten gesellschaftlichen Bedingungen weiterbestehen kann.

Eine wichtige Rolle spielte für die Liedszene in der zweiten Hälfte der achtziger Jahre die »Sektion Chanson/Liedermacher« des »Komitees für Unterhaltungskunst« mit seiner wechselvollen Geschichte zwischen staatlichem Kontrollorgan und Künstlervermittlung. Sie veranstalteten seit 1973 in Frankfurt/Oder die »Tage des Chansons«. Innerhalb dieser Chanson- und Liedermacherszene kam es zu verschiedenen Eklats: 1975 wurde die Klaus-Renft-Combo verboten, weil sie »mit der sozialistischen Wirklichkeit keine Übereinstimmung...« und »die Arbeiterklasse verletzt...« haben sollte. Die Combo-Mitglieder → *Pannach & Kunert* traten daraufhin in inoffiziellen Veranstaltungen auf und wurden nach der Unterzeichnung der Protesterklärung gegen die Ausbürgerung (16. 1. 1976) Wolf Biermanns am 26. 8. 1977 nach West-Berlin abgeschoben, ebenso 1983 → *Bettina Wegner* und 1988 → *Stephan Krawczyk.*

Obwohl die Liedermacher auf einen der Hauptströme des Kabaretts zurückgreifen, nämlich das Chanson, sind sie dem eigentlichen Kabarett nicht zuzurechnen wie noch Brecht und Wedekind, die ihre Chansons innerhalb des räumlichen Kabarettrahmens vortrugen. Sie sind aber symptomatisch für die seit den sechziger Jahren zu beobachtende Auflösung des Ensemblekabaretts in seine konstituierenden Bestandteile – Chanson und Conférence –, obwohl einzelne Solisten, wie beispielsweise → *Manfred Maurenbrecher*, → *Lothar von Versen* oder das Duo → *Wenzel* & Mensching seit den achtziger Jahren aus ihren Liedprogrammen zunehmend Kabarettprogramme geformt haben.

Budzinski, Klaus (Hrsg.): *Linke Lieder – Protestsongs.* München-Bern-Wien 1966. – Riha, Karl: *Moritat, Bänkelsong, Protestballade – Kabarett-Lyrik und engagiertes Lied in Deutschland.* Königstein 1979. – Huff, Hartmut: *Liedermacher – Songpoeten, Mundartsänger, Blödelbarden, Protestsänger.* München 1980. – Kerschkamp, Lindau: *Die großen Liedermacher.* München 1981. – Henke, Matthias: *Die großen Chansonniers und Liedermacher.* Düsseldorf 1987. – Schwarz, Petra; Bergholz, Wilfried: *Liederleute.* Berlin 1989. – Kirchenwitz, Lutz: *Folk, Chanson und Liedermacher in der DDR – Chronisten, Kritiker, Kaisergeburtstagssänger.* Berlin 1993.

Lietz, Dieter * *1937 Dresden.* Lyriker, Texter, Kabarettautor

Studierte Architektur an der TU Dresden und arbeitete zunächst als Architekt an Projektierungsbüros in Potsdam. Nebenbei schrieb er satirische Kurzprosa und Lyrik für die Zeitschrift »Eulenspiegel« sowie Texte für Amateur-Kabaretts und den Rundfunk der DDR. Verfaßte zahlreiche Chanson- und Schlagertexte, darunter den von Frank Schöbel gesungenen DDR-Hit »Wie ein Stern«. Der seit 1974 freischaffend arbeitende Autor schrieb für fast alle DDR-Kabaretts, vornehmlich für die Ost-Berliner → *Distel* und das Potsdamer → *Kabarett am Obelisk* (»Grins-Märchen«, »Nuttis Neitklapp« u.a.). Arbeitete ferner als Autor für unterhaltende Funk- und Fernsehsendungen (»Spaßvögel«, »Ein Kessel Buntes«, »Showkolade« u.a.) und verfaßte die ORB-Serien »Doener for one« und »Durch die Blume«. 1993 erschien sein Gedichtband mit satirischen Euphorismen und Reimwerkeleien, *Noch merpelt das Wunzelchen.*

Lila Luder (eigentlich: Elisabeth Möller) * *1950 Bremen.*
Kabarettistin und Kabarettautorin

Begann nach Ausbildung an Freien Theatern in Dänemark, Frankreich u.a. sowie privatem Gesangsunterricht 1977 mit der Gründung des Frauenmusiktheaters »Auf Achse«, spielte 1983 im Ensemble des »M.M.-Kabarett«, Hamburg, und brachte danach ihr erstes Soloprogramm, »VerHext und VerSpielt«, heraus. Wirkte 1978–1982 im Quartett des Musik-Kabaretts »Hammer & Harfe«, Hannover, mit. Seit 1983 produziert sie satirische Straßentheater-Programme (»Eva die Schreckliche«; »Maria durch ein Dornwald ging«; »Die falsche Braut« u.a.) und kabarettistische Bühnenprogramme: »Adams krumme Rippe« (1983); »Ungehalten« (1985) und »Herzdame sticht« (1994). 1984/1985 war sie gemeinsam mit dem »Theaterhof Priessental« und dem »Mobilen Rhein-Main Theater« auf Tournee. Nachdem sie im März 1988 im fränkischen Kronach in einer Veranstaltung des Kunstvereins einen Spruch der Frauenbewegung zitiert hatte – »Heilige Jungfrau Maria, du hast es geschafft zu empfangen, ohne zu sündigen. Bitte lehre uns doch zu sündigen, ohne zu empfangen!« –, mobilisierte Reinhold Goldmann, Pfarrer im benachbarten Buchbach, die CSU im Kreistag zu einer moralischen Verdammung der »religiösen Atombombe« namens »Lila Luder«. Schweigend sah dann der Gottesmann mit an, als das Kirchenvolk nach mittelalterlichem Brauch gegenüber der Buchbacher Pfarrkirche St. Laurentius einen Scheiterhaufen errichtete und eine lebensgroße Puppe mit der Aufschrift »Lila Luder« darauf verbrannte.

Liliencron, Detlev von (eigentlich: Friedrich Adolf Axel Freiherr von Liliencron) **3. 6. 1844 Kiel; † 22. 7. 1909 Alt-Rahlstadt.*
Lyriker, Schriftsteller, Chansonautor
Trat in den preußischen Militärdienst und war 1863 als Offizier in Mainz. Wurde 1870 im Deutsch-Französischen Krieg bei St. Rémy verwundet und 1875 wegen Überschuldung aus der Armee entlassen. In den USA versuchte er sich ohne Erfolg in verschiedenen Berufen (Sprachlehrer, Pianist, Stallmeister), ebenso nach seiner Rückkehr, bevor er um 1885 als freier Schriftsteller in München und Berlin lebte.
Liliencron gehörte zu den Hauptautoren des frühen Kabaretts. Sein Lied »Die Musik kommt« (Musik: → *Oscar Straus*) von 1901 für das Eröffnungsprogramm des Berliner Kabaretts → *Überbrettl* wurde (neben »Der lustige Ehemann« von → *Otto Julius Bierbaum*) zum Schlager der Saison. Trotz seiner im wesentlichen wirklichkeitsnahen Thematiken machte er in seinen Brettldichtungen (»Bruder Liederlich«, »Der Handkuß«, »Die kleine Bleicherin« u.a.) starke Konzessionen an den Publikumsgeschmack. 1901 übernahm er die künstlerische Leitung des »Bunten Brettl« in Berlin, wo er auch selbst als Vortragskünstler auftrat, und 1902 die literarische Oberleitung am »Sezessionstheater«, Berlin.

Linden-Cabaret (Cabaret Unter den Linden) Unterhaltungskabarett in Berlin, Unter den Linden 22 (in der Passage zur Friedrichstraße). Gegründet vor dem Ersten Weltkrieg, geleitet von den Brüdern Karl und Theodor Rosenfeld, bot es dem Theaterpublikum und den Nachtbummlern des alten Berliner Unterhaltungsviertels entlang der Friedrichstraße nach Schluß der Theatervorstellungen und der Speiselokale nach Mitternacht für 2 Mark Eintritt ein erschwingliches Vergnügen. Hier gastierten so unterschiedliche Kabarettisten wie Else Ward, Senta Söneland, → *Willy Prager*, → *Egon Friedell*, → *Gussy Holl*, → *Fritz Grünbaum* und vor allem → *Claire Waldoff*, die hier u.a. 1914 ihr Chanson »Hermann heeßt er...« kreierte.

Lingen, Theo (eigentlich: Franz Theodor Schmitz) **10. 6. 1903 Hannover; † 10. 11. 1978 Wien.* Schauspieler, Regisseur, Komiker
Wechselte vom Gymnasium ins Schauspielfach und spielte von 1922 an nach einem Debüt in Hannover sieben Jahre lang an Provinztheatern. Kam 1929 nach

 Berlin zum »Theater am Schiffbauerdamm«, wo er den Mackie Messer in der »Dreigroschenoper« nachspielte. In mehr als 150 Filmen wurde er dann zum populären Filmkomiker.

Vor 1933 trat Lingen auch als Kabarettist und Schauspieler an verschiedenen Berliner Sprechbühnen und Kabaretts auf, so in der → *Katakombe*, in → *Friedrich Hollaenders*, → *Tingel-Tangel-Theater*, in *Schiffer-Spolianskys* Revue »Alles Schwindel« im »Theater am Kurfürstendamm« sowie in Brechts »Mann ist Mann« am Staatstheater und in einer Brecht-Bearbeitung von Gorkis »Die Mutter« im Komödienhaus. Nach 1945 blieb er in Österreich mit Wohnsitz in Wien und gehörte dem Ensemble des Wiener Burgtheaters an.

Margo Lion singt 1923 in der »Wilden Bühne« »Die Linie der Mode« von Marcellus Schiffer (Text) und Mischa Spoliansky (Musik)

Lion, Margo **28. 2. 1899 Konstantinopel; † 25. 2. 1989 Paris.* Kabarettistin, Chansonniere, Schauspielerin

Tochter eines französischen Vaters. Kam mit ihm, einem Geschäftsmann, nach dem Ersten Weltkrieg nach Berlin und lernte hier den Kabarettautor → *Marcellus Schiffer* kennen. Sah mit ihm zusammen in einem Berliner Kabarett → *Gussy Holl.* Überzeugt, dies auch zu können, sofern der Text französisch wäre, bat sie Schiffer, ihr ein Chanson zu schreiben. Der schrieb ihr – auf deutsch – »Die Linie der Mode« und nahm sie 1923 zum Vorsingen in die → *Wilde Bühne* mit, für die er damals schrieb. Sie wurde sofort engagiert und mit ihrer überschlanken Figur und ihrem parodistischen Talent zu einer der großen Parodistinnen des deutschsprachigen Chansons.

Als Ehefrau und beste Interpretin Schiffers trat sie in dessen von → *Mischa Spoliansky* vertonten Kabarettrevuen »Hetärengespräche«, »Es liegt in der Luft«, »Alles Schwindel«, »Rufen Sie Herrn Plim« und in anderen Produktionen auf (mit Chansons wie »L'heure bleue«, »Wenn die beste Freundin ...« [mit → *Marlene Dietrich*], »Nofretete« [von → *Friedrich Hollaender*], »Die Braut« u.a.). Nach Schiffers Freitod 1932 ging Margo Lion nach Paris zurück, wo sie seitdem lebte. Spielte 1932 in der französischen Version von G.W. Pabsts »Dreigroschenoper«-Verfilmung die Jenny, danach viele Theater- und Filmrollen. Trat auch als Interpretin von → *Brecht*-Songs hervor. Bei den »Berliner Festwochen« 1977 gastierte sie nach viereinhalb Jahrzehnten der Abwesenheit zum erstenmal wieder in Berlin: am 7.9. 1977 im »Renaissance-Theater«, am Flügel begleitet von Mischa Spoliansky.

Margo Lion 1977 mit Mischa Spoliansky in Berlin

Literatur am Naschmarkt Literarisch-politisches Kabarett in Wien, gegründet von einer Gruppe des »Bundes junger Autoren Österreichs«, bestehend hauptsächlich aus → *Rudolf Weys* und F.W. Stein (eine andere Gruppe hatte im Sommer 1933 unter → *Rudolf Spitz* die → *Stachelbeere* gegründet). Eröffnet am 3.11. 1933 im Keller des »Café Dobner«, Linke Wienzeile, mit Texten von Harald Peter Gutherz und Rudolf Weys. Darsteller: Franja Frey, Manfred Inger, Gerda Landers, → *Carl Merz*, Liesl Valetti, Gerda Waschinsky und Hans Wlassak.

Der Name des Kabaretts sollte die Balance zwischen literarischem Kabarett und dem traditionsgemäß am Wiener Naschmarkt beheimateten Volkswitz ausdrükken. Demgemäß strebten die Initiatoren nach einem Mittelding zwischen Theater und Brettl. Daraus ergab sich zwangsläufig die »Erfindung« (Weys) eines neuen Kabarettelements, das sie → *Mittelstück* nannten: ein dreißig bis vierzig Minuten langer kabarettistischer (mitunter auch rein dramatischer) Einakter, vor und nach

Die Szene »Ein Glas Wasser in Bosnisch-Brod« aus »1913« von Rudolf Weys (»Literatur am Naschmarkt« 1937); v.l.: Walter von Varndal, Wilhelm Hufnagl, Karl Kalwoda jr., Rosl Dorena, Franz Böheim

welchem das übliche Nummernprogramm ablief, darunter viele zeitkritische Dramen- und Filmparodien. (In den Pausen vor und nach dem Mittelstück wurde serviert bzw. kassiert.) Schon im zweiten Programm gab es eine Art Mittelstück: die auf fünfzig Minuten verkürzte Bearbeitung der Märchenposse von 1848, »Der letzte Zwanz'ger« von N.J. Kola, durch Rudolf Weys, die, mit einer aktualisierten Fassung des Hauptcouplets versehen, nun »Die Metamorphosen des Herrn Knöllerl« hieß. Das erste eigene Mittelstück schrieb Weys für das fünfte Programm (Mitte Mai 1934) unter dem Titel »A.E.I.O.U. oder Wenn Österreich den Krieg gewonnen hätte«, eine politisch harmlose Utopie von einer k.u.k. Weltmacht nach 1918. Außerdem wurden Einakter von Offenbach (»Nr. 66«), Nestroy (»Häuptling Abendwind«), Molnar und Schnitzler sowie – als deutschsprachige Erstaufführung (im elften Programm, 25.11. 1935) – Thornton Wilders »The Long Christmas Dinner« als Mittelstücke aufgeführt.

Weitere Mittelstücke schrieben u.a. → *Hans Weigel* (»Marie oder Der Traum ein Film«, 18.2. 1935), Lothar Metzl (»Pimperloper«, 8.9. 1934), Rudolf Weys (»Pratermärchen«, 27.4. 1936) und → *Jura Soyfer* (»Der Lechner Edi schaut ins Paradies«, 6.10. 1936). Weitere Texte schrieben: Harald Peter Gutherz, → *Peter Hammerschlag*, Kurt Nachmann, → *Rudolf Spitz* u.a. Kaufmännischer Direktor war F.W. Stein. Regie führten u.a.: Walter Engel (vom achten Programm an auch künstlerischer Leiter), Martin Magner und Hermann Kner. Hauskomponisten waren nacheinander Otto Andreas (= André Singer), Ferdinand Piesen und J.C. Knaflitsch. Darsteller: Herbert Berghof, Franz Böheim, Walter Engel, Leon Epp, Hugo Gottschlich, Heidemarie Hatheyer, Grete Heger, Wilhelm Hufnagl, Manfred Inger, Liesl Kienast, Hilde Krahl, Paul Lindenberg, → *Carl Merz*, Josef Meinrad, Martin Miller, Adolf Müller-Reitzner, Elisabeth Neumann, Erich Pohlmann, Peter Preses, Rudolf Steinboeck, Walter von Varndal, Hilde Volk, Gerda Waschinsky, Oskar Wegrostek u.a. Bis zur letzten Vorstellung am 12.3. 1938 brachte die *Literatur am Naschmarkt* 22 Programme mit einer Laufzeit von je zwei bis drei

Monaten heraus. Nach dem »Anschluß« gründeten einige Mitglieder (Weys: »Unsere 'arische' Abteilung«) das → *Wiener Werkel.*

Weys, Rudolf: *Literatur am Naschmarkt.* Wien 1947. – Ders.: *Wien bleibt Wien, und das geschieht ihm ganz recht. Cabaret-Album 1930–1945.* Wien 1974.

Die Litfaßsäule Politisch-literarisches Kabarett mit antinazistisch-liberaler Tendenz in Leipzig, gegründet im August 1930 von Siegfried Wisch und dem Maler und Darsteller Martin Mendelsohn. Die Programme des bis Februar 1933 bestehenden Ensembles, überwiegend mit Schauspielern und Sängern der Leipziger Theater (Magdalena Schmidt, Fred Wald, Erna Orth, Hermann Reich, Annemarie Baumgarten, Werner Wieland, Jenita Santas, Peter Mohn u.a.) enthielten aktuelle Texte der Leipziger Autoren Rolf A. Sievers, Fred Bucher und Siegfried Hochberger sowie von → *Bertolt Brecht,* François Villon, → *Klabund,* → *Walter Mehring* und → *Erich Kästner,* aber auch Texte von Hölderlin, Victor Hugo, Stefan Zweig und B. Traven wurden auf der Kabarettbühne dargeboten. Musikalischer Leiter war Heinz Fritzsche.

Lodermeier, Gabi ** 8. 1. 1953 München.* Kabarettistin und Kabarettautorin

Begann nach einer Ausbildung zur Laborantin in klinischer Chemie und in Naturheilkunde 1977 in der Theatergruppe »Die Z'sammg'würflt'n«, und war 1981–1987 in eigener Naturheilpraxis tätig. Hatte 1981 erste Erfolge in → *Siegfried Zimmerschieds* »Passauer Volkstheater« und brachte ihr erstes Solo-Programm »Erlau(s)chtes« heraus. Trat seit 1981 mit Michael Homann in den Duoprogrammen »Soll halt der Beppi a amal was machn« und »Stiegenhaus G'schicht'n« (1986) auf, danach mit Jörg Maurer in den Ensembleproduktionen »Der Leichenschmaus«, »Atomschwammerl«, »Süsser die Glocken« im Münchner »Unterton« mit anschließender Tournee. Spielte seit 1988 ihre Soloprogramme »Täkitisi, Tante Lisi« und »Weil's wurscht ist« (1990). Gehörte 1991–1992 zum Ensemble der → *Münchner Lach- und Schießgesellschaft* in dem Programm »Alle Ächtung«. 1993 moderierte sie als erste Frau im »Nachschlag«, der wöchentlichen Satiresendung der ARD. 1985 erhielt sie das Passauer »Scharfrichterbeil« und 1994 den »Ernst-Hoferichter-Preis« der Stadt München.

Gabi Lodermeier 1990 in ihrem Soloprogramm »Weil's wurscht ist«

Lodynski, Peter ** 12. 10. 1936 Wien.*

Schauspieler, Regisseur, Kabarettist, Drehbuch- und Kabarettautor

Studierte Medizin, dann Theaterwissenschaft und Kunstgeschichte an der Universität Wien und besuchte daneben die Schauspielschule und das Film- und Fernsehseminar an der Akademie der bildenden Künste in Wien. Spielte Dezember 1961 sein erstes Kabarettprogramm (»Man trägt wieder Hirn«, im »Theater der Courage«). Daraufhin engagierte ihn und seine Partnerin Mirjam Dreifuss → *Gerhard*

 Bronner an seine »Marietta-Bar« und dann an sein → *Neues Theater am Kärntnertor*, wo er mit der Grazer Kabarettgruppe → *Der Würfel* zusammentraf.
Mit dem Leiter der Gruppe, → *Kuno Knöbl*, löste er sich von Bronner. Im Dezember 1963 eröffneten er und Knöbl ein eigenes Kabarett *(Der Würfel)* im Keller des »Café Savoy« in der Himmelpfortgasse, Wien I., das dort bis 1968 spielte und im November 1968 in das *Neue Theater am Kärntnertor* übersiedelte. Von 1967 bis Januar 1969 Leiter des *Würfel*, schrieb Lodynski seit 1967 Drehbücher für Dokumentar- und Unterhaltungssendungen des Österreichischen Fernsehens und führte auch TV-Regie. Mit seiner Fernsehsatire »Lodynski's Flohmarkt Company« gewann er 1971 die »Goldene Rose« von Montreux, den Chaplin-Preis, den Internationalen Pressepreis und den »Hollywood-Price of World TV« der Zeitschrift »Variety«. 1979 schrieb und inszenierte er für das → *Kleine Renitenztheater*, Stuttgart, die Kabarettrevue »Signale aus dem Bockshorn«. 1985 präsentierte er im Wiener »Spektakel« und auf Tournee in der Schweiz und Deutschland sein erstes Soloprogramm, »Anbiedermeier«. 1987 folgte das zweite Soloprogramm, »Rundumschläge«, in dem er mit effektvollen Zaubertricks seine Szenen, Lieder und Wort-Satiren auch optisch zu präsentieren versuchte.

Löhner-Beda, Fritz (eigentlich Fritz Löwy) **24. 6. 1883 Wildenschwert (Nordböhmen); † 4. 12. 1942 KZ Auschwitz.*
Schlager- und Chansonautor, Dichter und Librettist
Schrieb schon als Gymnasiast für satirische Zeitschriften, ging als junger Mann nach Wien und studierte 1901–1905 Jura. Danach Rechtsreferendar in der Kanzlei eines Onkels. Überzeugter Zionist, trat Löhner-Beda an der Universität dem Verband jüdischer Hochschüler, »Kadimah«, und dem jüdischen Sportbund »Hakoah« bei. Schrieb für das »Wiener Tagblatt« satirische Verse, u. a. auf die Assimilationssucht der meisten Wiener Juden (gesammelt erschienen unter »Getaufte und Baldgetaufte« und »Israeliten und andere Antisemiten«). Schrieb Chansons für die Wiener Kabaretts → *Hölle*, den → *Simplicissimus* (Wien) und das »Cabaret Gartenbau«, sowie für Hans Moser die Sketsche »Der Patient« und »Der Hausmeister vom siebener Haus« und bald auch Texte für Operetteneinakter (u. a. für Edmund Eysler und Robert Stolz).
Bereits im Ersten Weltkrieg kam er in Kontakt mit Franz Lehar und schrieb das Libretto für dessen »Sterngucker«. In den zwanziger und dreißiger Jahren wurde er dann alleiniger Librettist für die Operetten von Lehar und Paul Abraham.
Als Chefdramaturg des auf Schlager spezialisierten »Wiener Boheme-Verlags« versah er die schmissigen Kompositionen der dort vorspielenden jungen Komponisten mit ebenso schmissigen Texten, die fast alle zu Evergreens wurden, so »Was machst du mit dem Knie, lieber Hans?«, »Ich hab' mein Herz in Heidelberg verloren«, »Meine Beine, deine Beine unterm Tisch«, »In der Bar zum Krokodil« u. v. a. m.
Nach der Annektion Österreichs durch die Nazis 1938 wurde er in das KZ Dachau verbracht und im Herbst in das KZ Buchenwald überstellt, wo er zusammen mit → *Hermann Leopoldi* das »Buchenwaldlied« verfaßte. Unterdessen wurde am 30. April 1940 zu Lehars 70. Geburtstag in der Wiener Staatsoper in Anwesenheit Hitlers »Das Land des Lächelns« mit Löhner-Bedas Texten aufgeführt.

Am 15.10. 1940 wurde er in das Auschwitz-Nebenlager Buna verlegt, wo er zwei Jahre später an Entkräftung starb.

Veigl, Hans (Hrsg.): *Luftmenschen – Jüdisches Kabarett in Wien 1890–1938*. Wien 1992.

Lokomotive Kreuzberg Berliner Politrockgruppe, gegründet in West-Berlin im Januar 1972 von dem Arbeiter Karl-Heinz Scherfling (* 1945), dem Radio- und Fernsehmechaniker Uwe Holz (* 1949), dem Sänger Andi Brauer (* 1945), dem Drucker Manfred Praeker (* 1951) und dem Schüler »Nino« Volker Hiemann (der 1973 durch den Hilfsarbeiter Bernhard Potschka [* 1952] ersetzt wurde).
Seit 1973 bezeichnete sich die Gruppe als »Rock'n'Roll-Theater«. Scherfling hatte zuvor Undergroundgedichte geschrieben, Brauer hatte Undergroundmusik gemacht, ehe sie beschlossen, gemeinsam politisches Kabarett zu machen. Beide wandten sich von der Subkultur weg der Arbeitswelt zu und sangen und spielten nun für Jungarbeiter und Lehrlinge. Nach vier Programmen (»Kollege Klatt«, 1972, »James Bond, den Lohnräubern auf der Spur«, 1973, »Menschen, Mäuse und Moneten«, 1974, »COUNT DOWN«, 1976, löste sich die Gruppe am 30.11. 1977 nach einem letzten Konzert auf.

Lorentz, Kay ** 17. 2. 1920 Chemnitz; †29. 1. 1993 Düsseldorf.*
Kabarettgründer, -leiter und -autor
Der Sohn eines Ingenieurs studierte zuerst in Köln, dann in Berlin orientalische Sprachen, um Diplomat zu werden. An der Berliner Universität lernte er die Philologiestudentin Lore Schirmer (→ *Lore Lorentz*) kennen. An die Ostfront beordert und dort verwundet, kam er ins Lazarett, zuerst nach Hannover, dann nach Mährisch-Ostrau, wo er seine Kommilitonin heiratete. Nach dem Zusammenbruch der Ostfront zogen beide mit einem Flüchtlingstreck westwärts. In Sachsen kam ihr erstes Kind, Constanze, zur Welt. Unteroffizier Lorentz mußte noch einmal an die Front, diesmal ins Ruhrgebiet. Nach Kriegsende holte er Frau und Kind in den Westen.
Der Aufforderung eines Schulfreundes folgend, bei dessen Kabarett »Die Wäscheleine« in Düsseldorf mitzumachen, wurde Kay dort kaufmännischer Leiter, während Lore an der Kasse saß. Mit dem Schwarzmarkterlös einer »Leica« und von zwei Dutzend silbernen Löffeln bauten beide 1947 das Vereinslokal einer Altstadtkneipe in der Hunsrückenstr. 20 zu ihrem eigenen Kabarett, dem → *Kom(m)ödchen*, aus, dessen Leiter und Regisseur Kay Lorentz bis zuletzt war. Nach seinem Tod übernahm sein Sohn Kay-Sebastian Lorentz die Leitung. Anfangs schrieb Kay Lorentz auch Texte. 1971 erhielt er zusammen mit Lore Lorentz den Offenbach-Preis der Stadt Köln und 1981 den Ehrenpreis zum → *Deutschen Kleinkunstpreis.*

Lorentz, Lore ** 12. 9. 1920 Mährisch-Ostrau als Lore Schirmer; †22. 2. 1994 Düsseldorf.* Chansonniere, Kabarettistin
Die Tochter eines Ingenieurs studierte Geschichte, Philosophie und Germanistik, zuerst in Wien, dann an der Berliner Universität, wo sie → *Kay Lorentz* kennenlernte. Nach dessen Fronteinsatz und Verwundung heirateten die beiden in Lores Heimat und zogen nach dem Zusammenbruch der Ostfront mit einem Flüchtlingstreck westwärts. In Sachsen kam ihr erstes Kind, Constanze, zur Welt.

Lore Lorentz 1949 im Düsseldorfer »Kom(m)ödchen« in dem Programm »Nichts Treffendes bitte streichen«

Nachdem sie 1946 in Düsseldorf seßhaft geworden waren, gründeten beide 1947 das → *Kom(m)ödchen*, deren unbestrittener weiblicher Star Lore Lorentz wurde. Ohne entsprechende Vorbildung hatte sie bereits in dem Kabarett »Die Wäscheleine« von Kay Lorentz' Schulfreund Günter Ebert Chansons gesungen (ursprünglich dort Kassiererin, war sie für eine → *Diseuse* eingesprungen). Lore Lorentz bestach durch ihren klugen Charme und durch ihren fraulich-spirituellen Reiz und gehörte Jahrzehnte zu den großen Darstellerinnen und Chansonnieren des deutschsprachigen Kabaretts. 1971 erhielt sie zusammen mit Kay Lorentz den Offenbach-Preis der Stadt Köln und 1981 den Ehrenpreis zum Deutschen Kleinkunstpreis. Sie war Dozentin an der Folkwang-Schule in Essen und dort auch seit 1978 Professorin für Song und Musical. Bis 1983 wirkte Lore Lorentz im Ensemble des *Kom(m)ödchens* mit und präsentierte nebenher 1977 mit Texten von → *Eckart Hachfeld*, → *Martin Morlock*, → *Wolfgang Franke* ihr erstes Soloprogramm »Das gestrichene M«, dem die Soloprogramme folgten: »Lore Lorentz präsentiert die Pürkels« (1980), »Es liegt in der Luft« (1982), »Eine schöne Geschichte« (1984), »Marschmusik für Eingänger« (1986), »Spielregeln für Querdenker« (1989, Texte: → *Matthias Deutschmann*, Claus-Peter Lieckfeld), »Denk ich an Deutschland« (1990, Texte: Heinrich Heine).

Lorentz, Lore (Hrsg.): *Gottes Regenbogen hat einen Trauerrand – Szenen und Songs*. Gütersloh 1978.

Loriot (eigentlich: Bernhard Victor von Bülow) * *12. 11. 1923 Brandenburg (Havel)*. Karikaturist und Kabarettist, Kabarettautor und -regisseur

Der Sproß einer preußischen Offiziers- und Diplomatenfamilie wurde im Zweiten Weltkrieg Offizier und befehligte eine Panzerkompanie. Nach dem Kriege war er als Holzfäller tätig, holte sein Abitur nach und besuchte sechs Semester lang die

Kunstakademie in Hamburg. Zeichnete 1949 Karikaturen für die Hamburger Illustrierte »Die Straße«, von 1953 an brachte der »Stern« seine Cartoonserie »Auf den Hund gekommen«.
Von Februar 1967 bis Dezember 1972 stellte Loriot in einer Cartoonserie im Fernsehen berühmte Karikaturisten und ihre Werke vor und entwickelte diese Sendung zu einer kabarettistischen Selbstdarstellung. Es folgte die Einzelsendung »Telecabinet« (1974) sowie die TV-Serie »Loriot I« bis »Loriot VI« (1976 bis 1978). Zu seinem 60. Geburtstag brachte das Deutsche Fernsehen am 12. 11. 1983 die Sendung »Loriots 60. Geburtstag«.
Loriot gehört zu den vielseitigsten Satirikern der BRD. Seine Karikaturenbände mit selbstverfaßten Texten erreichen Millionenauflagen, seine kabarettistischen Fernsehparodien entlarven Fernsehmoderatoren und Politiker wie auch den »kleinen Mann«, angemaßte Wissenschaftlichkeit wie unbedarfte Hilflosigkeit. Politisch ist Loriots Satire nur indirekt. Seine Fernsehsketsche werden inzwischen von zahlreichen Theatern auf der Bühne nachgespielt. 1979 erhielt er den Deutschen Kleinkunstpreis.

Loriot's Dramatische Werke. Zürich 1981. – Loriot: *Möpse und Menschen – Eine Art Biographie.* Zürich 1984.

Lucas, Robert (eigentlich: Robert Ehrenzweig) ** 8. 5. 1904 Wien; † 19. 1. 1984 London.* Schriftsteller, Journalist, Kabarettautor
Studierte in Wien Chemie und Philosophie, Dr. phil. Arbeitete zunächst in Berlin in der Industrie. War Chefredakteur der Zeitschrift »Die politische Bühne« und Leiter des »Politischen Kabaretts«, Wien, für das er auch Texte schrieb. Verfaßte u. a. »Das große Festspiel«, mit dem 1931 die Arbeiter-Olympiade und das Wiener Stadion eröffnet wurden.
Emigrierte 1934 aus Protest gegen den Dollfuß-Putsch nach England und wirkte dort bis zum »Anschluß« (März 1938) als Chefkorrespondent der »Neuen Freien Presse«. War seit September 1938 Mitarbeiter im deutschsprachigen Dienst der BBC London. Bekannt wurde vor allem seine Serie »Die Briefe des Gefreiten Adolf Hirnschal« für die britischen Kriegspropagandasendungen nach Deutschland (deutsch veröffentlicht Frankfurt [Main] 1984). Nach 1945 Mitarbeiter bei der WELT, der ZEIT und beim Deutschlandfunk.

Lucas, Robert: *Teure Amalie, vielgeliebtes Weib – Die Briefe des Gefreiten Hirnschal.* Wien 1945. – Scheu, Friedrich: *Humor als Waffe.* Wien-München-Zürich 1977. – Naumann, Uwe: *Zwischen Tränen und Gelächter – Satirische Faschismuskritik 1933–1945.* Köln 1983. – Ders. (Hrsg.): *Robert Lucas – Die Briefe des Gefreiten Hirnschal 1940–1945.* Wien 1994.

Lüdecke, Frank ** 11. 3. 1961 Berlin.* Kabarettist und Kabarettautor
Begann 1979 mit einem Abiturkabarett und gründete das Kabarett »Die Phrasenmäher«, das er 1980 als Student der Germanistik und Geschichte an der FU-Berlin in ein Studentenkabarett umwandelte, mit dem er bis 1987 fünf Programme herausbrachte. Machte 1989 Examen mit einer Magisterarbeit über → *Kurt Tucholsky* und war anschließend hauptberuflich als Kabarettist tätig, nebenbei (1990–1992) auch als Fernsehkritiker beim Berliner »Tagesspiegel«. 1991 ließ er mit Karin Liersch und Achim Ballert das Programm »Im Namen der Neurose«

 folgen. 1992 verfaßte er mit Ballert ein politisch-absurdes Kabarett-Duett um die Kunstfiguren Johannes und Werner, zwei Systemkritiker, die »die Sache auf den grünen Punkt bringen«, so in »Sanfte Ekzesse« (1992) und »Bilder einer Einstellung« (1993), das auch von der ARD ausgestrahlt wurde und in seiner strengen Form, der Präzision des Dialogs, der dramaturgischen Eleganz und der schauspielerischen Umsetzung richtungsweisend für das Kabarett der Zukunft ist. 1995 lösten sich die »Phrasenmäher« auf, Lüdecke ging zum → *Kom(m)ödchen*, für das er zusammen mit → *Horst Gottfried* Wagner sein Programm »Faire Verlierer« spielte. 1994 erhielten die »Phrasenmäher« den Förderpreis zum → *Deutschen Kleinkunstpreis* und den «AZ-Stern« des Jahres 1994 von der Münchner »Abendzeitung«.

Lüders, Günther **5. 3. 1905 Lübeck; † 1. 3. 1975 Düsseldorf.*
Schauspieler, Vortragskünstler
Nach einer kaufmännischen Lehre (1921–1923) ging Lüders 1924 an das Stadttheater Lübeck, von dort an die Theater in Dessau, Frankfurt/Main und 1934 nach Berlin. Hier trat er auch in den Kabaretts → *Tingel-Tangel-Theater* und → *Katakombe* auf. Im Film debütierte er 1934 in Hans Steinhoffs »Die Insel«. Auch nach 1945 spielte er an verschiedenen Theatern, in Filmen und Fernsehen. Seit 1971 gastierte er mit Rezitationen von → *Joachim Ringelnatz*, Wilhelm Busch, Matthias Claudius und Thomas Mann an zahlreichen Kleinkunstbühnen. 1974 wurde ihm dafür der Deutsche Kleinkunstpreis verliehen.

Kästner, Hans-Gerd; Ohlhoff, Wolf-Rüdiger (Hrsg.): *Günther Lüders. Materialien zur Gedenkstunde und Retrospektive.* Lübeck 1985.

Ludwig, Volker (eigentlich: Volker Hachfeld) **13. 6. 1937 Ludwigshafen.*
Dramatiker, Kabarett- und Kinderstückautor, Kabarett- und Theaterleiter
Der Sohn des Kabarettautors → *Eckart Hachfeld* studierte neun Semester Literatur- und Kunstgeschichte und schrieb seit 1956 für Funk und Fernsehen in West-Berlin Chansons und Glossen, 1959 Kabarettexte für die → *Stachelschweine*, von 1961 bis 1963 fünf Programme für → *Die Bedienten*, von 1963 bis 1964 für das → *Bügelbrett* und die → *Wühlmäuse.*
1965 trennte sich Ludwig mit fünf Kabarettisten von den *Wühlmäusen* aus politischen Gründen und rief zusammen mit ihnen im Herbst 1965 das → *Reichskabarett* ins Leben, dessen künstlerischer Leiter und Hauptautor er bis zum Ende 1971 (nach acht Programmen) war. Danach konzentrierte er sich auf das von ihm 1966 gegründete »Theater für Kinder«, das er jetzt »GRIPS-Theater« nannte und für das er das Kindertheater in Deutschland prägende Stücke schrieb, zuerst 1969 (gemeinsam mit seinem Bruder, dem Karikaturisten Rainer Hachfeld) »Stokkerlok und Millipilli«. Bei der Hälfte der bisher rund dreißig Stücke des »GRIPS-Theaters« zeichnet Ludwig als Autor (mit)verantwortlich. Fast immer hat er die → *Songs* geschrieben, insgesamt über 250. 1980 brachte er »Eine linke Geschichte«, die auch seine Kabarettzeit verarbeitet, auf die Bühne. Am 1. 5. 1983 eröffnete er zusammen mit → *Detlef Michel* als neues politisch-satirisches Kabarett das → *Institut für Lebensmut.* Außerdem schrieb Ludwig 1963–1965 Texte für zwölf Folgen der Fernsehserie »Hallo Nachbarn!« (→ *Medienkabarett*), 1968–1977 für

das monatliche HR-Funkkabarett »Bis zur letzten Frequenz«, 1969–1972 für drei Programme des → *Kom(m)ödchens* sowie 1981/82 für fünf Folgen des Fernsehkabaretts »Scheibenwischer« (→ *Medienkabarett*). 1990 schrieb er zusammen mit Detlef Michel das satirische Theaterstück »Der letzte Wähler«.
Volker Ludwig ist der fruchtbarste und politisch genaueste Kabarettautor der Gegenwart.

Luga, Joe (eigentlich: Joachim Gaul) **26. 3. 1920 Hamburg.*
Chansonnier, Komponist, Pianist
Begann während des Zweiten Weltkrieges 1942 im Fronttheater in der UdSSR mit Parodien als Damenimitator. Seit 1951 in Berlin tätig als Chansonnier am Klavier in den Kabaretts »Kelch«, »Greifi«, »Don-Juan-Bar«, »Friedrichstadt-Palast« u.a. Zahlreiche Rundfunksendungen, in den achtziger und neunziger Jahren auch Fernsehsendungen (z.B. 1990 Gala zum siebzigsten Geburtstag; 1992 im »Schmidts«, Sendung zum 50jährigen Bühnenjubiläum; 1995 Geburtstags-Gala zum 75. Geburtstag, arrangiert von Friedhelm Mönter).
In den achtziger Jahren Auftritte mit Chansons von → *Friedrich Hollaender,* → *Walter Mehring,* → *Kurt Tucholsky,* → *Erich Kästner,* → *Ralph Benatzky,* → *Bertolt Brecht,* → *Robert T. Odeman,* → *Mischa Spoliansky* u.a. im Stuttgarter → *Renitenztheater,* im Mainzer → *unterhaus,* bei »Schmidts«, Hamburg u.a. Seit 1988 zahlreiche Engagements auf Kreuzfahrt-Schiffen und mehrere Schallplatten. Sein jüngstes Programm von 1995 trägt den Titel: ». . . und kein bißchen heiser«.

Lyrik (griech. Lyra = Saiteninstrument, Leier) Ursprünglich von der Lyra begleitete Gesänge; neben Dramatik und Epik später eine der drei Hauptgattungen der Poesie. Ihr kennzeichnendes Merkmal ist der Sprachrhythmus (Vers, Reim u.a.); in der griechisch-römischen Antike vor allem als Elegie, Hymne und Ode. In Europa über den Minnesang, das Sonett der Renaissance und das geistreiche Epigramm verbreitet und entfaltet durch das Volkslied (→ *Lied*), den → *Bänkelsang* (Moritat) und das vielgestaltige Gedicht, als Gestaltungsmittel neuerer Zeit. Mehr als alle anderen poetischen Gattungen bezieht die Lyrik den Leser oder Hörer mit ein in die ästhetische Kommunikation, die sich aus der poetischen Aussage eines »Ich« oder »Wir« im Gedicht ergibt. Damit ist die Lyrik ein poetisches Feld, auf dem die intimsten Regungen des Inviduums ihren unmittelbaren künstlerischen Ausdruck finden können. Die unterschiedlichen Gegenstände, die in der Lyrik thematisiert werden, die ästhetischen Grundhaltungen und die verschiedenen gesellschaftlichen Funktionsbereiche für lyrische Dichtung ergeben eine Fülle von Gedichtarten, die sich das Kabarett zu eigen macht: Bänkelsang, → *Ballade,* → *Chanson,* → *Couplet,* Epigramm, → *Groteske,* Klapphornvers, konkrete Poesie, Limerick, Lügendichtung, Melodrama, → *Moritat,* → *Quodlibet,* → *Schlager,* Schüttelreim, → *Witz,* → *Wortspiele* und der → *Song* der → *Liedermacher.*
Für diese Formen prägte 1900 → *Otto Julius Bierbaum* den Begriff »Angewandte Lyrik«, den → *Erich Kästner* in den zwanziger Jahren in »Gebrauchslyrik« abwandelte. Damit sind die im Kabarett vielfach vorgetragenen lyrischen Verse gemeint und die Lyrik, die von Autoren (→ *Klabund,* → *Kurt Tucholsky,* → *Walter*

 Mehring, → *Friedrich Hollaender,* Erich Kästner, → *Werner Finck* u.a.) für den Vortrag im Kabarett geschrieben wurden.

Wilke, Jürgen: *Das Zeitgedicht.* Meisenheim am Glan 1974. – Hinderer, Walter (Hrsg.): *Geschichte der politischen Lyrik in Deutschland.* Stuttgart 1978. – Scherpe, Klaus R.: *Poesie der Demokratie.* Köln 1980. – Hinderer, Walter (Hrsg.): *Geschichte der deutschen Lyrik – Vom Mittelalter bis zur Gegenwart.* Stuttgart 1983.

MA Literarisch-musikalisches »Montags-Abend«(MA)-Kabarett, gegründet 1926 von Malern, Musikern, Schriftstellern und Schauspielern in Berlin unter der Leitung des Ullstein-Redakteurs Reinhard R. Braun. Bei der Ausarbeitung der Programme standen ihm seine Geschwister, die Chansonniere Lore und der Autor Hartmut, zur Seite; die Geschäfte führte Walter Voigt. Die fünf Programme »Was ist MA?« (18. 10. 1926), »MA-Abend« (6. 12. 1926), »Paris brennt« (28. 2. 1927), »Liturgie vom Hauch« (30. 4. 1927), »Traum-City 1004« (10. 10. 1927), die aus einzelnen Kabarettnummern bestanden und von ballähnlichen Tanzveranstaltungen »umrahmt« wurden, inszenierte alle → *Bruno Fritz.* In unbekümmerter Programmfolge wechselte eine Szene über aktuelle Politik mit Lyrik von Alfred Lichtenstein oder Chansons von → *Bertolt Brecht.*

In der Karnevalszeit, am 2.3. 1928, luden die MA-Leute noch einmal zu einem »Kannibalen-Ball« ins Brüdervereinshaus in der Kurfürstenstraße ein, danach gastierte das Ensemble noch einmal am 17.3. 1928 mit Ausschnitten aus den fünf Programmen unter dem Titel »Mitropa« im Amsterdamer »Central Theater«. Die musikalische Leitung hatten die Brüder August und → *Franz S. Bruinier,* die viele der aufgeführten Nummern vertonten und die Begleitband »Sid Kay's Fellows« dirigierten. Zu den Darstellern gehörten u.a. Manfred Fürst, Alexander Kardan, Bruno Fritz, Ernst Brindolff, Wolf Dohnberg, Hans Kleinau, die Chansonniere Lore Braun, die Grotesktänzerinnen Annemarie Korff, Evelyn Preuss, Dela Wyle und Franz Schafheitlin.

Die Machtwächter Literarisch-satirisches Kabarett in Köln. Gegründet von dem Schauspieler Heinz Herrtrampf und eröffnet am 1. 3. 1966 in der Gertrudenstraße 24 mit dem Programm »Eine kleine Macht-News-ik« mit Texten von Heinz Herrtrampf, Rainer Hannemann, Wilhelm Huth und Max Kellas, die – außer Huth – auch als Darsteller neben Wiltrud Fischer mitwirkten. Nach je einem halben Jahr Laufzeit folgten bei gleichbleibender Besetzung die Programme »Unheilbares Deutschland« (Oktober 1966), »Heil Society« (März 1967) und »Schöne Bescherung« (Oktober 1967) – alle mit Texten von Rainer Hannemann und Heinz Freitag.

»Die Machtwächter« im 1976er Programm »Der Rummel rollt« mit Heinz Herrtrampf und Wiltrud Fischer

Bis dahin nach eigener Standortbestimmung ein »Literarisches Kabarett« mit stark komödiantischem Einschlag, wandelten sich *Die Machtwächter* von ihrem fünften Programm – »Deutschland zur Sache« (April 1968) – an im Zuge der Zeit allmählich zu einem systemkritischen Kabarett, und zwar mit

 einer dokumentarischen Vietnamnummer, die ihnen → *Joachim Hackethal* geschrieben hatte. Hackethals Einfluß zeigte sich deutlich im sechsten Programm (»Danke glänzend«, November 1968) und kontinuierlich vom achten Programm an (»Puppen«, Dezember 1969). Das dazwischenliegende (»Make Love not Wahl«, April 1969) kennzeichnete den Rückfall in die rein komödiantische Phase. Inzwischen verstanden sich *Die Machtwächter* als »Institut für kritische Konsumbefriedigung«, bevor sie sich in letzter Konsequenz nach dem »Puppen«-Programm als »Sozialistisches Kollektiv« bezeichneten. Als solches brachten sie im Oktober 1970 »Rot für die Welt« und im Mai 1971 »Wer wen« heraus. Der Umschwung zeichnete sich im darauffolgenden Programm (»Life Story«, November 1971) ab.
Nachdem der Schwung der Linken abgeebbt war, stellten sich *Die Machtwächter* erneut auf ein wieder bürgerlich gewordenes Publikum ein. Nach »Der Stoff, aus dem die Menschen sind (Über das Herstellen von Untertanen)«, April 1973, gingen sie, nunmehr nur noch von Hackethal mit Texten versehen, vom Nummernkabarett ab und konzentrierten sich fortan auf je ein übergreifendes Thema (Gesundheitswesen, »Jahr der Frau«, Justiz). Seit »Mensch Mann« (1983) arbeiten neben Hackethal wieder andere Autoren an den Programmen mit, so an »Tango Apokalypse« (1984); »Zeitgeister« (1986); »Ätzend« (1988); »Holiday« (1990); »Plastic Paradies« (1991); »Brand Sätze« (1993) und »Superhit plus« (1995). Für das Programm »Ihr schönster Tag« (Februar 1975) erhielten die *Machtwächter* den *Deutschen Kleinkunstpreis* für das Jahr 1975 und spielten es neben den anderen Programmen weiter, am 17. 1. 1992 zum 1000. Mal.

Machtwächter-Materialien, Texte, Fotos. Köln 1980.

Mahler, Siegfried **28. 10. 1934 Leipzig.*
Kabarettist, Kabarettautor, Regisseur, Schauspieler
Stieg nach der Schauspielschule 1954 in das Ensemble der → *Pfeffermühle* (Leipzig) ein, der er über dreißig Jahre lang angehörte und für die er einen Großteil der Texte schrieb und zeitweise auch Regie führte. Mitwirkung in Spielfilmen und Fernsehsendungen, u.a. »Scheibenwischer« (→ *Medienkabarett*). Nach seinem Ausscheiden aus der »Pfeffermühle« 1987 lebt Mahler als freischaffender Autor in Leipzig und gründete als Darsteller und Autor das Kabarett »Kleine Freiheit«, das im November 1995 mit dem Programm »Noahs Tagebuch« in Leipzig, Magazingasse 5, eröffnet wurde.

Die Maininger (Das kleine Resistenztheater) Politisch-satirisches Kabarett in Frankfurt (Main). Eröffnet am 8. 1. 1960 in der Neuen Rothofstr. 26a von → *Conrad Reinhold* und seiner Frau und Partnerin Christel Burgert (*26. 2. 1931 Leipzig) mit dem Programm »Dividende gut – alles gut«.
In den über zwanzig Programmen, die Reinhold mit Christel Burgert teils allein, teils mit wenigen Partnern bis zu seinem Tode 1974 herausgebracht hat, setzte er seine in der DDR entwickelte Linie eines kritischen Sozialismus fort, wie eh und je mit Lust und Laune und komödiantischen Mitteln. Besondere Hervorhebung verdienen die *Maininger*-Programme »Ost-West-Side-Story« (1963), »Die verkaufte Haut« (1964), »Deutschlandstreicher« (1966), in denen er aktuelle Kommentare in Maske und Haltung eines Kasperle einflocht.

Nach Reinholds Tod drei Tage vor der für den 4. 10. 1974 vorgesehenen Premiere des Programms »Papa, Charly hat gesagt« (das dann am 13. 11. 1974 herauskam) versucht Christel Burgert, *Die Maininger* im Geiste Reinholds als Hauptautorin und Regisseurin mit wechselnden Coautor(inn)en und Darstellern weiterzuführen, darunter Tochter Claudia (* 1957), Ingrid Zwerenz und Brigitta Linde als Coautorinnen, ferner als Darsteller: Christel Burgert, Egmont Elschner, Ben Engel, Brigitta Linde, Walter von Mende, Sebastian Norden, Claudia Reinhold, Nikolaus Schilling, Katja Wieszorek u.a. Mit »Frisch, fromm, fröhlich – Frau« stellten *Die Maininger* ein reines Frauenprogramm vor. Im Oktober 1978 kamen sie mit einem »Nachtstudio Lyrik« (mit dem Lyriker und Jazzkritiker Wilhelm Liefland, † 1980) heraus, dem jährlich weitere Jazz & Lyrik-Programme folgten. Nach den Programmen »Circus Futurus« (1979), »Chaos der K(n)öpfe« (1979) und »Alles rennet, rettet, flüchtet« (1980) übernahm Lutz Köhler die musikalische Leitung in den Programmen »Jenseits vom Diesseits« (1981), »Unerhört« (1982), »Vormärz nicht vergessen« (1983), »HEIMAT in tele VISION« (1984) und von Gerhard Zwerenz' »Die Callgirls kapitulieren nicht« (1985). Bis Ende 1995 folgten 22 weitere Programme (musikalischer Leiter: Martin Bauersfeld), mit denen *Die Maininger* nur noch dreimal wöchentlich in ihrem Keller auftreten, zuletzt mit »Wir Unkaputtbaren« (September 1995).

Maiwald, Peter ** 8. 11. 1946 Nördlingen.*
Schriftsteller, Journalist, Kabarettautor
Studierte Theaterwissenschaft, Germanistik und Soziologie in München. Seit 1968 freischaffender Schriftsteller. Veröffentlichte seit 1969 Gedichte für Kinder und Erwachsene, politische Revuen, Drehbücher und Literaturkritiken in Zeitungen, Zeitschriften, Anthologien, Rundfunk und Fernsehen. 1984 bis 1988 Mitherausgeber der »Düsseldorfer Debatte«. Kabarett-Texte für die Münchner »Stichlinge« (1967) und den → *Floh de Cologne* (1967/1968), das Stuttgarter → *Renitenztheater* (1968–1985), die Münchner → *Zwiebel* (1969), das Düsseldorfer → *Kom(m)ödchen* (1969) und die Kölner → *Machtwächter* (1988). Schrieb 1970 für die IG Metall eine »Polit-Revue« um Lenin und 1977 mit → *Therese Angeloff* die Polit-Revue »Die merkwürdigen Abenteuer des edlen Ritters Don Quichotte nebst seines scharfsinnigen Begleiters Sancho Pansa in den Irrungen und Wirrungen der westlichen Demokratie«. Zahlreiche Buchveröffentlichungen, darunter die Gedichtbände *Geschichten vom Arbeiter B.*, 1975; *Antwort hierzulande*, 1976; *Die Leute von der Annostraße*, 1978; *Balladen von Samstag und Sonntag*, 1984; *Guter Dinge*, 1987 u.a., sowie Texte für Schallplatten (»Die Leute von der Annostraße«, 1978; »Die Seinstadt-Suite«, 1978; »Lieder«, 1979 u.a.). 1983 erhielt er den Förderpreis zum Friedrich-Hölderlin-Preis der Stadt Homburg v.d. Höhe.

Malör, Miki ** 29. 8. 1957 Wien.* Kabarettistin und Kabarettautorin
Nahm seit dem sechsten Lebensjahr Klavierunterricht. Studierte das Konzertfach Flöte, außerdem Sport. Komponierte 1978 die Musik zu »Richard Korkbein« am »Ensembletheater«, Wien. Gesangsunterricht bei Marie Thérèse Escribano. Nahm an Pantomime-, Akrobatik- und Theater-Workshops in Wien, München und Paris teil. In Paris arbeitete sie als Clown bei Pierre Byland. Arbeitete seit 1979 an

verschiedenen Kabarettprogrammen mit, so an drei Programmen mit Lena Rothstein. Gründete 1981 eine eigene Truppe, »Flamingo Bingo«, und spielte die Programme »Lola und ihr Gigolo« (mit Ernestine Steiner) und »Agresso Grande« (mit Hubsi Kramer). Spielte 1982 in dem Fernsehfilm »Neonmix« (ORF) und mit Hubert Zorell in dem Ritterspiel »Eduard und Kunigunde« sowie 1982/1983 in dem Programm »Atemlos« des Kabaretts »Hallucination Company«, Wien.
Brachte 1983 ihr erstes Soloprogramm »An einem Tag wie diesem ...« heraus und wirkte danach in der Eislaufshow »Ferien« mit Christian Columbus und mit Hubsi Kramer in zwei Produktionen, »Weana Blut« und »Sinfonietta«, mit. Gründete 1984 das »Erste Wiener Abfallorchester« und trat damit in Österreich und Deutschland auf. 1985 arbeitete sie an dem Stück »Entführt« beim Zelttheater »Fliegende Bauten« und ging damit auf Tournee. Ihrem zweiten Soloprogramm »Windelweich« folgten die Soloprogramme »Federn lassen« (1988); »Vom Schwindeln der Sinne« (1990); »Maria durch ein Triebwerk ging« (1992) und »Diva« (1994). 1988 brachte sie die Platte »Made in heaven« mit eigenen Liedern heraus. 1986 erhielt sie den Förderpreis zum *Deutschen Kleinkunstpreis.*

Mamma Grappa Politisch-satirisches Frauenkabarett aus Köln, das im Mai 1981 mit dem Programm »Hand auf's Herz« mit eigenen Texten von und mit Gabriele Dressler, Ulla Foemen, Almut Karas und Birgit Pacht unter der musikalischen Leitung von Christiane Cohen begann. Mit Cohen, Dressler und Pacht folgten die Programme »Eingemachtes« (1982); »Der Lack ist ab« (1984); »Cinque Anni« (1986); »Volle Dröhnung« (1987) und 1990 »Polterabend« (mit gleichem Ensemble, um Ingeborg Wunderlich erweitert). Am 21.11. 1991 beging das Kabarett im »Stollwerck«, Köln unter dem Titel »10 Grappa für Mamma« sein zehnjähriges Bestehen. 1992 folgte das Programm »Auslaufmodelle oder Fritz Schmitz darf nicht sterben« (mit Marion Schüller anstelle von Ingeborg Wunderlich) und dann als Trio (mit Dressler, Michaelis und Pacht) 1994 das Programm »Tiefgarage«. *Mamma Grappa*, als mittlerweile am längsten bestehendes Frauenkabarett, gastiert auf zahlreichen Bühnen der Kleinkunstszene.

Rogler, Marianne (Hrsg.): *Frontfrauen.* Köln 1995.

Manger, Jürgen von **6. 3. 1923 Koblenz; † 15. 3. 1994 Herne.*
Schauspieler, Kabarettist, Kabarettautor
Der Sohn eines Staatsanwalts wuchs in Hagen (Westfalen) auf, wurde Schauspieler und begann mit 31 Jahren aus Pflichtgefühl seiner Familie gegenüber mit dem Jurastudium, das er nach vier Jahren ohne Abschluß aufgab.
Als Ensemblemitglied der Theater in Bochum und Gelsenkirchen erzählte er den Kollegen in der Garderobe gern kleine Geschichten auf westfälisch. 1961 führte die Schauspielerin Fita Benkhoff einen heimlich davon gemachten Tonbandmitschnitt der Unterhaltungsabteilung des NDR vor. Die Sendung des Bandes zu Silvester 1961 machte Manger und die von ihm geschaffene Figur des kleinen Mannes aus dem Ruhrpott, »Adolf Tegtmeier«, schlagartig bekannt und beliebt. In Rundfunk und Fernsehen, auf Schallplatten und in Büchern, bei Gastspielen und auf Tourneen führte Manger seither seine volkstümlichen Alltagsgrotesken vom

Kampf des mitteilungsfreudigen Kumpels mit den Tücken der Sprache vor, mit einer durchaus spürbaren, wenn auch nicht immer ausgesprochenen politischen Dimension.

Manger, Jürgen von: *Bleibense Mensch – Träume, Reden und Gerede des Adolf Tegtmeier.* München 1966.

Mann, Erika **9. 11. 1905 München; †27. 8. 1969 Zürich.* Schriftstellerin, Schauspielerin, Kabarettautorin, Kabarettgründerin und -leiterin, Kabarettistin

Erika Mann auf der Titelseite des Programmheftes der »Pfeffermühle«, Zürich 1935

Die Tochter Thomas Manns bildete 1925 zusammen mit ihrem Bruder Klaus, dessen Verlobter Pamela Wedekind und ihrem damaligen Ehemann → *Gustaf Gründgens* ein Theaterensemble, das u.a. Stücke von Klaus Mann aufführte (»Anja und Esther«, 1925, »Revue zu vieren«, 1926).Die Ehe mit Gründgens dauerte bis 1928.
1933 gründete Erika Mann in München die → *Pfeffermühle* und übersiedelte mit ihr im März 1933 nach Zürich. Heiratete 1936 den englischen Dichter W.H. Auden. Nach dem Ende der »Pfeffermühle (Peppermill«) Februar 1937 in den USA Lektorin, Journalistin, Kriegskorrespondentin der BBC, London, nach dem Krieg US-Leutnant und Kriegsberichterstatterin in Deutschland. Übersiedelte zu ihrem Vater nach Kilchberg bei Zürich, verwaltete den schriftlichen Nachlaß Thomas Manns und betrieb eine Neuausgabe der Werke Klaus Manns. Schrieb ferner Jugendbücher, Erzählungen und Essays.

Von der Lühe, Irmela: *Erika Mann. Eine Biographie.* Frankfurt/Main 1994.

Marcus, Julia **24. 12. 1905 St. Gallen.* Tänzerin
Studierte seit 1925 in Zürich bei Rudolf von Laban, dann bei Mary Wigman in Dresden. Trat mit eigenen Ausdruckstänzen 1929 im Nachwuchs-Studio des Berliner → *Kabarett der Komiker* auf, wo sie mit riesiger Maske »Sonny Boy«, eine Parodie auf den schwarzgeschminkten amerikanischen Sänger Al Jolson tanzte. Wirkte in verschiedenen Theateraufführungen mit, so im Mai 1930 an der Berliner Städtischen Oper in dem Tanzspiel »Die Opferung des Gefangenen« von Eduard Stucken. Danach trat sie ein Engagement am »Korso-Kabarett« an und tanzte auf Arbeiterveranstaltungen, gemeinsam im Programm mit → *Erich Weinert,* → *Ernst Busch* und → *Hanns Eisler.* 1931–1933 tanzte sie am Kabarett → *Katakombe,* wo

 zu ihrem Repertoire u. a. »Die Nähmaschine« gehörte, eine Nummer, in der sie den mechanischen Tanzrhythmus und die Erschöpfung einer Näherin nachahmte, und eine Hitler-Parodie, in der sie zum Marsch »Einzug der Gladiatoren« über die Bühne hüpfte. Mußte wegen ihrer jüdischen Abstammung emigrieren. Eine Gelegenheit zur legalen Ausreise bot ihr im Februar 1933 der »Internationale Wettbewerb für künstlerischen Solotanz« in Warschau, wo sie mit ihren »Katakomben«-Parodien einen Sonderpreis erhielt. Im Dezember 1933 landete sie in Paris, wo sie Gymnastikunterricht gab und Jacques Prévert kennenlernte, der sie in seinen Filmen als Statistin unterbrachte. Nach dem Zweiten Weltkrieg lebte sie als Sekretärin in Massy.
1986 stiftete sie den Tatjana Barbakoff-Preis in Erinnerung an die 1944 in Auschwitz vergaste Tänzerin.

Marschall, Wolfgang ** 7. 6. 1957 Kaiserslautern.*
Kabarettist, Kabarettautor, Regisseur
Gründete nach dem Studium von Psychologie und Pädagogik an der Universität Mainz und der Erziehungswissenschaftlichen Hochschule Landau 1981 das Rockkabarett »Notstandsensemble« mit dem Programm »Spötterdämmerung«, 1981, einer achtköpfigen Lästerformation von überregionalem Wirkungskreis. Bestreitet seit 1983 zusammen mit dem Pianisten Edwin Schwehm-Herter das Duo-Projekt »Politera und Show KG« (»Spottpüree», 1983). Ist seit 1985 ausschließlich als Autor und Regisseur tätig, u. a. für das »Pfalztheater«, Kaiserslautern (»... mit ruhig festem Schritt«, 1984; »Frisch? Fromm? Fröhlich? Frei?«, 1985); das → *Renitenztheater*, Stuttgart (»Die unendliche Wende«, 1984; »Stars und Straps«, 1985; »Es tickt ganz leis im Sauerkraut«, 1986); Kabarett → *Dusche*, Mannheim (»Ende der Schonzeit«, 1988; »Die Avantgarde läßt grüßen«, 1988; »Hauptsache bewußt«, 1989; »Da Capo«, 1990); Kabarett »Die unterhäusler«, Mainz (»Mit vierzig in Rente«, 1988) und für die Solisten Reiner Kröhnert (»Wer ist eigentlich der Beste?«, 1987); und Margerit Minoeff (»WeibsBilder«, 1988).

Hoffmann, Klaus-Jürgen (Hrsg.): *Hinter den Kulissen.* Osthofen 1992.

Maurenbrecher, Manfred ** 2. 5. 1950 Berlin.*
Liedermacher, Autor, Komponist, Pianist
Begann in der Gruppe »Trotz und Träume« am 4.6. 1972, trat dann erst wieder seit Januar 1977 auf und ist seit Mai 1981 hauptberuflich als Liedermacher tätig. Mit eigenen Texten und Liedern, die er am Klavier selbst begleitet, schuf er die Programme »Maurenbrecher« (1982); »Feueralarm« (1983, mit Band); »Viel zu schön« (1985); »Schneller leben« (1986); »Drei Männer im Schnee« (1987, mit Thommie Bayer und Richard Wester); »Kleine Geschenke-Tour« (1989, mit Richard Wester, Saxophon); »Das Duo Live« (1990, mit Richard Wester); »Doppelkopf« (1992, mit → *Gerhard Gundermann*), ferner die Soloprogramme »Freiheit ist ein Augenblick« (1992); »Küsse und Kakerlaken« (1994) und, zusammen mit Achim Ballert (vormals Kabarett »Die Phrasenmäher«), das Programm »Die Häßlichen – ein schönes Programm« (1995). Sein Lied »Kleiner Mann«, das auf Berlins damaligen Innensenator Heinrich Lummer zielte, wurde auf Lummers Initiative

vom Sender RIAS, Berlin verboten. 1991 erhielt Maurenbrecher den *Deutschen Kleinkunstpreis* in der Sparte Chanson.

Lieder der Rock- und Songpoesie, 2 Bände. Schlüchtern 1988.

Die Mausefalle (Hamburg) Ein 1951 von → *Werner Finck* und Ludwig Gang (kaufmännische Leitung) parallel zur → *Mausefalle* (Stuttgart) in Hamburg, Spitaler-, Ecke Glockenwallstraße, gegründetes literarisch-politisches Kabarett.
Eröffnete mit dem Programm »Von Falle zu Falle«, das – nach der verschleierten Bekanntgabe der Wiederaufrüstung durch Bundeskanzler Adenauer Ende Juni 1951 – in »Hut ab – Helm auf!« umbenannt wurde (Texte: → *Eckart Hachfeld* und Werner Finck), mit Werner Finck, → *Helmut Brasch*, Mona Baptiste, Klaus Havenstein, Helga Kruck, → *Ralf Wolter*, Edith Dyckerhoff und Jürgen Wulf). Nach einer Tournee durch die ganze BRD und nach West-Berlin wurde dieses Programm von der *Mausefalle* (Stuttgart) übernommen und dort bis Anfang 1953 gespielt. Von 1952 bis 1957 diente die *Mausefalle* (Hamburg) (wie die *Mausefalle* [Stuttgart]) als Podium für Gastspiele fremder Ensembles und Solokabarettisten und beteiligte sich an gemeinsamen Gastspielen, so mit den »Kabarettichen«, und an Werner Fincks Südamerikatournee mit dessen Programm »Kritik der reinen Unvernunft«. 1957 lösten Finck und Ludwig Gang die *Mausefalle* (Hamburg) auf.

Die Mausefalle (Stuttgart) Ein 1948 von → *Werner Finck* und Ludwig Gang (kaufmännische Leitung) in der Tübinger Str. 17b gegründetes Kabarettheater.
Eröffnet am 16.6. 1948 mit dem Programm »Wir sind wieder so weit« mit Werner Finck, → *Elsie Attenhofer*, → *Max Werner Lenz*, → *Trudi Schoop*, Herta Worell (vom Juli 1948 an auch Isa Vermehren) u.a. Nach dem zweiten Programm (»Ihr könnt ja wieder kommen«, August 1948) brachte die *Mausefalle* auch kleine satirische Stücke, Musicals und Operetten heraus, so »Orpheus in der Unterwelt« in einer Bearbeitung von → *Heinz Hartwig* und → *Gerhart Herrmann Mostar* mit Werner Finck, Gerda-Maria Jürgens, Henry Lorenzen u.a. (31. 12. 1948), »Seit Adam und Eva« von Priestley mit Werner Finck, Margarete von Benda, Otto Stern u.a. (März/April 1949), »Die hellgelben Handschuhe« von → *Willi Kollo* (auch Regie und Begleitung), mit Harald Paulsen, → *Edith Schollwer*, u.a. (1950), »Der Maulkorb« von Heinrich Spoerl mit Werner Finck u.a. (1951).
Nach Gründung der → *Mausefalle* (Hamburg) spielte die *Mausefalle* (Stuttgart) (nach einer Inszenierung von Zuckmayers »Der fröhliche Weinberg«, 1951, durch Peter Beauvais) abwechselnd Boulevardstücke und Kabarettprogramme und diente als Gastspielbühne für fremde Ensembles und Solokabarettisten, so für eine Inszenierung von → *Günter Neumanns* »Schwarzem Jahrmarkt« mit → *Gert Fröbe*, → *Wolfgang Müller*, → *Helmut Brasch*, Ruth Peter u.a. (1952). Ferner gastierten hier (wie auch in der *Mausefalle* [Hamburg] von 1951 bis 1957) von 1951 bis 1966 → *Die Amnestierten*, → *Elsie Attenhofer* und → *Max Werner Lenz*, Lucienne Boyer, → *Voli Geiler/Walter Morath*, → *Ursula Herking*, → *Trude Hesterberg*, das → *Kabarett der Komiker*, »Die Kabarettiche«, → *Liesl Karlstadt*, »Die kleinen Vier«, das → *Kom(m)ödchen*, → *Theo Prosel*, → *Willy Reichert*, das → *rendezvous*, Max Strekker, → *Hanne Wieder*, das → *Wiener Werkel* u.a.

 Mit eigenen Programmen bereisten die *Mausefallen* (Stuttgart und Hamburg) die BRD und West-Berlin und veranstalteten u.a. eine Halbjahrestournee mit den »Kabarettichen«. 1951/52 führte Ludwig Gang eine Halbjahrestournee durch Südamerika mit Werner Finck und seinem Programm »Kritik der reinen Unvernunft« durch. 1963 trat Werner Finck als Gesellschafter der *Mausefalle* (Stuttgart) zurück; Ludwig Gang betrieb das Unternehmen und das ihm angegliederte Kabarett »Der Kreisel« bis 1969 weiter und zog sich dann ins Privatleben zurück.

May, Gisela **31. 5. 1924 Wetzlar.*
Schauspielerin, Chanson- und Songinterpretin
Die Tochter des Autors und Chefdramaturgen Ferdinand May und einer Schauspielerin besuchte 1940–1942 die Schauspielschule in Leipzig und wurde – nach Engagements 1945–1951 in Dresden, Görlitz, Leipzig und Schwerin – von Wolfgang Langhoff 1951 an das »Deutsche Theater« in Berlin verpflichtet. 1962 wechselte sie an das »Berliner Ensemble«.
Nachdem sie 1959 zum erstenmal → *Songs* von → *Bertolt Brecht* sang, gilt Gisela May nächst → *Lotte Lenya* als bedeutendste Interpretin seiner Songs, vornehmlich in der Vertonung durch → *Kurt Weill*, → *Hanns Eisler*, Paul Dessau. 1966 spielte und sang sie in der »Dreigroschenoper«-Inszenierung des »Berliner Ensemble« die Mrs. Peachum, 1963 an der »Deutschen Staatsoper« Unter den Linden die »Anna I« in Brecht-Weills »Die sieben Todsünden der Kleinbürger«. Nebenher dozierte sie an der Staatlichen Schauspielschule der Humboldt-Universität, Ost-Berlin, und gastweise bei den Internationalen Musikseminaren der »Berliner Musikhochschule Hanns Eisler« in Weimar, spielte Theater und Musical (»Hello Dolly«, 1970 im »Metropoltheater«, Ost-Berlin), trat in Filmen (»Die Tage der Commune«, 1964; »Frau Warrens Beruf«, 1973; »Fleur Lafontaine», 1979 u.a.), in Rundfunk und Fernsehen (Sendereihe »Pfundgrube« u.a.) auf und gab Chansongastspiele – früher in der DDR, der BRD und zahlreichen anderen europäischen Ländern sowie in den USA. Am 7. 10. 1974 sang sie vor der UNO in New York. Außerdem singt sie Chansons (mit Pianist Henry Krtschil) von → *Kurt Tucholsky*, → *Walter Mehring*, → *Erich Kästner*, → *Friedrich Hollaender* u.a., auch auf Schallplatten, die mehrfach preisgekrönt wurden. Seit 1972 war Gisela May Mitglied der »Akademie der Künste« der DDR. Sie erhielt den Kunstpreis der DDR und wurde mehrfach, erstmals 1973, mit deren Nationalpreis ausgezeichnet. 1987 erhielt sie in der Kategorie Chanson den Ehrenpreis zum → *Deutschen Kleinkunstpreis.*

May, Gisela: *Mit meinen Augen.* Berlin 1976. – Kranz, Dieter: *Gisela May – Schauspielerin und Diseuse.* Berlin 1982.

Medienkabarett Sammelbegriff für zeitkritische Kabarettsendungen, die von den öffentlich-rechtlichen Rundfunkanstalten entweder selbst veranstaltet werden oder die sie von eigenständigen Kabaretts übernehmen.
Seitdem sich die öffentlich-rechtlichen Medien des zeitkritischen Kabaretts angenommen haben, schwanken sie im Dilemma zwischen ihrer Neigung zu »gehobener Unterhaltung« und der Pflicht zur statutengerechten »Ausgewogenheit« der gesendeten Meinungsbeiträge. Daß die Satire unter den Kunstvorbehalt von Artikel 5, Absatz 3 des Grundgesetzes fällt und daß – lt. Absatz 2 – »eine Zensur

nicht statt[findet]«, hält die von den staatstragenden Parteien kontrollierten Anstalten nicht von vielfältigen, teils offenen, teils versteckten Zensurmaßnahmen gegen satirische (und andere kritische) Sendungen in Funk und Fernsehen ab. An solchen Maßnahmen hindern sie nicht einmal die Richtlinien über Ausgewogenheit im »Fernsehurteil« des Bundesverfassungsgerichts vom 28. 2. 1961, in dem es u.a. heißt:

»Eine ›unausgewogene‹ soziale Realität ausgewogen darzustellen hieße nichts anderes, als Konflikte und Interessengegensätze zu verschleiern und veränderungsbedürftige soziale Mißstände oder politische Fehlentwicklungen zu tabuisieren.«

Selbst seine eigenen Richtlinien mißachtete beispielsweise das ZDF, als es die satirische Fernsehsendung »Notizen aus der Provinz« zum Jahresende 1979 wegen des bevorstehenden Wahljahres absetzte, dagegen das »ZDF-Magazin« des politisch einschlägig aktiven Moderators Gerhard Löwenthal weiterhin ausstrahlte. Unter Ziffer III, Absatz 5 der ZDF-Richtlinien vom 11. 7. 1963 heißt es nämlich: »Die Anstalt ist zur Überparteilichkeit verpflichtet. Die Ausgewogenheit des Gesamtprogramms bedingt jedoch nicht die Überparteilichkeit jeder Einzelsendung.«

Kabarettistische Elemente enthielt die aus einer Hörfunkunterhaltungsreihe des RIAS, Berlin, entstandene Fernsehunterhaltungsserie »Rückblende« des NDR (1961 bis 1963) mit → *Dieter Hildebrandt* als politisierendem Dachdecker und ein paar eingestreuten zeitkritischen Sketschen. Essentiell kabarettistisch startete dann – entstanden aus der mitternächtlichen Funksendung des NDR »Adrian und Alexander«, in welcher Richard Münch die Hörer stets mit »Hallo, Nachbarn!« begrüßte – am 28. 10. 1963 die erste Sendung des NDR-Fernsehkabaretts »Hallo, Nachbarn!« Ebenfalls von Münch moderiert, brachte sie zwischen aktuellen Fotos und Dokumentareinblendungen darauf Bezug nehmende »Nachrichten« und zeitkritische Chansons nach dem Muster der seit 1962 gesendeten BBC-Kabarettserie »That Was The Week That Was«. Die Leitung der Sendung hatte → *Joachim Roering*, Texte schrieben u.a.: Wolfgang Ebert, → *Werner Franke*, → *Eckart Hachfeld*, → *Joachim Hackethal*, → *Volker Ludwig*, → *Jürgen von Manger*, → *Martin Morlock*, Joachim Roering, → *Dieter Thierry*, → *Rolf Ulrich*. Die Chansons sang vor allem Renée Franke, aber auch → *Hannelore Kaub*, Beate Hasenau, Ingrid van Bergen und viele andere.

Schon Mitte April 1964 regte sich Unmut bei der CDU über einzelne Beiträge. In der Sendung vom 7. 7. 1964 war die Aufzeichnung des → *Bügelbrett*-Programms »Stolz auf Deutschland« wesentlich gekürzt worden, ohne daß die Sendeleitung die Textautorin Hannelore Kaub davon unterrichtet hätte. Nachdem die konservative Presse sich auf »Hallo, Nachbarn!« immer stärker eingeschossen hatte, ließ der Stellvertreter des erkrankten NDR-Intendanten Gerhard Schröder, Ludwig Freiherr von Hammerstein-Equord (CDU), die für den 30. 12. 1965 vorgesehene Sendung absetzen. Trotz lebhafter Proteste der Öffentlichkeit ließ der NDR die Serie sterben mit der Begründung: »Die Sendung lief eineinhalb Jahre und mußte einfach durch etwas Neues ersetzt werden.« Dieses »Neue« ist der NDR seinem Publikum seither schuldig geblieben.

Ähnlich erging es dem ZDF-Fernsehkabarett »Notizen aus der Provinz«, präsentiert von Dieter Hildebrandt, das zum erstenmal am 26. 8. 1973 auf den Bildschirm kam. Unter der Regie von → *Sammy Drechsel* wirkten u.a. mit eigenen Texten mit: → *Otto Grünmandl,* → *Jörg Hube,* → *Hanns Dieter Hüsch,* → *Gerhard Polt,* → *Werner Schneyder,* → *Jochen Steffen,* während Hermann Ebeling, Jürgen Lehmann, Kurt Rittig, → *Helmut Ruge,* → *Klaus Peter Schreiner* u.a. Texte beisteuerten. Trotz einer Einschaltquote von 45 Prozent polemisierte seit März 1974 die CSU in ihrem »Bayern-Kurier« heftig gegen die Hildebrandt-Serie und fragte, »wie lange dieser Politclown, dessen Kalauer nicht jedermanns Sache sind, noch im Fernsehen sein Unwesen treiben darf und wann das deutsche Fernsehen endlich Schluß damit macht, ganze Bevölkerungsgruppen pauschal zu diffamieren«. Plötzlich erklärte ZDF-Intendant Holzamer die Sendung für »politisch zu einseitig«, und im September 1974 erregte sie den Zorn des ZDF-Fernsehrats. Daraufhin wurde die für den 27. 2. 1975 eingeplante Folge 18 (wegen einiger Beiträge über das BGH-Urteil zum Abtreibungsparagraphen 218) abgesetzt und durch eine »Tegtmeier«-Sendung → *Jürgen von Mangers* ersetzt. Für diese – nicht gesendete – Folge erhielt »Notizen aus der Provinz« am 14. 3. 1975 den »Adolf-Grimme-Preis« verliehen. Mitte März wurde dann eine völlig neue Folge (ohne die beanstandeten Beiträge) gesendet. Im Oktober 1977 wurde die 45. Folge (wegen der satirischen Behandlung des Terrorismus in bezug auf die Ermordung des Bankiers Jürgen Ponto) abgesetzt. Nach immerhin 66 Folgen (die letzte lief am 22. 11. 1979) stellte das ZDF »Notizen aus der Provinz« im Hinblick auf das bevorstehende Wahljahr 1980 endgültig ein.

Mitte 1980 beauftragte dann der SFB Dieter Hildebrandt mit der Gestaltung einer neuen Serie unter dem Titel »Scheibenwischer«. Diese Serie begann am 12. 6. 1980 und läuft seither im zweimonatigen Turnus. Im Gegensatz zu den vorgenannten Fernsehkabaretts ist der »Scheibenwischer« eine Live-Sendung mit Publikum. Regie führte bis 1986 → *Sammy Drechsel,* seither Cathérine Miville. Neben Hildebrandt wirken in jeder Sendung Gastdarsteller mit, die zum Teil ihre eigenen Texte bringen.

Vom Februar 1967 bis Dezember 1972 bildete unter den zahlreichen Fernseharbeiten von → *Loriot* die Serie »Sauberer Bildschirm« einen der Höhepunkte, eine Collage, die als Wechsel zwischen Cartoon und Realbild, Sketsch und Kommentar konzipiert war.

Das ZDF sendete 1970 bis 1972 das Satiremagazin »Express«, das sich, wie das monatlich vom WDR 1978 bis 1980 ausgestrahlte satirische Programm »Dreizack«, mit Enthüllungen, Aufdeckungen, Abgründen und Affären befaßte. »Dreizack«, beim WDR im Programmbereich »Politik« angesiedelt, wurde von Rolf Bringmann (Redakteur, Autor, Darsteller) betreut, zusammen mit Helmut Ruge und dem Ensemble → *Floh de Cologne.* Bei der am 1. 5. 1985 (vom WDR produzierten) in der ARD ausgestrahlten »Mai-Revue« mit u.a. → *Stephan Wald,* Ron Williams und → *Hansjürgen Rosenbauer* führte der Sketsch zum Besuch von Kohl und Reagan auf dem Bitburger Soldatenfriedhof zum Skandal. Die Bundesregierung forderte die Ablösung des damaligen WDR-Kulturchefs Rosenbauer sowie eine »Entschuldigung für die unentschuldbare Entgleisung«.

Die künftige Konkurrenz der kommerziellen Anbieter nötigte seit Beginn der achtziger Jahre die öffentlich-rechtlichen Anstalten, ihr unterhaltendes Programmangebot auszuweiten. Außer den bereits bekannten Kabarettensembles und deren Protagonisten, bei denen Dieter Hildebrandt mit seinem live ausgestrahlten »Scheibenwischer« den ersten Rang einnahm, wurde auch den kabarettistischen Neulingen durch zahlreiche neu eingerichtete Reihen der Weg ins Fernsehen eröffnet, so mit »Solo für Spaßvögel« (ARD, ab 1980); »Kabarett im Dritten« und »Sprungbrettl« (S3, ab 1981); »Fast wia im richtigen Lebn« (BR, ab 1983); »Scheibnerweise« (NDR, ab 1983); »Medienkunde für Anfänger« (SDR, ab 1984); »Nix für ungut« (BR, ab 1985); »Freitags Abend« (SDR, ab 1985); »Jonas« (ARD, ab 1986); »Mitternachtsspitzen« (WDR, ab 1988). Die Reihenkonzeptionen zielten ebenso wie neu eingerichtete feste Sendeplätze (z. B. montags im späten Abendprogramm der ARD) auf eine stärkere Publikumsbindung. Die Dritten Programme erhielten eine wichtige Funktion bei der fernsehmedialen Erprobung des regionalen Kabarettangebots – ein Beispiel sind die Serien von → *Mathias Richling* (z. B. »Jetzt schlägt's Richling«, SDR, ab 1989) die der Süddeutsche Rundfunk aufzeichnete und in das Gemeinschaftsprogramm der ARD einspeiste. Das ZDF beteiligt sich seit 1987 an der Live-Präsentation der »Mund-Art« in dem Kulturkanal 3Sat und bot kabarettistischem Nachwuchs aus der Schweiz, Österreich und der BRD ein Auftrittsforum. Gleichzeitig wurde allerdings das Kabarettangebot im Hauptprogramm des ZDF entscheidend reduziert.

Für die Sendung »Die besser Hälfte«, die am 30. 10. 1992 im ZDF ausgestrahlt wurde, kürzte der verantwortliche Redakteur Joachim Winter absprachewidrig Szenen des Kabarettduos → *Missfits* nach der Aufnahme. Seit 1992 trat der Kabarettist → *Matthias Deutschmann* mit satirischen Kurzkommentaren in dem vom ZDF produzierten »Frühstücks-Fernsehen« auf. Im August 1993 intervenierte ZDF-Intendant Dieter Stolte gegen dessen Glosse über den IOC-Präsidenten Samaranch, in der Deutschmann von dem »Franco-Faschisten a. D.« und vom »Groß-Cophta des Kommerzsports« sprach. Nun waren Deutschmanns Beiträge »zu gallig, zu wenig frühstücksmäßig hingelächelt, ein Störfaktor im Programmumfeld«. Das Arbeitsverhältnis wurde beendet.

Die kommerziellen Anbieter rücken erst Anfang der neunziger Jahre mit kabarettistischen Programmangeboten nach, so mit der »Einstweiligen Vergnügung« (Pro 7, ab 1991), dem »XOV-Kabarett und Kleinkunst« (VOX, ab 1993); »Kalkofers Mattscheibe« (Premiere, ab 1994). Insgesamt blieben die kabarettistischen Sendungen bei den Privaten bisher noch sehr marginal.

Ein Exempel war die Kabarettreihe »90 Jahre Satire gegen den Zeitgeist«, die, von Reinhard Hippen moderiert, 1991 bis 1994 monatlich im Kanal 4 von RTL um Mitternacht gesendet wurde. Im ZDF wurden 1994 die zwölf 30-Minuten-Folgen »Die zehnte Muse« (Geschichten und Geschichte ums Kabarett) von → *Volker Kühn* ausgestrahlt, und 3Sat entwickelte seit 1994 den satirischen Monatsrückblick »Finito«. Neben → *Dieter Hallervordens* »Spottschau« (ARD, ab 1992) und »Der kleine Gesellschaftsabend« mit → *Hanns Dieter Hüsch* und Gästen (S3, ab 1992) wurde 1991 bis 1994 jeweils mit verschiedenen Kabarettisten einmal wöchentlich nach den »Tagesthemen« der fünfminütige »Nachschlag« gesendet. Begonnen hatte die Serie mit Mathias Richling, der dann jedoch nach Meinung der

 Aufsichtsgremien mit einer Papst-Satire zu weit gegangen war. Die Serie wurde ohne ihn mit → *Matthias Beltz*, Hanns Dieter Hüsch, → *Richard Rogler*, → *Bruno Jonas*, Helmut Ruge, → *Hans Scheibner*, → *Gabi Lodermeier* u.a. fortgesetzt. Allerdings bekamen auch Beltz, Rogler und Scheibner Schwierigkeiten mit ihren Satiren (u.a. über den Bundespräsidentenkandidaten Steffen Heitmann), mit denen sich dann jeweils die Rundfunkräte beschäftigten. Die Auseinandersetzungen führten schließlich zur Absetzung der Sendereihe.

Beim MDR, wo die → *Distel* und → *Peter Ensikat* von 1990 bis 1992 die Serie »Der scharfe Kanal« gestalteten, wurde 1995 die 10. Folge der Serie »Ostalgie« mit Tom Pauls und Uwe Steimle von der MDR-Landesfunkhaus-Chefin Ulrike Wolf zensiert und nur wegen der Zuschauerproteste nicht abgesetzt.

Abgesehen von dem erheblichen Zuwachs an eigenständigen kabarettistischen Sendungen, bei denen die bühnenkabarettistischen Formen im Unterschied zu den siebziger Jahren wieder in den Vordergrund traten, setzte sich verstärkt die Tendenz fort, kabarettistische Passagen und Auftritte in andere Sendeformen zu integrieren (z.B. in politischen Magazinen von ARD und ZDF und Regionalmagazinen) oder sie als Element innerhalb einer jeweils spezifisch akzentuierten Genremischung zu verwenden, deren übergreifender Nenner sich am ehesten als »Show« charakterisieren läßt. Ein typisches Beispiel dafür ist die Sendereihe »Extratour« (RB, seit 1987), die als Mischung aus Musik, Kabarett, Satire und Aktionsreportagen konzipiert wurde.

Kabarett wird zwar von den eher als trivial eingeschätzten »Lachprogrammen« abgegrenzt, soll jedoch selbst möglichst ein eher vergnügt-entspanntes als ein anarchisch-befreiendes Lachen aktivieren. Mehr und mehr werden deshalb seit Anfang der neunziger Jahre bei den öffentlich-rechtlichen wie bei den kommerziellen Sendeanstalten Comedy-Serien (z.B. Samstag-Nacht, RTL, ab 1993) mit unpolitischen Spaßmachern ins Programm genommen.

Das Hörfunkkabarett begann u.a. beim NWDR (Nordwestdeutscher Rundfunk) am 8. 2. 1951 mit → *Werner Finck* und seinen »Rundfinck-Kommentaren«. Von 1959 an gestaltete dort Wolfgang Menge den nächtlichen Kabarettspaß »Von Adrian und Alexander«, der 18 Jahre zweiwöchentlich mit S.O. Wagner und Richard Münch ausgestrahlt wurde, jeweils mit dem Lockruf »Hallo, Nachbarn!«, der dann zum Titel des ersten seit 1963 vom NDR gesendeten fernseheigenen Kabaretts wurde. Seit 1954 sendete der RIAS den von Hans Rosenthal betreuten kabarettistischen Dauerbrenner »Die Rückblende«. Im HR lief die monatliche Serie »Bis zur letzten Frequenz« (von 1965 mit Unterbrechungen bis 1977) von Volker Kühn, im SDR das satirische Magazin »Heiße Sachen« (von 1971 bis 1976) und im WDR die »Funkgrube« (von 1976 bis 1979). Hanns Dieter Hüsch und Helmut Ruge gestalteten von 1976 bis 1986 beim WDR die satirische Monatssendung »Hammer und Stichel« und das seit 1986 von Münch moderierte Satiremagazin »Blitzableiter« vom Süddeutschen Rundfunk. Es gibt in fast allen Hörfunksendern die Sendefolgen »Kabarett im Studio«, »Funkbrettl«, »Nachwuchsbrettl« oder »Sprungbrettl« und seit 1994 beim HR auch wieder eine kabarettistische Monatsbilanz unter dem Titel »Das war's – war's das?«.

Prager, Gerhard: *Randnotizen zur Fernsehpraxis.* Mainz 1972. – Broder, Henryk M. (Hrsg.): *Die Schere im Kopf.* Köln 1976. – Venske, Henning: *Das versendet sich oder Gesammelte Fett-*

näpfchen. Köln 1979. – *Hallo Nachbarn – Aus den Televisionen eines Untertanen.* Hamburg (Neuauflage) 1982. – *Scheibenwischer – Zensur.* München 1986.

Die Meedels Das musikalisch-satirische Münchner Frauen-Kabarett röhrt, rappt und rockt mit a-capella-Gesang seit 1990 bunt und schrill über die Kleinkunstbühnen Deutschlands, Österreichs und der Schweiz. Die vier Frauen (Adele Frost, Carola Gampe, Felicitas Ramb und Monika Schuster, die 1995/96 wegen einer Babypause von Maggi Fehrer vertreten wird), haben mit Sketschen und Liedern bisher folgende Programme herausgebracht: »Im Wendekreis der Waschmaschine« (1990); »Hundert gibt es immer wieder« (1992); »Ein Kiloherz, voll abgedreht« (1993) und »4 Dich« (1995).

Mehring, Walter **29. 4. 1896 Berlin; † 3. 10. 1981 Zürich.*
Lyriker, Chansondichter, Essayist, Dramatiker
Der Sohn des Chefredakteurs Sigmar Mehring und einer Opernsängerin studierte von 1914 bis 1915 in Berlin und München Kunstgeschichte. Erste – expressionistische – Lyrik aus seiner Feder veröffentlichte 1915 Herwarth Walden in seiner Kulturzeitschrift »Der Sturm«. Ende 1918 schloß sich Mehring der Berliner Dada-Bewegung um → *Richard Huelsenbeck*, George Grosz, John Heartfield und Wieland Herzfelde an. Durch Grosz und Heartfield kam er 1919 als Textautor an das von → *Max Reinhardt* neu gegründete → *Schall und Rauch* (II) und schrieb auf Wunsch Reinhardts einen Dialog zwischen den satirischen Vorkriegsfiguren »Serenissimus und Kindermann« nach der Manier des → *Schall und Rauch* (I) von 1901 sowie ein Puppenspiel »Einfach klassisch! Eine Orestie mit glücklichem Ausgang« als aktuelle Parodie auf die im »Großen Schauspielhaus« laufende Reinhardt-Inszenierung der »Orestie« des Aischylos.
Trotz des von Mehring und anderen Dadaisten provozierten Premierenskandals beauftragte Reinhardt Mehring, Chansons für das nächste Programm zu schreiben. Von 1919 bis 1921 schrieb Mehring dann seine großen Chansons, die trotz der kurzen Zeitspanne in seinem Schaffen als seine bedeutendsten literarischen Hervorbringungen gelten: »Heimat Berlin«, »Wenn wir Stadtbahn fahren«, »Die Kartenhexe«, »Die Arie der großen Hure Presse«, »Jazzband«, »Dressur«, »Die roten Schuhe«, »Die kleine Stadt«, »Die Kälte«, »An den Kanälen« und viele andere, gesungen u. a. von → *Blandine Ebinger*, → *Trude Hesterberg*, → *Gussy Holl*, → *Paul Graetz*, → *Rosa Valetti*. Mehring sprach seine Satiren mitunter auch selber, so im »Schall und Rauch« (II) und in der → *Wilden Bühne.*
1920 gab er seine Chansons als »Das politische Cabaret« in Buchform heraus, 1921 folgte die Sammlung »Das Ketzerbrevier«. Seinen »Choral für Seemannsleute«, den er 1919 in Hamburg gedichtet und den die »Weltbühne« veröffentlicht hatte, komponierte → *Harry Lamberts-Paulsen* in Anlehnung an das englische Soldatenlied »It'a long way to Tipperary« und trug ihn zusammen mit Paul Westermeier, Victor Schwanneke und Eugen Rex (später mit → *Willi Schaeffers*) im → *Karussell* vor. Damit war Mehring ein echtes Volkslied gelungen, das noch während der Nazizeit (ähnlich wie Heines »Loreley« mit dem Vermerk »Dichter unbekannt«) gesungen wurde.
1924 nahm Mehring seinen Wohnsitz in Paris, kam aber zwischendurch (und

 1928 »endgültig«) immer wieder nach Deutschland und arbeitete weiterhin für das zeitkritische Kabarett. Nach Reinhardts Weggang aus Berlin 1922 blieb Mehring unter dem neuen Direktor des »Schall und Rauch« (II), Hans von Wolzogen, künstlerischer Leiter, schrieb aber mehr und mehr für das → *Cabaret Größenwahn* und die → *Wilde Bühne.* Für Rosa Valetti schrieb er u.a. das Lied »Die Maschinen« mit der Pointe, daß diese immer weiterlaufen würden, auch wenn kein Mensch auf der Welt mehr lebe. Dieses Lied wurde bei der ersten Maifeier der Nazis am 1. Mai 1933 auf dem Tempelhofer Feld von einem Männerchor mit einer Hitler verherrlichenden Schlußstrophe gesungen, sowie nach dem Zweiten Weltkrieg in der DDR von → *Ernst Busch* mit einer angehängten, auf die DDR bezugnehmenden neuen Schlußstrophe.
Nach seiner Kabarettzeit schrieb Mehring hauptsächlich Essays für die politischen Zeitschriften »Tagebuch«, »Weltbühne« und »Zukunft« und arbeitete für die Verlage Kurt Wolff, Kiepenheuer und S. Fischer (Novellen, Übersetzungen, Lieder). 1927 schrieb er die Chansons zu Ernst Tollers von Erwin Piscator uraufgeführtem Stück »Hoppla, wir leben!« (gesungen von → *Kate Kühl*) und die zu seinem eigenen Stück »Der Kaufmann von Berlin« (gesungen von Ernst Busch). Am Vorabend des Reichstagsbrandes (27.2. 1933) erschien von ihm in der »Weltbühne« seine prophetische »Sage vom Großen Krebs«. Am selben Tage flüchtete er nach Paris, ging dann nach Wien, 1938 erneut nach Paris und gelangte 1941 – nach wiederholter Verhaftung, Internierung und wiederholter Flucht – über Marseille in die USA. 1935 von den Nazis ausgebürgert, wurde Mehring nun amerikanischer Staatsbürger. Von 1942 bis 1949 lebte er in New York. 1953 kehrte er nach Europa zurück, ließ sich 1958 in Ascona nieder und übersiedelte 1971 nach Zürich, wo er bis zu seinem Tode wohnte. 1962 erschien sein »Neues Ketzerbrevier«, 1967 erhielt er den Fontane-Preis der Stadt Berlin, 1977 das Große Bundesverdienstkreuz. 1974 erschienen Schallplattenaufnahmen seiner politischen Songs in der Interpretation von Ernst Busch. 1977 führte die Berliner »Tribüne« zu den »Berliner Festwochen« mit nachhaltigem Erfolg eine Mehring-Revue unter dem Titel »Das Lumpenbrevier« auf.
Walter Mehring ist einer der wenigen – wenn nicht der einzige – Dichter des politisch-satirischen Kabaretts in Deutschland. Trotz seiner scharfen Attacken auf Bürgertum und Kapitalismus verstand er sich nie als Sozialist oder Kommunist, sondern als Anarchist mit einer deutlich ausgesprochenen Ablehnung des Marxismus und des Sowjetsystems. Weder die Nazis noch die DDR-Kommunisten konnten ihn für sich vereinnahmen. Mehring starb, mit sich und der Welt zerfallen, kurz nach Erscheinen seiner vom Claassen-Verlag herausgegebenen *Gesammelten Werke.*

Mehring, Walter: *Das politische Cabaret. Chansons, Songs, Couplets.* Dresden 1920. – Hellberg, Franz: *Walter Mehring – Schriftsteller zwischen Kabarett und Avantgarde.* Bonn 1983. – Arnold, Heinz Ludwig (Hrsg.): *Walter Mehring* in: *Text und Kritik* Nr. 78. München 1985.

Meilhamer, Hanns ** 19. 11. 1951 Passau.* Kabarettist und Kabarettautor
Wirkte während seines Kunsterzieher-Studiums in München im Ensemble des Kabaretts »KEKK« (»Kabarett und engagierte Kleinkunst«) mit. Brachte im Februar 1972 als → *Liedermacher* und Mundartautor im bayerischen Dialekt sein erstes

Soloprogramm »Bin i mondsüchtig« (1976) heraus. Seit 1981 lebt Hanns Meilhamer mit Claudia Schlenger (* 16. 12. 1946 Bad Tölz) zusammen und spielt mit ihr als »Schlenger & Meilhamer« in gemeinsamen Programmen ausschließlich nach Texten von Meilhamer spontane Szenen voller Überraschungen: »Mutta, i bin a Guckuck« (1981); »Können Ameisen schwimmen?« (1983); »Alles Bella« (1986); »Krautsalat, neu durchgesalzen« (1989) und – nach einigen Fernsehserien – »Du und I und mei Mama« (1995). Außerdem zahlreiche Rundfunk- und Fernsehsendungen: »Mutta, i bin a Guckuck« (1984) und die Serien (bis zu achtzehn Folgen) »Alles was recht ist« (1992); »Herbert und Schnipsi« (1994). 1977 bekam Meilhamer den »Schwabinger Kunstpreis« für darstellende Kunst. 1983 erhielten Schlenger & Meilhamer den → *Salzburger Stier* und den Förderpreis zum → *Deutschen Kleinkunstpreis.* Seine Gedichte veröffentlichte Meilhamer 1969 (»Die Füße schlenkern im Wind«) und 1979 (»Auf'n Bugl vun an groußn Stiern«).

Meilhamer, Hans; Schlenger, Claudia: *Alles, was recht ist.* München 1993.

Meisel, Edmund ** 14. 8. 1894 Wien; † 14. 11. 1930 Berlin.*
Komponist, Dirigent
Nach dem Musikstudium begann er 1912 als Geiger im Blüthner- und Berliner Philharmonischen Orchester Berlin, seit 1918 arbeitete er als Dirigent in Berlin und in Kurbädern. 1924 begann seine Zusammenarbeit mit Erwin Piscator, der in seinen Experimenten mit dem Politischen Theater neben dem Film auch der Musik einen besonderen Rang einräumte. Sie sollte »selbständig und ganz bewußt die politische Linie fortsetzen: Musik als dramaturgisches Mittel« (Erwin Piscator). Meisel komponierte die Musik zu den von Piscator und Felix Gasbarra entwickelten Revuen »Roter Rummel« (1924) und »Trotz alledem« (1925), bei denen er eine breite Palette musikalischer Stile erproben konnte. Angeregt durch seine Arbeit an Piscators Inszenierungen von Ernst Tollers »Hoppla – wir leben« (1927) und »Die Abenteuer des braven Soldaten Schweijk« (1928), beschäftigte sich Meisel immer intensiver mit der mechanischen Wiedergabe von Musik und entwickelte einige Geräuschmaschinen. Meisels Betonung von Rhythmik und seinem Interesse an Geräusch-Musik kam auch seiner Filmarbeit entgegen: u.a. in Walter Ruttmanns »Berlin – Die Sinfonie der Großstadt«.

Die Menubeln Politisch-satirisches Frauenkabarett in Wien. Brachte unter der künstlerischen Leitung von Michaela Schadey (Regie) mit Erika Deutinger, Linde Prelog und Jeanette Tanzer im Herbst 1987 ihr erstes Programm »Jetzt erst recht« heraus. Bereits seit 1985 waren die Darstellerinnen Eva Dité, Linde Prelog, Jeanette Tanzer und die Autorin Erika Molny mit anderen Frauen im Kabarett »Lauter Emmis«, Wien, mit eigenen Texten aufgetreten. 1989 folgte das Programm »Bye bye, Burli«, mit Eva Dité, die für Linde Prelog ins Ensemble-Trio gekommen war. In Bonndorf im Schwarzwald trat 1990 nach der Aufführung dieses Programms ein Gemeinderatsmitglied zurück. Danach folgten die Programme: »Ohne X geht niX« (1990); »Menubeln wieder spenstig« (1992, nun mit Elke Hesse für Eva Dité im Trio) »An den Mann gebracht« (1996). In den Programmen »Menubeln gegen den Rest der Welt« (1995) und »An den Mann gebracht« (1996) trat Martha Günze an die Stelle von Elke Hesse. Dazwischen spielte Jeanette Tanzer die Soloprogramme »Papa geht brausen« (1991–1992) und »Du Apple – ich Eva« (1993–1995). Die HauptautorInnen neben den »Menubeln« (Jiddisch für »häßliche Weiber«), sind Erika Molny, Elfriede Hammerle, Leo Lukas, Uli Brée, Heinz R. Unger, Wolfgang Beyer. Die Musiken komponierten Leo Lukas und Fürchtegott Fröhn, der auch am Klavier begleitet. 1990 erhielten sie den → *Salzburger Stier.*

Carl Merz 1958 in einer Szene des Programms »Spiegel vorm G'sicht« im »Kleinen Theater am Kärntnertor«

Merz, Carl (eigentlich: Carl Czell) **30. 1. 1906 Kronstadt (Siebenbürgen); † (Selbstmord) 31. 10. 1979 Kirchberg (Niederösterreich).* Schriftsteller, Kabarettist, Kabarettautor

Begann als Schauspieler. Trat von 1933 bis 1935 in der → *Literatur am Naschmarkt* auf, spielte nach deren Verbot an verschiedenen österreichischen und reichsdeutschen Bühnen. Haft wegen Kritik am Nationalsozialismus. Spielte 1945/46 im wiedereröffneten → *Lieben Augustin*, dessen Direktor er 1946/47 war.

Zu dieser Zeit spielte bei ihm der junge → *Helmut Qualtinger.* Durch diesen kam er mit → *Michael Kehlmann* in Kontakt und schrieb mit beiden das satirische Stück »Reigen 51«. Danach schrieb er mit Helmut Qualtinger und → *Gerhard Bronner* die Programme »Brettl vorm Kopf«, »Blattl vorm Mund«, »Glasl vorm Aug« und »Dachl überm Kopf« (1952 bis 1960) (→ *Neues Theater am Kärntnertor*). Zusammen mit Qualtinger schrieb er das satirische Einmannstück »Der Herr Karl« (1961), die Travniček-Dialoge zwischen Qualtinger und Bronner sowie die satirischen Stücke »Alles gerettet« (1963) und »Die Hinrichtung« (1965). Merz hat auch Romane und Gedichte geschrieben. Wegen einer unheilbaren Krankheit nahm er sich 73jährig das Leben.

Mey, Reinhard **21. 12. 1942 Berlin.* Liedermacher, Chansonsänger

Erhielt 1952 Klavierunterricht, spielte 1957 als Autodidakt Trompete, bekam 1956 seine erste eigene Gitarre, wurde 1957 Mitglied einer Skiffle-Gruppe. Zusammen mit Schobert Schulz (später Schobert & Black) spielte er 1961 in dem Trio »Les Trois Affamés« (Die drei Verhungerten). 1962 begann er die Balladen von François Villon zu vertonen. Seit 1964 interpretiert Mey überwiegend eigene Chansons (Pseudonym: Alfons Yondraschek), trat erfolgreich beim »Chanson

Folklore International Festival« 1966 auf der Burg Waldeck auf. Seit 1966 schreibt er auch Chansons in französischer Sprache und wurde 1968 in Frankreich mit dem »Prix International de l'Académie de la Chanson« ausgezeichnet. 1971 erhielt er seine erste »Goldene Schallplatte« in Deutschland. Weitere goldene LPs markieren seine Karriere. Mit Einfühlsamkeit wirbt er z.B. in »Der irrende Narr« um Verständnis für eine an Kriegsgreueln zerbrochene Seele, geschickt verarbeitet er → *Bertolt Brechts* These »Erst kommt das Fressen, dann kommt die Moral« in seiner Ballade »Bauer, ich bitt' euch«. Eindringlich ist auch sein Plädoyer für »Kaspar« (Hauser), den die Gesellschaft mordet, weil er nicht erklärbar ist. In anderen Liedern erweist sich Reinhard Mey als exakter Dokumentarist der kleinen, alltäglichen Begebenheiten. Er erzeugt in manchen Liedern eine Heiterkeit, die der von → *Otto Reutter* ähnelt. Es ist denn auch wohl kein Zufall, daß beide die Form des → *Couplets* und den Viervierteltakt bevorzugen. 1994 erhielt Mey den Ehrenpreis zum → *Deutschen Kleinkunstpreis* in der Sparte Chanson.

Mey, Reinhard: *Ich wollte wie Orpheus singen – Chansons.* Bonn/Bad Godesberg 1969.- Ders.: *Neue und alte Chansons.* Bonn/Bad Godesberg 1974. – Ders.: *Von Anfang an.* Bonn/Bad Godesberg 1977.

Meyerinck, Hubert von **23. 8. 1896 Potsdam; † 13. 5. 1971 Hamburg.*
Schauspieler, Komiker, Chansonnier
Als Sproß einer Offiziersfamilie entschied er sich mit 21 Jahren für den Bühnenberuf, nahm Schauspielunterricht und debütierte in einer Leutnantsrolle am Königlichen Schauspielhaus in Berlin. 1918 wurde er als jugendlicher Komiker an die Hamburger »Kammerspiele« engagiert, von dort an die »Tribüne«, Berlin, und zu → *Max Reinhardt* ans »Deutsche Theater«. Im Berlin der zwanziger Jahre trat er als singender Schauspieler im Kabarett → *Schall und Rauch* (II), 1928 in der Revue »Es liegt in der Luft« von Schiffer-Spoliansky, und in → *Rosa Valettis* Kabarett → *Larifari* auf, 1930 in der → *Nelson*-Revue »Quick« und im Januar 1933 in → *Friedrich Hollaenders* Revuette »Höchste Eisenbahn« in dessen → *Tingel-Tangel-Theater.* Daneben und danach wirkte er in zahllosen Filmen mit, so 1942 in »Münchhausen« und nach dem Krieg in »Der Hauptmann von Köpenick«, »Das Wirtshaus im Spessart« und »Das Mädchen Rosemarie«. 1946–1947 trat er noch einmal in einer Kabarettrevue auf: in → *Günter Neumanns* »Schwarzer Jahrmarkt« im → *Ulenspiegel* in der Nürnberger Straße.

Michel, Detlef **25. 5. 1944 Turkheim (Elsaß).* Schriftsteller, Kabarettautor
Studierte 1964–1973 Germanistik, Psychologie und Soziologie. Dr. phil. (1973). Danach Lehrbeauftragter an der Fachhochschule für Wirtschaft, Berlin. 1976–79 Akademischer Rat an der Universität Osnabrück für Medienwissenschaften. Seitdem freier Autor in Berlin.
Machte bereits in der Schule 1963 mit »Die Hoffmannströpfe« in Braunschweig Kabarett als Autor und Darsteller; schrieb 1965 für das Tübinger Studentenkabarett »Die Spaßkammer« das Programm »Mund auf – Augen zu!« 1966 Mitarbeit an dem Programm »Vor Gebrauch Kopf schütteln!« des → *Floh de Cologne* und der → *Hintertreppe* in Nürnberg. 1966–1970 Mitarbeit an den Programmen »Wir kennen keine Parteien mehr« (1967), »Hab' Bildung im Her-

 zen« (1967), »Der Guerilla läßt grüßen« (1968), »Alles hat seine Grenzen« (1968) und »Ex und hopp« (1969) des Berliner → *Reichskabaretts*; 1972 Mitautor des Programms »Hilfe! Die Polizei kommt!« der → *Wühlmäuse* und 1982 des → *Kom(m)ödchen*-Programms »Playback«.
In den siebziger und achtziger Jahren auch an GRIPS-Theater-Stücken beteiligt (»Das hälste ja im Kopf nicht aus«, »Die schönste Zeit im Leben«, »Eine linke Geschichte«, »Alles Plastik«, »Ab heute heißt du Sara« u.a.) als Co-Autor → *Volker Ludwigs*, mit dem er 1983 das Kabarett → *Institut für Lebensmut* gründete und an dessen Programm »Zukunft – warum denn?« er mitarbeitete. 1990 schrieb er mit Ludwig das satirische Theaterstück »Der letzte Wähler«. 1968–1977 war er Autor des HR-Funkkabaretts »Bis zur letzten Frequenz«; 1977–1979 Mitherausgeber der »Berliner Hefte«. Schrieb auch Drehbücher für Fernsehserien (u.a. für »Tatort«, »Kopfball«).

📖 Tomayer, Horst; Volland, Ernst (Hrsg.): *Lachend in die 80er Jahre – Satire im bürgerlichen Deutschland.* Berlin 1976. – Kühn, Volker (Hrsg.): *Zurück, Genossen, es geht vorwärts! Satiren, Songs, Sarkasmen – uns Sozis ins Stammbuch.* Hamburg/Zürich 1986.

Die Mindener Stichlinge Politisch-satirisches Amateurkabarett aus Minden. Brachte am 13.4. 1966 sein erstes Programm, »Das 4. Fernsehprogramm«, heraus, in dem unter Leitung des Autors, Regisseurs und Darstellers Birger Hausmann 23 Spieler mitwirkten, darunter die nachmalige Bundesjustizministerin Sabine Leutheuser. Danach folgte bis 1990 jährlich ein neues Programm, seit 1991 die Programme »Blüh im Glanze«; »Es kommt so langsam hoch« (1993); »Armes Deutschland« (1994); »Salto mortale« (1995) und »Wechseljahre« (1996), mit Stephan Birk, Dieter Fechner, Birger Hausmann, Renald Nuck und, am Klavier, Ulrich Seidel. Zu ihrem 25. Jubiläum stiftete die Stadt Minden den alle zwei Jahre zu verleihenden Kabarettförderpreis »Mindener Stichlinge«.

Mira, Brigitte **20. 4. 1905 Hamburg.* Chansonniere, Schauspielerin
Ende der zwanziger Jahre erhielt sie ihr erstes Engagement als Elevin in Köln. 1930 ging sie als Soubrette ans Stadttheater Bremerhaven, dann nach Reichenberg, Graz, Kiel, Hamburg, Hannover und Berlin. Hier trat sie 1941 im → *Kabarett der Komiker* und nach Kriegsende in kleinen Revuen der »Greiffi-Bar«, wieder im *Kabarett der Komiker* (in »Ach, du liebe Zeit« und »Melodie der Straße«) sowie 1948 in → *Günter Neumanns* Rundfunkkabarett → *Der Insulaner* als Kabarettistin auf. Ferner spielte sie in Volksstücken und musikalischen Lustspielen und zog in den fünfziger Jahren mit dem Kabarett »Die fröhlichen Spötter« durch die Lande. 1972 engagierte der Regisseur Peter Zadek sie für seine Fallada-Revue »Kleiner Mann, was nun?« an das Schauspielhaus Bochum. Dort entdeckte Rainer Werner Fassbinder sie für seine Inszenierung »Bibi« von Heinrich Mann. 1974 folgte sie ihm an das »Theater am Turm« zu Frankfurt (Main). In zahlreichen Filmen und Fernsehspielen kreierte sie den Frauentypus, der zugleich Familienseele und Betriebsnudel ist, mit Schweijkischem Mutterwitz und Berliner Schnauze.

📖 Mira, Brigitte: *»Kleine Frau – was nun? – Erinnerungen an ein buntes Leben«.* München 1988.

Le Mirliton (französisch = »Die Rohrflöte«, auch »Bake«, ein Vorwarnsignal auf Eisenbahnstrecken) → *Cabaret artistique* in Paris, eröffnet 1885 in den Räumen des vormaligen → *Chat noir* (Paris) auf dem Boulevard Rochechouart 84 von → *Aristide Bruant.* Hier bestritt der Wirt allein das Programm. Doch zog wie zuvor der *Chat noir* auch *Le Mirliton* immer mehr Snobs und großbürgerliches Amüsierpublikum an, das sich wie einst von → *Rodolphe Salis* wonneschauernd nun von Bruant mit noch deftigeren Beschimpfungen traktieren ließ.

Carco, Francis: *La Belle Époque au temps de Bruant.* Paris 1954. – Herbert, Michel: *La chanson à Montmartre.* Paris 1967.

1885 wirbt Aristide Bruant für sein Kneipen-Cabaret auf einem Plakat von Toulouse-Lautrec

Missfits Satirisch-literarisches Frauenkabarett-Duo der beiden Oberhausener Kabarettistinnen Gerburg Jahnke (* 18. 1. 1955) und Stephanie Überall (* 11. 9. 1959). Ursprünglich bestand das 1982 im alternativen Kulturzentrum in Altenberg in Oberhausen gegründete Kabarett aus wechselnden Besetzungen von fünf Frauen, die mit Clownsstücken und kabarettistischen Programmen unter den Titeln »Küß mich, Romeo« (1982); »Unheimlich heimlich« (1984); »Partei zu dritt« (1986) und »Die drei Musketiere« (1987) als Straßentheater durch die Lande zogen. Die Entscheidung für die Umwandlung in ein Profikabarett trennte die Gruppe; übrig blieben Jahnke und Überall. Mit ihren Programmen »Eine Frau ist eben ein Mann, nur eben weiblicher« (1988); »Das Wunschkind« (1989); »Die Frau in den besten Jahren« (1990); »Frauen und Kinder zuerst« (1992) und »Wo niemand wartet« (1995), für die sie sich ihre Texte selbst schrieben, karikiert das Duo die Welt der Macho- und Femini-Dogmen. 1992 erhielten sie den »Salzburger Stier« sowie für ihr Gastspiel während der »1. Leipziger Lachmesse« 1991 den »Leipziger Löwenzahn«. 1992 bekamen die *Missfits* den → *Salzburger Stier* und 1993, zusammen mit ihrer heutigen Managerin Jutta Jahnke (* 25. 1. 1961), für das Programm »Frauen und Kinder zuerst« den → *Deutschen Kleinkunstpreis.*

Mittelstück Von → *Rudolf Weys* in der → *Literatur am Naschmarkt* eingeführtes zusammenhängendes Kabarettstück von durchschnittlich 25 bis 40 Minuten Dauer, das in die Mitte des üblichen Nummernkabaretts plaziert wurde, wodurch vorher und nachher je eine Pause entstand, in der serviert bzw. abkassiert werden konnte. Da in den Wiener Kellerkabaretts der dreißiger Jahre konsumiert wurde, ergab sich diese Aufteilung aus den ökonomischen Notwendigkeiten einerseits, aus der Idee des kabarettistischen Zeittheaters andererseits.

 Nach dem ersten Mittelstück – einer Bearbeitung der Märchenposse »Der letzte Zwanz'ger« von N.J. Kola (1848) durch Rudolf Weys unter dem Titel »Die Metamorphosen des Herrn Knöllerl« im zweiten Programm der »Literatur am Naschmarkt« (Dezember 1933 bis Februar 1934) – kam das erste eigenständige Mittelstück unter dem Titel »A.E.I.O.U. oder Wenn Österreich den Krieg gewonnen hätte« im fünften Programm (Mai/Juni 1934) heraus (Autor: Rudolf Weys). Allmählich bürgerte sich die Form des Mittelstücks auch in den anderen Wiener Kabaretts der dreißiger Jahre ein. Mittelstücke schrieben neben Weys vor allem → *Hugo F. Koenigsgarten*, Lothar Metzl, → *Gerhart Herrmann Mostar*, → *Rudolf Spitz* und → *Hans Weigel*, oftmals mit einem von ihnen als Coautor. Auch weiterhin dienten Kurzstücke und Einakter der Theaterliteratur als Mittelstücke.

Mittermeier, Michael ** 1966.* Kabarettist
Erster Auftritt am 21.7. 1987 mit der Rockgruppe »U 2« in der Olympiahalle, München. Nach seinem ersten Solo »Der schon wieda« (1989) folgten die Programme »Wahnsinnlich« (1990) und »Bitte recht feindlich« (1993). Die Münchner »Abendzeitung« schrieb darüber: »Des Gummigesichts satirische Reise in die Abgründe der bayerischen Seele ist voller melancholischer Spurenelemente, satirischer Destillation und komischer Kondensation«. Für 1996 plant er ein neues Programm unter dem Titel »Zapp«.

Montijn, Aleida ** 7. 8. 1908 Mannheim; † 27. 8. 1989 Bad Homburg.*
Komponistin, Pianistin
Studierte seit 1927 an der Mannheimer Musikhochschule und war seit 1930 an verschiedenen Tanzschulen tätig. Arbeitete 1931 für die Tänzerin Thusnelda (eine Wigman-Schülerin) und trug auf »Bunten Abenden« selbstkomponierte Chansons von → *Erich Kästner* (»Keiner schaut dir hinter das Gesicht« u.a.) vor. 1934 ging sie als frei improvisierende Pianistin mit → *Willy Reichert*, → *Oscar Heiler* und zwölf Darstellern auf Tournee. 1935 komponierte sie zahlreiche Tanzstücke für Mary Wigman und reiste mit ihr durch Europa. Nach dem Zweiten Weltkrieg schrieb und zeichnete sie Kinderbücher. Im Herbst 1947 wurde sie Hauskomponistin im Frankfurter Kabarett »Struwwelpeter«, wo sie zwei Jahre lang für die Programme etwa 120 Chansons schrieb und verschiedene Gäste (→ *Ursula Herking*, → *Olga Rinnebach*, → *Gert Fröbe* u.a.) am Klavier begleitete. Von 1950 bis 1973 wirkte sie als Hauskomponistin am Schauspiel Frankfurt am Main und schrieb 1950 die Musik für die »Ballade vom Eulenspiegel« von Günther Weisenborn, von dem sie 1958 auch die »Göttinger-Kantate« gegen die Atombombe (Regie: Erwin Piscator) vertonte.
Insgesamt entstanden Kompositionen zu über 120 Schauspielen, zu rund zwanzig Balletten und einigen Kantaten und Orchestermusiken. Seit 1970 widmete sie sich der experimentellen Arbeit mit Jazz- und Kindergruppen.

Montijn, Aleida: *Nachrichten an K. G. – Erinnerungen einer Komponistin.* Kassel 1988.

Morath, Walter (→ *Geiler, Voli/Walter Morath*)

Moreau, Jean (eigentlich: Giovanni Morovich) * *8. 1. 1878 Sisak (Jugoslawien); † 28. 6. 1952 Berlin.* Opernsänger, Chansonnier

Nach einem Gesangsstudium ging er als lyrischer Bariton nach Wien. Über Brüssel, Paris und Dresden kam er nach der Jahrhundertwende nach Berlin, wo er an der »Lortzing-Oper« engagiert war. Aufgrund eines Hüftleidens mußte er die Opernbühne verlassen und wechselte 1907 zum Kabarett, wo seine eigentliche Glanzzeit begann: → *Rudolf Nelson* engagierte ihn an sein → *Chat noir* (Berlin), dort galt er als Grandseigneur des gepflegten Chansons. Sein Repertoire reichte vom kleinen, etwas sentimentalen Liedchen über das sozial akzentuierte Chanson bis zur hochdramatischen Ballade. Seine Glanznummern waren »Das Ladenmädel« von → *Rudolf Nelson* und »Zwei kleine schmutzige Hände«. »Das Ladenmädel« erwies sich als so populär, daß Kaiser Wilhelm II. es sich 1908 bei einer Jagdgesellschaft in Donaueschingen von Nelson und Moreau fünfmal hintereinander vorspielen und -singen ließ. Nach dem Ersten Weltkrieg trat Moreau u.a. im → *Tütü* auf.

Nachdem er in den Inflationsjahren durch ein Nervenleiden seine Stimmkraft eingebüßt hatte, zog er sich Ende der zwanziger Jahre vom Kabarett zurück und wirkte fortan als Gesangspädagoge. 1943 wurde er aus Berlin evakuiert, ging als Gesangslehrer nach Prag und gelangte, von dort nach München. Zog Anfang der fünfziger Jahre erneut nach Berlin, von Freunden aufgenommen und betreut.

Morgan, Paul (eigentlich: Paul Morgenstern) * *1. 10. 1886 Wien; † 10. 12. 1938 KZ Buchenwald.*

Schauspieler (Komiker), Kabarettist, Kabarett- und Buchautor

Studierte Schauspiel bei Ferdinand Gregori an der Theater-Akademie Wien. Spielte Komikerrollen, auch in Operetten. Trat bereits 1914 nach seinen Vorstellungen an der »Neuen Wiener Bühne« im → *Simplicissimus* (Wien) als Conférencier auf. 1917 ging er nach Berlin ans Lessing-Theater. 1918 conferierte er nach Theaterschluß unter dem Pseudonym »Paul Stephan« am »Nelson-Theater«. Spielte dann Komikerrollen in den Revuen der Haller und Charell. Mit → *Kurt Robitschek* zusammen führte er (im »Charlott-Kasino«) in Berlin die Doppelconférence (→ *Conférencier*) ein.

Am 1.12. 1924 eröffnete er zusammen mit Kurt Robitschek und → *Max Hansen* in der von Robitschek übernommenen → *Rakete* das → *Kabarett der Komiker* und trat dort gemeinsam mit den Genannten sowie mit Max Adalbert auf (ihre Paradenummer: »Das Meisterquartett«). Morgan conferierte auch in zahlreichen anderen Kabaretts, später auch in Varietés (→ *Alt Bayern*, »Wintergarten«). Nach seinem Engagement am »Lessing-Theater« von Eugen Robert an dessen »Theater am Kurfürstendamm« verpflichtet, übersiedelte Morgan 1925 nach Berlin. Nach seiner Rückkehr nach Wien trat er im November 1933 in den von Robitschek übernommenen »Kammerspielen« in einer Variante der Kabarettrevue »Rufen Sie Herrn Plim« auf und conferierte in → *Trude Kolmans* Kabarett im »Grand Hotel« und im »Fiaker«.

Nach dem »Anschluß« Österreichs im März 1938 fiel er den Nazis in die Hände, die ihn zuerst in das KZ Dachau, dann in das KZ Buchenwald verschleppten, wo er im Dezember 1938 an Entkräftung starb.

Als Autor schrieb er 1936 zusammen mit Max Hansen das von → *Ralph Benatzky* komponierte musikalische Lustspiel »Axel an der Himmelstür«, in dem Zarah Leander entdeckt wurde, bearbeitete Suppés Operette »Die schöne Galathee« und schrieb amüsante Anekdotenbücher (»Stiefkind der Grazien«, »Mein Onkel Sigismund« u. a.).

Morgan Paul: *Von der Schmuse geküßt – Ein Schwefelregen von Paul Morgan.* Berlin (o.J.). Morgan, Paul: *Stiefkind der Grazien – Tagebuch eines Spaßmachers.* Berlin 1928. – Ders.: *Prominententeich.* Wien 1934. – Liebe, Ulrich: *Verehrt, verfolgt, vergessen – Schauspieler als Naziopfer.* Weinheim-Berlin 1992.

Morgenstern, Christian **6.5.1871 München; † 31. 3. 1914 Meran.*

Schriftsteller und Dramaturg

Studierte Nationalökonomie, brach 1890 sein Studium krankheitshalber ab, begann zu schreiben und ging 1894 nach Berlin. Hier befreundete er sich mit den Schauspielern → *Max Reinhardt* und Friedrich Kayßler, sowie u. a. mit den Schriftstellern Otto Erich Hartleben, → *Hanns von Gumppenberg* und → *Paul Scheerbart* und gründete mit ihnen die Künstlergruppe »Die Galgenbrüder«. Für sie schrieb er seine »Galgenlieder«, die bald zum Standardrepertoire der aufkommenden Überbrettlbühnen gehörten.

1898 reiste Morgenstern nach Norwegen, um den Dramatiker Henrik Ibsen kennenzulernen. Er übersetzte dessen Dramen »Brand« und »Peer Gynt« ins Deutsche.

Eine Benefizvorstellung, die der mit ihm befreundete Künstlerkreis »Die Brille« für ihn gab, führte 1901 zur Gründung des kabarettistischen Parodie-Theaters → *Schall und Rauch* (I), an dem er ebenso mitwirkte wie 1901 am Berliner → *Überbrettl*, wo seine Brettl-Parodien (»Lauffgraf«, »Egon und Emilie«, »Das Mittagsmahl« u. a.) aufgeführt wurden. Seine Gedichte, die in zahlreichen Kabaretts rezitiert wurden, trug er auf Rezitationsabenden auch selber vor. 1916 rezitierte man Morgenstern-Verse im Zürcher Dada- → *»Cabaret Voltaire«*, und nach 1945 spezialisierten sich Schauspieler und Kabarettisten wie → *Gert Fröbe* und → *Günther Lüders* als Rezitatoren auf seine Verse. Einige davon vertonte der Komponist und Pianist Friedrich Gulda.

Bauer, Michael: *Christian Morgensterns Leben und Werk.* München 1933. – Morgenstern, Christian: *Das große Christian Morgenstern Buch.* Hrsg. v. Michael Schulte. München 1976.

Moritat Lied des → *Bänkelsangs*, das unter Begleitung durch eine Drehorgel (anfangs auch durch Harfe und Geige) eine sensationelle, schauerliche oder rührselige Geschichte zum Vortrag bringt.

Entstanden im 17. Jahrhundert, erweiterte sich der Moritatenvortrag zu Beginn des 18. Jahrhunderts durch die Einbeziehung von Bildertafeln. Auf zusammenrollbaren Wachstuchtafeln von zwei Metern Höhe und eineinhalb Metern Breite wurden die emotionell ergiebigsten Phasen der Geschichte in starrer Feierlichkeit dargestellt. – Für den Namen »Moritat« gibt es verschiedenen Deutungen: 1. er leite sich ab vom lateinischen »moritas« für erbauliche Geschichte, Moralität; 2. er stamme aus dem Rotwelsch-Jiddischen »moores« für Lärm, Angst, Schrecken; 3. er sei eine Verballhornung von »Mordtat«.

In der zweiten Hälfte des 18. Jahrhunderts fand die Moritat als moralisierende, tragikomische Ballade bzw. Romanze Eingang in die deutsche Literatur (durch Bürger, Gleim, u.a.). Im 19. Jahrhundert stark kommerzialisiert, kam sie im 20. Jahrhundert namentlich durch → *Frank Wedekind*, → *Erich Mühsam*, → *Joachim Ringelnatz*, → *Bertolt Brecht*, → *Walter Mehring*, und → *Erich Kästner* zu neuen literarischen (und teilweise auch kabarettistischen) Ehren. (→ *Ballade)*

Morlock, Martin (eigentlich: Günther Goercke) * *23. 9. 1918 Berlin; † 12. 11. 1983 München.* Kabarettautor, Fernsehkritiker und -autor

Seit 1923 in München. Besuchte eine private Kunstschule, studierte dann aber nach Ausbruch des Zweiten Weltkriegs Medizin. Nach einem halben Semester wurde er Nachrichtensoldat in Frankreich und in Rußland, danach Sanitätsgefreiter in einer Münchner Studentenkompanie und trat hier in Anni Trautners »Künstlerklause« an der Leopoldstraße mit eigenen Gedichten auf. Auf Wunsch der Frau des Reichspropagandaministers Goebbels zu Probeaufnahmen für das Ufa-Nachwuchsstudio kommandiert und als »ausgesprochener Typus des jungen Mannes von heute« registriert (Aktenvermerk vom 18.8. 1942), erhielt er einen Ausbildungsvertrag mit der »Bavaria-Filmkunst GmbH.« in München. Daneben studierte er weiter Medizin. Wurde als Feldunterarzt nach Italien abkommandiert und geriet dort in amerikanische Gefangenschaft. Im Lager machte er zusammen mit dem gleichfalls kriegsgefangenen → *Werner Finck* eine »Zeitung für die Lazarette in Meran« mit dem Titel »Die Fieberkurve«. Schon 1938–39 hatte er Texte für das Kabarett »Nebelhorn«, Zürich, geschrieben.

Nach Kriegsende gab er das Studium auf und begann zu schreiben: für die → *Mausefalle* (Stuttgart) und seit 1949 → *Das Kom(m)ödchen.* Wurde 1949 Reporter, dann Kolumnist der Münchner »Abendzeitung«. → *Erich Kästner* nahm ihn 1952 in das Autorenteam der → *Kleinen Freiheit* auf. Schrieb dann Fernsehkritiken, zuerst für die »Süddeutsche Zeitung«, dann acht Jahre lang als »Telemann« für den SPIEGEL. Schrieb Bühnenstücke und Fernsehspiele, darunter eine Familienserie, die ihm jedoch mißriet. 1972 schrieb er noch einmal Kabarettexte, und zwar für die neue → *Münchner Lach- und Schießgesellschaft.*

Martin Morlock gehörte zu den sprachlich genauesten und polemisch unerbittlichsten Moralisten des deutschen Nachkriegskabaretts, vornehmlich der fünfziger Jahre, der – wie Erich Kästner – das Dichterische streifte, weshalb sein Schwerpunkt eher beim »Kom(m)ödchen« als bei der »Kleinen Freiheit« lag.

Morlock, Martin: *Auf der Bank der Spötter – Meistersatiren aus 30 Jahren.* München 1989.

Mossmann, Walter * *31. 8. 1941 Karlsruhe.* Politischer Liedermacher

Studierte von 1961 bis 1968 Politologie, Soziologie und Germanistik in Tübingen, Hamburg und Freiburg. Schreibt und singt seit 1964 eigene Lieder und gastierte von 1964 bis 1969 beim »Festival Chansons Folklore International« auf der Burg Waldeck.

Mossmann verfaßte zunächst Lieder privateren Charakters (z.B. »Achterbahn

Chansons«, seine erste LP), engagierte sich seit 1968 beim »Sozialistischen Deutschen Studentenbund« und in der Ostermarschbewegung. Seit 1968 auch als Journalist und Rundfunkautor tätig. Seit 1973 schrieb und sang er für die Protestaktionen gegen den Bau des Kernkraftwerks Wyhl »Flugblattlieder«. – Stark von Georges Brassens und Boris Vian beeinflußt, später auch von → *Wolf Biermann*, folgte Mossmann am deutlichsten von allen deutschen politischen Liedermachern der französischen Chansontradition. Er begann mit sanftem Spott über die Kleinbürger und besang die Liebe. Vom Metaphorischen fand er in den späten sechziger Jahren »zu den kräftigen Bildern der Alltagssprache, des plebejischen Jargons« (Thomas Rothschild). Politisch zwar »links«, fühlte sich Mossmann stets eher dem anarchistischen Teil des Spektrums verbunden, wie er auch die antiautoritäre Attitüde der APO-Bewegung beibehalten hat. Mit Erfolg verweigert er sich bis heute – bis auf wenige LPs –der Vermarktung. Mit dem Hoffmann & Campe Verlag überwarf er sich, weil dieser Textänderungen verlangte, mit dem Südwestfunk, weil der an seiner Jugendsendung Anstoß nahm.

Anfang der siebziger Jahre unterbrach Mossmann seine Liederproduktion. Er übersetzte nun italienische und spanische Lieder und sang sie zusammen mit Gastarbeitern auch im Original. Von seiner Ambition, Lieder zum praktischen Gebrauch für Demonstrierende zu machen, zeugen seine »Flugblattlieder« (1975), »Neuen Flugblattlieder« (1977), »Frühlingsanfang« (1979) und »Hast du noch Hunger?« (1981), die sämtlich auch auf LP erschienen sind und mit denen er auf Tourneen durch die BRD reiste.

In den folgenden Jahren setzte sich Mossmann mit dem politischen Lied auch theoretisch auseinander. 1980 zeigte die ARD seinen Film »Dreyeckland«, der sich mit dem gesungenen Protest im regionalen Kampf beschäftigte. Walter Mossmann sieht sich heute, ähnlich wie → *Hannes Wader*, als Volkssänger und betätigt sich nebenher immer stärker als Dokumentarfilmer. 1981 erhielt er in der Sparte Chanson den → *Deutschen Kleinkunstpreis.*

Lit.: Mossmann, Walter; Schleuning, Peter (Hrsg.): *Alte und neue politische Lieder – Entstehung und Gebrauch.* Hamburg 1978. – Mossmann, Walter: *Flugblatt-Lieder – Streitschriften.* Berlin 1980. – James, Barbara; Mossmann, Walter: *Glasbruch. 1948 – Flugblattlieder und Dokumente einer zerbrochenen Revolution.* Darmstadt/Neuwied 1983.

Mostar, Gerhart Herrmann (eigentlich: Gerhart Herrmann) **8. 9. 1901 Gerbitz (Saale); † 8.9. 1973 München.* Schriftsteller und Kabarettautor

Zunächst Lehrer, dann Journalist, wirkte er seit 1921 an Redaktionen in Bochum, Berlin und München. Bekannt wurde er 1929 durch seinen Roman »Der Aufruhr des schiefen Calm«. Wegen seines Karl-Marx-Romans »Der schwarze Ritter« (1933), den die Nazis verboten und verbrannten, und seiner Mitarbeit am sozialdemokratischen »Vorwärts« emigrierte Mostar 1933, zuerst nach Zürich, dann nach Wien und später – immer vor den deutschen Invasionstruppen her – nach Zagreb, Belgrad, Sofia, Istanbul und Bukarest. Von der jugoslawischen Stadt Mostar bezog er sein Pseudonym.

In Wien schrieb er zunächst politische Gedichte für die »Arbeiterzeitung«, stieß dann 1935 zum → *Lieben Augustin* und wurde nach dem Ausscheiden von → *Peter Hammerschlag* dessen Hausautor. Seine »Legende vom namenlosen Soldaten«

wurde zu einem dichterischen Höhepunkt des damaligen Wiener Kabaretts. Schrieb ferner allein oder mit anderen Autoren verschiedene → *Mittelstücke* (»Lysistrata«, »Reineke Fuchs« mit → *Hugo F. Koenigsgarten*, »Der liebe Augustin« u.a.). 1940 wurde er von den Deutschen auf dem Balkan verhaftet und in ein Strafbataillon eingewiesen. Er gründete 1945 mit → *Heinz Hartwig* das Reisekabarett → *Die Hinterbliebenen*, für die er mit Hartwig auch die Texte schrieb. Von 1948 bis 1954 wurde er als engagierter Gerichtsberichterstatter bekannt. Noch bekannter machten ihn seine »In-diesem-Sinn ...«-Bücher voller schmunzelnd gereimter Lebensweisheiten (»In diesem Sinn – die Großmama«, » ... Dein Onkel Franz«, » ... Ihr Knigge zwei«) sowie seine historischen Plaudereien »Weltgeschichte höchst privat« (1954). Mostar schrieb ferner das Bühnenwerk »Meier Helmbrecht« (1946) sowie Lyrik, Hörspiele und humorige Essays.

Mühsam, Erich ** 6. 4. 1878 Berlin; † (ermordet) 9./10. 7. 1934 im KZ Oranienburg bei Berlin.* Schriftsteller, Politiker und Kabarettautor

Aufgewachsen in Lübeck, wegen »sozialistischer Umtriebe« vom dortigen Gymnasium verwiesen. Danach Apothekergehilfe, seit 1901 freier Schriftsteller. Trat mit eigenen Gedichten und → *Moritaten* in → *Berliner Kneipenbrettln* auf wie dem »Hungrigen Pegasus« und dem »Cabaret zum Peter Hille«, ferner 1906 in Wiener Kabaretts (→ *Nachtlicht* u.a.). Seit 1909 in München ansässig, trat er auch hier mit eigenen Versen, Balladen und Moritaten in Kabaretts, hauptsächlich im → *Simplicissimus* (München), auf (»Der Revoluzzer«, »Lumpenlied«, »Die drei Gesellen«, »Kriegslied«, u.a.).

Ferner arbeitete er an satirischen Zeitschriften wie »Simplicissimus« und »Jugend« mit und schrieb Theaterkritiken und polemische Essays. Er gab von 1911 bis 1919 (mit kriegsbedingter Unterbrechung von 1915 bis 1918) das Literaturblatt »Kain. Zeitschrift für Menschlichkeit« heraus. 1919 wurde er Mitglied des Zentralrats der (1.) Bayerischen Räterepublik. Wurde nach deren Sturz zu fünfzehn Jahren Festung verurteilt, von denen er sechs Jahre (in Niederschönefeld) verbüßte. Dort entstanden seine besten Kampflieder. Von 1926 bis 1933 Herausgeber der Zeitschrift »Fanal«. Am 28.2. 1933 verhaftet und schließlich in das KZ Oranienburg verschleppt, wurde er dort in der Nacht zum 10.7. 1934 nach viehischen Quälereien ermordet.

Mühsam, befreundet mit nonkonformistischen Literaten wie → *Paul Scheerbart*, Gustav Landauer, → *Peter Hille* und → *Frank Wedekind*, wurde vom literarischen Bohemien und Anarchisten zum anarchistisch-kommunistischen Revolutionär, der bei aller praktischen Kampfgemeinschaft mit der kommunistischen Partei nie die anarchistische Variante des Sozialismus verleugnete und früh die stalinistische Entartung erkannte und verurteilte. Seine kabarettistischen Beiträge zeichnen sich im Gegensatz zu dem lyrischen Pathos seiner revolutionären Verse durch satirische Heiterkeit und auch formalen Witz aus.

Mühsam, Erich: *Wüste-Krater-Wolken*. Berlin 1914. – Ders.: *Sammlung 1898–1928*. Berlin 1928. – Helga Bemmann: *Erich Mühsam – War einmal ein Revoluzzer – Bänkellieder und Gedichte*. Berlin (Ost) 1984. – Teichmann, Wolfgang (Hrsg.): *Färbt ein weißes Blütenblatt sich rot – Erich Mühsam in Zeugnissen und Selbstzeugnissen*. Berlin 1978. – Mühsam, Erich: *Zur Psychologie der Erbtante – Satirisches Lesebuch*. Berlin 1984.

Karl Farkas und Fritz Muliar in einer Doppelconférence im »Simpl« 1954

Muliar, Fritz (eigentlich: Friedrich Strand) * *12. 12. 1919 Wien.*

Schauspieler, Kabarettist, Vortragskünstler

Studierte Schauspiel am Wiener Konservatorium und hatte erste Engagements in Innsbruck und Wien. 1937 debütierte er bei seiner Cousine → *Stella Kadmon* am Wiener Kabarett → *Der Liebe Augustin* mit Parodien auf → *Max Hansen*, Zarah Leander, Maurice Chevalier, Hans Albers, Hans Moser u.a. Gab danach zahlreiche Gastspiele an den Wiener Kabaretts, u.a. »Kater«, »Blaue Spinne«, »Grill am Peter«, »Moulin Rouge«, im Varieté »Papa Leicht« und am »Fiaker«, das von der aus Deutschland emigrierten Trude Berliner geleitet wurde. 1938 engagierte ihn → *Karl Farkas* an den → *Simplicissimus* (Wien), wo er von 1950 an nochmals agierte.

1940 floh er nach Frankreich, baute dort eine Theatergruppe auf, wurde 1942 verhaftet und zum Tode verurteilt und schließlich, nach einem Selbstmordversuch, zu einer Bewährungskompanie nach Rußland begnadigt. Kam 1948 aus britischer Kriegsgefangenschaft zurück nach Wien, arbeitete für den britischen Sender in Klagenfurt und spielte wieder an den Wiener Kabaretts »Moulin Rouge«, »Marietta Bar« u.a. Kam über das »Theater in der Josefstadt« 1975 ans Burgtheater, spielte nebenher in Filmen und im Fernsehen, wo er sich dem Publikum vor allem seit 1968 in der Titelrolle von »Die Abenteuer des braven Soldaten Schweijk« eingeprägte. Er schrieb Bücher, veranstaltete Lesungen und Vortragsabende (»Wenn die Jidden lachen«, 1968–1974 u.a.), die gelegentlich auch auf Schallplatten festgehalten wurden.

Muliar ist ein Komiker, der auch in ernsten Rollen überzeugt, und wohl einer der letzten Vortragskünstler,der böhmakeln und jüdeln kann.

Muliar, Fritz: *Damit ich nicht vergesse, Ihnen zu erzählen.* Hamburg 1967. – Ders.: *Streng indiskret* (aufgezeichnet von Eva Barkos). Wien/Hamburg 1969.

Müller, Gustav ** 9. 8. 1919 Köln; † 1981 Berlin.* Kabarettist, Schauspieler
Nach Gesangsstudium Engagements in Köln und an den Kabaretts → *Kom(m)ödchen*, »Barberina«, München, → *Kabarett der Komiker* u.a., danach übersiedelte er in die DDR, gehörte zum Ensemble der »Kleinen Bühne« und war einer der profiliertesten Darsteller des Berliner Kabaretts → *Die Distel*, wo er vornehmlich Charakterrollen mit trockener Komik und gelegentlich hintergründigem Ernst, auch unbeholfen-lautstarke Typen spielte. Er trat auch im Film (»Silvesterpunsch« u.a.) und Fernsehen (»Da lacht der Bär« u.a.) in der DDR auf.

Müller, Hanns Christian ** 14. 4. 1949 München.*
Kabarettist, Kabarettautor, Musiker und Regisseur
Studierte Psychologie, Philosophie und Geschichte sowie an der Otto-Falckenberg-Schule Regie. Spielte von 1966 bis 1971 in diversen Bands als Musiker und schrieb gleichzeitig Musiken für zahlreiche Fernsehfilme. Machte von 1968 bis 1971 Kabarett am Münchner → *Rationaltheater* (Darstellung, Texte und Musiken). Von 1973 bis 1974 musikalischer Leiter des Landestheaters Schwaben in Memmingen und 1975 des Landestheaters Tübingen. 1975 produzierte und inszenierte er an der → *Kleinen Freiheit* eine »Nachtrevue«, für die er auch die Texte und Musiken schrieb.
1978 Komponist, dramaturgischer Mitarbeiter und Regieassistent am »Schiller-Theater«, West-Berlin. Inszenierte dort mit Gisela Schneeberger und → *Gerhard Polt* 1978 einen kabarettistischen Theaterabend, »Da schau her«, mit eigenen Texten und Musiken. Schrieb, komponierte und inszenierte 1979 das Kabarettstück »Kehraus« (mit Gerhard Polt, Gisela Schneeberger und Münchner Volksschauspielern) an den »Münchner Kammerspielen«. 1983 kam das »szenische Kabarett« »München leuchtet« (mit Textbeiträgen von → *Dieter Hildebrandt* und Gerhard Polt, die, neben Gisela Schneeberger und der → *Biermös'l-Blos'n*, auch mitwirkten) in seiner Regie heraus. Es folgten »Die Exoten« (1985), »Diridari« (1988) und mit → *Otto Grünmandl* im Ensemble »Tschurangrati« (1993). 1979–1987 schrieb, komponierte und inszenierte Müller die kabarettistische Sketsch-Serie »Fast wia im richtigen Leben« für das Bayerische Fernsehen, mit Gerhard Polt und Gisela Schneeberger in den Hauptrollen und schrieb Textbeiträge zu dem Fernsehkabarett »Scheibenwischer« (→ *Medienkabarett*). Müller ist Autor und Regisseur zahlreicher weiterer Fernsehsendungen mit Gerhard Polt. 1983 inszenierte er seinen »Kehraus« als Kinofilm, danach »Man spricht Deutsh« (1988), für die er mit Gerhard Polt die Drehbücher schrieb. Hanns Christian Müller veröffentlichte seine Texte und Musiken in Büchern und auf Langspielplatten. 1982 erhielt er den Adolf-Grimme-Preis als Mitverfasser der »Scheibenwischer«-Fernsehsendung »Unser Rhein-Main-Donau-Kanal« vom 14. 1. 1982. Seit 1974 ist er mit Gisela Schneeberger verheiratet.

268 **Müller**, Wolfgang **26. 4. 1922 Berlin; † (Flugzeugabsturz) 14. 12. 1960 bei Lostallo (Ostschweiz).* Komiker, Kabarettist, Kabarettautor
Wollte Chemiker werden. In Salzburg entdeckte ihn → *Willi Schaeffers* in einem Tourneeprogramm mit → *Werner Finck* und engagierte ihn an sein wiedereröffnetes → *Kabarett der Komiker.* 1949 ging Müller nach Westdeutschland und traf hier bei → *Mutter Ey* zum erstenmal mit → *Wolfgang Neuss* zusammen. 1950 spielte er in Fincks → *Mausefalle* (Stuttgart).
1953 trat er im »Rauchfang« (Berlin) zum erstenmal mit Neuss auf (in dem Programm »Zwischen Tür und Angel«). 1955 wurde das Paar in der Inszenierung des Musicals »Kiss me, Kate« in der »Komödie«, Berlin, zu den heimlichen Hauptdarstellern. Nicht minder Erfolg hatten sie nach den Vorstellungen mit ihrer Parodie darauf, »Schieß mich, Tell!«. Von da an traten Müller und Neuss fast nur noch gemeinsam auf, so in den Duo-Kabarettprogrammen »Erste Geige gesucht« (1953) und »Macht bloß keen Theater!« (1954), in den Komödien »Keine Angst, sie kriegen sich!« (1956). »Drei Mann auf einem Pferd« (1957) und »Kennen Sie die Milchstraße?« (1958) und in den Filmen »Das Wirtshaus im Spessart« (1957), »Wir Wunderkinder« (1958), »Der Maulkorb« (1958) und »Rosen für den Staatsanwalt« (1959) sowie in dem Fernsehfilm »Wer nicht hören will, muß fernsehen« (1960).
Sein Partner Wolfgang Neuss über Wolfgang Müllers Tod: »Zuerst hab' ich mich einfach geweigert, das zu glauben. Und dann hab' ich mir gesagt: Jetzt mußt du eben alleine weitermachen. Das, was wir zusammen vorhatten. So kam ich zu meinem ersten Soloprogramm. Ich hab' den Müller irgendwie selbst mitgespielt.« (In: Kühn, Volker: *Das Wolfgang-Neuss-Buch.* Köln 1981.)

Münchner Crüppel Cabaret Politisch-satirisches Kabarett, hervorgegangen aus einem von dem Münchner Autor und Regisseur Werner Geifrig (*9. 4. 1939) 1981 an der Münchner Volkshochschule abgehaltenen Theaterkurs für Behinderte. Gegründet am 8.2. 1982; am 18.3. 1983 von einer Gruppe Behinderter und Nicht-Behinderter unter Geifrigs Regie eröffnet mit dem Programm »Soziallästig«. Seitdem folgten Jahr für Jahr die Programme »Schlagzeilen – krüppeldick« (1984); »Die Rückkehr der Rollpertinger« (1986); »Krückblende« (1987); »Krüppel aus dem Frack« (1988); »Krückliche Tage« (1990); »Mit Rollust krückwärts« (1992) und »Selektionsrest – satt und sauber« (1994).
1989 und 1990 gastierte das Kabarett mit zwei Sonderprogrammen in Moskau, über die je ein 30-Minuten-Videofilm gedreht wurde. 1990 drehten sie den Kurzspielfilm »Im Reich der Geierrolli«, der von Tele 5 ausgestrahlt wurde. In Rundfunk und Fernsehen trat das Ensemble auf: In »III nach 9« (Radio Bremen), »Mitternachtsspitzen« (WDR). 1986 wurde das *Münchner Crüppel Cabaret* mit dem »Schwabinger Kunstpreis« ausgezeichnet.
Die Gruppe versucht, mit einschlägigen Themen die Vorurteile gegen Behinderte abzubauen und entsprechende öffentliche Mißstände anzuprangern – alles auf einem bemerkenswerten geistigen und künstlerischen Niveau.

Das Münchner Crüppel Cabaret präsentiert: Neues aus Rollywood. Reinbek 1987. – *Mit Rollust rückwärts.* Heidelberg 1992.

»Münchner Lach- und Schießgesellschaft« 1960 im Programm »Tour de Trance« mit v.l.: Klaus Havenstein, Hans Jürgen Diedrich, Ursula Noack, Dieter Hildebrandt

Münchner Lach- und Schießgesellschaft Literarisch-politisches Kabarett, gegründet im Herbst 1956 von → *Sammy Drechsel* in Fred Kassens Schwabinger Lokal »Das Stachelschwein«, Ursula-, Ecke Haimhauser Straße, ihrem Domizil bis heute. Nach dem Auszug der → *Namenlosen* waren lediglich → *Dieter Hildebrandt* und als Regisseur Sammy Drechsel bei Kassen geblieben. Drechsel gelang es, → *Ursula Herking*, → *Hans Jürgen Diedrich* und Klaus Havenstein für sein neues Unternehmen zu gewinnen.

Am 12. 12. 1956 eröffnete die *Münchner Lach- und Schießgesellschaft* (den Namen hatten sie von → *Oliver Hassencamp*) mit dem Programm »Denn sie müssen nicht, was sie tun«. Es folgten u.a.: »Im gleichen Schrott und Trott« (1957), »Warten auf Niveau« (1959), »Der Widerspenstigen Lähmung« (1959), »Tour de Trance« (1960), »Wähl den, der lügt« (1961), »Überleben Sie mal« (1962), »Halt die Presse!« (1963), »Krisenslalom« (1964), »Schuld abladen verboten« (1965), »Die Pharisäer proben den Notstand« (1966), »Kleiner machen, Leute« (1967), »Der Moor ist uns noch was schuldig« (1968), »Wir werden uns schon schaffen« (1970), »Der Abfall Bayerns« (1972). Sämtliche Programme wurden in wechselnd großem Abstand zur Premiere vom Deutschen Fernsehen und verschiedenen Hörfunkstationen ausgestrahlt. Von 1960 bis 1967 bestritt das Ensemble zusammen mit den Berliner → *Stachelschweinen* die Auftaktsendung der Fernsehlotterie für Berliner Ferienkinder, »Ein Platz an der Sonne«. Seit 1962 zogen sie jährlich auf etwa sechswöchigen Herbsttourneen durch alle westdeutschen Großstädte. Damit wurde die *Münchner Lach- und Schießgesellschaft* zum meistgesehenen und meistgehörten Kabarett im deutschen Sprachraum.

Nach dem zweiten Programm trat für die ausgeschiedene Ursula Herking → *Ur-*

 sula Noack dem Ensemble bei, 1961 ersetzte → *Jürgen Scheller* den ausscheidenden Klaus Havenstein, 1969 kam Horst Jüssen dazu, 1970 trat Achim Strietzel an die Stelle von Hans Jürgen Diedrich. Die Texte stammten zum überwiegenden Teil von Dieter Hildebrandt und → *Klaus Peter Schreiner*, ferner von Oliver Hassencamp, → *Martin Morlock*, → *Joachim Hackethal*, → *Max Colpet*, → *Wolfgang Neuss*, Horst Jüssen, Hans Jürgen Diedrich u.a. – Nach der Tournee mit seinem neunzehnten Programm (»Der Abfall Bayerns«, Oktober/November 1972) löste sich das Ensemble auf.

Nach der Fernsehübertragung dieses Programms 1973 inszenierte Sammy Drechsel zu Silvester 1974 und 1975 je ein kabarettistisches Fernsehprogramm unter dem Titel »Schimpf vor zwölf!«. Im Schwabinger Stammhaus traten nunmehr Gäste auf wie: → *Die Hammersänger*, → *Helen Vita*, → *Gert Fröbe*, → *Georg Kreisler*, → *Werner Schneyder*, Dieter Hildebrandt u.a. – Am 25. 11. 1976 trat unter dem Namen *Münchner Lach- und Schießgesellschaft* am angestammten Ort ein völlig neues Ensemble an die Öffentlichkeit mit dem Programm »Rosa Pleiten«, geschrieben von Klaus Peter Schreiner und Dieter Hildebrandt, gespielt von Rainer Basedow, Veronika Faber, Bernd Stephan und Kurt Weinzierl. Es folgten – in derselben Besetzung – 1977 »Im Namen der Direktion« und 1978 »Im Jahre 9«, ferner 1979 »Deutsch für Anfänger« (mit Astrid Jacob als Neuzugang), 1980 »High-Land«, 1981 »Umzingelt« (nunmehr mit Astrid Jacob, Rainer Basedow, Jochen Busse und → *Bruno Jonas*), 1982 »Wir werden weniger« (mit Susanne Tremper anstelle von Astrid Jacob), 1983 »Pinks an die Macht« (mit Sibylle Nicolai anstelle von Susanne Tremper), 1984 »Auf Nummer Sicher« in gleicher Besetzung, 1985 »Jugend raus« (nunmehr mit Renate Küster, Rainer Basedow, Jochen Busse und Hennig Venske), 1986 »Mustermann« (mit demselben Ensemble), 1987 »Wir werden weniger«, 1988 »Schuld sind immer wir andern«, 1990 »Altes oder Nichts«, 1991 »Alle Ächtung« (nunmehr mit Gabi Lodermeier, Rainer Basedow, Hans-Jürgen Silbermann, Henning Venske), 1992 »Reich ins Heim« (mit Susanne Czepl für Gabi Lodermeier), 1993 »Requiem für einen Wurstel« (danach schied Hennig Venske aus dem Ensemble, führte aber im nächsten Programm Regie), 1994 »Als Verwählte grüßen« (mit Rainer Basedow, → *Hans Günther Pölitz*, Hans-Jürgen Silbermann, Angelika Wedekind), 1995 »Seife im Hirn« (mit Simone Solga für Angelika Wedekind). Nach diesem Programm schied Ende 1995 Rainer Basedow aus dem Ensemble aus. Zum vierzigjährigen Jubiläum hatte im Juni 1996 das Programm »Verrückt bleiben – Türen schließen!« mit Christiane Blumhoff, Rudolf Höhn, Hans-Jürgen Silbermann und Simone Solga Premiere. Die Texte schrieben neben Schreiner und Hildebrandt: Wolfgang Ebert, Hellmuth Matiasek, Maurus Pacher, → *Werner Schneyder*, Kajo Frings, Max Colpet, Henning Venske, → *Volker Ludwig*, → *Hannelore Kaub*, → *Gabi Lodermeier*, → *Bruno Jonas*, → *Dietrich Paul* u.a. Für Kompositionen und musikalische Leitung sorgten → *Walter Kabel* (bis 1983), Ludwig Eckmann und Franz-Josef Grümmer. Regie führte bis zu seinem Tod (19. 1. 1986) Sammy Drechsel (bis auf das Programm »Im Jahre 9«, Regie: → *Joachim Roering*), danach Dieter Hildebrandt, Werner Klein, Cathérine Miville.

Alle diese Programme wurden vom Deutschen Fernsehen ausgestrahlt. Zusammen mit Werner Schneyer schrieb und spielte Dieter Hildebrandt (unter der Regie von Sammy Drechsel) die Duo-Programme »Talk täglich« (1974); »Lametta &

Co« (1976); »Wie abgerissen« (1977); »Keine Fragen mehr« (1979); »Ende der Spielzeit« (1981) und bei einem Leipzig-Gastspiel zu DDR-Zeiten das Programm »Zugabe Leipzig« (1985). Mit Renate Küster und Franz-Josef Grümmer (Klavier) brachte Hildebrandt am 16. 9. 1991 das Programm »Wippchen oder Die Schlacht am Metaphernberge« heraus, eine Satire analog dem von dem Satiriker Julius Stettenheim, dem Gründer des satirischen Blattes »Berliner Wespen« (1886), erdachten Kriegsberichtserstatter »Wippchen«.
Die *Münchner Lach- und Schießgesellschaft* verstand sich von Anfang an gegenüber dem eher literarischen → *Kom(m)ödchen*, dem »Theater-Kabarett« *Die Kleine Freiheit* und den überwiegend mit Berliner Themen befaßten, folkloristischen *Stachelschweinen* als »journalistisch«, d.h. mit den Worten Sammy Drechsels von 1961: »Ich will weiter nichts, als Dinge, die angriffswürdig sind, entdecken, aufdecken, beim Namen nennen, aber die Nutzanwendung dem Publikum überlassen.« Tatsächlich hat die *Münchner Lach- und Schießgesellschaft* ihrer Chronistenpflicht im großen ganzen genügt, wenn auch eher in fröhlicher Rundumschlagmanier auf Erscheinungen des politischen Lebens, anstatt mit der analytischen Sonde an die Wurzel der angeprangerten Symptome zu gehen. Durch so brillante Komödianten wie Klaus Havenstein, Hans Jürgen Diedrich und das Doppeltalent Dieter Hildebrandt als Autor und volkstümlicher Selbstinterpret einerseits und die gebotene Einstellung auf das Massenpublikum des Fernsehens andererseits eher gehemmt als gefördert, traten die Texte mehr und mehr hinter ihrer effektvollen Darbietung zurück. Angesichts der begeisterten Zustimmung aus den Parkettreihen der eingeladenen Politiker aller Couleur mußte die Tendenz jeder wirklichen Satire, den Betroffenen weh zu tun, erlahmen.
Zaghafte Zensurversuche des Bayerischen Fernsehens in der Frühzeit dieses Kabaretts (1960) konnten abgewehrt werden. Nachdem der CSU-geleitete BR 1966 keine Live-Übertragungen mehr zuließ, fand die Truppe beim CDU-geleiteten Süddeutschen Rundfunk bedingungslos Aufnahme. Tatsächlich hat die *Münchner Lach- und Schießgesellschaft* ihre Programme von vornherein auf die politische Toleranzgrenze der öffentlich-rechtlichen Medien einzustellen gewußt und dadurch bei ihnen nur gelegentlich, nie aber grundsätzlich Anstoß erregt. Ihre allgemeine Beliebtheit beim Publikum und allen Bundestagsparteien schlug sich im April 1964 in einem mehr als einstündigen Tee-Empfang bei dem damaligen Bundeskanzler Ludwig Erhard (CDU) nieder. Kurz davor hatte das Ensemble bei einer Fernsehdiskussion des ZDF mit führenden Parteipolitikern widerspruchslos das zweifelhafte Kompliment des damaligen Bundestagspräsidenten Eugen Gerstenmaier (CDU) angehört: »Wenn es die *Münchner Lach- und Schießgesellschaft* nicht gäbe, müßte ich als Parlamentspräsident sie erfinden. Sie sind, meine Herren, eine nützliche Opposition.« Obwohl die Truppe das Zulassen solcher Vereinnahmung im nachhinein bedauerte, wurde sie den Ruch des Hofnarrentums nie mehr los.
Als nach dem Aufkommen der scharf analysierenden, radikal satirischen Kabaretts der sechziger Jahre die an der Oberfläche bleibenden Späße der etablierten Kabaretts die jüngere Generation nicht mehr befriedigten, ging auch der *Münchner Lach- und Schießgesellschaft* allmählich der übriggebliebene satirische Atem aus, woraus sie 1972 die Konsequenz zog, sich »als Ensemble« aufzulösen. Das seit

1976 unter dem alten Namen agierende, ständig wechselnde Ensemble hat das Original bisher qualitativ und komödiantisch nicht erreichen können, trotz der zeitweiligen Beteiligung von → *Bruno Jonas* als Interpret und scharfzüngiger Autor. Die *Münchner Lach- und Schießgesellschaft* hat sich in den letzten Jahren zur gefragten Gastspielbühne entwickelt.

Schreiner, Klaus Peter: *Die Zeit spielt mit – Die Geschichte der Lach- und Schießgesellschaft.* München 1976. – Hildebrandt, Dieter: *Was bleibt mir übrig.* München 1986. – Schreiner, Klaus Peter: *Ins Schwarze geschrieben.* München 1988.

Münchner Rationaltheater → *Rationaltheater*

Die Musenschaukel Satirisch-literarisches Kabarett, gegründet im November 1933 von → *Trude Hesterberg* in Berlin, Behrenstraße 53 im »Pavillon Mascotte«. Eröffnet unter der literarischen Leitung von Karl Megerle von Mühlfeld und Günther Weisenborn und der musikalischen Leitung von Erwin Jospe. Unter der Regie der Hesterberg tanzten, rezitierten und sangen dort: Else Ehser, Fritz Lafontaine, Anni Mewes, Albert Hoermann, Hedi und Margot Höpfner, Rotraut Richter, Hans Hermann Schaufuß und Grethe Weiser. Im Januar 1934 folgte das zweite Programm, die Kabarett-Revue »Windstärke 10« von Hanns Fritz Beckmann, → *Frank Günther* und → *Günter Neumann* mit Curt Ackermann, Karl Beckmann, Eva Böhm, Charlott Daudert, Trude Hesterberg, Bea Molen (= Beate von Molo), Maria Ney (Conférence), Günther Vogott u.a. Das NS-Organ »Völkischer Beobachter« schrieb nach der Premiere: »Wir wollen ein neues Kabarett, eine neue Kleinkunst… und wir wollen das echt, wir wollen das aus unsrem Volke heraus.« Diese völkische Forderung wollte die *Musenschaukel* nicht erfüllen und wurde Ende Januar 1934 geschlossen.

Musik Eine vom Menschen geordnete Folge von Klangereignissen (Töne, Klänge, Geräusche, Pausen) und Dimensionen (Verläufe in der Zeit), die, durch die der Musik innewohnende Unbestimmtheit, sehr vielfältige Aufgaben haben kann. Die verschiedenen Möglichkeiten der Musik und die ebenso vielschichtigen spekulativen Interpretationen des Gehörten übertrugen die Komponisten auch auf die Musik im Kabarett, wo sie jedoch vorrangig einen Text begleitet (bei → *Chansons,* → *Couplets,* → *Liedern* u.a.) oder illustriert (bei → *Sketschen,* → *Tänzen,* Vortragsstücken u.a.) oder ausgeprägt sich dem Wort unterordnet und dieses vertont (bei → *Songs,* → *Moritaten,* → *Quodlibets* u.a.), selten dagegen als reines Musikstück auftritt, allenfalls in den Überleitungen von einer Nummer zur anderen, während einer Umbaupause oder auch, um das Publikum emotional oder thematisch auf eine neue Nummer einzustimmen. Im Kabarett spielt die Musik durchwegs eine dienende Rolle. Sie muß »durchaus superlativ sein, das heißt: sie soll vom Kranken das Kränkste, vom Geschwätzigen das Geschwätzigste, vom Perversen das Perverseste, vom Geizigen das Sparsamste in sich tragen und ausdrücken…« (Friedrich Hollaender: »Cabaret«, in *Weltbühne*, 2. 2. 1932).
Das Kabarett stellte für einige Komponisten (so Erik Satie 1881 im → *Chat noir*, Paris; Arnold Schönberg 1901 im → *Überbrettl*, Berlin u.a.) auch ein Podium fürs Experiment dar. Andere Gruppen (so die → *Dadaisten*, Zürich, 1916; die »Wiener

Gruppe«, um 1955) entwickelten kabarettistische Musikstücke, auf die viele der Begriffe anzuwenden sind, die sonst nur im Kabarett zur Bezeichnung von Formen, Mitteln und Methoden der Sprache und Darstellung dienen (→ *Groteske,* → *Ironie,* → *Karikatur,* → *Parodie,* → *Satire,* Scherz, → *Spott,* → *Witz* u.a.). Diese Möglichkeiten in der Anwendung musikalischen Materials wurden über die Kabarettbühne hinaus (von Spike Jones, Gerard Hoffnung, Victor Borge, Frank Zappa u.a.) zu einer hochqualifizierten Gattung musikalischen Unsinns weiterentwickelt. Nach wie vor am meisten werden im Kabarett vorhandene und bekannte Musikstücke verwendet, die mit singbaren Versen (als Quodlibet, ironisches Singspiel oder parodistisches Melodram) betextet werden. Hierbei handelt es sich um Stücke aus beiden großen musikalischen Bereichen, aus der U-(= Unterhaltungs-) Musik und der E-(= Ernsten)Musik. Neben gängiger → *Schlager-*, Volkslied-, Chanson-Musik und anderer sind nach 1945 z.B. die Ouvertüre aus »Orpheus in der Unterwelt« von Jacques Offenbach (1819–1880) rund zweihundertmal und die Ouvertüren »Dichter und Bauer« und »Leichte Kavallerie« von Franz von Suppé (1819–1895) zusammen rund fünfzigmal für das Kabarett verarbeitet worden.

Rüger, Christof: *Musik im Kabarett.* Leipzig 1982.

Mutter Ey Ein nach Johanna Ey (* 1865; † 1947) benanntes Lokal in der Düsseldorfer Altstadt, das nach dem Zweiten Weltkrieg Spielstätte verschiedener Kabaretts war. Aus dem Bäckerladen der Johanna Ey in der Nähe der Kunstakademie hatte sich um 1912 eine Art Kunstsalon für moderne Maler entwickelt, für deren Werke die Bäckerin neben Verständnis auch Geld aufbrachte. 1933 wegen dieser ihrer Neigung zur »entarteten Kunst« verfemt, ging sie siebzigjährig nach Hamburg, kehrte aber nach 1945 hochgeehrt nach Düsseldorf zurück und machte ihren Laden als Kaffeestube der »Mutter Ey GmbH.« wieder auf. Am 27.8. 1947 starb sie im Alter von 82 Jahren.
Mutter Ey wurde zu einem beliebten Gastspielbrettl. Dort gastierten u.a. Günther Jerschke, → *Wolfgang Neuss,* → *Wolfgang Müller,* Mady Rahl und → *Ralf Wolter.* Bevor das → *Kom(m)ödchen* in Erscheinung trat, versuchte sich dort 1947 kurzfristig das Kabarett »Staffelei«.

 Die Nachrichter Literarisch-parodistisches Studentenkabarett, entstanden im Februar 1930 aus Anlaß eines Faschingsfests des Theaterwissenschaftlichen Seminars von Prof. Arthur Kutscher in München. Zu diesem Zweck führten die Philologiestudenten → *Kurd E. Heyne*, → *Helmut Käutner* zusammen mit dem Zahnmediziner Bobby Todd eine selbstverfaßte Parodie auf Ferdinand Bruckners Drama »Die Verbrecher« unter dem Titel »Die Erbrecher« auf, die Werner Kleine am Klavier begleitete.

Der weit über den akademischen Rahmen hinausreichende Erfolg der Gruppe bewog → *Joachim Ringelnatz*, sie für ein vierzehntägiges Gastspiel in der zweiten Januarhälfte 1930 an den → *Simplicissimus* (München) zu vermitteln. Nach weiteren Gastspielen 1931 in München (»Annast«) und Stuttgart (»Excelsior«) und bei Radio München schrieb die Gruppe für das Faschingsfest 1932 des Kutscher-Kreises ein satirisches Stück auf den Rummel zum 100. Todestag Goethes, »Hier irrt Goethe«. Aus der für den 31.1. 1932 geplanten einmaligen Aufführung im Münchner Studentenhaus wurden rund 350 Vorstellungen, u.a. an den »Münchner Kammerspielen« und am »Münchner Volkstheater«. Aus einem für zehn Tage geplanten Gastspiel am Berliner »Renaissance-Theater« (Premiere: 8.4. 1932) wurden mehrere Wochen mit einer daran anschließenden Tournee durch Deutschland. Nach der 300. Vorstellung machte sich die Gruppe unter dem Namen *Die Nachrichter* selbständig und gastierte fortan in eigener Regie.

Seit »Hier irrt Goethe« führen *Die Nachrichter* einen Doppelbetrieb: das reine Nummernkabarett, bestehend aus Heyne, Käutner und Todd als Autoren und Darsteller sowie dem jeweiligen Pianisten und Komponisten – nacheinander → *Bernhard Eichhorn*, Werner Kleine, Norbert Schultze, Romanus Maria Hubertus, Rolf Hänsler, Otto Treffzger, Willy Sommerfeld, die unter dem Sammelnamen »Frank Norbert« fungierten; außerdem das Theaterunternehmen *Die Nachrichter*, bestehend aus Heyne, Käutner, Todd als Direktoren, Autoren, Komponisten (außer Käutner), Regisseuren und Bühnenbildnern sowie aus einem Ensemble von 10 bis 15 Darstellern (einmal sogar 23) je nach Stück und technischem Personalaufwand. Zu den Darstellern gehörten u.a. Gundel Thormann, Hermann Frieß, Herbert Decker, Ilse Gotthelf und Willy Duvoisin. Es folgten die kabarettistischen Stücke »Der Esel ist los« (1932), »Die Nervensäge« (1934) und »Der Apfel ist ab« (1935), das wenige Tage nach der Uraufführung wie auch *Die Nachrichter* überhaupt verboten wurde (1.10. 1935). Käutner, der dann Filmregisseur wurde, hat den »Apfel« 1948 verfilmt.

Nachtlicht → *Cabaret Nachtlicht*

Die Namenlosen Literarisch-politisches Studentenkabarett in München, entstanden als Faschingsbrettl der Studiobühne der Universität im Januar 1955.

Hans Guido Weber und Gerd Potyka von der Studiobühne taten sich mit ihren Kommilitonen → *Dieter Hildebrandt* und → *Klaus Peter Schreiner*, die die Texte schrieben, zusammen und brachten am 17.2. 1955 in dem Lokal »Alte Laterne« an der Leopoldstraße bei einem Studentenball ihr erstes Kabarettprogramm heraus mit Susanne Weber als fünfter im Bunde. Ihr Erfolg bewog die Wirtin, die Gruppe fortan zweimal in der Woche auftreten zu lassen. Das positive Presseecho erlaubte bald einen dritten Spieltag pro Woche. Im Juli/August 1955 gastierten *Die Namenlosen* mit ihrem zweiten Programm (»Es ist so schön, privat zu sein«) im »Café Freilinger«, Leopoldstraße. Nach ein paar Abstechern nach Salzburg und Bern und einem kurzen Gastspiel in der → *Kleinen Freiheit* wurden sie in dem Lokal »Das Stachelschwein«, Ursula-, Ecke Haimhauser Straße, seßhaft, jetzt mit Cordy Ritter als Partnerin. Den enormen Erfolg ihres dort gespielten Programms »Die Nullen sind unter uns« (3. 11. 1955) konnte das folgende, »Sünder des Olymp« (21. 3. 1956), nicht halten; sie spielten es bis zum 30.5. und gastierten anschließend bei den → *Stachelschweinen* in West-Berlin. Danach Wiederaufnahme in München.

Im November 1956 spaltete sich die Gruppe: Während Hildebrandt im »Stachelschwein« blieb und mit → *Sammy Drechsel* die → *Münchner Lach- und Schießgesellschaft* gründete, versuchte Schreiner, *Die Namenlosen* in einem Hotel der Münchner Innenstadt weiterzuführen, scheiterte aber. Nach wenigen Wochen löste sich die Gruppe auf.

Titelseite des Programmheftes 1955

Nelken, Dinah (eigentlich: Bernhardina Nelken) ** 16. 5. 1900 Berlin; † 15. 1. 1989 Berlin.* Lyrikerin, Kabarettistin, Schriftstellerin

Nach dem Lyzeum bildete sie sich autodidaktisch weiter, schrieb Feuilletons, Kurzgeschichten und Filmdrehbücher (»Stärker als Paragraphen«, »Das Abenteuer geht weiter« u.a.) und auch Romane (»Die Erwachenden«, 1925). Mit ihrem Bruder, dem Maler Rolli Gero, eröffnete sie 1928 in Berlin das Kabarett → *Die Unmöglichen* als Vorläufer von → *Werner Fincks* → *Katakombe.* Seit 1936 lebte sie in Österreich, emigrierte dann nach Jugoslawien, lebte auf der Insel Korčula, später in Italien. Ihr 1936 in Wien gemeinsam mit Rolli Gero entstandener, heiter-ernster Briefroman »Ich an dich« wurde 1939 unter dem Titel »Eine Frau wie du« mit Brigitte Horney verfilmt; in Art einer losen Fortsetzung erscheint das Tagebuch »Ich an mich«, das 1952 mit Maria Schell und O.W. Fischer in den Hauptrollen unter dem Titel »Tagebuch einer Verliebten« verfilmt wurde. 1950 kehrte sie aus dem Exil zurück und lebte als freie Schriftstellerin in Berlin.

Nelken, Dinah: *Die ganze Zeit meines Lebens – Geschichten, Gedichte, Berichte.* Berlin 1977.

 Nelson, Herbert ** 31. 10. 1910 Berlin; † 18. 5. 1988 Riverdale/N. Y. (USA).*
Autor, Komponist, Pianist, Conférencier eigener Kabarettprogramme
Sohn von → *Rudolf Nelson* und → *Käte Erlholz.* Begann als Reporter in Berlin. Emigrierte 1935 zu seinen Eltern nach Amsterdam und schrieb vom Herbst 1935 bis 1939 die Texte zu annähernd sechzig Kabarettrevuen für Rudolf Nelsons »La Gaîté« in Amsterdam (→ *Exilkabarett*).
Nach dem Einmarsch der Nazis 1940 gründete er mit seinem Vater und der holländischen Kabarettistin Henriette Davids das »Jüdische Theater« (»Joodsche Schowburg«) in Amsterdam und schrieb für die dort (neben anderen Theater- und musikalischen Ensembles) spielende *Nelson*-Revue Texte und Rahmenhandlungen. Nach Umwandlung des »Jüdischen Theaters« in ein Deportationszentrum für die Transport der Juden in die östlichen KZs eröffnete Herbert Nelson unter dem Schutz der holländischen Widerstandsbewegung (der er angehörte) in einer Amsterdamer Privatwohnung ein illegales Kabarett für geladene Gäste. Mitte 1946 schrieb Herbert Nelson die deutschsprachige Revue »Tanz über die Grenzen« und gastierte mit ihr und einem Ensemble aus holländischen und deportierten Künstlern in der Schweiz.
Im August 1947 übersiedelte er nach New York. Seit Ende der fünfziger Jahre gab er mit seiner Frau, der Chansonniere Eva Nelson, Zweipersonenshows (untermischt mit Tonbändern, Dias und Film) in New Yorker Clubs, Colleges und Universitäten in den USA und Kanada. Im Juni 1982 Gastspiele mit Nummern der alten Amsterdamer »Nelson-Revue« mit einem holländischen Ensemble beim »Internationalen Holland Festival« und mit alten Berliner Nummern beim Projekt »Amsterdam-Berlin/Berlin-Amsterdam – kulturelle Wechselwirkungen«. 1983 Tournee damit durch die BRD und nach West-Berlin. Seit 1972 hielten Herbert und Eva Nelson am Middlebury College in Vermont (USA) in Sommerkursen Vorlesungen und Workshops über Kabarett und leisteten mit den Studenten für Deutsch praktische Kabarettarbeit.

Nelson, Rudolf (eigentlich: Rudolf Lewinsohn) ** 18. 4. 1878 Berlin; † 5. 2. 1960 Berlin.*
Kabarett- und Operettenkomponist, Pianist und Kabarettleiter
Debütierte fünfjährig als »musikalisches Wunderkind« mit Werken von Liszt und Chopin. Besuch der Königlichen Musikhochschule und des Stern'schen Konservatoriums in Berlin. Pianist in der »Silbernen Punschterrine«, im »Poetenbänkel zum Siebenten Himmel« (→ *Berliner Kneipenbrettl*) und im »Charivari« (→ *Überbrettl*-Bewegung). Über das Kleinkunsttheater »Zum Faun« des Barons Ensberg stieß er 1903 als musikalischer Leiter zu der Kleinkunstbühne des Prinzen Joachim Albert von Preußen im »Kleinen Haus« der Kroll-Oper. Aufgrund seiner Beliebtheit bei den dort verkehrenden Hofkreisen konnte sich Nelson 1904 selbständig machen und gründete zusammen mit dem Schauspieler → *Paul Schneider-Duncker* 1904 sein erstes Kabarett, den → *Roland von Berlin.* Nach drei Jahren trennte er sich von seinem Partner und eröffnete 1907 den → *Chat noir* (Berlin) und 1910 das »Metropol-Kabarett«, die er beide 1914 aufgab, um am Kurfürstendamm zwischen Joachimstaler und Uhlandstraße »Nelsons Künstlerspiele« zu eröffnen.
Zwischen 1910 und 1918 komponierte Nelson ein halbes Dutzend Operetten-

revuen (u.a. »Miss Dudelsack«, »Chauffeur, ins Metropol!«) und schuf nach diesem Vorbild 1919 in seinen »Künstlerspielen« am Kurfürstendamm, Ecke Fasanenstraße, die seit 1920 »Nelson-Theater« hießen, die → *Kabarettrevue.* 1925 vermietete er das Haus für ein Gastspiel der Pariser Tänzerin Josephine Baker und gastierte derweil nebenan im »Theater am Kurfürstendamm«. Seitdem gab er weitere Gastspiele, u.a. im Palmensaal des Hotels Cumberland am Kurfürstendamm und im Blauen Saal des Eden-Hotels am Bahnhof Zoo.

Rudolf Nelson

1933 auf Tournee, kehrte er nicht mehr nach Deutschland zurück, sondern ging über Wien und Zürich 1934 mit seiner Truppe in die Niederlande und gründete 1934 in Amsterdam das Kabarettheater »La Gaîté« (→ *Exilkabarett*). Im Sommer gastierte er regelmäßig im Kurhauskabarett des Seebades Scheveningen. Die Texte schrieb ihm sein Sohn → *Herbert Nelson.* Zwischen 1934 und 1940 brachte er etwa hundert Kleinrevuen heraus. Vorübergehend interniert, überlebte er die deutsche Besatzung im Untergrund, kehrte 1949 nach Berlin zurück und kreierte hier im »Theater am Kurfürstendamm« mit → *Günter Neumann* die Revue »Berlin Weh-Weh«, die er mit Neumann und später mit Heinrich Riethmüller auch selbst begleitete. Im November 1949 gastierte er mit Dora Paulsen in einer Galamatinee im »Theater am Nollendorfplatz«, die er mit Ursula Harnisch an zwei Flügeln begleitete.

Unter Nelsons 18 Kabarettrevuen zwischen 1919 und 1933 sind hervorzuheben: »Total Manoli« (1919/20), »Bitte zahlen!« (1921), »Der Harem auf Reisen« (1924), »Die Nacht der Nächte!« (1926), »Der rote Faden« (1930), »Quick« (1930), »Glück muß man haben« (1931), »Es hat geklingelt« (1932). Seine bekanntesten Chansons und Schlagerchansons aus dieser Zeit: »Wenn du meine Tante siehst« sowie »Das Nachtgespenst« und »Peter, Peter« (Texte: → *Friedrich Hollaender*), »Fang nie was mit Verwandtschaft an!« und »Mir ist heut so nach Tamerlan« (Texte: → *Kurt Tucholsky*), »Die Dame von der alten Schule« und »Der Vamp« (Texte: Hans Hannes). Sein berühmtestes Chanson: »Das Ladenmädel« von 1904 (Text: Willi Wolff).

Rudolf Nelson schuf nach dem Ende der → *Überbrettl*-Bewegung das moderne, elegante Großstadtkabarett, das in Texten und Musiken durchaus literarisch, wenn auch inhaltlich kaum zeitkritisch oder gar politisch war. Erst nach dem Ersten Weltkrieg nahm er in jedes Programm mindestens eine politische Nummer, vielfach in Form eines Chansons, hinein (die ihm meist Kurt Tucholsky schrieb).

Mit seinem künstlerischen Geschmack, seinem an Offenbach erinnernden musikalischen Esprit und seiner weichen Melodik, vorgetragen mit einem stählernen Anschlag, schuf Nelson ein ebenso lukullisches wie geistreiches Kabarett, das logischerweise in die → *Kabarettrevue* mündete.

Jameson, Egon: *Am Flügel: Rudolf Nelson*, biographische Zeitungsserie in *Der Kurier*, Berlin 1958. – Nelson, Rudolf: *Nacht der Nächte – Revue meines Lebens.* Berlin o.J.

278 **Neopathetisches Cabaret** Literaturzirkel im Nollendorf-Casino, Berlin, 1910–1912, mit gelegentlichen kabarettistischen Zügen. Entstanden aus dem »Neuen Club« der Frühexpressionisten Jakob van Hoddis, Ernst Blass, Erwin Loewenson u.a. im Juni 1910, als der »Neue Club« seine Lesungen unter der Leitung des Publizisten Kurt Hiller öffentlich machte.

Diese Abende fanden in verschiedenen Berliner Lokalitäten statt, so im Papierhaus in der Dessauer Straße, im Architektenhaus (Wilhelmstraße) und im oberen Saal des »Café Kutschera« am Kurfürstendamm. Bald stießen neue Autoren zu dem Kreis, so die Dichter Alfred Lichtenstein, Heinrich Eduard Jacob, Rudolf Kurtz, Ferdinand Hardekopf und Georg Heym. Das *Neopathetische Cabaret* verstand sich als Gegenbewegung gegen die »L'art-pour-l'art-Kunst« der Rilke, Hofmannsthal und Stefan George in nietzscheschem Geiste, so, wie Hiller es formuliert hatte: »Pathos nicht als gemessener Gebärdengang leidender Prophetensöhne, sondern als universale Heiterkeit, als panisches Lachen. So versteht es sich auch, daß wir keineswegs für unwürdig und unvornehm halten, seriöseste Philosopheme zwischen Chansons und (zerebrale) Ulkigkeiten zu streuen; im Gegenteil: gerade weil für uns Philosophie nicht fachliche, sondern vitale Bedeutung hat, nicht Lehrsache, Geschäft, Moralität oder Schweißausbruch ist, sondern: Erlebnis, scheint sie uns viel eher in ein Cabaret zu passen als auf ein Katheder oder in eine Vierteljahresschrift.« Damit knüpfte Hiller an die theoretischen Überlegungen → *Bierbaums* von 1900 an, bereitete aber andererseits dem → *Cabaret Voltaire* geistig den Weg. So stand das *Neopathetische Cabaret* auch mit den avantgardistischen Kunst- und Literaturzeitschriften »Der Sturm« von Herwarth Walden und »Die Aktion« von Franz Pfemfert in Verbindung.

Anfang 1911 trennte sich Hiller von dem Kreis und gründete im November 1911 im »Café Austria« in der Potsdamer Straße das »GNU« (»Zur Entkafferung, Entbarbarisierung der Menschheit«). Nachdem einer seiner Protagonisten, Georg Heym, im Januar 1912 beim Eislaufen ertrunken war, gab das *Neopathetische Cabaret* am 3.4. 1912 seine Abschiedsvorstellung.

📖 Hippen, Reinhard: *Erklügelte Nervenkultur – Kabarett der Neopathetiker und Dadaisten.* Zürich 1991.

Nestbeschmutzer Politisch-satirisches Amateurkabarett, gegründet 1985 von Gerd Weismann (* 28. 3. 1949, Baden-Baden), der in Freiburg Mathematik studierte und dann als Elektriker arbeitete. In unterschiedlicher Besetzung spielte das Kabarett drei Programme. 1992 wagte Weismann den Sprung ins Profilager, zusammen mit Frank Sauer (* 27. 8. 1959, Berlin), der in Siegen Literaturwissenschaft und Germanistik studierte und dort 1982 Mitbegründer des Studentenkabaretts »Die Widerha(r)ken« gewesen war. Weismann und Sauer spielten als Duo-Kabarett *Nestbeschmutzer* bisher die Programme »Aus Liebe zur Heimat« (1992), »Ende der Schonzeit« (1993) und »Alles dicht?« (1995). 1993 erhielten sie den Obernburger Kabarettpreis und 1994 den Kleinkunstpreis des Landes Baden-Württemberg.

»Neues Theater am Kärntnertor« 1959, Programm »Dachl überm Kopf« mit u.l.: Gerhard Bronner, Helmut Qualtinger, Christa Irrall, Johann Sklenka, Louise Martini, Nikolaus Haenel

Neues Theater am Kärntnertor Ein 374-Plätze-Saal in einem ehemaligen Opernhaus in der Walfischgasse in Wien, den → *Gerhard Bronner* im Oktober 1959 als Kabarettheater mit dem Programm »Dachl überm Kopf« (Laufzeit: sieben Monate) eröffnete. (Darin das → *Mittelstück* »Geisterbahn der Freiheit« von → *Carl Merz* und → *Helmut Qualtinger*, die »Schmattesoper« von und mit Gerhard Bronner und → *Peter Wehle* und »Die Demelinerinnen« von Bronner mit Bronner und Qualtinger).
Es folgte im Oktober 1960 das Programm »Hackl vorm Kreuz« (Regie: Erich Neuberger) mit Louise Martini, Eva Pilz, Kurt Sobotka, Kurt Sklenka, Gerhard Bronner und Helmut Qualtinger (darin Bronners »Die Ottomanen«, Qualtingers »Der Menschheit Würde ist in eure Hand gegeben« u.a.). Nach diesem Programm verließen Merz und Qualtinger das Ensemble. Bronner engagierte das Grazer Kabarett → *Der Würfel* mit dessen Programm »Weh dem, der rügt«. In dem folgenden »Wedl sei der Mensch« (Herbst 1961) reicherte er das »Würfel«-Ensemble mit sich selbst, Eva Pilz und Peter Wehle an. Im Herbst 1962 servierten Bronner und Wehle im Alleingang das eher unpolitische kabarettistische Resultat ihrer Weltreise unter dem Titel »Die unruhige Kugel«. Im Februar 1963 folgte »Das heiße Eisen« von → *Fritz Eckhardt* mit Chansons von Bronner und Wehle: eine Satire auf eine heimische Schieberaffäre. Auch in dem im Herbst 1963 folgenden Programm »Arche Nowak« von Erich Frank und Peter Orthofer (vom »Würfel«) mit Musiknummern von Bronner und Wehle rangierten österreichische Themen vorn. Im Frühjahr 1964 folgten »Nie wieder Kabarett!« und im Oktober »Wiener Testwochen« (darin: »Wer regiert Österreich?«), beide von Bronner.

 Aus dem üblichen Rahmen fiel seit Februar 1965 ein von Kurt Sobotka inszeniertes Ein-Personen-Stück, die »Große Häfenelegie«, erzählt und gespielt von dem Schauspieler Herwig Seeböck. Danach folgte »Companiere Olé!« von Reinhard Federmann, eine Satire auf den Finanzierungsskandal um den damaligen österreichischen Innenminister Franz Olah. Nach dem Mißerfolg mit einem amerikanischen, von Bronner bearbeiteten Musical, »Die Romanticker« (»The Fantasticks«), gab Bronner das *Neue Theater am Kärntnertor* auf. Es schloß am 20.2. 1966 als Wiener Kabarettspielstätte.

Neumann, Günter ** 19. 3. 1913 Berlin; † 17. 10. 1972 München.*
Kabarettautor, -leiter und -komponist, Drehbuchautor
Studierte privat Musik bei Prof. Heinz Tiessen. Debütierte 1929 als sechzehnjähriger Schüler, entdeckt von → *Willi Schaeffers*, im Nachwuchsstudio des → *Kabaretts der Komiker.* Begleitete als Primaner 1931 in der → *Katakombe* und 1932/33 im »Kohlkopp«, für die beide er auch komponierte. 1933 erneut in der »Katakombe«.
Ging 1932 mit eigenem Kabarett auf eine Tournee nach Westdeutschland und lernte bei einem Gastspiel in Frankfurt (Main) seine nachmalige Partnerin und Frau → *Tatjana Sais* kennen. Spielte und komponierte 1933 in → *Trude Hesterbergs* → *Musenschaukel*, 1935 im → *Tingeltangel-Theater*, das aufgrund seiner Revue »Liebe, Lenz und Tingeltangel« am 10.5. 1935 verboten wurde. Versuchte im September 1935 mit Tatjana Sais und Bruno Fritz den → *Tatzelwurm* neu zu beleben. Er verfaßte 1937 für das »Kabarett der Komiker« die Sportrevue »Gib ihm!« (mit → *Werner Finck*, Tati, Loni Heuser, → *Rudolf Platte* und Tatjana Sais). Schrieb 1938 das Drehbuch zu »Paradies der Junggesellen«. Die Premiere seiner Revue »Nacht muß es sein« am 1.9. 1939 fiel dem Kriegsbeginn zum Opfer. Einberufen, wurde er zur »Truppenbetreuung« herangezogen und ging mit Tatjana Sais und Werner Oehlschläger auf »Wehrmachttournee«. 1944 wieder Soldat, geriet er im April 1945 in Leipzig in US-Kriegsgefangenschaft. Machte Lagerkabarett bei Chartres. Im Herbst 1946 entlassen, ging er zu Tatjana Sais nach Frankfurt (Main). Aus beider Gastspielreise nach Berlin wurde eine Rückkehr für immer. 1947 begleitete Neumann (mit Heinrich Riethmüller an zwei Klavieren) → *Hellmuth Krügers* Revue »Wir sind noch einmal sitzengeblieben«. Brachte am 13.2. 1947 seine Kabarettrevue »Alles Theater« und im Winter 1947/48 seine Revue »Schwarzer Jahrmarkt« (beide im → *Ulenspiegel*) heraus, die er auch am Klavier begleitete.
Verfaßte 1948 Drehbuch und Musik zu dem satirischen Film »Berliner Ballade«. Entwickelte aus einer RIAS-Hörfunksendung am 25.12. 1948 das Rundfunkkabarett → *Die Insulaner.* Schrieb 1947 Texte für die »Dachluke«, 1949 für die → *Mausefalle* (Stuttgart und Hamburg), 1953 für den → *Nürnberger Trichter*, 1954 für die → *Stachelschweine* und 1965 für die → *Wühlmäuse* (auch Musiken). Verfaßte zusammen mit → *Rudolf Nelson* 1948 die Kabarettrevue »Berlin Weh-Weh«. Mitarbeit an den Drehbüchern zu verschiedenen zeitkritischen Musikfilmen (wie »Wir Wunderkinder«, 1958, »Das Wirtshaus im Spessart«, 1957 und »Das Spukschloß im Spessart«, 1960). Versuchte 1963 und 1968 eine Wiederaufnahme seiner 1958 eingestellten »Insulaner«-Programme, fand aber bei den Jüngeren keinen Widerhall.

Ausgezeichnet mit dem Silberlorbeer der Berliner Filmfestspiele 1951, dem Kunstpreis der Stadt Berlin 1960 und dem Paul-Lincke-Ring. Günter Neumann hatte, als Autor-Komponist eigentlich auf → *Friedrich Hollaender* verwiesen, das Kompositorische der Musik Rudolf Nelson und des Wortes → *Otto Reutter* abgelauscht. Seinem Berliner Mutterwitz, verbunden mit lockerer Musikalität, fehlten die Leidenschaft und die Stoßkraft des Satirikers. So blieb er auch in seiner politischen Polemik undifferenziert im Urteil – mehr gutmütig frotzelnd, mitunter auch plump zuschlagend als scharf analysierend und den Nerv treffend. Dennoch hebt ihn die formale Leichtigkeit im Umgang mit Wort und Ton hoch über das Gros der Unterhaltungskabarettisten hinaus.

Van Sweringen, Bryan T.: *Kabarettist an der Front des Kalten Krieges – Günter Neumann und das politische Kabarett 1948–1968*. Passau 1989 (überarbeitet 1995).

Neumann, Klaus-Günter **29. 6. 1920 Berlin; † 3. 7. 1995 Berlin.*
Kabarettist, Komponist, Pianist
Nach der Schauspielschule des Deutschen Theaters absolvierte er noch ein Musikstudium in Berlin. Versuchte vor Kriegsausbruch im → *Kabarett der Komiker* aufzutreten, wurde jedoch zur Wehrmacht einberufen und konnte dieses Vorhaben erst 1946 verwirklichen. 1947 gründete er in Berlin das Kabarett »Greiffi«, für das er bis 1953 jährlich drei neue Revuen schrieb, in denen u.a. → *Brigitte Mira,* Ruth Stephan, Ethel Reschke, Gisela Trowe, Walter Gross und 1961 in der Revue »Festgespielt« → *Wolfgang Müller* (der spätere Partner von → *Wolfgang Neuss*) mitwirkten. Von 1951–1954 schrieb er monatlich als »Klavierender Bürgermeister« für den NWDR die Sendung »Rund um die Berolina«, danach viele Sendungen für Funk und Fernsehen. Mit Konrad (Jule) Hammer produzierte er seit 1970 zahlreiche Programme des »Fußgänger-Kabaretts« im Europa-Center. Internationale Erfolge wurden seine Schlager »Tulpen aus Amsterdam« und »Wunderland bei Nacht«.

Neuss, Wolfgang **3. 12. 1923 Breslau; † 5. 5. 1989 Berlin.*
Schauspieler, Kabarettist, Kabarettautor, Schriftsteller
Nach Metzgerlehre und fünfjährigem Kriegsdienst (einschließlich »Truppenbetreuung« als »Frontkomiker«) tingelte Neuss, aus der Kriegsgefangenschaft entlassen, bis 1949 als Arrangeur und Ansager bunter Abende durch Nordwestdeutschland.
Nach einem Gastspiel mit seinem damaligen Partner Abi von Haase 1949 bei → *Mutter Ey* in Düsseldorf erste Begegnung mit seinem nachmaligen Dauerpartner → *Wolfgang Müller* in Hannover. 1950 wurde Neuss während eines Gastspiels mit Haase im Hamburger »Hansa-Theater« von dem Komponisten → *Lotar Olias* für die von ihm künstlerisch geleitete → *Bonbonniere* (Hamburg) entdeckt, wo er von den Autoren → *Eckart Hachfeld* und → *Dieter Thierry* mit Texten versorgt wurde. Er trat dort gemeinsam mit Thierry und → *Ursula Herking* auf. Bei einem erfolggekrönten Gastspiel in West-Berlin 1951 beschloß das Ensemble der *Bonbonniere,* das sich jetzt »Die Haferstengels« nannte, dort zu bleiben. Mit der ihm von Hachfeld geschriebenen Nummer »Der Mann an der Pauke« wurde Neuss auf einen Schlag überregional berühmt. Es folgte ein neues »Haferstengel«-

Wolfgang Neuss, »Der Mann mit der Pauke«

Programm mit Ursula Herking und Dieter Thierry. Danach Mitwirkung in verschiedenen Kabarettprogrammen im → *Nürnberger Trichter* sowie bei Unterhaltungsgroßveranstaltungen (mit antifaschistisch-antikommunistischer Tendenz) in der Berliner »Waldbühne«. Machte zusammen mit → *Jo Herbst* im RIAS Rundfunkkabarett. Inszenierte 1952 bei den → *Stachelschweinen* das Programm »Festland Berlin« (September) und »Zwischen Nylon und Chemnitz« (Dezember). Spielte seit 1953 Komikerrollen in klassischen und modernen Lustspielen (zuweilen auch Regie).

1953 erstes gemeinsamen Auftreten mit Wolfgang Müller (»Zwischen Tür und Angel«, 1953, »Hängt die Wäsche weg!«, 1955, beide im »Rauchfang«, »Macht bloß keen Theater!«, 1954, in der »Komödie«). 1955 wurden beide als Komikerpaar in dem Musical »Kiss me, Kate« (in der »Komödie«) zu den heimlichen Hauptdarstellern. Nicht minder Erfolg hatten sie nach den Vorstellungen mit der Musicalparodie »Schieß mich, Tell«, in die sie aktuelle Bezüge einarbeiteten. Es folgten Tourneen durch die BRD und zahllose Filmangebote. Seit 1955 wirkte Neuss in über fünfzig Filmen mit, darunter in den Filmsatiren »Das Wirtshaus im

Spessart« (1957), »Wir Wunderkinder« (1958), »Das Mädchen Rosemarie« (1958) und »Rosen für den Staatsanwalt« (1959), außerdem in satirischen Fernsehfilmen wie »Wer nicht hören will, muß fernsehen« (1960, mit W. Müller) und den Bühnenkomödien »Drei Mann auf einem Pferd« (1957) und »Kennen Sie die Milchstraße?« (1958, in beiden mit Wolfgang Müller). Zwischendurch schrieb er die Komödien »Tu's nicht ohne Liebe« (aufgeführt 1958 am »Residenztheater« München) und »Zwei Berliner in Paris« (1959 in der »Komödie«, Berlin, beide in seiner Regie).
Nach Wolfgang Müllers tödlichem Flugzeugabsturz 1960 sah sich Neuss »gezwungen, statt eine Person zu ersetzen, dieselbe mitzuspielen« (Neuss). Er schrieb und produzierte mit sich selbst in den Hauptrollen die satirischen Filme »Wir Kellerkinder« (1960) und »Genosse Münchhausen« (1962, auch Regie). Für beide erhielt er den Berliner Kunstpreis 1964. 1963 brachte er mit »Das jüngste Gerücht« im »Domizil« am Lützowplatz sein erstes engagiert politisches Soloprogramm (Untertitel: »Satire über Trivialpolitik«) heraus, mit dem er 1963 auch die BRD bereiste. Es folgte 1965 im »Theater am Kurfürstendamm« die Villon-Show »Neuss Testament« (Untertitel: »Eine satirische Zeitbombe«) mit Beiträgen von Dieter Thierry, → *Horst Tomayer*, Jens Gerlach und Gerd Delaveaux (1965/66 auf BRD-Tournee) und 1967, wieder im »Domizil«, das Programm »Asyl im Domizil« mit Beiträgen von Dieter Thierry und Hans Magnus Enzensberger (BRD-Tournee 1967/68). Mit ständig ausverkauften Vorstellungen und Höchstauflagen der entsprechenden LPs und Textbücher erreichte Neuss in diesen Programmen den Kulminationspunkt seiner kabarettistischen Aktivität. Für die LP »Das jüngste Gerücht« erhielt er 1964 den »Preis der deutschen Schallplattenkritik«. In diesen Soloprogrammen, vorgetragen teils in Prosa, teil in rhythmisiertem Sprechgesang, schleuderte Neuss mit spitzem Spott und zausendem Zynismus seine Attacken auf die sich aus seiner Sicht im Bonn der Großen Koalition ausbreitende Kungelei und die in West-Berlin wuchernde Frontstadthysterie. Damit und mit sich mehrenden außerkabarettistischen Aktionen wurde Neuss zum Politikum und zum »Systemkritiker«, den freilich keine Fraktion im linken Spektrum ganz für sich beanspruchen konnte. Schon 1955 hatte er einen Skandal ausgelöst, als er bei einem Berliner Abend im Bierpalast »Prälaten«, der vom Fernsehen live übertragen wurde, vor 460 dort privat versammelten Bundestagsabgeordneten als »Mann an der Pauke«, sich den Zensurwünschen des federführenden Südwestfunks verweigernd, loslegte, woraufhin ihm das Fernsehen bei der inkriminierten Stelle unter dem Vorwand »Technische Störung« den Ton abschaltete.
Im Dezember 1964 brachte Neuss zum erstenmal seine satirische Zeitschrift »Neuss Deutschland« heraus. 1965 trat er in Frankfurt am Main beim Ostermarsch zusammen mit → *Wolf Biermann* auf, was ihm ein Einreiseverbot in die DDR eintrug. Neuss engagierte sich im Wahlkampf für die SPD, forderte aber zur Abgabe der Zweitstimme für die »Deutsche Friedensunion« auf, was ihm 1966 einen Ausschluß aus der SPD einbrachte. Auf einen Protest von Neuss in einem Extrablatt von »Neuss Deutschland« zur Jahreswende 1965/66 gegen den Aufruf West-Berliner Zeitungen, Geld für US-Soldaten in Vietnam zu spenden, belegte ihn die West-Berliner Presse mit einem Anzeigenboykott. Nun bekannte sich Neuss offen zur »Außerparlamentarischen Opposition« (APO). Gleichzeitig

Komiker aller Länder, vereinigt euch!

NEUSS DEUTSCHLAND

ORGAN DES ZENTRALKOMIKER-TEAMS DER SATIRISCHEN EINHEITSPARTEI DEUTSCHLANDS

2. Jahrgang Nr 5 Berlin, Juni/Juli 1965

Die Titelzeile der von Wolfgang Neuss 1965 herausgegebenen Parodie auf das SED-Parteiorgan »Neues Deutschland«

bekam er Schwierigkeiten bei seiner Mitwirkung in der satirischen Sendung des Hessischen Rundfunks, »Bis zur letzten Frequenz«. Nun spielte er wieder öfter Bühnenrollen in Berlin, Hamburg und München. 1968 weigerte er sich, in dem von Peter Stein an den »Münchner Kammerspielen« inszenierten »Viet Nam Diskurs« von Peter Weiss aufzutreten, weil ihm die Theaterleitung eine öffentliche Sammlung für den Vietcong untersagt hatte.

1967 bildete er mit → *Hanns Dieter Hüsch*, → *Franz Josef Degenhardt* und → *Dieter Süverkrüp* das »Quartett 67«. 1969 spielte er in Peter Zadeks Fernsehfilm »Rotmord« den → *Erich Mühsam*. 1969 besuchte er Chile. Tablettensucht und Haschischgenuß brachten ihm 1979 acht Monate Haft auf Bewährung ein. Seit 1976 lebte er von Sozialhilfe. Ein kurzes Comeback mit einem »Pauken«-Gastspiel bei den »Stachelschweinen« 1973 blieb ohne Folgen. Schließlich entdeckte ihn die alternative »Szene« und druckte die »Tageszeitung« (TAZ) Kolumnen von ihm. Seine witzigen Monologe, die er vor Freunden in seiner Wohnung hielt, vertrieb der »Stechapfel Verlag«, Berlin-Kreuzberg, auf Tonkassetten, während der »Syndikat Verlag«, Frankfurt am Main, das Drehbuch von »Wir Kellerkinder« herausbrachte. Im März 1984 lief der Film »Is was, Kanzler?« an, in dem Neuss die Bundestagspräsidentin Annemarie Renger darstellte. 1983 erhielt er den Ehrenpreis zum → *Deutschen Kleinkunstpreis*.

📖 Salvatore, Gaston: *Ein faltenreiches Kind*. Frankfurt am Main 1974. – Kühn, Volker: *Das Wolfgang Neuss Buch*. Köln 1981.

Nick, Edmund **22. 9. 1891 Reichenberg (Böhmen); † 11. 4. 1974 Geretsried (Oberbayern)*. Komponist, Pianist

Nach dem Besuch der Wiener Musikakademie und des Dresdner Konservatoriums war er 1919–1923 in Breslau als Konzertbegleiter, seit 1924 als musikalischer Leiter des Schlesischen Rundfunks tätig. 1933–1935 wirkte er in Berlin beim Kabarett → *Katakombe* als Komponist und Pianist, war danach bis 1940 musikalischer Leiter am »Theater des Volkes«. 1947 wurde er musikalischer Leiter der Bayerischen Staatsoperette und 1949 Professor an der Münchner Musikhochschule, daneben leitete er von 1952–1956 die Musikabteilung des Westdeutschen Rundfunks in Köln. Neben einigen Operetten komponierte er nach 1945 vor allem für das Kabarett → *Schaubude* in München und vertonte dafür Texte von → *Erich Kästner* und → *Kurt Tucholsky*.

Nikolaus, Paul (eigentlich: Paul Nikolaus Steiner) **30. 3. 1894 Mannheim; † 31. 3. 1933 (Selbstmord) Zürich*. Conférencier

Begann 1921 in der → *Wilden Bühne*. Wurde dann Hausconférencier der → *Gondel*. Seit 1925 ständiger Conférencier am → *Kabarett der Komiker*. Conferierte

1925 im Varieté »Scala«, 1931 im Varieté »Wintergarten«, 1930 im → *Tingeltangeltheater*, 1932 bei den → *Wespen*. Emigrierte im März 1933 in die Schweiz und nahm sich wenig später dort das Leben. In Abschiedsbriefen an seine Freunde schrieb er: »Einmal kein Scherz: Ich nehme mir das Leben. Ich könnte nicht nach Deutschland zurück, ohne es mir dort zu nehmen ... und ich habe mich leider in mein Vaterland verliebt.«
Nikolaus war der spirituell schärfste, politisch kompromißloseste Conférencier der Weimarer Republik. Seine schnelle Reaktion auf Aktuelles bewies er Abend für Abend im »Kabarett der Komiker«, wenn er sich die Andrucke der Zeitungen vom nächsten Morgen in die Garderobe bringen ließ und auf die Neuigkeiten, die sein Publikum erst am nächsten Tage erfahren sollte, sofort seine brillant formulierten Glossen machte.

Schaeffers, Willi; Nikolaus, Paul: *Konfetti – Ein buntes Buch*. Berlin o.J.

Die NIveauHILISTEN »Meloflitterarisches Kabarett« (Selbstbenennung), gegründet als Studentenkabarett 1964 von dem Pädagogikstudenten Wolfgang Pusch in Kettwig (Ruhr).
1965 gab der Pädagogikdozent → *Jürgen Henningsen* als Autor und Regisseur der Gruppe Stil und Linie. Die Texte schrieben er und Pusch. Das Ensemble bestand aus den inzwischen zu Junglehrern gewordenen Wolfgang Pusch, Dieter Urban und Barb Sewien (= Barbara Wiesenack), die auch komponierte und begleitete. Nach einem »Beobachterbesuch« bei den »Essener Kabarett-Tagen« 1966 gastierten die *NIveauHILISTEN* bei diesem Festival mit ihrem sechsten Programm »Alle flüstern einen Namen« und wurden dadurch überregional bekannt. Auch 1968 gastierten sie in Essen sowie 1969 zur »Woche des politischen Kabaretts« im Münchner → *Rationaltheater*. Mit dem Weggang von Barb Sewien 1971 löste sich das Ensemble auf. (→ *Stiefelknecht*)

Noack, Ursula ** 7. 4. 1918 Halle; † 13. 2. 1988 München.*
Schauspielerin, Kabarettistin, Chansonniere
Begann 1938 als Schauspielerin am Stadttheater in Erfurt, spielte an verschiedenen Provinzbühnen und kam nach dem Krieg ans Leipziger Schauspielhaus, von wo → *Joachim Werzlau* sie 1947 an das Kabarett → *Rampe* (Leipzig) holte. 1948 ging sie nach Westdeutschland, spielte an Theatern in Hamburg, Bremen und wurde 1950 von → *Michael Burk* an das Reisekabarett »Die Globetrotter« verpflichtet. Von 1953 bis 1957 trat sie bei den → *Amnestierten* auf, wo sie ihren späteren Mann, den Komponisten und Pianisten → *Walter Kabel* kennenlernte. Seit dem 4. Programm, »Eine kleine Machtmusik« (7. 5. 1958), bis zum 19. Programm, »Der Abfall Bayerns« (6. 7. 1972), gehörte sie zum Ensemble der → *Münchner Lach- und Schießgesellschaft*. In 16 Programmen dieses literarisch-politischen Kabaretts bewährte sich Ursula Noack fünfzehn Jahre lang als eine der beliebtesten Nachkriegs-Kabarettistinnen. Daneben wirkte sie in zahlreichen Rundfunk- und Fernsehsendungen mit.

286 **Nonsens** (englisch = Unsinn) Im 18. Jh. dem gleichbedeutenden *nonsense* entlehnt. Sammelbegriff für verschiedene Formen »ohne Sinn«, die vor allem in literarischen Spielen (Unsinnsdichtung) und auch in den Mitteln und Methoden des Kabaretts angewandt werden, die unter dem Aspekt der Logik oder Semantik unsinnig sind. Nonsens spielt mit Klängen, Wörtern und deren oft doppelter Bedeutung, ist eine Schöpfung der grotesken Phantasie und führt in die Bereiche der Mystik, des Traums und der verkehrten Welt. Der literarische Nonsens reicht von semantisch und logisch unsinnigen Texten der abstrakten Dichtung (z.B. Lautgedichte) über Texte, die einen vorgeblichen Sinn unsinnig vorstellen (z.B. Limericks) zu Texten, die über zerstörte vordergründige Sinngefüge oder Paradoxien auf einen Sinn jenseits von Semantik und Logik zielen (z.B. Würfeltexte, Permutationen). Einzelne Spielarten gibt es schon sehr früh, z.B. in alten Kinderreimen, dann in Renaissanceformen oder auch in den Reden der Narrengestalten Shakespeares, in der Sprachmystik und -magie der barocken Epigrammatiker und in der Romantik.

Seit Mitte des 19. Jh.s etablierte sich der Nonsens in England mit Edward Lears (1812–88) »Book of Nonsense« (1846) und Lewis Carrolls (1832–98) »Alice's Adventures in Wonderland« (1865) und ist seither vor allem ein Phänomen der englischen Literatur. Vergleichbare Vertreter in Deutschland sind → *Christian Morgenstern,* → *Joachim Ringelnatz,* → *Paul Scheerbart* u.a. Gleiche Vorgänge lassen sich im Bereich der darstellenden Künste benennen, die zudem sich stark mit dem Komischen und Grotesken vermischen. Verbindungslinien bestehen zu Futurismus, → *Dadaismus* (→ *Kurt Schwitters,* Hans Arp u.a.), Surrealismus und zu neuen Tendenzen der abstrakten Dichtung (H.C. Artmann u.a.) bis zum Happening. Es war die Aufgabe dieser verschiedenen künstlerischen Strömungen, solche semantisch oder logisch unsinnigen Gebilde in der Geschichte der Poesie, des Kabaretts u.ä. von einer anderen Ebene, von der geistigen Haltung her, vom Lebensgefühl her, aus dem heraus sie gedichtet (gespielt, getanzt u.a.) wurden, sinnvoll werden zu lassen.

Liede, Alfred: *Dichtung als Spiel – Studien zur Unsinnspoesie an den Grenzen der Sprache.* 2 Bände. Berlin–New York 1963. – Seydel, Heinz (Hrsg.): *Alles Unsinn – Deutsche Ulk- und Scherzdichtung von ehedem bis momentan.* Berlin 1969. – Bayerische Akademie der Schönen Künste (Hrsg.): *Der Mensch und das Spiel in der verplanten Welt.* München 1976. – Dencker, Klaus Peter (Hrsg.): *Deutsche Unsinnspoesie.* Stuttgart 1978. – Steen, Sita: *Reime hoch 2 – Lexikon der deutschen Schüttelreime.* Hildesheim–Zürich–New York 1984. – Köhler, Peter: *Das Nonsens-Buch.* Stuttgart 1990.

Nuhr, Dieter **29. 10. 1960 Wesel (Niederrhein).*

Maler, Kabarettist und Kabarettautor

Wirkte neben seinem Studium der Kunst (1981–1989) an der Folkwang-Schule, Essen, und der Geschichte an der Universität Düsseldorf (1982–1987) in freien Theatergruppen der Stadt Düsseldorf mit. Außerdem stellte er 1982–1992 seine Bilder in Düsseldorf, Essen, Göttingen, Bonn, Köln u.a. aus. Seit 1988 professioneller Kabarettist und Autor in dem Duo »V.E.V.-Kabarett« mit Frank Küster in den Programmen »Haben Sie sich Ihre Schranknummer gemerkt?« (1987, Regie: Michael Uhden); »Pralle Pracht« (1988); »Schrille Stille« (1990, Regie: → *Anka Zink*) und »Zipfeltreffen« (1992). Beteiligte sich 1992 an dem freien

Theaterprojekt »Dschungelfieber« mit Anka Zink, Michael Müller und Manuela Kunze. Bestritt zahlreiche Rundfunk- und Fernsehsendungen (z.B. für die »Aktuelle Stunde« des WDR) und schrieb rund 40 Kabarettszenen für die landespolitische TV-Sendung »Blickpunkt Düsseldorf« des WDR. Brachte 1993 sein erstes Soloprogramm »Nuhr am Nörgeln«, 1996 als zweites Soloprogramm »Nuhr so weiter« heraus.

Nuhr, Dieter: *Nuhr am Nörgeln.* Düsseldorf 1995.

Nummernprogramm Bezeichnung für die klassische Form des Kabaretts, Ereignisse und Personen der Zeit in einer Aneinanderreihung verschiedener in sich abgeschlossener Nummern zu geißeln. Seit den zwanziger Jahren nehmen Versuche zu, übergreifend einzelne Themen zu behandeln und so Sketsche und → *Chansons* an einem durchgehenden roten Faden aufzureihen. »Der Rote Faden« nannte denn auch → *Friedrich Hollaender* eine → *Kabarettrevue*, die er 1930 mit → *Marcellus Schiffer* für das Nelson-Theater in Berlin verfaßte. Seine ureigenen Kabarettrevuen bezeichnete er im Gegensatz zu den großen → *Revuen* jener Zeit als »Revuetten«.

Nürnberger Trichter Literarisch-politisches Kabarett in West-Berlin, eröffnet von Kurt Tuntsch in den Räumen des vormaligen → *Ulenspiegel* in der Nürnberger Straße.

Nach zwei Gastspielen der »Haferstengls« 1951 inszenierte → *Rudolf Schündler* 1951 das Programm »Wir sitzen wie auf Kohlen« mit Texten von → *Eckart Hachfeld*, → *Günter Neumann*, → *Dieter Thierry* und Musik von → *Olaf Bienert*, Mitwirkende: Walter Gross, → *Ursula Herking*, → *Wolfgang Neuss*, Dieter Thierry, Ingeborg Wellmann u.a.; und 1952 »Mal sehn, was uns blüht« mit Texten von → *Curth Flatow*, Eckart Hachfeld, → *Jo Herbst*, Wolfgang Neuss, Dieter Thierry und → *Herbert Witt* (Musik: Olaf Bienert), Mitwirkende: → *Bruno Fritz*, Ursula Herking, Wolfgang Neuss, Rita Paul, Dieter Thierry, Ingeborg Wellmann. Die nächsten beiden Programme – »Marsch mit Grundeis« (1952) und »Hurra, die Russen kommen … und gehen« (von Günter Neumann [Text] und → *Rudolf Nelson* [Musik], beide auch an zwei Flügeln) inszenierte Tuntsch selber. Danach gastierten im *Nürnberger Trichter* 1953 die → *Stachelschweine* mit ihrem Programm »Sind Se schon bedient?«, dessen Einnahmen Tuntsch unterschlug, bevor er flüchtete. Damit war das Schicksal des *Nürnberger Trichters* besiegelt.

288 **O'Montis**, Paul (eigentlich: Paul Wendel) **3. 4. 1894 Budapest; † 17. 7. 1940 KZ Sachsenhausen.* Chansonnier

Nach einer Ausbildung als Sänger gehörte er als Unterhaltungskünstler zur Berliner Kabarett-Prominenz der zwanziger Jahre – in seinen Chansonvorträgen schmiegsam, kultiviert und voller Esprit. In seinem Repertoire fanden sich die kulturellen Erscheinungen der Zeit – von der Tonfilm-Operette bis zum amerikanischen Filmmusical – amüsant persifliert und parodiert. Neben seinen Engagements an vielen Berliner Kabaretts trat er auch im Rundfunk auf und besang über 130 Schallplatten.

Einige seiner bekanntesten Titel sind »Mein Bruder macht im Tonfilm die Geräusche«, »Das Nachtgespenst« und »Wilhelm Tell – Eine Tonfilm-Parodie«. Nach einem letzten Gastspiel in der Berliner »Scala« verließ er Ende 1933 Deutschland und trat in Österreich, den Niederlanden und der Schweiz auf. Als deutscher Staatsbürger lebte er bis Anfang 1938 in Wien, nach dem Einmarsch der deutschen Truppen in Prag wurde er wegen Homosexualität festgenommen und über Zagreb nach Lodz in Polen verschleppt. Von dort kam er in das Konzentrationslager Sachsenhausen.

Odd, Conny (eigentlich: Carlernst Ortwein) **21. 12. 1916 Leipzig; † 22. 12. 1986 Leipzig.* Komponist, Pianist

Studierte Komposition in Leipzig und arbeitete danach als Pianist. 1947–1949 Leiter der Abteilung Ernste Musik am Sender Leipzig. Komponierte 1948 für das Kabarett → *Die Rampe* (Leipzig). 1952–1962 Lehrtätigkeit am Institut für Musikerziehung an der Leipziger Universität, seit 1962 Dozent an der Leipziger Musikhochschule. Daneben unternahm er als musikalischer Begleiter 1953–1957 Tourneen mit dem auf ein Duo zusammengeschrumpften → *Kabarett der Komiker* (»Unsterbliches Brettl«), in dem → *Willi Schaeffers* conférierte und → *Dora Dorette* sang, für die er auch zahlreiche Chansons komponierte nach Texten von → *Fritz Graßhoff*, → *Erich Kästner*, → *Robert T. Odeman*, → *Fred Endrikat*, Mia Kirsten u.a. Neben unterhaltsamen Instrumentalwerken schrieb er musikalische Lustspiele (»Zum Glück hat sie Pech«, 1955; »Hände hoch, Mister Cooper!«, 1962 u.a.) und Musicals (»Karambolage«, 1969; »Man liest kein fremdes Tagebuch«, 1962 u.a.), sowie mehr als 100 Hörspiel- und über 50 Filmmusiken.

Ode, Erik (eigentlich: Erik Odemar) **6. 11. 1910 Berlin; † 19. 7. 1983 Weißach (Obb.).* Schauspieler, Kabarettist, Kabarettgründer

Der Sohn des Schauspielers Fritz Odemar debütierte als Zehnjähriger im Chor des »Deutschen Opernhauses«, Berlin, in der Oper »Carmen«. Mit dreizehn Jahren spielte er in dem Stummfilm »INRI« neben Henny Porten und Asta Nielsen den zwölfjährigen Jesusknaben. Wollte dann Kameramann werden. 1928 gründete er zusammen mit → *Max Colpet* das → *Anti* und wirkte dort bis zu dessen Ende 1929 als Kabarettist mit. Spielte danach Theater, Operette und Kabarett in Berlin. Spielte 1929 die Hauptrolle in dem Sozialdrama »Schlafstelle« im »Novemberstudio« von Alexander Granach unter der Regie von Leopold Lindtberg. 1931 im Ensemble der → *Katakombe*. Sang dort u.a. das »Lied von den drei Frauen« (März 1931).

Heiratete 1942 die Schauspielerin Hilde Volk. Nach dem Zweiten Weltkrieg Hörspielregisseur beim RIAS Berlin. Inszenierte 1950 den satirischen Film »Herrliche Zeiten« von → *Günter Neumann* und im RIAS-Hörfunk dessen »Schwarzen Jahrmarkt«.
Spielte danach nur noch in Film- und Theaterinszenierungen (hauptsächlich in Boulevardstücken) sowie in Berliner Volksstücken im Fernsehen. Wurde seit 1968 populär als Hauptdarsteller der TV-Kriminalserie »Der Kommissar«.

Odeman, Robert T. **30. 11. 1904 Hamburg; † 14. 1. 1985 Berlin.*
Komponist, Pianist, Lyriker, Kabarettist
Wollte Konzertpianist werden und kam über das Musikstudium zum Kabarett. 1935 war er musikalischer Leiter am »Neuen Theater«, Hamburg. Seit 1936 in Berlin, trat er bald als Alleinunterhalter mit eigenem Repertoire sowie als musikalischer Begleiter auf. Mehrfach wegen »allzu loser Zunge« verhaftet, erhielt er Berufsverbot. 1942 wurde er, weil er anonym auf einer Wehrmachtstournee durch Italien am Klavier gesessen hatte, sowie wegen seiner homosexueller Neigungen ins KZ Sachsenhausen eingeliefert. Nach seiner Befreiung setzte er seine Kabarettauftritte als Chansonbegleiter (u.a. von → *Olga Rinnebach*) und Interpret eigener, elegant-skurriler Verse fort, die in fünf Büchern zu Lebzeiten und in drei weiteren nach seinem Tode veröffentlicht wurden.

Odeman, Robert T.: *Das große Robert T. Odeman Buch*. Berlin o.J. 

Die Oderhähne Politisch-satirisches Kabarett in Frankfurt/Oder, eröffnet 1976 von Alfons Linnhofer mit dem Programm »Arbeits- und Nebenbedingungen«. Unter der Regie von Linnhofer wirkten mit: Ingrid Kusche, Lore Rensch, Susanne Sens, Alfons Linnhofer, Wilfried Strnad, Horst Damm, am Klavier Gunther Reinecker. Bis 1989 brachte das Kabarett siebzehn Programme heraus, dann übernahm Wolfgang Flieder die künstlerische und kaufmännische Leitung. Im November 1989 brachten die *Oderhähne* als 19. Progamm »Ungeplante Möglichkeiten« heraus (mit Ingrid Kusche, Kai-Brit Schrader, Ronald Funke, Uwe Heinrich); danach folgten: »Enden einer Ehe« (1990); »Wir reformieren uns« (1990); »Die Geheimnisse der Osterinsel« (1990); »Schwarz-rot-Geld« (1990); »Krusches (P)fundsachen« (1991); »Spiel ohne Grenzen« (1991); »Musikantenstaat'l« (1991); »Go east« (1992); »The family super Horror sch ... (au)« (1992); »My fair Lisa« (1993); »Alles wird gut« (1993); »Sind wir noch zu retten?« (1994); »Made in GDR« (1994); »Tatort Deutschland« (1995); »Alles schon mal dagewesen (1995); »Walhallala oder der Ring der Vernebelungen« (1995); »Wechseljahre« (1995); »Unverblühmt und doch verkohlt« (1996).
Als Hauptautoren waren beteiligt: Horst Genhardt, → *Inge Ristock*, → *Rainer Otto*, → *Peter Ensikat*, → *Wolfgang Schaller*, → *Jürgen Hart*, → *Hans-Günther Pölitz*, Dieter Riemer, Klaus Lettke, Lothar Bölck, → *Arnulf Rating*, Wolfgang Flieder, Michael Bootz u.a., als Komponisten und musikalische Begleiter: Gunther Reinecker, Rudolf Gäbler, Fritz Kusche, Siegfried Schäfer, Franz Petzold, Hans-Joachim Schulze u.a. Das Kabarett spielt heute im Repertoirebetrieb mindestens fünf Programme.

Die Oderhähne

Alfons Linnhofer: *Wie wurden die Oderhähne?* In: *Kassette* 9. Berlin 1986.

Gisela Oechelhaeuser 1993 in ihrem Soloprogramm »Glaubt mir kein Wort«

Oechelhaeuser, Gisela **22. 1. 1944 Berlin.*
Kabarettistin, Kabarettautorin, Regisseurin, Intendantin
Nach dem Studium der Germanistik und Romanistik und dem Abschluß als Dr. phil. war sie 1966 Mitbegründerin des Leipziger Amateurkabaretts → *academixer* in dem Programm »... daß 66 nur kein 33 wird«. 1985 wurde sie Dozentin an der »Hochschule für Schauspielkunst Ernst Busch«, Berlin; war nebenher als Darstellerin (so 1984 bei den academixern in dem Programm »Unverwüstlich Lene Voigt«) und als Regisseurin tätig (so bei der → *Herkuleskeule*, Dresden in den Programmen »Auf Dich kommt es an, nicht auf alle«, 1986; »Über-Lebenszeit«, 1986). Seit 2.2. 1990 ist sie Intendantin des Berliner Kabaretts → *Die Distel* und hat seitdem neun Inszenierungen und ein Soloprogramm, »Glaubt mir kein Wort« (1993), herausgebracht, mit Texten von → *Peter Ensikat,* → *Inge Ristock* und Franz-Josef Grümmer als musikalischem Leiter am Klavier. Verfaßte zahlreiche Fernsehsendungen, u.a. in »Der scharfe Kanal« (davon zwei Bücher veröffentlicht) und wirkte als Moderatorin 1994 in »Samstalk« und in »Am Tag, als...« (zur Aufbereitung der DDR-Geschichte).

Olias, Lotar **23. 12. 1912 Königsberg; †21. 10. 1990 Ascona.*
Komponist, Pianist, Kabarettist, Kabarettautor
Studierte Musik am Klindworth-Scharwenka-Konservatorium in Berlin und begann in den dreißiger Jahren als Pianist am Berliner → *Kabarett der Komiker.* Im Zweiten Weltkrieg leitete er das Front-Kabarett »Die Knobelbecher«, das an der Ostfront in den Lazaretten, Bunkern und Lagerhäusern vor deutschen Soldaten spielte. Olias, seinerzeit im Range eines Unteroffiziers, conférierte, schrieb Texte, komponierte, sang und begleitete am Klavier. Im Dezember 1945 eröffnete er in Hamburg das Kabarett → *Die Bonbonniere* (Hamburg), für das er Sketsche schrieb und als Conférencier auf der Bühne stand. Anfang der fünfziger Jahre, nach dem Ende der »Bonbonniere«, ging er ins Schlagergeschäft über (»So ein Tag, so wunderschön wie heute«, das in der Nacht der Maueröffnung in Berlin zur Volkshymne wurde), schrieb Musicals (»Prairie Saloon«, 1958; »Heimweh nach St. Pauli« 1962; »Millionen für Penny«, 1967 u.a.) und wurde zum musikalischen Fernweh-Lieferanten für Freddy Quinn (»Fährt ein weißes Schiff nach Hongkong«, »Die Gitarre und das Meer«, »Junge, komm bald wieder« u.a.) und für Friedel Hensch und die Cyprys zum Schnulzenerfinder (»Das alte Försterhaus«, »Ach Egon, Egon, Egon« u.a.). Von seinen rund 200 Schlagern und Chansons (die u.a. interpretiert wurden von → *Max Hansen,* → *Claire Waldoff,* → *Greta Keller,* → *Lale Andersen,* → *Hanne Wieder,* → *Heinz Erhardt,* → *Theo Lingen,* → *Hubert von Meyerinck,* → *Iska Geri,* → *Gisela Schlüter* u.a.) wurde der Song »Du, Du, Du« als »You, You, You« auch 1953 in den USA ein Hit.

Opening (engl. = Eröffnung) Im Kabarett Auftakt des Programms, oft in Form der gemeinschaftlichen → *Conférence*, als Lied oder Spielszene, meist mit allen Mitwirkenden. Das Opening, das früher auch Entrée (frz. = Eingang, Eintritt) genannt wurde, ist die Plakatierung des kabarettistischen Leitmotivs und bildet zusammen mit dem → *Finale* Ausblick und Rückblick auf das Ganze des Nummernprogramms, für dessen vielfältigen Mosaikcharakter Opening und Finale die zusammenhaltende Klammer darstellen.

Ostbahn, Kurt (eigentlich: Willi Resetarits) * *1948 Wien.*
Schauspieler, Sänger, Autor
Begann 1969 bei der österreichischen Gruppe → *Die Schmetterlinge*, der er bis 1985 angehörte. Absolvierte seit Anfang der neunziger Jahre als »Ostbahn-Kurti« (mit Texten von Günter Brödl) und der Begleitband »Die Chefpartie« (mit Leopold Karasek, Gitarre; Lilli Marschall, Gitarre, Banjo; Mario Achretti, Klavier, Ziehharmonika; Karl Horak, Baßgitarre; Eduard Jedelsky, Schlagzeug) eine Solokarriere, u.a. 1992 mit dem Programm »A blede Gschicht...«. Im Herbst 1995 debütierte er als Romanheld in Günter Brödls »Blutrausch«, dem 1995 das Programm »Ein Abend im Espresso Rossi« folgte, begleitet von »Die Kombo« mit Klaus Trabitsch, Gesang; Roland Guggenbichler, Klavier, Ziehharmonika; Erich Buchelsner, Baßgitarre; Stefan Bernheimer, Gitarre und Christian Eigner, Schlagzeug. Mit dem damit verdienten Geld hat Resetarits inzwischen das »Wiener Integrationshaus« ins Leben gerufen, in dem notleidende Menschen betreut werden.

Oswald, Marianne (eigentlich: Alice Marianne Colin) * *1901 Sarreguemines (Lothringen); † 1985 Limeil-Brevannes (Frankreich).*
Schauspielerin und Chansonniere
Nach einer Schilddrüsen-Operation debütierte sie als Sängerin mit Baritonstimme mit Songs von → *Bertolt Brecht* und → *Kurt Weill* 1925 im »Korso-Kabarett«, Berlin, und in vielen anderen Berliner Kabaretts, wo sie häufig bis 1930 gastierte, so 1929 im → *Anti* in dem Programm »Kitsch und Romantik«, das → *Max Colpet* geschrieben hatte. 1933 emigrierte sie nach Paris, war dort mit Albert Camus, André Gide u.a. befreundet, sang in der »Dreigroschenoper« von Brecht/Weill. Für sie schrieb Jean Cocteau »Anne la Bonne« (Anna, das Dienstmädchen), das Selbstgespräch einer Kammerzofe, die ihre zarte, seelenvolle und affektierte Herrin mit einer Überdosis Veronal umbringt. Zahlreiche Chansons schrieb außer Cocteau für sie Jacques Prévert (mit der Musik von Joseph Kosma). Cocteau gab ihr eine Rolle in seinem ersten Film, »Les Amants de Vérone«.
Marianne Oswald brachte als erste vertonte Lyrik (von Baudelaire, Laforgue, Apollinaire u.a.) auf die Kabarettbühne. 1935 wirkte sie in den Pariser Exilkabaretts »Laterne« und »Bunte Bühne« mit. Der Zweite Weltkrieg überraschte sie auf einer Tournee in New York, wo ihre Autobiographie »A Small Voice« (Eine kleine Stimme) erschien (1945 in französischer Sprache unter dem Titel »Ich habe nicht gelernt zu leben«). In den USA nahm sie den Künstlernamen »Marianne Lorraine« an. Nach dem Krieg (1949) gastierte sie wieder in Berlin, an zwei Flügeln begleitet von → *Olaf Bienert* und → *Günter Neumann*. Danach lebte sie bis zu

 ihrem Tode in einem Vorort von Paris, dreiunddreißig Jahre im selben Zimmer des Hotels »Lutetia«. Der deutsch-expressionistische Vortragsstil von Marianne Oswald hat nach dem Zweiten Weltkrieg das Chanson von St. Germain-des-Prés nachhaltig beeinflußt.

Otto, Rainer ** 1939 Chemnitz.* Kabarettautor, Kabarettregisseur
Der studierte Lehrer hatte während seines Studiums am Leipziger Literaturinstitut »Johannes R. Becher« erste Kontakte mit Studenten-Kabaretts und Amateurgruppen. Versuchte 1964 ein Profi-Kabarett in Karl-Marx-Stadt (Chemnitz) zu gründen, doch wurde das Programm (eine Diplomarbeit am Lehrerinstitut) vor der Premiere verboten und dem Autor gekündigt. Ein Jahr später kam Otto als Autor und Dramaturg zur → *Pfeffermühle* (Leipzig), bci der er seit 1977 auch Regie führte und deren Leitung er 1981 übernahm. Während seiner mehr als zehnjährigen »Pfeffermühlen«-Direktion schrieb und inszenierte er mehrere Programme (»Um des lieben Friedens willen«, »Verdammte Pflicht und Schludrigkeit«, »Wir passen noch nicht« u.a.). Daneben arbeitete er beim DFF-Kinderfernsehen mit und wirkte als Lehrer an der Zentralen Volkskunstschule der DDR. Machte zahlreiche Gastinszenierungen an DDR-Kabaretts (so die Uraufführungen der Programme »Bürger, schützt eure Anlagen« und »Wir sind noch nicht davongekommen« von → *Peter Ensikat* und → *Wolfgang Schaller* an der Dresdner → *Herkuleskeule*) und am Mecklenburgischen Staatstheater, Schwerin. Er schrieb für fast alle ehemaligen DDR-Kabaretts und für die DDR-Zeitschrift »Unterhaltungskunst« (»Szene«). 1988 wurde er mit dem Nationalpreis der DDR für Kunst und Literatur ausgezeichnet. Publizierte u.a. die 1977 mit Walter Rösler verfaßte »Kabarettgeschichte« und arbeitete am DDR-Lexikon für »Unterhaltungskunst« mit. 1993 verließ er die »Pfeffermühle« nach deren Privatisierung. Otto lebt seitdem als freiberuflicher Autor, Regisseur für Kabaretts, Rundfunk und Fernsehen in Leipzig.

Otto → *Waalkes, Otto*

Pachl, Heinrich **12. 10. 1943 Nordach.*
Kabarettist, Kabarettautor, Schauspieler, Regisseur
Anfang der siebziger Jahre treibende Kraft am Kölner Politkabarett → *Der wahre Anton*, bildete er bald mit → *Richard Rogler* ein kabarettistisches Gespann (»Rezepte gegen Richter«, 1979; »Absahnierung«, 1980; »Los Verdammtos«, 1981). Später folgten Duo-Programme mit → *Matthias Beltz* (»Propheten«, 1986; »Das Geheimnis der Aktentasche«, 1988) und → *Arnulf Rating* (»Wo andere beten«, 1991). 1994 brachte er das Soloprogramm »Nicht zu fassen – Unser globales Dorf soll schöner werden« heraus, das auch als Buch erschien (Köln, 1994). Arbeitete am Kabarett-Kollektiv »Reichspolterabend« mit, zusammen mit Arnulf Rating, → *Achim Konejung*, → *Horst Schroth* und Matthias Beltz. Führte daneben Regie 1990 bei dem Kabarett-Duo Pause & Alich, bei dem Kabarett → *Kiebitzensteiner*, Halle (»Im wilden Osten«, 1991) und 1996 bei dem Duo Werner Klenk und → *Volkmar Staub*, auch für die »Schlosserei« der Städtischen Bühnen Köln (»Talk Radio«, 1993). Er schrieb satirische Theaterstücke (»Die Einheitser«, 1990; »Im wilden Osten«, 1991; »Gesellschaft mit beschränkter Hoffnung«, 1995) und fürs Fernsehen eine Reihe von Dokumentarfilmen und Features mit den Schwerpunkten Arbeit, Wohnen, Stadtsanierung, Verkehr und satirische Fernsehfilme wie »Südstadt in Aspik«, »homo blech«, »Ben Ruhr – Aufbruch ins Revier«, »Der Medienfreak« (WDR 3, 1991). Erhielt 1982 zusammen mit Richard Rogler den → *Deutschen Kleinkunstpreis* und 1986 den Adolf-Grimme-Preis für den Fernsehfilm »homo blech«.

Paetz, Holger **23. 8. 1952 München.*
Liedermacher, Kabarettist, Kabarettautor
Begann 1968 in München mit dem Programm zur Gitarre »Ohje ... schon mit 16 Jahren«. Wirkt seit 1972 hauptsächlich als Liedermacher. Erhielt 1976 den »Liedermacherpreis« des Hessischen Rundfunks. Gehörte seit 1977 zur Kleinkunstszene in München mit »Songs, Satiren, Sprechblasen«. Pausierte von 1980 bis 1986, bringt seit 1987 wieder Soloprogramme: »Normalblöde Geschichten« (1988); »Herrscht denn Tätlichkeit im Realen?« (1990); »Sorgfalt ist die Mutter des Wahnsinns« (1992) und »Ich kann nur Vorspiel« (1994). Erhielt 1996 den → *Salzburger Stier.*

Pahlen, Igor **27. 3. 1909 St. Petersburg.* Kabarettist und Kabarettautor
In St. Peterburg geboren, konnte Pahlen dank der Freundschaft seines Vaters mit Leo Trotzki nach der Revolution unbehelligt über die baltischen Staaten und Polen nach Deutschland ausreisen. Erste Auftritte mit politisch-satirischen Chansons von → *Erich Kästner* und → *R.A. Stemmle* hatte er 1930 in Berlin bei der »Lunte«, in → *Resi Langers* Kabarett »Die Scharfschützen« und im → *Ping Pong*, 1931 im → *Simplicissimus*, München, und 1932 beim Kabarett → *Die Wespen.* 1933 bis 1939 ging er mit Erika Manns → *Pfeffermühle* auf Tournee, dazwischen trat er 1934 beim → *ABC*, Wien, auf. Diskrepanzen zwischen gesellschaftspolitischen Ansprüchen und konservativ-patriarchalischer Haltung in der Praxis bewogen ihn, die »Pfeffermühle« zu verlassen und 1935 in Bern sein eigenes Kabarett zu gründen: »Die Bärentatze« mit → *Voli Geiler*, Margrit Rainer, → *Alfred Rasser* und

→ *C.F. Vaucher.* Kurt Früh schrieb hierfür seine ersten Szenen, und Rolf Liebermann komponierte und begleitete am Klavier. Seit Februar 1936 war er bei → *Rudolf Nelson* in Amsterdam engagiert, 1946 im Kabarett »Windmühle« von → *Herbert Nelson.* Seine Texte vertonte Werner Michael, am Klavier begleiteten ihn u.a. Werner Kruse, → *Tibor Kasics* und Rolf Liebermann. Heute lebt Igor Pahlen in Meudon bei Paris. Im hohen Alter von 86 Jahren gründete er 1996 wieder ein Kabarett und ist mit dem Programm »Cabariétés« in Frankreich auf Tournee unterwegs.

Pamuk, Sedat ** 18. 7. 1952 Istanbul (Türkei).* Kabarettist und Kabarettautor
Nach dem Studium der Philosophie und Psychologie kam Pamuk 1980 als Gastarbeiter nach Deutschland und präsentierte auf Gastspielen in Kleinkunstbühnen im »perfekten Deutsch« seine Soloprogramme: »Deutsch perfekt« (1986); »Gastarbeitslos« (1991); »Multi-Kulti-Alibi-Baba« (1993). Trat in verschiedenen Rundfunk- und Fernsehsendungen (»Euromagazin«, SWF 1991, u.a.) auf.

Pan, Peter (eigentlich: Alfred Nathan) ** 27. 11. 1909 Berlin; † 14. 6. 1976 Bernburg/Saale.* Kabarettist, Chansonnier, Kabarettautor, Conférencier
Trat 1929 als Chansonnier in Paris neben Lucienne Boyer auf, danach in Berlin im → *Küka*, im »Toppkeller« und bei dem Kabarett → *Die Wespen.* In der Nacht des Reichstagsbrandes demolierte die SA seine Wohnung, er entkam nach Paris und arbeitete dort als Möbeltransporteur, Kellner, Verkäufer, schrieb Texte für das politisch-literarische Exilkabarett »Die Laterne« (→ *Exilkabarett*) und trat im »Chez elle«, dem Nachtclub für junge Talente, auf. Während seiner Pariser Zeit traf er → *Kurt Tucholsky* und → *Erich Weinert.* 1939 wurde er in ein Internierungslager gebracht und bis Ende 1942 durch elf Lager geschleppt.
Schon in den ersten Lagern organisierte er mit Gleichgesinnten improvisatorisch Bunte Abende und Kabarettveranstaltungen, in denen er als Autor, Sänger, Conférencier und Leiter mitwirkte. Zu einer regelmäßigen künstlerischen Tätigkeit kam er erst seit Oktober 1940 bis Dezember 1942 im Lager Gurs. Dort inszenierten die Emigrantenkünstler für die 12000 Internierten mindestens drei französische und neun deutschsprachige Zeitrevuen mit Titeln wie »Radio Polyglotte«, »Der große Ausverkauf«, »Schmocks höhnende Wochenschau«, »Zwischen Himmel und Hölle« u.a. Außerdem trat Peter Pan im »Sommernachtstraum« als »Zettel« auf und arbeitete mit → *Ernst Busch* zusammen. Finanzielle Unterstützung erhielt er gelegentlich von der »Commission des Camps«. Die Zeitrevue »Zwischen Himmel und Hölle« von 1942, in der die ersten Niederlagen der deutschen Armee thematisiert wurden, verbot die Lagerleitung schon nach der ersten Vorstellung als »zu gewagt«.
Peter Pan gelang im Dezember 1942 mit Fred Leschnitzer die Flucht nach Spanien. In Barcelona arbeitete er in den folgenden Jahren als künstlerischer Direktor mehrerer Music-Halls, hatte ein eigenes Orchester und trat als französischer Chansonnier Pierre Michel auf. 1957 kehrte er nach Deutschland zurück, zunächst nach München, und siedelte sechs Monate später in die DDR über. Schon 1958 stellte er in (Ost-)Berlin seine erste Revue »Meck, Meck, Hurra« vor, mit der Musik des »Gurs-Komponisten« Charles Leval, der ihn am Klavier begleitete. Danach

folgte das Soloprogramm »Gesänge hinter Stacheldraht« (1958), mit dem er sechs Wochen erfolgreich auf Tournee durch die DDR war. Eine Revue mit Kompositionen von Leval hieß »Vom Rummelplatz des Lebens« (mit Karin Karina, Ingeborg Nass, Werner Röwekamp, Herbert Manz sowie Fritz Ramann am Flügel). Trotz schlechter Kritiken folgten die Soloprogramme »Hoppla wir leben – Hoppla wir lieben« (1963); »Deutschland, Deutschland einmal anders« (1965) u.a. mit eigenen Satiren und Chansons, begleitet von Joachim Behnke am Klavier. Er betreute nebenbei eine Kabarettgruppe der NVA (»Die Kugelspritzer«) und trat auch vor Soldaten auf. 1973 gastierte er mit »Deutschland – kein Wintermärchen« in der Bundesrepublik.

Pan, Peter: *Lachen trotz Tod und Teufel – Gesänge hinter Stacheldraht.* Leipzig 1962.

Panitz, Reiner ** 1950 Kaisheim.* Musiker und Autor
Gründete 1972 zusammen mit seinen Brüdern Dietmar und Jürgen das Volksmusik-Trio »Die Mehlprimeln«. Nachdem Jürgen ausgestiegen war, traten sie 1979 als Duo mit → *Gerhard Polt* auf. Seitdem 1982 Ruth Gschwendter zu ihnen stieß, sind sie als Trio auf Tournee, das mit seinen Programmen (»Schnauzebautze«; »Pi-Pa-Puff-Panoptikum« u.a.) – ähnlich wie ihre bayerischen Kollegen, die → *Biermös'l Blos'n* – satirische Texte und musikalische Folklore auf einen Nenner zu bringen versucht und sich umweltpolitisch engagiert. Seit Herbst 1993 sind die Panitz-Brüder, die in Kaisheim die »Kleinkunstbrauerei Thaddäus« betreiben, wieder als Duo unterwegs, zuweilen auf Tourneen zusammen mit → *Dieter Hildebrandt.* Außerdem bestritten sie verschiedene Rundfunk- (1980 »Studiobrettl«, SWF; 1986 »Sprungbrettl«, SDR u.a.) und Fernsehsendungen (»Scheibenwischer« u.a.) und brachten mehrere Schallplatten und CD-Produktionen heraus (»Ballmaschinenmenschen«; »Mehlprimeln – Das Beste aus 20 Jahren«).

Pannach, Gerulf ** 24. 6. 1948 Ansdorf (bei Dresden).* Liedermacher
Studierte 1969–1979 an der Karl-Marx-Universität, Leipzig, Jura (ohne Abschluß). Gehörte 1969–1971 der »Songgruppe Leipzig« an und gründete 1971 den Chansonklub Leipzig. Arbeitete 1971–1975 mit der Klaus-Renft-Combo (Texte, gemeinsame Auftritte) zusammen. Seit 1972 freischaffend tätig. Mit seinem Freund, dem Schriftsteller Jürgen Fuchs, bestritt er gemeinsame Auftritte, seit 1974 auch mit Christian Kunert (* 1952), den er bei der Renft-Combo kennenlernte. Kunert war seit 1965 Sänger und Musiker in Leipziger Amateurbeatgruppen. 1975 schloß er sein Studium an der Musikhochschule Leipzig (Hauptfach Posaune) mit dem Staatsexamen ab.
1973 verließ Pannach die Renft-Combo wegen »falscher Grundposition zum Staat«. Im Herbst 1975 erhielten er, Kunert und die Renft-Combo Berufsverbot. Danach arbeiteten Pannach und Kunert intensiv zusammen und absolvierten inoffizielle Auftritte, wovon ein Mitschnitt 1977 in der BRD auf Schallplatte herauskam. Im November 1976 unterzeichneten sie die Protesterklärung gegen die Ausbürgerung → *Wolf Biermanns.* Nach ihrer Flucht mit Jürgen Fuchs auf das Grundstück des Regimekritikers Robert Havemann in Berlin-Grünheide wurden beide am 26.8. 1977 nach West-Berlin abgeschoben. Sie arbeiteten nunmehr als

 Duo Pannach & Kunert zusammen, anfangs auch in Auftritten mit Wolf Biermann. Gerulf Pannach wirkte danach als Textautor und Schauspieler u.a. in Filmen von Thomas Brasch und Autor u.a. der »Rockoper«, Essen. Christian Kunert komponierte als musikalischer Begleiter am Klavier 1984 für das erste Programm »Zukunft – warum denn?« für das von → *Volker Ludwig* und → *Detlef Michel* in Berlin gegründete Kabarett → *Institut für Lebensmut.* Am 2.12. 1989 traten Pannach und Kunert mit anderen ausgebürgerten Liedermachern als erstes Duo nach der Wiedervereinigung in der DDR im »Haus der jungen Talente«, Berlin, auf.

Pantomime (griech. pantómimos = alles nachahmend) Darstellung einer Szene oder Handlung durch Gebärden, Mienenspiel und Tanz mit und ohne Masken unter Verzicht auf das Wort. Musik, Gesang und Tanz können die Darstellung begleiten. Die Pantomime erscheint entweder als selbständige Kunstform oder auf der Bühne als Teil eines schauspielerischen oder tänzerischen Gesamtwerkes (Ballettpantomime).
In der griechisch-römischen Antike war die Pantomime ein fester Bestandteil aller weltlichen und religiösen Feiern. Die in der römischen Kaiserzeit sehr beliebten Pantomimen spielten tragische und komische Szenen aus Mythen (auch parodistisch als Mythen-Travestie). Im Mittelalter bildete die Pantomime einen wesentlichen Teil der Vorführungen von Artisten, aber auch der religiösen Mysterien- und Passionsspiele. Neue Impulse kamen im 16. Jh. aus der italienischen Commedia dell'arte. In Frankreich entwickelte sich zu Anfang des 19. Jh., als der Dialog auf nur wenigen Bühnen zugelassen wurde, die Pantomime zur höchsten Vollendung, vor allem in den Funambules, den Seiltänzertheatern. Jean Gaspard Deburaus (1796–1846) konnte als Pierrot bereits 1816 in Paris ein eigenes Pantomimen-Theater eröffnen. Während die Theater-Pantomime Ende des 19. Jh. verflachte und erst in den dreißiger Jahren u.a. von Etienne Decroux (geb. 1889) und seinen Schülern Jean-Louis Barrault (geb. 1910) und Marcel Marceau (geb. 1923) wiederbelebt wurde, spielte sie im Zirkus, im Film (bei fast allen Stummfilmkomikern), im Puppenspiel (Figurentheater) und im Kabarett eine große Rolle. Die zeitgenössische Pantomime wird von den Mimodramen Marceaus und seiner modernen Pierrot-Gestalt »Bip«, von Ahmed Bargh (Iran), Pierre Byland (Schweiz), Maximilian Decroux (Frankreich, Sohn von Etienne Decroux), Ladislaus Fialka (Tschechoslowakei), Junji Fuseya (Japan), José Luis Gómez (Spanien), Jacques Lecoq (Frankreich), Samy Molcho (Israel), Dimitri (Schweiz), Rob van Reyn (Holland) und den Deutschen Helfried Foron, Pepusch, Heinz Kube und Harald Seime erneuert und weiterentwickelt.
Im Kabarett gestalteten einige Pantomimen in den zwanziger und dreißiger Jahren eigene satirische Pantomimen, z.B. → *Lotte Goslar,* → *Valeska Gert,* → *Julia Marcus* u.a. und nach dem Zweiten Weltkrieg → *Franz Josef Bogner,* Norbert G. Herrmann (Pinguin), Susanne Leinweber, Rolf Mielke, Wolfgang Neuhausen (Nemo), Peter Siefert (Pepusch) u.a.

Marceau, Marcel; Jhering, Herbert: *Die Weltkunst der Pantomime.* Zürich o.J. – Hera, Jamina: *Der verzauberte Palast – Aus der Geschichte der Pantomime.* Berlin 1981. – Molcho, Samy: *Körpersprache.* München 1983. – Meffert, Barbara: *Welt der Pantomime.* Berlin 1984. – Dimitri: *Theater und Schule Dimitri.* Bern 1985.

Parodie (griechisch = »Nebengesang«) Literarische Gattung, die ein als bekannt vorausgesetztes literarisches Werk in ironischer oder satirischer Absicht unter Beibehaltung charakteristischer Formmittel, aber mit gegenteiliger Intention nachahmt. Umgekehrt verfährt die → *Travestie*. Parodie wie Travestie sind seit Anbeginn beliebte dramaturgische Mittel des Kabaretts.

Parteienkabarett Kabarettgruppen, die zur Propagierung von Parteiprogrammen oder sporadisch zur Wahlwerbung eingesetzt werden.
Vor allem die Kommunistische Partei Deutschlands hat sich in den zwanziger Jahren des Kabaretts als eines darstellerischen Kampfmittels bedient (→ *Agitprop*). Zu den permanent spielenden, festen Gruppen einer sozialdemokratischen Partei gehörte das »Politische Kabarett der Sozialdemokratischen Partei Österreichs«, das 1926 unter der Leitung von Victor Grünbaum im Keller des Hauses Riemergasse 11, Wien, gegründet wurde. Für dieses parteiintern agierende Kabarett schrieben u.a.: Victor Grünbaum (der sich in der Emigration dann Victor Gruen nannte), Robert Ehrenzweig (in der Emigration → *Robert Lucas*), → *Jura Soyfer* u.a. (Darsteller: Victor Grünbaum, Ludwig Wagner, Paul Malles, Robert Lammer).
In der BRD agierten in den Wahlkämpfen von 1958 bis 1963 »Die Zeitzünder« unter der Leitung und mit Texten von → *Therese Angeloff* für die SPD. 1986 war im Auftrag der SPD die Revue »Wenn der Kohl kommt« von Diether Dehm, Dieter Höss, Günter Walther mit → *Stephan Wald*, Wichart von Roell, Peter Schlesinger u.a. auf Tournee durch die BRD. In den siebziger und achtziger Jahren arbeiteten auch andere Parteien in Wahlkämpfen mit kabarettistischen Mitteln, ohne jedoch diese Spielgruppen institutionalisiert zu haben. Ohne unbedingt Mitglieder einer von ihnen favorisierten Partei zu sein, warben auch prominente Kabarettisten mit ihren Mitteln für deren Ziele, so → *Dieter Hildebrandt*, → *Jörg Hube*, → *Hanns Dieter Hüsch*, → *Helmut Ruge* u.a. für die SPD, → *Dieter Hallervorden* für die FDP, für die 1975 auch das Kabarett »Trotz-dem-okraten« unter Leitung von → *Jürgen Scheller* warb. Für die DKP spielten in den siebziger Jahren Kabarettisten und → *Liedermacher* zahlreiche Revuen und veranstalteten Tourneen, so → *Franz Josef Degenhardt*, → *Dietrich Kittner*, → *Dieter Süverkrüp*. In den achtziger Jahren veränderte sich das überregionale Eintreten für politische Parteien zugunsten des regionalen Engagements vor Ort. So trat beispielsweise in Frankfurt/Main → *Matthias Beltz* für die Grünen ein und in Leipzig der ehemalige Chef der → *academixer*, → *Jürgen Hart*, für die PDS.

Paul, Dietrich »Piano« ** 14. 7. 1950 Eggenfelden (Niederbayern).*
Komponist, Pianist, Musikkabarettist
Arbeitete neben dem Studium der Musik (Piano) sowie der Mathematik und Informatik an der TU München (Promotion 1981) als Pianist und Begleiter (1969–1975) bei »Micaela« in München und als Jazzpianist in Münchner Musikkneipen (so im »Song Parnass«, im »Spektakel« und im »Allotria«). 1975 bis 1988 arbeitete er als Mathematiker in Lehre und Forschung. Bringt seit 1980 Musik-Kabarettprogramme, die alle in der → *Münchner Lach- und Schießgesellschaft* Premiere hatten: »Happy Birthday« (1980); »Sonata facile« (1986); »Des Sängers Fluch« (1988); »Autofahrn« (1992) u.a. Seit 1988 ist das Kabarett sein Hauptberuf.

Bestritt zahlreiche Rundfunksendungen (so die »Kabarettistische Musikkunde«, 7 Teile, des WDR 1989/1990; »Eigentum verpflichtet«, 4 Teile, SDR 1994 u.a.). 1989 erhielt er den »Schwabinger Kunstpreis«.

Paul, Dietrich: *Das Deutsche Lied.* München 1988. – Ders.: *Oh Automobile – Satiren.* München 1991.

Paulun, Dirks ** 10. 12. 1903 Shanghai; † 28. 7. 1976 Hamburg.*
Kabarettist, Schriftsteller
Geboren in Shanghai, wo sein Vater, Prof. Erich Paulun, die deutsch-chinesische Medizinschule gegründet hatte, die heutige Tung-Chi-Universität. Seit 1906 lebte er in Hamburg, absolvierte eine Kaufmannslehre und war vorübergehend Buchhändler. Seit 1935 veröffentlichte er seine Gedichte und Geschichten im »Missingsch«, einer Mischung aus Hamburger Platt und Hochdeutsch, das im Klang der Wortspiele und Verdrehungen einen seltsamen Humor erzeugt. Schrieb seit 1948 auch für den Rundfunk, zahlreiche Zeitungen und Zeitschriften (»Jugend«, »Simplicissimus«, »Querschnitt« u.a.), sowie in mehr als zwanzig Büchern Glossen unter den Titeln »Hömmahzuh« (Hör mal zu), »Wommasehn« (Wolln mal sehen) u.a. In den dreißiger Jahren trug er seine Verse, die mit Ironie die kleinen Dinge des Lebens behandeln, im Hamburger Kabarett »Bronzekeller« vor, dessen Nachfolger das 1946 gegründete Montagsbrettl → *Die Wendeltreppe* wurde, wo Paulun am 7.6. 1971 zum tausendsten Mal auf dem Podium rezitierte. Hier wurden seine Gedichte von Hanns Kunz vertont und von Inge Rohwer u.a. gesungen. Paulun wirkte 1945 auch als Conférencier im Kabarett → *Bonbonniere* (Hamburg), mit und schrieb Texte für das erste Programm (1948) des Kabaretts → *rendez-vous.* Er verfaßte auch Libretti, verschiedene Hörspiele und war mit Mundartstücken im Fernsehen zu sehen.

Perlinger, Sissi (eigentlich: Elisabeth Perlinger) ** 9. 12. 1962 Furth im Wald.*
Tänzerin, Sängerin, Kabarettistin
Schlug sich, mit achtzehn Jahren von der Schule abgegangen, als Straßenkünstlerin in St. Tropez durch, nahm Ballettunterricht in Paris, holte in München ihr Abitur nach, besuchte die Musical-Schule in Wien und das Actor's-Studio für Schauspiel in New York. Danach spielte sie drei Jahre in einer Band. Brachte am 1.4. 1985 ihr erstes Soloprogramm heraus: »Der Sissi Perlinger Skandal«, zusammen mit dem Schlagzeuger Michael Kunz. 1989 folgte »Electric Cabaret« mit Rafael Heller, Keyboards, und Gerald Impelmann, Gitarre. Mit der Musik von Jan Christoph Scheibe brachte sie im Juli 1991 »Das schrille Solo« heraus, in dem sie innerhalb von zwei Stunden in zwanzig Kostüme schlüpfte und in schrägen Liedern sich mit dem Gefühlschaos zwischen Mann und Frau und der klassischen Rollenverteilung auseinandersetzte. 1992 folgte das Programm »Mein Herz sieht rot« und 1996 »Von Happy-End zu Happy-End«. Wirkte in zahlreichen Rundfunk- und Fernsehsendungen mit, so im »Satire-Fest« in N3, 1989; »Ich mache meine eigene Show« (ARD 1991); und in der ZDF-Fernseh-Show »Schräge Vögel« (6 Teile), 1993.
1992 erhielt sie den Förderpreis zum → *Deutschen Kleinkunstpreis.*

Persiflage (von französisch »siffler« = (aus)pfeifen) Bezeichnung für eine literarisch-polemische Haltung oder Form, die – vielfach durch übertreibende Nachahmung bestimmter Stilmanieren – ihren Gegenstand oder die ins Visier genommene Person auf geistreiche Art lächerlich zu machen sucht.

Peschek, Maria ** 12. 8. 1953 Landshut.*
Schauspielerin, Kabarettistin, Kabarettautorin
1973 Studium der Sozialpädagogik an der Fachakademie, München. Absolvierte 1976 bis 1979 eine Schauspielausbildung an der Otto-Falckenberg-Schule, München. Es folgen Engagements an Theatern in Wuppertal und Darmstadt. Stellte am 22.5. 1986 ihr erstes Soloprogramm mit »Ratschkathl-Geschichten«, unter dem Titel »Ja, wo samma denn?« vor, begleitet von der Gesangsgruppe »Pochende Herzen«. Darin personalisierte sie die unablässig quasselnde Hausfrau (»Ratschkathl«) aus der Provinz, die gerade durch ihr Bekenntnis zu ihren verschrobenen Ansichten deren Fragwürdigkeit entlarvt. Ihr zweites Soloprogramm, »Jetzt schaung' ma amoi, dann seng ma's scho'« (Februar 1988), wurde begleitet von dem Gesangstrio »Die Wellküren«, den Schwestern Burgi, Vroni und Moni der Gebrüder Well (→ *Biermös'l Blos'n*), mit denen sie auch ihr drittes Programm unter dem Titel »Hojotoho – mir san wieda do!« (Januar 1990) gestaltete. Seit Dezember 1991 spielte sie solo das Programm »Nachts, wenn die Peschek kommt«. 1993 folgte mit den »Wellküren« das Programm »Kabarettistischer Doppelschlag« und seit März 1995 als solistisches Tourneeprogramm »Für nix und wieder nix«. Spielte in verschiedenen Theaterstücken, so im »Münchner Volkstheater« »Daheim im Wirtshaus und im Amt« von → *Gerhard Polt* und → *Hanns Christian Müller.* Mehrere Rundfunksendungen (seit 1992 als »Paula Pirschl« mit wöchentlichen Kommentaren bei Antenne Bayern; seit 1993 zweimal die Woche mit Toni Berger als Tochter Gerda in der Familienserie »Vater und Tochter«, BR u.a.) und Fernsehsendungen, so 1987 im »Scheibenwischer« (→ *Medienkabarett*) und den »Mitternachtsspitzen« des WDR u.a. Wirkte ferner in verschiedenen Kinofilmen mit.

Pfeffermühle (München-Zürich) Politisch-satirisches Kabarett, gegründet von → *Erika Mann* in München, eröffnet am 1.1. 1933 in der → *Bonbonniere* (München) mit Texten von Erika und Klaus Mann. Mit: Erika Mann, Albert Fischel, Karl Theodor Glock, Sibylle Schloß, → *Therese Giehse*, Peter Eysold und dem Tanzpaar Cläre Eckstein und Edwin Denby (am Klavier: Magnus Henning). Mit ihrem zweiten Programm zog die *Pfeffermühle* im Februar 1933 in die Gaststätte »Serenissimus« am Siegestor um. Am 12.3. 1933 flüchtete ein Teil des Ensembles nach Zürich und eröffnete dort im Hotel »Hirschen« die *Pfeffermühle* am 1.10. 1933 neu, mit Texten von Erika und Klaus Mann, Hans Sahl und → *Walter Mehring.* Darsteller: Erika Mann, Therese Giehse, Sibylle Schloß, → *Robert Trösch* und das Tanzpaar → *Lotte Goslar* und → *Igor Pahlen.* In diesem ersten Programm sang Erika Mann ihr Chanson »Der Prinz von Lügenland« und Therese Giehse »Frau X.« und »Das Märchen vom Fischer und syner Fru«, beide von Erika Mann.
Am 1.1. 1934 ging das Ensemble aufgrund seines großen Erfolgs in Zürich auf eine Tournee durch die Schweiz. Bei einem Gastspiel im Herbst 1934 im Kursaal

»Die Pfeffermühle« 1935 in Den Haag mit v.l. Lotte Goslar, Igor Pahlen, Heinrich Ortmayer, Magnus Henning, Sybille Schloß, Erika Mann, Hans Sklenka, Therese Giehse

von Zürich warfen Angehörige der schweizerischen Nazipartei, der »Frontisten«, Stinkbomben und wurden handgreiflich, was zu Auseinandersetzungen im Zürcher Kantonalrat und zu Auftrittsverboten in verschiedenen Kantonen führte wie auch zu Protesten von seiten der Deutschen Botschaft in Bern. Eine 1935 vom Kanton Zürich erlassene »Lex Pfeffermühle« verbot Ausländern, mit politischen Texten aufzutreten. *Die Pfeffermühle* konzentrierte ihre Tätigkeit deshalb auf andere Kantone der Schweiz, soweit nicht auch dort ähnliche Beschränkungen in Kraft getreten waren. Von 1935 bis 1936 ging sie auf eine Tournee durch die Niederlande, Belgien, Luxemburg und die Tschechoslowakei und versuchte, im Januar 1937 in den USA Fuß zu fassen als »Peppermill« mit auf englisch gespielten Programmen, konnte sich jedoch nicht durchsetzen und hörte im Februar 1937 auf. Insgesamt ist die *Pfeffermühle* in sieben Ländern auf 1034 Vorstellungen gekommen. –

Teils aus politischen, teils auch aus künstlerischen Gründen kleidete die *Pfeffermühle* ihre Attacken auf das Dritte Reich in der Schweiz in Fabeln und Allegorien. Im unpolitischen Sektor war sie von der neusachlichen Romantik von → *Katakombe* und → *Nachrichtern* geprägt. Ihr Auftreten in Zürich gab den letzten Anstoß zur Bildung eines eigenständigen schweizerischen Kabaretts (→ *Cabaret Cornichon*).

📖 Mann, Thomas: *Gesammelte Werke, Bd. XI.* Frankfurt (Main) 1981. – Mann, Klaus: *Der Wendepunkt* (S. 252, 305). München 1952. – Mann, Katja: *Meine ungeschriebenen Memoiren* (S. 109–120). Frankfurt (Main) 1983. – Sperr, Monika: *Therese Giehse – Ich hab nix zum Sagen.* München 1973. – Keise-Hayne, Helga: *Beteiligt euch, es geht um eure Erde – Erika Mann und ihr politisches Kabaret, die »Pfeffermühle«.* München 1990.

Die Pfeffermühle (Leipzig) Politisch-satirisches Kabarett der DDR. Gegründet von Künstlern des »Theaters der jungen Welt« in Leipzig unter dessen Direktor Günter Klingner, eröffnet von und mit ihnen unter Regie von Hans Joachim Würzner am 22. 3. 1954 im »Weißen Saal« am Leipziger Zoo. Nach dem ersten Programm vom Rat der Stadt Leipzig übernommen, spielte die *Pfeffermühle* mit eigenem Ensemble bis 1961 im »Walter-Albrecht-Haus« und residiert seither im eigenen Haus am Thomas-Kirchhof 16.
Bereits zum zweiten Programm steuerten namhafte Autoren wie Ferdinand May, Lothar Kusche und → *Karl Schnog* Texte bei. Im August 1955 übernahm → *Conrad Reinhold* die Leitung und hob das Kabarett literarisch, künstlerisch wie satirisch auf ein Niveau, das es von anderen DDR-Kabaretts unterschied und auch bei westlichen Besuchern der Leipziger Messe Anklang fand. Mit seiner unerschrockenen Kritik handelte sich Reinhold bereits mit seinem zweiten Programm (»So'n Zirkus«) ein Spielverbot während der gesamten Herbstmesse 1955 durch die Kulturabteilung des Rats der Stadt ein. In der 70. Vorstellung seines Programms »Rührt Euch!« (1956) wurde Reinhold mitten in seinem »Zeitungscouplet« von Parteifunktionären von der Bühne gezerrt; er ging 1957 in die BRD. Nach vorübergehender Schließung setzte der Rat der Stadt den Dramaturgen Horst Gebhardt als kommissarischen und 1960(–1962) als regulären Leiter ein (1958–1960 leitete Hans Obermann das Unternehmen). Ihm folgten 1962 der *Pfeffermühlen*-Autor, -Regisseur und -Darsteller → *Edgar Külow*, 1964 der Vopo-Amateurkabarettist Horst Günther, 1979 Hans Dieter Schmidt und 1980 → *Rainer Otto*. Trotz dieses häufigen Wechsels in der Leitung hat sich die *Pfeffermühle*, auch dank des anhaltenden Zuspruchs durch die Messegäste, ihre relativ satirische Schärfe bewahrt.
Immerhin zählten von 1962 bis 1964 zu den Autoren: Reiner Kunze, Erich Loest, → *Conrad Reinhold*, Gerhard Zwerenz u.a. Wiederholt wurden Programme der *Pfeffermühle* von den behördlichen Zensoren verboten, so – nach Reinholds letztem Programm »Rührt Euch!«, 1956, – noch vor der Premiere 1964 »Wolln wir doch mal ehrlich sein«. 1979 wurde das Programm »Wir können uns gratulieren« nach zehn Vorstellungen abgesetzt. Einige Programme wurden erst nach gebührender Umarbeitung zugelassen.
Bis zum Tag der Maueröffnung hatte die *Pfeffermühle* 63 Programme gespielt. Hauptautoren waren u.a.: Klaus Danegger, → *Jürgen Hart*, → *Hanskarl Hoerning*, → *Siegfried Mahler* und → *Rainer Otto*. Unter den Darstellern seien genannt: Joachim Loeb, Siegfried Mahler, → *Ursula Schmitter*, Hans-Jürgen Silbermann, Manfred Stephan.
Die Premiere des ersten Nach-Wende-Programms, »Warten auf Demo«, fand am 19. 4. 1990 im westdeutschen Salzgitter statt. Inzwischen hatten die Pfeffermüller gemeinsam mit der → *Münchner Lach- und Schießgesellschaft* in der ARD-Silvestersendung »Schimpf vor 12« mitgewirkt, waren danach auf Tournee durch Westdeutschland und Berlin sowie durch die Schweiz gegangen und hatten in Kalifornien gastiert.
Im Januar 1993 wurde das Unternehmen in eine GmbH umgewandelt. Von den anfangs zwölf Gesellschaftern schied Rainer Otto, auch als Autor, aus. In der Nacht zum 8. 11. 1994 brannte die Bühne und ein Teil des Zuschauerraums aus.

 Am 4. 6. 1995 wurde die Spielstätte mit dem 72. Programm »Wahlsteig D – alles aussteigen!« wiedereröffnet. 1994 folgte »Üb immer Treu und red nicht rein«, 1995 »Show oder so ist das Leben«, 1996 »Alle Messen sind gesungen«.

Otto, Rainer (Hrsg.): *Pfeffermüllereien – Kabarett-Texte.* Berlin 1973. – Hoerning, Hanskarl: *Geh hin, wo der Pfeffer wächst. Drei Jahrzehnte Leipziger Mühlen-Malerei.* Berlin 1984. – Holger, Gerd: *Kabarettlieder-Magazin.* Leipzig 1989. – Hoerning, Hanskarl: *Harlekin im Stasiland – Report eines Leipziger Pfeffermüllers.* Gerlingen 1994. – In dem 1990 erschienenen Rowohlt-Taschenbuch »Wir sind das Volk« ist die Resolution der »Pfeffermühle« zur Erneuerung des Sozialismus abgedruckt.

Philipp, Gunther (eigentlich: Gunther Placheta) *(* 8.6. 1918 Marosheviz (Rumänien).* Schauspieler, Autor, Komiker
Nach einer Sportlerkarriere (er gewann 1932–1939 sechsmal den österreichischen Rekord im 100-Meter-Brustschwimmen) studierte er in Wien Humanmedizin und begann 1940 eine Schauspielausbildung am Reinhardt-Seminar. Nebenher schrieb er Kabarett- und Revuetexte und trat als Tänzer, Conférencier und Sänger auf. Bei Kriegsende gründete er zusammen mit Fred Kraus, Maria Holz und → *Peter Wehle* das Kabarett »Die kleinen Vier«. Gemeinsam mit Wehle verfaßte er Revuen (»Casanovitäten«) und Rundfunk-Sendungen (»Rendezvous bei Rot-Weiß-Rot«). 1949 spielte er seine erste Filmrolle im »Märchen vom Glück« als Adjutant von O.W. Fischer. Bereits für seinen zweiten Film, »Kleiner Schwindel am Wolfgangsee« (1949), schrieb er zusammen mit dem Regisseur Franz Antel das Drehbuch. Fortan war er einer der meistbeschäftigten und populärsten Komiker des deutsch-österreichischen Films und gastierte auch im Fernsehen und auf zahlreichen Theaterbühnen.

Philipp, Gunther: *Mir hat's fast immer Spaß gemacht – Erinnerungen.* München 1989.

Ping Pong Politisch-satirisches Kabarett, das im Oktober 1931 Kurt Egon Wolff in den Räumen des Kabaretts → *Der blaue Vogel* in Berlin mit dem Programm »Wir wollen lachen« vorstellte. Die Texte schrieben → *Curt Bry,* Peter Hagen u.a., an zwei Klavieren begleiteten Curt Bry und Fried Walter. Im Ensemble spielten Colette Codar, Ellen Frank, Elfriede Jerra, Traute Kroll, Liselotte Wilke (die sich später → *Lale Andersen* nannte), Franz Fiedler, Wolfgang Helmke, Robert Klein-Lörk, Fritz Lafontaine u.a. Für die Sommersaison 1932 wurde das Kabarett von dem holländischen Kabarettisten Louis Davids (1883–1939) an sein »Kurhaus-Cabaret« in Scheveningen verpflichtet. Neu dabei waren der Geräusche-Imitator Dotz Sohn-Rethel, das Gesangsduo Bep & Git und die Chansonniere Hedi Haas. Danach kehrte das Ensemble nach Berlin zurück, doch kurz vor Hitlers Machtantritt emigrierte Kurt Egon Wolff in die Niederlande, wo er ein neues Ensemble aufbaute. Am 6.5. 1933 spielte das *Ping Pong* u.a. mit → *Dora Gerson,* der Grotesk-Tänzerin → *Julia Marcus,* der Sängerin Bep Stuy (vom Gesangsduo Bep & Git) und dem Komiker Géza Weisz im Amsterdamer »Rika-Hopper-Theater«. Es folgten Auftritte in Den Haag, Harlem, Rotterdam. Im Sommer 1933 ging das Ensemble auseinander. Am 16.8. 1933 stellte Wolff im »Rika-Hopper-Theater« sein zweites Exilprogramm vor, für das er die Ausdruckstänzerin Chajy Goldstein verpflichtete sowie Curt Bry, der von nun an als musikalischer Leiter und Autor der Programme wirkte.

Nach Gastspielen in Utrecht, Zutphen und Zürich (seit 1.2. 1934) entstand im März 1934 in Amsterdam ein neues Programm, für das der Gesangs-Imitator Walter Behr und der Schauspieler Erwin Parker neu verpflichtet und mit denen mehrere Schweiz-Gastspiele unternommen wurden. Im Oktober 1934 löste sich das Kabarett endgültig auf. Wolff, der 1934/35 als Manager für die Solokarriere von Dotz Sohn-Rethel arbeitete, emigrierte mit Sohn-Rethel 1939 in die USA. Hier versuchte sich Wolff in verschiedenen Berufen, bis er schließlich 1941 in Hollywood bei Warner Brothers für die Orchestervermittlung verantwortlich wurde. Nach seiner Pensionierung (1977) setzte er sich in Santa Monica zur Ruhe.

Dittrich, Kathinka; Würzner, Hans (Hrsg.): *Die Niederlande und das deutsche Exil 1933–1940.* Darin: Jacques Klöters: *Momente so, Momente so – Dora Gerson und das Emigranten-Kabarett Ping Pong.* Königstein 1982.

Pispers, Volker ** 18. 1. 1958 Mönchengladbach.*
Kabarettist und Kabarettautor
Studierte seit 1976 Anglistik, katholische Theologie und Pädagogik in Bonn und Münster. 1979/1980 als Assistant Teacher in England. Wieder in Münster, wurde er Mitglied verschiedener studentischer Theatergruppen. Wirkte 1982 beim Kindertheater der Kammerspiele Hamm. Machte 1983 sein erstes Staatsexamen und stellte sein erstes Soloprogramm, »Kabarette sich, wer kann«, vor. Wirkte 1985 als Schauspieler am »Wolfgang-Borchert-Theater«, Münster, und brachte sein zweites Soloprogramm »Hamburger – Speeseburger – Bundesburger« heraus, danach die Programme: »Original oder Fälschung« (1986); »Meine Sorgen möcht ich haben« (1988). 1990 arbeitete er als Autor, Darsteller und künstlerischer Leiter beim → *Kom(m)ödchen* (»Wir sind so frei«). 1992 folgte das Soloprogramm »In bester Gesellschaft«. 1993 spielte er zum zehnjährigen Bühnenjubiläum das Sonderprogramm »Ein Wort ergab das andere« und 1994 das Programm »Frisch gestrichen«. Bestritt zahlreiche Rundfunk- und Fernsehsendungen (u.a. als regelmäßiger Mitarbeiter von »Westpol«, dem landespolitischen Magazin des WDR). Erhielt 1988 den »Gladbecker Satirepreis«, 1989 den Förderpreis des großen Kulturpreises NRW; 1995 den Kabarettpreis »Mindener Stichling« und den → *Deutschen Kleinkunstpreis.*

Volker Pispers

Pispers, Volker *Volkerkunde.* Düsseldorf 1996.

Platte, Rudolf ** 12. 2. 1904 Dortmund-Hörde; † 17. 12. 1984 West-Berlin.*
Schauspieler, Kabarettist, Kabarettleiter
Ging sechzehnjährig zum Theater und spielte sechs Jahre in der Provinz Charakterrollen. Seit 1927 in Berlin, Übergang ins komische Fach. Engagements bei → *Max Reinhardt* und Victor Barnowsky. Seit April 1930 im Ensemble der → *Katakombe*, wurde er im Dezember 1930 neben → *Werner Finck* als künstlerischem

 Leiter ihr geschäftlicher Direktor. Spielte zur gleichen Zeit und später Komikerrollen in Unterhaltungsfilmen. Hatte in den sechziger Jahren große Erfolge als Volksschauspieler. Wirkte auch in einer Folge des Fernsehkrimis »Der Kommissar« und in anderen Fernsehrollen mit.

Plaut, Josef ** 5. 6. 1879 Lippe-Detmold; † 25. 11. 1966 Bad Salzuflen.*
Schauspieler, Sänger, Vortragskünstler
Studierte nach einer kaufmännischen Lehre Gesang am Stern'schen Konservatorium in Berlin. Nach den üblichen Wanderjahren als Tenorbuffo in Wismar, Schleswig, Rendsburg, Metz und Essen kam er an die Deutsche Oper nach Berlin. Nach dem Ersten Weltkrieg, den er als Soldat mitgemacht hatte, wechselte Plaut in das Fach des Vortragskünstlers und gab Vortragsabende in allen deutschen Städten. Er war ein feinsinniger Humorist, besonders geschätzt als Interpret der klassischen deutschen Balladendichtung. Sein Repertoire, verbreitet durch Rundfunk und Schallplatte, umfaßte auch zahlreiche Schmunzelstücke, Humoristika und Dialektszenen. 1933 bekam er Berufsverbot, hielt sich zeitweilig in der Schweiz, in Südafrika und in England auf. Während des Zweiten Weltkrieges wurde er zunächst interniert und war dann bis 1945 bei BBC in London tätig. Gastspiele führten ihn 1949/1950 erstmals wieder nach Deutschland.

Plaut, Josef (Hrsg.): *Das heitere Plaut-Buch.* Hamburg 1921.

Playback (englisch = »zurückspielen«) Aufnahmeverfahren, das es erlaubt, Orchester, Chor, Solisten oder einzelne Instrumente nacheinander, jedoch synchron aufzunehmen. Im Kabarett wird das Playback häufig als Ersatz für eine Originalbegleitung eingespielt, meistens als Halbplayback, d.h. als instrumentale Begleitung zum Originalgesang des Vortragenden.

Poetenbänkel zum Siebenten Himmel → *Berliner Kneipenbrettl*

Pointe (französisch = »Spitze«) Höhepunkt und zugleich überraschender Abschluß eines → *Witzes*, einer → *Anekdote*, einer Kurzgeschichte und aller Kabarettexte. Die Pointe – mitunter auch die Pointenlosigkeit als Pointe – ist Sinn und Zweck der angeführten Erzählgattungen. Sie erhellt blitzartig Eigenschaften, Denk- und Verhaltensweisen eines Menschen, die sie auf diese Weise aggressiv bloßstellt.

Polgar, Alfred ** 17. 10. 1873 Wien; † 24. 4. 1955 Zürich.*
Publizist, Kritiker, Feuilletonist, Kabarettautor
Der Sohn eines Musikers studierte selbst Musik. Schrieb von 1906 bis 1908 zusammen mit → *Egon Friedell* für die Kabaretts → *Nachtlicht* und → *Fledermaus* satirische Einakter (»Goethe im Examen«, »Soldatenleben im Frieden« u.a.). Übersiedelte 1925 nach Berlin und schrieb dort Theaterkritiken und Feuilletons für die Zeitschriften »Weltbühne«, »Tagebuch« und das »Berliner Tageblatt«. 1933 Rückkehr nach Wien, 1938 Emigration nach Paris, 1940 Flucht über Spanien in die USA (Hollywood, später New York). Kehrte 1949 nach Europa zurück, wo er abwechselnd in der BRD, Österreich und der Schweiz lebte. Galt als unüber-

troffener Meister der kleinen Prosa, die er laut Franz Blei zu »Filigranit« härtete. Erwies sich als gesellschaftskritischer Moralist nicht nur in seinen Beiträgen zum Kabarett, sondern auch in seinen Theaterkritiken.

Weinzierl, Ulrich: *Alfred Polgar – Eine Biographie.* Wien 1985.

Politisch-literarisches Kabarett → *Kabarett*

Politisch-satirisches Kabarett → *Kabarett*

Politisches Lied → *Agitprop,* → *Chanson,* → *Lied,* → *Liedermacher*

Pölitz, Hans-Günther **26. 1. 1952 Waldheim.* Kabarettist und Kabarettautor Begann 1972 während seines Lehrerstudiums für Deutsch und Staatsbürgerkunde am Studentenkabarett der Pädagogischen Hochschule Zwickau, den »Jungen

Dornen« (später umbenannt in »Zwickmühle«). Es folgten die Programme »Bewußtsein oder Nichtsein« (1976); »(V)ERZIEHT EUCH« (1980).
Nach Absolvierung eines staatlichen »Lehrgangs für Leiter des künstlerischen Volksschaffens« wechselte Pölitz 1983 als Berufskabarettist an die → *Herkuleskeule*, Dresden, wo er in dem Programm »Wir sind noch nicht davongekommen« mitwirkte. Bereits ein Jahr später ging er zu den → *Kugelblitzen*, Magdeburg, denen er bis 1993 verbunden blieb, seit 1987 auch als Textautor. Die Uraufführung des Programms »Unter uns gesagt« 1990 in der → *Münchner Lach- und Schießgesellschaft* brachte den »Kugelblitzen« den »Einstieg ins deutsch-deutsche Kabarettgeschäft« (Pölitz). 1994–1995 gehörte er zum Ensemble dieses Kabaretts.
Zusammen mit Michael Rümmler (* 30. 8. 1951) gründete Pölitz als privatwirtschaftliches Unternehmen am 23. 8. 1995 mit dem Programm »Wir gehn Euch auf den Geist« die »Magdeburger Zwickmühle«, die am 1. 3. 1996 eröffnet wurde. 1982–1990 war Pölitz künstlerischer Leiter des Magdeburger Amateurkabaretts »Die Zange«. 1990 erhielt er gemeinsam mit Michael Rümmler den »Salzburger Stier«.
Im Dezember 1988 war das von ihm und Gunter Antrak verfaßte Programm »Der Fortschritt ist hinter uns her« von der SED-Bezirksleitung Magdeburg verboten worden.

47 Wochen und ein Jahr – Satirische Abrisse (Gesammelte satirische Kolumnen von September 1994 bis Juli 1995). Magdeburg 1995.

Polt, Gerhard ** 7. 5. 1942 München.*
Dolmetscher, Kabarettist, Kabarettautor
Studierte an der Universität München Politische Wissenschaften, Geschichte und Kunstgeschichte, in Göteborg nordische Sprachen und arbeitete 1962–1966 in der BRD als Dolmetscher und Übersetzer. 1975 begann seine künstlerische Zusammenarbeit mit → *Hanns Christian Müller* und Gisela Schneeberger. 1975 erstes Auftreten in Müllers »Nachtrevue« in der Münchner → *Kleinen Freiheit*. Spielte 1978 innerhalb der »Woche des Kabaretts« an den »Münchner Kammerspielen« und in Müllers »Da schau her« am »Schiller-Theater«, Berlin, 1979 in Müllers »Kehraus« an den »Münchner Kammerspielen«, dem folgten das »szenische Kabarett« »München leuchtet« (1983), »Die Exoten« (1985), »Diridari« (1988) und »Tschurangrati« (1993). Trat seit 1977 wiederholt in den Fernsehserien »Notizen aus der Provinz« und »Scheibenwischer« (→ *Medienkabarett*) und 1979–1987 in seiner mit Müller verfaßten eigenen TV-Serie »Fast wia im richtigen Leben« auf, ferner in weiteren Fernsehsendungen: »Satire ist wenn...« (1980), »Einwürfe aus der Kulisse« (1980), »Second Help Show« (1981), »Ein Schmarrn halt« (1982), »Kabarett in Lederhosen« (1984), in der TV-Serie »Kanal fatal« (1986) und der satirischen Fernseh-Reportage »Meier am Mekong«. Absolvierte von 1981 an – mit Unterbrechungen – zahlreiche Auftritte in der ganzen BRD zusammen mit der → *Biermös'l-Blos'n*. Seinem ersten Kinofilm »Kehraus« (Darsteller und Mitarbeit am Drehbuch) von 1983 folgten »Man spricht Deutsh« (1988) und 1992 »Herr Ober« (Regie, Drehbuch, Hauptdarsteller). An Auszeichnungen erhielt Polt: den »Förderpreis der Stadt München« (1978), den »Ernst-Hoferichter-Preis« (1980),

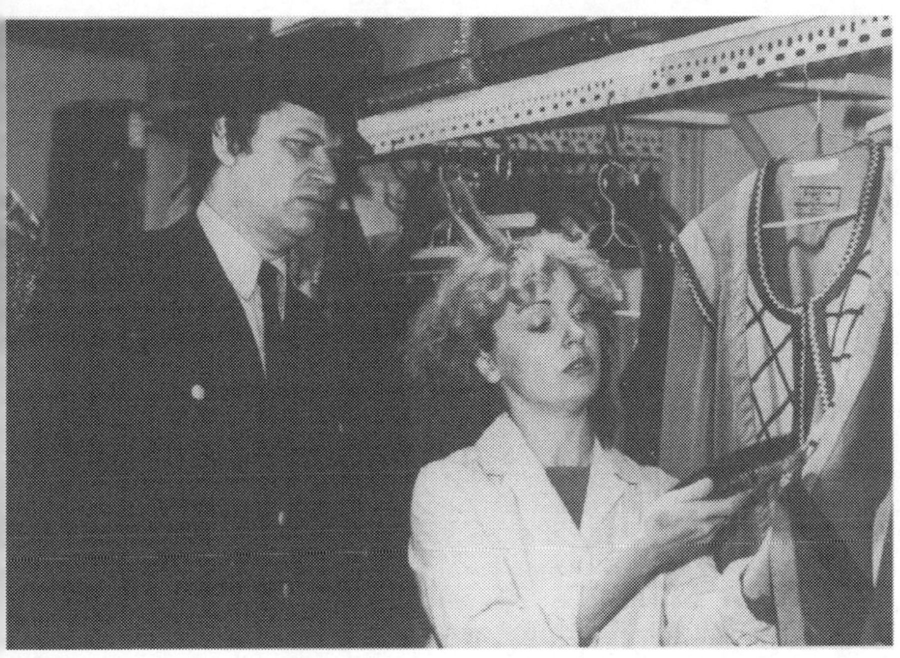

Gerhard Polt 1980 mit Gisela Schneeberger in der ZDF-Satire »Einwürfe aus der Kulisse«

den → *Deutschen Kleinkunstpreis* (1980), den »Adolf-Grimme-Preis« (1983), den »Ernst-Lubitsch-Preis« des Berliner Clubs der Filmjournalisten (1984).
Gerhard Polt gehört zu einer neuen Generation bayerischer Dialektsatiriker, die unter dem Anschein der konservativen Bestätigung heimatlichen Fühlens und Denkens dieses durch Überzeichnung entlarven, was ihnen, da sie keine hinderliche Intellektualität zur Schau tragen, eine Einwirkung auch auf ein satirescheues Publikum sichert. (→ *Jörg Hube*, → *Siegfried Zimmerschied*, → *Sarah Camp*).

Polt, Gerhard; Müller, Hanns Christian: *Da schau her – Alle alltäglichen Geschichten*. Zürich 1984. – Dies.: *Ja, mei... Neue und umfassende alltägliche Geschichten*. Zürich 1987.

Prager, Willy **23. 5. 1877 Kattowitz; † 4. 3. 1956 Berlin.*
Schauspieler, Kabarettist, Conférencier, Komponist
Debütierte 1898 mit eigenen Couplets in Quards Etablissement in Berlin. Seine eigentliche Karriere begann 1909 bei → *Rudolf Nelson* im → *Chat noir* (Berlin). Zu jener Zeit gastierte er auch im → *Linden-Cabaret* und im »Passage-Theater«. Er schrieb Chansons für die junge → *Trude Hesterberg* und für → *Claire Waldoff* und war geschätzt als Librettist für Operette, Film und Revue. Mit → *Marlene Dietrich* stand er 1928 auf der Bühne in der Revue »Es liegt in der Luft«, wo er als Warenhaus-Portier das Chanson »Ich weiß, das ist nicht so« von Schiffer/Spoliansky kreierte. Er gastierte als Conférencier und Kabarettist vor 1933 mit eigenem Repertoire an fast allen namhaften Bühnen; seine bekanntesten Chansons:

»Alles kommt einmal wieder«, »Das Rothschildlied«, »Klagelied an Jacobsohn«, »Fridolin«, »Berlin, Berlin, ich kenne dich nicht wieder«.
Filmrollen spielte er u.a. in: »Liebeswalzer« (1930), »Liebling der Götter« (1930), »Eine Nacht im Grandhotel« (1931), »Um eine Nasenlänge« (1931), »Aus einer kleinen Residenz« (1932).
Von 1933 bis 1945 lebte Prager untergetaucht in Berlin. Nach 1945 trat er in der Berliner »Tribüne«, im Kabarett »Bei Henry Bender« und in der Jubiläums-Revue des → *Kabaretts der Komiker*, »Jeder gegen jeden« (1949) auf. Zu seinem 50jährigen Bühnenjubiläum wurde er zum Ehrenmitglied des »Kabaretts der Komiker« ernannt.

Prager, Willy: *Sie werden lachen – Nichts erfunden, alles erlebt.* Berlin 1945.

Pressgott, Gina ** 13. 10. 1924 Berlin; † 8. 10. 1985 Berlin.*
Kabarettistin, Schauspielerin, Chansonniere
Trat bereits als Kind in Rundfunksendungen auf und war zunächst Schauspielerin und Sängerin am Berliner Rundfunk. 1953–1957 und 1959 gehörte sie zum Ensemble des Berliner Kabaretts → *Die Distel*, danach war sie freiberuflich tätig: 1963/1964 beim Staatlichen Tanzensemble der DDR, danach bis zu ihrer schweren Erkrankung und Aufgabe des Berufes (1973/1974) freiberuflich bei Rundfunk (»Frieda und Otto« mit Werner Troegner u.a.), Fernsehen und Programmen der Konzert- und Gastspieldirektion (KGD) der DDR. Zahlreiche Rundfunkaufnahmen (Lieder, oft aus Berliner Milieu), Filme (»Mädchen hinter Gittern«, 1948 u.a.) und Synchronarbeit (vor allem Trickfilme).

Priol, Urban ** 14. 5. 1961 Aschaffenburg.* Kabarettist und Kabarettautor
Bereits 1983 ist er Gast in Klaus Staab's Kabarettprogramm »Kein Grund zur Beruhigung«. Brachte im Januar 1984 sein erstes Duoprogramm mit Staab, »Schrecksekunden in flagranti«, heraus, wofür sie das »Scharfrichterbeil« erhielten. Für ihr zweites Duoprogramm, »Türmen? Zwecklos!«, erhielten sie 1988 den »Stern der Woche« der Münchner »Abendzeitung«. Im selben Jahr spielte Priol im neugegründeten »Bockshorn«-Ensemble, Sommerhausen, mit Rainer Hannemann und Helga Siebert das Programm »Sodumm und Camorra« und danach 1990 mit Andreas Zimmermann und → *Helga Siebert*, mit der er 1991 das Duo-Programm »Machtasyl« herausbrachte. Seit 1992 spielte er zwei Duo-Programme mit → *Andreas Giebel*, »Gehn tut alles« und »Mehr untenrum« (1994). Dazwischen spielt Urban Priol im Kleinkunstzentrum »Bockshorn« seit 1992 »Tilt«, den kabarettistischen Monatsrückblick, und brachte dort 1994 sein erstes Soloprogramm, »Köpfe im Kopf«, heraus.

Prosel, Theo ** 4.5. 1889 Wien; † 12. 1. 1955 München.*
Kabarettautor, Kabarettleiter, Conférencier
Wurde als junger Mann Buchhalter in einer Papierfabrik. Wanderte 1907 nach Amerika aus, kehrte jedoch schon 1908 nach Wien zurück. Geriet im Ersten Weltkrieg in russische Gefangenschaft. Erste literarische Versuche im Kriegsgefangenenlager. Kam nach Kriegsschluß nach Wien zurück. Erstes Kabarettengagement 1920 im »Charivari« von → *Karl Valentin.* Im Mai 1920 engagierte ihn Kathi

Kobus an den → *Simplicissimus* (München), wo er insgesamt 130 Kabarettprogramme zusammenstellte. Schrieb zahlreiche Texte, auch für → *Adolf Gondrells* → *Bonbonniere* (München).
Nach dem Tode der Kobus 1929 wurde er künstlerischer Leiter des »Simpl«. Nach dem Kauf des »Simpl« durch Gondrell seit 1.8. 1935 geschäftsführender Wirt. Wurde Teilhaber an der »Bonbonniere«, tauschte aber seine Anteile gegen das Eigentumsrecht am »Simpl«. Nach der Zerstörung des Lokals durch Fliegerbomben etablierte Prosel den *Simpl* im August 1945 am »Platzl« gegenüber dem Hofbräuhaus. Dort trat kurz vor seinem Tode noch Karl Valentin auf, 1948 auch → *Gert Fröbe* mit den »Galgenliedern« von Christian Morgenstern.

Protestsong → *Liedermacher*

Publikum Kaum eine Kunstform ist so stark auf die Mentalität und die Reaktionen des Publikums angewiesen wie das Kabarett. Die Entwicklung des Künstlerbrettls und gehobenen → *Varietés* der ersten Vorkriegszeit über das großbürgerliche, das revolutionäre, das kleinbürgerliche Kabarett der Zwischenkriegszeit bis hin zum »Szene«-Kabarett der Gegenkultur und den überwiegend unpolitischen Solo-Kabarettisten unserer Tage spiegelt den gewaltigen soziologischen Strukturwandel in unserem Jahrhundert wider. Nicht mehr das urbane Publikum der Metropolen Wien und Berlin oder das rebellische Künstlertum der Musenstadt München war nach dem Zweiten Weltkrieg zu bedienen, denn die Metropolen waren, wenn nicht physisch, so doch geistig untergegangen. Kein großbürgerliches Bildungsbürgertum, wozu sich in Berlin einst noch die jüdischen Ober- und Mittelklassen gesellten, fing nach 1945 die wohlgezielten Bälle auf, verstand die feingesponnenen Anspielungen, wußte die Finessen der Sprache zu goutieren. Auch keine klassenbewußte Arbeiterschaft war zu erkennen, die nach unbürgerlichen Formen des Kabaretts , etwa im Stil des → *Agitprop*, des → *Straßentheaters*, verlangte. Was sich weiter und weiter ausbreitete, war die untere bis gehobene Mittelklasse, waren Davongekommene eines Weltuntergangs, die weder über die Muße der Großbourgeoisie verfügten noch die Wut des Proletariats im Bauche spürten, sondern die sich aus den Trümmern ein neues Leben zimmern mußten.
Auf sie war die Hemdsärmeligkeit von Nachkriegskabaretts wie der Berliner → *Stachelschweine*, der Frankfurter → *Schmiere* und der → *Münchner Lach- und Schießgesellschaft* zugeschnitten. Dort, wo sich starke Reste des gebildeten Besitzbürgertums erhalten hatten, in Düsseldorf zum Beispiel, konnte ein Kabarett wie das → *Kom(m)ödchen* feinere Saiten anschlagen, fand auch → *Werner Finck* noch sein Publikum. Und wo das Musische und Literarische noch nicht ganz zerbombt worden war, beispielsweise in München, konnten sich im ersten Jahrfünft nach dem Kriege → *Schaubude* und → *Kleine Freiheit* etablieren.
Der Einschnitt von 1968 konfrontierte ein neues Publikum mit dem Kabarett und neue Kabaretts mit dem Publikum. So befaßte sich das Kabarett nun zielsicherer mit den Malaisen der Zeit, mischte sich aktiv ein in Bürgerbewegungen und Studentenrevolten. Nach dem Erlahmen des scheinbaren Aufbruchs in neue politische Dimensionen erlahmte mehr und mehr das Interesse an der großen Politik.

310 Gleichzeitig dünnte mehr und mehr das Ensemble-Kabarett aus, bis am Ende fast nur noch reisende Solo-Kabarettisten übrigblieben, die mit der wachsenden Anspruchslosigkeit und Entpolitisierung ihres Publikums zunehmend zu unverbindlichen Spaßmachern und Allgemein-Humoristen regredierten und sich in derber Direktheit auf »Beziehungskisten«, vermeintliche Sexprobleme und dergleichen konzentrierten.

So stellt sich die Frage nach dem Tod des Kabaretts als müßig heraus. Solange es ein für Witz und Witze, egal auf welcher Stufe, aufnahmefähiges Publikum gibt, wird es auch Kabaretts geben.

Die Quallenpeitsche Literarisch-surrealistisches Maler-Kabarett im Keller der »Femina-Bar« in Berlin, Nürnberger Straße (wo auch die → *Badewanne* etabliert war), das unter der Leitung des Lyrikers Johannes Hübner vom 4.2. 1950 bis 5.8. 1950 sechs Kabarettprogramme veranstaltete. Ständige Mitarbeiter waren u.a. Theo Goldberg, Komponist und Pianist; Karl-Heinz Hartmann, Maler; Joachim Klünner, Übersetzer; Lothar Klünner, Lyriker; Jeanne Mammen, Malerin; Siegfried Maruhn, Maler; Gerhard Moll, Maler; Ruth Moll, Grafikerin; Charlotte Piéla, Schauspielerin; Christa Simó, Schauspielerin; Hans Thiemann, Maler und Bühnenbildner; Friedrich Wilke, Schauspieler. Dieses Kabarett tendierte stärker zur literarischen Inszenierung, als es die »Badewanne« getan hatte. Die Programme waren sehr unterschiedlich, mal lyrische Töne, mal politischer Protest, mal parodistisch-literarisch, mal Nonsens und Absurdes, als Vorläufer der Publikumsbeschimpfung, des Happenings und des Theaters des Absurden. Als der Femina-Betrieb 1950 pleite machte, wurde in den Räumen unter dem Namen »Badewanne« ein reiner Jazzkeller etabliert.

Lenk, Elisabeth (Hrsg.): *Die Badewanne – Ein Künstlerkabarett der frühen Nachkriegszeit.* Berlin 1991.

Qualtinger, Helmut ** 8. 10. 1928 Wien; † 29. 9. 1986 Wien.*
Schriftsteller, Schauspieler, Kabarettist, Kabarettautor

Studierte Medizin, wurde Journalist (Lokalreporter und Filmkritiker) und Autor (sein Theaterstück »Jugend vor den Schranken«, 1949, wurde von der Zensur verboten). Wirkte während seines Studiums am »Studio der Hochschulen« in Wien an dem Hochschulkabarett »Die Grimasse« mit, das der Philosophiestudent → *Michael Kehlmann* auf die Beine gestellt hatte. Schrieb und spielte mit Michael Kehlmann und → *Carl Merz* 1950 im »Kleinen Theater im Konzerthaus« das Programm »Blitzlichter«, das kaum Beachtung fand. Schrieb dann zusammen mit Kehlmann und Merz eine moderne Parodie auf Schnitzlers »Der Reigen« unter dem Titel »Reigen 51 – 10 Variationen auf ein Thema von Schnitzler«, zu dem → *Gerhard Bronner* eine Conférence verfaßte, sie komponierte und vortrug.

Nach großen Erfolgen im »Kleinen Theater im Konzerthaus« und auf Auslandstourneen taten sich die vier zu einem festen Team ohne Namen zusammen und brachten vom Herbst 1952 bis zum Frühjahr 1961 in wechselnden Theatern und mit einer Unterbrechung von drei Jahren sechs Programme heraus, die das Wiener Kabarett auf eine vorher und nachher nicht gekannte Ebene hoben (→ *Gerhard Bronner*, → *Neues Theater am Kärntnertor*). In diesen Programmen wurde Qualtinger vor allem berühmt mit Chansons von Bronner (»Der Halbwilde«, »Weil ma so fad is«, »Der Papa wird's schon richten« u.a.) sowie mit eigenen – szenischen – Stücken (»Der Menschheit Würde ist in eure Hand gegeben«), oft in Zusammenarbeit mit Carl Merz (»Fahrt ins Rote«, »Travniček«-Dialoge). Mit Merz zusammen hatte er 1961 das Ein-Personen-Stück »Der Herr Karl« geschrieben, das durch seine auch darstellerische Ausdeutung des allzeit anpasserischen Wieners zu einer kabarettistischen Einmaligkeit wurde (»Kleines Theater im

Helmut Qualtinger 1961 als »Der Herr Karl«

 Konzerthaus«). Weniger Erfolg hatte das Team Merz-Qualtinger mit »Die Hinrichtung« (1965 im Wiener »Volkstheater«).
Breitere Beachtung fand Qualtinger 1963 mit seinem Fernsehspiel »Alles gerettet« (nach Protokollen über den Wiener Ringtheaterbrand-Prozeß von 1882). Außerdem spielte Qualtinger Bühnenrollen (Nestroy, Horvath, Frisch, Kleist, Ustinov) sowie Film- und Fernsehrollen, schrieb weiterhin Stücke und führte Regie. Seit Mitte der sechziger Jahre rezitierte er auf Tourneen aus → *Karl Kraus'* »Die letzten Tage der Menschheit« und Adolf Hitlers »Mein Kampf« sowie eigene Texte (gesammelt in den Bänden »Schwarze Wiener Messe«, 1973; »Das letzte Lokal«, 1978; »Die rot-weiß-rote Rasse«, 1979; »Drei Viertel ohne Takt«, 1980; »Der nächste Beste, bitte«, 1982; »Heimat bist du großer Zwerge«, 1984). Ferner brachte Qualtinger jedes Jahr ein unbekanntes Stück von Johann Nestroy heraus. 1977 erhielt er den Johann-Nestroy-Ring. Bei den Wiener Festwochen 1981 inszenierte er sein Stück »Das kleine Wiener Halbwelttheater« im »Schauspielhaus«.

📖 Horowitz, Michael: *Helmut Qualtinger.* Wien 1987. – Kehlmann, Michael; Biron, Georg u.a.: *Der Qualtinger – Ein Porträt.* Wien 1987. – Kehlmann, Michael; Biron, Georg: *Der Qualtinger – Blues für einen Partisanen.* Wien 1995. – Krischke, Traugott (Hrsg.): *Helmut Qualtinger – Werkausgabe.* 5 Bde. Wien 1995/96.

Quast, Michael ** 2. 3. 1959 Heidelberg.*
Kabarettist, Kabarettautor, Schauspieler
Debütierte 1980–1982 am Württembergischen Staatstheater, Stuttgart, bevor er 1982 beim Düsseldorfer → *Kom(m)ödchen* (im Programm »Playback«) einstieg. Wirkte in TV-Produktionen und Kinofilmen (»Die wahre Geschichte von Männern und Frauen» u.a.) und als Schauspieler in den Hamburger »Kammerspielen« (in »Richard III«, 1993) mit. 1985–1989 am »Schauspiel Frankfurt« am Main und 1988 am Württembergischen Staatstheater, Stuttgart (in »Leave it to me«). Brachte 1985 sein erstes Soloprogramm, »Satyr im Getriebe« (Co-Autor: → *Matthias Deutschmann*) heraus, danach folgten »Die Wüste lebt« (1989); »Unter Geiern – Lovesongs« (1992; Co-Autor: Reinhard Mohr; mit dem musikalischen Ensemble: Andreas Schulz, Gitarre; Jochen Schaal, Kontrabaß; Ralf Göldner, Schlagwerk) und »Henkersmahlzeit« (1995; Co-Autoren: Rainer Brandenburg, Uwe With, Reinhard Mohr). Seit 1990 bestreitet er als Parodist monatlich die »Michael Quast Radio Show« im HR-Hörfunk und seit 1995 »Dornseiff's kleine Völkerkunde« wöchentlich im Hörfunk von WDR 2. 1991 erhielt er den → *Salzburger Stier.*

Quodlibet (lateinisch = »Was beliebt«) Im Kabarett beliebte Form der → *Parodie* durch Aneinanderreihung bekannter und beliebter Melodien meist ein und desselben Genres (Volkslied, Oper, Operette, Musical, → *Schlager*) unter Beibehaltung wesentlicher Teile des Originaltextes, allerdings unter Verklammerung durch einen übergreifenden neuen Text heiter-satirischen Inhalts. Die komische Wirkung ergibt sich aus der Gegensätzlichkeit zwischen vertrauter Melodie und Textierung einerseits und dem den alten überraschend ins Polemische umwandelnden aktuellen Text andererseits. Eines der ersten nachweisbaren Quodlibets in diesem Sinne stammt von dem Berliner Volksstückeschreiber Hans Brennert und dem Komponisten Bogumil Zepler, die für das »Neue Schauspielhaus« in Berlin als Einlage in den fünften Akt des Lustspiels »Hofrats Erben« 1907 eine »Salome«-Parodie schrieben, in der die Musik von Richard Strauss und der Text von Oscar Wilde mit Volksweisen und Schlagern montiert waren.

 Raabe, Max ** 12. 12. 1962, Lünen an der Lippe.* Chansonnier, Schauspieler
Als »eine Art Theo Lingen der neunziger Jahre« begann er 1986 mit seiner professionellen Bühnenkarriere unter dem Titel »Max Raabe... singt«. Als perfekter Gentleman mit zartem Schmelz läßt er seine Stimme erklingen und interpretiert → *Chansons* und → *Schlager* der zwanziger und dreißiger Jahre, wie z.B. »Jetzt gehts der Dolly gut, die sitzt in Hollywood«; »Veronika, der Lenz ist da«; »Mein Bruder macht im Tonfilm die Geräusche«; »Bei dir war es immer so schön« oder »Der Überzieher« von → *Otto Reutter* und selbstverfaßten Chanson-Schlagern, wie das Anrufbeantworter-Drama »Kein Schwein ruft mich an«. Trat mit dem »Palast-Orchester«, das 1986 aus Studenten verschiedener Fakultäten und einigen Berufsmusikern entstand, auf. Gestaltet seine Solo-Programme mit seinem Pianisten Christoph Israel. Wirkte neben Ute Lemper als Schauspieler in der Peter-Zadek-Inszenierung »Der blaue Engel« am Berliner »Theater des Westens« mit und 1994 in der Eigenproduktion der Berliner »Bar jeder Vernunft«, der Operette »Im weißen Rößl« von → *Ralph Benatzky* zusammen mit Meret Becker, Otto Sander, den → *Geschwistern Pfister* u.a. Bewies seine Vortragskunst ferner in dem Film »Der bewegte Mann« und in zahlreichen Fernsehsendungen.

Raben, Peer (eigentlich: Wilhelm Rabenbauer) ** 3. 7. 1940 Viechtafell (Obb.).* Komponist, Schauspieler, Regisseur
Nach dem Studium der Musik- und Theaterwissenschaft an der Universität München folgte 1965 ein Engagement als Schauspieler an die »Schaubühne« am Halleschen Ufer Berlin, danach am Schauspielhaus Wuppertal. 1966 war er Mitbegründer des »Action-Theaters« in München, aus dem 1968 das »antitheater« hervorging. Arbeitete als Autor, Komponist und Regisseur mit Rainer Werner Fassbinder zusammen, dessen Spielfilme er 1969–1970 als Inhaber der Firma »antitheater-x-Film« (aufgelöst 1971) produzierte. Seit 1970 ist er als Komponist auch für andere Regisseure und Interpreten tätig. Für Ingrid Caven komponiert er zahlreiche Chansons nach Texten von Hans Magnus Enzensberger, Rainer Werner Fassbinder und Wolf Wondraschek.

Caven, Ingrid; Raben, Peer: *Im kleinen Leben liegt der große Schmerz – Ein Liederbuch.* Berlin 1983.

Die Rakete Literarisch-politisches Kabarett in Berlin, eröffnet am 16.4. 1920 in der Kant-, Ecke Joachimsthaler Straße unter der künstlerischen Leitung von Eugen Robert.
Im ersten Programm traten auf: Max Adalbert, Käthe Dorsch, Robert Liebmann, → *Paul Morgan*, → *Rosa Valetti* u.a. Im Dezemberprogramm sprang für Paul Morgan → *Fritz Grünbaum* ein. Im März 1922 trat Rosa Valetti in die Direktion ein. Im selben Jahre kreierte sie hier → *Kurt Tucholskys* »Rote Melodie« und spielte in Egon Erwin Kischs »Himmelfahrt der Galgentoni«. Ferner traten in der *Rakete* auf: → *Ralph Benatzky* und Josma Selim, → *Wilhelm Bendow*, → *Kurt Gerron*, Leopoldine Konstantin, → *Hellmuth Krüger*, Margarete Kupfer, Dora Paulsen, → *Joachim Ringelnatz*, Else Ward, u.a. Am 1.12. 1924 eröffnete → *Kurt Robitschek* das → *Kabarett der Komiker* in der Rakete. In den Räumen der *Rakete* spielte das »Kabarett der Komiker« bis zum Herbst 1925, als der Hauseigentümer Bankrott

machte. 1926 gliederte → *Paul Schneider-Duncker* die *Rakete* seinem *Roland von Berlin – Künstlerbühne Admiralspalast* am Bahnhof Friedrichstraße als »Roland des Westens« an. Hier trat sogar → *Otto Reutter* auf, der sonst nur in Varietés auftrat.

Die Rampe (Berlin) Literarisch-politisches Kabarett, eröffnet am 19.11. 1922 in Berlin, Kurfürstendamm 32, von → *Rosa Valetti* (Direktion: → *Peter Sachse*), die hier die Tradition ihres kurz zuvor aufgegebenen → *Cabaret Größenwahn* fortsetzen wollte.
Hier entdeckte sie → *Kate Kühl*, die dann die für sie von → *Kurt Tucholsky* geschriebene und von → *Werner R. Heymann* komponierte »Dorfschöne« kreierte. Für die *Rampe* komponierten ferner → *Mischa Spoliansky* (ihr Hauskomponist), → *Allan Gray* und → *Ralph Benatzky*. Texte schrieben → *Wilhelm Bendow,* → *Leo Heller,* → *Klabund,* → *Walter Mehring,* → *Marcellus Schiffer,* → *Karl Schnog*, Kurt Tucholsky und → *Erich Weinert*. Mitwirkende: Wilhelm Bendow, → *Curt Bois*, Erwin Eckersberg, Else Ehser, Kate Kühl, → *Resi Langer,* → *Margo Lion*, Karl Schnog, Rosa Valetti, Hermann Vallentin, Else Ward u.a. Im Januar 1925 übernahm der Conférencier → *Harry Lamberts-Paulsen* die *Rampe* für eine Gastspielreihe unter dem Titel »Die Pistole« und sprach hier u.a. den »Roten Feuerwehrmann« von → *Erich Weinert*, der auch selber seine Gedichte vortrug. Ende 1925 schloß die *Rampe*.

Die Rakete
Kantstrasse,
Ecke Joachimsthalerstr
Rosa Valetti singt
Die rote Melodie
Max Adalbert
Meidi Hegner
Bela Laszky
Schattenspiele - Tänze
u. a. m Zum Schluss:
Die Ohrfeige.

Anzeige, Berlin 1920

Die Rampe (Leipzig) Literarisch-politisches Kabarett in Leipzig, gegründet von Joachim Werzlau und Ferdinand May (dem Vater von → *Gisela May*), eröffnet am 17.11. 1945 mit dem Programm »Bitte recht freundlich«. Autoren: Ferdinand May, Peter Sillje (eigentl.: Hans Seifert), Kurt Bortfeld, E.R. Greulich, Hans Quermann u.a. Die Programme enthielten ferner Texte von → *Bertolt Brecht* und → *Erich Weinert* sowie zahlreiche Einakter (von Curt Goetz, Heinrich Spoerl, Anton Tschechow u.a.). Mitwirkende: Edith Berger, → *Ursula Noack*, → *Ursula Schmitter*, Johannes Curth (auch Regie), Egon Herwig (auch Regie), Lothar Blumhagen, Harald Kurz u.a.
Die Rampe, das bedeutendste Nachkriegskabarett der damaligen sowjetischen Besatzungszone, stellte 1950 nach sechs Programmen ihren Spielbetrieb ein.

Rascher, Hans (eigentlich Helmut Schneller) **27.8. 1922 Schwarzenberg bei Chemnitz*. Kabarettautor
Ursprünglich Ingenieur, seit 1953 freiberuflicher Autor. Schrieb zahlreiche Kabarettexte, 1955 für das »Brennglas«, Halle, 1964 für die »Kleine Bühne«, Berlin, und vor allem seit 1968 für die → *Distel*, hauptsächlich für → *Gerd E. Schäfer* und für seine Frau, die »Distel«-Kabarettistin → *Ellen Tiedtke*, außerdem 1961–1970 für die → *Herkuleskeule*, Dresden, und seit 1966 für die → *Pfeffermühle* (Leipzig), 1975 für das → *Fettnäpfchen*, Gera, 1981 für die → *Kugelblitze*, Magdeburg, 1984 für das → *Kabarett am Obelisk*, Potsdam, oft zusammen mit → *Inge Ristock* und Gerhard

 Geier unter dem Pseudonym »Rigera«. Zahlreiche seiner Texte wurden in den Amateurkabaretts der DDR (»Klapperschlangen«, »Ihabetiker« u.a.) nachgespielt. Erhielt 1961 den Nationalpreis der DDR.

Rasser, Alfred **29. 5. 1907 Basel; † 18. 8. 1977 Basel.*
Schauspieler, Komiker, Kabarettist, Kabarettautor und -leiter, Politiker
Machte 1923 bis 1925 eine Lehre als Spediteur, war bis 1927 angestellter Spediteur. Von 1927 bis 1930 Schauspielunterricht bei Oscar Wälterlin am Konservatorium in Basel. Gründete 1930 in Dornach eigene Theatergruppe. Betrieb von 1930 bis 1935 ein Malergeschäft. 1934 Schauspielerprüfung, im gleichen Jahr erster Bühnenerfolg in der von → *C.F. Vaucher* gegründeten »Truppe der Gegenwart« im Küchlin-Theater, Basel.
Erster Auftritt als Kabarettist am 16.9. 1935 im *Resslirytti* im »Gambrinus«, Basel. Engagement ans → *Cabaret Cornichon.* Erster Auftritt dort in dem Programm »Hupa Haua« (8. 11. 1935). Blieb beim »Cornichon« (bis auf September/Oktober 1936, wo er mit eigenen Nummern in der »Bärentatze«, Bern, auftrat) bis Frühjahr 1942. Brachte ins »Cornichon« das baslerische Element, schrieb seit April 1938 auch eigene Texte dafür. Spielte danach Schwänke und Volkskomödien. Ging 1942 und 1943 mit einer eigenen »Pygmalion«-Fassung auf Sommertourneen durch die Schweiz. Eröffnete am 19.10. 1943 im »Gambrinus«, Basel, ein eigenes Kabarett: den → *Kaktus.* Textautor und Regisseur war C.F. Vaucher. Erstes Programm: »Wenn die Blätter fallen«. Mit einer Bearbeitung von Hašeks »Bravem Soldaten Schweijk« durch Rasser und Vaucher wandelte sich der »Kaktus« zum politischen Volkstheater. Der aus dem Schweijk-Vorbild entstandene »HD-Soldat Läppli« (Premiere: 31.12. 1945) wurde durch Rasser zu einer den Militarismus verspottenden Volksfigur, die so populär wurde, daß der *Kaktus* in das tausend Plätze fassende Küchlin-Theater umziehen mußte. Am 13.9. 1947 wandelte sich der »Soldat Läppli« zum »Demokraten Läppli«, am 29.9. 1949 zum »Weltbürger Läppli« und am 26.12. 1958 gar zum »Millionär Läppli« (im »Casino-Theater«, Basel). Letzte Wandlung: 1970 zum »Zivilverteidiger Läppli«.

Alfred Rasser 1972 in seinem Soloprogramm »Lache Bajazzo« in der Szene »Die allerneuste Hexe«

Zwischendurch trat Rasser immer wieder mit – meist gemischten – Soloprogrammen, zuweilen auch in Komödien und Volksstücken auf und bot erneut die militärische »Läpp-

li«-Version, auch auf Tourneen u.a. in die BRD. In dem von seinem Sohn Roland Rasser 1957 gegründeten »Théâtre Fauteuil« in Basel fand Rasser eine neue Spielstätte für seine Ein-Mann-Programme (seit 1952), von »Wisse Sie's Neyscht?« 1958 bis zu seinem letzten Jubiläumsprogramm »40 Johr Rasser-Humor« 1975. Seinen letzten großen Auftritt hatte er in der »Fauteuil«-Revue »Offenbach am Spalenberg« vom 24.8. bis 24.10. 1976.
Alfred Rasser verstand sich zeitlebens als politischer Satiriker. Sein Engagement gegen Faschismus, Fremdenhaß, blindwütigen Antikommunismus und gegen den Krieg in Vietnam sowie seine Chinareise 1954 brachten ihm manchen Boykott und persönliche Verunglimpfungen ein. Im Oktober 1967 ließ er sich (mit einem zum Teil ökologischen Programm) in den Nationalrat wählen, dem er nach seiner Wiederwahl 1971 bis 1975 angehörte. Während seiner Parlamentarierzeit spielte Rasser sein Ein-Mann-Programm »National oder Rot« (4.3. 1968 in der »Rampe«, Bern), sein Jubiläumsprogramm »25 Jahre HD-Soldat Läppli« (31.12. 1970 in der »Komödie«, Basel) und eine Neuinszenierung seines »Demokraten Läppli« im »Théâtre Fauteuil« (22. 8. 1974).

Becher, Ulrich (Hrsg.): *Alfred Rasser – 30 Jahre Cabaret.* Bern o.J. – Rueb, Franz: *Alfred Rasser – Eine Monographie.* Zürich 1975.

Rat der Spötter Politisch-satirisches Studenten-Kabarett in Leipzig unter Leitung von Ernst Röhl, zu dem sich von 1958 bis 1961 fünfzehn Studenten der Karl-Marx-Universität zusammengefunden hatten. Bereits mit den ersten Programmen, »Freitag den 13.« (1960); »In Satirannos« (1960/1961) und »Odyssee von Humor« (1961) hatte das Kabarett einen durchschlagenden Erfolg bei Presse und Publikum. Das mehrfach ausgezeichnete Ensemble, 1959 mit dem »Staatspreis für künstlerisches Volksschaffen« bedacht, wurde während der »Weltjugendfestspiele« in Wien gefeiert und in die westdeutsche Universitätsstadt Marburg geschickt, um zu beweisen – so der damalige DDR-Volkskammer-Präsident Johannes Dickmann wörtlich –, »daß es auch in der DDR kritisch zugeht«. Nicht lange: »Nachdem wir dem Namen unserer Universität zunächst mit Szenen über 'Ewiggestrige' Ehre machen wollten«, erinnert sich Ex-«Spötter» Heinz-Martin Benecke, »gerieten wir später immer mehr in Konflikt mit der wirklichen Aufgabe der Satire: Wir nannten die mißwirtschaftlichen Lehren in jugendlichem Elan beim Namen. Da schlugen die SED des Bezirkes Leipzig und das Ministerium für Staatssicherheit präzedenzmäßig zu. Die Folge: Inhaftierungen, Relegationen, Exmatrikulationen en gros«.
Anlaß war die Zensur-Abnahme des Programms »Wo der Hund begraben liegt«, das im Herbst 1961 herauskommen sollte. Das Programm wurde verboten, das Kabarett wurde geschlossen, die sechs »Spötter«-Kabarettisten Manfred Albani, Heinz-Martin Benecke, Rolf Herschel, Ernst Röhl, Peter Seidel und Peter Sodann wurden verhaftet, Stasi-Verhören unterzogen und wegen »staatsgefährdender Hetze« vor Gericht gestellt und im Juni 1962 zu Gefängnisstrafen mit Bewährung verurteilt. »Vor allem eignete sich der Fall *Rat der Spötter* maximal zur politischen Ruhestellung der Studentenschaft einer beachtlich großen Universität«, erinnert sich Ex-Spötter Ernst Röhl. »So wurden Sodann und fünf andere der Stasi überantwortet, die die Dreckarbeit machen sollte. Alle weiteren Kabarettmit-

 glieder wurden mit Schimpf und Schande von der Universität verjagt, auch diejenigen, die durch 'parteiliche' Zeugenaussagen für sich das Schimmste zu verhindern trachteten.« Solidarisierungen der Theater- und Kabarettszene mit dem *Rat der Spötter* blieben aus. Von den Chronisten des DDR-Kabaretts wurde das »Spötter«-Kapitel totgeschwiegen. Lediglich Rudolf Hösch wies in seiner Kabarettgeschichte »Kabarett von gestern und heute« warnend auf das schlechte Beispiel hin: »In der letzten Zeit seines Bestehens ließ das Ensemble in einer Reihe von Programmnummern diesen parteilichen Standpunkt vermissen, stellte den kabarettistischen Gag über die politische Aussage und brachte damit falsche ideologische Akzente in seine Arbeit. Die Entwicklung führte 1961 zur Auflösung des Ensembles.«

Rating, Arnulf ** 10. 10. 1951 Mühlheim/Ruhr.* Kabarettist und Kabarettautor Gründete 1977 mit Günter Thews (1945–1993) und Hans-Jochen Krank das Kabarett die → *Drei Tornados*, die in den siebziger Jahren als Berliner Spaßguerilla auf die demokratische Grundordnung traten. 1990 wurde er zur deutschen Wiedervereinigung Mitglied des »Reichspolterabend«-Teams (mit → *Matthias Beltz*, → *Achim Konejung*, → *Horst Schroth* und → *Heinrich Pachl*) und spielte 1992 mit Heinrich Pachl das Duo-Programm »Wo andere beten«. Brachte 1993 sein erstes Soloprogramm, »Perlen der Heimat«, heraus, dem 1995 das zweite Soloprogramm, »Sprechstunde«, folgte. 1979 erhielt er mit den »Drei Tornados« den Förderpreis zum → *Deutschen Kleinkunstpreis*, 1994 den »Deutschen Kabarettpreis« aus Nürnberg.

Rationaltheater (Münchner) Politisch-satirisches Kabarett in München. Gegründet von dem Schauspieler und Regisseur Horst A. Reichel und eröffnet von Reichel und den Studenten → *Reiner Uthoff* (Volkswirtschaft) und Ekkehard Kühn (Germanistik) am 28. 1. 1965 im »Theater 44«, München, mit dem Programm »Henkerswahlzeit«. Texte: Uthoff, Kühn u.a. Mitwirkende neben den Genannten: Axel Muck, Brigitte Koesters und Wolf Euba. (Musik und Begleitung: Ekkehard Kühn.)
Das *Rationaltheater* führte systematisch die optische und akustische Dokumentation (Tonband, Dia, Film) in das zeitkritische Kabarett ein, um Informationslücken aufzufüllen, die das Publikum am Verständnis der satirischen Attacken hätten hindern können. Mit seinem zweiten Programm »Vom Segen in die Traufe« bezog das *Rationaltheater* Ende November 1965 nach der Bundestagswahl ein eigenes Haus am Kurfürstenplatz. Es folgten »Was Recht ist, muß rechts bleiben« (Juli 1966), »Heute Schlachtschüssel« (Mai 1967), »So legt man euch, ihr Brüder« (März 1968) – mit Textbeiträgen von Wolfgang Graetz, Heinar Kipphardt und Martin Walser und mit Alf Brustellin und Ute Kilian neu im Ensemble. Alle Programme in der herkömmlichen, wenn auch dokumentarisch angereicherten Form des Nummernkabaretts.
Mit dem Programm »KNAST – 1. deutsches Sing-Sing-Spiel« (mit Textbeiträgen von Henry Jaeger und Günter Wallraff) – beschritt das *Rationaltheater* den Weg zum Ein-Thema-Programm. »KNAST« (uraufgeführt Juli 1969 im Landesgefängnis Heilbronn vor 120 Insassen) befaßte sich, begleitet von Rockmusik, allgemein

mit Strafvollzug und Resozialisierung und im besonderen mit den Problemen Inhaftierter und Haftentlassener. Analog dazu veranstaltete Uthoff Diskussionen zum Thema und half, Hilfe für Haftentlassene zu organisieren. Thematisch einheitlich waren auch die folgenden Programme: »Bonn Hur« (September 1970, uraufgeführt im Bonn-Center vor dem Rechtsausschuß des Bundestages) behandelte die »Ungerechtigkeiten des sozialen Rechtsstaates«, »Wer beschiß Salvatore G.?« (Juni 1971) die Probleme der Gastarbeiter, »Vom Säugling zum Bückling« (Juni 1972) Erziehungsfragen, »Tagesshow mit Kommentar und Meckerkarte« (März 1974) die Arbeitsmethoden der Massenmedien.

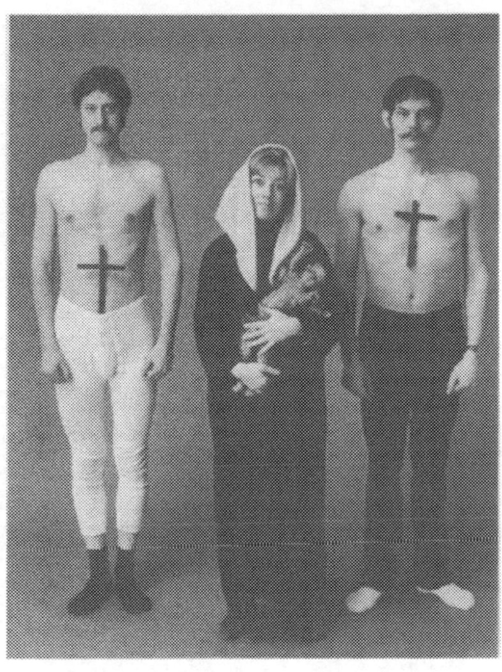

Das »Rationaltheater« 1968 »So legt man Euch Ihr Brüder« v.l.: mit Eberhard Peiker, Brigitte Koesters, Reiner Uthoff

Mit dem Umzug des – nunmehr nur noch *Rationaltheaer* heißenden – Unternehmens 1975 in die Hesseloher Str. 18 in Schwabing kehrte Reiner Uthoff zum Nummernkabarett zurück, so mit der »1. Deutschen Bon(n) zenschau« (1976) mit → *Bruno Jonas* und → *Siegfried Zimmerschied* im Ensemble, »Fahr sicher mit dem Bundeswahn« (1977), »Wahlium 80« (1980) mit Beiträgen von Helmut Heißenbüttel, Rolf Hochhuth und Erwin Nowak, »Ein feste Burg ist unser Trott« (1981). 1982 folgte das Soloprogramm »Uthoffs Tagesshow«, mit jeweils eingestreuten Aktualisierungen. Mit wechselnden Ensembles folgten die Programme: »Im Gleichschritt marsch« (1983), »Zapfenstreich« (1984), »Kohlonie Deutschland« (1985), »Tatort Vatikan« (1988), eine Satire über die Verbindung der Kirchen zu organisierter Kriminalität. Mehr und mehr nahm das *Rationaltheater* seither Gastspiele herein (August 1968 → *Floh de Cologne*, seit Ende der siebziger Jahre → *Georg Kreisler*, → *Evelyn Künneke* und andere Solokabarettisten).

Bundesweites Aufsehen erregte Uthoff 1968 mit der Enthüllung von Bauplänen für ein Ausländer-KZ bei Neu-Staßfurt 1944, die der nachmalige Bundespräsident Heinrich Lübke abgezeichnet hatte. Ein von der Staatsanwaltschaft angestrengtes Strafverfahren mußte wegen der Richtigkeit der Behauptungen eingestellt werden.

Nach dem Ausscheiden Ekkehard Kühns als Mitgesellschafter 1968 wechselte der nunmehrige Alleinbesitzer Uthoff Textautoren und Darsteller häufig aus. Außer den bereits Erwähnten spielten bei ihm: Rainer Buck, Jochen Busse, Helga Hayne, Gunnar Herchenröder, Christa Dyckerhoff, Eberhard Peiker, → *Hanns Christian Müller*, Peter Ritz, Bernhard Sinkel, → *Hannes Stütz* u.a. Zum 50. Jahrestag von Hitlers Machtantritt Januar/Februar 1983 brachte das *Rationaltheater* als Sonderprogramm »Wenn wir wüßten, was der Adolf mit uns vorhat« (mit Reiner Uthoff,

 Ute Kilian, Michaela Wolko und → *Klaus Budzinski*) heraus, 1984 spielte er u.a. Einakter von Woody Allen und 1985 »Die dritte Kolonne« von → *Franz Hohler*. Nach den Programmen »Wir sind wieder mehr« (1990) und »Wenn wir's nicht machen, macht's ein anderer« (1991) schloß das *Rationaltheater* 1994 seinen Betrieb.

Uthoff, Reiner: Die *drei Säulen des Kapitalismus – Drei Programme vom Münchner Rationaltheater*. München 1971.

Rauchfuß, Hildegard Maria **22. 2. 1918 Breslau.*
Schriftstellerin, Kabarettautorin, Lyrikerin
War nach einer Gesangsausbildung während des Zweiten Weltkrieges als Bankangestellte tätig; 1945 gelang ihr die Flucht aus dem zur Festung erklärten Breslau nach Cieplice (Polen), von wo sie 1947 nach Leipzig übersiedelte. Zuerst Buchhalterin, dann freie Schriftstellerin, die Novellen (»Gewitter überm großen Fluß«, 1952 u.a.) und Romane (»Wem die Steine Antwort geben«, 1953; »Schlesisches Himmelreich«, 1969 u.a.), Fernsehspiele, Kantatentexte, ferner zahlreiche Gedichte, → *Lieder* und → *Chansons* verfaßte. Sie schrieb Lieder und Texte für einige Programme des Kabaretts → *Pfeffermühle* (Leipzig) und für zahlreiche Interpreten (→ *Gisela May*, → *Ursula Schmitter* u.a.).

Rauchfuß, Hildegard Maria: *Versuch es mit der kleinen Liebe – Gedichte, Lieder, Chansons*. Berlin 1977.

Realsatire Die Wortzusammensetzung ist ein Widerspruch in sich selbst, denn unter Satire versteht man die mit den Mitteln der Ironie, des Spotts und der Übertreibung betriebene, literarisch gestaltete Geißelung von Personen, Anschauungen, Ereignissen und Zuständen. Unter Realsatire dagegen versteht man heute Attitüden und Handlungen von Personen der Zeitgeschichte, die so grotesk sind, daß sie an Satire erinnern – aber keine sind.
Der Begriff kam in den sechziger Jahren auf und bezeichnete damals öffentliche satirische Aktionen von Aktivisten der Außerparlamentarischen Opposition und ihnen nahestehender Kabarettisten außerhalb bestimmter Spielstätten. So den Auftritt → *Dietrich Kittners* in einem Café in Hannover mit Stahlhelm und Gasmaske als Protest gegen die Verharmlosung eines Atomkriegs durch die »Zivilschutzfibel« der Bundesregierung oder die Bemerkung des Berliner Kommunarden Fritz Teufel vor Gericht, als man ihn zum Aufstehen aufforderte: »Nun, wenn es der Wahrheitsfindung dient...« In Wirklichkeit waren derartige Aktionen nur eine Verlagerung der Satire in sozusagen außersatirische Oppositionsfelder.

Rebers, Andreas **7. 1. 1958 Kirchbrak (Weserbergland).*
Kabarettist, Kabarettautor, Komponist, Musiker
Studierte 1984–1988 Akkordeon und war Mitglied des Musikkabaretts »Zum Kuckuck«. Wurde 1989 als Leiter der Schauspielmusik an das Staatstheater Braunschweig verpflichtet. Schrieb und komponierte Chansons und Kabarettprogramme. Weitere Engagements in Hannover, Kassel, Zürich und München.
Kabarettistische Soloprogramme: »Im Paradies der Schinkenfresser« (1989), »Realitätsverluste« (1991), »Ansichten eines Alleinunterhalters« (1992), »Musik und

gute Laune« (1994), »Schluß mit lustig – Das ultimative Soloprogramm« (Braunschweig, Herbst 1996).
Zusammen mit → *Norbert Heckner* trat Rebers seit 1989 in dem gemeinsamen Programm »Bayerisch-niedersächsische Freundschaftsabende« auf.

Refrain (Altfrz. für »Wieder brechen, wieder anschlagen«, im Deutschen: Kehrreim) Bezeichnung für eine regelmäßig, meist am Ende einer oder mehrerer Vorstrophen wiederkehrende Wortgruppe, die im → *Couplet* die überraschende Pointe bringt, entweder mittels einer gleichlautenden oder einer geringfügig abgewandelten Endstrophe.

Regenauer, Bernd ** 1956 Nürnberg.*
Liedermacher, Kabarettist, Kabarettautor, Komponist, Pianist
Trat zuerst 1982 auf Tourneen als Solokabarettist mit Liedern am Klavier in dem Programm »Saitenhiebe« auf, danach folgten mit Uwe G. Ebert am Synthesizer die Programme: »Zynisch-lyrisches Piano« (1985); »Zugzwang« (1986); »Leider so, Deutschland!?« (1987) und zusammen mit den Kabarettisten Andreas Zimmermann und Michael Z. »Berlin brennt« (1987). Seit 1988 zeichnet Cathérine Miville, die Regisseurin des »Scheibenwischer« (→ *Medienkabarett*) und Geschäftsführerin der → *Münchner Lach- und Schießgesellschaft*, für die Regie verantwortlich in den Programmen »Selten so gedacht«; »Letzte Probe« (1989); »Sommerfeld oder andere Geschäfte« (1990) mit Christian Kusche am Synthesizer und seit 1992 im Duo mit dem ehemaligen Mitglied des Kabaretts → *Bügelbrett*, Helmut Krauss, in den Programmen »Koste es, was Sie wollen« (1992); »Macht verrückt« (1994) und »Zeitseeing« (1995). Aus einer Aufzeichnung ihres Programms »Koste es, was Sie wollen« schnitt der Bayerische Rundfunk einige »besonders böse Sprüche« heraus. Kommentar der *Süddeutschen Zeitung* vom 10.2. 1993 dazu: »Das allein bürgt schon für Qualität«.
1982 war Bernd Regenauer der erste Preisträger des Landeswettbewerbs Baden-Württemberg in der Sparte Kabarett und Chanson.

Reichert, Willy ** 30. 8. 1896 Stuttgart; † 8. 12. 1973 Grassau (Oberbayern).*
Schauspieler, Humorist, Vortragskünstler
Nach dem Besuch des Technikums in Braunschweig war er bis zu seiner Einberufung 1915 als Zuckerchemiker in einer Hildesheimer Fabrik tätig. Nach dem Ersten Weltkrieg nahm er 1920 Schauspielunterricht bei Max Bing am Württembergischen Staatstheater. Nach Anfängerjahren an verschiedenen Provinzbühnen kehrte er 1926 ans Württembergische Staatstheater zurück, wo er bis 1932 blieb. Hier entwickelte er sich zum profilierten Vortragskünstler, ermutigt durch den Altmeister der Vortragskunst, → *Marcell Salzer*. Mit eigenem Repertoire gastierte Reichert bald an allen größeren Varietés und unternahm Tourneen, die ihn bis nach Amerika führten. Er galt als der schwäbische Humorist schlechthin. Zusammen mit → *Oscar Heiler* entwickelte er seit 1932 (zuerst im »Pavillon Excelsior«, Stuttgart) das Duo »Häberle und Pfleiderer«, das mit über 200 Sketschen (»Die Friedenskonferenz« u.a.) vierzig Jahre lang zum Urbild des Schwäbischen an

 allen Kleinkunstbühnen und Varietés, in Rundfunk- und Fernsehsendungen und auf Schallplatten gehörte.

Reichert, Willy: *Lerne lachen, ohne zu klagen.* Stuttgart 1952 · – Hartwig, Heinz (Hrsg.): *Das große Willy Reichert Buch.* Wien/Stuttgart 1959. – Keuler, Ulrich: *Häberle und Pfleiderer – Zur Geschichte, Machart und Funktion.* Tübingen 1992.

Reichow, Lars   * *12. 6. 1964 Mainz.* Musiker, Kabarettist, Kabarettautor
Studierte Musik und Germanistik (1985–1992) in Mainz und spielte (1980–1986) nebenbei in der Jazz-Formation seines Vaters Bernd Reichow, z.T. als Begleitung von → *Hanns Dieter Hüsch* (»Hagenbuch-Geschichten«). 1992 debütierte er mit einem Solo-Musik-Kabarett im Konzertsaal der Universität Mainz und absolvierte vereinzelte Auftritte bei Festivals. Brachte am 16.1. 1994 sein erstes Soloprogramm, »Ich bin auf jeden Fall da«, heraus, dem folgten die Programme »Allerhöchste Tastenzeit« (1993); »Der Klaviator« (1995) und »Unter Plätzchen« (1995). Daneben produzierte er im Mai 1993 anläßlich der »Ingelheimer Tage« das Indianer-Programm »Wenn ich nicht irre ...« und 1994 das Advents-Kabarett »Es begibt sich zur Zeit!« 1993 erhielt er das Passauer »Scharfrichterbeil«, 1994 den Kabarett-Förderpreis »Mindener Stichling«.

Reichskabarett   Politisch-satirisches Kabarett in West-Berlin. Entstanden im Juni 1965 aus einer politisch motivierten Abspaltung der Kabarettisten → *Doris Bierett*, Siegrid Hackenberg, Dieter Kursawe, Alexander Welbat und des Autors → *Volker Ludwig* vom Ensemble der → *Wühlmäuse.*
Eröffnet am 24.10. 1965 im »Theater Tangente«, Hardenbergstr. 20, mit dem Programm »Kein schöner Land«. Texte: → *Eckart Hachfeld*, Volker Ludwig, Marcus Scholz und → *Dieter Thierry.* Regie: Marcus Scholz. Kompositionen und am Klavier: Horst A. Hass. Mit: Peter Herzog und den Gründern. Knapp ein Jahr später brachte man im eigenen Haus (Ludwigkirchstr. 6) als zweites Programm »Bombenstimmung« heraus (11. 9. 1966), das erste mit übergreifender Thematik, wie sie für das *Reichskabarett* charakteristisch werden sollte (hier: der Vietnamkrieg mit 12 von 27 Nummern), angereichert mit Bild- und Tondokumenten. Zu den Autoren des ersten Programms kamen nun E.A. Rauter und → *Detlef Michel* hinzu (Regie: Frank-Patrick Steckel). Das dritte Programm (März 1967) befaßte sich unter dem Titel »Wir kennen keine Parteien mehr« thematisch mit der Allparteienzustimmung zu den Notstandsgesetzen (mit Marielouise Schiemer, Otto Charski, Joachim Kemmer und Dieter Kursawe).
Nachdem alle diese Programme in der West-Berliner Presse Entrüstungsstürme ausgelöst hatten, gelobten die Kabarettisten mit ihrem nächsten Programm, »Hab Bildung im Herzen« (September 1967), »Umkehr« und Abkehr von der ihnen bescheinigten »Rotblindheit«. Nach Texten von Hachfeld, Volker Ludwig, → *Volker Kühn* (auch Regie), und → *Wolfgang Neuss* spielten Renate Küster, Joachim Kemmer, Dieter Kursawe und Wolfgang Wiehe parodistisch die Vorgänge beim Schahbesuch in Berlin durch, die in der Erschießung des Studenten Benno Ohnesorg durch einen Polizisten gipfelten. Mit seinem bis dahin schonungslosesten Programm, »Der Guerilla läßt grüßen« (Mai 1968), mit dem die Putsch-, Mord- und Korruptionsmethoden des CIA allegorisch als Machenschaften eines Ver-

Das »Reichskabarett« 1968 »Der Guerilla läßt grüßen« v.l.: mit Joachim Kemmer, Renate Küster, Dieter Kursawe, Wolfgang Wiebe

brechersyndikats abgehandelt wurden, erntete das *Reichskabarett* in Presse und Öffentlichkeit West-Berlins überraschend Lob und Anerkennung. Solche Wertung aus sonst feindlich gesinntem Munde brachte die Kabarettisten in dem Programm »Alles hat seine Grenzen« (März 1969) zum Nachdenken über ihre »linksliberale« Klientel und die Effizienz politischen Theaters und Kabaretts.

Als nächstes Programm behandelte »Ex und hopp« die Phänomene der Wegwerfgesellschaft am Beispiel eines Betriebsfestes. Mit seinem letzten Programm, »Rettet Berlin!« (Dezember 1970), reagierte das *Reichskabarett* ironisch auf den Anwurf des konservativen Autors und Journalisten Hans Habe: »Sie wollen Berlin ruinieren! Darauf gibt es nur eine Antwort: Rettet Berlin!«, und konzentrierte sich einzig auf Berliner Themen. Aus der Erkenntnis, politisch kaum mehr bewirken zu können als Denkanstöße, stellte das *Reichskabarett* 1971 seinen Spielbetrieb ein. Fortan konzentrierte sich Volker Ludwig auf sein 1966 gegründetes »Theater für Kinder«, das er, nachdem seine Versuche, 1971 und 1972 mit sozialkritischen Stücken weiterzumachen, gescheitert waren, im März 1972 in »GRIPS-Theater« umbenannte. – Am 1.5. 1983 eröffnete er im Proberaum des »GRIPS« unter dem Stadtbahnbogen am U-Bahnhof Hansaplatz ein neues Kabarett: das → *Institut für Lebensmut.*

Reimann, Hans ** 18. 11. 1889 Leipzig; † 13. 6. 1969 Großhansdorf (Landkreis Stormarn).* Schriftsteller, Literaturkritiker, Kabarettist, Kabarettleiter, Rezitator

Gab nach dem Ersten Weltkrieg die satirischen Zeitschriften »Der Drache« und (von 1924 bis 1929) »Das Stachelschwein« heraus. Schrieb humoristische Romane, Feuilletons sowie Grotesken und satirische Gedichte, die er selber in Kabaretts vortrug, so in der → *Rakete*, im → *Karussell* und in seinem 1921 in Leipzig gegründeten eigenen Kabarett, der → *Retorte*, aber auch im übrigen Deutschland (im → *Alt Bayern*, im → *Kabarett der Komiker* u.a.). Schrieb Texte für Charell-Revuen und dramatisierte zusammen mit Max Brod Hašeks »Der brave Soldat Schweijk« zu einem Theaterstück für Erwin Piscator und Max Pallenberg. Schrieb 1936 mit Heinrich Spoerl »Die Feuerzangenbowle«; auch Drehbuchautor. Gab seit 1952 jährlich einen literaturkritischen Almanach, »Literazzia«, heraus.

Reimann, Hans: *Mein blaues Wunder – Lebenserinnerungen eines Humoristen.* München 1959.

Reinhardt, Max (eigentlich: Max Goldmann) * *9. 9. 1873 Baden bei Wien; † 30. 10. 1943 New York.*

Schauspieler, Regisseur, Kabarettist, Kabarettautor, Theaterleiter

Wurde 1894 als Schauspieler an das »Deutsche Theater«, Berlin, engagiert. Gründete zusammen mit dem Schauspieler Friedrich Kayßler und dem Regisseur Martin Zickel und anderen Mitgliedern des Künstlerstammtischs »Die Brille« das literarische Kabarett → *Schall und Rauch* (I), für das er auch selber literaturparodistische Sketsche schrieb.

Die Gruppe, die seit dem 23.1. 1901 unregelmäßig im »Künstlerhaus« in der Bellevuestraße vor einer geschlossenen Gesellschaft Eingeladener und einmal nachmittags im »Deutschen Theater« spielte, bezog danach die Festsäle des »Hotels Arnim«, Unter den Linden 44, und spielte seit dem 9.10. 1901 allabendlich. Schon bald wandelte Reinhardt das Kabarett nach und nach in eine Spielbühne um, indem er die nur einem Insiderkreis zugänglichen Literaturparodien mehr und mehr hinter Einaktern zurücktreten ließ und seinem »Kleinen Theater«, wie er es seit 1903 nannte, in der Spielzeit 1902/03 den Charakter einer Kammerbühne mit ausschließlich dramatischem Spielplan gab. Mit den Inszenierungen von Oscar Wildes »Salome«, Hofmannsthals »Elektra« und Gorkis »Nachtasyl« begründete er hier seinen Ruhm als Regisseur. 1906 übernahm er die Direktion des »Deutschen Theaters«.

Nach dem Ersten Weltkrieg eröffnete Reinhardt am 28.11. 1919 sein »Großes Schauspielhaus« im umgebauten »Zirkus Schumann« an der Weidendammer Brücke mit der »Orestie« des Aischylos. Um der Tragödie des Satyrspiel folgen zu lassen, ermunterte er eine Gruppe von bildenden Künstlern, Literaten und Theaterleuten, unter seinem Dramaturgen, dem Schriftsteller Rudolf Kurtz, im Keller des »Großen Schauspielhauses« sein einstiges »Schall und Rauch (I)« neu erstehen zu lassen, und stellte dafür Mitglieder seines Ensembles zur Verfügung. So entstand das → *Schall und Rauch* (II), das am 8.12. 1919 Premiere hatte. Im Mai 1920 übernahm → *Hans von Wolzogen,* der Sohn → *Ernst von Wolzogens*, die Leitung, behielt aber die wesentlichen Mitarbeiter bei.

Als 1921 Reinhardt sein Experiment »Großes Schauspielhaus« als mißlungen aufgab und sich aus Berlin nach Wien zurückzog, verlor das »Schall und Rauch (II)« an künstlerischer Bedeutung und sank unter der neuen Direktorin Erna Offeney, die es Mitte Februar von Wolzogen übernommen hatte, zum Amüsierkabarett ab.

Seine Neigung zur zeitkritischen Kabarettform hat Reinhardt jedoch wiederholt in seine Inszenierungen eingebracht, so in → *Egon Friedells* Neufassung von Offenbachs »Orpheus in der Unterwelt« (Dezember 1921 im »Großen Schauspielhaus«) und »Hoffmanns Erzählungen« (November 1931 im »Großen Schauspielhaus«).

Adler, Gusti: *Max Reinhardt. Sein Leben.* Salzburg 1964. – Thimig-Reinhardt, Helene: *Wie Max Reinhardt lebte.* Percha 1973. – Reinhardt, Gottfried: *Der Liebhaber – Erinnerungen eines Sohnes.* München 1973. – Adler, Gusti: *... und vergessen Sie nicht die chinesischen Nachtigallen. Erinnerungen an Max Reinhardt.* München 1980. – Boeser, Knut/Vatkova, Renate (Hrsg.): *Max Reinhardt in Berlin.* Berlin 1984.

Reinhold, Conrad **25. 12. 1930 Dresden; † 1. 10. 1974 Frankfurt (Main).*
Kabarettist, Kabarettautor, -gründer und -leiter
Spielte nach dem Besuch der Schauspielschule in Leipzig klassische und Operettenrollen in Dresden. Gründete 1954 in Quedlinburg das Reisekabarett »Der Wecker«. Wurde 1955 Intendant der → *Pfeffermühle* (Leipzig), 1957 stellvertretender Intendant der → *Distel* in Ost-Berlin.
Nach Berufsverbot – er wurde 1957 in seinem »Zeitungs-Couplet« seines Programms »Rührt euch!« von bestellten SED-Funktionären von der Bühne gejagt – ging Reinhold über West-Berlin in die BRD. Gastierte hier 1958 ein Jahr lang bei der → *Münchner Lach- und Schießgesellschaft*, 1959 beim → *Kom(m)ödchen*, Düsseldorf. Gründete 1960 mit seiner Frau, Christel Burgert, in Frankfurt (Main) → *Die Maininger – Das kleine Frankfurter Resistenztheater*, die er bis zu seinem Tode leitete und deren Programme er schrieb, inszenierte und spielte. (Erstes Programm: »Dividende gut – alles gut«, 8.1. 1960.)
Reinhold machte auch in der BRD Kabarett aus marxistischer Sicht, doch nicht Agitationskabarett, sondern Nummernkabarett mit stark komödiantischem Einschlag. Am bekanntesten wurde sein »Kasperle«-Solo, mit dem er in jedem Programm Aktuelles verarbeitete. Seit 1969 war Reinhold auch Leiter der Frankfurter »Volksbühne«.

Zwerenz, Gerhard: *Wozu das ganze Theater.* Percha 1977.

Reinitz, Béla **15. 11. 1878 Budapest; † 27. 10. 1943 Budapest.*
Komponist, Pianist
Er vertonte schon vor dem Ersten Weltkrieg Gedichte des ungarischen Lyrikers Endre Ady. Während der Ungarischen Republik wurde er 1919 Regierungskommissar für Musik und Theater. Nach Zerschlagung der Räterepublik mußte er emigrieren und lebte in Deutschland und Österreich. Er vertonte (auch unter dem Pseudonym Victor Erbé) über 500 Lieder, darunter Texte von → *Klabund* (»Fünf Mark« u.a.), Richard Dehmel (»Erntelied« u.a.), → *Erich Mühsam* (»Der Revoluzzer«, »Soldatenlied«, »Lumpenlied« u.a.). Besonders die Dirnenlieder wurden in den Kabaretts der zwanziger Jahre in seiner Vertonung gesungen. 1921–1922 wirkte er als Komponist und Pianist im Berliner → *Cabaret Größenwahn* mit. 1931 kehrte er nach Ungarn zurück.

 Reis, Thomas **29. 10. 1963 Freiburg.* Kabarettist und Kabarettautor
Gründete zusammen mit → *Peter Vollmer* im Oktober 1985 in Freiburg das »Duo Vital«, das sich erfolgreich mit dem gemeinsam geschriebenen Programm »Pilotprojekt: Kabel-J-Au« vorstellte. Danach folgten die Duo-Programme: »Akzep Tanz auf dem Vulkan« (1987); »Das deutsche reich(t)« (1988) und »Weltbildersturm« (1990). Ein historischer Kabarettabend unter dem Titel »Trümmer, Träume und Rosinen« mit Texten von 1945 bis 1950 (Zusammenstellung: → *Reinhard Hippen*) kam am 2.10. 1989 im »Haus der Geschichte« in Bonn heraus. Bestritt ferner zahlreiche Rundfunk- und Fernsehsendungen, so zum 1. Mai 1993 die HR-Sendung mit → *Urban Priol*, »Pro oder Post – sind wir dafür oder danach?«. Brachte 1993 sein erstes Soloprogramm, »Als die Männer noch Schwänze hatten«, heraus, dem 1994 »Der Hammer« folgte. Im Dezember 1995 produzierte Reis im Duo mit Andreas Kunze das Programm »Die Weihnachtsmänner«.

Reisekabarett Bezeichnung für ein Kabarett-Ensemble, das organisatorisch und technisch auf einen ständigen Ortswechsel mit unterschiedlichen Spielstätten und Zuschauern eingestellt ist; überwiegend ohne eigenen, bzw. festen Spielort (Theaterraum). Zahlreiche Reisekabaretts (z.B. → *Die Hinterbliebenen*, → *Die Amnestierten*) entstanden nach dem Zweiten Weltkrieg, vor allem aus der Tatsache heraus, daß die meisten Theater- und Veranstaltungsräume zerstört waren.

rendez-vous Literarisch-politisches Kabarett in Hamburg. Gegründet im Februar 1948 von Peter Ahrweiler (* 6. 1. 1915 Krefeld). Nach Anfängen im »Bronzekeller« löste sich Ahrweiler von einem Kreis Literaten, die dann unter dem Namen → *Die Wendeltreppe* unter der Leitung von → *Dirks Paulun* regelmäßig zusammenkamen. Ahrweiler richtete sein Kabarett zunächst in einer Baracke am Georgsplatz ein, zog 1955 in sein heutiges Quartier in einem Keller am Neuen Wall um, wo er seit 1953 das darüberliegende Boulevardtheater »Kleine Komödie« betrieb.
Dem Geschmack der Hamburger entsprechend, brachte er herkömmliches, nicht allzu scharfes Nummernkabarett. Das *rendez-vous* arbeitete und arbeitet häufig mit Gästen, unter ihnen Ingrid van Bergen, Reinhold Brandes, Iska Geri, → *Ursula Herking*, Ann Höling, → *Ursula Noack*, Lia Pahl, → *Jürgen Scheller*, Sonja Wilken und Joachim Wolff. Aus Originalitäts- oder Ersparnisgründen ließ Ahrweiler seine Darsteller gern am selben Abend umschichtig im *rendez-vous* und in der »Kleinen Komödie« auftreten. Literarisch-politisch im strengen Sinne war das *rendez-vous* nur bis 1950, als → *Eckart Hachfeld*, der offiziell Texte für die → *Bonbonniere* (Hamburg) schrieb, ihm unter Pseudonym das Programm »Demaskierung« und vier weitere lieferte. Nach 1950 verloren die Programme an literarischer Qualität und politischer Schärfe. 1974 brannte das *rendez-vous* aus, ist aber samt der »Kleinen Komödie« wiederhergestellt worden. Außer eigenen Programmen präsentierte es regelmäßig auswärtige Kabarett-Ensembles und Solokabarettisten.
Bis 1987 brachte das *rendez-vous* mit Peter Ahrweiler rund 60 Kabarettprogramme heraus, bis es mit dem Programm »Monsieur Amédée« Ende 1993, wegen Kündigung des Mietvertrages, endgültig aufgab.

(Kleines) Renitenztheater Politisch-literarisches Kabarett in Stuttgart, entstanden aus der Kerntruppe des Reisekabaretts → *Die Amnestierten*, als diese sich Anfang 1961 nach einem vierzehntägigen Gastspiel im → *Théâtre Fauteuil* und einem Gastspiel in der → *Mausefalle* (Stuttgart) in Stuttgart niederlassen wollten. *Amnestierten*-Komponist und -Pianist → *Gerhard Woyda* gründete in der Königstr. 17 daraufhin das *(Kleine) Renitenztheater.* 327
Erstes Programm (April 1961): »Goethe, Girls und Gartenzwerge« mit → *Joachim Hackethal*, Gerhard Woyda, Christa Peukert und Harald Müller von den *Amnestierten*, ferner Jutta Eckert, Pit Krüger und Heiner Rissmann. Es folgten die Programme »Volk, ans Dessert!« und »Humor ist, wenn es trotzdem kracht« (mit Sonja Wilken und Reinhold Brandes als neu hinzugekommenen Darstellern). Bald schon schied Hackethal aus dem Unternehmen aus, weil es ihm zu unpolitisch war. Texte schrieben außer Joachim Hackethal und Gerhard Woyda u.a. → *Thaddäus Troll*, → *Rolf Ulrich*, → *Therese Angeloff* (die auch in einigen Programmen Regie führte), Alf Tamin und Ekkes Frank.
1969 versuchte das *Renitenztheater* ein reines Frauenkabarett.
Aufgrund magerer Subventionen geriet das Unternehmen in finanzielle Schwierigkeiten. Als 1972 die Landeszuschüsse gestrichen werden sollten, drohte Woyda mit dem Auszug seines Kabaretts aus Baden-Württemberg, woraufhin die Streichung rückgängig gemacht wurde. Jährlich von Oktober bis Januar/Februar spielt das *(Kleine) Renitenztheater* ein neues Programm, mit dem es anschließend auf Tournee geht, während im Stuttgarter Stammhaus Gastspiele von namhaften Solokabarettisten stattfinden, von → *Gert Fröbe* bis → *Wolfgang Neuss*, von → *Helen Vita* bis → *Gisela May*, von → *Jürgen von Manger* bis → *Helmut Qualtinger.* Auch in den achtziger und neunziger Jahren traten alle neuen Solisten dort auf. Als eigene Hausprogramme inszenierte das *Renitenztheater* seit dem 7.7. 1980 folgende Programme: »Paradies Deutschland« (mit Ute Gerlach, Pia Waibel, Walter van Raay); »Wir sind schon mittendrin« (1980); »In der Bar zur prallen Emmi« (1981); »Es wollt ein Meydlein grasen gehn« (1981); »Wir haben das Kabarett noch lange nicht voll« (1982); dann mit Sonja Kehler in der Hauptrolle seit 7. 10. 1982 »Piaf«, ein Stück mit der Musik von Pam Gems, ferner: »Statt Theater – Renitenztheater« (1983); »Die unendliche Wende – ohne Ende« (1984); »Stars and Straps« (1985); »Es ficht ganz leis' im Sauerkraut« (1986, Buch: → *Wolfgang Marschall*); »Total manoli« (1987); »Keine Angst vor Taschendieben« (1988); »Die sonderbaren Träume der Missis Germany« (1989); »Rotes Koma« (1990, Buch: Chris Kubjahn); »Café Deutschland« (1991, Buch: → *Peter Ensikat* und → *Wolfgang Schaller*) und »Haus Vaterland« (1991).
1991 zog das *Renitenztheater* von der Königstraße in die Eberhardstraße 65 um und brachte dort »Frauenhaus Europa« heraus sowie »Die Lähmung der Widerspenstigen« (1992) und »Renitenz im Freizeitpark« (1994). 1995 inszenierte Dieter Bellmann das Programm »Reform, Revolte, Rewü« nach einem Buch von Ulrich Plenzdorf mit den Darstellern Astrid Bless, Renate Geißler, Ute Lubosch und Sebastian Weingarten, der neben Woyda die künstlerische Leitung des Hauses übernommen hat.

Hermer, Arno (Hrsg.): *25 Jahre (1961–1986) Renitenztheater.* Leonberg 1986.

328 **Repertoire** (von lat. »repertorium« = Verzeichnis) Bezeichnung für (a) die Gesamtheit der von Solo-Kabarettisten oder Kabarettgruppen gespielten Programme; (b) für die von einem Künstler beherrschten Rollen oder Texte.
In der Gründerzeit des Kabaretts und auch häufig noch in den zwanziger Jahren wechselten die Programme täglich, nach 1945 wöchentlich und gegenwärtig halb- oder ganzjährig »en suite« (= in Folge). Täglich wechselnde Programme dagegen bieten die Gastspielhäuser der Kleinkunst- und Folklore-Darbietungen sowie die wenigen Repertoire-Kabaretts, wie etwa die → *Schmiere.*

Resetarits, Lukas ** 14. 10. 1947 Stinatz (Burgenland).*
Kabarettist, Kabarettautor, Schauspieler
Studierte Philosophie und Psychologie ohne Abschluß in Wien, wo er seit 1951 lebt. War in verschiedenen Berufen als Rocksänger und Bauhilfsarbeiter u.a. tätig, dann acht Jahre Traffic Officer in der Flugzeugabfertigung. Schrieb Texte für die politische Songgruppe → *Schmetterlinge* und 1974 für das Programm »Habt acht Gebote« für das Wiener Kabarett »Keif«, in dem er seit 1975 mitspielte in den Programmen: »999 Jahre Österreich«, »Heute Sautanz« (1977) und »Tu, Felix Austria, was du nicht lassen kannst« (1977). Spielte seit 1977 – nur in Österreich – die Soloprogramme »A Krise muass her«; »Rechts Mitte Links« (1978); »Wo lassen Sie wählen?« (1979); »Alles leiwaund« (1979); »Nur kane Wellen« (1981); »Ka Zukunft« (1982); »Vorläufig ohne Titel« (1983); »I oder i« (1985); »Jetzt reicht's« (1986); »Zu blöd« (1989); »Zu bunt« (1992) und »Alles zurück« (1995). Als Co-Autoren schrieben für diese Programme: Harald Imberger, Heinz R. Unger, Wolfgang Teuschl, Fritz Schindlecker, Robert Kastler komponierte und hatte die musikalische Leitung am Klavier. Bestritt zahlreiche Rundfunk- und Fernsehsendungen (1982–1984 »Kottan ermittelt« u.a.). 1985 erhielt er den → *Deutschen Kleinkunstpreis.*

Veigl, Hans (Hrsg.): *Rekapituliere – 10 Programme.* Wien 1987.

Die Retorte Literarisch-politisches Kabarett in Leipzig, einziges nennenswertes der zwanziger Jahre außerhalb Berlins. Gegründet von dem Schriftsteller → *Hans Reimann* und Walter Franke, Hans Peter Schmiedel und Hans Zeise-Gött, eröffnet am 1.2. 1921 in einem ehemaligen Tanzlokal in der Pfaffendorfer Str. 4 nahe dem »Alten Theater«, Leipzig.
In der *Retorte* rezitierten Ensemblemitglieder der Städtischen Bühnen (darunter Lina Carstens, Margarete Kupfer, Fritz Reiff) Dichtungen von → *Klabund*, Ferdinand Hardekopf, Oskar Panizza, → *Frank Wedekind* u.a. Außerdem gab es Sketsche und Gesangsdarbietungen. Am Klavier begleitete Hanns Ludwig Kornmann. Kernstück war jeweils das Auftreten eines namhaften Gastes, so von → *Walter Mehring* bei der Eröffnung, ferner von → *Max Herrmann-Neisse,* → *Joachim Ringelnatz,* Kurt Schwitters u.a. Hausdichter wurde → *Erich Weinert* (seit Mai 1921), der hier erstmals seine satirischen Gedichte sprach. Von Oktober 1921 an gab die *Retorte* eine Kabarettzeitschrift (»Spectaculum«) heraus mit Versen von → *Peter Hille,* Detlev von Liliencron, Rimbaud und Verlaine u.a. Im Frühjahr 1923 wurde die *Retorte* ein Opfer der Inflation.

Reutter, Otto (eigentlich: Otto Pfützenreuter) **24. 4. 1870 Gardelegen; † 3. 3. 1931 Düsseldorf.*

→ *Couplet*-Dichter und humoristischer Vortragskünstler

Otto Reutter. Zeichnung: Walter Trier

Gelernter Kaufmann. Zog seit 1890 mit einer von ihm geleiteten Volkssängertruppe durch Baden, die Schweiz und Österreich. Arbeitete dann als Bühnenarbeiter und Statist an kleinen Bühnen, schrieb Couplets und humoristische Einakter. Trat 1895 an einem Varieté in Bern auf, dann an einer Possenbühne des Berliner Ostens und begann im selben Jahr seine Karriere am »Apollo-Theater«, Berlin. Anschließend gastierte er an allen großen deutschen Varietés mit seinen eigenen (über tausend) selbstvertonten Couplets (»Der Überzieher«, »Der gewissenhafte Maurer«, »In fünfzig Jahren ist alles vorbei«, »Ick wunder' mir über jarnischt mehr« u. v. a. m.).

Otto Reutter war ein Volkssänger der »kleinen Leute«, konservativ, patriotisch, aber von einem Witz und einem Sprachgefühl, die andere »Humoristen« haushoch überragten. Von der Machart seiner Couplets haben Kabarettautoren wie → *Kurt Tucholsky* und → *Günter Neumann* eingestandenermaßen viel für ihre Chansons gelernt.

Oppermann, Theodor (Hrsg.): *Otto Reutter – Ein Gedenkbuch über sein Leben und Schaffen.* Mühlhausen 1931. – Bemmann, Helga: *Otto Reutter – Ick wundre mir über jarnischt mehr.* Berlin 1978. – Dies. (Hrsg.): *Otto Reutter – Kinder, Kinder, was sind heut' für Zeiten.* Berlin 1991.

Revue Die Revue im heutigen Sinne entstand in Frankreich während des Zweiten Kaiserreichs aus den sog. → *Cafés-chantants*, wo in Kaffeehäusern in bunter Folge Tanz-, Gesangs- und artistische Nummern sowie kleine zeitkritisch-parodistische Chansons vorgetragen wurden. Daraus entwickelten sich gegen Ende des 19. Jahrhunderts eigene Revuetheater und Varietés wie das »Moulin Rouge«, die »Folies Bergères« in Paris, in denen auch Künstler des → *Cabaret artistique* wie → *Aristide Bruant* gastierten.

Anzeige 1930

Nach dem Ersten Weltkrieg entwickelte in Deutschland → *Rudolf Nelson* am Kurfürstendamm in Berlin die → *Kabarettrevue*, in deren intimem Rahmen mitunter nun ihrerseits Künstler der großen Revue auftraten, wie 1926 die Grotesktänzerin Josephine Baker im »Nelson-Theater«, während Nelson selbst mit seiner Kabarettrevue »Die Nacht der Nächte« bereits 1925 im benachbarten »Theater am Kurfürstendamm« gastierte. In den großen Revuen im Berliner »Großen Schauspielhaus«, das → *Max Reinhardt* 1924 an Erik Charell (1895–1973) verpachtet hatte, und bei Hermann Haller (1871–1943) im »Theater im Admiralspalast« wirkten ebenfalls Kabarettisten und Chansonnieren mit, wie → *Willi Schaeffers* (in »Drunter und drüber«, 1923), → *Marlene Dietrich* (in »Von Mund zu Mund«, 1926), → *Wilhelm Bendow* (in

Revue »Ich tanze um die Welt mit Dir« Karikatur 1930; v.l.: Willy Prager, Margo Lion, Ernst Busch, Carola Neher, Paul Hörbiger, Rosa Valetti, Little Esther

»Für Dich«, 1926), → *Trude Hesterberg* (in »An und Aus«, 1926; »Wann und wo?«, 1927; »Die drei Musketiere«, 1929) u.a. Bei James Klein (1886–1941), der seine Revuen in der »Komischen Oper«, Berlin, herausbrachte (z.B. »Europa spricht davon«, 1922; »Die Welt ohne Schleier«, 1923; »Das hat die Welt noch nicht geseh'n«, 1924; »Von A–Z«, 1925), sprang in der Revue »Donnerwetter – tausend Frauen!«, 1928, allabendlich Hans Albers von einem Kronleuchter in ein mit Wasser gefülltes Bassin, bevor ihn der Regisseur Heinz Hilpert in Ferdinand Bruckners »Verbrechern« einsetzte – und bevor er 1929 in der Kabarettrevue »Zwei Krawatten« von Josef von Sternberg für dessen Film »Blauer Engel« entdeckt wurde. Im Wiener Stadttheater brachte Hubert Marischka (1882–1959) seine Revuen heraus (z.B. »Wien lacht wieder«, 1926; »Alles aus Liebe«, 1927) und im Wiener »Ronacher« die Brüder Emil (1880–1946) und Arthur Schwarz (1877–1949).

Für seine eigenen Produktionen – durchkomponierte Kabarettrevuen mit einem Grundthema, einem »roten Faden« – erfand → *Friedrich Hollaender* den Ausdruck »Revuetten«. (Siehe auch → *Kabarettrevue* und → *Varieté*).

📖 Kothes, Franz-Peter: *Die theatralische Revue in Berlin und Wien 1900–1938 – Typen, Inhalte, Funktionen.* Wilhelmshaven 1977. – Belach, Helga: *Wir tanzen um die Welt – Deutsche Revuefilme 1933–1945.* München 1979. – Jansen, Wolfgang: *Glanzrevuen der zwanziger Jahre.* Berlin 1987.

Rezitation Künstlerischer Vortrag von literarischen Werken, hauptsächlich in den Anfängen des deutschsprachigen Kabaretts gepflegt. Hauptvertreter: → *Marcell Salzer*, → *Josef Plaut*, Erwin Eckersberg.

Richling, Mathias **24. 3. 1953 Stuttgart.*

Kabarettist, Kabarettautor, Parodist, Schauspieler

Brachte nach einer Schauspielausbildung und dem Studium der Literaturwissenschaft, Philosophie, Geschichte 1974 sein erstes Soloprogramm mit Parodien »Köpfe u. v. a.« heraus, danach die Soloprogramme: »Riesenblödsinn?» (1976); »Ich bin's gar nicht« (1977); »Zuerst mal die Zugaben (1979); «Zu uns gesagt« (1980, mit Günther Verdin, der bei vielen Programmen Regie führte); »Ich hab nie gesagt« (1981); »Ich wiederhol's gerade mal« (1982); »Daß Fernseh bled macht?« (1983);

Revue »Glück muß man haben« Karikatur 1930; v.l.: Kurt Gerron, Till Klokow, Gustaf Gründgens, Lee Parry, Ernst Busch, Eva Zimmermann

»Reden Sie! Jetzt red' ich« (1985); »Wieviel Demokratie ist es bitte?« (1987); »Was ich noch vergessen wollte« (1989); »Jetzt schlägt's Richling« (1991); »Wer einmal lügt, dem Richling« (1995). 1975 war er Ensemblemitglied des → *Renitenztheaters*, Stuttgart. Bestritt zahlreiche Rundfunk- und Fernsehsendungen (»Jetzt schlägt's Richling«, seit 1989; »Richling – Klappe, die erste«, 1991 u.a.). 1978 erhielt er den Förderpreis zum → *Deutschen Kleinkunstpreis* und 1987 den → *Deutschen Kleinkunstpreis*.

Richling, Mathias: *Du bist so treibend wahnesblöd.* Stuttgart 1981. – Ders.: *Manch Nimmermehr.* Stuttgart 1985.

Richter, Beatrice ** 1949 München.* Schauspielerin, Kabarettistin
Begann als Schauspielerin an Theatern in Frankfurt/Main, Hamburg und München. Stellte am 23.1.1996 bei den → *Wühlmäusen*, Berlin, ihr erstes Soloprogramm, »Ich glaub, ich bin nicht ganz normal«, vor, begleitet von dem Trio Christoph Pauli, Klavier; Jochen Schaal, Baß und Ralf Göldner, Schlagzeug. Neben aktuellen Nummern vom Handy-Wahn bis zu Banken-Gaunern singt sie darin eine Vielzahl klassischer Songs (von »I can't give you anything but love« bis »Diamonds are a girl's best friend«). Wurde in den achtziger Jahren durch zahlreiche Fernsehsendungen bekannt, zuerst 1980 im »Scheibenwischer« (→ *Medienkabarett*), danach 1981 in der ARD-Sendung »Solo für Spaßvögel«, 1981 in der ARD-Reihe »Rudis Tagesshow« mit Rudi Carrell und 1983–1985 in der ARD-Reihe »Sketchup« mit Dieter Krebs. Trat daneben in Fernseh-Komödien auf, so 1982 in »Drei gegen Hollywood«, ZDF. 1983 spielte sie zusammen mit Michael Schanze in »Laß das – ich haß das« und 1990 »Lisa's Traum«, ZDF. 1982 erhielt sie die »Goldene Kamera« der Zeitschrift »Hör Zu«.

Joachim Ringelnatz bei einem Auftritt im Münchner Künstlerlokal »Simplicissimus«

Ringelnatz, Joachim (eigentlich: Hanns Bötticher) ** 7. 8. 1883 Wurzen (Sachsen); † 17. 11. 1934 Berlin.* Schriftsteller, Lyriker, Maler, Kabarettist Der Sohn des Schriftstellers Georg Bötticher fuhr als Schiffsjunge zur See und machte danach eine kaufmännische Lehre in Hamburg. Vagabundierte als Schaubudengehilfe, Kommis in einer Dachpappenfabrik und Schaufensterdekorateur durch Europa, bis er 1909 in den → *Simplicissimus* (München) geriet und dort als Hausdichter eigene Verse vortrug. Machte in der Schellingstr. 24 einen Zigarrenladen auf. Im Ersten Weltkrieg Kommandant eines Minensuchbootes. Nach dem Erscheinen seiner »Turngedichte« (1919), die er zum erstenmal mit seinem Pseudonym »Joachim Ringelnatz« versah, kam er, von → *Walter Mehring* in München entdeckt, an das → *Schall und Rauch* (II) nach Berlin, wo er wie später in der → *Wilden Bühne* und in der → *Rakete* seine Gedichte vortrug (und zum Teil vorturnte).

In den zwanziger Jahren hauptsächlich wieder in München, schrieb er Bücher (»Reisebriefe eines Artisten«, »Mein Leben bis zum Kriege«,. »Als Mariner im Krieg«, »... liner Roma ...«, 1924), die Seemannsballade »Die Flasche« und gab seine Gedichte in Sammelbändchen heraus (»Kuttel Daddeldu«, 1920 und 1923, »Kinderverwirrbuch«, 1931, »Gedichte dreier Jahre«, 1932). In München trat er wieder im → *Simplicissimus* (München) und auch in der → *Bonbonniere* (München) auf. Im Februar 1930 übersiedelte er endgültig nach Berlin. Trat hier im »Kabarett für alle«, in der »Femina« und im »Korso-Kabarett« auf und ging zwischendurch auf Vortragsreisen (so gastierte er 1931 in Wien und Prag und machte 1932 eine Deutschlandtournee), bis 1933 die Nazis Auftrittsverbot über ihn verhängten und seine Werke für »unerwünscht« erklärten.

Nach einem Schweizer Gastspiel krank heimgekehrt, kam er in ein Tbc-Krankenhaus. Am 17.11. 1934 starb er in den Armen seiner Frau, die er »Muschelkalk« genannt hatte. Ringelnatzens Lyrik bewegt sich zwischen Nonsenslyrik und zeitkritischer Satire. Er gehört zu den ganz wenigen Dichtern, die das Kabarett hervorgebracht hat.

Günther, Herbert: *Joachim Ringelnatz in Selbstzeugnissen und Bilddokumenten.* Reinbeck 1964. – Pape, Walter: *Joachim Ringelnatz – Parodie und Selbstporträt in Leben und Werk.* Berlin 1974. – Bemmann, Helga: *Daddeldu, ahoi! Leben und Wirken des Dichters, Malers und Artisten Joachim Ringelnatz.* Berlin (Ost) 1980.

Ringsgwandl, Georg **15. 11. 1948 Bad Reichenhall.*
Liedermacher, Kabarettist, Autor, Arzt
Er begann mit grotesken Liedern und mit einer Band im Herbst 1976 und trat bei verschiedenen Veranstaltungen und Festivals auf. Seit 1985 machte er mit den Musikern Georg Schreiner, Klaus Reichardt, Evert van der Wal und Nick Woodland u.a. abendfüllende Programme: »Luxuriöse Unterhaltung mit Dr. Muschnik« (1985); »Das Letzte« (1986); »Trulla-Trulla« (1989); »Vogelwild« (1992) und »Staffabruck« (1993). Im Schauspielhaus Köln produzierte und spielte er in den von ihm geschriebenen Revuen »Die Tankstelle der Verdammten« (1994), »Die Ländler-Queen sieht Morgenrot« (1995), »Staffelbruck« (1996) und »Flash Master R.« (1996). Bestritt zahlreiche Rundfunk- und Fernsehsendungen. 1987 erhielt er den → *Salzburger Stier* und 1988 den → *Deutschen Kleinkunstpreis* für den Bereich Chanson.

Georg Ringsgwandl 1989 in seinem Soloprogramm »Trulla-Trulla«

Rinnebach, Olga **24. 2. 1899 Frankreich; † 31. 1. 1957 Berlin.*
Chansonniere, Vortragskünstlerin
Lebte als Kind eines schwäbischen Vaters und einer russischen Mutter in Moskau und später in Dresden. Studierte bei dem deutschen Lautenmeister Scherrer und nahm in Wien Unterricht in klassischer Musik. Dort holte sie → *Fritz Grünbaum* auf die Kabarettbühne, wo sie ihre künstlerische Vielseitigkeit des Vortrags entwickelte. Ihr Repertoire reichte von François Villon bis → *Kurt Tucholsky*, vom Kinderlied bis zur Sieben-Minuten-Oper »Die Prinzessin auf der Erbse« von → *Robert T. Odeman*. Sie begleitete sich entweder selbst auf der Laute oder ließ sich von dem Komponisten und Pianisten Conny Dähn begleiten. → *Willi Schaeffers* verpflichtete sie seit 1938 an das → *Kabarett der Komiker*, nach 1945 hatte sie Auftritte im »Lord Henry« in Berlin und an zahlreichen anderen kleinen Bühnen, wo sie wieder ihre deutschen, englischen, französischen und wienerischen Lieder sang.

Ristock, Inge **1934.* Kabarettautorin, Dramaturgin
Studierte zunächst Plan-Ökonomie, später Dramaturgie an der DDR-Filmhochschule Babelsberg. Arbeitete beim DDR-Fernsehen und als Dramaturgin am Ost-Berliner »Maxim-Gorki-Theater«. Ist seit 1970 Dramaturgin bei dem Kabarett → *Die Distel*, für die sie in sechs Jahren dreizehn Programme erarbeitete. Dann wurde die »helfende Kritik« der Parteifunktionäre »so massiv, daß ich beschloß, zu kündigen«. 1988 hatte sie zusammen mit → *Hans Rascher* das *Distel*-Programm »Keine Mündigkeit vorschützen« geschrieben, das über eine Generalprobe nicht hinauskam. Sie arbeitete als Dramaturgin und Autorin auch für zahlreiche andere

 DDR-Kabaretts, so für das → *Fettnäpfchen* (1975) und das → *Kabarett Obelisk* (1979–1984), die → *Kugelblitze* (1981), die → *Herkuleskeule* (1982) und die → *Oderhähne* (1983). Gemeinsam mit Gerhard Geier und Hans Rascher schrieb sie unter dem Sammelnamen »Rigera« Kabarettexte. Seit der Wiedervereinigung ist sie als Autorin für Rundfunk, Fernsehen (so für Wolfgang Stumphs TV-Serie »Salto Postale«. ZDF, 1995 u.a.) und Kabaretts tätig, hauptsächlich für die → *Distel*.

Rittmeyer, Joachim **16. 5. 1951 St. Gallen (Schweiz).*
Kabarettist und Kabarettautor
Der studierte Lehrer, der wegen »Dienstverweigerung« zu Gefängnis verurteilt wurde, begann 1974 mit seinem ersten Soloprogramm »Lachen und Pfützen«, indem er es faszinierend verstand, die Zuschauer miteinzubeziehen, und ein Vibraphon zur musikalischen Betonung einzelner Nummern einsetzte. Danach folgten die Soloprogramme: »Störenfried« (1975); »Streng öffentlich« (1976, das 1980 auch von der ARD gesendet wurde); »Verdrängt und zugenäht« (1978); »Bitte recht feindlich« (1980); »Ferienhalber abwesend« (1982); »Schwindelfreiheit« (1984); »Angriff auf den Weltrekord« (1986); »Abendfrieden special« (1989); »Das Bankophon« (1991) und »Der Untertainer« (1993). 1982 erhielt er den »Salzburger Stier«.

Robitschek, Kurt **23. 8. 1890 Prag; †28. 12. 1950 New York.* Schauspieler, Kabarettist, Kabarettautor und -leiter, Librettist, Schlager- und Chansonautor
Trat anfangs am → *Simplicissimus* (Wien) auf und schrieb Libretti und Schlagertexte (so für Robert Stolz »Im Prater blühn wieder die Bäume«). Wurde 1924 nach Berlin ans »Charlott-Kasino« als Conférencier engagiert und zog bald die Komiker → *Paul Morgan* und Max Adalbert nach. Mit ihnen spielte er witzige Sketsche, mit Morgan verpflanzte er die Doppelconférence (→ *Conférence*) nach Berlin.

Der Erfolg ermutigte Robitschek, im Herbst 1924 mit Morgan die heruntergewirtschaftete → *Rakete* zu übernehmen. Am 1.12. 1924 eröffneten sie zusammen mit dem Komiker → *Max Hansen* das »Kabarett der Komiker in der Rakete«. 1925 zog er mit dem jetzt → *Kabarett der Komiker* (abgekürzt: »Kadeko«) heißenden Unternehmen ins »Palmenhaus« am Kurfürstendamm und 1928 an den Lehniner Platz um. Gab gleichzeitig die Kabarettzeitschrift *Die Frechheit* heraus. 1932 inszenierte er im »Kadeko« die Kabarettrevue »Rufen Sie Herrn Plim!« von → *Marcellus Schiffer* und → *Mischa Spoliansky.*

Im September 1933 mußte er das »Kadeko« an Dr. Hanns Schindler abgeben und emigrierte nach Wien, wo er die »Kammerspiele« übernahm und dort mit Geza Herczeg die Kabarettrevue »Wiener Illustrierte« herausbrachte (mit Lia Dahms, → *Oskar Karlweis*, Hans Moser, Hansi Keller, Adelheid Seeck. Texte: Kurt Robitschek und Arthur Rebner) sowie eine Wiener Version von »Rufen Sie Herrn Plim!« (mit Paul Morgan, → *Curt Bois*, Irene Eisinger, Fritz Wiesenthal und Willy Trenk-Trebitsch). 1938 floh Robitschek in die USA und versuchte, am Broadway in New York das »Kadeko« neu zu gründen (→ *Exilkabarett*). Trotz so namhafter Kabarettisten wie Curt und Ilse Bois konnte er es nicht lange halten und arbeitete schließlich unter dem Namen Ken Robey als Agent im amerikanischen Showgeschäft.

Robitschek, Kurt (Hrsg.): *Könige in Unterhosen – Conférencen, Anekdoten.* Berlin 1925.

Roda Roda, (eigentlich: Alexander Rosenfeld) **13. 4. 1872 Puszta Zdenci (Slawonien); † 20. 8. 1945 New York.*
Schriftsteller, Kabarettist, Humorist
Der Sohn eines Gutsbesitzers wurde k.u.k. Offizier. Schrieb dann Schwänke, Anekdoten und Humoresken, meist aus dem Militärleben, die er in Kabaretts selber vortrug, so 1901 im »Poetenbänkel zum Siebenten Himmel« (→ *Berliner Kneipenbrettl*), seit 1906 im → *Cabaret Nachtlicht*, 1907 im → *Cabaret Fledermaus*, Wien, und seit 1912 im → *Simplicissimus* (Wien), ferner in den zwanziger Jahren in den Berliner Kabaretts → *Karussell*, → *Cabaret Größenwahn* und bei den → *Wespen.* Sein größter Bucherfolg war »Der Feldherrnhügel«, der auch verfilmt wurde. 1938 emigrierte er über die Schweiz in die USA.

Hackermüller, Rotraut: *Roda Roda – Bildbiographie.* Wien 1986.

Roellinghoff, Karl (Charlie) **11. 4. 1897 München; † 17. 8. 1935 Berlin.*
Journalist, Kabarettautor
Er war nach dem Studium der Germanistik und Zeitungswissenschaften in München Redakteur an den Münchner »Lustigen Blättern« und gelangte durch seine Arbeit zum Stummfilm nach Berlin. Hier arbeitete er als Zeitungsredakteur bei der »BZ am Mittag«, nebenberuflich als Filmdarsteller (»Die singende Stadt«, »Der Greifer«, 1930), Drehbuchautor für den Film und Textautor fürs Kabarett, z.B. 1920 fürs Kabarett → *Schall und Rauch* (II); 1928 für die → *Friedrich-Hollaender-*Revue »Bitte einsteigen«; 1933 für die → *Musenschaukel* von → *Trude Hesterberg.* Schrieb namhaften Schauspielern, Komikern und Vortragskünstlern das Repertoire. Zu seinen bekanntesten Texten gehören der »Schlips im Kohlenkasten« für → *Claire Waldoff* und der »Sonntagvormittag« für → *Paul Graetz.*
Als Journalist und Redakteur verfaßte er zahlreiche Beiträge für Tageszeitungen und Rundfunksendungen.

Roering, Joachim **28. 6. 1934 Eberswalde.*
Kabarettautor und -regisseur, freier Schriftsteller
Kam sechzehnjährig aus der DDR in die BRD, studierte hier Bergbau und wurde Diplomingenieur. Begann 1959 mit Textbeiträgen für die → *Stachelschweine* (»Denn sie wissen, was sie tun«, Februar 1959). Arbeitete für Zeitungen, Funk und Fernsehen, seit 1963 freier Autor und Regisseur.
Schuf und schrieb die Mitternachtsplauderei »Adrian & Alexander« im NDR (von 1962 bis 1976), aus der er 1963 das NDR-Fernsehkabarett »Hallo Nachbarn!« entwickelte, für das er auch bis zu 80 Prozent der Texte (unter den Pseudonymen »Detlev Brewster« und »F.K. Kelling«) schrieb (30.10. 1963 bis 28.6. 1966). Schrieb für → *Jürgen von Manger* von 1961 bis 1963 für Hörfunk und Fernsehen »Der Herr von der Justiz«, ferner die Fernsehserien »Tegtmeiers Reisen« (von 1970 bis 1978) und »Tegtmeier klärt auf« (seit 1980). Für die → *Wühlmäuse* schrieb er

 die Programme »Der brave Demokrat Schmidt« (Februar 1968) und »Lebenshilfe« (Dezember 1968), bei denen er auch Regie führte. Inszenierte 1978 für die → *Münchner Lach- und Schießgesellschaft* das Programm »Im Jahre 9« (zu dem er auch Texte beisteuerte) und besorgte die Fernsehinszenierungen der → *Hildebrandt-* → *Schneyder*-Duoprogramme »Talk täglich« (November 1974), »Lametta & Co.« (März 1976) und »Wie abgerissen« (August 1977), sämtlich für das ZDF. Schrieb Texte für das → *Kom(m)ödchen*-Programm »Von der Besten aller Welten« (Februar 1971).

Roering bekam mit seinen Sendungen, nicht nur den satirischen, wiederholt politische Schwierigkeiten, so mit »Hallo, Nachbarn!« (→ *Medienkabarett*), mit einem Brokdorf-Beitrag für »Panorama«, mit einer EG-Agraranalyse für die RV-Reihe »Bilanz«, mit der Familienserie »Gestern bei Müllers«, mit einem Beitrag des → *Bügelbrett* (»Stolz auf Deutschland«) u.a. Die Kontroversen um »Hallo, Nachbarn!« sind in Buchform erschienen (»Hallo, Nachbarn!«, Hamburg 1966). 1972–1976 führte er Regie bei → *Dieter Hallervordens* Blödelserie »Abra-Makabra« im Deutschen Fernsehen (NDR). Gegenwärtig schreibt Roering Fernsehspiele, meist zeitkritischer Natur, Unterhaltungsreihen und gelegentlich wirtschaftspolitische Glossen. Außerdem ist er weiterhin als Regisseur tätig.

Richard Rogler 1986 in seinem Soloprogramm »Freiheit aushalten«

Rogler, Richard ** 11. 9. 1949 Selb.*
Kabarettist, Kabarettautor, Schauspieler
Wollte Lehrer werden, begann während seines Studiums in Würzburg 1973 mit Straßentheater für Kinder und Jugendliche. Dann ging er nach Köln und tat sich nach einigen Jahren beim Kindertheater »Ömmes und Oimel« 1978 mit → *Heinrich Pachl* zu dem Duo → *Der Wahre Anton* zusammen, das mit Schauspielern der Städtischen Bühnen, Köln, das Programm »Absahnierung« (1980) inszenierte und spielte. 1982 verpflichtete ihn Intendant Jürgen Flimm als Schauspieler an sein Haus. 1986 brachte Rogler sein erstes Soloprogramm, »Freiheit aushalten«, ein Stück über die kaputtgegangene 1968er Szene, heraus, dessen Erfolg es ihm erlaubte, sich vom Kölner Schauspiel zu lösen. 1992 folgte der Bühnenmonolog »Finish« und 1995 »Wahnsinn«. (Die Texte der Programme sind auch in Buchform erschienen).

Im Fernsehen trat Rogler im »Scheibenwischer« (→ *Medienkabarett*) als Partner von → *Dieter Hildebrandt*, als Moderator der »Mitternachtsspitzen« im WDR und mit Jochen Busse in der kabarettistischen Comicserie »Herr Rogler und Herr Busse« (1994) auf. Als Schauspieler wirkte er in mehreren Fernsehproduktionen mit, so 1990 in der ARD-Serie »Tom Kallmeier«.

1987 erhielt Rogler den Förderpreis zum → *Deutschen Kleinkunstpreis*, 1992 den → *Deutschen Kleinkunstpreis* für den Bereich »Kabarett«.

Roberg, Dietmar: *Theater muß wie Fußball sein*. Berlin 1981.

Roland von Berlin Literarisches Kabarett in Berlin, gegründet 1904 von → *Rudolf Nelson* und → *Paul Schneider-Duncker* im ersten Stock eines Hauses in der Potsdamer Straße.
Der *Roland von Berlin* war nach der Butzenscheibenromantik des → *Überbrettl* und der bohemeseligen Improvisation der → *Berliner Kneipenbrettl* das erste mondäne Großstadtkabarett Deutschlands, nicht zuletzt wegen Nelsons besonderer Musikalität in Komposition und Spiel. Den Hauptteil der Programme bildeten Chansons und → *Couplets*, vorgetragen hauptsächlich von Schneider-Duncker (»Das Ladenmädel« von Willi Wolff, »Jacques Manasse« von Willi Hagen u.a.), aber auch von Lucie König, Mirjam Horwitz; ferner Prosa und Lyrik von Theodor Fontane, Richard Dehmel, → *Ludwig Thoma* und → *Frank Wedekind*, vorgetragen von dem Rezitator Max Laurence. Die → *Conférence* hielt der Wiener Dr. Arthur Pserhofer. 1907 schied Nelson aus dem *Roland von Berlin* aus und gründete den → *Chat noir* (Berlin), während Schneider-Duncker den *Roland* weiterführte, mit Walter Kollo als Komponisten und Pianisten, und → *Claire Waldoff* für das Kabarett entdeckte.

Rolfs, Rudolf ** 4. 8. 1920 Stettin.*
Kabarettist, Kabarettautor und -leiter, Schriftsteller
Der Sohn eines Ingenieurs und Chemikers nahm nach Abschluß des Gymnasiums Schauspielunterricht. Nach Kriegsdienst (1940–1945) und Heimkehr aus der Gefangenschaft arbeitete er als Landarbeiter, Holzfäller, Maurer u.a. und reiste 1946–1949 als Schauspieler mit einer Wanderbühne durch die sowjetische Besatzungszone. Ging 1950 nach West-Berlin, um evtl. bei den → *Stachelschweinen* mitzuwirken. Mit anderen Vorstellungen von Kabarett ging er nach Frankfurt/Main und gründete hier 1950 → *Die Schmiere – Das schlechteste Theater der Welt*. Bis 1990 war er ihr Leiter, alleiniger Autor und Protagonist. Bis dahin hatte er 55 Programme herausgebracht, zuletzt das Duoprogramm mit Regnauld Nonsens, seinem langjährigen Partner: »Nonsens und Rolfs räumen das Lager«. Danach übernahm seine Tochter Effi Rolfs als Hauptdarstellerin die Leitung der »Schmiere«.
Rudolf Rolfs versteht sich als Moralist, als radikaler Demokrat im Sinne einer gründlichen Ausschöpfung des Grundgesetzes, als Sozialist ohne marxistische Festlegung. Seit den fünfziger Jahren war er in den verschiedensten Bürgerinitiativen tätig: in der Aktion »Kampf dem Atomtod«, der Ostermarschbewegung, den Initiativen gegen die Notstandsgesetzgebung und den Vietnamkrieg sowie in der Friedensbewegung der achtziger Jahre. Außerdem schrieb er satirische Bücher, die er im Selbstverlag vertrieb, so den Roman »Die Hand des Josef König« (1960), »Pamphlete – Illegale Handzettel gegen eine zu erwartende Diktatur« (1965), »Nackt – Radikale Prosa« (1972), »Ich mal ich« (Roman, 1980), »Das Abenteuer: Schmiere« (1985) sowie Sammlungen seiner Aphorismen und Kabarettprogramme (»Schlag nach bei Rolfs«, 1969; »Fragen Sie August Pi«, 1980; »Einer hört zu«, Roman, 1984), ferner »Schmiere«-Taschenbücher (mit Programmen) 1–9, 1956–1962 u.v.a.m.

Rolfs, Rudolf

Rolfs, Rudolf: *Rost im Chrom – Stichworte, Stories, Stellungnahmen.* Ausgewählt und mit einem Essay versehen von Volker Michels. Frankfurt/Main 1989.

Rosen, Willy (eigentlich: Willy Rosenbaum) * *18. 7. 1894 Magdeburg; † 28. 10. 1944 KZ Auschwitz.* Kabarettist, Komponist, Pianist

Seine Fähigkeiten als Unterhalter am Klavier setzte er das erstemal nach einer schweren Verwundung im Ersten Weltkrieg als Leiter eines Fronttheaters ein. Das Repertoire schrieb er sich von Anfang an selbst. Sein Aufstieg als Kabarettist mit der typischen Ankündigung: »Text und Musik – von mir«, begann bei Harry Waldau in der »Spinne« und an dem von → *Peter Sachse* geleiteten Kabarett »Schwarzer Kater«. Parallel dazu liefen Engagements in Köln, Düsseldorf, Leipzig und zahlreichen anderen deutschen Städten, bald darauf auch in Wien, Budapest, in der Schweiz, der Tschechoslowakei, den Niederlanden, Luxemburg, Belgien und Dänemark. Ende 1924 nach Berlin zurückgekehrt, trat Rosen in der → *Rakete* und im → *Alt-Bayern* sowie nach Gründung des → *Kabaretts der Komiker* auch dort auf, wo er auch einige musikalische Lustspiele herausbrachte. Zwischendurch spielte er seine Programme auch in der Berliner »Scala« und in Kinopalästen, bei Wohltätigkeitsveranstaltungen und auf Bällen.

Seit 1933 wich er zu Gastspielen in den an Deutschland grenzenden Ländern aus, kehrte noch einmal nach Berlin zurück und komponierte Musiken zu den Kabarettrevuen von → *Max Ehrlich* im Jüdischen Kulturbund.

1936 ließ er sich in den Niederlanden nieder und gründete in Schevenigen das Cabaret-»Theater der Prominenten« (→ *Exilkabarett*), für das er zahlreiche Revuen schrieb. Nach dem Einmarsch deutscher Truppen zusammen mit anderen ehemals prominenten deutschen Kabarettisten im Durchgangslager Westerbork interniert, schrieb, komponierte und spielte er weiterhin kabarettistische Revuen, bis er mit allen anderen Beteiligten 1944 über das KZ Theresienstadt in das KZ Auschwitz deportiert und dort ermordet wurde.

Rosenbauer, Hansjürgen * *1941.*

Journalist, Kabarettist, Kabarettautor, Intendant

Während seines Studiums an der Universität Frankfurt am Main schrieb und spielte er an dem Studenten-Kabarett → *Die Freimauler*, dessen Leitung er 1964 übernahm. Seit 1969 war er Fernsehredakteur beim Hessischen Rundfunk, der ihn 1972 als ARD-Korrespondenten nach Prag schickte. 1974 wechselte er zum WDR, wo er für das Studio Bonn arbeitete, eine eigene Talk-Show (»Je später der Abend«) hatte und zahlreiche Sendungen (»Kulturweltspiegel« u.a.) moderierte. Er conférierte 1976 auch die Veranstaltung »Festival für Fans« in Mainz, mit → *Herbert Bonewitz,* → *Werner Finck,* → *Floh de Cologne,* → *Hanns Dieter Hüsch,* → *Helmut Ruge* u.a. 1983 avancierte er im WDR-Fernsehen zum Hauptabteilungsleiter für Kultur und Wissenschaft, nach der Abwicklung des DDR-Fernsehens wurde er Intendant des Ostdeutschen Rundfunks Brandenburg (ORB).

Roski, Ulrich * *4. 3. 1944 Prüm (Eifel).*

Liedermacher, Kabarettist, Kabarettautor

Studierte Romanistik und Germanistik in Berlin und Paris. 1966 war er Darsteller,

Autor und Musiker in dem Berliner Studentenkabarett »Perpendikel« und schrieb Stücke für Freilicht- und Straßentheater und, für Freunde, Filmmusiken. Trat auf zahlreichen Veranstaltungen und Festivals auf (1968 Förderpreis der »Essener Song-Tage«).
Im März 1969 begann er mit dem Liedprogramm »... daß dich nicht die Schweine beißen«, zu dem er sich am Klavier begleitete, danach folgten die Soloprogramme »Man darf das alles nicht so verbissen seh'n« (1975) und »Wenn alle Stricke reißen« (1978). Neben → *Reinhard Mey*, → *Hannes Wader* u.a. gehörte er in den siebziger Jahren zu der führenden Generation der neuen → *Liedermacher*, insgesamt produzierte er zwölf Langspielplatten. Anfang der achtziger Jahre begann er, Kabarettprogramme mit Kurzszenen und Liedern zu schreiben und zu spielen: »Bäckerei Vierschroth« (1983) und »Es geht auch anders, aber so geht es auch« (1990).

Ruch, Hannes (eigentlich: Hans Richard Weinhöppel) **29. 9. 1867 München; † 11. 7. 1928 München.* Komponist, Pianist
Wurde nach dem Studium an der Münchner Akademie der Tonkunst 1890 als Tenor ans Augsburger Theater engagiert. Ging 1891 nach Paris, wo er enge Freundschaft mit → *Frank Wedekind* schloß, und nahm 1892 ein Engagement an die Opéra Française in New Orleans an. Kehrte 1986 nach München zurück und wurde 1901 unter dem Pseudonym »Hannes Ruch« Mitbegründer des Kabaretts → *Elf Scharfrichter* als deren musikalischer Leiter und Hauskomponist. Er vertonte für dieses Kabarett zahlreiche Texte, u.a. von → *Otto Julius Bierbaum* (»Laridah«, »Schloß Mirabell«, »Lied in der Nacht«), → *Detlev von Liliencron* (»Kurz ist der Frühling«, »Auf einer grünen Wiese«), → *Leo Greiner* (»Der Naive«, »Die blinde Harfnerin«, »Der Lumpensammler«), → *Richard Dehmel* (»Die Schaukel«, »Erntelied«, »Der Arbeitsmann«), → *Roda Roda* (»Die Prinzessin«), → *Hanns von Gumppenberg* (»Lucrecia«, »Sommermädchenküssetauschelächelbeichte«, »Notturno«), Hans von Reder (»Der arme Kunrad«), → *Marc Henry* (»La Marche«), → *Heinrich Lautensack* (»Der Laternenanzünder«), → *Ludwig Thoma* (»Der Kanonier«, »Soldatenlied«, »Der Schwalanscher«). Er knüpfte mit seinen Brettl-Liedern – anders als die Komponisten im → *Überbrettl* – nicht an die zeitgenössische Operetten- und Varietémusik, sondern an die Traditionen des Volksliedes und bisweilen des Kunstliedes an. Frank Wedekind nannte ihn die »Musikalische Seele« der »Elf Scharfrichter«. Nach deren Auflösung wurde er Hauskomponist des von Marc Henry und → *Marya Delvard* 1905/1906 geleiteten → *Cabaret Nachtlicht* in Wien. 1906 ging er nach Köln, wo er bis 1927 am Konservatorium als Lehrer für Sologesang und Mimik wirkte.

Rüeblisaft → *Cabaret Rüeblisaft*

Ruge, Boris **1. 7. 1968 München.* Kabarettist, Kabarettautor, Musiker
Der Sohn des Kabarettisten → *Helmut Ruge* begann als Schauspieler in Kinder- und Jugendsendungen des Fernsehens. Nach einer Musikausbildung stellte er am 2.10. 1991 sein erstes Soloprogramm unter dem Titel »Da lang!?« in München vor, darauf folgte das Soloprogramm »Who is Histerioso?« (24. 9. 1992). Zusammen mit dem Clown Rainer Breuer spielte er 1993 in dem Programm »Ein

 Fun-tastischer Abend«, bevor er im Oktober 1992 nach Paris ging, um sich in der »Internationalen Theaterschule« von Jacques Lecoq weiterzubilden. Im Dezember 1994 brachte er gemeinsam mit Helmut Ruge »Wenn der Rauschgoldengel ruft – Ein Sonderprogramm zum Jahresende zwischen Weihnachtsgans und Gänsehaut« heraus. 1995 folgten die Soloprogramme »Ich hab' dich im Mai auf'm Hof vor der Tür unter'm Mond auf'n Mund geküßt« und »Das schwere Los eines Schwerelosen«. 1994 schrieb er die Musik zu Helmut Ruges dreißigjährigem Jubiläumsprogramm, »Das Gelbe vom Ei«, das er auch inszenierte.

Helmut Ruge 1995 in seinem Soloprogramm »Das Gelbe vom Ei«

Ruge, Helmut ** 7. 2. 1940 Stuttgart.* Satiriker, Kabarettist, Kabarettautor und -leiter, Dramatiker

Studierte Soziologie, Psychologie und Publizistik in München und West-Berlin (1966 Diplomsoziologe). 1963 Mitgründer des Studentenkabaretts → *Die Hammersänger* in West-Berlin (erstes Programm: »Hiebe 64«). Übersiedelte 1967 nach München und brachte dort unter dem Titel »Münchner Hammersänger« noch vier Duo-Programme (u.a. mit → *Jörg Hube* und *Ulf Borchardt*) heraus, bevor er sich 1975 als Solist selbständig machte, mit den Programmen »Ein Mann sieht schwarz« (1975); »Die Schnüffel- und die Büffelzeit« (1976); »...bis die Blumen viereckig sind« (1977); »Leben Sie ruhig weiter« (1978); »Ich trau' uns alles zu« (1979); »Zwischen Wut und Sehnsucht« (1981); die Trilogie »20 Jahre im öffentlich-kritischen Dienst«: 1. »Zwischen Lohnpause und Denkpause« (Januar 1983), 2. »Der Monolog mit der Jugend« (März 1983), 3. »Das glückliche Programm« (März 1984). Seit Oktober 1984 spielte er mit Dick Städtler als musikalischem Partner die Programme »Vorsicht, Volk beißt!«; »Im Schatten der Chinchillas« (1986); »Himmel, Arsch und Sondermüll« (1987); »Gaudi-Radi-Kaviar« (1988); »Lauter Wahnsinn – leise Lacher« (1989) und »Die Pottsau-Serenade« (1990). Danach spielte Ruge wieder als Solist die Programme: »Deutsch sein oder Mensch bleiben« (1990); »Die Reise nach Irrland« (1992); »In Teufels Küche« (1993) und, zum dreißigjährigen Bühnenjubiläum 1995, »Das Gelbe vom Ei«.

Mit allen seinen Programmen geht Ruge regelmäßig auf Tourneen durch die BRD und z.T. ins Ausland. Daneben arbeitet er viel für Rundfunk und Fernsehen: 1976–1986 als Mitautor und Dialogpartner von → *Hanns Dieter Hüsch* in der monatlichen satirischen Hörfunksendung »Hammer und Stichel« (WDR), ferner als Mitarbeiter an der satirischen Fernsehserie »Notizen aus der Provinz« (→ *Medienkabarett*), von 1978 bis 1981 als Autor und Mitwirkender an der satirischen Monatssendung »Dreizack« im WDR-Regionalfernsehen. 1981 erstellte Ruge die deutsche Fassung von Jérôme Savarys politischem Revuestück »Weihnachten an der Front« für das »Deutsche Schauspielhaus«, Hamburg. Schrieb mehrere Revuen, Rockmusicals und Theaterstücke, z.B. für die Ruhrfestspiele in Reckling-

hausen die satirischen Stücke »Noch sind wir nicht tot« (1982) und »Wer bezahlt die Zeche?« (1984), für die Städtischen Bühnen Nürnberg »Der Stadtluther« (1983), für das »Theater in der Garage«, Erlangen, »Babette oder Pö a Pö« (1986), für das »Theater der Jugend«, München, »Abflug« (1988) und für das Ulmer Theater »Die Berchtesgadener Freiheit« (1989).
1974 erhielt Ruge den »Deutschen Kleinkunstpreis«, 1983 für die WDR-Fernsehserie »Die Scheinfamilie« (1982) die Bronzemedaille des New Yorker Festival-Preises für Fernsehkurzfilme.
Helmut Ruge versteht sich von jeher als Aufklärer. Als solcher analysiert er die Wirklichkeit mehr, als daß er ihr – sie als bekannt voraussetzend – satirisch zu Leibe rückt. Aus ihrer mit ökonomischem und soziologischem Rüstzeug bewerkstelligten Entlarvung keltert er den satirischen Effekt. Formal trägt er unter Verzicht auf Bühneneffekte und Komödiantik, zuweilen unterstützt durch Begleitung vom Tonband, seine Erkenntnisse mit liebenswürdiger Diskretion vor, die die erbarmungslose Sezierung des Faulen, Unmenschlichen, Zivilisationsbedrohenden konsumierbar macht.

Ruge, Helmut: *Die Schnüffel- und die Büffelzeit.* Tübingen 1977. – Ders.: *Zwischen Weltuntergang und Sonnenaufgang.* Hamburg 1986. – Ders.: *Gespräche auf der Haut.* München 1992.

Rundfunk → *Medienkabarett*

Sachse, Peter (eigentlich: Dr. jur. Curt Weiße-Pabst) ** 8. 3. 1888 bei Dresden; † 26. 8. 1953 West-Berlin.* Kabarettgründer und -leiter
Ursprünglich Journalist, gründete und leitete er allein in Berlin dreizehn Kabaretts, darunter das »Korso-Kabarett«, die »Weiße Maus« und die »Rote Nachtigall« in der Jägerstraße, das → *Karussell* und die → *Rampe.* Sachse bemühte sich um eine Kombination von Literatur und Kleinkunst. Er entdeckte u.a. den Conférencier → *Harry Lamberts-Paulsen.* Im Januar 1939 wurde er wegen seiner Conférence in dem Programm »Rückblick Spätlese« des → *Kabaretts der Komiker* zusammen mit → *Werner Finck* und den → *Drei Rulands* aus der »Reichskulturkammer« ausgeschlossen.

Sais, Tatjana ** 28. 1. 1910 Frankfurt (Main); † 26. 2. 1981 West-Berlin.* Schauspielerin, Kabarettistin, Chansonniere
Bereits als Kind im Ballett der Frankfurter Oper tätig, nahm sie Gesangs- und Schauspielunterricht und wurde an das »Neue Theater« in Frankfurt engagiert. 1931 ging sie nach Berlin. 1934 holte → *Werner Finck* sie an die → *Katakombe.* Nach deren Verbot eröffnete sie mit → *Bruno Fritz* und → *Günter Neumann* als Komponisten und musikalischem Begleiter den → *Tatzelwurm.*
Mit Neumann, den sie 1938 heiratete, trat sie in dessen Kabarettrevuen auf, so 1937 in der Sportrevue »Gib ihm!« im → *Kabarett der Komiker,* 1947/48 in »Alles Theater« und dem »Schwarzen Jahrmarkt«, von 1948 bis 1967 bei den → *Insulanern.* 1972 trug sie zur Wiederbelebung des »Schwarzen Jahrmarkts« und seiner Neuinszenierung durch Karl Vibach bei. Besonders bekannt wurde sie durch Neumanns Chansonzyklus »Die Dame von heute«. Nach der Scheidung von Neumann heiratete sie den Generaldirektor der BBC, London, Hugh Carlton Green, und lebte mit ihm bis zu ihrem Tode in London. Tatjana Sais verkörperte den Typ der damenhaften → *Diseuse* mit dem parodistischen Augenzwinkern.

Rudolphe Salis, Gründer und Leiter des »Chat noir«

Salis, Rodolphe ** 29. 5. 1851 Châtellerault (Touraine); † 17. 3. 1897 Naintré.* Kabarettgründer und -leiter, Conférencier
Der Sohn eines Likörfabrikanten aus der französischen Provinz schlug sich in Paris als Maler und Illustrator durch, gründete im Quartier Latin eine Künstlergemeinschaft aus Malern und Bildhauern und nahm 1881 Kontakt zu Mitgliedern des benachbarten literarischen »Clubs der Hydropathen« auf. Beide Gruppen brachte er als Stammkundschaft in seine

Künstlerkneipe (→ *Cabaret artistique*) ein, die er am 18.11. 1881 unter dem Namen → *Chat noir* (Paris) eröffnete. Damit wurde Salis zum Gründer des ersten literarischen Kabaretts.
1885 übersiedelte er mit dem »Chat noir« in eine dreigeschossige Künstlervilla und baute sein Brettl zum Treffpunkt der literarischen und eleganten Welt aus, mit einem Ausstellungsraum, einem Vortragssaal und einem Schattenspieltheater. Salis war ein extravertierter, redegewandter → *Conférencier* mit skurrilen Einfällen und einem gesunden Sinn fürs Geschäft und für Publikumswirksamkeit. Nach sechzehnjähriger Tätigkeit als Kabarettleiter, Gastronom und Kunstsammler starb er als reicher, aber gebrochener Mann kurz nach dem Auslaufen seines Pachtvertrags. Nach dem Vorbild des »Chat noir« waren unterdessen Dutzende von Cabarets artistiques aus dem Pariser Boden gewachsen.

Salzburger Stier → *Anhang*

Salzer, Marcell **27. 3. 1873 St. Johann; † 17. 3. 1930 Berlin.*
Rezitator, Vortragskünstler
Als ausgebildeter Schauspieler entdeckte er schon früh seine Liebe zur Vortragskunst, zuerst in Wien, dann in Berlin. Hier gehörte er 1901 zu → *Ernst von Wolzogens* → *Überbrettl*, ging mit dessen Ensemble und später solo auf Tourneen. Bereits um 1904 gehörte er zur Prominenz von Bühne und Brettl und trat am 4.9. im Berliner »Wintergarten« auf. Seine Lese- und Vortragsstücke, die in sechs Bänden unter dem Titel »Das lustige Salzer-Buch« von 1911–1916 erschienen, gehörten in Deutschland zu den Humorbüchern mit den höchsten Auflagen. Zu den Autoren, deren Werke er einem großen Publikum vermittelte, zählten die deutschen Klassiker (Goethe, Schiller, Bürger, Lichtenberg, Heine, Theodor Storm) ebenso wie die Humoristen → *Roda Roda*, → *Ludwig Thoma*, Wilhelm Busch, Victor Auburtin, Adolf Glaßbrenner, → *Hans Reimann* oder Rideamus und die Lyriker der Jahrhundertwende, speziell → *Otto Julius Bierbaum*, Richard Dehmel und → *Detlev von Liliencron*. Seit Mitte der zwanziger Jahre arbeitete er auch ständig für den Rundfunk.

Sarkasmus (von griechisch »sarkázein« = zerfleischen) Beißender → *Spott*, ins Extrem gesteigerte Form der → *Ironie*. Ein hervorragender Vertreter des Sarkasmus in der Literatur und im literarischen Kabarett war → *Karl Kraus*, in neuerer Zeit der ihm geistesverwandte → *Helmut Qualtinger*.

Die Satansbrüder Politisch-satirisches Reisekabarett in Hannover, 1949 gegründet von Reinhold Rüdiger, der mit den Mitwirkenden Beatrice Coran, Ingeborg Wellmann und den später renommierten Schauspielern Klaus Kammer, Günther Küthemeyer, Herbert Mensching u.a. 1949 das Programm »Faust auf's Auge« herausbrachte, danach folgten die Programme: »Alles K(r)ampf« (1949/1950); »Kabarette sich, wer kann« (1950) und zuletzt »Das Pünktchen auf dem i« (1950). Die Mitwirkenden schrieben und gestalteten die Programme gemeinschaftlich selber.

344 **Satire** (von lateinisch »satura« = Gemengsel) In Literatur, Publizistik, bildender und darstellender Kunst eine Form, mit Mitteln des Komischen als negativ empfundene gesellschaftliche und politische Zustände und Konventionen sowie individuelle Handlungen und Vorstellungen aggressiv-ironisch zu übertreiben, um ihre Unzulänglichkeit, Verwerflichkeit und/oder Strafwürdigkeit zu verdeutlichen. Im Gegensatz zum → *Humor*, der die »Übel der Welt« in resignierender Heiterkeit als gegeben hinnimmt und sie allenfalls als individuell bedingte Auswüchse mißbilligt, trachtet die Satire aus einem moralischen Anspruch heraus nach der Beseitigung des als gesellschaftsschädlich Erkannten, indem sie es der Lächerlichkeit preisgibt in der Hoffnung, daß diese moralisch töte (anders also als der Humorist, der, wie → *Werner Finck* es formulierte, »Bewährung gibt«). Um dieses Ziel zu erreichen – genauer: um die Angesprochenen zur Erreichung dieses Ziels zu aktivieren –, bedient sich die Satire seit eh und je vielfältiger literarischer und künstlerischer Formen, so des Epigramms, des Dialogs, der Szene, der Fabel und Parabel, der Epik usw. sowie der Karikatur. Die Satire ist die Grundvoraussetzung des zeitkritischen Kabaretts.

Ähnlich wie das französische Wort »cabaret« ursprünglich eine bunte Platte mit vielerlei Leckerbissen darauf bezeichnete, bedeutet »satura« im Lateinischen Gemengsel oder Mischmasch; eine »satura lanx« war dementsprechend eine Schüssel mit verschiedenen Früchten, die allerdings nicht dem Verzehr durch Gäste, sondern durch Götter, nämlich durch Ceres und Bacchus, zugedacht waren. »Saturae« nannte der erste römische Satiriker, Gajus Lucilius (180–102 v. d. Z.), folglich seine Verse, mit denen er scharf und freimütig alle Mißstände des politischen, wirtschaftlichen und literarischen Lebens seiner Zeit – sozusagen quer durch den Obstgarten – geißelte.

Die Satire, obwohl vereinzelt schon im antiken Griechenland (Aristophanes, Menippos) als Kunstform verwendet, ist in ihren wesentlichen Ausformungen ein Produkt der römischen Antike (Petronius, Horaz, Lukian, Juvenal). Nach der Christianisierung Europas traten satirische Formen erst wieder seit dem 12. Jahrhundert hervor (Ständesatire). Eine Erneuerung der Satire aus antikem Geiste fand in Renaissance und Humanismus statt (Rabelais, Cervantes).

In Deutschland wurde die Verssatire, vornehmlich in Sebastian Brants »Narrenschiff« (1494), zu einer wichtigen literarischen Waffe im Kampf um die Reformation. Im Barock wandten sich vor allem Andreas Gryphius und Friedrich von Logau in Spiel und Epigramm gegen kulturelle und sprachliche Überfremdung, verwandte Grimmelshausen die satirische Erzählform für sein Zeitgemälde aus dem Dreißigjährigen Krieg. Die Aufklärung erfuhr in Deutschland in Wieland, Lessing und Lichtenberg satirische Kritik. Klassik und Romantik bedienten sich der epigrammatischen, dialogischen und dramatischen Literatursatire (Goethe, Schiller, Tieck). Literarische und politische Satire vereinigten Grabbe und Heine.

Als Gegenschlag gegen Naturalismus, Neuromantik und Jugendstil im Wilhelminischen Deutschland begann die Satire, außer dem Theater auch das Kabarett und kabarettistische Stilmittel zu benutzen (→ *Frank Wedekind*, → *Bertolt Brecht*, → *Walter Mehring*, Carl Sternheim, Georg Kaiser). Die satirische Kleinform in der Publizistik fand ihre höchste Ausprägung vornehmlich in den Versen und Essays von → *Kurt Tucholsky*, → *Erich Kästner*, → *Karl Kraus*, die alle auch für das literarisch-zeitkritische Kabarett schrieben (u. a. Chansons und Szenisches).

Zur Satire in Literatur, Dramatik, Presse, darstellender Kunst und Kabarett kam im 20. Jahrhundert die Satire im Film (Charles Chaplin, Jacques Tati, »Dreigroschenoper«, »Berliner Ballade«, »Wir Wunderkinder« u.a.) und im Fernsehen (»Hallo, Nachbarn!«, »Notizen aus der Provinz«, »Scheibenwischer« u.a.). Zur Kabarettsatire → *Kabarett*; → *Medienkabarett.*

Schaeffers, Willi **4. 9. 1884 Landsberg (Warthe); † 10. 8. 1962 München.* Schauspieler, Conférencier, Kabarettist, Kabarettleiter

Der Sohn eines Buchhändlers fing als Schauspieler an und kam nach einigen Provinzengagements 1902 nach Berlin, wo er in einem Militärschwank auftrat. 1910 entdeckte ihn in Hamburg → *Rudolf Nelson* und engagierte ihn an seinen → *Chat noir* (Berlin) als Conférencier. Blieb – mit Unterbrechung von 1914 bis 1918 (Kriegsdienst) – bis 1927 bei Nelson, nach dem Kriege in dessen »Künstlerspielen« und »Nelson-Theater«. Spielte zwischendurch immer wieder Chargenrollen in Theater und Film, trat im Rundfunk auf, conferierte im → *Kabarett der Komiker*, im → *Karussell*, im »Korso-Kabarett« (wo er auch in der Revue »So wird's gemacht« auftrat). Spielte ferner mit in den Kabarettrevuen »Es kommt jeder dran« (1928) und »Bei uns um die Gedächtniskirche rum« (1928) von → *Friedrich Hollaender*, in Charells Inszenierung der »Lustigen Witwe« (1928) und dessen »Weißen Rößl« (1931) am »Deutschen Theater«, München.

Willi Schaeffers, Conférencier

1938 erhielt Schaeffers nach dem Tode Dr. Hanns Schindlers vom Reichspropagandaministerium die Lizenz zur Weiterführung des *Kabaretts der Komiker*, das er bis zu dessen Ausbombung am

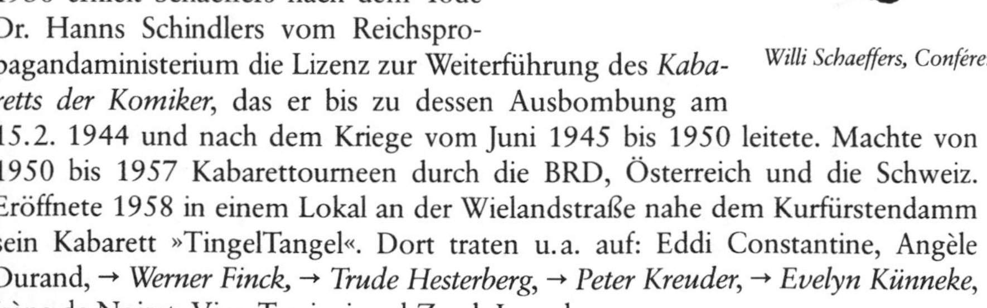

15.2. 1944 und nach dem Kriege vom Juni 1945 bis 1950 leitete. Machte von 1950 bis 1957 Kabarettourneen durch die BRD, Österreich und die Schweiz. Eröffnete 1958 in einem Lokal an der Wielandstraße nahe dem Kurfürstendamm sein Kabarett »TingelTangel«. Dort traten u.a. auf: Eddi Constantine, Angèle Durand, → *Werner Finck*, → *Trude Hesterberg*, → *Peter Kreuder*, → *Evelyn Künneke*, Irène de Noiret, Vico Torriani und Zarah Leander.

Willi Schaeffers verkörperte fünf Jahrzehnte lang den gebildeten bürgerlichen

 Plauderer für das deutsche Kleinkunstpublikum. Im eigentlichen Sinne politisch war er seinem Naturell nach nicht, weshalb er auch von 1938 an das »Kabarett der Komiker« durch alle Fährnisse der Zeit – bis auf ein Programm 1939 unbeanstandet – lavieren konnte. Sein Hauptverdienst liegt in der Entdeckung zahlreicher Nachwuchstalente der Kleinkunst, wie → *Lale Andersen*, Dolly Haas, → *Peter Frankenfeld*, → *Brigitte Mira*, → *Günter Neumann*, Georg Thomalla, Grethe Weiser u. a.

Schaeffers, Willi: *TingelTangel.* Hamburg 1959.

Schäfer, Gerd E. ** 14. 7. 1923 Berlin.*
Kabarettist, Kabarettautor, Schauspieler, Regisseur
Begann als Komiker am Stadttheater Bautzen. Kam über Wittenberg, Köln und Flensburg 1956 nach Ost-Berlin ans »Deutsche Theater« und war von 1956 bis 1968 Mitglied des Ensembles der → *Distel.* Gehörte seit 1969 als Komiker dem Schauspielensemble des DDR-Fernsehens an. Trat seit 1969 auch in Programmen des »Friedrichstadt-Palastes« (»Das Haus, in dem wir wohnen«, 1969 u. a.) auf. Steuerte zu den »Distel«-Programmen auch Texte bei und inszenierte das Jubiläumsprogramm »Wir stoßen an« (1963). Wirkte in zahlreichen Rundfunk- und Fernsehspielen mit, die er teilweise selber schrieb (»Der Schein trügt«, 1970; »Überraschung für Max«, 1979 u. a.).

»Schall und Rauch« (I). Prolog der Gründer, 1901; v. l.: Martin Zickel, Friedrich Kayßler, Max Reinhardt

Schall und Rauch (I) Literarisch-parodistisches Kabarett in Berlin, entstanden aus Zusammenkünften junger Schauspieler des »Deutschen Theaters« – darunter Friedrich Kayßler und → *Max Reinhardt* sowie der Regisseur Dr. Martin Zickel und der Dichter → *Christian Morgenstern* – im »Café Monopol«, die dort unter dem Namen »Die Brille« seit 1898/99 einmal pro Woche Spielabende mit satirischen Szenen und Einaktern improvisierten. Aus Anlaß einer Benefizvorstellung für den an Tbc erkrankten Morgenstern trat die Gruppe, die sich nun *Schall und Rauch* nannte, am 23. 1. 1901 im »Künstlerhaus«, Bellevuestr. 3, vor geladenen Gästen erstmals öffentlich auf.

Nächst musikalischen Parodien und szenischen Insiderscherzen aus dem Theaterleben sicherten ihr den Erfolg ihre Parodien auf die zeitgenössische Dramenliteratur. So spielten sie Schillers »Don Carlos« einmal im Stil einer Wanderschmiere, dann als »Karle – Diebskomödie« im naturalistischen Hauptmann-Stil, als »Carleas und Elisande« in der symbolistischen Manier Maurice Maeterlincks und schließlich als *Überbrettl*-Sketsch mit einer coupletsingenden Königin Elisabeth. Der enorme Anklang beim Publikum bewog die Gruppe, am 6.2. und 3.3. 1901 das Programm an gleichem Ort zu wiederholen. In einer Nachmittagvorstellung am 22.5. 1901 im »Deutschen Theater« ließ man (ebenfalls in geschlossener Veranstaltung) Victor Arnold und Gustav Beaurepaire als »Serenissimus und Kindermann« (eine damals beliebte Karikatur auf das Duodezfürstentum) die aktuellen Ereignisse glossieren und damit satirische Pfeile auf das Kunstbanausentum Wilhelms II. abschießen.

Mit dem Ziel, sich vom »Deutschen Theater« unter dessen Leiter Otto Brahm zu lösen und eigene künstlerische Vorstellungen zu verwirklichen, gründete die Gruppe unter der inoffiziellen Federführung Reinhardts eine »Schall und Rauch G.m.b.H.« und mietete in »Arnims Festsälen« Unter den Linden 44 eine geeignete Spielstätte an, die sie von Peter Behrens nach Ideen von Reinhardt und Kayßler ausstatten ließ. Da Reinhardt noch vertraglich an Brahm gebunden war, fungierten als Direktoren Dr. Hans Oberländer und Berthold Held. Am 9.10. 1901 eröffnete das »Kleine Theater (Schall und Rauch)« mit einem bunten Brettlprogramm aus Gesangsvorträgen und parodistischen Szenen. Nach und nach ließ Reinhardt die kabarettistischen Parodien hinter Einaktern zurücktreten und führte das Unternehmen von der Spielzeit 1902/03 an unter dem zusatzlosen Namen »Kleines Theater« mit einem der internationalen zeitgenössischen Dramatik gewidmeten Spielplan weiter, damit seine Karriere als Regisseur und Theaterleiter beginnend. In seinem »Großen Schauspielhaus« initiierte er 1919 eine Neuauflage des »Schall und Rauch«.

Reinhardt, Max: *Schall und Rauch*. Berlin-Leipzig 1901. – Sprengel, Peter (Hrsg.): *Schall und Rauch – Erlaubtes und Verbotenes*. Berlin 1991.

Schall und Rauch (II) Literarisch-politisches Kabarett in Berlin, gegründet auf Initiative von → *Max Reinhardt* am 26.9. 1919, eröffnet am 8.12. 1919 in den ehemaligen Stallungen im Keller des »Zirkus Schumann«, Weidendammer Brücke, den Reinhardt zum »Großen Schauspielhaus« hatte umbauen lassen.

Signet 1901

Die Leitung hatte der Schriftsteller Rudolf Kurtz, der sich Reinhardts Dramaturgen Heinz Herald und seinen Ausstatter Ernst Stern als künstlerische Beiräte beiordnete. Aus seinem Ensemble stellte Reinhardt die Schauspieler → *Blandine Ebinger*, Gertrud Eysoldt, → *Paul Graetz*, Lala Herdmenger, Hans Henryk, Hans Junkermann, Lotte Stein, Hans Heinrich von Twardowski, Gustav von Wangenheim u.a. zur Verfügung. Musikalische Leitung: → *Friedrich Hollaender*.

Nachdem am 28.11. 1919 im »Großen Schauspielhaus« die »Orestie« des Aischylos unter der Regie Reinhardts in Szene gegangen war, kam das *Schall und Rauch*

SCHALL UND RAUCH

IM GROSSEN SCHAUSPIELHAUS

Direktion: RUDOLF KURTZ — Künstlerischer Beirat: HEINZ HERALD und ERNST STERN

DEZEMBER-PROGRAMM:

Der Conferancier ([illegible]) Eberhard Wrede
Der Zirkusdirektor . . . . Paul Graetz

Serenissimus . . . . . Hans Junkermann
Kindermann . . . . . . Hans Henryk
Der Kammerdiener . . . . Edgar Kanisch

Gustav von Wangenheim: Pierrot-Lieder
Text: Gustav v. Wangenheim — Musik: Werner R. Heymann

Lala Herdmenger: Tänze
Musik: Robert Forster-Larrinaga

Klabund: Eigene groteske Dichtungen

Ein Tag des Reichspräsidenten
Karikaturenfilm, gezeichnet von Walter Trier
Musik von Friedrich Hollaender

PAUSE

Gertrud Eysoldt
Hans Heinrich von Twardowski: Parodien } alternierend

Paul Graetz: Der alte Motor
Text: Theobald Tiger — Musik: Friedrich Hollaender

Blandine Ebinger: In der Bar
Text und Musik von Friedrich Hollaender

„EINFACH KLASSISCH!"
Eine Orestie mit glücklichem Ausgang (ein Puppenspiel)
von Walter Mehring

1. Agamemnon im Bade — 2. Die Morgenröte der Demokratie
3. Die klassische Steuerflucht

Personen:
Der Wächter (Invalide von anno 1870)
Agamemnon (Königl. Hoheit — kommand. General in den besten Jahren)
Klytemnestra (seine Gattin, vollbusig, gefährliches Alter)
Aegisth (deren G'spusi; Literat und Berufsethiker, später demokr. Präsident)
Kass Andra (rassig, mit Spitzenhöschen)
Electra von der Heilsarmee
Orest (Offizier eines attischen Freikorps, Königl. Hoheit)
Henny Pythia (genannt die Duse des nordischen Kinos)
Woodrow Apollon (lebt in höheren Sphären)
Der Chor der Presse (später Steuereumeniden)

Mitwirkende: Blandine Ebinger, Fränze Roloff, Lotte Stein, Edgar Kanisch, Gustav von Wangenheim, Eberhard Wrede
Musik von Friedrich Hollaender
Figurinen und Dekorationsentwürfe von George Grosz
Leitung: Bildhauer Waldemar Hecker

Musikal. Leitung: FRIEDRICH HOLLÆNDER — Techn. Leitung: PAUL ERCKENS — Am Flügel: FRIEDRICH HOLLÆNDER

Eröffnung 1/2 8 Uhr **Abänderungen des Programms vorbehalten!** Beginn 1/2 9 Uhr

Text und Musik der Vorträge des Marionettenspiels sind am Büchertisch in „Schall und Rauch" zu haben.

Programmzettel des Schall und Rauch II

(II) am 8.12. 1919 im Keller darunter mit einer Parodie darauf, dem Puppenspiel »Einfach klassisch! (Eine Orestie mit glücklichem Ausgang)«, im zweiten Teil eines bunten Nummernprogramms heraus. Außerdem wurde ein von Walter Trier gezeichneter Karikaturfilm »Ein Tag im Leben des Reichspräsidenten« aufgeführt. Ferner sangen Wangenheim »Pierrot-Lieder«, Graetz »Der alte Motor« von → *Kurt Tucholsky*, Blandine Ebinger »In der Bar« von Hollaender. → *Klabund* sprach »eigene groteske Dichtungen«, Junkermann und Henryk glossierten als »Serenissismus und Kindermann« die Zeitläufte. Die »Orestie«-Parodie hatte → *Walter Mehring* verfaßt, die mannshohen Figurinen dazu hatte Waldemar Hecker nach Entwürfen von George Grosz gefertigt. Die Premiere ging in einem von den Dadaisten (zu denen Grosz und Mehring sich zählten) provozierten Theaterskandal unter.

Zu den eigenständigen Kabarettisten des *Schall und Rauch* (II) gehörten u.a.: → *Wilhelm Bendow*, Änn Häusinger, → *Annemarie Hase*, → *Hubert von Meyerinck*, Gregorij Ratoff, → *Joachim Ringelnatz*, Duinar van Twist. Als Komponisten und Begleiter wirkten neben Hollaender → *Werner Richard Heymann* und → *Mischa Spoliansky*. Am 1.6. 1920 übernahm Hans von Wolzogen die künstlerische Leitung. Als Reinhardt das »Große Schauspielhaus« aufgegeben hatte, zog sich Mitte Februar 1921 auch Wolzogen zurück. Im März erwarb eine »Sahara-Gesellschaft« das Kabarett mit Raum und Namen, das unter der Direktion von Erna Offeney zum Amüsierkabarett absank und 1924 als »Bierkabarett« endete. –

Das *Schall und Rauch* (II) wurde entgegen Reinhardts ursprünglicher Wiedererweckungsabsicht zum Forum einer literarisch und künstlerisch experimentierfreudigen Kriegsgeneration. Dabei bildeten die scharf zeitsatirischen Nummern stets nur einen geringen Teil der Programme. Schon die 1100 Plätze des Kellerraums geboten einen breitgefächerten Anteil reinen Unterhaltungskabaretts. Dennoch bildete *Schall und Rauch* (II) die Keimzelle der neuen kabarettistischen Zeitsatire.

Schaller, Wolfgang **20. 4. 1940 Breslau.*
Kabarettist, Kabarettautor, Regisseur, Kabarettleiter
Spielte als Student und später als Lehrer in verschiedenen Amateurkabaretts (»Schrittlacher«, 1970 u.a.) in Görlitz. Dort entdeckte ihn 1970 Manfred Schubert als Dramaturg und Autor und holte ihn an das Kabarett → *Herkuleskeule* nach Dresden. Zusammen mit → *Hans Glauche* schrieb er 1976 die »My-fair-Lady«-Adaption »Ein kleines Stück« und mit → *Peter Ensikat* 1980 für die »Herkuleskeule«: »Bürger, schützt Eure Anlagen« (das 1983 als Buch erschien), ein Kabarettstück, das an über 30 Theatern und Kabaretts der DDR gespielt wurde. Mit den ebenfalls an der »Herkuleskeule« uraufgeführten und von Rostock bis Weimar nachinszenierten Programmen »Aus dem Leben eines Taugewas« (1984), »Auf Dich kommt es an, nicht auf alle« (1986) und »Überlebenszeit« (1988) gehörten Schaller/Ensikat in den achtziger Jahren zu den meistgespielten Autoren in der DDR. Schaller führte 1970–1981 Regie am Amateurkabarett »Die Lachkarte«, Dresden, schrieb für den Wernigeroder Buchhändler Rainer Schulze Chansons und ging mit ihm und → *Wolfgang Stumph* zusammen 1982–1990 auf Tourneen.
Nach 1988 übernahm Schaller die künstlerische Leitung der »Herkuleskeule«, steuerte sie mit den Programmen von »Warten auf k.o.« (1991) bis »Bar aller Illusionen« (1993) über die Wogen der ersten Wendejahre, wurde Gesellschafter bei der privatisierten »Herkuleskeule« und baute weiter auf die Zusammenarbeit mit Ensikat (»Rassefrauen«, 1990; »Gibt es ein Leben vor dem Tod«, 1992), mit dem er 1995 für die Berliner → *Distel* das Programm schrieb: »Im Westen geht die Sonne auf«. 1990 lieferte er Texte für das → *Renitenztheater*, Stuttgart. Der WDR (1990) und der MDR (1993) sendeten Portäts über ihn. Für die »Sächsische Zeitung« schrieb er 1992/93 wöchentlich die Kolumne »Schallers Sati(e)rschau«, für Radio Sachsen gestaltete er 1991/1992 die Monatssendung »SATire I«.

Schallplatte Erst die Entwicklung des Tonträgers von Thomas A. Edisons stanniolbespannter, auf einem Phonographen abzuspielender Walze (1877) über die mit Wachs überzogene Zinkplatte des Grammophon-Erfinders Emil Berliner (1887) zu der nach demselben Prinzip hergestellten Schellackplatte machte die Schallplatte zur Massenware. 1906 lag der deutsche Schallplattenumsatz bereits bei 1,5 Millionen Stück; 1930 erreichte er 30 Millionen, 1977 136 Millionen (mit einem Langspielplattenanteil von 70 Prozent). Heute werden jährlich über 300 Millionen Compact Discs (CDs) hergestellt.
Lag zu Anfang der Schwerpunkt der Schallplattenherstellung – aus aufnahmetechnischen Gründen – auf Opernarien und Kammermusik und, etwas später, Orchesterwerken, so wurden bei breiteren Bevölkerungsschichten bald Volkslieder, Märsche, Walzer und schließlich → *Schlager* beliebt; dieser ist bis heute der bestimmende ökonomische Faktor geblieben.
Schon relativ früh wurden Kabarettprogramme und Vorträge einzelner Kabarettisten auf Schallplatten konserviert, vor allem Lieder und Chansons sowie

 Ausschnitte aus Kabarettrevuen. Allein nach 1945 erschienen rund 4000 Aufnahmen aus dem Bereich des Kabaretts. Gegenüber den relativ geringen Umsätzen reiner Kabarettplatten (ca. 4000 pro → *Kom(m)ödchen*-Platte und etwa ebensoviel bei Platten der »Stachelschweine« und der »Münchner Lach- und Schießgesellschaft«) verkauften sich Aufnahmen der → *Liedermacher* erheblich besser und lösten auf dem Tonträgermarkt anfangs der siebziger Jahre die Schlagersänger ab. Auch die Aufnahmen von Nonsens-Kabarettisten wie → *Heinz Erhardt,* → *Dieter Hallervorden,* → *Otto* (Waalkes) u.a. erreichten Spitzenverkäufe. Zu erwähnen bleiben eigens auf das Medium Schallplatte zugeschnittene, mit Musiken unterlegte kabarettistische Collagen wie die von → *Volker Kühn* zusammengestellten und durch verfremdende satirische Arrangements entlarvenden Reden von Politikern wie Barzel, Brandt, Kiesinger, Kohl, Lübke, Helmut Schmidt, Strauß und Wehner.

📖 Haas, Wilhelm; Klever, Ulrich: *Schallplattenbrevier,* Frankfurt/Main 1958. – Riess, Curt: *Knaurs Weltgeschichte der Schallplatte.* München 1966.

Scharfrichterhaus Kleinkunstbühne mit Galerie in 94032 Passau, Milchgasse 2, seit 1979 unter der Leitung von Walter Landshuter und Edgar Liegl. Veranstaltet werden Gastspiele aus den Bereichen Kabarett, Kleinkunst und Jazz. Am 29.2. 1996 kam hier die erste eigene Kabarettproduktion, »Absurdium des Passauer Kultur-Verständnisses« (Regie: → *Siegfried Zimmerschied*) mit Barbara Dorsch und Manfred Kempinger heraus. Seit 1983 wird einmal jährlich nach dem Kabarett-Nachwuchswettbewerb der Kabarett-Preis »Scharfrichter-Beil« verliehen.

📖 Landshuter, Walter; Liegl, Edgar (Hrsg.): Beunruhigung in der Provinz. Passau 1987.

Die Schaubude Literarisch-politisches Kabarett in München, entstanden aus einem im Sommer 1945 von Otto Osthoff, Eberhardt R. Schmidt und → *Rudolf Schündler* zusammengestellten Kabarettprogramm, das als »Der erste Schritt« am 15.8. 1945 in den Räumen der »Münchner Kammerspiele« uraufgeführt worden war. Die Texte stammten aus dem Fundus von Mathias Claudius, → *Werner Finck,* → *Erich Kästner,* → *Joachim Ringelnatz.* Die Conférencen sprach Osthoff, die Choreographie besorgte Michael Kröcher. Darsteller: Willy Berling, Eva Maria Duhan, Karl John, Bum Krüger, Barbara Pleyer und Schündler.
Am 21.4. 1946 eröffnete Schündler im eigenen Hause im Theatersaal des Katholischen Gesellenvereins-Hauses in der Reitmorstraße *Die Schaubude* mit einem ad hoc von Axel von Ambesser, Erich Kästner, → *Hellmuth Krüger* und → *Herbert Witt* geschriebenen Programm (»Bilderbogen für Erwachsene«). Musik und Begleitung: → *Edmund Nick.* Darsteller: Inge Bartsch, → *Ursula Herking,* Eva Immermann, Karl John, Bum Krüger, Hellmuth Krüger (Conférencen) und Sepp Nigg. Hierin sang Ursula Herking Kästners »Marschlied 1945«. Im Oktoberprogramm (»Für Erwachsene verboten«) wirkten erstmals mit: die Schauspieler Karl Schönböck und Siegfried Lowitz, die Tanzparodistin Hanna Seyfferth und der conferierende und agierende Schriftsteller Walther Kiaulehn. Im Märzprogramm 1947 (»Vorwiegend heiter – leichte Niederschläge«) sang Ursula Herking Kästners »Lied vom Warten«, außerdem war darin enthalten Kästners »Deutsches Ringelspiel

1947«. Des weiteren wirkten in den Programmen mit: Siegfried Brandl, Gisela Fackeldey, Ernst Fritz Fürbringer, Jane Furch, Monika Greving, → *Oliver Hassencamp*, Bruno Hübner, Walter Janssen, Ruth Kappelsberger, Henry Lorenzen, Charles Regnier, Herta Saal, Werner Thun, Petra Unkel, Fritz Walter u.a.
Einen Theaterskandal entfesselte im September 1947 eine Parodie Herbert Witts auf Carl Orffs »Die Bernauerin«, gegen die Angehörige der »Bayernpartei« auf dem Rang mit Trillerpfeifen, Kuhglocken und Stinkbomben protestierten. 1947 gliederte sich die *Schaubude* ein »Theaterstudio 1947« an, in dem sie ohne rechten Erfolg Dramen und Komödien spielte. Als spätes Opfer der Währungsreform vom Juni 1948 stellte die *Schaubude* ihren Spielbetrieb im Januar 1949 ein. –
Rudolf Schündler, der ebenso wie Inge Bartsch und Ursula Herking der → *Katakombe* angehört hatte, versuchte mit der *Schaubude* den alten Stil in eine neue Zeit hinüberzuretten. Mit ihren hervorragenden Autoren und Darstellern wurde die *Schaubude* zum bekanntesten deutschen Nachkriegskabarett der ersten Stunde. Thematisch konzentrierte sie sich naturgemäß auf die Bewältigung der jüngsten Vergangenheit (Entnazifizierung, Wohnungsnot, Schwarzer Markt, Kriegsgefangene, Besatzungsmacht u.a.).

Scheerbart, Paul **8. 1. 1863 Danzig; † 15. 10. 1915 Berlin.* Schriftsteller
Studierte Philosophie, Kunst- und Religionsgeschichte in Berlin und lebte dort seit 1887, meist in finanzieller Not, als freier Schriftsteller. Gründete 1889 den »Verlag der Phantasten«, in dem mehrere Bücher von ihm erschienen. Er verfaßte phantastische Erzählungen, dramatische Grotesken und technische Utopien. Der entschiedene Gegner des wilhelminischen Militärstaats führte seine Boheme-Existenz am Rande der Armut. Seine Texte gehörten auch zum Repertoire der jungen → *Claire Waldoff*, die damit 1907 ihr Kabarett-Debüt im → *Roland von Berlin* geben wollte, von der Zensur aber wegen antimilitaristischer Tendenzen der Texte daran gehindert wurde. 1911 kamen seine grotesken Szenen und Einakter im → *Neopathetischen Cabaret* in Berlin zur Aufführung.

Mumm, Carl (Hrsg.): *Paul Scheerbart – Eine Einführung in sein Werk.* Wiesbaden 1955. – Konz, Klaus; Leibbrand, Rainer (Hrsg.): *Paul Scheerbart – Das Lachen ist verboten – Grotesken, Erzählungen, Gedichte.* Hamburg 1984. – Rausch, Mechthild (Hrsg.): *Paul Scheerbart – 70 Trillionen Weltgrüße – Eine Biographie in Briefen 1889–1915.* Berlin 1994.

Scheibenwischer → *Medienkabarett*

Scheibner, Hans **27. 8. 1936 Hamburg.* Liedermacher, Kabarettist, Lyriker
Schon in der Schule hatte er – von Mitschülern dann aufgeführte – kleine Stücke geschrieben. Während seiner Kaufmannslehre trat er mitunter im Hamburger »Theater 55« auf, war 1958 Hilfsredakteur bei der »Welt«, danach kaufmännischer Korrespondent in einer Lackfabrik. Schrieb in seiner Freizeit Dramen, Komödien und Gedichte. Las 1967 im literarischen Kleinkunstkreis → *Die Wendeltreppe* (Hamburg). Seit 1968 ständig Auftritte in Hamburger Clubs, Kneipen und auf Brettln. Schrieb 1971 für eine Dixielandband zeitkritische Songs und trat bis 1975 mit »Meyers Dampfkapelle« in Discotheken auf. Er selber sang u.a. »Ich mag so gern am Fließband stehn« und »Lied von den Hexen«. 1980 gab er seine Stellung

als Werbeleiter einer Maschinenfabrik auf und wandte sich vollends der satirischen Poesie und dem Kabarett zu.
Veröffentlichte 1973 unter dem Titel »Lästerlyrik« satirische Gedichte. Es folgten »Wenn die Nachtigall zuschlägt«, »Spott zum Gruße« und »Spott ist allmächtig«. Den Titelsong seiner dritten LP, »Was in Achterndiek in der Nacht geschieht«, sangen Kernkraftwerksgegner in Brokdorf als Protestballade. Seit 1974 bis in die achtziger Jahre arbeitete Scheibner mit Berry Sarluis als seinem musikalischen Begleiter und Komponisten zusammen. Mit der LP »Heiliger Marx« (1977) verscherzte er sich die Sympathien der sozialistischen Intelligenz im Lande. In seinen Bühnen-Programmen u.a. »Ultimo 90« (1990), in dem er mit der deutsch-deutschen Vereinigung abrechnete, und zuletzt in »Der Urschrei« (1995), einer »psychoanalytischen Gruppentherapie der unheilbaren deutschen Seele«, erwies er sich als glänzender Satiriker. Bis 1985 wurden dreizehn Sendungen »scheibnerweise« in der ARD gesendet. Sein Auftritt »30 Jahre Bundeswehr« (in dem er die Bundeswehrsoldaten mit »kriminellen Gewaltverbrechern« auf eine Stufe stellte) in der ARD-Talkshow am 1. 11. 1985 führte zum Ende seiner Fernseh-Serie und seiner achtjährigen Mitarbeit als freier Kolumnist der Springer-Zeitung »Hamburger Abendblatt«. Seine danach in der »Hamburger Morgenpost« veröffentlichten Satiren wurden im Oktober 1992, nach sechs Jahren, fristlos gekündigt, nachdem Scheibner die Hemmungen deutscher Polizisten im Umgang mit neonazistischen Straftätern angeprangert hatte. Aus den 1600 Texten für die Zeitung entstanden allein drei Bücher: *Klopfzeichen aus der Anstalt, Wahnwitz vom Feinsten* und *Glücksgefühl beim Aufprall.* Zuvor hatte er 1991 in NDR III in »5 vor Talk« (aus diesen Texten entstand das Buch »Currywurst und Ewigkeit«) und im April–Juni 1992 im »Nachschlag« in der ARD (→ *Medienkabarett*) sein satirisches Gegengift versprüht.

Scheibner, Hans: *Darf der das?* Hamburg, 1980. – Ders.: *Keine Angst vorm Feuer.* Hamburg 1982. – Ders.: *Klopfzeichen aus der Anstalt.* Hamburg 1987. – Ders.: *Wahnwitz vom Feinsten.* Hamburg 1988. – Ders.: *Das Glücksgefühl vorm Aufprall.* Hamburg 1991. – Ders.: *Currywurst und Ewigkeit.* Hamburg 1992.

Scheller, Jürgen **21. 8. 1922 Potsdam; † 31. 3. 1996 Bad Aibling.*
Schauspieler, Kabarettist
Nach dem Zweiten Weltkrieg besuchte der aus kanadischer Gefangenschaft entlassene U-Boot-Offizier in München die Schauspielschule und debütierte danach in Wernigerode. 1949 Leiter und Darsteller beim Reisekabarett »Die Schildbürger«, danach auf Tournee mit dem Kabarett → *Die Mausefalle* unter Leitung von → *Werner Finck.* Gründete 1955 in München das Kabarett »Der Stachel«, das sich nach einer Tournee auflöste. Nun ging Scheller mit Trude Haefelin (die er 1957 heiratete) und dem späteren Kabaretthistoriker Heinz Greul am Klavier auf Tournee. 1957/1958 spielte er im Ensemble des Hamburger Kabaretts → *rendezvous* und 1960 am Hamburger Thalia-Theater. Zwischendurch trat er immer wieder in Filmen, in Rundfunk und Fernsehen auf (über 600 Fernsehauftritte) und spielte sogar als Musiker in Tanzkapellen.
1963–1972 war er Mitglied im Ensemble der → *Münchner Lach- und Schießgesellschaft.* 1975 führte er Regie und schrieb Texte für das konservative Kabarett »Die

Trotz-demokraten«. Nebenher gastierte er 1968 mit seinem ersten Soloprogramm im »Alten Simpl«, München. Es folgten die Soloprogramme »Leise rieselt der Spott« (1974); zusammen mit Susanne Doucet »Solo für zwei« (1975); »Saudumm und Gomorrha« (1979); »Schade, daß Sie gekommen sind« (1981); »Ich versteh' nur immer Bahnhof« (1982); »Das darf doch alles nicht wahr sein« (1985); »Und wenn ich vom Kirchturm schau« (1987); »Mensch, sieh dich an« (1989) und unter seinem ersten Titel »Leise rieselt der Spott« (1991). Dabei begleiteten ihn am Klavier: Franz Wendhof, Jonathan Hubbard und Ursula Harnisch.

Scheller, Jürgen: *Bloß alles nicht ernst nehmen.* Hof/Saale 1984. – Ders: *Der blaue Stern.* Hof/Saale 1985.

Scheu, Just **22. 2. 1903 Mainz; † 8. 8. 1956 Bad Mergentheim.*
Schauspieler, Conférencier, Chansonautor
Wurde nach einigen Semester Philosophie in Frankfurt am Main Schauspieler. Vom kleinen Kurtheater Bad Orb, dem Ort seines Debüts, führte sein Weg über Eisenach, Halle, Cottbus, Bremerhaven und Kiel nach Berlin. Von 1934–1945 war er Mitglied der Preußischen Staatstheater. Nach 1945 sollte der Rundfunk sein Hauptbetätigungsfeld werden. Just Scheu rief 1947 bei Radio Frankfurt die erste Quiz-Sendung (»Doppelt oder nichts«) ins Leben und wurde 1948 beim NWDR als »Vater der Funklotterie« zu einem der populärsten Unterhaltungskünstler der Nachkriegszeit. Mit seinen Chansons, die er für andere Interpreten schrieb, z.B. »Die Hanseatin« (»Die Dame von der Elb-Chaussee«) für → *Lale Andersen*, oder die er selbst am Klavier vortrug (»Der letzte romantische Mann«, »Angler-Lied«, »Der Fragebogen«), nahm er Bezug auf die Nachkriegs-Gegenwart. Außerdem schrieb er Operettenlibretti für Fred Raymond, Ralph Maria Siegel und Will Meisel, mehrere Film-Drehbücher sowie einige überaus erfolgreiche musikalische Lustspiele.

Die Schiedsrichter Politisch-satirisches Kabarett, gegründet 1958 in Hamburg als Gastspielkabarett von den ehemaligen Mitgliedern des → *rendez-vous*, Reinhold Brandes (Autor und Darsteller) und Sonja Wilken (Darstellerin). Eröffnet zusammen mit den beiden Darstellern Lorenz Impekoven und Teddy Mertens (Pianist) am 26.12. 1958 im »Théâtre Fauteuil«, Basel. Danach folgte am 26.12. 1959 »Freit Euch vergebens« und am 20.11. 1960 »So tun als Sn-ob«. Im vierten Programm, »Volk ans Dessert« (12. 10. 1961), spielten Vera Eckert, Georg Brabent und Wolf Rahtjen, der 1962 die Leitung des Kabaretts übernahm, als Brandes und Wilken in das Ensemble des → *Renitenztheaters* eintraten. Rahtjen engagierte als neue Darsteller Ingrid Mirbach und Werner Johst und brachte am 21.4. 1962 das Programm »Snobs, Streiks und Sticheleien« heraus. Am 2.7. 1962 folgte das letzte Programm, »1–2–3 – wer hat den Knall?«. Danach spielte Rahtjen als Solokabarettist noch einige Programme. Die Texte für die »Schiedsrichter«-Programme schrieben Autoren wie: → *Therese Angeloff*, → *Balduin Baas*, Reinhold Brandes, → *Eckart Hachfeld*, → *Jo Herbst*, → *Hanns Dieter Hüsch*, → *Volker Ludwig*, Mischa Mleinek, Wolf Rahtjen, → *Klaus Peter Schreiner*, → *Per Schwenzen*, Alf Tamin, → *Thierry*, → *Rolf Ulrich* und → *Ralf Wolter*.

354 **Das Schiff** Literarisches Kabarett, gegründet 1975 von Eberhard Möbius (* 1926) auf einem Schiff im Hamburger Hafen. *Das Schiff* fing mit zwei Theaterstücken an und brachte seit 1977 ein Programm mit Versen von → *Joachim Ringelnatz*, »Überall ist Wunderland« mit Nina Westen, Eberhard Möbius, Kay Sabban und dem musikalischen Leiter am Klavier, Franz Wendhof, heraus. Mit diesem Ensemble spielte *Das Schiff* sieben weitere Programme, bevor 1981 Heide Mombächer und → *Stephan Wald* ins Ensemble kamen und bis 1984 an insgesamt fünf Produktionen beteiligt waren. 1985 brachte *Das Schiff* sein sechzehntes Programm, »Arbeit läßt sich nicht vermeiden«, mit Gerti Eller, Sabine Hart, Sylvia Sander und Eberhard Möbius heraus, danach folgten: »Zehn Jahre Kurs auf Kollision« (1985); »Mit Volldampf zurück« (1988); »Schöne Wirtschaft« (1989); »Warum nicht – Liebe???« (1990); »Ein Schlachtfest für zwei« (1991); »Mehrwert Europa« (1992); »Wer allzu fest am Sessel klebt« (1993); »Narr-Kose für's Volk« (1994) und 1995 zum zwanzigjährigen Jubiläum »Was sind schon 20 Jahre?«. Inzwischen gehören dem Ensemble nach einigen Wechseln neben Möbius Sylvia Sanders, Ralf Hutter und Christian Rolle als musikalischer Leiter an. Daneben gab die Gruppe zahlreiche Gastspiele, u.a. mit → *Gert Fröbe*, Heinz Reincke, → *Helmut Qualtinger*, → *Jürgen Scheller*, Peter Ustinov, Otto Schenk und Senta Berger.

Möbius, Eberhard: *Das Schiff – Ein Traum aus Holz und Eisen*. Hamburg 1990.

Schiffer, Marcellus **20. 6. 1882 Berlin † (Selbstmord) 24. 8. 1932 Berlin.* Kabarettautor und Librettist

Studierte Graphik bei Emil Orlik und wurde Maler. Schrieb erste Chansons 1921 für die → *Wilde Bühne*, die seine Frau, → *Margo Lion*, exzentrisch-mondän-parodistisch vortrug (»Die Linie der Mode«). Schrieb 1924 Texte für die → *Gondel*. Als erste zeitkritische Kabarettrevue schrieb und inszenierte er 1926 »Die fleißige Leserin« im »Renaissance-Theater« (Musik: Paul Strasser) mit Margo Lion, Leonard Steckel, H.H. v. Twardowski, Mary Wigman u.a. sowie im selben Jahr am selben Ort »Hetärengespräche« (Musik: → *Friedrich Hollaender*).

Die ideale Entsprechung seines Stils fand er erst in → *Mischa Spoliansky*, mit dem er die Kabarettrevuen »Es liegt in der Luft« (1928) mit Margo Lion, → *Marlene Dietrich*, → *Oskar Karlweis*, → *Hubert von Meyerinck*, → *Willy Prager*, → *Otto Wallburg* u.a. und »Alles Schwindel« (1931) mit Margo Lion, → *Gustaf Gründgens* u.a. sowie den kabarettistischen Operneinakter »Rufen Sie Herrn Plim!« (1932 im → *Kabarett der Komiker*) schuf. Schiffer schrieb außerdem die Kabarettrevue »Ich tanze um die Welt mit dir« (1930, Musik: Friedrich Hollaender) sowie mit Hollaender und → *Rudolf Nelson* die Kabarettrevuen »Der rote Faden« und »Quick« (beide 1930). Für Paul Hindemith verfaßte er die Libretti zu dessen Kurzopern »Hin und zurück« (1927, Baden-Baden, nach den »Hetärengesprächen«) und »Neues vom Tage« (1928, Berlin).

Marcellus Schiffer besaß die leichte Hand für die literarische und doch eingängige Kabarettrevue mit vage zeitkritischer Tendenz, wie sie sonst nur Friedrich Hollaender aufzuweisen hatte.

Lareau, Alan (Hrsg.): *Marcellus Schiffer (1892–1932) – Kinder der Zeit*. Siegen 1991.

Schlager Bezeichnung für eine zündende (»einschlagende«) Melodie (Lied oder Refrain), die sich schnell im deutschen Sprachgebiet ausbreitet, vor allem für populäre Gesangsstücke; aufgekommen 1850 in Wien. Zunächst waren es Nummern aus Opern und Operetten (z.B. → *Couplets*, → *Chansons*, → *Lieder* oder textierte Märsche); in der Folgezeit entstanden zunehmend eigenständige Musikstücke, die als Schlager bezeichnet wurden. Erst durch die modernen Medien konnte der Schlager auf breiteste Publikumsschichten wirken. Der Schlager (im Engl. »Hit« mit gleicher Bedeutung) ist demnach ursprünglich weniger ein Gattungs- als ein Erfolgsbegriff. Er wird heute nach kommerziellen Gesichtspunkten produziert, der Wortschatz ist betont klein, er baut auf die Suggestionskraft der Wiederholungen, den mitsingfähigen Refrain und spekuliert mit dem Schein des Bekannten. Auch musikalisch (melodisch, harmonisch, rhythmisch) benutzt er gängige Formen, die z.T. in Modetänzen, in Jazz oder Folklore u.a. vorgebildet sind. Werke, die den Tageserfolg überdauern, werden »Evergreens«, Schlager gesteigerter Sentimentalität »Schnulze« genannt.

Die ersten Schlager waren vielfach sogenannte Chansonschlager (oder: Schlager-Chansons), die häufig im Kabarett und der → *Kabarett-Revue* kreiert wurden. Diese Chansonschlager erzählen über mindestens drei Strophen witzig-ironische Geschichten, die jeweils durch einen fortlaufend variierten Refrain verbunden werden. Im Laufe der Entwicklung verzichtete der marktfähig produzierte Schlager auf die Geschichte, indem er nur noch aus dem vertonten Refrain bestand. Chansonschlager wurden schon im ersten deutschen Kabarett → *Überbrettl* populär, z.B. 1901 das Tanzduett »Der lustige Ehemann« von → *Oscar Straus* (Musik) und → *Otto Julius Bierbaum* (Text). Um 1910 begann → *Otto Reutter* breitenwirksame Couplets (»Nehm'n sie'n Alten«, »Der Überzieher« u.a.) zu schreiben und zu singen. In den zwanziger Jahren folgte → *Willy Rosen* (»Wenn du mal in Hawai bist«), daneben sangen dem Kabarett verbundene Interpreten, wie → *Max Hansen* (»Jetzt gehts der Dolly gut«), → *Paul O'Montis* (»Mein Bruder macht im Tonfilm die Geräusche«), → *Willy Prager* (»Ich weiß, das ist nicht so«) u.a. erfolgreiche Schlager. In den dreißiger Jahren folgten → *Peter Igelhoff* (»Wenn ich vergnügt bin, muß ich singen«) und *Lale Andersen*, → *Eva Busch*, → *Marlene Dietrich*, → *Hilde Hildebrand*, → *Greta Keller* u.a. Viele dieser Chansonschlager stammten aus den Kabarett-Revuen der Komponisten → *Ralph Benatzky* (»Piefke in Paris«), → *Friedrich Holleander* (»Ich bin von Kopf bis Fuß auf Liebe eingestellt«), → *Rudolf Nelson* (»Wenn du meine Tante siehst«), → *Mischa Spoliansky* (»Wenn die beste Freundin mit der besten Freundin«). In den Jahren nach 1945 fanden diese Chansonschlager immer neue Interpreten, z.B. → *Dora Dorette*, Olga Irene Fröhlich, Margot Hielscher, Zarah Leander, → *Olga Rinnebach*, bis heute u.a. mit → *Tim Fischer*, → *Joe Luga*, → *Max Raabe*. Manchmal gelang es auch den → *Liedermachern* (→ *Hildegard Knef*, → *Reinhard Mey* u.a.), Chansonschlager von großer Breitenwirkung zu schreiben und zu interpretieren.

Metzger, Werner: *Schlager – Versuch einer Gesamtdarstellung*. Tübingen 1975. – Sperr, Monika (Hrsg.): *Das große Schlager-Buch*, München 1978. – Wolff, Lutz W. (Hrsg.): *Puppchen, du bist mein Augenstern – Deutsche Schlager aus vier Jahrzehnten*. München 1981. – Schär, Christian: *Der Schlager und seine Tänze im Deutschland der 20er Jahre*. Zürich 1991. – Bardong, Matthias; Demmler, Hermann; Pfarr, Christian: *Lexikon des deutschen Schlagers*. Ludwigsburg 1992.

356 **Die Schmetterlinge** Politische Songgruppe aus Wien. Gegründet 1969, spielten sie bis 1974 hauptsächlich Folklore und Rock. Seitdem ihnen seit 1975 der Lyriker Heinz R. Unger engagierte Texte schrieb, waren sie zur bedeutendsten Politband im deutschsprachigen Raum geworden. Nach ihrer ersten politischen LP, »Lieder fürs Leben« (1975), erzielten sie mit ihrem zweiten Programm, »Proletenpassion«, über die Geschichte der »kleinen Leute« von den Bauernkriegen bis zur Gegenwart (uraufgeführt 1976 bei den Wiener Festwochen) einem enormen Publikums- und Presseerfolg.

Eine kurze Tournee durch die BRD machte sie auch in der deutschen Jugend- und Studentenszene bekannt und beliebt. Es folgen die Programme »Herbstreise – Lieder zur Lage der Nation« (1979), »Verdrängte Jahre« (1981, eine Collage von Texten → *Jura Soyfers*) und »Dic letzte Welt« (1982, eine Produktion im Auftrag des »Jungen Forums« der Ruhrfestspiele über die Ursachen des Hungers in der Dritten Welt), die sämtlich auch auf LPs erschienen sind. Politisch Anstoß erregten sie mit ihren engagierten Liedern bei einer Maiveranstaltung des Berliner DGB 1977 und kurz darauf als Vertreter Österreichs beim »Grand Prix Eurovision de la Chanson« in London sowie allgemein bei der deutschen Schallplattenindustrie, so daß sie ihre LPs unter einem eigenen Label, »Antagon«, mit hohen Auflagen verkaufen. Der Gruppe gehörten an: Beatrix Neundlinger (* 1948, Gesang, Quer- und Blockflöte), Erich Meixner (* 1944, Baß, Akkordeon, Saxophon, Klavier, Gesang), Georg Herrnstadt (* 1948, Klavier, Orgel, Gesang), Willi Resetarits (* 1948, Schlagzeug, Percussion, Mundharmonika, Gesang), Herbert Trampier (* 1948, akustische und E-Gitarre, Mandoline, Baß, Gesang) und Günter Grosslercher (* 1945) als Berater und Manager. Mitte der achtziger Jahre löste sich die Gruppe auf, während Willi Resetarits eine Solokarriere als »Ostbahn-Kurtie« mit der Band »Die Chefpartie«, mit Liedern im Wiener Dialekt machte.

Die Schmiere (Das schlechteste Theater der Welt) Politisch-satirisches Kabarett in Frankfurt (Main). Eröffnet am 9. 9. 1950 von → *Rudolf Rolfs* mit dem Programm »Für Menschen und Rindvieh« im Kurhaussaal von Bad Vilbel. Bezog kurz darauf ein festes Quartier in einem Keller des »Steinernen Hauses«, Braubachstraße, Frankfurt (Main). 1954 Umzug in einen anderen Keller dieses Hauses. Seit 1959 im Keller des Karmeliterklosters nahe dem Theaterplatz ansässig.

Mit ihrem seit jener Zeit fast unveränderten Mobiliar – hundert von Besuchern gestifteten verschiedenen Sitzgelegenheiten sowie Gipsbüsten und anderem Trödel an Wänden und Decken – und der nie geänderten »radikaldemokratischen« Einstellung ihres Leiters, Protagonisten, Regisseurs und einzigen Autors Rolfs ist *Die Schmiere* das älteste politisch-satirische Gesinnungskabarett der Nachkriegszeit. Weder in ihrer Form noch in ihren Progammtiteln ähnelt sie dem herkömmlichen Kabarett. Die (bisher an die 70) Programme bieten einen zügigen Wechsel von Kurzszenen, Kurzdialogen und Songs, jeweils zusammengehalten von einem übergreifenden Thema. Aktuelle Einsprengsel, die oft täglich ausgewechselt werden, ermöglichen eine lange Spieldauer der Programme. Als einziges deutschsprachiges Repertoirekabarett kann *Die Schmiere* das jeweils neueste Programm alternierend mit älteren spielen (bis zu sechs verschiedene Programme wöchentlich). Zu ihren bekanntesten Programmen gehören: »Windbeutel mit

Senf« (1950), »Das müßte verboten werden« (1951), »Dornröschen im Mistbeet« (1952), »Teufel in rosa Hemdchen« (1955), »Erwachsene sind auch Menschen« (1956), »Lila Käfer im Bart« (1957), »Die tote Ratte in der Limonadenflasche oder Jede Leiche 'nen Groschen« (1958, lief bis 1988), »Herr Kortikum ißt seine Suppe nur mit einem rostfreien Messer« (1960), »Die Eierkisten-Revue« (1962), »Forsicht, Druckveler« (1965), »Sie sind ein Ferkel, Exzellenz!« (1965), »Die Katze tritt die Treppe krumm« (1966), »Menschen in Aspik« (1968), »Pfui!« (1974), »Pst! Gummibärchen beißen« (1976), »Haben Sie auch einen kleinen Pi im Ohr?« (1979), »Wer pinkelt durchs Schlüsselloch?« (1980), »Mal ein wirklich netter Abend« (1981), »Achtung, Oma beklaut Baby!« (1984), »Sperrmüll im Himbeer-Eis« (1985), »Nehmen Sie Ihren Dackel aus meiner Suppe« (1986), »Engel mit Schwänzen« (1987), »Aber doch nicht vor allen Leuten« (1988) und »Rolfs und Nonsens räumen das Lager« (1989). Danach übernahm Rolfs' Tochter Effi als Hauptdarstellerin die Leitung der *Schmiere*. Mit wechselnden Ensembles und mit ihren Bühnenpartnern Klaus Tessnow und Matthias Stich brachte sie bisher zwölf Programme heraus (»Achtung! Schnecke läuft Amok«, 1990; »Bratwurst mit Laufmasche«, 1991; »Ist Ihnen auch so komisch?«, 1992; »Gut-Huhns geile Nacht-Rewü«, 1993; »Trotz Narkose gefönt« 1995; u.a.), für die Rudolf Rolfs noch Textbeiträge liefert.

»Die Schmiere« 1964 mit dem Programm »Darf ich Sie darauf aufmerksam machen, daß Sie einen Knopf offen haben« mit v.l.: Renate Riebandt, Rudolf Rolfs, Walter von Ray, Marga Weidner, Regnauld Nonsens

Den Stamm des *Schmiere*-Ensemble bildeten bis 1990 Rudolf Rolfs und der Frankfurter Dialektkomiker Regnauld Nonsens; den Rest stellten häufig wechselnde, meist junge Schauspieler. 1952–1962 war Hedi Reich fest im Ensemble; 1952–1976 gehörte Renate Riebandt dazu. Von den inzwischen arrivierten Mitgliedern sind zu nennen: Jochen Busse und Hans Gerd Kübel.

Rudolf Rolfs versteht sich als Moralist und radikaler Demokrat im Sinne einer gründlichen Ausschöpfung des Grundgesetzes, als Sozialist ohne marxistische Festlegung. Demzufolge war er seit den fünfziger Jahren in verschiedenen Bürgerinitiativen aktiv, so in der Aktion »Kampf dem Atomtod!«, in der Ostermarschbewegung, den Initiativen gegen die Notstandsgesetze und den Vietnamkrieg sowie der Friedensbewegung der achtziger Jahre. Neben seiner Tätigkeit als Kabarettist und »Agitator« schrieb er satirische Bücher, die nur direkt bei der »Schmiere« zu beziehen waren: u.a. »Voller Bauch auf Barrikaden – Texte, Satiren, Reden, Aufsätze« (1964), »Pamphlete – Illegale Handzettel gegen eine zu erwartende

 Diktatur« (1965), »Schlag nach bei Rolfs – Aphorismen, Definitionen, Fragmente« (1967), »Inventur eines Hirns« (1976), »Fragen Sie August Pi« (1980), »Fahndungsbuch – Stories, Pamphlete, Texte« (1982), »Das Abenteuer: Schmiere« (1985), ferner *Schmiere*-Taschenbücher (mit Programmen) 1–9, 1956–1962. 1989 erschien von ihm »Rost im Chrom – Stichworte, Stories, Stellungnahmen«. Ausgewählt und mit einem Essay versehen von Volker Michels, Frankfurt/Main 1989.

Schmitter, Ursula **9. 5. 1924 Pasewalk.* Kabarettistin, Chansonniere
Begann nach dem Besuch der Schauspielschule in Düsseldorf 1945 als Schauspielerin an Theatern in Potsdam und Leipzig, wo sie neben → *Lotte Werkmeister* auf der Bühne stand. An den Fränkischen Bühnen lernte sie 1945 ihren Ehemann → *Gerd Holger* kennen, der dort die Dekorationen für Operetten und musikalische Lustspiele malte. Mit ihm gehörte sie 1949–1950 dem Ensemble des Kabaretts → *Die Rampe* (Leipzig) an, wo aus dem Bühnenbildner der Komponist wurde, der bis heute 400 Songs und Chansons für Ursula Schmitter schrieb. 1955–1976 war das Ehepaar in 42 Programmen fester Bestandteil des Kabaretts → *Pfeffermühle* (Leipzig). 1957–1958 trat es auch im Leipziger Rundfunkkabarett »Tandaradei« auf.
Ursula Schmitter hat vor allem mit komisch-satirischen Milieu- und Typen-Chansons Erfolg, ferner in derb-komischen Rollen. Am 23.3. 1972 hatte in der »Pfeffermühle« ihr erster Solo-Chansonabend »Die Liebe und etwas anderes noch« Premiere, am Klavier begleitet von Gerd Holger und conferiert von dem Leipziger Journalisten Georg Antosch. In dieser Besetzung folgte vom 2.9. 1975 an das Programm »Das tut keine Dame«, für das vor allem → *Hildegard Maria Rauchfuß* die Texte und Gerd Holger ausnahmslos die Kompositionen schrieben. Weitere Soloprogramme: »Die sechs Verhältnisse« (20. 2. 1985), »Ganz ohne Protokoll« (12. 11. 1986). Gastspiele in Westdeutschland wurden dem Ehepaar versagt und erst seit 1992, nach Erreichung des Rentenalters möglich. Am 30.8. 1995 feierte das Ehepaar in der »Pfeffermühle« sein 50jähriges Bühnenjubiläum. 1996 brachte es das »Musical für Ältere – Keine Angst vor Herrn Wolf« heraus.

Antosch, Georg: *Sie ist eine Frau und steht ihren Mann – Porträt Ursula Schmitter.* In: Kassette 1. Berlin 1977.

Schneider-Duncker, Paul **2. 11. 1883 Krefeld; † 1956 Hamburg.*
Schauspieler, Conférencier, Chansonnier, Kabarettgründer und -leiter
Wuchs in Berlin auf. Über Engagements an norddeutschen Provinztheatern, danach in Sankt Gallen und Breslau ging er zur Operette. Zurück in Berlin, spielte er Bonvivantrollen in französischen Lustspielen am »Thalia-Theater« und am »Trianon-Theater«. 1904 gründete er zusammen mit → *Rudolf Nelson* den → *Roland von Berlin* und führte ihn nach der Trennung von Nelson 1907 mit Walter Kollo als Komponisten und Begleiter und → *Claire Waldoff* als Chansonniere eine Zeitlang weiter. Betrieb von 1915 bis 1924 im »Hotel Cumberland« im »Palmenhaus« am Kurfürstendamm seine »Bonbonniere« und ein gleichnamiges Unternehmen von 1921–1925 in Zürich. Eröffnete 1924 einen »Roland von Berlin – Künstlerbühne Admiralspalast«, dem er 1926 die pleite gegangene → *Rakete* als »Roland des Westens« angliederte. Vom 1934 bis 1936 betrieb er am Uhlandeck seine

»Künstlerspiele« und engagierte Iska Geri und → *Ursula Herking* (deren erstes Kabarettengagement). Nach dem Zweiten Weltkrieg ließ sich Schneider-Duncker in Hamburg nieder, wo er 1945 auch in der → *Bonbonniere* (Hamburg) auftrat. Schneider-Duncker brachte auf seine Weise die weltstädtische Note in das Berliner Kabarett nach Ende des → *Überbrettls*. Er war – kongenial der eleganten, perlenden Musik Rudolf Nelsons – ein eleganter Conférencier und Chansonnier. Bekannt wurde er vor allem durch seine Interpretation des »Ladenmädels«.

Schneyder, Werner **25. 1. 1937 Graz.*
Schriftsteller, Drehbuchautor, Sportmoderator, Kabarettist, Kabarettautor, Chansonnier und Regisseur
Studierte Zeitungswissenschaft und Kunstgeschichte (1965 Dr. phil.). War Barmusiker, Werbetexter, Journalist, später Theaterdramaturg und ist seit 1965 freier Autor. Arbeitet im Fernsehen als Autor, Entertainer, Chansonnier, Moderator und Sportreporter. 1975/76 Gastmoderator im »Aktuellen Sportstudio« des ZDF, seit 1992 moderiert er Boxkämpfe für RTL.

Werner Schneyder

Lernte im Sommer 1973 → *Dieter Hildebrandt* kennen. Schrieb und spielte mit ihm seit 1974 kabarettistische Duoprogramme: »Talk täglich« (Mai 1974), »Lametta & Co« (November 1975), »Wie abgerissen« (Oktober 1977), »Keine Fragen mehr« (April 1979), »Ende der Spielzeit« (Oktober 1981). Spielt seit 1981 Soloprogramme: »Solo mit Trio« (1981), »Solo mit Quartett« (1983), »Satz für Satz« (1984), ferner im Duo mit → *Lore Lorentz* eine Collage von Liedern und Texten → *Erich Kästners*, »Zeitgenossen haufenweise« (1984), und 1985 das Soloprogramm »Bei näherer Bekanntschaft«. 1982 u.a. in der → *Pfeffermühle* (Leipzig), wo er 1985 mit Dieter Hildebrandt die »Zugabe Leipzig« brachte. Danach folgten die Soloprogramme: »Doppelt besetzt« (1986), »Schon wieder nüchtern« (1989), »Absage und/oder Momente« (1991) und sein jüngstes Kabarettprogramm »Abschiedsabend« (1994), mit dem er am 4. 2. 1996 zum letzten Mal beim Fernsehsender 3SAT öffentlich auftrat.
Schneyder schrieb ferner Texte für die Programme der → *Münchner Lach- und Schießgesellschaft*, für Fernseh-Unterhaltungssendungen zwischen Show und Satire, die er auch selber moderiert, und singt eigene Lieder live und auf Schallplatte und führt Operettenregie. 1984 erhielt er den → *Deutschen Kleinkunstpreis.*

Schneyder, Werner: *Gelächter vor dem Aus – Aphorismen und Epigramme.* München 1980. – Ders.: *Schlafen Sie gut, Herr Tucholsky und andere Bühnenlieder.* München 1983. – Ders.: *Satz für Satz,* München 1984. – Ders.: *Wut und Liebe.* München 1985. – Ders.: *Herz im Hirn – Texte.* Berlin 1988. – Ders.: *Ende der Sommerpause. Satiren – Strophen – Selbstgespräche.* München 1988.

Schnog, Karl **14.6. 1897 Köln; †23. 8. 1964 Ost-Berlin.*
Schriftsteller, Kabarettist, Kabarettautor
Der Sohn eines Handwerkers begann als Schauspieler. Lebte in den zwanziger Jahren als Kabarettist und Kabarettautor in Berlin, conferierte und trug eigene

 Gedichte in der → *Wilden Bühne*, dem → *Cabaret Größenwahn*, dem → *Küka*, dem → *Kabarett der Komiker* und bei den → *Wespen* vor, deren Gründung er 1926 mit inspirierte. Verfaßte mit → *Hellmuth Krüger* 1930 die Kabarettrevue »So wird's gemacht« für das »Korso-Kabarett«. Schrieb Satiren für die Zeitschriften »Simplicissimus« und »Stachelschwein«, »Arbeiter-Illustrierte Zeitung« (AIZ) und »Weltbühne«. Emigrierte 1933 in die Schweiz, wo er u.a. für das → *Cabaret Cornichon* Texte schrieb, und weiter nach Frankreich und Luxemburg, wo ihn 1940 die Deutschen verhafteten. Schnog wurde nacheinander in die Konzentrationslager Dachau, Sachsenhausen und Buchenwald gebracht. Nach dem Krieg kehrte er nach Luxemburg zurück, ging Ende 1945 nach Berlin und wurde 1946 Leiter der Abteilung »Scherz, Satire« beim Berliner Rundfunk und 1950 Chefredakteur der satirischen Zeitschrift »Ulenspiegel«. Seine satirischen Gedichte wurden in vielen Kabaretts der DDR vorgetragen. Erhielt den Heinrich-Heine-Preis der DDR.

Schnog, Karl: *Jedem das Seine*. Berlin 1947. – *Zeitgedichte – Zeitgeschichte*. Berlin 1949.

Schollenbruch, Bruno ** 14. 4. 1948 Essen.* Kabarettist und Kabarettautor
Begann 1970 als satirischer Liedermacher in Essen. Trat 1975 als Kabarettist in Berlin mit seinem ersten Soloprogramm, »Lästerlieder, Lästertexte«, auf. Danach folgten die selbstverfaßten Soloprogramme »Gründung der alterna-iven Radio-Fernseh-Anstalt« (1979); »Deutschland, Deutschland, trübe hallt es« (1980); »FÜRchtet Euch nicht« (1981, auch als Buch); »Ich glaub', sie holen uns ab, haha!« (1982); »Rote Rosen, rote Lippen, roter Leim« (1983); »Wir sitzen alle im gleichen Code« (1984, auch als Buch); »Nostalgie im Hier und Jetzt« (1985); »No Problem! – Männer, Kids und Therapeuten« (1987); »Der Rock'n-Roll-König« (1989, Musik: Volker Kriegel) und 1995 zum zwanzigjährigen Jubliläum: »Paranoia On the Rocks – Männer, Macker, Muttersöhnchen«.

Schollwer, Edith ** 12. 2. 1909 Berlin.*
Schauspielerin, Kabarettistin, Chansonniere
Absolvierte ein Gesangsstudium und debütierte 1925 in Berlin als Soubrette im → *Kabarett der Komiker*, wo sie mit Unterbrechungen bis 1949 gastierte. 1926 spielte sie in der Revue »Die Nacht der Nächte« von → *Rudolf Nelson*. Von 1927 an war sie an vielen Berliner Bühnen und Kabaretts zuhause, so in den Revuen von James Klein (»Die Sünden der Welt«, 1927 u.a.), Hermann Haller (»Schön und schick«, 1928 u.a.), Erik Charell (»Die lustige Witwe«, 1928 u.a.) und u.a. im Kabarett »Krummer Spiegel« (1928). Nach dem Zweiten Weltkrieg spielte sie 1946 am Hebbel-Theater (»Krach im Hinterhaus«, »Geldschrankballade« u.a.), 1947 in der Revue »Alles Theater« von → *Günter Neumann* und 1948–1962 bei dessen Funkkabarett → *Der Insulaner*, wo sie u.a. das Erkennungslied »Der Insulaner verliert die Ruhe nicht« sang. Zwischendurch unternahm sie Gastspiele und Tourneen mit ihrem Liedrepertoire (»Ach Jott, wat sind die Männer dumm«, »Das Branntweinlied«, »Wanderlied einer Hausfrau« u.a.), gastierte in den Kabaretts → *Die Mausefalle*, Stuttgart (1950), *Nürnberger Trichter*, Berlin (1951) und 1954–1970 zeitweilig im Sportpalast, Berlin. Wirkte im Verlauf der Jahre in

zahlreichen Rundfunk- und Fernsehproduktionen mit, sowie in Theater- und Filmrollen (»Student sein, wenn die Veilchen blühen«, 1930; »Herrliche Zeiten«, 1950; »Der Vetter aus Dingsda«, 1953; »Vater sein dagegen sehr«, 1957).

Schönauer, Detlev ** 16. 10. 1953 Mainz.*
Liedermacher, Kabarettist und Kabarettautor
Studierte und lebte im Saarland, wo er als Nachhilfelehrer, Taxifahrer, Nachtwächter und schließlich als Diplom-Physiker arbeitete und nebenher als Liedermacher und Kabarettist auftrat. Nach fünf Jahren wissenschaftlicher Mitarbeit an der Universität Saarbrücken wurde er hauptberuflicher Kabarettist. Seine Soloprogramme brachte er im »Theater im Stiefel«, im »Studio-Theater« und im »Kabarett im Ostviertel« in Saarbrücken heraus, und zwar: »Gut Bürgerlich« (14. 4. 1984); »Auf diesem unseren Bildschirm« (28. 1. 1985); »Wir stellen ein« (16. 11. 1985); »Nur weiter so, Deutschland« (6. 12. 1985); »Tour Royal« (7. 11. 1987); »Am wichtigsten ist, was hinten rauskommt« (27. 10. 1988); »Wahlkrampf« (20. 10. 1989); »Radio Eilig Vaterland« (12. 10. 1990); »Gute Nacht, Deutschland« (28. 11. 1991); »Ick hab noch eenen Koffer in Berlin« (10. 12. 1992); »Und wer zahlt die Zeche?« (3. 12. 1993); »Prost Mahlzeit« (16. 12. 1994) und »Zoff am Zapfhahn« (8. 12. 1995). Daneben brachte er zahlreiche Sonderprogramme (so über → *Kurt Tucholsky*, → *Otto Reutter* u. a.) heraus und arbeitete für den Rundfunk, so z. B. als französischer Kneipenwirt Jacques im Saarländischen Rundfunk.

Schönauer, Detlev: *Jacques' Bistro – Satirisches aus dem Alltag*. Saarbrücken 1995.

Schoop, Trudi ** 1903 Zürich.* Tänzerin
Begann 1919 mit sechzehn Jahren ohne Ausbildung mit der Gestaltung eigener Tänze und gab erste Abende in Deutschland und der Schweiz. Angeregt durch die Ausdruckstänze von Rudolf von Laban und Mary Wigman besuchte sie die Schule von Ellen Tels, einer Schülerin von Isadora Duncan. Mit neuen Tänzen und Pantomimen unter den Titeln »Du interessierst mich nicht«, »Geschäft ist Geschäft«, »Das große Nein«, »Die Kunst der freien Rede« u. a. ging sie erneut auf Tournee und gründete nebenbei in Zürich eine »Schule für künstlerischen Tanz«. 1928 wurde sie an das Züricher Kabarett »Krater« engagiert, 1929 an das Berliner Kabarett → *Katakombe*, 1929–1931 mehrfach an das → *Kabarett der Komiker* und 1930 an das → *Tingel-Tangel-Theater*. Danach gründete sie mit ihrer Schwester Hedi eine Tanzgruppe, für die sie in musikalischer Zusammenarbeit mit ihrem Bruder Paul zahlreiche Tanzkomödien entwickelte, mit denen die Gruppe auf Tournee durch Europa und Amerika reiste. 1938 tanzte sie im Kabarett »Nebelhorn«, Zürich, und während der Kriegsjahre im → *Cabaret Cornichon* im schwarzen Ballettröckchen, als Hitler, den »sterbenden Schwan«. 1948 beteiligte sie sich an der Neugründung des »Nebelhorn« unter Max Mumenthaler und eröffnete im selben Jahr mit → *Werner Finck* die → *Mausefalle*, Stuttgart. Danach betrieb sie mit ihrer Schwester ein Tanzstudio in der Schweiz.

Schoop, Hedi: *Komm und tanz mit mir*. Zürich 1981.

Georg Schramm 1994 in seinem Soloprogramm »Schlachtenbummler«

Schramm, Georg   * *11. 3. 1949 Bad Homburg.*
Kabarettist und Kabarettautor
Studierte nach Abitur und Bundeswehrdienst in Bochum Psychologie. Von 1976 bis 1988 war er als Diplom-Psychologe tätig. Seit 1983 Mitglied des »Noien Para-Theaters« in Konstanz. Brachte am 31.10. 1985 in Konstanz sein erstes kabarettistisches Soloprogramm, »Solche Männer hat das Land«, heraus, in dem er die Figuren kaleidoskopartig auftreten ließ. Es folgten die Soloprogamme »Dein Platz an der Sonne« (1991) und »Schlachtenbummler« (1994), das er mit Hilde Schneider schrieb. Daneben bestritt er als Solist die Theaterproduktion »Moskau – Petuschki« (1989) nach einem Roman von Venedikt Jerofejew und 1991/1992 beim SFB die TV-Serie »Hühner-Fieber«. 1986 erhielt er den Kleinkunstpreis des Landes Baden-Württemberg, 1990 den → *Salzburger Stier* und 1992 den → *Deutschen Kleinkunstpreis.*

Schreiner, Klaus Peter   * *7. 4. 1930 Zweibrücken (Pfalz).*
Kabarettist, Kabarettautor, Schriftsteller
Studierte 1949/50 an der Universität Mainz Chemie, dann Germanistik, Kunstgeschichte und Theaterwissenschaft. Seit dem Sommersemester 1951 Weiterstudium in München. Gründete 1952 mit Hans Hermann Gorgas, Dieter Murmann, Klaus Schulz u.a. das Studentenkabarett »Die Seminarren« in München, das bis 1953 bestand. Von 1955 bis Herbst 1956 Autor und Darsteller der von ihm mitgegründeten → *Namenlosen.* Nach deren Spaltung versuchte er, ohne → *Dieter Hildebrandt,* der inzwischen mit → *Sammy Drechsel* die → *Münchner Lach- und Schießgesellschaft* gründete, »Die Namenlosen« im November 1956 in einem Hotel der Münchner Innenstadt weiterzuführen, scheiterte jedoch und schloß sich bis August 1957 als Autor und Darsteller den → *Amnestierten* an.
Schrieb von 1958 an für die *Münchner Lach- und Schießgesellschaft* und von Herbst 1957 bis Herbst 1959 für die → *Zwiebel* (Hauptautor von »Der Jubel rollt«, Mai 1959), bei der er im Herbst 1957 auch auftrat. Seit 1960 schreibt er vorwiegend für die »Lach- und Schießgesellschaft«, abgesehen von Textbeiträgen für die TV-Unterhaltungsserie »Klimbim« und die TV-Kabarettserien »Notizen aus der Provinz« und »Scheibenwischer« (→ *Medienkabarett*). 1984–1985 lief im SWF III seine TV-Unterhaltungsserie »Drehpause«.
1988 erschien sein Buch *Ins Schwarze geschrieben – Streifzüge durch (meine) dreißig Jahre Kabarett.* Aus seinen Lesungen daraus seit Frühjahr 1988 entwickelte sich im Laufe der Zeit ein Soloprogramm. Unter dem Titel »Meistersatiren« ist er damit seit Anfang der neunziger Jahre in lockerer Folge unterwegs und gastiert an zahlreichen deutschen Kleinkunstbühnen.

Schrödter, Sybille   * *26. 11. 1956 Hameln.* Kabarettistin und Kabarettautorin
Wirkte während ihres Jura-Studiums in Kiel 1977 bis 1979 bei dem Studentenkabarett »Die Karikieler«, danach 1980/1981 bei dem Kabarett »Keulenspiegel«,

Hamburg, und danach (1982–1986) in Hamburg bei der Kabarettgruppe »Kiwief« mit. 1987 brachte sie ihr erstes Soloprogramm heraus, »Ganz verspannt im Hier und Jetzt«. Als hauptberufliche Kabarettistin schrieb und spielte sie die Soloprogramme »Beim 3. Mann wird alles anders« (1988); »Alles Liebe, Deine Elly« (1990); »Die Elly Pölser Show«; »Viva la Diva« (1994) und »Im Zweifel für die Anwältin« (1995). Bestritt ferner zahlreiche Rundfunk- und Fernsehsendungen.

Rogler, Marianne (Hrsg.): *Frontfrauen.* Köln 1995.

Schroth, Horst **29. 7. 1948 Münchberg.*
Kabarettist, Kabarettautor, Schauspieler
Nach einem Kreuz- und Querstudium beteiligte er sich an der Hamburger freien Theaterszene (Aktions-, Straßen-, Kindertheater) und gründete 1975 zusammen mit Michael Batz das »Theater zwischen Tür und Angel«. Brachte 1983 sein erstes Programm mit → *Achim Konejung* und Michael Batz, »Volkszählungsrevue«, danach »Sex total« (1987) heraus. Dazwischen und danach machte er Duo-Programme mit Konejung: »Spät und teuer« (1984); »Gnadenlos deutsch« (1989) und »Alles meins« (1991). 1994 folgte sein erstes Soloprogramm, »Null Fehler«. Daneben arbeitete er zusammen mit den Kollegen → *Arnulf Rating,* Achim Konejung, → *Heinrich Pachl* und → *Matthias Beltz* am Kabarett-Kollektiv »Reichspolterabend« und bei Rundfunk, Fernsehen und Film (»Der Superstau« u.a.) mit. 1990 erhielt er zusammen mit Achim Konejung den → *Deutschen Kleinkunstpreis.*

Batz, Michael; Schroth, Horst: *Theater zwischen Tür und Angel.* Reinbek 1983. – Dies.: *Theater grenzenlos.* Reinbek 1985.

Schuchardt, Emil ** Düsseldorf; † 1965 Düsseldorf.* Komponist, Pianist
Der ehemalige Kirchenmusiker, der Suiten, Jazzstücke, Kammermusiken und 1947 seine erste Kabarettmusik für die Münchener → *Schaubude* schrieb, arbeitete als Komponist und Pianist vom ersten Programm (Premiere 29.3. 1947) bis 1955 beim Düsseldorfer → *Kom(m)ödchen.* Als er aus Gesundheitsgründen den Platz am Klavier aufgeben mußte, komponierte er noch für die »Kom(m)ödchen«-Programme bis 1965. Seine Songs, neuartigen »Chörchen« und »Ouvertürchen«, oft mit Cembalo begleitet, machten im Kabarettbereich Furore.

Schündler, Rudolf **17. 4. 1906 Leipzig; † 12. 12. 1988 München.*
Schauspieler, Regisseur, Kabarettist, Kabarettleiter
Debütierte als Schauspieler 1926 in Beuthen. Kam über Zürich, Frankfurt (Main), Dortmund und Nürnberg nach Berlin, wo er an verschiedenen Bühnen auftrat. 1930 stieß er als Kabarettist zur → *Katakombe.* Inszenierte 1938 im → *Kabarett der Komiker* die Kabarettrevue »Rückblick Spätlese«. Wirkte 1932 in dem Film »Das Testament des Dr. Mabuse« mit, spielte in der Folgezeit zahlreiche Filmrollen (so 1940 in »Kleider machen Leute« u.a.). Erhielt im Sommer 1945 die Lizenz zur Eröffnung der → *Schaubude* in München, die er bis zu ihrem Ende (Januar 1949) leitete und in der er Regie führte.
Inszenierte, um seine Schulden abzutragen, rund zwei Dutzend Filme der leichtesten Art. Inszenierte für den → *Nürnberger Trichter* die Kabarettprogramme »Wir

sitzen wie auf Kohlen« (1951) und »Mal sehn, was uns blüht« (1952). Für die → *Stachelschweine* inszenierte er die Programme »Nein oder nicht Nein« (1953), »Die Wucht am Rhein« (1956), »... und vor 20 Jahren war alles vorbei« (1965), »Das elfte Gebot« (1966) und »Kein Märchen aus uralten Zeiten« (1976). Ferner spielte er in Berlin Theater sowie Rollen in über sechzig Fernsehfilmen. Auch inszenierte er Operetten.

Schwabach, Kurt (eigentlich: Kurt Schneider) ** 26. 2. 1898 Berlin; † 27. 1. 1966 Hamburg.* Chansonautor, Librettist, Komponist
Ende der zwanziger Jahre begann er als Kurt Schwabach mit Schlagertexten Erfolge zu haben, schrieb Operetten und Drehbücher für Filme: »Gruß und Kuß, Veronika« (1933), »Wenn Männer schwindeln« (1950), »Schön muß man sein« (1951) u.a. sowie Filmmusiken für u.a. »Der keusche Joseph« (1930), »Die Unschuld vom Lande« (1933). Viel Erfolg hatten insbesondere seine Chansons und Schlager, für die er häufig abwechselnd mit → *Willy Rosen* die Texte und die Musiken schrieb: »Es gibt eine Frau, die dich niemals vergißt«, »Mit Siebzehn fängt das Leben erst an«, »Darf ich um den nächsten Tango bitten?«, »Wenn du einmal dein Herz verschenkst« u.a. Er schrieb auch Texte für verschiedene Kabaretts, 1923 für → *Die Gondel*, 1929 für das → *Kabarett der Komiker.*
Schwabach emigrierte 1935 nach Palästina, kehrte 1948 nach Deutschland zurück und schrieb wieder Drehbücher für den Film und Musicals für den Komponisten → *Lotar Olias*, so »Prärie Saloon« (1961), »Heimweh nach St. Pauli« (1962).

Schwabach, Kurt; Wunderlich, Heinz: *3 Mann auf einem Pegasus – Gedichte, Songs, Chansons.* Hamburg 1964.

Schwaben-Offensive Politisch-satirisches Kabarett, seit 1990 als Tourneegruppe in Berlin ansässig unter der Leitung von Albrecht Metzger, der schon 1978 im Kabarett »Prisma« und 1980 im Theater »Rote Grütze«, Berlin, als Autor und Darsteller mitwirkte. Ende der siebziger Jahre war er Moderator in der Sendung »Rockpalast« auf WDR III und anderen Jugendmusiksendungen im Fernsehen. Brachte im März 1990 sein erstes Programm unter dem Titel »Komm du bloss hoim« mit Albrecht Metzger, Susanne Scholl und Jakob Wuster heraus. Danach folgten im Oktober 1990 »Hau du bloß ab« mit Hannes-Jörg Hogräve zusätzlich im Ensemble; 1991 »Spritgefühle – Show für hartgesottene Autofahrer« mit dem Duo Andreas Grun und Jakob Wuster; 1992 »Halt dei Gosch ond sing« mit dem Duo Susanne Scholl und Albrecht Metzger; 1994 »Leistungsschau« mit Susanne Scholl, Hannes Hogräve, Albrecht Metzger, Jakob Wuster, 1995 »Was soll der Geiz?«, im Trio mit Scholl, Hogräve, Metzger, und 1996 »Amora Show«.

Schwanneke, Ellen ** 11. 8. 1907 Berlin; † 17. 6. 1972 Zürich.*
Schauspielerin, Kabarettistin, Chansonniere
Die Tochter des Berliner Schauspielers Victor Schwanneke nahm in München Tanzunterricht und strebte, gefördert von Alexander Moissi, schon als junges Mädchen dem Schauspielerberuf zu. Bereits 1929 spielte sie im → *Kabarett der Komiker.* Ersten Filmruhm brachte ihr 1931 der Film »Mädchen in Uniform«, es folgte 1932 »Unmögliche Liebe«, wo sie an der Seite von Asta Nielsen wirkte.

→ *Friedrich Hollaender* engagierte sie 1931 für die Revue »Allez hopp!« an sein → *Tingel-Tangel-Theater*. Im selben Jahr trat sie im »Kabarett der Siebzehnjährigen« auf, 1932 im »Kabarett für Alle«, wo sie das Chanson »Moderne Elternerziehung« (Text: → *Marcellus Schiffer*, Friedrich Hollaender, Musik: → *Rudolf Nelson*) sang. Im September 1932 spielte sie im »Metropol-Theater« neben Fritzi Massary in der musikalischen Komödie »Eine Frau, die weiß, was sie will.«
1933 emigrierte sie zunächst nach Wien und Prag, schließlich über die Schweiz nach New York, wo sie 1934 bei → *Kurt Robitschek* in Veranstaltungen der Künstlerkolonie auftrat und im Rundfunk die »Stimme Amerikas« verkörperte. 1939 wirkte sie als einzige Nicht-Jüdin im Exilkabarett → *Die Arche* mit. Nach Kriegsende kehrte sie in die Schweiz zurück, wo sie viel Theater spielte und auf Gastspielreisen auch in Deutschland auftrat.

Schwendter, Rolf (eigentlich: Rudolf Schesswendter) * *13. 8. 1939 Wien.* Liedermacher, Schriftsteller, Kabarettist, Kabarettautor, Hochschullehrer
Studierte in Wien Rechtswissenschaft, Soziologie und Theaterwissenschaft, betätigte sich nebenbei als »Undergroundlyriker, Kellerschauspieler, Jazzsänger und Dramaturg« (Schwendter). Seinen ersten Doktortitel (Rechtswissenschaften) erwarb er 1962, gründete im selben Jahr den Wiener »Freundeskreis« und trat erstmals in dem Film »Am Rande« an die Öffentlichkeit. Nach weiteren Promotionen (1965, Politische Wissenschaft, 1967, Philosophie) seit 1967 in der Bundesrepublik wohnhaft, war er zuerst vier Jahre arbeitslos. In dieser Zeit war er als Liedermacher mit seinen »Liedern zur Kindertrommel« unterwegs, die 1970 auf Schallplatte erschienen. Schwendter war seit 1968 einer der dominierenden Theoretiker der »Chanson-Folklore-Festivals« auf der Burg Waldeck. Über eine Stelle als Universitätsassistent in Heidelberg kam er als Professor an die Gesamthochschule in Kassel und hat dort einen Lehrstuhl für Devianzforschung inne. Bis heute tritt er bei öffentlichen Veranstaltungen auf (z.B. »Open-Ohr-Festival«, Mainz) und äußert sich unverblümt zu aktuellen Ereignissen, zu denen er bemerkenswerte Analysen liefert.

Schwendter, Rolf: *Theorie der Subkultur.* Köln 1971. – Ders.: *Ich bin noch immer unbefriedigt – Lieder zum freien Gebrauch.* Berlin 1980. – Ders: *Zur Geschichte und Zeitgeschichte der Zukunft.* München 1985. – Ders.: *Katertotenlieder.* Wien 1987. – Ders.: *Schwendters Kochbuch.* Frankfurt/Main 1988. – Ders.: *Ein kalter Truthahn aus Nikotin.* Wien 1992.

Schwenzen, Per * *3. 2. 1899 Moss (Norwegen); † 4. 11. 1984 Pullach bei München.* Theater-, Film-, Fernseh- und Kabarettautor.
Aufgewachsen in Kassel, eröffnete er im November 1931 in den Räumen des Kabaretts → *Alt Bayern* in der Friedrichstraße 94, Berlin, das literarische Nachtkabarett »Schwarz-weiß«, in dem er auch zusammen mit Friedrich Gnass conferierte. (Weitere Darsteller Karl-Heinz Carell, Bea Molen [=Beate von Molo], → *Ilse* und Walter *Trautschold.* Musik: → *Olaf Bienert.*) 1933 Uraufführung von Schwenzens pazifistischem Stück »Am Himmel Europas« am Berliner »Lustspielhaus« (Hauptrolle: Adolf Wohlbrück). Verbot durch die Nazis, Wiederaufführung nach Intervention durch den französischen Botschafter. 1936 Uraufführung von »Jan und die Schwindlerin« als Auftragsarbeit des »Staatlichen Schauspielhauses«, Berlin.

Am 5.7. 1946 startete Schwenzen das Reisekabarett »Die Sternschnuppen« mit Fee von Reichlin, Herta Worell u.a. Von 1951 bis 1955 gehörte er zum Autorenkollektiv der → *Kleinen Freiheit*; seit 1959 schrieb er für die → *Zwiebel*, beide München. Verfaßte 1963 mit → *Robert Gilbert* und → *Friedrich Hollaender* die musikalische Komödie »Das Blaue vom Himmel«. Schrieb rund vierzig Drehbücher für Filmkomödien (u.a. für »13 Stühle«, »Die schwedische Nachtigall«, »Ich denke oft an Piroschka«, »Käpt'n Bye-bye«). Autor der Fernsehserien »Gewagtes Spiel« und »Alle Hunde lieben Theobald«. Übersetzte zahlreiche dramatische Werke aus dem Norwegischen.

Schwitters, Kurt **20. 6. 1887 Hannover; † 8. 1. 1948 Ambleside (England).*
Maler, Bildhauer, Dadaist, Vortragskünstler
Studierte 1909–1914 an der Kunstakademie Dresden, lebte seit 1920 in Hannover. Machte seit 1919 »Merzbilder«: Collagen aus Zeitungsfetzen. Von 1923 an gab er die dadaistische Zeitschrift »Merz« heraus. Das Wort »Merz« entlehnte er dem Briefbogen der (Com)merz(bank) in Hannover. Nach ähnlichem Prinzip montierte er (»Dadas einziger Humorist«) sein poetisches Fabelwesen »Anna Blume«. 1922–1933 entwickelte er in seinem Haus in Hannover den »Merzbau« als plastisch-malerische Konstruktion. Angeregt durch Raoul Hausmanns Lautgedicht »fusbw« schrieb er seine »Ursonate«. Trat 1921 im Leipziger Kabarett → *Retorte* auf und reiste 1921 mit Raoul Hausmann, der seine Wortcollagen vortrug, und Hannah Höch zu Gastspielen nach Prag. 1922–1923 veranstaltete er mit Nelly und Theo van Doesburg eine Dada-Tournee durch die Niederlande. 1923–1924 folgten verschiedene »Merz-Abende« in Hannover und anderen Städten.
Am 2.1. 1937 emigrierte er nach Norwegen. In der Wanderausstellung »Entartete Kunst« wurden Arbeiten von ihm als »vollendeter Wahnsinn« vorgeführt. 1940 floh er vor den deutschen Truppen nach Schottland, wurde interniert. Im Dezember 1941 entlassen, ging er nach London. Seine zahlreichen Theaterstücke kamen erst nach dem Zweiten Weltkrieg zur Aufführung.

Schwitters, Kurt: *Das literarische Werk, 4 Bände.* Hrsg. v. Friedhelm Lach. Köln 1973. – Nündel, Ernst: *Schwitters in Selbstzeugnissen und Bilddokumenten.* Hamburg 1981. – Schreck, Joachim (Hrsg.): *Kurt Schwitters – Anna Blume und andere Literatur und Grafik.* Berlin 1985.

Schwöbel, Hans-Peter **2. 11. 1945 Buchen (Odenwald).*
Hochschullehrer, Kabarettist, Kabarettautor
Erlangte nach einer Kraftfahrzeugmechanikerlehre (1961–1963) seit 1964 über den Zweiten Bildungsweg die fachgebundene Hochschulreife (1965–1967) und studierte an der Universität Mannheim Sozialwissenschaften. Schlug nach längeren Studienaufenthalten in Ländern der Dritten Welt die wissenschaftliche Laufbahn ein: 1980 promovierte er zum Dr. phil. und lehrt seit 1980 als Professor für Soziologie an der Fachhochschule des Bundes für öffentliche Verwaltung in Mannheim. Am 21.10. 1982 trat er zum erstenmal als Kabarettist auf mit dem Soloprogramm »Wir machen einen neuen Anfang«, danach folgten, teilweise mit Ideen von Susanne Martinez, die Soloprogramme: »Wir müssen uns das Leben nehmen« (1984); »An der Sch(m)erzgrenze« (1987); »Völlig unausgelogen«

(1989); »Und werde Euch führen, wohin Ihr mich wollt« (1990); »Nicht weit vom Apfel fällt der Stamm (1991); »Wir blieben auf der Strecke« (1993); »Man denkt ja sonst nichts« (1994) und »Mit waffen Augen« (1995).

Schwöbel veröffentlicht in Mannheimer Verlagen seit Jahren Bücher zu soziologischen und pädagogischen Fragen, außerdem Gedichte und Aphorismen, u.a.: *Wir müssen uns das Leben nehmen* (1983); *Wir Individualisten* (1982); *salz* (1986); *Verdunklung* (1988); *Zwei Enten* (1995).

Seidel, Peter **10. 10. 1934 Berlin.* Kabarettautor und -komponist
Erste Zusammenarbeit (seit 1960) mit dem FDJ-Studentenkabarett → *Rat der Spötter* an der Karl-Marx-Universität Leipzig in dem Programm »Freitag, den 13.« bis 1961 zu dem verbotenen Programm »Wo der Hund begraben liegt«, das er mit Ernst Röhl schrieb. 1963 bis 1989 Dramaturg bei dem Kabarett → *Herkuleskeule*, Dresden, und Autor zahlreicher Programme. Schrieb seit 1965 für »Die Taktlosen«, Halle, seit 1966 für die → *Kiebitzensteiner*, Halle, und seit 1974 für die → *academixer*, Leipzig, und das → *Fettnäpfchen*, Gera. Nach Ende seiner Mitarbeit bei der »Herkuleskeule« schrieb er viele Kabarettexte zusammen mit Hans Joachim Lotze, der – wie sich 1990 herausstellte – informeller Mitarbeiter des Ministeriums für Staatssicherheit war.

Semmer, Gerd **21. 12. 1919 Paderborn; † 12. 11. 1967 Ratingen.*
Schriftsteller, Chansonautor
Machte von 1937 bis 1940 eine Schneiderlehre (1943 Meisterprüfung). Studierte 1943/44 in Wien Theaterwissenschaft, Kunstgeschichte und Germanistik, 1946 in Marburg zusätzlich Romanistik und Sprachen. Arbeitete 1952 an zwei Büchner-Inszenierungen Erwin Piscators in Marburg und Gießen als Regieassistent und wissenschaftlicher Berater mit. Schrieb 1956 für die Piscator-Inszenierung von »Dantons Tod« am »Schillertheater«, Berlin, Chansons, aus denen seine Übersetzungen von → *Chansons* der Französischen Revolution entstanden. War 1953/54 Redakteur der satirischen Zeitschrift »Deutscher Michel« und 1954/56 der »Deutschen Volkszeitung«. 1959 Privatsekretär von Piscator, danach freier Autor.
Lernte 1956 den Liedermacher → *Dieter Süverkrüp* kennen. Zuerst vertonte und sang Süverkrüp Semmers Übersetzungen der Lieder aus der Französischen Revolution (auch auf der Single »Ça ira!«), dann vertonte und sang er zahlreiche von Semmer übersetzte englische und Semmers eigene deutsche Lieder gegen Krieg und Atomrüstung (»Strontium 90«, »Der kalte Krieg«, »Das Lied von der Chance« u.a.), hauptsächlich bei den Ostermärschen der sechziger Jahre. Für »Die Engel sind müde – Lyrik und kleine Prosa« erhielt Semmer 1960 den »Heinrich-Heine-Preis« der DDR. 1961 erschienen seine Übersetzungen von Liedern aus dem Spanischen Bürgerkrieg und von Chansons von Georges Brassens, 1965 seine »Widerworte – Gedichte und Chansons« und seine Übersetzungen europäischer Widerstandslieder gegen den Faschismus. Seine politischen Balladen sind enthalten in der Sammlung »Lieder aus dem Schlaraffenland«, 1976. Gerd Semmer gilt als der Vater des neuen deutschen politischen Chansons, mit dem er in Form und Inhalt an die Chanson- und Songtradition der beiden Vorweltkriegszeiten anknüpfte.

📖 Von Gerd Semmer sind erschienen: *Die Engel sind müde – Verse und andere Prosa aus dem Schlaraffenland.* Berlin 1959. – *Widerworte – Gedichte, Chansons.* Berlin 1965.

Das Senftöpfchen Literarisch-satirisches Kabarett in Köln, seit 5.3. 1959 unter Leitung des Komponisten und Pianisten → *Fred Kassen* (1903–1972), der dort als musikalischer Begleiter des Ensembles tätig war.
Er begann am 5.3. 1959 mit → *Brigitte Mira*, Heinz Jung, Gerd Martienzen und Bruno W. Pantel in dem Programm »Wir Wundersünder« (Texte: → *Max Colpet,* → *Günter Neumann,* → *Klaus Peter Schreiner* u.a.). Nach rund zwölf Programmen, in denen 1961 Heinz Herrtrampf und Max Kellas begannen, die später in Köln das Kabarett → *Die Machtwächter* gründeten, übernahm 1968 Horst Muys die künstlerische Leitung und spielte dort drei Kabarettprogramme, bis er nach 1969 das Kabarett mehr und mehr zum Boulevardtheater machte. Das letzte Kabarettprogramm lief mit Gerti Eller, Nana Wieck, Helmut Gauer und Horst Muys unter dem Titel »Kölner Brett'l«. Nach Kassens Tod 1972 übernahm seine Frau Alexandra Kassen die Leitung des Kabaretts in der Pipinstraße 2. Sie machte aus dem »Senftöpfchen« eine renommierte Gastspielbühne, die, unterstützt von einem im Januar 1986 gegründeten »Förderverein e.V.« (Vorsitzender: Alfred Biolek), am 1.10. 1986 in ein neues Haus in der Kölner Altstadt, Große Neugasse 2–4, umzog und dort ausschließlich Gastspiele veranstaltete. Einen überregionalen Bekanntheitsgrad erreichte das *Senftöpfchen* seit 1974 durch Alfred Bioleks Talk-Show »Wer kommt, der kommt«, wodurch ein neues Genre in die Medienlandschaft geboren wurde. Für die Sendung »Kölner Treff« wurde das *Senftöpfchen* im WDR-Studio nachgebaut.

Die Sieben Schaben Politisch-satirisches Kabarett, entstanden 1958 als Brettlgruppe der Evangelischen Studentengemeinde an der Freien Universität Berlin. Leitung: Eberhard Kuhrau (1958), Klaus Rosenthal (1959–1964). Texte schrieben u.a. → *Therese Angeloff,* Dieter Kursawe (auch Regie und Darstellung). Als Komponist wirkte u.a. Horst A. Hass. Erstes Programm (1958): »Weh dem, der siecht«, mit Christoph Bertram, Hans-Albrecht Centner, Käthe Hoebner, Günter Holtz, E. Kuhrau, Sabine Wegeleben, Susanne Wignesan.
Bei einem Gastspiel an der Universität Heidelberg (Januar 1961) erregten sie mit einer Anti-Atomraketen- und einer Berlin-Nummer ungewollt einen Skandal, als der Rektor, Prof. Dr. Wilhelm Hahn (nachmals baden-württembergischer Kultusminister), türenschlagend den Saal verließ. Nach neun Programmen löste sich 1964 das Ensemble auf. Kursawe und Hass gingen 1965 zum → *Reichskabarett.*

Siebert, Helga **21. 5. 1950 Buchholz (Nordheide).*
Kabarettistin und Kabarettautorin
Ging nach Abschluß der Schauspielschule in Hamburg mit ihrem ersten Soloprogramm »Schwarz auf weiß«, 1982, als Pantomimin auf Tournee. Beteiligte sich 1983 an der Gründung des Frauenkabaretts »Schwarze Witwen«, Hamburg, für das sie auch Texte schrieb. Ging 1984–1986 mit ihrem zweiten Soloprogramm, »Poesie und Pantomime«, auf Gastspielreisen. Brachte 1987 das Kabarettsolo »Alles fiebert« heraus. Gründete 1988 mit → *Urban Priol* und Rainer Hannemann

das »Bockshorn-Ensemble« in Sommerhausen und spielte in den Programmen »Saudumm und Camorra (40 Jahre Bundesrepublik)« und 1990 in »Trendzeichen D« mit. Wirkte 1990 in »Vorsicht Rücksichten«, einer Produktion der Ruhrfestspiele, Recklinghausen, mit und dort 1991 in »Übermorgen ist morgen schon gestern«. Spielte 1991 im Duo mit Urban Priol »Machtasyl« und das Soloprogramm »Schöne Grüße – Kalte Füße«. 1993 bis 1995 folgte das Soloprogramm »Für Garderobe keine Haftung« und 1996 im Duo mit Rainer Hannemann das Programm »Auszeit – Time out«. Trat 1990 im »Scheibenwischer« (→ *Medienkabarett*) auf.

Silberne Punschterrine → *Berliner Kneipenbrettl*

Simplicissimus (München) (auch *Simpl* genannt) Als Künstlerlokal am 1.5. 1903 in der Türkenstraße 57 in München (Schwabing) eröffnet und geführt von der ehemaligen Kellnerin der »Dichtelei« in der Adalbertstaße, Kathi Kobus, die es »Neue Dichtelei« nannte, bald darauf aber in *Simplicissimus* (nach der gleichnamigen satirischen Zeitschrift) umtaufte.

1897 schuf Theodor Thomas Heine das Markenzeichen der Zeitschrift »Simplicissimus«, die berühmte rote Dogge. Für die Kabarett-Kneipe von Kathi Kobus in München, die den Namen übernehmen durfte, muß der Hund eine Sektflasche öffnen.

Hier verkehrten, wie schon in der »Dichtelei«, Maler, Dichter und Schriftsteller und sprachen bzw. sangen sich gegenseitig Selbstverfaßtes vor, unter ihnen die Schriftsteller Max Dauthendey, → *Hanns von Gumppenberg*, Max Halbe, → *Roda Roda*, → *Frank Wedekind* sowie die Maler Max Unold und Albert Weisgerber. Nachdem sie anfangs die bei ihr spontan auftretenden Künstler mit Speisen und Getränken honoriert (und den Malern billig Bilder abgekauft) hatte, ging Kathi Kobus zu festen Engagements über, die sie teils mit Naturalien, teils mit Geld abgalt. Regelmäßig trat hier auf der Dichter Ludwig Scharf, unregelmäßig der Dichter → *Erich Mühsam*. 1909 avancierte → *Joachim Ringelnatz* (damals noch als Hans Bötticher) zum »Hausdichter« und blieb es bis 1911. (Danach trat er sporadisch im *Simpl* auf, bis ihm die Nazis ein für Mai 1933 vorgesehenes Gastspiel verboten.) Unter den zahllosen kabarettistisch aktiven Gästen des *Simpl* bis 1944 seien genannt: → *Hugo Ball*, Isadora Duncan, → *Fred Endrikat*, Leonhard Frank, → *Adolf Gondrell*, → *Emmy Hennings*, Walter Hillbring, Korfiz Holm, Mary Irber, → *Klabund*, → *Ernst Klotz*, Carl Georg von Maassen, → *Walter Mehring*, → *Die Nachrichter* (die hier 1930 spielten), Peter von der Osten, → *Theo Prosel*, Georg Queri, → *Karl Valentin* sowie → *Lale Andersen*, die hier 1935 zum erstenmal das Lied von der »Lili Marlen« von Hans Leip vortrug, allerdings mit der ursprünglichen Musik von Rudolf Zink.

 1912 zog sich Kathi Kobus mit einem Reingewinn von 800000 Goldmark in ihre Villa nach Wolfratshausen zurück, übernahm aber, durch Fehlspekulationen verarmt, nach dem Ersten Weltkrieg als Angestellte der neuen Besitzer das Lokal erneut und leitete mit dem Engagement von Theo Prosel als künstlerischem Leiter (1920) und Fred Endrikat als »Hausdichter« eine neue *Simpl*-Ära ein. Nach Kathi Kobus' Tode (1929) führten zwei ihrer Kellnerinnen das Lokal weiter. 1935 kaufte den *Simpl* Adolf Gondrell und setzte Prosel als Pächter ein. Der führte das Lokal als Wirt und Autor vieler Programme bis zur Ausbombung der Räume in der Türkenstraße und vom 8.8.1946 an im Lokal »Platzl« am Kosttor gegenüber dem Hofbräuhaus weiter, während der Ur-*Simpl*, unter dem Namen *Kathi Kobus* neu eröffnet, unter der künstlerischen Leitung von Ernst Klotz parallel weiterexistierte. 1957 übernahm der Maler und Graphiker Eduard Marwitz das Lokal und führte es als *Bunter Hund* weiter. Von 1960–1992 leitete es Toni Netzle, nunmehr unter dem fast originären Namen *Alter Simpl.* 1968 ersetzte sie das Vortragspodium mangels Brettlinteressenten durch eine Bar. Zu den bekannten Kabarettisten, die nach 1946 im *Simpl* aufgetreten sind, gehörten → *Fifi Brix*, → *Gert Fröbe*, → *Evelyn Künneke*, → *Helen Vita* und → *Karl Valentin.*

Diehl, Walter: *Die Künstlerkneipe »Simplicissimus« – Geschichte eines Münchner Kabaretts 1903 bis 1960.* München 1989.

Simplicissimus (Wien) (auch *Simpl* genannt) Eröffnet am 25.10.1912 als »Bierkabarett Simplicissimus« in Wien, Wollzeile 36, von dem in Lübeck gebürtigen Wiener Schauspieler Egon Dorn. Der Wiener *Simpl* bot und bietet noch heute in erster Linie unpolitische Unterhaltung, entbehrte aber bisweilen nicht der satirisch-literarischen Note. So, als 1914 → *Fritz Grünbaum* hier conferierte und → *Egon Friedell* hier Anekdoten von → *Peter Altenberg* sprach.
In der Hauptsache wurden die Programme bestritten von den Komponisten-Interpretinnen-Duos → *Ralph Benatzky*-Josma Selim, → *Béla Laszky*-Mela Mars und Robert Stolz-Franzi Ressl mit ihren Wiener Schlagerchansons. Seine spezifische Note erhielt der *Simpl* durch den Eintritt von → *Karl Farkas* als Conférencier. Nach dem Ausscheiden Dorns 1924 ging der *Simpl* nacheinander in verschiedene Hände über. Farkas blieb – mit nazi- und kriegsbedingter Unterbrechung von 1938 bis 1946 – bis zu seinem Tode 1971 künstlerischer Leiter, Hauptautor und Hauptattraktion. Seine 1924 mit Fritz Grünbaum entwickelten Doppelconférencen (→ *Conférencier*) setzte er nach seiner Rückkehr nach Wien 1946 fort mit → *Maxi Böhm*, → *Gerhard Bronner*, → *Heinz Conrads*, → *Fritz Muliar* und → *Ernst Waldbrunn.* – Aus dem *Simplicissimus* (Wien) sind zahlreiche nachmals bekannte Kabarettisten und Chansonsänger hervorgegangen, so Peter Alexander, Rudolf Carl, → *Fritz Imhoff*, Hans Moser, → *Ernst Stankovski* u.a. Zu den eigentlichen *Simpl*-Stars zählten von den dreißiger Jahren an: → *Cissy Kraner* und → *Hugo Wiener.* Unter den ungezählten, teils schreibenden und komponierenden, teils vortragenden Mitwirkenden des *Simpl* waren: Raoul Aslan, → *Armin Berg*, Mizzi Dressl, Peter Hey, → *Fritz Heller*, Peter Herz, → *Stella Kadmon*, Ossy Kolman, Lotte Lang, → *Hermann Leopoldi*, Hans Liebstöckl, → *Peter Lodynski*, → *Fritz Löhner-Beda*, → *Paul Morgan*, Elly Naschold, Kurt Nachmann, → *Gunther Philipp*,

→ *Roda Roda*, Fritz Rotter, → *Marcell Salzer*, Szöke Szakall, Kurt Sobotka, Otto Schenk, Trude Vogt, → *Peter Wehle*, → *Gisela Werbezirk*, Oskar Wegrostek.

Wiener, Hugo: *Das Beste aus dem Simpl.* Wien 1973. – Veigl, Hans: *Gscheite & Blöde – Doppelconférencen.* Wien 1993.

Sinnen, Hella von (eigentlich: Helga Kemper) *2. 2. *1959 Gummersbach.* Schauspielerin, Komikerin, Kabarettistin
Arbeitete nach dem Studium der Theaterwissenschaft für freie Theatergruppen und als freie Mitarbeiterin für den WDR. Gründete 1981 mit Dirk Bach und Dada Stievermann die Comedy-Truppe »Stinkmäuse«. Trat 1983 bei zahlreichen Veranstaltungen und beim Kölner Karneval in der Rolle der »Putzfrau Schmitz« auf. Moderierte am 19.4. 1984 erstmals beim WDR-Fernsehen den »Montagsmarkt«. Spielte im Juni 1986 in dem Stück »Kaiserschmarrn« in der Kölner »Filmdose«, im November 1987 in der »Comedia Colonia« im Kindertheater »Hannibal Sternschnuppe« von Angelika Bartram und im Mai 1988 im Haus der *Springmaus*, Bonn mit Dada Stievermann (später bei der → *Springmaus*) in der »Starlight Revue« (»Zwei Putzfrauen gehen auf Weltreise«). War zu hören und sehen in zahlreichen Rundfunk- und Fernsehsendungen. So moderierte sie mit Dada Stievermann 1986 im WDR-Fernsehen »Tour de Chance« und spielte 1987 zusammen mit vielen Kleinkunststars in »Ohne Federlesen« von Helmut Seliger. Hatte 1988–1994 bei RTL ihre eigene Show, »Alles nichts, oder!?« und 1994–1995 bei RTL Plus »Weibermagazin«. Brachte am 20.9. 1995 ihr erstes Soloprogramm, »Ich bremse auch für Männer« mit Texten von Claus Vinçon, Moritz Netenjakob, Pelle Pershing u.a. heraus.

Sinnen, Hella von: *Ich bin's.* München 1992.

Sketsch (von engl. »sketch« = Skizze) Dramatische Kurzszene, meist ironisch-satirischen Inhalts, auch Einakter mit mehreren Szenen und durchgängiger Handlung, meist mit Haupt- und Nebenfiguren. Im Kabarett beliebte Kunstform. Überregional bekannt wurde der Sketsch »Das Streichquartett« von Szöke Szakall, uraufgeführt 1930 im → *Kabarett der Komiker* (1969 von der → *Münchner Lach- und Schießgesellschaft* u.a. nachgespielt), sowie ein Sketsch aus → *Marcellus Schiffers* Kabarettrevue »Hetärengespräche«, (1926), den Paul Hindemith später als Kurzoper unter dem Titel »Hin und zurück« vertonte.

Song (englisch = »Lied«) Im englischen Sprachgebrauch Sammelbezeichnung für jede Art von Lied, vom Kirchengesang (Gospel Song) über die Schlager, die Songs im Musical bis hin zu den Folk Songs und den artifiziellen Liedern der Leonard Cohen, Bob Dylan u.a. (→ *Liedermacher*). Im deutschen Sprachgebrauch bezeichnet Song ein schlagerartiges, mit Elementen des Jazz und des → *Bänkelsangs* rhythmisch akzentuiertes Lied zeitkritischen oder allgemein satirischen Inhalts, formal weniger streng als das → *Chanson.*
Ins deutsche Kabarett eingeführt von → *Walter Mehring*, ins zeitkritische Sprechtheater eingeführt von → *Bertolt Brecht* und → *Kurt Weill* (»Dreigroschenoper«, »Mahagonny« u.a.). Weitere Vertreter des Songs waren Paul Dessau, → *Hanns*

 Eisler, → *Mischa Spoliansky* als Komponisten und Georg Kaiser als Dramatiker. Der Form des Songs bedienten sich in den zwanziger Jahren das agitatorische Arbeiterlied (→ *Agitprop*, bedeutendster Interpret: → *Ernst Busch*), in den sechziger Jahren die Liedermacher (Protestsong).

Soyfer, Jura ** 8. 12. 1912 Charkow (Ukraine); † 16. 2. 1939 KZ Buchenwald.*
Schriftsteller, Dramatiker, Kabarettautor
Kam als Sohn eines russisch-jüdischen Großindustriellen auf der Flucht über die Türkei 1921 nach Wien. Wurde dort als Gymnasiast Sozialist. Schrieb Gedichte für die »Arbeiterzeitung«, machte 1929 in einem Ferienlager bei einer politischen Lagerrevue mit. Schloß sich 1934 der – seit Mai 1933 illegalen – Kommunistischen Partei Österreichs an. Beim Versuch, nach dem Einmarsch der Deutschen im März 1938 auf Skiern die Schweizer Grenze zu überschreiten, verhaftet, wurde er ins KZ Dachau gebracht. Nach seiner Überstellung in das KZ Buchenwald starb er dort am 16.2. 1939 an Typhus.
Jura Soyfer, an Nestroy geschult und im Geiste Ödön von Horvaths dichtend, gehört zu den bedeutendsten, die Grenze zum Dichterischen überschreitenden Autoren des deutschsprachigen Kabaretts. Nach Einführung der Theaterzensur durch die austrofaschistische Dollfuß-Regierung im Februar 1934 bescherten die kabarettistischen → *Mittelstücke* Soyfers den Wiener Kleinkunstbühnen eine neue Dimension: Sie vertieften die Problematik der Tagesaktualität und stellten mit den Mitteln des Wiener Volksstücks die aktuelle Krise als Krise der Menschheit dar. Von Soyfers gegen Gleichgültigkeit, Unmenschlichkeit und Krieg kämpfenden Mittelstücken führte als erstes das → *ABC*, dessen Hausautor Soyfer von nun an wurde, unter dem Pseudonym Walter West, am 6.5. 1936 »Weltuntergang oder Die Welt steht auf kein' Fall mehr lang« auf. Am 6.10. 1936 brachte die → *Literatur am Naschmarkt* »Der Lechner Edi schaut ins Paradies« heraus. Das *ABC* inszenierte im März 1937 »Die Botschaft von Astoria«, im September 1937 »Vineta, die versunkene Stadt« und im Dezember 1937 »Kolumbus oder Broadway-Melodie 1492«, eine Bearbeitung von Tucholsky-Hasenclevers »Kolumbus« von 1932. Beide Kleinkunstbühnen brachten auch kleinere Szenen von ihm, zuweilen unter seinen Pseudonymen »Walter West«, »Norbert Noll«, »Fritz Feder«. Lange Zeit als »bloße Kleinkunst« unterbewertet, werden Soyfers Stücke neuerdings mehr und mehr an deutschsprachigen Bühnen aufgeführt.

Soyfer, Jura: *Das Gesamtwerk*. – Hrsg. von Horst Jarka. – Wien-München-Zürich 1980. – Jarka, Horst: *Jura Soyfer – Leben, Werk, Zeit.* Wien 1987.

Spaßmacher Der Spaßmacher auf dem Theater ist so alt wie das Theater selbst. Als der Schöpfer der attischen Tragödie, Thespis, zum erstenmal dem Chor den individuellen Schauspieler gegenüberstellte, ließ er ihn mit Spottliedern und Grotesktänzen das Publikum belustigen. Ohne die derbe Komik seiner teils drastischen, teils wortspielerischen »Spaßmacher« waren die Komödien des Aristophanes nicht zu denken. Die Linie zieht sich über die altrömischen Atellanen und die Mimen über Harlekin, Hanswurst, Kasperle, Pickelhering und die → *Hofnarren,* über Shakespeares Narren bis zum Zirkusclown und, im Kabarett, zum → *Conférencier* und Solokabarettisten. In den Spaßmachern artikuliert sich seit eh und je der Volkswitz in seiner Opposition zur Macht. Deshalb eignet ihren Späßen, selbst wenn sie lediglich belustigen wollen, auch in der äußersten Verdünnung eo ipso ein Element der Sozialkritik.

Spielmann, Fritz **20. 11. 1906 Wien.* Komponist, Pianist
Er studierte 1924–1927 an der Wiener Musikakademie Komposition und Klavier und debütierte 1931 als Pianist beim Wiener Konzerthausverein. Als Komponist gehörte er 1931 zum Kollektiv um → *Stella Kadmon*, das das Kabarett → *Der liebe Augustin* in Wien eröffnete, wo er eigene Lieder am Klavier spielte, von 1935–1938 auch im Nachtclub »Fiaker«. Danach schrieb er einige musikalische Lustspiele (»Pam Pam« u.a.), die im »Theater an der Wien« aufgeführt wurden. 1938 emigrierte er nach New York, etablierte sich dort als Komponist und schrieb an die 900 Songs. Wirkte seit 1943 als musikalischer Leiter beim Exilkabarett → *Die Arche.* Nach 1945 arbeitete er als »Song Writer« zu Texten seiner langjährigen Partner Janice Torre und Kermit Goell auch für die Hollywood-Filmstudios. »Paper Roses«, gesungen von Marie Osmond, brachte ihm 1973 den begehrten »Grammy« und stand zwanzig Wochen an der Spitze der »Hit-Parade«.

Spielstätten → Gastspielstätten im Anhang

Spitz, Rudolf **27. 5. 1907 in Brünn.*
Schriftsteller, Journalist, Kabarettautor und -gründer
Studierte Jura an der Universität Wien (Dr. jur.). Als Mitglied des »Bundes junger Autoren Österreichs« im Sommer 1933 Mitgründer, Autor und Conférencier der → *Stachelbeere*, die er bis 1935 leitete. 1935/36 auch Gastautor bei der → *Literatur am Naschmarkt.* Mitarbeiter am »Tag«, Hörspielautor.
Emigrierte im März 1938 nach Prag, im Januar 1939 weiter nach London. Gründete dort 1939 das »Laterndl« (→ *Exilkabarett*) und schrieb dafür. Von 1940 bis 1945 Mitarbeiter bei der BBC London und der »American Broadcasting Station in Europe«, London. Von 1948 bis 1950 in Wien Leiter der Nachrichtenabteilung des »Senders Rot-weiß-rot«, schrieb von 1950 bis 1955 in London für die BBC Sendungen für Österreich und von 1955 bis 1968 Sendungen für die DDR.

Weys, Rudolf: *Literatur am Naschmarkt.* Wien 1947. – Weigel, Hans: *Gerichtstag vor 49 Leuten.* Wien 1981.

Spoliansky, Mischa **28. 12. 1899 Bialystok; †28. 6. 1985 London.*
Komponist, Orchesterleiter
Der Sohn eines Opernbaritons gab zehnjährig in Dresden sein erstes öffentliches Klavierkonzert. Kam kurz vor dem Ersten Weltkrieg nach Berlin und studierte dort am Stern'schen Konservatorium. Um sich sein Studium zu verdienen, spielte er in einem Trio »Salonmusik« im »Café Schön« Unter den Linden. 1920 zogen → *Werner Richard Heymann* und → *Friedrich Hollaender* ihn als dritten Klavierspieler für das → *Schall und Rauch* (II) heran. Max Reinhardt gab ihm die erste Chance als Bühnenkomponist. Mit der Musik zu dem Stück »Victoria« von W. Somerset Maugham (1925) hatte er seinen ersten großen Bühnenerfolg.

 1921 ging Spoliansky als Komponist und Begleiter an die → *Wilde Bühne*, 1924 ans → *Tütü*. 1926 war er musikalischer Leiter der → *Bonbonniere* (München). Den Durchbruch als Kabarettkomponist schaffte er in Zusammenarbeit mit → *Marcellus Schiffer* mit den Kabarettrevuen »Es liegt in der Luft« (1928), »Alles Schwindel« (1931) und dem kabarettistischen Operneinakter »Rufen Sie Herrn Plim!« (1932). Mit Felix Joachimson als Textautor verfaßte er die Revue »Wie werde ich reich und glücklich« (1930); für das Revuestück »Zwei Krawatten« von Georg Kaiser (1929) komponierte er die Musik. 1933 nach London emigriert, schrieb er die Musik für über 100 englische und amerikanische Filme, darunter »Heute nacht oder nie«. Bei den Berliner Festwochen 1977 begleitete er → *Margo Lion* am Flügel zu ihren gemeinsamen alten Chansons. Mit seinen Kabarettrevuen schuf Spoliansky Frühformen des modernen deutschsprachigen Musicals.

Spott Im Gegensatz zur → *Ironie*, die ihre Objekte durch Verkehrung ins Gegenteil auf komische Weise zu entlarven trachtet, geht der Spott Erscheinungen und Verhaltensweisen direkt an, indem er sie geradeheraus als solche lächerlich macht, verhöhnt und als verachtenswert darstellt. Spott ist eine Form sozialer Kritik der Ohnmächtigen an den Mächtigen und damit seit jeher Selbstverständigung und Selbstbehauptung Unterdrückter durch Herabsetzung der Unterdrückenden. (→ *Spaßmacher*)

Die Springmaus Satirisch-literarisches Kabarett und Improvisationstheater in Bonn, unter Leitung von William Mockridge. Eröffnet 1976 in Heidelberg, seit 1983 in Bonn, Stiftstraße 17a und seit 19.4. 1993 im eigenen Theater in Bonn-Endenich, Frongasse 8. In Heidelberg spielte ein dreiköpfiges Ensemble zwei Programme, »Springmaus« (1976) und »Mit dem Atom auf du und du« (1977). 1983 kam Mockridge nach Bonn und spielte mit einem neuen Ensemble (Andreas Etienne, Margie Kinsky, Helmut Lauterbach, Michael Müller, Sue Schulze und → *Anka Zink*) die Programme »Matt-West-Germany« (1983); »Spiegelei sucht ebensolches« (1983); »Hallo du, mein Zwischen-Du« (1984); »Sperrmüll – soweit die Tüten tragen« (1984); »La Banana« (1985); »Das läßt tief blicken« (1985); »Beim Öffnen muß es knacken« (1987); »Habe nun acht« (1988, mit Dirk Bach als Neuem im Ensemble); »Man gönnt sich ja sonst nichts« (1989); »Achtung, Schleudersitz« (1990). 1991 spielte die *Springmaus* mit neuem Ensemble (Dada Stievermann, Susanne Pätzold, Jochen Baum, Frank Gierlich, Hans Kieseier) die Programme: »Mausgeflippt« (1991) und »Ende nich(t) in Sicht« (1993).
Mit zwei Ensembles ist die *Springmaus* seit 1994 auf Tourneen mit »Mausverkauft« (1994) und »In Maus und Braus« (1995). Die künstlerische Leitung haben William Mockridge und Andreas Etienne (seit 1985 auch geschäftsführender Direktor) inne. Seit 1988 leiten sie zudem den Trägerverein »Springmaus-Ensemble e. V.«. In beiden Bonner *Springmaus*-Theatern finden Sonderprogramme und Gastspiele aus den Bereichen → *Kabarett, Kleinkunst, Chanson, Comedy, Liedermacher, Varieté* u. a. statt.

📖 *10 Jahre Haus der Springmaus – Geschichte und Geschichten*. Bonn 1996.

Die Staatisten Politisch-satirisches Kabarett in Kiel. Gehen seit ihrer Gründung 1990 auf Tourneen unter Leitung des Textautors und Darstellers Norbert Scharbach, der vorher (1978–1980) als solcher im Kieler Studentenkabarett »Die Karikieler« als Texter und Darsteller mitgewirkt hatte. Das erste Programm kam am 9.11. 1990 unter dem Titel »Halluzi-Nationen« in der »Räucherei« in Kiel heraus, mit den Darstellern Andreas Fleck, Wolfgang Röttgers, Norbert Scharbach und seiner Frau Katharina Zisgen-Scharbach. Für dasselbe Ensemble schrieb Norbert Scharbach die folgenden Tournee-Programme: »Das Phantom des Opas« (1991); »Das Delirium schlägt zurück« (1992) und »Der fünfte Mann« (1995), in dem Andreas Fleck den ausgeschiedenen Wolfgang Röttgers ersetzte.

Die Stachelbären Politisch-satirisches Amateurkabarett in Dreieich bei Frankfurt am Main, gegründet 1973 von Hans Obermann (1924–1991), der vorher Leiter (1956–1958) des Funkbrettls »Tandaradei« in Leipzig war, nach politischen Auseinandersetzungen ausgeschieden war und 1958 die Leitung der → *Pfeffermühle* (Leipzig) übernommen hatte. Nach dem Programm »Verschärft die Lachsamkeit« (1959) wurde er entlassen und ging ein Jahr später in die Bundesrepublik. Die *Stachelbären*, die bis 1980 »Hengstbachbrettl« hießen, spielten nach ihrem ersten Programm, »Kunterbunte Sachen«, vierzehn Programme unter Obermanns Leitung, der auch die Texte schrieb. Nach seinem Tod spielte das Ensemble (mit Gabi Cahn, Doris Dörrie, Roswitha Ochs, Wolfgang Schuhmacher, Walter Seidenfaden und Gernot Walther) bisher zwei Programme: »Was macht uns eigentlich so sicher?« (1992) und »Man gewöhnt sich an alles« (1993). Die musikalische Leitung haben Charlotte Neumann und Günter Lehr, Hauptautor ist heute Edgar Lipki.

Die Stachelbeere Literarisch-politisches Kabarett in Wien, gegründet im Frühjahr 1933 von einer Gruppe des »Bundes junger Autoren Österreichs« unter Führung von → *Dr. Rudolf Spitz*, die die Gründung eines gemeinsamen Kabaretts nicht abwarten wollte (→ *Literatur am Naschmarkt*). Eröffnet im Sommer 1933 im Garten des »Café Döblingerhof«, Billrothstr. 49, Wien XIX. (Im Herbst und im Winter spielte man im Keller des Cafés.) Erstes Programm: »Frisch vom Baum« mit Texten von Spitz, Josef Pechacek, Hans Horwitz und Heinrich Krips. Musiker und Begleitung: Horwitz, Krips, Pechacek, Spitz, Grete Spohn und die Tänzerin Hilde Sykora.

Mit dem zweiten Programm kam → *Hans Weigel* als Autor hinzu, später als Darsteller: Gerti Sitte und Walter von Varndal u.a. Nach neun Programmen im Herbst 1934 Übersiedelung in den Theatersaal des »Café Colonnaden«, Rathausplatz 4, Wien I, wo am 23.10. 1934 das zehnte Programm, »Kunterbunte Wunderschau«, anlief. Vom elften Programm an (»Panem et circenses«, 4.12. 1934) half die von der anderen Gruppe des »Bundes junger Autoren Österreichs« inzwischen gegründete »Literatur am Naschmarkt« der *Stachelbeere* finanziell, personell und organisatorisch aus deren Tief und stellte ihr auch Hausautoren, Komponisten, Regisseure und Darsteller (Elisabeth Neumann, Traute Witt, Otto Wegrostek u.a.) zur Verfügung. Regie führten nun Hermann Kner und Peter Ihle. Hatten die ersten neun Programme stark improvisatorischen Charakter getragen und ausnahmslos

 aus Kurzszenen bestanden, so brachte man im »Café Colonnaden« auch → *Mittelstücke* und Einakter (u.a. »Julius Cäsar« von Spitz und »Der Mann im Durchschnitt« von Weigel), ohne jedoch wie die »Literatur am Naschmarkt« zum Theaterkabarett zu werden. Politisch war die *Stachelbeere* aggressiver und scharfzüngiger als diese. Ihre Besonderheit: die Conférencierbegabung von Spitz, das parodistische Talent von Horwitz in Texten und in Musik, das politische Engagement von Pechacek, eines gelernten Buchdruckers, der seine Songs und Arbeiterlieder selbst vortrug, sowie das Vielfachtalent Gerti Sittes als Tänzerin, Darstellerin und Chansonniere.
Wegen Überforderung der Autoren, die nun für zwei Kabaretts schreiben mußten, stellte die *Stachelbeere* nach dem sechzehnten Programm (»Achtung, Achtung!«) am 19.11. 1935 den Spielbetrieb ein.

»Die Stachelschweine«, Ensemble 1954 (obere Reihe) v.l.: Wolfgang Gruner, Klaus Becker, Günter Pfitzmann, Rolf Ulrich; (untere Reihe) v.l.: Jo Herbst, Inge Wolffberg, Ingeborg Wellmann, Achim Strietzel

Die Stachelschweine Politisch-satirisches Kabarett in West-Berlin, hervorgegangen aus einer Gruppe junger Schauspieler von der »Tribüne« (Klaus Becker, Joachim Teege, → *Rolf Ulrich* und Alexander Welbat), die Ende Oktober 1949 in dem Jazzkeller → *Badewanne* in der Nürnberger Straße dreimal wöchentlich kabarettistische Einlagen gaben. Texte: Rolf Ulrich und → *Dieter Thierry.* Erstes Programm: »Alles irrsinnig komisch« (3.10. 1949) mit Horst Gabriel, Dorle Hintze, Ilse Markgraf, Günter Pfitzmann, Joachim Teege. Regie: Alexander Welbat, Musik: Klaus Becker. Nach dem zweiten Programm (»Per speck tiefen«, 1.1. 1950) mit Inge Wolffberg als neuem Mitglied zog die Gruppe am 20.1. 1950 in den

»Burgkeller« am Kurfürstendamm um. Der abendliche Eintritt kostete »pro Kopf een Knopf«, der den Gästen vom Jackett geschnitten wurde. Seit ihrem dritten Programm (»Alles neu macht der….«, 31. 3. 1950) nannte sie sich auf Vorschlag von Thierry *Die Stachelschweine.* Im April 1950 stieß → *Jo Herbst* zum Ensemble. Nach sechswöchigem Programmwechsel schafften sie mit ihrem sechsten Programm (»Es war so schön, privat zu sein«) am 29. 9. 1950 den Durchbruch in der Gunst von Publikum und Presse. Kurz danach brach das Ensemble auseinander: Während Klaus Becker, Jo Herbst, Joachim Teege und Inge Wolffberg bei Ulrich im »Burgkeller« blieben, zog Welbat (der bis dahin sämtliche Programme inszeniert hatte) unter demselben Namen mit dem restlichen Ensemble zurück in die »Badewanne«, mußte aber bald darauf aufgeben. Das Stammensemble im »Burgkeller« wurde ergänzt durch → *Wolfgang Gruner*, Horst Nowack und Manja Wodowoz. Mit ihnen startete Ulrich am 7. 4. 1951 das Programm »Brettl hoch!«. Wegen Baufälligkeit der Decke im »Burgkeller« zogen die *Stachelschweine* nun in ein ebenerdiges Lokal, die »Ewige Lampe«, Rankestr. 9, um und eröffneten dort mit ihrem neunten Programm »Biennalitäten« (12. 6. 1951). Im Jahr 1951 stieß Achim Strietzel zum Ensemble, Günter Pfitzmann kehrte zu ihm zurück. 1952 inszenierte → *Wolfgang Neuss* die Programme »Festland Berlin« (September) und »Zwischen Nylon und Chemnitz« (Dezember) u.a. mit den Neulingen Ann Höling und Edith Hancke und machte aus »einem literarischen Sketch-Kabarett ein aggressives Revue-Kabarett« (Ulrich). – Auf Neuss' Rat zogen die *Stachelschweine* in den größeren → *Nürnberger Trichter* um und brachten dort das Programm »Sind Sie schon bedient?« heraus. Nachdem der Besitzer mit den Einnahmen geflüchtet war, ging das Ensemble auf eine Tournee durch die BRD. Ulrich pachtete nun die »Ewige Lampe« und spielte vom 28. 8. 1953 an das Programm »Ach, du liebe Freiheit«. Fortan fand alle vier Monate eine Premiere statt. Wolfgang Gruner, der selber auch Texte schrieb, wurde mit seinem Solo, in dem er in jedem Programm als Berliner Type über die Zeitläufte räsonnierte, über den Rahmen des Kabaretts hinaus bekannt, zumal da die *Stachelschweine* seit Mitte der fünfziger Jahre auch im Fernsehen auftraten.

Von 1960 bis 1967 bestritten sie zusammen mit der → *Münchner Lach- und Schießgesellschaft* alljährlich die Auftaktsendung der Fernsehlotterie für Berliner Ferienkinder, »Ein Platz an der Sonne«. Am 17. 4. 1964 übersiedelten sie in ihr jetziges Domizil, das »Europa Center« an der Gedächtniskirche. Von ihren Programmen sind besonders erwähnenswert: »Festland Berlin« (7. 9. 1952), »Zwischen Nylon und Chemnitz« (18. 12. 1952), »1001 Macht« (16. 12. 1955), »Die Wucht am Rhein« (19. 12. 1956), »Der Fette aus Dingsda« (9. 12. 1957), »Teil dir den Siegerkranz« (9. 12. 1959), »Schwarz-weiß-tot« (1. 11. 1961), »Selten so geweint« (13. 11. 1962), »Unser kleiner Staat« (26. 3. 1964), »Und vor 20 Jahren war alles vorbei« (9. 6. 1965), »Das elfte Gebot« (1. 7. 1966), »Deutschland, Deutschland unter anderen« (14. 11. 1967), »Die Welt, in der wir beben« (1. 4. 1969), »70/71« (3. 5. 1970), »Endstation Hoffnung« (2. 12. 1971), »Der dressierte Mensch« (16. 3. 1973), »Remember Song« (16. 4. 1974), »Der 30jährige Frieden« (9. 1. 1975), »Kein Märchen aus uralten Zeiten« (12. 12. 1976), »Kreishauptstadt Berlin« (4. 11. 1978), »Eintritt: Ein Knopf« (12. 12. 1980), »Kein schöner Land als diese zwei« (18. 10. 1982), »Krieg Heil« (13. 5. 1984), »Eine Dummheit macht auch der Befreiteste« (20. 12. 1985), »Und wenn die ganze Spree verbrennt« (26. 4. 1987), »In Gleichgültigkeit – Amen« (11. 12. 1988).

Neben zahlreichen Sonderprogrammen spielten sie nach der Wiedervereinigung ihr 49. Programm, »Es kracht im Schicksal« (5. 5. 1990) mit Wolfgang Bahro, Andrea Brix, Stephanie Gossler, Axel Lutter, Vera Müller, Uwe Paulsen und Wolfgang Gruner, der mit Rolf Ulrich die Texte geschrieben hatte. Danach folgten »1 + 1 sind Eins, wat nu?« (28. 4. 1991), »Hurra, die Bonzen kommen!« (19. 11. 1992), »Ab in die Urne« (5. 4. 1994) und »Seid umschlungen Milliarden« (2. 5. 1995).

Bei den *Stachelschweinen* wirkten u.a. mit: Als Autoren → *Therese Angeloff*, Klaus Becker, Horst Dahlmeyer, Dieter Finnern, → *Curth Flatow*, → *Wolfgang Franke*, → *Robert Gilbert*, → *Eckart Hachfeld*, → *Jo Herbst*, → *Erich Kästner*, → *Kay Lorentz*, → *Volker Ludwig*, → *Martin Morlock*, → *Günter Neumann*, → *Wolfgang Neuss*, Horst Pillau, E.A. Rauter, → *Joachim Roering*, → *Klaus Peter Schreiner*, Dieter Thierry, Andreas Zimmermann; als Regisseure: Dietmar Behnke, Horst Braun, Wolfgang Gruner, Ilo von Janko, Lothar Kompatzki, Egon Monk, Wolfgang Neuss, Werner Oehlschläger, Harald Philipp, → *Rudolf Schündler*, Norbert Schultze jr., Wolfgang Spier, Rolf von Sydow, Joachim Teege, Hermann Treusch, Rolf Ulrich, Alexander Welbat; als Darsteller: Klaus Becker, Ingrid van Bergen, Silvester Berger, Edith Elsholtz, Walter Gross, Wolfgang Gruner, Siegrid Hackenberg, Edith Hancke, Beate Hasenau, Jo Herbst, Ann Höling, Cornelia Meinhardt, Horst Niendorf, Günter Pfitzmann, Joachim Röcker, Jochen Schröder, Maria Sebaldt, Achim Strietzel, Joachim Teege, Rolf Ulrich, Wolfgang Völz, Ingeborg Wellmann, Sonja Wilken.

1957 erhielten sie den Kunstpreis der Stadt Berlin für Darstellende Kunst. Die *Stachelschweine*, nächst dem → *Kom(m)ödchen* das älteste noch spielende deutsche Nachkriegskabarett, verdankten ihre Kabarettwirkung, anders als jene literarischen Künstlerbrettl im gesicherten Westen, dem Berliner Volkswitz ihrer Akteure in einer besonderen politischen Situation, wie dieser Volkswitz sie seit jeher als Reibungsfläche brauchte, um daraus seine Funken zu schlagen.

Anders auch als die → *Insulaner* haben sie sich zu Anfang nicht einseitig im Ost-West-Konflikt festlegen lassen. Mit zunehmender Verkrustung der politischen Verhältnisse in West-Berlin nach dem Mauerbau zu Anfang der sechziger Jahre und ihrer eigenen, durch Fernsehbreitenwirkung noch verstärkten Institutionalisierung wurden ihre Programme politisch immer unverbindlicher und sanken künstlerisch wie literarisch mehr und mehr auf das Niveau eines derbkomischen Unterhaltungskabaretts mit üppiger Ausstattung und dünnem Witz ab. Regenerationsversuche wie beim *Kom(m)ödchen* oder der *Münchner Lach- und Schießgesellschaft* sind bei den *Stachelschweinen* bisher nicht zu beobachten.

Ulrich, Rolf; Herbst, Jo: *Erinnern Sie sich noch*? Berlin 1952. – Ulrich, Rolf; Herbst, Jo; Thierry, Dieter: *Die Stachelschweine*. Berlin 1956. – Tschechne, Wolfgang (Hrsg.): *Ich hab' noch eine Schnauze in Berlin – Das Stachelschwein-Buch*. Hannover 1967. – Gruner, Wolfgang: *Schnauze mit Herz*. Bonn 1977. – Ulrich, Rolf: *Alles sollte ganz anders werden – 40 Jahre Kabarett ›Die Stachelschweine‹*. Berlin 1990.

Stählin, Christof   * *18. 6. 1942 Rothenburg.*

Gitarrist, Liedermacher, Kabarettist, Autor

Genoß 1957–1960 eine Ausbildung in Liedgestaltung und Satztechnik auf der Laute bei Oscar Besemfelder in München, studierte nach seiner Bundeswehrzeit Vergleichende Religionswissenschaften und Völkerkunde in Marburg, Bonn und Tübingen, wo er sich 1967 niederließ. Trat bereits 1963 mit Michael Wachsmann und seit 1964 auf den »Chanson-Folklore-Festivals« auf der Burg Waldeck auf. Sie stellten als Duo englische Lautenstücke, deutsche Renaissance- und Barocklieder und moderne deutsche und französische Chansons vor. In den achtziger Jahren schrieb und spielte Stählin mehrere Programme: »Schneeluft im Treibhaus« (1981); »Mag denn keiner die Bundesrepublik?« (1984) und »Sire, es ist Zeit« (1989), ein Programm über die Französische Revolution. Seit 28.10. 1993 ist er mit seinem literarischen Kabarett »Die Kunst der Herablassung« auf Tournee. 1976 erhielt er in der Sparte Chanson den → *Deutschen Kleinkunstpreis.*

Christof Stählin war erstmals auf der LP »Makaber macht lustig« zu hören, bespielte 1973 sein erstes komplettes Album, »Privatlieder«, gründete 1976 sein eigenes Label »Nomen + Omen«, bei dem weitere Platten in Eigenproduktion erschienen sind: »Lieder für Andere« (1976); »Die Fanfare der Poesie (1977); »Das Einhorn« (1978); »Feuer, Wasser, Luft und Erde« (1981); »Wie das Leben schmeckt« (1982); »Schneeluft im Treibhaus« (1983); »Mag denn keiner die Bundesrepublik?« (1984); »Sire, es ist Zeit« (1989); »Promenade« (1990), sowie einen gleichnamigen Verlag, in dem seine Bücher erscheinen.

Rothschild, Thomas: *Liedermacher – 23 Porträts.* Frankfurt/Main 1980. – Stählin, Christof: *Findelkinder.* 1981; *Mag denn keiner die Bundesrepublik?* 1984; *Sire, es ist Zeit.* 1990

Stankovski, Ernst   * *16. 6. 1928 Wien.*

Schauspieler, Kabarettist, Kabarettautor, Regisseur

1945 Schauspielausbildung am Reinhardt-Seminar, Wien. Von 1946 bis 1950 am »Theater in der Josefstadt«, Wien, 1952 am »Residenztheater«, München, 1953 an den »Münchner Kammerspielen«. 1948 Kabarettdebüt in → *Gerhard Bronners* Wiener »Fledermaus« mit eigenen Nummern. 1954 an der Münchner → *Kleinen Freiheit* im Programm »Bier unter Palmen«. 1956/57 Soloauftritte in → *Willi Schaeffers'* Berliner »Tingeltangel«. Nach Theaterengagements in Düsseldorf, Berlin und Frankfurt/Main und Mitwirkung in zahlreichen Fernsehspielen 1961 erste eigene Fernsehunterhaltungsshow: »Spaß mit Ernst«. 1963/64 Soloabende mit eigenen Liedern im »Alten Simpl« (→ *Simplicissimus,* München). 1974 erstes Soloprogramm »Wie wirst du aussehen, wenn du tot bist?« bei den → *Wühlmäusen,* anschließend Gastspiele im → *(Kleinen) Renitenztheater* und im Mainzer → *unterhaus,* wo 1976 sein Soloprogramm »Geh zu den Gauklern« Premiere hatte. 1977 Soloprogramm »Der Antiprophet« und 1980 »Geh zu den Gauklern II« (beide im »unterhaus«). 1982 »Das große Testament des François Villon« in eigener Nachdichtung (»Schloßtheater«, Moers, 1983), die gleichzeitig in Buchform erschien. In Wien spielte er die Soloprogramme »Kommt her, ihr Wenigen« (1988) und »Schöne Bescherung« (1990). Daneben und dazwischen Auftritte in Theaterstücken, Musicals und Fernsehinszenierungen.

In seinen Chansons, die 1976 unter dem Titel »Wir haben es uns gemütlich gemacht« als Buch erschienen, und in seinen Soloprogrammen verbindet Stankovski Wiener Charme mit zeitkritischer Unbestechlichkeit und formaler Geschliffenheit. Er erhielt 1975 den → *Deutschen Kleinkunstpreis* und 1983 den »Buxtehuder Kleinkunstigel«.

Stark, Otto **2. 4. 1922 Wien.*
Kabarettist, Kabarettleiter, Schauspieler, Regisseur
Begann eine Hutmacherlehre. Beim Einmarsch der Wehrmacht in Österreich 1938 mit seiner Familie verhaftet. Stark konnte entkommmen und nach England fliehen, machte dort eine Landwirtschafts- und Bäckerlehre, nahm daneben Schauspielunterricht und wirkte im Kabarett »Laterndl«, London, mit (→ *Exilkabarett*). Legte, aus der Emigration zurückgekehrt, die Schauspielprüfung in Wien ab und spielte dort am »Theater der 49«. 1949 übersiedelte er in die DDR, wurde Schauspieler in Dresden und Berlin, 1955 Mitbegründer des Kabaretts → *Herkuleskeule*, Dresden, 1960–1990 Kabarettist (mit seiner Frau Ilse Maybrid) und Regisseur an der → *Distel*, Berlin, deren Direktor er von 1968–1990 war. Arbeitete auch im Film (»Geschwader Fledermaus« u.a.) und Fernsehen der DDR (»Der Mann aus Kanada«, »Die Spur führt in den ›Siebenten Himmel‹«, »Stacheltier« u.a.).

Deißner-Jenssen, Frauke (Hrsg.): *Die zehnte Muse – Kabarettisten erzählen.* Berlin 1982; darin: *Otto Stark – Ein Wiener in Berlin.*

Statt-Theater Politisch-literarisches Kabarett, gegründet 1980 in Regensburg als Tournee-Ensemble von Peter Nikisch (der die Texte schreibt und Regie führt) mit dem Programm »Nervensägen« (17. 10. 1981). Zum ersten Ensemble gehörten Conny Rother, Eva Schwan, Madeleine Streiber, Wolfgang Maier, Peter Nikisch und am Klavier Matthias Gmeiner. Danach folgten die Programme »Deutschland – ein Befried(ig)ungsproblem« (3. 4. 1982); »Bitte wenden!« (27. 11. 1982); »Die 6. Republik« (11. 6. 1982) und »Konjunktur ist angesagt« (1984). Am 17.6. 1984 eröffnete das Statt-Theater eine eigene Kleinkunstbühne in der Wintergasse 16, in der seitdem zahlreiche Gastspiele stattfanden sowie die Programme des Hausensembles: »Alle Macht den Drähten« (14. 12. 1984); »Unternehmen Sie was!« (31. 12. 1985); »Denn sie wissen nicht, was nun!« (31. 12. 1986); »Betreten sein verboten« (31. 12. 1987); »Geben Sie's doch zu!« (31. 12. 1988); »Herrschaftspleiten« (31. 12. 1989); »Jubel, Trubel, Eitelkeit« (31. 12. 1990); »Ein Gespenst kommt um in Europa« (31. 12. 1991); »Wegen Inventur geschlossen« (31. 12. 1992); »Womit hab'n wir uns bloß verdient!« (18. 2. 1994) und »Peanuts« (21. 4. 1995) mit dem Ensemble Inge Faes (seit 1984 dabei), Wolfgang Köppl (seit 1995 dabei), Peter Nikisch, am Klavier Walter Reckziegel (der 1985 Eberhard Geyer ablöste). Das Hausensemble spielt auch in zahlreichen Sonderprogrammen, z.B. Inge Faes in »Von Müttern und Monstern« (am Klavier → *Dietrich »Piano« Paul*) und Eberhard Geyer in »Geyers geiles Nachtprogramm«.

Staub, Volkmar **8. 6. 1952 Brombach.* Kabarettist und Kabarettautor
Trat neben seinem Studium und seiner Tätigkeit als Sozialarbeiter seit 1978 als Liedermacher im Dreiecksland auf und spielte seit 1980 im Freiburger Kabarett

»Riebyse und Buurepunk« mit Harald Diebold, Werner Klenk und Diebold Maurer drei Programme, sowie 1978 mit Werner Klenk ein Duo-Programm. Am 12.10. 1983 hatte das Programm »Wer sich nicht lebt, wehrt sich verkehrt« des Freiburger Kabaretts »Din a Dry« mit Klaus Meier, Volkmar Staub und Willi Winter Premiere, dem 1984 das Programm »Schmerzflimmern« folgte. Dazwischen spielte Staub mit Maier das Duo-Programm »Der Wille zur Tracht« (1983) und 1984 mit Maurer »Dialog im Strandbad« (1984). 1983 brachte Staub sein erstes Soloprogramm, »Hoppla, mein Standpunkt hüpft« und danach 1984 »Zwischen Softeis und Hardware« heraus. 1984 präsentierte Staub im Duo mit → *Matthias Deutschmann* das Programm »Nachschlag« und dann als Solist auf Tournee »Humanismousse au Chocolat« (1987); »Solo Tour de Zweifel« (1988); »Gestyltes Deutschland« (1989); »Keep styling« (1991); »Jenseits von Reden« (1993) und im Duo mit Werner Klenk 1996 »Zwei Richtige« (Regie: → *Heinrich Pachl*).
Bereits 1983 gab Staub seine ersten satirischen Texte unter dem Titel »Ich bin die Norm du Sau!« in einem Freiburger Verlag heraus. Die späteren Kabarettexte seiner Programme veröffentlichte er im Selbstverlag.

Steffen, Jochen ** 19. 9. 1922 Kiel; † 27. 9. 1987 Kiel.*
Politiker, Kabarettist, Kabarettautor
Von 1941 bis 1945 Soldat. Studierte nach dem Krieg Philosophie, Psychologie und Soziologie, wurde wissenschaftlicher Assistent von Prof. Michael Freund an der Universität Kiel. Danach seit 1955 Journalist in Flensburg, Leitartikler des SPD-Organs in Schleswig-Holstein. 1958 wurde er für die SPD in den Landtag gewählt, war von 1965 bis 1975 Landesvorsitzender der SPD Schleswig-Holstein, von 1966 bis 1973 Fraktionsvorsitzender der SPD-Opposition im Landtag, von 1968 bis 1977 Mitglied des Bundesvorstands der SPD und von 1973 bis 1977 der SPD-Grundwerte-Kommission.
Nach diesen Tätigkeiten wandte er sich von der Politik ab und arbeitete als freier Publizist, seit 1977 auch als Kabarettist und machte die Dialektfigur »Kuddl-Schnööf« populär. Trat zuerst 1977 im *unterhaus*, Mainz, auf sowie im Fernsehen in den »Notizen aus der Provinz« und im »Scheibenwischer« (→ *Medienkabarett*). Erhielt 1978 den → *Deutschen Kleinkunstpreis.*

Steffen, Jochen: *Kuddl Schnööfs achtersinnige Gedankens.* Hamburg 1972. – Ders.: *Nu komms du!* Hamburg 1975. – Ders.: *Da kannst du auf ab.* Hamburg 1981.

Steineckert, Gisela ** 13. 5. 1931 Berlin.* Schriftstellerin, Chansonautorin
Im Zweiten Weltkrieg nach Österreich evakuiert und 1946 nach Berlin zurückgekehrt, war sie als Sozialhelferin und Sprechstundenhilfe tätig. Arbeitete nach einer kaufmännischen Lehre seit 1957 als freischaffende Autorin für den DDR-Rundfunk. War 1962–1963 Kulturredakteurin der satirischen Zeitschrift »Eulenspiegel«, dann bis Ende der sechziger Jahre Drehbuchautorin bei der DEFA. Betätigte sich auch als Herausgeberin (»Musenkuß und Pferdefuß«, 1964; »Wenn die Neugier nicht wär«, 1970 u.a.) Verfaßte Kurzgeschichten, Lyrik und Chansons, die sie in zahlreichen Büchern veröffentlichte. Wirkte in der Singebewegung der DDR, namentlich als Beraterin des Berliner »Oktoberklubs« und u.a. für die Liedermacher Hartmut König, Kurt Demmler, Reinhold Andert, Regina Scheer

 und als Liedautorin (u.a. »Wer bin ich und wer bist du?«; »Wer die Erde liebt«; »Stundenlied«). 1979 bis 1990 Vorsitzende des Arbeitskreises Chanson/Liedermacher beim Komitee für Unterhaltungskunst der DDR. Schrieb zahlreiche Hörspiele, Drehbücher für Fernsehfilme und Kinofilme, Liedtexte für Auftritte und Plattenproduktionen für Uschi Brüning, Frank Schöbel, Jürgen Walter, Eva-Maria Pickert, Kurt Nolze, Angelika Neutschel u.a. Wurde in der DDR mit mehreren Preisen und Medaillen ausgezeichnet.

Plog, Detlef: *Spuren – Ein Gisela Steineckert-Porträt.* Berlin 1983. – Steineckert, Gisela: *Briefe 1961–1983.* Berlin 1984.

Stemmle, R. A. (= Robert Adolf) **10. 6. 1903 Magdeburg; †24. 2. 1974 Baden-Baden.* Kabarettist, Conférencier, Regisseur, Drehbuchautor
Ursprünglich Volksschullehrer, studierte er seit 1927 an der Universität Berlin Literatur- und Theatergeschichte. 1929 Mitinitiator der → *Katakombe* und dort von Anfang an Conférencier. Von 1936 bis 1942 Chefdramaturg der Filmfirma »Tobis Cinema«. Schrieb Drehbücher zu Filmen wie »Traumulus« (1936), »Der Mann, der Sherlock Holmes war« (1937), »Quax, der Bruchpilot« (1941), »Affäre Blum« (1949). Für die Inszenierung des kabarettistischen Films »Berliner Ballade« (1948) erhielt er 1949 den Preis der Biennale in Venedig. Für das Fernsehen bearbeitete und inszenierte er berühmte Fälle von Justizirrtümern. Nach einem Buch von → *Klaus Budzinski* inszenierte er 1962 im Bayerischen Fernsehen die Lebensgeschichte → *Werner Fincks* unter dem Titel »Witz als Schicksal – Schicksal als Witz«.

Stengel, Hansgeorg **30. 7. 1922 Greiz.*
Lyriker, Feuilletonist, Kabarettautor, Kabarettist
Schrieb schon als Schüler seit 1940 »Lokalspitzen« und Reportagen für die »Greizer Zeitung«. Veröffentlichte seit 1947 satirische Gedichte in der Zeitschrift »Roland von Berlin«, seit 1948 in den Zeitschriften »Ulenspiegel«, »Frischer Wind« und »Eulenspiegel«, dessen ständiger Mitarbeiter er bis heute ist. War 1947 bis 1951 Mitglied des »Arbeitskreises Junger Autoren«, Thüringen. 1951 bis 1959 Redakteur des »Eulenspiegel« in Berlin. Mitarbeit an zahlreichen Zeitschriften und Zeitungen. Gehört zu den ersten Autoren des Kabaretts »Kleine Bühne«, Berlin (1952), → *Distel* (1953–1955), »Berliner Brettl« (1956). Absolvierte 1954 bis 1959 ein Fernstudium in Journalistik. Schrieb seit 1961 für die Programme der Dresdner → *Herkuleskeule* sowie für satirische Kurz- und Trickfilme. 1973 erhielt er den Kunstpreis der DDR. Seine Verse und Epigramme sind vor allem von Wortkomik und skurrilen Einfällen geprägt. Stengel begann 1973 mit eigenen Soloprogrammen: »Ein Taschentuch von Text und Ton«; »Frühling, Sommer, Herz und Kinder« (auch als Buch erschienen); »Stengeleien« (1982); »Mit 60 hat man noch Träume« (1983); »Mit Stengelszungen« (1988) und »Vorübergehend entschlossen« (1995).

Stengel, Hansgeorg: *Hansgeorg Stengel.* Berlin 1980. – Ders.: *Stenglisch Waltz.* Berlin, 1986. – Ders.: *Im Stenglischen Garten.* Berlin 1991.

Stiefelknecht Politisch-satirisches Kabarett in Morsum, gegründet während des Kirchentages 1989 in Berlin unter Leitung von Wolfgang Pusch, der seine Erfahrungen bei den → *NIveauHILISTEN* einbrachte. Pusch schreibt die Texte und führt Regie. Am 26.9. 1990 hatte das erste Programm im Gemeindehaus Lunsen Premiere, mit Andrea Kohnen, Claudia Meyer, Torsten Meyer, Katharina Wehrkamp und Jochen Wilkens. *Stiefelknecht* versteht sich als christliches Kabarett, aber nicht als Kirchenkabarett. Die Texte und Szenen werden in den jährlich wechselnden Programmen, die alle den Gruppennamen als Titel tragen, fortlaufend verändert. Zuletzt 1995 mit Andrea Kohnen, Thomas Langemeier, Magdalene Pusch, Wolfgang Pusch und Petra Schulze.

Stransky, Otto ** 15. 5. 1889 Brünn; † 23. 11. 1932 Berlin.*
Komponist, Pianist, Chansonautor
Wirkte seit 1910 als Korrepetitor und Kapellmeister an Theatern in Leipzig und Wien, wo er 1915 musikalischer Leiter im Kabarett → *Simplicissimus* (Wien) wurde. Nach dem Ersten Weltkrieg, den er als Soldat mitmachte, wirkte er von 1921 an als Pianist in Berlin, so 1923 in der → *Rakete* und 1926 im »Charlott Casino«. 1928 leitete er mit Szöke Szakall das Kabarett »Der krumme Spiegel«, das wenige Wochen nach der Eröffnung zum »Boulevard-Theater« wurde. Er schrieb Operetten, Filmmusiken und Schlager (»Auf einem Kaktus wächst doch keine Pflaume«, »Ich fahr mit meiner Klara in die Sahara« u.a.) teilweise auf eigene Texte. Er vertonte auch die politischen Texte von → *Julian Arendt* (»Das Seifenlied«, »Dolchstoß-Legende« u.a.). Noch im Februar 1932 wirkte er im Programm des Berliner »Wintergarten« mit.

Straßentheater Der Ursprung des Straßentheaters liegt im Jahrmarkttheater des Mittelalters und bei den Wanderbühnen. In Anknüpfung an die Tradition des Politischen Theaters von Erwin Piscator und des revolutionären Arbeitertheaters mit den Agitproptruppen (→ *Agitprop*) in den zwanziger und dreißiger Jahren entstanden 1968, in der Gegenkultur und auf der Welle großer Protestaktionen, Kundgebungen und Demonstrationen der Außerparlamentarischen Opposition (APO) in der Bundesrepublik die Straßentheater, die von ihren Initiatoren bewußt als Mittel der politischen Auseinandersetzung eingesetzt wurden. Auch die happeningartigen Aktionen im Rahmen der Protestbewegung gegen die Remilitarisierung der BRD von 1954 bis 1957 und die Sprechwerk-Aufführungen der Naturfreunde- und Gewerkschaftsjugend sowie die Songgruppen der Ostermärsche (seit 1960/61) sind zu den Vorläufern zu rechnen.
Die Straßentheater entwickelten straßeneigene Ausdrucks- und Kommunikationsformen, die von der aufklärenden Agitationsrevue (z.B. Max von der Grün: »Notstand oder Das Straßentheater kommt«, 1968) und dem stückähnlichen Stegreifspiel über das schriftlich fixierte → *Nummernprogramm* und einzelne, durch Lieder verbundene Kurzszenen bis zum gereimten Sprechchor reichten (Verwendung dokumentarischen Materials, Mischung von Zitat und Sprechszene, Sprecher oder Chor als Kommentator, Typisierung der Figuren als Klassenvertreter, häufige Verwendung von Masken, sparsamer Einsatz von Requisiten und Kostümteilen). Nach oder bereits während des Spiels wurde die »szenische« in

 die »verbale« Agitation übergeleitet (Verteilen von Informationsmaterial, Diskussion mit den Zuschauern).

Die ersten Straßentheater, die sich jeweils nach dem Namen der Stadt, in der sie entstanden, benannten, begannen um 1968 (innerhalb der Kampagne gegen die Notstandsgesetze), zuerst in Berlin (mit Michael Schneider, Peter Schneider, Eckehard Siepmann, → *Horst Tomayer* u.a.); in Frankfurt/Main (mit → *Conrad Reinhold* u.a.); in Mainz (mit Michael Bauer, Rolf van Lessen u.a.) und danach in München (mit Rudi Treitner u.a.); in Karlsruhe (mit Karl Heinz Bast, Eva Martin u.a.). Beim Bundeswahlkampf 1969 agierten für die DKP: die »Agit-Gruppe«, München; »Interpol«, Köln und die Songgruppe »Die Conrads«. Danach gründeten sich neue Straßentheater in zahlreichen Städten, z.B. in Berlin (»Charlottenburger Volkstheater«, »Dagol«, »Kreuzberger Straßentheater« u.a.); in Frankfurt/Main (»Baufirma Meißel & Co.«, »F. A. U. S. T.« u.a.); in Hamburg (»Das schwarze Provinztheater«, »Die schwarze Katze«); in Köln (»Obolus« u.a.).

Danach entwickelten sich, die Tradition der Bänkelsänger aufnehmend, in den siebziger Jahren in der Bundesrepublik sogenannte »Asphaltkonzerte«, bei denen Straßenmusiker, z.B. Klaus von Wrochem (»Klaus der Geiger«), das »Mobile Einsatz Orchester« u.a., ihre gesungenen Botschaften im direkten Kontakt mit der jeweiligen Zuhörerschaft weitergaben. Viele heute renommierte → *Liedermacher* und Folk-Sänger der internationalen Szene (Derrol Adams, Alex Campbell, Peggy Seeger u.a.) machten wesentliche Erfahrungen durch Straßenmusik.

Hüfner, Agnes (Hrsg.): *Straßentheater*. Frankfurt/Main 1970. – Büscher, Barbara: *Wirklichkeitstheater, Straßentheater, Freies Theater – Entstehung und Entwicklung freier Gruppen in der Bundesrepublik Deutschland 1968–1976*. Frankfurt-Bern-New York 1987.

Straus, Oscar (eigentlich: Oscar Nathan Strauss) * *6. 3. 1870 Wien; † 11. 1. 1954 Bad Ischl.* Komponist, Pianist

Studierte bei Hermann Gräderer in Wien und Max Bruch in Berlin, wirkte seit 1895 als Kapellmeister in der Provinz und unter Gustav Mahler als Korrepetitor in Hamburg. Ging 1901 als Hauskomponist und musikalischer Begleiter an das Berliner Kabarett → *Überbrettl*, wo er Chansons vertonte nach Texten von → *Leo Heller* (»Die alte Stadt«, »Das Blumenmädel«), Rideamus (»Didel-Dudel«, »Das erste Abenteuer«), → *Otto Julius Bierbaum* (»Der lustige Ehemann«, »Der verlassene Lehmann«), → *Ludwig Thoma* (»Zur Dichtkunst abkommandiert«), → *Detlev von Liliencron* (»Die Musik kommt«, »Hans, der Schwärmer«), → *Frank Wedekind* (»Ilse«) u.a. Seine beiden ersten Operetten, »Die lustigen Nibelungen« (1904) und »Hugdietrichs Brautfahrt« (1906), waren kabarettistische Glanzstücke. Sein nächstes Werk, »Ein Walzertraum« (1907), brachte ihm Weltruhm ein. In den Jahren 1908–1911 entstanden achtzehn weitere Bühnenwerke. 1911 komponierte er für das Wiener Kabarett → *Hölle* das Singspiel »Die anderen Herren sind nicht so«. 1932 komponierte er die musikalische Komödie »Eine Frau, die weiß, was sie will« von Alfred Grünwald, die im selben Jahr im Berliner »Metropoltheater« mit Fritzi Massary uraufgeführt wurde. Mit 69 Jahren zur Emigration gezwungen, lebte er in Paris, New York und Hollywood. Nach seiner Rückkehr 1948 ließ er sich in Bad Ischl nieder und schrieb 1950 die Filmmusik zu Max Ophüls »Der Reigen« (nach Arthur Schnitzler).

Stumph, Wolfgang **31. 1. 1946 Wünschelburg.* Kabarettist und Schauspieler
Begann im September 1970 beim Dresdner Amateurkabarett »Lachkarte« (Künstlerische Leitung: → *Wolfgang Schaller*), das zum Ensemble des Elektronikwerks »Robotron« gehörte und sich im Verlauf weniger Jahre zu einem Spitzenensemble der Amateur-Kabarettbewegung der DDR entwickelte. Nach sechs Programmen (zuletzt seit 18.4. 1980 »Elternweihe«) wechselte er im September 1980 zur Dresdner → *Herkuleskeule* und spielte dort zuerst in »Bürger, schützt eure Anlagen!« von → *Peter Ensikat* und Wolfgang Schaller. Als prägendes Ensemblemitglied wirkte er dort in zwölf Programmen mit, u.a. in den von Ensikat/Schaller geschriebenen Kabarett-Stücken »Wir sind noch nicht davongekommen« (1983); »Auf dich kommt es an, nicht auf alle« (1986) und zuletzt in »Überlebenszeit« (1988).
Im September 1991 gründete er mit dem Autor Gunter Antrak (* 1941) und dem Musiker Detlef Rohde (vormals ebenfalls im Ensemble der »Herkuleskeule«) die Kabarettgruppe »Antrak auf STUMPHsinn« mit dem Programm »Aus und dabei«. Bestritt mehrere Rundfunk- und Fernsehsendungen: als Fan Stumpi in der ZDF-Show-Serie »Showkolade« (1988 bis 1990, mit Gunter Emmerlich) und in »Nimm dir Zeit« (ZDF, 1990/1991); in der ZDF-Comedy-Serie »Salto-Postale« (1993–1995); als Kommissar Strubbe in dem ZDF-Vierteiler »Von Fall zu Fall« (1995) und in der ARD-Komödie »Theaterdonner« (1995), ferner Kinofilme: »Go Trabi Go« (1991); »Das war der wilde Osten« (1992).

Stütz, Hannes **4. 4. 1936 Schwäbisch Gmünd.*
Kabarettist, Kabarettautor, Liedermacher
Studierte von 1955 bis 1960 Germanistik und Geschichte in Tübingen und München. Gründete 1960 zusammen mit Ekkehard Kühn und Hans Kolo die → *Knallfrösche*, bei denen er als Autor und Darsteller auch mitwirkte. 1961/62 war er Autor und Darsteller bei der → *Zwiebel*, ging dann 1962 mit den »Knallfröschen« auf Tournee und kehrte im Herbst 1962 für das Programm »Sing-Sing mit mir« zur »Zwiebel« zurück. Schrieb seit 1963 auch für das → *(Kleine) Renitenztheater*, von 1965 bis 1968 für das → *(Münchner) Rationaltheater* und recherchierte für dieses 1968 die Beteiligung des damaligen Bundespräsidenten Lübke am Bau von Konzentrationslagern.
Seit 1960/61 schrieb Stütz Lieder für die Ostermarschbewegung (»Unser Marsch ist eine gute Sache« u.a.). Gestaltete seit 1966 zusammen mit → *Therese Angeloff* den »Jugendmonat der IG Metall«, für den er auch schrieb und spielte. Außerdem spielte er Theater (von 1962 bis 1965 am »Münchner Volkstheater«) sowie unpolitische Fernsehrollen und drehte 1964 und 1965 zwei Kurzfilme in eigener Regie nach eigenen Drehbüchern. – 1965 gründete er zusammen mit Manfred Vosz die Kulturzeitschrift »Kürbiskern«, deren Mitherausgeber er bis 1989 war. Wirkte an vielen linken Veranstaltungen gegen Vietnamkrieg, Notstandsgesetze, Wiedererwachen des Nazismus u.a. mit. Stütz war Referent für Bildungs- und Kulturpolitik beim Parteivorstand der DKP.

Subventionen Aus ihrem Selbstverständnis als unabhängige Stätten künstlerisch und literarisch unterhaltender Opposition zum jeweiligen Zeitgeist verzichten die Kabaretts im allgemeinen auf Subventionen durch öffentliche Hände, sofern ihnen solche überhaupt angeboten werden. So hat z.B. Rudolf Rolfs seit Bestehen seiner → *Schmiere* öffentliche Gelder des Frankfurter Kulturdezernats stets abgelehnt. Hingegen werden jährlich zu gewährende kommunale Zuschüsse für Kleintheater, darunter Gastspielstätten für Kabarettveranstaltungen, im allgemeinen gern entgegengenommen. Seit 1995 müssen allerdings z.B. die Münchner Kleinkunstbühnen aus Etatersparnisgründen auf öffentliche Zuschüsse verzichten.
In der ehemaligen DDR wurden Kabaretts zur Stützung des Regimes instrumentalisiert, um den Unmut der Bevölkerung von einer allgemeinen Systemkritik weg auf die von unteren Funktionärsebenen verursachten Alltagsmalaisen abzulenken. Infolgedessen wurden sie von der öffentlichen Hand nicht nur subventioniert, sondern als Institutionen auch Programm für Programm kontrolliert und zensiert.
Allerdings gelang es vielen der derart gegängelten Kabarettisten immer wieder, die Kontrollen geschickt zu unterlaufen, was mitunter zur Schließung der Spielstätten und/oder zur Schikanierung und Verfolgung der betroffenen Kabarettisten führte. (→ *Die Rampe* (Leipzig), die → *Pfeffermühle* (Leipzig), → *Conrad Reinhold*). Reinhold und die Kabarettistin Ingrid Ohlenschläger verließen unter dem Druck der Zensur 1958 bzw. 1965 die DDR und schlossen sich westdeutschen Kabarettensembles an. (Siehe auch → *Kabarett-Preise.*)

Sündikat Politisch-satirisches Kabarett in Berlin, eröffnet am 1.9. 1988 unter Leitung des Darstellers Wolfgang Koch mit dem Programm »In bester Verfassung oder Der ganz normale Wahnsinn« mit Reiner Grzegorzewski, Walburga Raeder, den Musikern Fabricio Fettig, Bert Eulitz und Andreas Pietralczyk. Am 19.11. 1988 hatte das zweite Programm, »Mit unserer Macht ist nichts getan?«, Premiere. Nach der Wiedervereinigung folgten die Programme: »Nach uns die Zukunft« (1990); »Deutschland, kein Wintermärchen« (1992) und »Von Kopf bis Fuß auf Lüge eingestellt« (1993). 1991 erhielt das Kabarett den Kleinkunstpreis der Stadt Lüdenscheid.

Süverkrüp, Dieter **30. 5. 1934 Düsseldorf.* Politischer Liedermacher
Von 1951 bis 1954 Ausbildung als Graphiker, Studium an der Werkkunstschule. 1948 Gitarrenunterricht, danach Autodidakt. Von 1955 bis 1973 angestellter Werbegraphiker. Spielte 1956 als Gitarrist bei den »Feetwarmers«, wurde beim Deutschen Amateur-Festival 1957 zum »besten Jazzgitarristen« erklärt. Begegnete 1958 dem Dichter und Übersetzer → *Gerd Semmer*, dessen Chansons und Übersetzungen von Liedern der Französischen Revolution er vertonte. 1959 erste Schallplatte: »Ça ira«.
Schreibt seit 1960 eigene politische Lieder, von denen viele zum Repertoire der Ostermarschbewegung gehören (»Das Lied von der Schnulze«, »Kleine Anfragen« u.a.). 1962 Mitgründer des »pläne«-Verlags, brachte er bis 1967 4 LPs heraus. 1967: »Quartett '67« mit → *Franz Josef Degenhardt*, → *Hanns Dieter Hüsch* und

→ *Wolfgang Neuss.* Von 1968 bis 1972 Fernsehserie »Süverkrüps Laube« (WDR III). 1971/72 gemeinsame Tournee mit H.D. Hüsch. Seit 1973 freier Graphiker und Illustrator. Verfaßte 1975 für die ARD-Jugendsendung »Elfeinhalb« den Song »Die Wegwerfgesellschaft«. Drehte 1979 einen Fernsehfilm über die Revolution von 1848. 1980 LP »So weit alles klar«. Graphikmappe »Typen«. Mitwirkung an zahlreichen Hörfunk- und Fernsehsendungen. Konzerttourneen durch Deutschland, Belgien und die Schweiz.

Dieter Süverkrüp singt 1987 bei der Verleihung des »Deutschen Kleinkunstpreises« im unterhaus, Mainz

Süverkrüp ist wohl der »kabarettistischste« unter den politischen Liedermachern. Von Anfang an aktiv dem Kommunismus Moskauer Prägung anhängend, verfolgte er mit seinen Liedern offen agitatorische Zwecke, freilich mit Witz und intellektualistischer Lust an Wortspiel und Zitatmontagen. Sein wohl bekanntestes Lied, »Die erschröckliche Moritat vom Kryptokommunisten«, traf scharf den hysterischen Antikommunismus, wenngleich seine Lieder zur Verteidigung des in seinen Augen »real existierenden Sozialismus« bei aller furiosen Wortvirtuosität einer nüchternen Analyse selten standhielten. Was er komponierte und sang, ist eine Mischung aus skurriler Poesie und Zeitkritik. Im Marschtakt und in Rockrhythmen, nach deutschen Volks- und spanischen Flamencoweisen, mit altem Balladen- oder neuem Schlagerklang wurden Pluralismus, Wohlstand, Parlamentarismus und immer wieder das Militär angeprangert. Ein großer Wurf gelang ihm 1968 mit seinem (zusammen mit dem → *Floh de Cologne* auf LP aufgenommenen) Oratorium »Vietnam«. Für Kinder fand er neue Töne, z.B. in seinem Song vom »Baggerführer Willibald«. Heute arbeitet Süverkrüp als Trickfilmzeichner und Autor für die ARD-»Sendung mit der Maus«. Als Liedermacher hat er sich 1993 von der Bühne zurückgezogen. 1977 erhielt er den Heinrich-Heine-Preis der DDR und 1987 in der Sparte Chanson den Ehrenpreis zum → *Deutschen Kleinkunstpreis.*

Szene (griech. skene = Zelt, Bühne) Dreifache Bedeutung als Bezeichnung für Vorgang, Bühne, Schauplatz. (1) Bezeichnung für eine Szene im Kabarett (häufig fälschlich als → *Sketsch* bezeichnet), die eines der wichtigsten Gestaltungsmittel ist: ein gespielter Vorgang mit mehreren agierenden Personen (Figuren), unkomplizierter Handlung und (meist) pointenreichem Dialog. Der Szenenaufbau ist analog zu dem des klassischen Dramas (Einführung, Darstellung des Konfliktes, Zuspitzung des Konfliktes, Höhepunkt und Lösung) und mündet in der Schlußpointe.

 Einen mehr erzählenden Aufbau besitzt die Soloszene, die nur von einem Darsteller gespielt wird (ähnlich dem Monolog). (2) Bezeichnung für den äußeren Schauplatz der Handlung eines Stückes, für die Bühne. (3) Bezeichnung als Synonym für Bereich und Metier; man spricht von einer Jazz-, Rock-, Pop-, Folk-, Kabarett-Szene u. a. In diesem Fall wurde der Begriff aus dem Englischen importiert und deutet die Neigung zu Showeffekten an. Als »Hamburger Szene« z. B. wurde der Begriff 1974 zum Etikett eines bestimmten Pop-Produktes, verbunden mit den Namen Udo Lindenberg, Mayers Dampfkapelle, Rentnerband, → *Otto Waalkes* u. a.

Tanz → *Ausdruckstanz*

Der Tatzelwurm Literarisches Kabarett in Berlin, gegründet von → *Tatjana Sais* und → *Bruno Fritz*, eröffnet am 3.9. 1935 in den ehemaligen Räumen der → *Katakombe*, Lutherstr. 22, unter der künstlerischen Leitung der Genannten. Texte: → *Günter Neumann*, Aldo von Pinelli, → *Herbert Witt*. Komponisten: Günter Neumann und → *Edmund Nick*. Darsteller: Christl Ebeling, Franz Fiedler, Bruno Fritz, Heinz Heimsoth (Conférencen), → *Ursula Herking*, Tatjana Sais, Ivo Veit, Isa Vermehren. *Der Tatzelwurm* ging bereits nach einem Programm im Gründungsjahr ein.

Tausendschön, Nessi (eigentlich: Annette Maria Marx) **24. 9. 1963.* Chansonsängerin, Kabarettistin, Kabarettautorin
Nach Auftritten mit fremden Texten begann sie 1988 mit ihrem ersten Soloprogramm, »Ich sing dir in die Ohren, Kleines«. 1992 folgte »Ach, wie gut, daß niemand weiß, daß ich auf den Prinzen scheiß«, danach 1995 die Programme »...von Kopf bis Fuß auf Kino eingestellt« und »Jetzt doch Liebeslieder«. Am Klavier begleiteten sie Alexander Hopff und Antje Gerstmeyer. Mit dem Pianisten Heinrich Hartl produzierte sie 1992 die CD »Kami & Kaze«. Ferner trat sie in zahlreichen Rundfunk- und Fernsehsendungen auf, u.a. in den »Mitternachtsspitzen« mit → *Richard Rogler* (WDR) und »Einstweilige Vergnügung« mit → *Thomas Freitag* (Pro 7). 1993 spielte sie als Partnerin von Ulrich Tukur in dessen Stück »Blaubarts Orchester« die letzte Braut. 1992 erhielt sie den »Komödianten-Förderpreis« des Schmidt-Theaters, Hamburg.

TBC (Abkürzung für »Totales Bamberger Cabaret«) Politisch-literarisches Kabarett, gegründet in Bamberg 1985 als Tourneegruppe von Manfred (Mäc) Härder, Daniel Schmidt und Helmut Vorndran mit dem Programm »Am besten nichts Neues« (8. 2. 1985). Am 1.2. 1987 kam das Programm »Der Zwerg ruft« heraus, danach trat Georg Koeniger an die Stelle von Michael Schmidt in dem nunmehr hauptberuflich agierenden Trio in dem Programm »Ein Platz an der Tonne« (16. 2. 1988), danach folgten: »Die Frankenmafia« (11. 2. 1990), auch als Buch im Eigenverlag erschienen; »Bloß nicht hingehn« (15. 11. 1992) und »Lebenslänglich« (18. 11. 1995).
Das überwiegend in Franken spielende Trio benutzt Comedy, Slapstick und Verkleidungen, um ihre politischen Inhalte den Zuschauern zu vermitteln. 1986 erhielten sie den Kleinkunstpreis der Stadt St. Ingbert. 1994 kandidierten die drei zur Oberbürgermeister-Wahl in Bamberg mit Forderungen wie z.B.: »Die Konzerthalle soll aus ästhetischen Gründen einen halben Meter verrückt und die Fußgängerzone beheizt werden. Das Hochwasser gehört abgeschafft.«

Teller, Oscar ** 1902 Wien; † (Datum unbekannt).* Kabarettist, Kabarettautor
Begann 1923 in Wien, die in eintöniger Ruhe erstarrten Festprogramme jüdischer Veranstaltungen mit einem Sprechchor zu beleben. Zusammen mit Victor Schlesinger (1903–1978) gründete er »Das Original Jüdische Heurigen-Duo«, aus dem 1927 das → *Jüdisch-Politische* Cabaret« entstand, für das Teller, Schlesinger und

Fritz Stöckler (1903–1984) bis März 1938 fünf Revuen (1. Programm: »Juden hinaus!«) unter dem gemeinsamen Psyeudonym »Viktor Berossi« schrieben und in den zionistischen Ortsgruppen Wiens spielten.
1938 emigrierte Teller mit Schlesinger nach New York, wo sie mit Erich Juhn (1895–1973) das Exilkabarett → *Die Arche* gründeten, das bis 1945 fünf Programme spielte. Nach dem Zweiten Weltkrieg übersiedelte Teller nach Israel und wurde Leiter der »Jüdischen Kulturstelle« in Tel Aviv und Dozent für Sprecherziehung. Mit deutschsprachigen jüdischen Programmen (z.B. »Humor aus 3000 Jahren jüdischer Literatur«) gastierte er fast zwanzig Jahre in Israel, England und den USA.

Teller, Oskar (Hrsg.): *Davids Witz-Schleuder – Jüdisch-politisches Cabaret.* Darmstadt 1982.

Theater Seit seiner Frühzeit arbeitete das europäische Theater mit »kabarettistischen« Mitteln. Schon als Thespis im 6. Jh. v. Chr. die attische Tragödie schuf, tat er dies sozusagen mit einem kabarettistischen Effekt: Das Heraustreten des individuellen Schauspielers aus dem Chor, der den Dionysosfesten die rituelle Weihe gab, geschah zuerst mit Spottliedern und mimischen Tänzen. Als sich ein halbes Jahrhundert später aus diesen Festen die antike Komödie entwickelte, sparten deren Teilnehmer nicht mit satirischer Kritik an den Machthabern – ein Wesenszug der antiken Komödie, die ihren Höhepunkt alsbald in den satirischen Stücken des Aristophanes erreichte.
Nach dem Verfall der griechischen Komödie entwickelten sich kabarettistische Formen in den altrömischen Lokalpossen, den Atellanen, in denen die später zur Commedia dell'arte verfeinerten Standardfiguren derb und zotenhaft mit Vorliebe provinzielle Eigenheiten und die städtischen Gewerbe verspotteten sowie die Mythen travestierten (was dem heutigen Kabarett häufig als Gotteslästerung vorgeworfen wird).
Noch deutlicher trat das kabarettistische Element bei den Mimen zutage. Bei ihnen löste sich die Handlung in ein buntes Varietéprogramm aus Akrobatik, Taschenspielerstückchen, Kraftakten, Nackttänzen und dergleichen auf; doch diente der diese Darbietungen durchziehende »rote Faden« den Mimen dazu, in populären Couplets versteckt Kritik an öffentlichen Institutionen und aktuellen Ereignissen zu üben und Anspielungen auf das Privatleben der Kaiser einzuflechten.
Mit dem allmählichen Untergang des antiken Theaters in der Epoche des theaterfeindlichen Frühchristentums erlosch auch die mit Schaunummern untermischte, öffentlich vorgetragene Satire und Zeitkritik. Das Entstehen neuer Theaterformen vollzog sich ohne zeitbezügliche satirische Charakteristika. Die italienische Commedia dell'arte, die englischen Moralities, das deutsche Fastnachtsspiel – sie alle enthalten wohl kabarettistische Formelemente, es fehlt ihnen jedoch der Sinn für die politische Aktualität. Auch die Conférenciertypen des Hanswurst, des Kasperle, des Arlecchino plaudern und bramarbasieren an der politischen Wirklichkeit vorbei.
Während der frühmittelalterlichen Durststrecke des Theaters verlagerte sich die gesungene und gespielte Zeitkritik mehr und mehr auf das → *Chanson* der Trou-

badours und der Vaganten. Auf der Bühne des Theaters reifte sie voll erst seit Beginn des 19. Jahrhunderts zu neuer Blüte, so in den Volksstücken und Lokalpossen Nestroys, und fand zu ihrem Ende in Frankreich Eingang in die Opéra buffa Offenbachs. (Daß → *Max Reinhardt* zu seinen Offenbach-Inszenierungen Kabarettisten wie → *Paul Graetz* und → *Max Hansen* heranzog und ihnen entsprechende zeitkritische Chansons schreiben ließ, sei nur am Rande erwähnt.)
Nach dem Aufkommen des eigentlichen Kabaretts in Frankreich und Deutschland zwischen 1880 und 1920 bemächtigte sich das Theater erneut kabarettistischer Formen, so vor allem Erwin Piscator mit seinem »Politischen Theater« und → *Bertolt Brecht* mit seinem »Epischen Theater«. Viele Elemente dieser Arbeit finden sich bei den Agitproptruppen (→ *Agitprop*) der zwanziger und den → *Straßentheatern* der sechziger Jahre wieder.
Nach dem Zweiten Weltkrieg erreichte das mit kabarettistischen Mitteln arbeitende zeitkritische Theater einen neuen Höhepunkt, so mit den Stücken von Friedrich Dürrenmatt (der nebenher auch reine Kabarett-Texte verfaßte), Heinar Kipphardt und Peter Weiss; in Frankreich – nach Anfängen in den Stücken von Alfred Jarry (1873–1907) – mit dem »Absurden Theater« der Adamov, Beckett, Genet und Ionesco; im deutschen Sprachraum ferner mit den Stücken von Wolfgang Hildesheimer, Franz Xaver Kroetz, Botho Strauß, Martin Walser, Peter Turrini und Peter Handke.

Flögel, Karl Friedrich: *Geschichte des Grotesk-Komischen*. Leipzig 1887/München 1914. – Reich, Hermann: *Der Mimus*. Berlin 1903. – Piscator, Erwin: *Das politische Theater*. Berlin 1929/Reinbek 1963. – Melchinger, Siegfried: *Geschichte des politischen Theaters*. Velber 1971. – Schidrowitz, Leo (Hrsg.): *Sittengeschichte des Theaters*. Wien-Leipzig 1925. – Ensslin, Martin: *Das Theater des Absurden*. Stuttgart 1977.

Die Thespisnarren Politisch-satirisches Amateurkabarett in Hamburg, gegründet von dem Autor Jörg Peter Hahn und am 30.9. 1974 eröffnet mit dem Programm »Lieb Norderstedt, magst ruhig sein«, mit dem Ensemble Jörg Peter Hahn (der auch die Texte schrieb), Inka Hahn, Wolfgang Lorenzen-Schmidt, Hans-Peter Schlaikier, Hannelore Wenzel, Peter Wenzel u.a., am Klavier begleitet vom Komponisten Lothar Borneff.
Mit wechselnden Darstellern im Ensemble spielten sie danach die folgenden Programme: »Störet uns're Krise nicht« (1976); »Zwei Kreuze für ein Halleluja« (1978); »Im Dünkel der Macht« (1980); »Etwas ist faul im Staate D'Mark« (1982); »Komm, laß dich verschaukeln, Luise« (1984). Danach folgte zum zehnjährigen Bestehen des Kabaretts das Programm »Tucho mit Grips« (1985), ferner »Wir sind so frei« (1986), das vom NDR Kiel (Hörfunk) aufgezeichnet wurde, aber wegen einer gegen die CDU gerichtete Pointe nicht gesendet wurde. 1987 spielten sie das Programm »Die ganze Welt ist himmelgrau« mit Texten von → *Mascha Kaléko* und → *Erich Kästner*. Es folgten »Salto Totale« (1988); »Schwarz-Rot-Goldrausch« (1990) und, mit Texten von → *Joachim Ringelnatz*, »Ringelpietz mit Ringelnatz« (1991); »Auf geht's ... abwärts« (1992); »... und leuchte im Gelichter« (1993) und »Dämmerts den Göttern?« (1995), in dem neben Jörg Peter Hahn auftraten: Jochen Dassow, Inke Hahn, Uschi Köder, Wolfgang Lorenzen-Schmidt, Hans-Peter Schlaikier und am Klavier der Komponist des Programms, Bernhard Tuschel. 1992 erhielten sie den Kulturpreis des Kreises Segeberg.

 Thierry, Dieter (eigentlich: Dieter Koch) * *1. 6. 1921 Berlin; † 12. 6. 1984 Berlin.* Kabarettist, Kabarettautor, Conférencier
1947 Besuch der Schauspielschule in Berlin. Schrieb 1947/48 satirische Texte für die Zeitschrift und das Kabarett → *Ulenspiegel*, Berlin, 1949 für die → *Wendeltreppe* und das → *rendez-vous*, Hamburg, sowie 1949/50 für die → *Bonbonniere* (Hamburg), in der er auch auftrat.
Ging 1950 zusammen mit deren Ensemble und → *Wolfgang Neuss* als »Die Haferstengels« nach West-Berlin. Beteiligte sich an der Gründung der → *Stachelschweine*, die ihm auch ihren Namen verdanken. Schrieb 1951 für den → *Nürnberger Trichter* und 1953/54 für den »Rauchfang« und trat in beiden auch auf. Schrieb Texte für die »Stachelschweine« (bis 1965), → *Die Bedienten* (1961–1963), das → *Reichskabarett* (seit 1966) sowie für die Soloprogramme von Wolfgang Neuss: »Neuss Testament« (1965) und »Asyl im Domizil« (1967). Außerdem lieferte er Beiträge zu der kabarettistischen HR-Hörfunkserie »Bis zur letzten Frequenz« (→ *Medienkabarett*) und zur »Rückblende« (RIAS).

Thoma, Ludwig * *21. 1. 1867 Oberammergau; † 26. 8. 1926 Rottach/Egern.* Schriftsteller, Kabarettautor
Studierte in Aschaffenburg Forstwissenschaft, dann Jura in München und Erlangen und promovierte zum Dr. jur. War 1893–1897 Rechtsanwalt in Dachau, 1897–1899 in München. Mitarbeiter der Zeitschriften »Jugend« und »Simplicissimus«, an dem er 1899 Redakteur wurde. 1907 Mitherausgeber der Zeitschrift »März«, die zum Sprachrohr der Kriegsgegner wurde, dann freier Schriftsteller in München und Rottach.
Unter seinem Pseudonym »Peter Schlemihl« veröffentlichte er scharfzüngige Satiren und lieferte 1901 Textbeiträge für das Berliner Kabarett → *Überbrettl* (»Die Protestversammlung« u.a.) und für die Münchner → *Elf Scharfrichter* (»Die Thronstütze«, »Soldatenlied« u.a.), die scharfe Attacken auf die Spießermoral und den Untertanengeist darstellten. Der Autor populär gewordener »Lausbubengeschichten«, vieler Schwänke und Verfasser der »Filser-Briefe« war wie → *Frank Wedekind* ein bevorzugtes Objekt der Zensur, wurde in Prozesse verwickelt und mußte wegen Beleidigung der »Sittlichkeitsvereine« eine Haftstrafe verbüßen. Gegen Ende des Ersten Weltkrieges, in den er als Sanitäter zog, näherte er sich militant-reaktionären Kreisen, schrieb antidemokratische und antisemitische Artikel im »Miesbacher Anzeiger« und trat zusammen mit Admiral Tirpitz als Propagandist für die Deutsche Vaterlandspartei auf.

Lemp, Richard (Hrsg.): *Das große Ludwig Thoma Buch.* München/Zürich 1974. – Ahrens, Helmut: *Ludwig Thoma – Sein Leben. Sein Werk. Seine Zeit.* Pfaffenhofen 1983. – Lemp, Richard: *Ludwig Thoma – Bilder, Dokumente, Materialien zu Leben und Werk.* München 1984.

Thomas, Dieter * *1947 Limburg.* Kabarettist und Kabarettautor
Der gelernte Fabrikarbeiter kam in den sechziger Jahren nach Frankfurt am Main, wo er sein Abend-Abitur machte und ein Germanistik-Studium begann. 1976 war er an der Gründung des Frankfurter Szene-Kabaretts → *Karl Napps Chaos Theater* beteiligt. 1982 bildete er mit Hendrike von Sydow und → *Matthias Beltz* ein Kabarett-Trio, das sich → *Das Vorläufige Frankfurter Fronttheater* nannte. Trat seit

1986 mit Hendrike von Sydow (* 1956) in den Duo-Programmen »Szenen aus der Volksrepublik Hessen«; »Zwei Paar Schuh« (Mai 1988); »Heiß und innig« (November 1989); »Das Bio tobt« (Oktober 1991); »Ex und Mopp« (April 1993) und »Partnerrausch« (November 1995) auf. 1991 brachte Thomas sein erstes Soloprogramm unter dem Titel »Mr. Single« heraus. Wie schon die »Vorläufigen Frankfurter« trat das Duo Thomas/v. Sydow mit zahlreichen Rundfunk- und Fernseharbeiten hervor; so bilden sie u.a. mit → *Richard Rogler* und → *Arnulf Rating* das TV-»Schattenkabinett« der ARD und spielten 1995 in der TV-Serie »Dieter und Hendrike«.

Beltz, Matthias; Sydow, Hendrike von; Thomas, Dieter: *Das Vorläufige Frankfurter Fronttheater – Am besten bös.* Frankfurt/Main 1988. – Sydow, Hendrike von; Thomas, Dieter: *Hundekuchen mit Sahne – Das Beste aus ihren Kabarettprogrammen.* Niedernhausen 1994.

Tiedtke, Ellen ** 16. 3. 1930 Bischofsburg (Ostpreußen).*
Kabarettistin, Schauspielerin, Chansonniere
Nach Engagements in Cottbus und Frankfurt/Oder gehörte sie 1956 zum Ensemble des Kabaretts → *Pfeffermühle* (Leipzig) und war 1957–1964 als jugendlich-kesse, görenhaft-verschmitzte Berliner Type eine der beliebtesten Darstellerinnen des Berliner Kabaretts → *Die Distel.* Seit 1964 war sie freiberuflich tätig, u.a. für die Tourneeprogramme der Konzert- und Gastspieldirektion (KGD) der DDR und mit eigenen Programmen, vornehmlich mit dem Vortrag volkstümlicher Lieder im Stile → *Claire Waldoffs* (Texte zumeist von → *Hans Rascher*), gelegentlich auch im Rundfunk und Fernsehen.

Tingeltangel Nach 1870 in Berlin aufgekommene, lautmalerische Bezeichnung einer Singspielhalle minderen Ranges. Möglicherweise eine Verballhornung des französischen → *Café chantant* oder der Schlagfolge von Schellenbaum (»ting«) und Becken (»tang«).
Allgemeine Bezeichnung für ein → *Varieté* mit kleinbürgerlichem oder proletarischem Publikum, wo den Coupletsängerinnen für ihre zweideutigen Gesangsvorträge Bier spendiert wurde, anschaulich rekonstruiert in dem Film »Der blaue Engel« von 1930. Davon abgeleitet: tingeln = in einem Varieté – später auch in einem Kabarett – auftreten. Im weiteren Sinne: Mit einem solchen Unternehmen auf Tournee gehen.

Tingel-Tangel-Theater (TTT) Literarisch-politisches Kabarett in Berlin, eröffnet von → *Friedrich Hollaender* am 7.1. 1931 im Keller des »Theaters des Westens«, Kantstr. 12. In diesem seinem ersten eigenen Kabarett führte Hollaender als Autor, Komponist, Regisseur und Begleiter seine letzten Kabarettrevuen vor seiner Emigration auf. Nach dem ersten, einem reinen Nummernprogramm, folgten die Revuen »Spuk in der Villa Stern« (September 1931), »Allez-hopp!« (Dezember 1931), »Höchste Eisenbahn« (September 1932), »Es war einmal« (Dezember 1932). Im ersten Programm wirkten u.a. mit: → *Kurt Gerron*, → *Annemarie Hase*, Genia Nikolajewa, Hans Hermann Schaufuß sowie Hedi und → *Trudi Schoop*; in »Allez-hopp!«: Annemarie Hase, → *Erik Ode*, Alexa von Porembski, Hans Her-

 mann Schaufuß, Hedi Schoop, → *Ellen Schwanneke* u.a.; in »Höchste Eisenbahn«: → *Blandine Ebinger,* → *Kate Kühl,* → *Hubert von Meyerinck* u.a.
Nach Hollaenders Flucht führte seine Frau Blandine Ebinger das Unternehmen eine Zeitlang weiter. Mitte Februar 1935 eröffnete → *Trude Kolman* das *Tingel-Tangel-Theater* mit dem Programm »Ein bißchen glücklich sein« neu (Texte: Günter Neumann und Herbert Witt, Musiken: Neumann) und brachte Mitte April 1935 die Revue »Liebe, Lenz und Tingeltangel« heraus. Regie führte sie selbst (offiziell → *Günther Lüders*), die Texte steuerten bei: G. Neumann, Aldo von Pinelli und H. Witt. Musiken: G. Neumann und Otto Berco, der auch begleitete. Darsteller: Eckehard Arendt, Walter Gross, Herti Kirchner, Elisabeth Lennartz, Walter Lieck und Günter Lüders. Dieses Programm wurde von den Nazis verboten und das *TTT* am 10.5. 1935 geschlossen, gleichzeitig mit der → *Katakombe.* Neumann wurde von der Gestapo verhört, Gross, Lieck und Lüders am 23.5. 1935 für sechs Wochen in das KZ Esterwegen überführt. Bei einem nachfolgenden Prozeß wurden alle Beteiligten freigesprochen.

Tomayer, Horst ** 1938.* Schriftsteller, Satiriker, Journalist
Im Sudetenland aufgewachsen, besuchte er nach dem Krieg in Oberbayern die Volksschule. Wurde Versicherungsangestellter und seit 1961 in Berlin drei Jahre Pflastermaler. Seit Mitte der sechziger Jahre freier Schriftsteller, u.a. für den »Berliner Extra Dienst«, Rundfunk und Film. Schrieb Texte für die Soloprogramme von → *Wolfgang Neuss* (»Neuss Testament«, 1965; »Asyl im Domizil«, 1966) und für das Berliner → *Reichskabarett* für die Programme »Kein schöner Land« (1965), »Rettet Berlin« (1970); 1969 auch für das Stuttgarter → *Renitenztheater.* Lebt seit Mitte der siebziger Jahre in Hamburg als Schauspieler, Fernsehautor und Satiriker, schreibt monatlich in der Zeitschrift »Konkret«: »Tomayers ehrliches Tagebuch«. Gab 1976 mit Ernst Volland die Anthologie »Lachend in die 80er? – Satire im bürgerlichen Deutschland« heraus.

📖 Tomayer, Horst: *Hirnverbranntes und Feinziseliertes – Tomayers Poesie und Prosa.* Hamburg 1987.

Traunsberger, Ekkehard **25. 11. 1951 Hedersleben.*
Kabarettist und Kabarettautor
Begann 1974 mit der Songgruppe »Linksrum«, woraus sich 1981 das Dortmunder Kabarett Linksru(h)m» entwickelte. Schrieb und spielte mit Klaus Swatzina neun Programme, überwiegend für die Gewerkschaften und die SPD. Nach Swatzinas Tod 1989 brachte Traunsberger sein erstes Soloprogramm, »Zieh Leine«, heraus und danach 1990 mit Andreas Bauersachs (* 1958, † 1994) die Revuen zur deutschen Geschichte »Der Tag der Deutschen – der 9. November« und »Kleinvieh macht wieder Mist«. Seit 1992 brachte er gemeinsam mit dem Komponisten und Pianisten Markus Sauerland die Soloprogramme »Woran würden Sie gerne sterben?« (1992); »Einfach lächerlich« (1993); »Blick zurück nach vorn« (1994) und »Wenn ich mir was wünschen dürfte« (1995) heraus. Lehrte 1990 bis 1995 an der Volkshochschule, Herne, und betreute dort 1990–1991 das Amateurkabarett »Banalisten« und 1992 die »Zwischentöner«. Während einer Lehrtätigkeit an der Volkshochschule Datteln 1991 leitete er ebenfalls eine Kabarettgruppe.

Trautschold, Ilse **27. 2. 1906 Berlin; † 17. 5. 1991 Berlin.*
Schauspielerin, Kabarettistin
Nach Ausbildung an der »Volksbühne«, Berlin, erste Engagements in Köslin, Bremen und Beuthen. Seit 1926 Mitglied des Berliner Kabaretts → *Die Wespen*, das vor allem bei Veranstaltungen der KPD auftrat. Zu den Autoren der Gruppe gehörten → *Erich Weinert* und → *Karl Schnog*. Ende 1930 schloß sie sich der »Gruppe junger Schauspieler« an, ehemaligen Mitgliedern der Piscator-Bühne, mit denen sie unter Leitung von Wolfgang Böttcher 1930 das Kabarett »Die Pille« gründete. 1929 spielte sie in »Mutter Krausens Fahrt zum Glück« ihre erste Filmrolle, ansonsten blieb ihre Filmarbeit auf kleine Rollen beschränkt. Seit 1948 war sie Mitglied des Funkkabaretts → *Der Insulaner* von → *Günter Neumann*, wo sie bis 1962 u.a. die »Genossin Frieda« verkörperte. Ferner spielte sie in dem von Neumann verfaßten Trümmerfilm »Berliner Ballade« (1948) mit, später in Produktionen der DEFA: »Der Biberpelz« (1949); »Die Buntkarierten« (1949) u.a.

Travestie (lateinisch-italienisch-französisch-englisch soviel wie »Umkleidung«)
Literarische Gattung, die einen bekannten Stoff in ironischer oder satirischer Absicht derart behandelt, daß der Inhalt beibehalten, die Form aber ins Komische hin verändert wird. Umgekehrt verfährt die → *Parodie*. Travestie wie Parodie sind seit Anbeginn beliebte dramaturgische Mittel des Kabaretts.

Das Trojanische Pferdchen Politisch-satirisches Kabarett, gegründet 1955 von Studenten der Universität Freiburg im Breisgau, die 1955–1956 erste Szenen bei den Universitäts-Bällen spielten. Startete unter der Leitung von Lothar Michel am 20.2. 1957 das erste Programm, »Gut Ding will Keile haben«, im Auditorium maximum der Universität Freiburg, mit den Darstellern Gisela Bonsels, Liv Clausen, Ingeborg Steiert, Alfred Biolek, Peter Goebbels, Heinz Meier, Lothar Michel und Wilfried Schröder. Die Texte der Ensemblemitglieder Goebbels, Michel und Schröder vertonte Conrad Bauer, der sie auch am Klavier begleitete. Nach dem ersten Programm schied Lothar Michel aus. Die Leitung des zweiten Programms, »So legt euch denn, ihr Brüder«, das Alfred Biolek inszenierte und conférierte, übernahm 1957 Peter Goebbels. Neben studentischen Themen dienten auch politisch brisante Ereignisse, wie die Einführung der Bundeswehr und die Drohung eines Atomkrieges als kabarettistisches Spielmaterial. Nach diesem Programm und dem Ausscheiden von Peter Goebbels übernahm Heiner Schmidt das Ensemble in die Obhut seines Freiburger »Theaters am Wallgraben«, wo 1959 das dritte und letzte Programm, »Kein schöner Land«, Premiere hatte. Einige Mitglieder des Ensembles machten eine Universitätskarriere, andere gingen zum neugegründeten ZDF, so Dr. phil. Peter Goebbels als Redakteur für Fernsehspiel und Dr. jur. Alfred Biolek in die Juristische Abteilung, bevor er einige Jahre später seine Karriere als Fernseh-Talkmaster begann.

Troll, Thaddäus (eigentlich: Hans Bayer) ** 18. 3. 1914 Stuttgart; † 5. 7. 1980 Stuttgart.* Schriftsteller, Satiriker, Theaterkritiker
Studierte 1932–1938 Germanistik, Zeitungswissenschaft, Theater- und Kunstgeschichte in Tübingen, München, Leipzig (1938 Dr. phil.). War 1938–1945

 Soldat, nach Entlassung aus britischer Kriegsgefangenschaft zuerst seit 1945 Redakteur an der satirischen Zeitschrift »Wespennest«, wo er sich für seine Satiren den Namen »Thaddäus Troll« (»Damit ich im Bücherschrank in der Nähe von Tucholsky stehe«) zulegte. Als Hans Bayer verfaßte er Theaterkritiken für zahlreiche deutsche und ausländische Zeitungen. War seit 1948 freier Schriftsteller, als der er seit 1955 rund 35 Bücher schrieb (Zum Bestseller wurde 1967 »Deutschland, deine Schwaben«). 1948–1953 schrieb er Texte für das Düsseldorfer Kabarett → *Kom(m)ödchen*, 1955 für das Kabarett »Rauchfang«, Berlin, 1958–1960 für »Die Schiedsrichter«, Hamburg, 1960 für → *Die Zwiebel*, München und 1964–1970 für das → *Renitenztheater*, Stuttgart. Der scheue und melancholische Humorist, der heiter-ironische Betrachtungen über das Menschlich-Allzumenschliche verfaßte, starb 1980 an einer Überdosis Schlaftabletten.

Troll, Thaddäus: *Das große Thaddäus Troll-Lesebuch*. Hamburg 1981.

Trösch, Robert **25. 11. 1911 Zürich; † 14. 1. 1986 Ost-Berlin.*
Schauspieler, Kabarettist, Regisseur
Kam über ein Marionettentheater in Zürich zu einer Wanderbühne. 1931 Kontakt mit der → *Agitprop-Gruppe* »Truppe 31« von Gustav von Wangenheim, mit der er nach Berlin ging. Trat 1932 der KPD bei. Kehrte 1933 nach Zürich zurück. 1933/34 spielte er bei der → *Pfeffermühle*. 1934 mit der kommunistischen deutschen Theatertruppe »Kolonne links« (→ *Exilkabarett*) auf Tournee durch die Sowjetunion, wo er auch in dem Film »Kämpfer« (Regie: v. Wangenheim) mitwirkte. 1935 im Ensemble des → *Cabaret Cornichon*. Von 1936 bis 1938 freier Schauspieler am Zürcher Schauspielhaus und am »Corso-Theater«, Zürich.
Er drehte Filme und half bei der Gründung von Arbeitertheatern. Von 1938 bis 1942 am Stadttheater Bern, von 1942 bis 1944 Oberspielleiter am Stadttheater Basel. Von 1944 bis 1946 im Ensemble des Zürcher Schauspielhauses. Trösch spielte 1946/47 am »Deutschen Theater«, Berlin, von 1948 bis 1950 am → *Frischen Wind* und der »Kleinen Bühne«, deren Mitgründer er 1949 war und die 1953 in der → *Distel* aufging. 1950 Leiter der »Neuen Bühne« im Haus der Kultur der Sowjetunion. Von 1953 an mehrfach Gast der *Distel* als Darsteller und Regisseur (»Hurra – Humor ist eingeplant«, »Bette sich, wer kann«, »Spielstraße«). Danach umfangreiche Vortragstätigkeit mit Versen, Songs und Prosa linker Dichter und Schriftsteller (vor allem Majakowski). Seit 1952 freischaffend als Regisseur, Schauspieler und Sprecher an Theatern, Kabaretts und beim DDR-Fernsehen.

Tschiersch, Jockel **1958 Allgäu.* Kabarettist und Kabarettautor
Begann am 25.9. 1981 im Münchner »Hinterhof-Theater« in dem Kabarett »Querelen-Quartett« mit Marianne Dietz, Inga Gürtner und Matthias Vogel in dem Programm »Wir verweigern den Streudienst«. Dann bestritt er mit → *Ottfried Fischer* drei Duo-Programme: »Mattscheibenweise kommerzwärts« (1981); »Mit Gewalt komisch« (1984) und »Störfall« (1986). Daneben stellte er 1983 sein erstes Soloprogramm vor: »Wendekreise«, danach folgte 1985 »Frischsafter«. Nach seiner Übersiedelung nach Berlin brachte er dort heraus: »Arsch und Seele« (1988); »Küß mich, gelber Engel« (1989); spielte 1990 mit Gabriele Rothmüller und Heinz

W. Kraehkamp »Kaminsky kommt« und schrieb und spielte das Solo »Das Aphrodite-Projekt« (1990). Im selben Jahr spielte er die Bühnenfarce »Brüder und Schwestern zur Sonne«. 1993 folgte sein bisher letztes politisch-satirisches Kabarettprogramm, »Armsein ist asozial oder Die Rendite der Rostbratwurst«.
Zusammen mit Ottfried Fischer erhielt er 1985 den → *Salzburger Stier* und 1986 den → *Deutschen Kleinkunstpreis.*

Tschudi, Fridolin ** 11. 6. 1912 Zürich; † 5. 1. 1966 Klosters (Graubünden).* Schriftsteller, Journalist, Kabarettautor
Studierte Rechtswissenschaften, machte sich mit zeitkritischen Versen, die fünfzehn Jahre lang regelmäßig in der »Weltwoche« erschienen, einen Namen als liebenswürdiger Satiriker. Schrieb Texte für verschiedene Schweizer Kabaretts (»Resslirytti«, Basel, »Nebelhorn«, Zürich, → *Cabaret Federal*, Zürich) sowie deutsche Kabaretts (→ *Kom[m]ödchen*, → *Zwiebel*), ferner für die Kabarettduos → *Voli Geiler/Walter Morath* und → *César Keiser/Margrit Läubli.* Autor der Hörfunkserie »Fridolitäten«. Bearbeitete mit Paul Burkhard die französische Komödie »Die Pariserin« von Henri Becque, die 1958 Leonard Steckel im »Theater am Kurfürstendamm«, West-Berlin, mit Boy Gobert und den Kabarettisten → *Bruno Fritz*, Carla Hagen und Loni Heuser inszenierte.

Tucholsky, Kurt ** 9. 1. 1890 Berlin; † 21. 12. 1935 (Selbstmord) Hindås (Schweden).* Publizist, Schriftsteller, Chansonautor
Studierte Jura in Berlin und Genf (von 1909 bis 1912, 1915 Dr. jur.). Wurde bekannt durch seinen Roman »Rheinsberg« (1912). War von 1913 bis 1933 – mit Unterbrechung von 1915 bis 1918 wegen Kriegsdienstes – Mitarbeiter der Zeitschrift »Die Schaubühne« (1918 umbenannt in »Die Weltbühne«), deren Herausgeber er 1926 kurzzeitig war. Von 1918 bis 1920 Chefredakteur des »Ulk«, der satirischen Beilage des »Berliner Tageblatts«. 1923 Volontär im Bankhaus von Bett, Simon & Co. Ging im April 1924 als Korrespondent der »Weltbühne« und der »Vossischen Zeitung« nach Paris, von wo er fortan nur noch besuchsweise nach Deutschland kam. 1929 übersiedelte er nach Schweden und wohnte bis zu seinem Tode in Hindås bei Göteborg.
1933 wurden seine Bücher verboten und am 10.5. 1933 öffentlich verbrannt, er selbst am 23.8. 1933 von den Nazis »ausgebürgert«.
Kurt Tucholsky – von 1920 bis 1922 Mitglied der USPD, dann der SPD – war ein linksbürgerlicher Intellektueller mit zeitweiligen Sympathien für die äußerste Linke, bis er sich um 1930 entschieden gegen den Kommunismus Stalinscher Prägung wandte. Er verteidigte die Weimarer Republik, indem er in Essays, satirischen Zeitungsartikeln und Gedichten sowie in politischen Chansons, die er unter dem Pseudonym »Theobald Tiger« schrieb, radikal die Verfassungwirklichkeit angriff und namentlich Nationalismus, Militarismus, Spießertum, die Demokratiefeindlichkeit des Berufsbeamtentums, die Blindheit der Justiz nach rechts sowie die Halbherzigkeit der liberalen Presse und den Opportunismus der Sozialdemokratie angesichts des heraufziehenden Nationalsozialismus geißelte (gesammelt in »Mit 5 PS«, 1928; »Das Lächeln der Mona Lisa«, 1929; »Deutschland, Deutschland über alles », 1929; «Lerne lachen, ohne zu weinen«, 1931, u.a.).

 Daneben schrieb er heitere Erzählwerke (»Rheinsberg. Ein Bilderbuch für Verliebte«, 1912; »Schloß Gripsholm«, 1931) und eine Fülle von Chansons für das literarisch-politische Kabarett der zwanziger Jahre in Berlin (→ *Schall und Rauch* [II], → *Wilde Bühne,* → *Cabaret Größenwahn,* »Nelson-Theater«, → *Die Rampe,* → *Die Gondel,* → *Die Katakombe* u.a.), die nach dem Zweiten Weltkrieg zum Grundstock des zeitkritischen Kabaretts wurden. Zu seinen bekanntesten Kabarettchansons gehören: »Anna-Luise«, »Danach«, »Feldfrüchte«, »Der Graben«, »Ideal und Wirklichkeit«, »Das Leibregiment«, »Das Lied vom Kompromiß«, »Mutterns Hände«, »Rote Melodie«, »Sommerlied« u.v.a.m. Die meisten wurden komponiert von → *Olaf Bienert,* → *Bernhard Eichhorn,* → *Hanns Eisler,* → *Werner Richard Heymann,* → *Friedrich Hollaender* und → *Rudolf Nelson.* Tucholskys beste Chansoninterpreten waren bzw. sind: → *Ernst Busch,* → *Käte Erlholz,* → *Paul Graetz,* Martin Held, → *Trude Hesterberg,* → *Gussy Holl,* → *Kate Kühl,* Günter Pfitzmann, → *Rosa Valetti,* → *Helen Vita,* → *Hanne Wieder.* Tucholskys Chansons bildeten anfangs der zwanziger Jahre, auch wenn sie nicht direkt »politisch« waren, in den Nelson-Revuen meist das einzige politische Element. Seine kämpferischen Prosastücke und Chansons (»An eine Arbeiterfrau«, »Bürgerliche Wohltätigkeit«, »Der Graben«, »Rote Melodie«, »Sommerlied« u.a.) wurden – vor allem von Ernst Busch und → *Annemarie Hase* – auf Veranstaltungen der Arbeiterbewegung vorgetragen. Seiner mit Walter Hasenclever verfaßten satirischen Komödie »Christoph Columbus oder Die Entdeckung Amerikas« (1932) war kein Erfolg beschieden.
Tucholsky gilt nächst Heinrich Heine als bedeutendster deutscher Satiriker und neben → *Karl Kraus* als bedeutendster deutschsprachiger Satiriker des 20. Jahrhunderts. Seine »Gesammelten Werke« erschienen erstmals 1960/61 in Reinbek bei Hamburg. Sein literarischer Nachlaß und seine Korrespondenz liegen als »Kurt Tucholsky-Archiv« im »Deutschen Literaturarchiv der Deutschen Schillergesellschaft e.V.« in Marbach.

Schulz, Klaus-Peter: *Kurt Tucholsky in Selbstzeugnissen und Bilddokumenten dargestellt.* Hamburg 1959. – Raddatz, Fritz J.: *Kurt Tucholsky. Eine Bildbiographie.* München 1961. – Zwerenz, Gerhard: *Kurt Tucholsky – Biographie eines guten Deutschen.* München 1979. – Soldenhoff, Richard von (Hrsg.): *Kurt Tucholsky 1890–1935.* Berlin 1985. – Bemmann, Helga: *Kurt Tucholsky- Ein Lebensbild.* Berlin 1990. – Huonker, Gustav: *Kurt Tucholsky* (darin Beitrag von Volker Kühn: *Kurt Tucholsky und das Kabarett*). Zürich 1990. – Hepp, Michael: *Kurt Tucholsky – Biographische Annäherung.* Hamburg 1993.

Turn und Taxis Politisch-satirisches Kabarett-Duo, gegründet 1989 in Hamburg von Kalle Wefel (* 9.10. 1951, Osnabrück), der aus der Liedermacherszene kam und dann als Taxifahrer arbeitete, und Claus Dethleff (* 17.9. 1957, Eckernförde), als »Spielvereinigung Turn und Taxis«. Brachten am 24.2. 1989 ihr erstes Programm, »Sind Sie frei?«, im »Theater Combinale«, Lübeck, heraus. Danach folgte am 1.9. 1994 im TAK, Hannover, das Programm »Jemand zugestiegen?«. Am 4.9. 1996 trat dort auch Kalle Wefel mit seinem ersten Soloprogramm, »Klingelts endlich?« auf. Ihre Programme sind als CDs und Videos erschienen, außerdem ihre Texte in Buchform unter dem Titel »Wir sind so frei« (Hamburg 1987).

Tuschel, Karl-Heinz *23. 3. 1928 Magdeburg.* Kabarettautor, Schriftsteller
Kam über die Arbeit für Agitpropgruppen (→*Agitprop*) zum Kabarett. Studierte nach schriftstellerischer und journalistischer Betätigung 1958–1961 am Institut für Literatur »Johannes R. Becher« in Leipzig und war 1961 bis 1976 Dramaturg beim Armee-Kabarett »Schlagbolzen« in Halle. 1961 wechselte er zum NVA-Kabarett → *Die Kneifzange* und wirkte dort bis 1976 als Textautor. Schrieb 1965 auch für die → *Pfeffermühle* (Leipzig), für die → *Kiebitzensteiner* (1967) und seit 1970 für das Amateurkabaratt »Schrittlacher«, Görlitz. Tuschel verfaßte überdies wissenschaftlich-phantastische Romane (»Ein Stern fliegt vorbei«; »Die Insel der Roboter« u.a.) und Lieder für die FDJ (»Pionierlied« u.a.).

Tütü Literarisches Kabarett in Berlin, eröffnet von → *Wilhelm Bendow* am 15. 12. 1924 in den Räumen der vormaligen → *Wilden Bühne.* Hier spielte Bendow seine von daher bekannten Monologe und Sketsche. Außer ihm traten im ersten Programm Käthe Haack, → *Margo Lion*, Traugott Müller, Kurt von Wolowsky u.a. auf. Im zweiten Programm seit April 1925 wirkten mit: Dela Behren, → *Annemarie Hase*, Maria Ney, Else Ward u.a. Die Musiken komponierten → *Allan Gray* und → *Mischa Spoliansky*, der auch am Flügel begleitete. Ende April 1925 gab das *Tütü* seinen Spielbetrieb auf.

Anzeige 1924

Tzara, Tristan *16. 4. 1896 Moinesti (Rumänien); †25. 12. 1963 Paris.* Schriftsteller und Dichter
Mitbegründer der Dada-Bewegung und Mitwirkender am → *Cabaret Voltaire*, Zürich 1916/17, wo er zusammen mit → *Richard Huelsenbeck* und Marcel Janco in deutsch, englisch und französisch »Simultangedichte« sprach. Gab von 1917 bis 1920 die Zeitschrift »Dada« heraus. Beteiligte sich 1919 an der Gründung der »Dada-Bewegung« in Paris. Seit 1929 schloß er sich den Surrealisten an.

Tzara, Tristan: *7 Dada Manifeste.* Hamburg 1976. – Pastior, Oskar (Hrsg.): *Tristan Tzara – Die frühen Gedichte.* München 1984.

400 **Überbrettl** Von → *Ernst von Wolzogen* erfundener Begriff für das, was ihm als deutsche Variante des literarisch-künstlerischen Cabarets Pariser Prägung vorschwebte. Das Wort leitete er von Nietzsches Begriffsprägung »Übermensch« ab. So wie Nietzsche (in »Also sprach Zarathustra«) 1883 verkündet hatte: »Der Mensch ist etwas, das überwunden werden soll«, proklamierte 1897 → *Otto Julius Bierbaum* in seinem Roman »Stilpe« die »Renaissance aller Künste und des ganzen Lebens vom Tingeltangel her« mit dem Ruf: »Wir werden den Übermenschen auf dem Brettl gebären!« Darunter verstand er die Anhebung der Darbietungen der Singspielhallen, Varietés und sonstigen rein unterhaltenden Vergnügungsetablissements – im Süddeutschen kurz → *Brettl* genannt – auf ein literarisch-künstlerisches Niveau unter Beibehaltung der Form. Diese Idee einer Überwindung des Brettls gab Wolzogen den Terminus »Überbrettl« ein. Um sich von der »Art des Französischen Cabarets« abzusetzen, vermied Wolzogen die Eindeutschung des Begriffs und sprach lieber von → *Kleinkunst.*

Die wichtigsten Überbrettl-Gründungen:
Das erste literarische Kabarett in Deutschland, das »Bunte Theater (Überbrettl)«, eröffnete Wolzogen (nach einer mitternächtlichen Voraufführung am 17.1. 1901 in einem Saal der Berliner Philharmonie) am 18.1. 1901 offiziell im Haus der 650 Plätze fassenden »Secessionsbühne«, Alexanderstr. 40, nahe dem Alexanderplatz in Berlin. Nach seinem Vorsatz, »kleine Kunst in liebenswürdiger und feiner Form für verwöhnte Geschmäcker« zu bringen, bot er in seinem ersten Programm neben humoristischen Rezitationen (u.a. »Der Mistkäfer« von → *Hanns Heinz Ewers*) und erotischen Chansons (u.a. Wolzogens »Lied von den lieben, süßen Mädeln«) ein zeitkritisches Couplet von → *Ludwig Thoma* (»Zur Dichtkunst abkommandiert«), eine Literaturparodie (»Das Mittagmahl [Il pranzo]« von → *Christian Morgenstern* auf Gabriele d'Annunzio), einen Einakter aus Arthur Schnitzlers »Anatol«-Zyklus, eine Pantomime (»Pierrots Tücke, Traum und Tod« von Rudolph Schanzer, Musik: → *Oscar Straus*), ein Schattenspiel nach → *Detlev von Liliencrons* Ballade »König Ragnar Lodbrog«, ein Chanson (das erste deutsche Kabarettchanson) von Wolzogen (»Madame Adèle«, Musik: James Rothstein) und als Clou des Abends Bierbaums Duett mit anschließendem Rundtanz »Der lustige Ehemann« (Musik: Oscar Straus). Es wirkten mit: Wolzogen als locker plaudernder Conférencier, die Schauspielerinnen und Sängerinnen Bozena Bradsky, Olga d'Estrée, Elsa Laura Seemann und Olga Wohlbrück; der Sänger → *Robert Koppel*, der Schriftsteller Hanns Heinz Ewers, die Schauspieler Leopold Iwald und Franz Ressner und der Tänzer Luigi Spontelli. Kompositionen: Victor Hollaender, James Rothstein, Oscar Straus (auch Begleitung) und → *Bogumil Zepler.* Weitere Texte steuerten bei: Robert Eysler und Hugo Salus.
Beflügelt vom Erfolg des *Bunten Theaters (Überbrettl)* ließ Wolzogen, während er mit dem Ensemble auf eine Sommertournee durch Deutschland ging, von den Jugenstilarchitekten August Endell und Ernst Rossins von Rhyn in der Köpenicker Str. 67/68 ein eigenes Theater, diesmal mit 800 Plätzen, ausbauen, in dem das *Bunte Theater* (nunmehr ohne den Zusatz »Überbrettl«) vom 28.11. 1901 an ein neues Programm spielte. Auf Anraten geschäftstüchtiger Unternehmer hatte Wolzogen das Theater in eine Aktiengesellschaft umgewandelt. Als deren Aufsichtsrat

Signet zur Eröffnung am 18. Januar 1901, Berlin

eine Anpassung an den breiten Publikumsgeschmack auf Kosten der literarischen und künstlerischen Qualität durchsetzen konnte, wurde Wolzogen zuerst »beurlaubt« und schied zu Beginn der Spielzeit 1902 ganz aus.

Unterdessen hatte in der »Secessionsbühne« nach Wolzogens Auszug ein Direktor Victor Bausenwein ein »Buntes Brettl« etabliert und dem Vortragskünstler → *Marcell Salzer* die künstlerische Leitung übertragen. Wie Salzer wechselten vom *Bunten Theater* nach und nach Hanns Heinz Ewers, Bozena Bradsky, Robert Koppel, Oscar Straus und der Conférencier Dr. Arthur Pserhofer zum *Bunten Brettl.* Um die Kopie perfekt zu machen, engagierte Bausenwein einen dichtenden Baron in Gestalt des Lyrikers und Erzählers Detlev von Liliencron als »literarischen Oberleiter« und zum Vortrag seiner eigenen Gedichte und Balladen. Liliencron scheiterte ebenso wie sein Nachfolger Carl Freiherr von Levetzow; immerhin gab er die »Überbrettl«-Texte heraus. Nachdem auch im *Bunten Brettl* Schwank und Posse ein literarisch anspruchsvolleres Repertoire verdrängt hatten, übernahm mit Beginn der Spielzeit 1902 Pserhofer das Haus als »Lustiges Theater«.

Von den über 43 Unternehmungen im »Überbrettl«-Stil, die die neue Kleinkunstgattung allein in Berlin bereits in den Jahren 1901 und 1902 hervorbrachte, verdienen als reguläre Theater nur drei Bühnen Erwähnung: Das »Trianon-Theater«, eröffnet von Otto Julius Bierbaum am 29.12. 1901, mit seiner Spezialität »Lebende Lieder« (also gespielte Chansons), das mit einer Unterbrechung von vierzehn Tagen bis Ende Februar 1902 spielte; das »Theater Charivari (Secessionsbrettl)« in der Alten Jacobstraße, das im Sommer und Herbst 1901 im »Theater des Westens« gastierte, und das »Original Münchner Überbrettl«, das am 1.9. 1901 im »Belle-Alliance-Theater« zu spielen begann. Alle diese Unternehmungen haben das Jahr 1902 nicht überlebt (→ *Berliner Kneipenbrettl*). Anstelle eindeutiger politischer Satire oder doch zumindest tiefgreifender Gesellschaftskritik – die, auch wenn sie unter der wilhelminischen Zensur möglich gewesen wären, dem monarchistisch gesinnten Reichsfreiherrn von Wolzogen und den meisten seiner Mitstreiter nicht lagen – brachte das Genre *Überbrettl* vornehmlich Chansons mit erotischer Pikanterie, Couplets mit zaghafter Kritik an Menschlich-Allzumenschlichem, Plaudereien mit Anspielungen auf Aktuelles, Parodien auf Drama und Literatur der Zeit, humoristische Rezitationen, Tanzeinlagen, Einakter, Schatten- und Puppenspiele. Einzig Ludwig Thoma übte mit seinen Liedern (»Wiegenlied« u.a.) und Einaktern (u.a. »Die Protestversammlung«) unverhohlen Kritik an Feigheit, Opportunismus und Untertanengeist des Kaiserreichs, während → *Frank Wedekind* sich den »Überbrettl«-Gründungen nach der Jahrhundertwende von vornherein versagte (bis auf Gastspiele beim → *Jung-Wiener Theater zum Lieben Augustin* am 16.11. 1901 und mit seinem »Rabbi Esra« in Wolzogens zweiter Gründung des »Bunten Theaters«).

Überbrettl

Levetzow, Karl Frh. von (Hrsg.): *Buntes Theater – Ernst von Wolzogens offizielles Repertoire*, 1. und 2. Band. Berlin 1902.

Überschall, Christian **21. 11. 1942 Dientigen (Kanton Bern).* Wirtschaftsprüfer, Kabarettist, Kabarettautor
Studierte Betriebswirtschaftslehre und war als Wirtschaftsprüfer in der Schweiz tätig. Begann im September 1984 im Münchner »Robinson« mit einzelnen Sketschen in Schweizer Mundart. Brachte 1988 sein erstes Soloprogramm, »Gibt es einen speziellen Schweizer Humor, und wenn ja, warum nicht?« heraus. Danach folgten »Saupreiss, Schweizerischer!« (1990); »Die Frau gehört vor den Pflug oder Wie werde ich Kabarettist?« (1992) und »Motherfaxer – Ein Schweizer rechnet ab, zuzügl. *MWSt.« (1995).*

Uhlig, Manfred **2. 9. 1927 Leipzig.* Kabarettist, Komiker, Schauspieler
Spielte nach Engagements als Schauspieler in Naumburg und Wittenberg seit 1955 im Kabarett »Das Brennglas«, Schwerin, mit. War 1956–1962 Autor und Darsteller des Kabaretts → *Pfeffermühle* (Leipzig). Seit 1962 wirkte er freiberuflich als Kabarettist in der DDR in Revuen des »Friedrichstadtpalastes«, Berlin, und trat in Soloprogrammen, z.B. »Uhlig, 2mal klingeln«, im DDR-Rundfunk (»Kollege kommt gleich«, »Alte Liebe rostet nicht« u.a.) und im Fernsehen als einer der »Drei Didaktiker« im »Kessel Buntes« auf. Nach der Wiedervereinigung moderierte er 1995 für den Mitteldeutschen Rundfunk (MDR) die Rundfunksendung »Sächsisch für Anfänger«. 1973 erhielt er den »Vaterländischen Verdienstorden« der DDR.

Ulenspiegel Literarisch-politisches Kabarett in Berlin, Nürnberger Str. 50/52, eröffnet von dem Konzertagenten Friedrich Pasche am 15.6. 1946 mit einem Gastspiel der → *Hinterbliebenen.* Von September 1946 an brachte Pasche eigene Kabarettprogramme heraus: »Bitte Wählen!« (3.9. 1946; Texte: → *Werner Finck,* → *Günter Neumann,* Werner Oehlschläger. Musik und am Klavier: Neumann und Oehlschläger. Darsteller: Werner Finck, → *Tatjana Sais,* Lili Towska, Ivo Veit, Ewald Wenck u.a.) Es folgte der Chansonzyklus »Die Dame von heute« von Günter Neumann mit Tatjana Sais (September) und das Programm »Wir sind noch einmal sitzen geblieben« (Texte: → *Hellmuth Krüger,* Günter Neumann [auch Musik und Begleitung], → *Herbert Witt;* Darsteller: Hellmuth Krüger, Günter Neumann, Loni Heuser).
Danach brachte hier Neumann zwei große Kabarettrevuen heraus: »Alles Theater« (3.2. 1947; Regie: → *Gustaf Gründgens;* Darsteller: Hans Deppe, → *Erik Ode,* W. Oehlschläger, Ethel Reschke, Tatjana Sais, → *Edith Schollwer,* Ewald Wenck u.a.) und »Schwarzer Jahrmarkt« (15.12. 1947; Regie: Carl Heinz Schroth; Darsteller: Hans Deppe, Ann Höling, Georgia Lind, Bruni Löbel, → *Hubert von Meyerinck,* Hans Nielsen, Werner Oehlschläger, Tatjana Sais, Herbert Weißbach). Außerdem gastierten im *Ulenspiegel* die Kabarettgruppen »Die Dachluke« (August 1947), → *Die Amnestierten* (Oktober 1948) und »Die Kabarettiche« (November-Dezember 1948). 1951 übernahm Kurt Tuntsch die Räume für seinen → *Nürnberger Trichter.*

Ulrich, Rolf **23. 6. 1921 Berlin.* Kabarettist, Kabarettautor und -leiter
Besuchte von 1940 bis 1946 die Schauspielschule des »Deutschen Theaters«, Berlin. Regieassistenz bei → *Gustaf Gründgens*, Erich Engel, Hans Lietzau, Ernst Schröder u.a. Als Regieassistent an der »Tribüne« gründete er mit den dort spielenden Kollegen Klaus Becker, Joachim Teege und Alexander Welbat 1949 eine Kabarettgruppe, aus der wenig später die → *Stachelschweine* hervorgingen. Seitdem ist er ihr Leiter, Geschäftsführer und hauptsächlicher Autor. 1949 schrieb Ulrich Textbeiträge zu → *Günter Neumanns* satirischer Zeitschrift »Der Insulaner«.

Die Unmöglichen Literarisch-politisches Kabarett in Berlin, eröffnet am 13.4. 1928 von Rolli Gero, seiner Schwester Dinah Nelken und dem Journalisten Paul Markus (Pem) im »Topp-Keller«, dem Vereinslokal eines »Ringvereins«, Schwerinstraße. Regie führte Axel Arheus. Darsteller: Mowgli Sussmann, Ernst Morgan, die Gründer und – später – Georgia Lind und → *Werner Finck*, der einzige Schauspieler des Ensembles. Nach ihrer behördlichen Exmittierung aus dem »Topp-Keller« übersiedelten sie in einen Theatersaal in der Lutherstr. 31, wo ihnen im November 1928 mit noch schärferen Programmen das → *Anti* folgte. – *Die Unmöglichen* waren scharf, witzig, unkonventionell, spielten ohne Gagen und gehörten (wie das *Anti* und das → *Larifari*) zu den Vorreitern der Brettlrenaissance, die 1929 in der Gründung der → *Katakombe* gipfelte.

Unsinn → *Nonsens*

Unsinnsgesellschaften Sammelbegriff für Unsinn treibende Künstlergesellschaften, deren erste in der florentinischen Renaissance bestand. (→ *Nonsens*). Immer wieder und in den unterschiedlichsten Formen ist seither versucht worden, die gesellschaftlichen Regeln, auf die sich das Verhältnis der Menschen untereinander gründet, zu durchbrechen und damit ad absurdum zu führen.
Die ersten Unsinn treibenden Akademien gab es in Italien, so die um 1740 in Venedig gegründete »Società degli Granelleschi«, deren Sitzungen mit der Verlesung des neuesten Unsinns begannen und die zu ihrem Präsidenten Arcigranellone (eine Art männliche Friederike Kempner) wählten. 1802 rief Johann Peter Hebel in Lörrach den »Bund der Proteuser« ins Leben, benannt nach Proteus, dem amphibischen Verwandlungskünstler des homerischen Mythos, der nach dem Psychologen C.G. Jung »eine offenkundige Personifikation des Unbewußten« darstellt und somit bestens zum Schutzpatron einer Herrengesellschaft mit literarischen Unsinns-Neigungen geeignet war. Der Bund besaß eine eigene Zeitrechnung mit eigener Jahreszählung und -einteilung, ein Lehrsystem, eine Sprache und eigene Symbole. Seine Mitglieder verachteten das Geld der anderen und legten das eigene in badischen Weinen an. Der Autor und Journalist Moritz Gottlieb Saphir gründete 1827 den »Tunnel über der Spree« als Sammelpunkt für »Meister des poetischen Unsinns, des Kalauers, der Persiflage und des Wortspiels«. Schon die Satzung des Vereins stellte die grammatische Ordnung auf den Kopf und verwarf alles, was einer ernsthaften Vereinsidee ähnlich sah.
Ohnehin wurden zahlreiche Unsinnsgesellschaften aus Opposition zu bestehen-

 den ernsthaften Vereinen gegründet. Als Ableger des Berliner Tunnels entstand in Leipzig der »Tunnel über der Pleiße« und 1856 nach Hermann Linggs »Krokodil-Gedicht« die von Paul Heyse ins Leben gerufene Münchner Dichtervereinigung »Gesellschaft der Krokodile«, ferner Wilhelm Raabes »Namenloser Club« in Wolfenbüttel, Friedrich Kaisers 1855 gegründete »Grüne Insel«, deren Mitglieder in Zeremonien und Statuten das Rittertum parodierten, indem sie bei grünem Obstwein und grünen, unreifen Früchten in grün gefärbtem Wams und Barett auf einer zwei mal zwei Meter abgesteckten grünen Insel Ritterturniere veranstalteten. Es gab obszöne Gesellschaften, wie z.B. »Das Loch«, wo hinter verschlossenen Türen erotische Vorträge gehalten wurden, und literarische Unsinnskreise wie »Der Galgenberg« (1895 gegründet von → *Christian Morgenstern*) und »Die Brille« (1900 gegründet von → *Max Reinhardt*), in denen Rituale der Literatur, der Bühne und des Lebens mystisch parodiert wurden. Diesen vielfältigen gesellschaftlichen Unsinn belegen Sammlungen wie »Musenklänge aus Deutschlands Leierkasten« (1849) und verschiedene Zeitschriften und Dokumentationen der Dichterwettbewerbe.
Die Unsinnsgesellschaften des 20. Jh. sind ebenfalls durch zahlreiche bibliophile Veröffentlichungen belegt: Um den Bibliophilen Carl Georg von Maassen gruppierte sich der »Verein süddeutscher Bühnenkünstler«, deren Mitglieder sich Namen gaben, die 25 Silben nicht unter- und 75 Silben nicht überschreiten durften, sogenannte alphabetische Prozessionen, auch Wortungeheuer genannt, wie → *Hanns von Gumppenbergs* Kabarettgedicht »Sommermädchenküssetauschelächelbeichte«. Die meisten Gesellschaften wurden in den Wiener Kaffeehäusern gegründet: »Ludlams Höhle« (gegr. 1817 von Adam Gottlob Oehlenschläger), »Baumannshöhle« (gegr. 1826 von Alexander Baumann im »Café zum Blumenstöckl«), »Zwecklose Gesellschaft« (gegr. 1826 von Joseph Friedrich Leitner) u.a. Auch die 1859 in Prag gegründete Vereinigung »Schlaraffia« entstand als Herrenrunde unter der Parole: »Unsinnsbegeisterte aller Länder, vereinigt euch!«. Im Berliner »Café Größenwahn« legten die Schriftsteller Hanns von Gumppenberg und Otto Erich Hartleben für ihren »Club der Zwei« in einer 99seitigen Satzung fest, daß kein anderer je Mitglied dieses Clubs werden könne. In der »Hermetischen Gesellschaft«, die im Schwabinger »Café Stephanie« kurz vor dem Ersten Weltkrieg entstand, beschwor man in feierlichen Riten den antiken Gott Hermes Trismegistos. Im Wiener Kreis »Die demolierte Literatur«, der im »Café Griensteidl« zusammenkam, las man nur Dichtungen, die von offiziellen Literaturzeitschriften abgelehnt worden waren. Die »Stadelmann-Gesellschaft« (benannt nach Goethes Diener Carl Stadelmann) legte in den Jahren 1912–1914 21 Drucke vor, mit Titeln wie z.B. »Warum Goethe auch Honorare verlangte«. Im 20. Jh. entstanden zahlreiche neue Unsinnsgesellschaften, die auch die Kabaretts stark beeinflußten, so die → *Elf Scharfrichter* in München, das Kabarett für Höhenkunst, »Teloplasma«, das → *Neopathetische Cabaret* und das → *GNU* in Berlin, das → *Cabaret Voltaire* in Zürich u.a. Zu den von Kabarettisten gegründeten Unsinnsgesellschaften zählten der »Schwimmclub geistig hochstehender Männer« und der »Klub Kartoffelsalat« (beide 1920 gegründet von dem Literaten Alfred Richard Meyer). → *Werner Finck* gründete Anfang der fünfziger Jahre die »Karl Friedrich Flögel-Gesellschaft zur praktischen Widerlegung des deutschen Grundsatzes, nur

ernste Ausdrucksformen ernst zu nehmen« (zu deren Freundeskreis Bundespräsident Theodor Heuss gehörte), ferner zusammen mit → *Heinz Hartwig* und → *Thaddäus Troll* »Die deutsche Gegenbewegung«, später »Radikale Mitte« genannt (mit einer unter dem Rockaufschlag zu tragenden Sicherheitsnadel als Parteiabzeichen); die »Gesellschaft zur Pflege und Förderung Punkt« (gegründet zusammen mit → *Eckart Hachfeld* und → *Helmut Brasch*) und »NURSO – eine Gesellschaft mit paradoxem Hintergrund«, die nichts anderes wollte, als NURSO sein.

1957 gründete Werner Oehlschläger eine »Gesellschaft zur Verbreitung von Schrecken aller Art«. Schließlich fanden sich 1975 der Kabarettist Rainer Basedow und der Rundfunkplauderer Werner Schwier zum »L. V. G. V. U. G. E. V.« (= »Letzter Verein gegen Vereins- und Gruppenbildung e. V.«) zusammen.

Ostwald, Hans: *Berliner Kaffeehäuser.* Berlin 1905. – Müller-Fraureuth, Carl: *Die deutschen Lügendichtungen bis auf Münchhausen.* Hildesheim 1965. – Dencker, Klaus Peter (Hrsg.): *Deutsche Unsinnspoesie.* Stuttgart 1978. – Hutin, Serge: *Die großen Geheimbünde.* Wiesbaden 1979. – Drewitz, Ingeborg: *Berliner Salons.* Berlin 1984. – Mahr, Johannes (Hrsg.): *Die Krokodile – Ein Münchner Dichterkreis.* Stuttgart 1987. – Veigl, Hans (Hrsg.): *Lokale Legenden – Wiener Kaffeehausliteratur.* Wien 1991. – Wilhelm, Hermann: *Die Münchner Bohème – Von der Jahrhundertwende bis zum Ersten Weltkrieg.* München 1993.

unterhaus (Mainzer Forum-Theater) Kleinkunst-Theater in 55116 Mainz, Münsterstraße 5. Bedeutendste kabarettistische Gastspielstätte der BRD. Inhaber und Geschäftsführer der »Mainzer Forum-Theater GmbH.« sind Arthur Bergk, Renate Fritz-Schillo und Carl-Friedrich Krüger.

Entstanden ist das »unterhaus« aus der Fusion der beiden Mainzer Kabaretts »Die R(h)einre(e)der« und »Die Poli(t)zisten« im Oktober 1966 und ihrem Einzug in einen Keller am Gutenbergplatz 4, den sie »unterhaus« nannten. Hier spielten sie unter dem Namen »Die Poli(t)zisten«, fusionierten mit dem »Kleinen Theater«, Gonsenheim, unter einem Dach und spielten Kabarett bzw. Theater. Eröffnungsprogramm der »Poli(t)zisten« im unterhaus: »Platonische Hiebe« (Oktober 1966). Mitte September 1971 zog das »unterhaus« in sein heutiges Domizil und eröffnete es am 5.9. 1971 mit dem Programm »Über die Kunst – ein Theater zu eröffnen« von und mit → *Hanns Dieter Hüsch.* Zwischen zahlreichen Gastspielen von Kabarett-Solisten und -Gruppen wurden moderne Stücke aufgeführt (von Edward Albee, Fernando Arrabal, Samuel Beckett und Joe Orton).

Seitdem fungiert das »unterhaus« als Gastspielstätte für Kabarett, Kleinkunst, Chanson, Liedermacher, Comedy, Folk, Performance, Diskussionen u.a. Ein neuerer, unter der bisherigen Spielstätte gelegener Raum wurde am 10.9. 1978 als »neues unterhaus« mit einem gemischten Programm eröffnet, während die bisherige Spielstätte jetzt den Namen »unterhaus im unterhaus« führt. Hier findet außer Gastspielen auch Kinder- und Jugendtheater statt, seit September 1985 stellt hier → *Reinhard Hippen* viermal im Jahr in Talkshows jeweils einen Gast aus der Kabarettgeschichte vor (z.B. → *Herbert Nelson,* → *Eva Busch,* → *Dora Dorette,* → *Elsie Attenhofer,* → *Blandine Ebinger,* → *Max Colpet,* Isa Vermehren, → *Cissy Kraner* und → *Hugo Wiener,* → *Eckart Hachfeld,* Agnes Bernelle, Rudolf Jürgen Bartsch u.a.). 1973–1990 folgte die Eigenproduktion »Die unterhäusler« mit verschiedenen Programmen; 1995 das → *Loriot*-Programm »Ein Lottogewinn und

andere Katastrophen«. Am 19.2. 1995 eröffneten sie das ausgebaute Foyer (ein bisheriger Parkplatz) als »unterhaus-entrée« mit Gastronomie, Galerie und an Wochenenden Veranstaltungen (z.B. Varieté »Late-Night-Show« und Musik).
Das »unterhaus« bekommt Zuschüsse des Landes Rheinland-Pfalz und der Stadt Mainz sowie vom »Förderverein für das unterhaus e.V.«. Im Jahre 1972 stiftete das »unterhaus« den »Deutschen Kleinkunstpreis« (→ *Kabarett-Preise*), den es jährlich aufgrund der Entscheidung einer Fachjury in den mit 10000 DM dotierten Sparten Kabarett, Chanson/Lied, Kleinkunst und als Förderpreis vergibt.

Kleinkunst auf Teufel komm raus – 25 Jahre unterhaus. Mainz 1991.

Uthoff, Reiner * *19. 9. 1937.* Kabarettist, Kabarettautor und -leiter
War nach Abitur und Wehrdienst Baggerführer, Journalist und freier Autor. Studierte Volkswirtschaft und Soziologie an den Universitäten Freiburg und München. Schrieb 1962 seine Diplomarbeit über »Das Kabarett als Mittel der öffentlichen Meinungsbildung«. Assistierte 1960/61 an der → *Münchner Lach- und Schießgesellschaft.* 1965 Mitgründer des Münchner → *Rationaltheaters*, das er seit der Trennung von seinem Mitgesellschafter → *Ekkehard Kühn* im November 1968 allein leitete.
Mit der Verwendung von Film-, Dia- und Tonbanddokumentationen führte Uthoff neue Elemente in das politisch-satirische Kabarett ein. Im Januar 1979 eröffnete er ein zweites Kabarettheater, das »Scala-Theater« am Wedekindplatz, für Gastspiele und Shows, gab es aber 1983 auf. Hier brachte er u.a. das Programm »Ein feste Burg ist unser Schrott«, ein Frauenkabarett, heraus (Januar 1981). Seit 1980 spielte er im Haupthaus seine Programme ohne festes Ensemble: »Wahlium 80« nur noch mit Erwin Nowak, »Uthoffs Tagesshow« spielte er ab 1982 allein, dann wieder zusammen mit wechselnden Ensembles. Nach dem 23. Programm »Wenn wir's nicht machen, macht's ein anderer« (1991) schloß Uthoff das »Rationaltheater« im Jahre 1994.

Valentin, Karl (eigentlich: Valentin Ludwig Fey) ** 4. 6. 1882 München; † 9. 2. 1948 Planegg bei München.* Kabarettist, Kabarettautor, Komiker

Machte von 1897 bis 1899 eine Schreinerlehre und arbeitete fünf Jahre lang als Sargschreiner. Ging 1907 mit einem selbstgebastelten Orchestrion erfolglos auf Gastspielreisen nach Norddeutschland. Debütierte als Volkssänger in München, wurde aufgrund seines Stegreifsolos »Aquarium« an die Singspielhalle im »Frankfurter Hof« engagiert, wo er seine nachmalige Partnerin → *Liesl Karlstadt* kennenlernte. Trat mit ihr zum erstenmal 1911 im → *Simplicissimus* (München) auf sowie bis 1922 in vielen anderen Münchner Brettl-Lokalen (»Serenissimus«, »Monachia«, »Germania« u.a.). Trat 1922 in einer Nachtvorstellung zum erstenmal – mit dem »Christbaumbrettl« und den »Raubrittern von München« – an den »Münchner Kammerspielen« auf.

Karl Valentin als Xanthippe, um 1910

Den großen Erfolg brachte ihm 1924 ein Engagement an das → *Kabarett der Komiker* ein, danach Gastspiele auch in Zürich und Wien. In Berlin gastierte er auch 1928, 1930, 1935 und 1938. 1934 eröffnete er im Keller des »Hotel Wagner« in München »Valentins einmaliges Jux-Panoptikum«, ging aber bankrott. Am Färbergraben 33 eröffnete er 1939 ein eigenes Lokal, die »Ritterspelunke«, wo er auch auftrat, ebenso wie bei → *Papa Benz.* Von den Nazis boykottiert, zog er sich 1942 in sein Häuschen in Planegg zurück, wo er wieder als Schreiner arbeitete und für die Bauern der Umgebung Nudelwalker herstellte und Messer und Scheren schliff. Vom 11. bis 15.12. 1947 gastierte er mit Liesl Karlstadt im Münchner »Bunten Würfel« und danach bis 15.1. 1948 im »Simplicissimus« (München). Am 9.2. 1948 starb er an den Folgen einer Erkältung und an Unterernährung.

Karl Valentin hat mehr als 400 Texte – Einakter, Sketsche, Monologe, Gereimtes und Filme – hinterlassen. Seit 1910 gehörte er zu den ersten Filmproduzenten und -darstellern Deutschlands (»Der neue Schreibtisch«, »Der Sonderling« u.a.). 1919 führte er seinen Sketsch »Auf dem Oktoberfest« mit → *Bertolt Brecht* als Klarinettenspieler, Liesl Karlstadt und anderen in München auf. Große Erfolge erzielte er mit den Einaktern »Die verhexten Notenständer«, »Das Brillantfeuerwerk«, »Das

 Christbaumbrettl«, »Im Senderaum«, »Das Photoatelier«, »Im Schallplattenladen«, »Der Theaterbesuch«, »Die Orchesterprobe«, »Der Firmling« u.v.a.m., von denen die meisten auch verfilmt wurden. Auch in Spielfilmen trat er auf (so in Ophüls' »Die verkaufte Braut«, 1932, und in »Kirschen in Nachbars Garten«, 1935).

Karl Valentin ist ein kabarettistischer Grenzfall, der über die ohnehin unscharfe Markierung des Gebiets hinausreicht in die Areale der Volkskomödie und des philosophischen Nonsens, ähnlich wie → *Erich Carow*, nur mit tieferen Wurzeln und mit höher siedelnder Skurrilität. Was Valentin eigentlich ausmachte, war weder das formal Kabarettistische noch das bodenständig Münchnerische; sie waren nur orts-, zeit- und stilbedingte Prämissen seiner kategoriensprengenden Singularität.

Hausenstein, Wilhelm: *Die Masken des Komikers Karl Valentin.* München 1948. – *Karl Valentins Gesammelte Werke.* München 1969. – Pemsel, Klaus: *Karl Valentin im Umfeld der Münchner Volkssängerbühnen und Varietés.* München 1981. – Seegers, Armgard: *Komik bei Karl Valentin.* Köln 1983. – Bachmeier, Helmut; Wöhrle, Dieter: *Gesammelte Werke in 8 Bänden.* München 1992–1996. – Biskupek, Matthias: *Karl Valentin – Eine Bildbiographie.* Leipzig 1993.

Rosa Valetti

Valetti, Rosa (eigentlich: Rosa Vallentin) **25. 1. 1876 Berlin; † 10. 12. 1937 Wien.*

Schauspielerin, Kabarettistin, Chansonniere

Nahm als Mädchen heimlich Schauspielunterricht und trat heimlich in Nachmittagsvorstellungen auf Vorstadtbühnen auf, wo sie, die aus reichem Hause stammte, zum erstenmal mit einem Proletarierpublikum konfrontiert wurde. Mit ihrem ersten Mann, einem Pianisten, ging sie nach Paris und lernte dort von »La Pétroleuse«, einer Freundin von → *Artistide Bruant*, wie man ein Chanson vorträgt. Nach kurzer Ehe ging sie nach Wien und trat dort am Theater auf. Kehrte 1896 nach Berlin zurück, spielte ab 1898 an verschiedenen Berliner Bühnen Charakterrollen.

Sie leitete während des Ersten Weltkriegs für den eingerückten Eugen Robert dessen »Residenz-Theater«. Führte auch Regie. Trat im Frühjahr 1920 in der → *Rakete* auf, deren Leitung sie im März 1922 für einige Monate übernahm. Gründete Ende 1920 das → *Cabaret Größenwahn* und Ende 1922, nachdem sie das »Größenwahn« verlassen hatte, die → *Rampe.* Im »Größenwahn« sang sie Chansons von Bruant, die sie sich von Ferdinand Hardekopf hatte übersetzen lassen, und von → *Walter Mehring* (»Berlin simultan«), und machte es zusammen mit ihrem Bruder, dem Schauspieler Hermann Vallentin, zu einem der bemerkenswertesten literarisch-politischen Kabaretts der Zeit. In der *Rampe* stellte sie die von ihr entdeckte → *Kate Kühl* heraus und sang 1924 hier das ihr von → *Kurt Tucholsky* geschriebene Chanson »Mal singen, Leute –!«. In der *Rakete* hatte sie 1922 Tucholskys »Rote Melodie« kreiert und im gleichen Jahr die Hauptrolle in Egon Erwin Kischs »Himmelfahrt der Galgentoni« gespielt. Danach trat sie an verschiedenen Berliner Bühnen auf. 1924 eröffnete sie mit Hermann Vallentin in der Bülowstraße die »Comedia Valetti«, in der sie mit ihm dramatische Einakter spielte, mußte sie aber im selben Jahre schließen.

In der Uraufführung von → *Bertolt Brechts* »Dreigroschenoper« am 31.8. 1928 verkörperte sie die Mrs. Peachum. 1928 gründete sie noch einmal ein literarisch-politisches Kabarett, das → *Larifari*, wo sie auch auftrat und auch eigene Texte vortrug. Im Sommer 1930 wirkte sie in der Schiffer-Hollaender-Revue »Ich tanze um die Welt mit dir« im »Deutschen Künstlertheater« mit. 1933 verließ sie Deutschland und ging nach Wien, wo sie bis zu ihren Tode 1937 Theater spielte. In den zwanziger und ersten dreißiger Jahren spielte sie eine Reihe von Filmrollen (so in »M«, »Das Ekel«, »Zwei Herzen und ein Schlag« u.a.), von denen ihre Darstellung der Varietédirektorsgattin im »Blauen Engel« (1930) die bekannteste wurde. Rosa Valetti war die ausdrucksstärkste und politisch kompromißloseste Chansoninterpretin des literarisch-politischen Kabaretts der zwanziger Jahre.

Valtorta Literarisches Kabarett, entstanden 1983 bei regelmäßigen Urlaubstreffen in Italien (Valtorta). Gegründet 1989 in München als »Gruppo di Valtorta« von Alexander Liegl (* 1964), dem Autor der Gruppe, mit den Mitspielern Maria Magdalena Reichert, Markus Bachmaier, Fritz Burschel und Martin Pölcher. Brachten am 9.11. 1989 ihr erstes Programm, »Schnörz mich um, du Schlippenglunz«, heraus. 1990 folgte »Niamatzo Blaamsepp!« mit Szenen zum »Versagen der Sprache als Mittel der Weltaneignung« (Matthias Thiel). Danach schied Fritz Burschel aus dem Ensemble aus. Erstmals nicht als Nummernkabarett, sondern als groteskes (Boulevard-)Theaterstück konzipiert wurde das Programm »Mörd – Keine Gnade für Hans Gummerer« (1994), dessen dramaturgisches Charakteristikum die offene, aufgelöste Form ist, bedingt durch die Brechung der Theaterillusion. Als Mittel der Welterkenntnis wird die Sprache in »Mörd« zum »Sinnbild der als sinnlos erlebten Wirklichkeit«. Danach folgte, mit bewährten und neuen Szenen, das Nummernprogramm »Dichtheit und Wartung« (1995).
»Valtorta« wirkte in zahlreichen Rundfunk- (SDR »Sprungbrettl«, BR »Samstagsbrettl«, »SWF-Brettl« u.a.) und Fernsehsendungen mit, so im »Satire Fest« (SFB), »Kanal 4-Kabarett« (Pro 7), »Einstweilige Vergnügung« (SDR), »Festival für Kabarettisten« und 1996 im »Scheibenwischer« (→ *Medienkabarett*) u.a. Vielfach ausgezeichnet, erhielten sie 1990 den »Tollwood Förderpreis«, München; 1990 das »Scharfrichterbeil«, Passau; 1992 den »Kleinkunstpreis« der Stadt St. Ingbert; 1993 den »Kleinkunstpreis«, Obernburg; 1993 den → *Salzburger Stier*; 1990/1993/1994 den »Stern der Woche« der »Abendzeitung«, München, und 1994 den → *Deutschen Kleinkunstpreis*.

Varieté (frz. = Verschiedenheit, Vermischtes, Abwechslung) Form des Unterhaltungstheaters, das aus der losen Aneinanderreihung einzelner Sprech-, Musik- und Tanznummern besteht, verbunden mit Akrobatik und Dressur, zusammengehalten in der Regel durch einen → *Conférencier*. Zugleich ist das Varieté die Bezeichnung für einen Gebäudetyp, in dem entsprechende Darbietungen gezeigt werden. Wie die → *Revue* ist das Varieté ein synthetisches Genre, dessen Entwicklung in den einzelnen Ländern von unterschiedlichen Traditionen beeinflußt wurde; es ist Unterhaltung für ein Massenpublikum und als solche unmittelbar abhängig von Veränderungen des Geschmacks und der ästhetischen Normen. Um 1850 entwickelte sich das Varieté aus seinen französischen Vorläufern, dem

 Vaudeville des 18. Jh.s und den → *Cafés-chantants* (später: → *Cafés-concerts*) des 19. Jh.s, parallel dazu waren in England die Music Halls entstanden. In den Gründerjahren des Deutschen Reiches entwickelte sich zunächst nur in Deutschland der sogenannte «internationale Varietéstil« mit artistisch profiliertem Nummernprogramm, das zweiwöchentlich oder monatlich wechselte. Es etablierten sich in Leipzig der »Kristall-Palast« (1884), in Berlin der »Wintergarten« (1888), in Hamburg das »Hansa-Theater« (1894), in Düsseldorf das »Apollo-Theater« (1899) und in Wien das »Ronacher« (1888), denen in den zwanziger Jahren in Berlin die »Scala« (1920) und die »Plaza« (1929) u.a. folgten. In diesen Etablissements wie in den Revuetheatern gastierten immer wieder Kabarettisten, z.B. um 1930 die → *Conférenciers* → *Paul Nikolaus*,→ *Hellmuth Krüger* und → *Adolf Gondrell*, sowie die Chansonniere → *Trude Hesterberg*, wie auch die Volkskabarettisten → *Erich Carow* und → *Lotte Werkmeister*.

Mit dem Aussterben des institutionalisierten Varietés als Folge der Entwicklung neuer, effektiverer Unterhaltungsmöglichkeiten (Kino, Fernsehen u.a.) suchte sich das Unterhaltungstheater neue Formen, die den veränderten gesellschaftlichen Bedingungen entsprachen (Nachtvarieté, Tanzvarieté, Zirkusvarieté u.a.). Erst mit der von Jérôme Savary geleiteten französischen Theatergruppe »Le Grand Magic Circus« (seit 1968), dem amerikanischen »Living Theater« (1951–1985) unter Leitung von Julian Beck (1925–1985) und Judith Malina (* 1926) und der Fools- und Clownspower-Bewegung in den siebziger Jahren in Amsterdam (inspiriert von dem amerikanischen Clown Jango Edwards), bekam auch das Varieté neue Impulse und entdeckte Straßen und Plätze als neue Spielorte. In diesem Zeitgeist gründeten André Heller und Bernhard Paul 1976 in Bonn den »Circus Roncalli«, und Heller präsentierte 1981 sein poetisches Varieté »Flic Flac«. In den achtziger Jahren änderte sich das Lebensgefühl in Deutschland und damit das Verhältnis zur Stadt als Lebensort. Dem Aufbruch des »Freien Theaters« aus geschlossenen Spielstätten in den sechziger und siebziger Jahren folgten nun neue Varieté-Eröffnungen: Was 1986 mit der »Scheinbar« in Berlin und 1987 mit dem »Neuen Theater Höchst« noch relativ bescheiden begann, setzte sich 1988 mit dem »Schmidt Theater«, Hamburg, und dem »Tigerpalast«, Frankfurt/Main, fort, dem 1990 das »Quartier«, Berlin, 1991 das »Chamäleon«, Berlin, und das »Schmidt Tivoli«, Hamburg, sowie 1992 der neue »Wintergarten«, Berlin, und das »GOP« (Varieté im Georgspalast), Hannover, folgten. Hier conférieren wieder Kabarettisten (→ *Matthias Beltz*, → *Michael Quast*, → *Arnulf Rating* u.a.) die Programme, in denen Chansonsänger (→ *Georgette Dee*, → *Tim Fischer*, → *Cora Frost* u.a.) auftreten. Auch in den (ehemals Ostberliner) Varietés »Friedrichstadt-Palast« (seit 1873) und »Steintor-Varieté« (seit 1889, bis 1945 unter dem Namen »Walhalla«) werden noch große Varieté-Programme geboten. Die Neuentdeckung des Amüsements geht einher mit einer expandierenden – auch in den neunziger Jahren noch anhaltenden – Wiederbelebung der Varietékultur in neuer Form, ironisch, frech und unendlich heiter.

Moulin, Jean-Pierre/Kindler, Erwin: *Eintritt frei – Varieté*. Lausanne 1963. – Günther, Ernst: *Geschichte des Varietés*. Berlin 1978. – Berg, Rainer: *Varieté – Gutgelaunt durchs Wirtschaftswunder*. Hannover 1988. – Jansen, Wolfgang: *Das Varieté – Die glanzvolle Geschichte einer unterhaltenden Kunst*. Berlin 1990. – Wolffram, Knud: *Tanzdielen und Vergnügungspaläste*. Berlin 1992. – Jansen, Wolfgang: *Varieté heute – Das Handbuch*. Berlin 1993.

Vaucher, C. F. (= Charles Frédéric) **19. 1. 1902 Basel; †28. 2. 1972 Herrliberg.*
Schauspieler, Schriftsteller, Kabarettautor
Der Sohn reicher Schweizer Eltern wuchs im Elsaß auf. Studierte in Genf Jura, besuchte daneben das Konservatorium und machte seine Prüfung an der Genfer Schauspielschule. 1927 ging er als Aufseher eines Gutes von Verwandten nach Algerien. Ging in den dreißiger Jahren mit einer französischen Wanderbühne auf Tournee und war zeitweise Regieassistent von Louis Jouvet in Paris. Schloß sich im Spanischen Bürgerkrieg den Internationalen Brigaden an und wirkte in einer republikanischen Schriftstellervereinigung mit.
1940 engagierte ihn → *Otto Weissert* als Autor und Regisseur an das → *Cabaret Cornichon.* 1943 gründete er mit → *Alfred Rasser* den → *Kaktus* und bearbeitete mit ihm den »Braven Soldaten Schweijk« zum »HD-Soldat Läppli«. Schrieb nach dem Ende des »Cornichon« für das → *Cabaret Federal* und von 1949 an hauptsächlich für das Duo → *Voli Geiler/Walter Morath.* Vaucher arbeitete dann an Zeitungen und Zeitschriften, beim Schweizer Radio und schließlich beim Fernsehen mit. Er war Gründer der Schweizer Hobbykochbewegung und erlangte als Radiokoch breitere Popularität.

Venske, Henning **3. 4. 1939 Stettin.*
Autor, Schauspieler, Regisseur, Kabarettist
Wirkte nach einer Schauspielausbildung an der Max-Reinhardt-Schule in Berlin von 1961 bis 1965 als Schauspieler und Regieassistent am Berliner »Schiller-Theater« und anschließend bis 1967 am »Thalia-Theater« in Hamburg, danach als freier Schriftsteller, Regisseur, Moderator und Autor vor allem für Rundfunk und Fernsehen. Wurde bekannt durch die Jugendsendung »Hallo, Freunde« (ZDF) und als Moderator von »Studio B« (NDR).
Mit seinen scharfzüngigen politischen Satiren eckte er wiederholt an. Im Juni 1979 kündigte ihm der Hessische Rundfunk die Mitarbeit, weil er den »Freiraum für Satire immer wieder erheblich überschritten« habe. Seit 1973 war er mehr und mehr als Journalist tätig, seit 1980 als Chefredakteur der Satire-Zeitschrift »Pardon«. Von 1985 bis 1993 wirkte er im Ensemble des Kabaretts → *Münchner Lach- und Schießgesellschaft* in insgesamt neun Programmen mit, für die er auch einen Großteil der Texte schrieb. 1995 brachte er sein erstes Soloprogramm, »Die Chancen stehen 40/70«, heraus, begleitet von dem Gesangstrio → *Liederjan.* Gab zahlreiche, meist satirische Bücher heraus.

Venske, Henning: *Gestammelte Werke.* Hamburg 1972. – Ders.: *Posa & Damen.* Hamburg 1974. – Ders.: *Das versendet sich oder Gesammelte Fettnäpfchen.* Köln 1979. – Ders.: *Die deutsche Arbeit.* München 1988. – Ders.: *Der Schmutz aus dem Nest.* München 1990. – Zusammen mit Günter Handlögten: *Klüngel, Filz & Korruption.* Düsseldorf 1993. – Ders.: *Herr Kalaschnikoff rattert den Sonntag ein.* Hamburg 1993. Schrieb auch mehrere Kinderbücher.

Die Verhohnepeopler Politisch-satirisches Amateurkabarett, gegründet im März 1975 von den ehemaligen Ministranten → *Siegfried Zimmerschied* und → *Bruno Jonas*, eröffnet mit dem Programm »Das doppelte Komplottchen« (mit Sabine Waldherr, Helmut Emmerling, Reiner Fischholz, Hans Stefan und Siegfried Zimmerschied, der auch die Texte schrieb). Im Passauer »Perschl-Keller« kam am

 26.9. 1975 als zweites Programm »Innereien« heraus. Die darin enthaltene Szene »Die Konferenz« von Zimmerschied (mit Katharina Eichinger, Helmut Emmerling, Franz Hartmann, Bruno Jonas, Helmut Rieger, Urli Riendl, Ludo von Thal, Dieter Weißhäupl und Siegfried Zimmerschied), die die Pervertierung des Glaubens zum Spielball machthungriger Kirchenfunktionäre geißelte, trug dem Kabarett am 26.9. 1975 eine Anzeige wegen Störung der öffentlichen Sicherheit und Ordnung ein. Daraufhin verbot die Stadt Passau durch eine nachgeschobene Anordnung am 10.3. 1976 das Programm nach § 166 StGB (Religionsbeschimpfung). Nach einem längeren Rechtsstreit beugte sich die Stadt Passau der Rechtsauffassung des Verwaltungsgerichts Regensburg, das die Klagen nach Artikel 5 des Grundgesetzes (Meinungsfreiheit) für unzulässig erklärt hatte. *Die Verhohnepeopler* lösten sich nach dem Eklat 1976 auf. Zimmerschied und Jonas gingen fortan eigene Wege.

Zimmerschied, Siegfried: *Kleinstadtbrevier.* Nürnberg 1978.

Versen, Lothar von ** 7. 4. 1938 Berlin.* Liedermacher, Autor, Kabarettist
Machte nach dem Studium der Germanistik und Romanistik an der Universität Göttingen und der Université de Caën in Frankreich sein Staatsexamen an der Freien Universität Berlin. Arbeitete als Journalist und Studienassessor in Berlin, als Lektor für fremdsprachige Bücher, als Hörspielautor, Liedermacher und Sänger. 1972 erste Auftritte in Berliner Kellerlokalen, so im »Go-In«, ferner im → *Renitenztheater*, im → *unterhaus* u. a. mit dem Programm »Man sieht so wenig Dinosaurier« und dem Kabarettprogramm »Ein Türke in der U-Bahn«. Gab am 3.11. 1973 seine erste große Vorstellung im Konzertsaal der Hochschule für Musik, Berlin, wo er Lieder seiner Langspielplatte (insgesamt bisher neun LPs) »Der Mann von morgen« sowie neue Songs vorstellte. Danach seit 1975 mit »Liederliches – Lästerliches«, den Ein-Mann-Komödien »Lienhard der Bleiche« (1979) und »Alfonso Tomato – Einsamer Ruhm« (1981) auf Tournee. 1982 folgten »Germanische Glossen und Gesänge«. Seit 1984 spielt von Versen, der die Texte schreibt, im Duo mit Hans Christian (* 1951) politisch-satirische Kabarettprogramme: »Anmache für Experten« (1984); »Voyeure beim Training« (1985); »Aus reiner Sympathie« (1986); »Hinter der Bühne« (1987); »Fausto und Gino« (1988); »Spendowski kehrt zurück« (1989) und »Teutonin in Grönland« (1990). Danach trat Lothar von Versen wieder als Solist auf in den Programmen »Der letzte Kommunist« (1991); »Herman the German« (1992); »Willi der Wischer« (1992) und »Taxidriver« (1994).

Versen, Lothar von: *Florians fliehende Feuilletons.* Göttingen 1980. – Ders.: *Berliner Weiße.* Göttingen 1983. – Ders.: *Nichts aus der Lindenstraße – Humoresken und Kapriolen.* Berlin 1993.

Vis à vis Literarisch-satirisches Duo-Kabarett aus Tübingen mit Klaus Birk (* 1955) und Bernd Kohlhepp (* 1962). Gegründet 1983 als Tournee-Kabarett und eröffnet mit dem Programm »Des sieht so harmlos aus«, in dem pedantisch-akzentuiert die Stimme und die Körpersprache zum satirischen Charakterisieren eingesetzt wurde. Im Dezember 1983 folgte »Alltägliches & Absurdes«, danach »Da oben dropft's« (1987) und »Himmel auf« (1992). Berater ihres schwäbischen

Charakter-Kabaretts waren → *Christof Stählin,* → *Erwin Grosche,* → *Uli Keuler* und der Lyriker Martin Betz. 1992 stellte Klaus Birk sein erstes Soloprogramm vor, »Problemlos daneben«, und danach 1994 »Fata der morgana«. 1993 brachte Bernd Kohlhepp sein erstes Soloprogramm »Der Wünschelrutengänger« heraus (auch als CD erschienen). Im Fernsehen agierten sie u.a. 1984 mit »Des sieht so harmlos aus« im ZDF, »Da oben dropft's« im SDR u.a.

Vita, Helen (eigentlich Hélène Reichel) ** 7. 8. 1928 Hohenschwangau.* Schauspielerin, Kabarettistin, Chansonniere

Aufgewachsen in Genf als Tochter eines Musikerpaares, besuchte sie dort das Konservatorium. Ging nach Paris und nahm Schauspielunterricht bei Françoise Rosay. Debüt im September 1945 in »Unsere kleine Stadt« von Thornton Wilder in Genf, spielte am »Théâtre du Vieux Colombier« mit der »Compagnie des Masques« in Paris in modernen Stükken. Spielte in der Uraufführung von → *Bertolt Brechts* »Herr Puntila und sein Knecht Matti« am Zürcher Schauspielhaus (5. 6. 1948). Auf Brechts Rat hin, zum Kabarett zu gehen, ging sie 1949 zum → *Cabaret Federal* und 1952 an die → *Kleine Freiheit*, München. Hier spielte und sang sie von 1952 bis 1955 in fünf Programmen. Danach trat sie in modernen Stücken und Boulevardkomödien auf (»Frau Warrens Gewerbe« u.a.).

Helen Vita 1954 in der »Kleinen Freiheit«, München im Programm »Bier unter Palmen« mit dem Solo »Das Wirtschaftswunderkind«

Seit Mitte der sechziger Jahre gastiert sie mit Soloprogrammen – teils mit Songs und Chansons von → *Friedrich Hollaender.* → *Erich Kästner,* → *Kurt Tucholsky,* Bertolt Brecht und → *Kurt Weill,* teils mit altfranzösischen erotischen Chansons (»Galante und freche Chansons aus dem alten Frankreich«, übersetzt von Walter Brandin, erste LP 1963) oder auch mit aus beiden gemischten Programmen. 1967 zog die Staatsanwaltschaft Köln drei Schallplatten mit ihren altfranzösischen Chansons wegen »Gefährdung des Abendlandes« ein, während zu gleicher Zeit das Landgericht Hamburg das entsprechende Urteil eines Amtsgerichts aufhob. 1968 setzte die »Bundesprüfstelle für jugendgefährdende Schriften« die LP »Dolce Helen Vita« auf ihren Index. – Filme mit Helen Vita: »08/15« (1954), »Das Mädchen Rosemarie« (1958), »Ganovenehre« (1966), »Satansbraten« (1976) u.a. – Ihre hohe Musikalität und ihr delikater Vortrag, gemischt aus Ironie und Schnodderigkeit, sichert Helen Vita einen Platz unter den ganz wenigen → *Diseusen* der Gegenwart. 1985 erhielt sie den Ehrenpreis zum → *Deutschen Kleinkunstpreis.*

Vita, Helen

📖 Brandin, Walter (Hrsg.): *Helen Vita Songbuch.* München 1970.

Vitasek, Andreas ** 1956 Wien.* Kabarettist und Kabarettautor
Studierte 1974–1978 Germanistik und Theaterwissenschaft in Wien, nahm 1978–1980 Schauspiel- und Pantomimen-Unterricht bei Jacques Lecoq in Paris. Brachte 1981 sein erstes Soloprogramm »Spastik Slapstick« heraus, danach »Die sieben Lehren des Max Kurz« (1983); »Fahrt ins Blaue« (1984); »Andere Umstände« (1986). Trat in zahlreichen Rundfunk- und Fernsehsendungen auf, so im »Solo für Spaßvögel« (WDR) und »Spötterdämmerung« (ORF), ferner in dem Fernsehfilm »Unser Mann in Bangkok« von Andreas Gruber. Spielte Hauptrollen in zwei Kinofilmen von Niki List: »Malaria« und »Müllers Büro«. 1984 wurde er mit dem »Österreichischen Kleinkunstförderpreis«, Wien, und 1986 mit dem → *Salzburger Stier* ausgezeichnet.

Völker, Kordula ** 12. 10. 1959 Oberhausen.*
Liedermacherin, Kabarettistin, Kabarettautorin
Wurde nach Abbruch ihres Jurastudiums auf dem Zweiten Bildungsweg Journalistin und trat seit Anfang der achtziger Jahre als Liedermacherin mit frauenpolitischem Engagement hervor. Inzwischen auch Hörfunkmoderatorin, wurde sie als »Erna Oslowski« im Ruhrpottdialekt auch als Kabarettistin bekannt. Geht seit 1993 mit vielen Kolleginnen in der »Front-Frauen-Revue« (→ *Frauenkabarett*) auf Gastspielreisen. Schrieb und komponierte 1994 ihr erstes Soloprogramm, »Liebe, Lust und Leidenschaft«, in dem sie mit den Klischees und den Vorurteilen gegen »Lesben« aufräumt. Zu diesem Programm brachte sie im Eigenverlag ein Text- und Notenbuch heraus.

📖 Rogler, Marianne (Hrsg.): *Front Frauen.* Köln 1995.

Vollmer, Peter ** 14. 5. 1962 Marburg.* Kabarettist und Kabarettautor
Gründete zusammen mit → *Thomas Reis* im Oktober 1985 in Freiburg das »Duo Vital«, das sich mit dem gemeinsam geschriebenen Programm »Pilotprojekt: Kabel-J-Au« vorstellte. Danach folgten die Duo-Programme »Akzep Tanz auf dem Vulkan« (1987); »Das deutsche reich(t)« (1988) und »Weltbildersturm« (1990). Ein historischer Kabarettabend unter dem Titel »Trümmer, Träume und Rosinen« mit Texten von 1945 bis 1950 (Zusammenstellung: → *Reinhard Hippen*) kam am 2.10. 1989 im »Haus der Geschichte« in Bonn heraus. Sein erstes selbstgeschriebenes Soloprogramm, »Im Namen der Hose«, spielte er seit dem 2.10. 1992, danach »Der Wüste lebt – Ein 78er erzählt« (14.9. 1994) und »Doktor-Spiele« (16.1. 1996). In seinem dritten Solo entblößt Vollmer als Dialekt- und Jargonspezialist die machtpolitischen Strukturen im Gesundheitswesen.

Vorläufiges Frankfurter Fonttheater Politisch-satirisches Kabarett in Frankfurt/Main, gegründet von den ehemaligen Mitgliedern von → *Karl Napps Chaos Theater,* → *Dieter Thomas* (kaufmännische Leitung), Hendrike von Sydow und → *Matthias Beltz* (beide künstlerische Leitung). Eröffnet im Dezember 1982 mit dem Programm »Freak und Frieden«. Zweites Programm »Chicago« (September 1983), danach »Menschen '85« (April 1985) und »Versammlung« (Februar 1987).

Mitte der achtziger Jahre begann Matthias Beltz mit wechselnden Partnern Duo-Programme und spielte danach als Solist. Dieter Thomas und Hendrike von Sydow spielten 1986 ihr erstes Duoprogramm »Szenen aus der Volksrepublik Hessen« (August 1986), danach »Zwei Paar Schuh« (Mai 1988); »Heiß und innig« (November 1989); »Das Bio tobt« (Oktober 1991); »Ex und Mob« (April 1993) und »Partnerrausch« (November 1995). Sie behielten für die Duoprogramme zunächst noch den – verkürzten – Namen »Frankfurter Fronttheater« bei, traten in den neunziger Jahren aber unter ihren eigenen Namen auf.

Beltz, Matthias; Sydow, Hendrike von; Thomas, Dieter: *Das Vorläufige Frankfurter Fronttheater – Am besten bös.* Frankfurt/Main, 1988. – Sydow, Hendrike von; Thomas, Dieter: *Hundekuchen mit Sahne – Das Beste aus ihren Kabarettprogrammen.* Niedernhausen, 1994.

Waalkes, Otto **22. 6. 1948 Emden.* Liedermacher, Komiker, Autor
Ging nach Hamburg, um Kunsterzieher zu werden. Um seinen Lebensunterhalt zu verdienen, trat er mit selbstverfaßten Liedern zur Gitarre in Szenekneipen auf. Daraus entwickelte er seit Anfang der siebziger Jahre mit »Insterburg & Co« (mit Karl Dall, Schobert & Black, → *Ulrich Roski* u.a.) die sogenannte »Nonsenswelle« und wurde mit Robert Gernhardt, Bernd Eilert, Peter Knorr (Sammelname: GEK) als Co-Autoren unter dem Pseudonym »Otto« zum vielgefragten Unterhaltungskünstler. Die erste »Otto-Show« sendete die ARD am 27.8. 1973. 1974 erhielt er die »Goldene Schallplatte«, ingesamt erschienen zehn LPs. Die Texte veröffentlichte er in »Das Otto Buch« (1980), »Das zweite Buch Otto« (1985). Danach drehte er zahlreiche Filme, so »Otto – Der Film« (1985); »Otto – Der neue Film« (1987, als Buch 1990 erschienen) und »Otto – Der Außerfriesische« (1989). Bis Ende 1983 war Otto Waalkes mit seinen Programmen auf Tourneen unterwegs.
Als Ende der achtziger Jahre die sogenannte »Comedy-Welle« mit den Entertainern Tom Gerhardt, Rüdiger Hoffmann, Helge Schneider und anderen das Publikum eroberte, kehrte Otto Waalkes 1995 seinerseits auf die Bühne zurück, zuerst in der Frankfurter »Alten Oper« und dann auf Tourneen.

Wachenschanz, Clemens-Peter **10. 6. 1946 Hildburghausen.*
Kabarettist und Kabarettautor
Begann im November 1980 in der DDR nebenberuflich als Amateur-Kabarettist. Seit Januar 1985 ist er freischaffend als Profi tätig mit einer offenen Form des politisch-satirischen Kabaretts am Klavier, die eine ständige Aktualisierung der Nummern ermöglicht. Mit den Co-Autoren Matthias Biskupek und Cornelia Molle schrieb er sein erstes Soloprogramm, das unter dem Titel »Nauf geht's nur von unten« am 27.1. 1994 herauskam. Danach folgte am 15.4. 1996 das Programm »Beißen und Buckeln«.

Wachsmann, Franz **24. 12. 1906 Königshütte (Oberschlesien); †24. 2. 1967 Los Angeles.* Komponist, Pianist
Begann eine Banklehre und nebenher 1923 ein Musikstudium in Dresden, später am Konservatorium in Berlin. Lernte 1927 Stefan Weintraub und → *Friedrich Hollaender* kennen; vor allem dieser wurde sein Freund und Förderer. Er wurde Pianist und Arrangeur bei den »Weintraub Syncopators« und 1929/1930 Pianist am Berliner → *Kabarett der Komiker.* 1930 dirigierte er Hollaenders Musik in dem Film »Der blaue Engel«. Bereits seit 1932 schrieb er die Liedkompositionen zu fünf Filmen (»Scampolo«, »Paprika«, »Ich und die Kaiserin« u.a.). In dieser Zeit entstanden die Erfolgsschlager »So ein Dalles geht über alles«, »Für'n Groschen Liebe« und »Gruß und Kuß, Veronika«.
1933/1934 komponierte er für Hollaenders Berliner Kabarett → *Tingel-Tangel-Theater* und wich nach Paris aus. Dort verfaßte er mit → *Max Colpet* für → *Marlene Dietrich* die Chansons »Allein in einer großen Stadt«, »Mein blondes Baby« und die erste komplette Filmpartitur für Fritz Langs »Liliom«. Anfang 1934 auf der Straße in Berlin tätlich angegriffen, emigrierte er endgültig nach Paris. 1935 ging er nach Hollywood, wo er als Franz Waxman erfolgreich für den Film (Debüt mit »Frankensteins Braut«, 1935) arbeitete und insgesamt die Musik zu rund 170 Filmen

komponierte, so für »First Offence« (1935); »A Day at the Races« (Die Marx Brothers: Ein Tag beim Rennen, 1936); »At the Circus« (Die Marx Brothers im Zirkus, 1939); »Rebecca« (1940); »Dr. Jekyll and Mr. Hyde« (1941); »Air Force« (1943); »Hotel Berlin« (1944); »Sunset Boulevard« (1950); »Rear Window« (Das Fenster zum Hof, 1954).
Wachsmann kam als Dirigent 1949 auf Gastspielreisen wieder nach Europa. Seit 1959 komponierte er klassische Suiten, Oratorien und Konzerte.

Wackernhagen, Hilde ** 1945 Frankfurt am Main.*
Kabarettistin, Kabarettautorin, Regisseurin
Studierte Schul- und Erwachsenenpädagogik in München und Frankfurt am Main und ist seit 1968 in der Frankfurter Frauenbewegung aktiv. Wirkte 1976 bei den »Frankfurter Spielfrauen«, gleichzeitig 1979–1982 bei → *Karl Napps Chaos Theater* mit. Schrieb Satiren für Rundfunk und Zeitschriften, arbeitet seit 1986 hauptberuflich als Regisseurin und Solokabarettistin für Theater und Fernsehen. Trat 1993/1994 mehrmals in dem Polit-Magazin »Z« von Kanal 4 (ausgestrahlt von RTL und 3SAT) auf. Sie arbeitet ohne festen Text, er entsteht erst während des Spiels. Seit 1989 trat sie mit der Programm-Improvisation unter dem Titel »Quo vadis, Frau?« auf, es folgten »Umwelt- und Lebensschutz, Teebeutel und Rassismusrecycling« (1990); »Nachrichten zielen täglich auf Kopf und Bauch« (1991); »Der Müll, die Stadt und die Frauen« (1992) und »Sprachspüle – Eine Frau redet zurück« (1993). 1995 spielte sie im Duo mit Barbara Kuster das Programm »Dr. Oetker ist schuld«.

Wader, Hannes ** 23. 6. 1942 bei Bielefeld.*
Politischer Liedermacher
Nach Volksschulabschluß 1956 Lehre und Tätigkeit als Dekorateur. 1962 wegen »Unfähigkeit, Streitsucht und Musizierens während der Arbeitszeit« entlassen. Spielte dann in Jazzensembles Klarinette und Saxophon. Autodidakt auf der Gitarre. Studierte 1963 Graphik an der Werkkunstschule Bielefeld und von 1964 bis 1968 an der »Akademie für Grafik, Druck und Werbung«, West-Berlin. Machte unter dem Einfluß von Georges Brassens in dieser Zeit erste eigene Lieder.

Hannes Wader, 1976 auf Tournee

Nach Auftritten in Berliner Kneipen und nachts im → *Reichskabarett* begegnete er 1967 beim »Festival Chansons Folklore International« auf Burg Waldeck zum erstenmal → *Franz Josef Degenhardt*. → *Hanns Dieter Hüsch* und → *Dieter Süverkrüp*. 1968 erste LP (»Hannes Wader singt eigene Lieder«). Teilnahme an Anti-Springer-Demonstrationen. Danach erste Auftritte in Konzertsälen und auf Tourneen. Im Zusammenhang mit der Fahndung nach der Bader-Meinhof-Gruppe vorübergehend verhaftet, wurde er von einigen Rundfunkanstalten und Konzertmanagern boykottiert. Ging 1972 gemeinsam mit Schobert & Black und Hanns Dieter Hüsch auf Tournee. Verließ 1973 Berlin und ließ sich in Nordfriesland in einer umgebauten Mühle nieder. Sein Erfolg, die gewaltigen

 Umsätze (bisher weit über eine Million verkaufte Schallplatten) beruhen nicht zuletzt auf seiner Glaubwürdigkeit. Dem überschlanken Sänger mit dem ein wenig abgehärmten Gesicht glaubt man seine gesunden Bekenntnisse: zur Arbeiterschaft, gegen die Unterdrückung, zur Volkskunst, gegen die Verdummungsprodukte der Unterhaltungsindustrie. Wie kein anderer Autor unter den deutschen → *Liedermachern* hat es Wader verstanden, das geächtete Volkslied zu rehabilitieren und gleichermaßen dessen sprachlichen Duktus für die eigenen Texte zu übernehmen. Er erhielt mehrmals den »Deutschen Schallplattenpreis der Phonoakademie« und 1974 den → *Deutschen Kleinkunstpreis.*

Wader, Hannes: *Das Hannes Wader Liederbuch.* Frankfurt/Main 1977. – Maske, Ulrich (Hrsg.): *Daß nichts bleibt, wie es war – Hannes Wader und seine Lieder.* Dortmund 1984.

Wagner, Horst Gottfried **16. 12. 1933 Altmorschen.*
Schauspieler, Regisseur, Kabarettautor, Kabarettist
War 1968 Oberspielleiter des Schauspiels an den Vereinigten Städtischen Bühnen Krefeld/Mönchengladbach. Als Autor und Regisseur arbeitet er seit 1980 für → *Thomas Freitag* und seit 1981 für das Düsseldorfer Kabarett → *Kom(m)ödchen.* Brachte 1986 sein erstes Soloprogramm, »Das Grundrecht der Beamten« heraus und schrieb mit Michael Krausnick, → *Werner Koczwara* für Thomas Freitag, mit dem er 1988 das Duo-Programm »Bitte auslachen lassen« spielte. Danach folgten die Soloprogramme »Wir bitten, die Feindbildstörung zu entschuldigen« (1989) und »Es ist angerichtet« (1992). Seit 1995 spielt er mit Frank Lüdecke als Autor im »Kom(m)ödchen« das Programm »Faire Verlierer«.

Der wahre Anton Kölner Politikabarett, hervorgegangen aus dem im Februar 1971 gegründeten »Volkstheater Köln« (vormals »Industrietheater Rhein-Ruhr«), bestehend aus → *Heinrich Pachl* (gleichzeitig Autor) und → *Richard Rogler.* Die von ihnen auf Straßen, in stillgelegten Fabriken, Sälen, Kneipen und Theatern aufgeführten Stücke behandeln Lohnkampf, Lehrlingserfahrungen im Betrieb, Streik, Rechtsverdrehung, Häuserspekulation, die Unterdrückung, Chile und ähnliche Themen in einer an → *Brecht* erinnernden Mischung von Volkstheater, Lokalposse, Kabarett und Kneipentheater.
Mit den Mitteln des Slapsticks und der parodistischen Clownerie machen Pachl und Rogler ihre Themen dem Publikum in scheinbarer Improvisation zugänglich und durchschaubar. Ihr stärkster Erfolg war das Programm »Absa(h)nierung«, das sie mit Unterstützung und personeller Auffüllung durch die Städtischen Bühnen Köln 1980 auf dem Gelände der ehemaligen Schokoladenfabrik Stollwerck uraufführten und das die Praktiken der Häusersanierung als Millionenprofit zeigte. Mit den Problemen der Dritten Welt befaßte sich das Programm »Los Verdammtos«, 1981, mit der Vermarktung des Menschen das Programm »homo blech«, 1982. Seit 1986 schrieb und spielte Pachl Duoprogramme mit → *Matthias Beltz* und → *Arnulf Rating* und danach Soloprogramme.

Wald, Stephan ** 14. 4. 1951 Gau-Algesheim.*
Schauspieler, Parodist, Kabarettist, Kabarettautor
Gehörte nach der Ausbildung zum Schauspieler und Engagements in Liebhaberrollen an Theatern in Luzern und Koblenz von 1980 (9. Programm: »Alle Mann an Deck«) bis 1983 (14. Programm: »Verkohlt und verkabelt in diesem unseren Lande«) zu dem Kabarettensemble → *Das Schiff*, Hamburg. Hatte seit 1984 diverse Kurzauftritte als satirisch-politischer Parodist. 1986 tourte er erfolgreich mit seinem ersten Soloprogramm, »Wo bleibt die Musik – Die Hungergala«, für das er gemeinsam mit Diether Dehm und Erich Virch die Texte schrieb. Kernstück seiner Soloprogramme waren die Stimmenimitationen führender Politiker. Bei einem Auftritt am 31.5. 1985 als Zivilist auf dem Offiziersball des Streitkräfteamts in der Beethovenhalle in Bonn kam es zu großen Unmutsbezeugungen im Publikum, mit der Folge, daß der Parlamentarische Staatssekretär im Verteidigungsministerium, Peter Kurt Würzbach, den Vorfall dem stellvertretenden Generalinspekteur Horst Jungkurth meldete. In einem Brief, der im SPIEGEL Nr. 29, 1985, abgedruckt wurde, schrieb Würzbach u.a.: »Nach dem Soldatengesetz ist Zurückhaltung bei politischen Äußerungen in und außer Dienst Verpflichtung, und auch Untergebene sind dazu anzuhalten.«

Stephan Wald

1989 spielte Wald sein zweites Soloprogramm, »Öko-Sat«. Inzwischen hatte ihn der SPIEGEL zum »zweitbesten Kanzlerdarsteller« neben Helmut Kohl erklärt. 1993 folgte das Programm »Schizofritz« und 1996 »Nanga Parbat« (zu den einzelnen Programmen erschienen CDs). Wald trat auch in Rundfunk- und Fernsehsendungen auf, so am 1.5. 1985 in der vom WDR produzierten, von der ARD ausgestrahlten »Mai-Revue« zusammen mit Ron Williams, → *Hansjürgen Rosenbauer* u.a. Der darin enthaltene Sketsch, eine Parodie auf Kohl und Reagan, führte zur Entschuldigung des Kanzlers bei dem zu Gast weilenden US-Präsidenten (→ *Medienkabarett*).

Waldbrunn, Ernst ** 14. 8. 1907 Krumau (Böhmen); † 22. 12. 1977 Wien.*
Schauspieler, Kabarettist
Obgleich er schon als Gymnasiast Schauspieler werden wollte, studierte er zuerst an der Prager Karlsuniversität Jura. 1938 erhielt er sein erstes Engagement als Schauspieler am Stadttheater Mährisch-Ostrau, gelangte über andere Provinzbühnen 1945 nach Wien, wo er an mehreren Theatern engagiert war und in den Kabaretts »Tingel Tangel« und »Melodies Bar« (Leitung: Emil Fierlinger) auftrat. Seit dem ersten Programm des Kabarett → *Simplicissimus* (Wien) nach 1945 (Premiere: 18.5. 1945) führte er mit → *Karl Farkas* die Doppelconférencen fort, die Farkas in den zwanziger Jahren mit → *Fritz Grünbaum* entwickelt hatte. Seit 1948

 spielte er auch zahlreiche Filmrollen, so »Meistersinger« (1950), »Tingeltangel« (1953), »Wenn Poldi ins Manöver zieht« (1956), »Lachendes Wien« (1957), »Im Prater blühn wieder die Bäume« (1958), »Das große Wunschkonzert« (1960) u.a.

Waldbrunn, Ernst: *Das hat kein Goethe geschrieben.* Wien 1958.

Claire Waldoff

Waldoff, Claire (eigentlich: Clara Wortmann) **21. 10. 1884 Gelsenkirchen; † 22. 1. 1957 Bad Reichenhall.*
Schauspielerin, Chansonniere
Die Tochter eines ehemaligen Steigers besuchte in Hannover ein Mädchengymnasium bis zum Abitur, um Ärztin zu werden. Brannte 1903 zum Theater durch und spielte bis 1906 an einer Kattowitzer Wanderbühne Naive und jugendliche Liebhaberinnen. Ging 1906 nach Berlin, wo sie am »Figaro-Theater« der Schriftstellerin Olga Wohlbrück (→ *Überbrettl*) in Einaktern von → *Paul Scheerbart* und im »Neuen Schauspielhaus« am Nollendorfplatz in der Posse »Hopfenrats Erben« auftrat.
Als sich 1907 → *Rudolf Nelson* von → *Paul Schneider-Duncker* trennte, engagierte der sie an den nun von ihm allein weitergeführten → *Roland von Berlin*, wo sie Volkslieder sowie Scheerbarts Monologe vortragen wollte, die ihr aber die Zensur wegen antimilitaristischer Tendenzen verbot (wie auch das Auftreten im Etonboyanzug). Dafür sang sie zwei Chansons von → *Rudolf Bernauer* (»Man ist nur einmal jung«) und Hermann Frey (»Mein geliebtes Schmackedutzchen«) in der Vertonung von Walter Kollo, der sie auch begleitete. Der Erfolg begründete ihren Ruhm als kabarettistische Volkssängerin. 1910 Engagement an das → *Linden-Cabaret.* Ihr Hauptschlager hier: »Nach meine Beene ist ja janz Berlin verrückt«, Text und Musik: Walter Kollo. Nach einem Zweimonatsgastspiel am Londoner »Empire« 1913 bekam sie 1914 von Ludwig Mendelssohn ihr bekanntestes → *Couplet* auf den Leib geschrieben: »Hermann heeßt er!«, das sie zuerst im *Linden-Cabaret* vortrug. Seit 1917 auch auf der Operetten- und Revuebühne; sang 1917 als Köchin Auguste in »Drei alte Schachteln« von Walter Kollo »Ach Jott, wat sind de Männer dumm!« und in der Charell-Revue »An alle« (1924/25 im »Großen Schauspielhaus«) »Warum soll er nich mit ihr…?«. 1925 Mitwirkung in dem Singspiel »Hofball bei Zille oder Mein Milljöh«. Freundschaft mit dem Maler Heinrich Zille. Von 1927 an Soloauftritte in »Scala«, »Wintergarten«, → *Kabarett der Komiker* u.a. mit ihrem alten Repertoire, seit 1928 Erneuerung in Zusammenarbeit mit namhaften Kabarett- und Schlagerkomponisten wie → *Erich Einegg*, → *Willi Kollo*, Otto Stransky, Paul Strasser.
Sie sang Schlager, Couplets, Operettenlieder und Chansons (von → *Kurt Tucholsky*, → *Friedrich Hollaender* u.a.). Hauptschlager: »Wer schmeißt denn da mit Lehm?«, »Deinetwejen hab ick meine scheene Stellung bei Tietz uffjejeben«, »Familie Jänseklein«, »Die Radpartie«, »Ach, wie praktisch ist die Berlinerin« u.a. Mai 1932 Gastspiel in London auf englisch. Nach 1933 »unerwünscht«, trat sie dennoch, vor allem im → *Kabarett der Komiker*, auf, zog sich aber bei Kriegsausbruch 1939 in ihr Haus in Bayrisch-Gmain zurück. Seit 1946 vereinzelte Auftritte

in Süddeutschland (»Bunter Würfel«, München) und Berlin. Kurz vor ihrem Tode erhielt sie vom West-Berliner Senat einen bescheidenen »Ehrensold«. Claire Waldoff, literarisch belesen und hochgebildet, war eine echte Volkssängerin, gestisch, mimisch und stimmlich die Verkörperung der Berliner »Jöhre mit Herz und Schnauze«, literarischer als → *Otto Reutter* und volkstümlicher als → *Karl Valentin*, mit denen sie eine spezielle Art des gehobenen Volkskabaretts verband.

Waldoff, Claire: *'Weeste noch ...?'*. Düsseldorf-München 1953. – Bemmann, Helga: *Wer schmeißt denn da mit Lehm? – Eine Claire-Waldoff-Biographie*. Berlin 1982.

Wallburg, Otto (eigentlich: Otto Maximilian Wasserzug) **21. 2. 1889 Berlin; † 30. 10. 1944 KZ Auschwitz.* Schauspieler, Komiker, Kabarettist

Trat nach Absolvierung einer kaufmännischen Lehre 1905 in die Schauspielschule des »Deutschen Theaters« ein und debütierte dort 1909 als Brandner im »Faust«. Gelangte nach verschiedenen Provinzengagements 1913 an das »Neue Theater« in Frankfurt am Main. Mit seinem Engagement nach Berlin an Max Reinhardts »Deutsches Theater« 1926 begann Wallburgs Karriere als Komiker in Theater und Operette, in Film und Kabarett. Er spielte an fast allen Berliner Bühnen und trat daneben im → *Kabarett der Komiker* und in der »Scala« auf. Man sah ihn in Revuen, so 1928 in »Es liegt in der Luft« und 1930 in der Uraufführung des »Weißen Rößls«, sowie in Filmen, so 1931 in »Bomben auf Monte Carlo«, »Der Hochtourist« und »Der Kongreß tanzt«. 1934 ging er nach einem endgültigen Auftrittsverbot durch die Nazis nach Wien, spielte erneut in Theater und Film. 1937 reiste er über die Schweiz und Frankreich in die Niederlande und machte in → *Willy Rosens* »Theater der Prominenten« und in → *Rudolf Nelsons* »Kontinentalclub« wieder Kabarett. Nach der Besetzung der Niederlande kam Wallburg in das KZ Westerbork, von wo er am 31.7. 1944 über das KZ Theresienstadt in das Vernichtungslager Auschwitz deportiert und dort am 30.10. 1944 vergast wurde.

Liebe, Ulrich: *Verehrt, verfolgt, vergessen – Schauspieler als Naziopfer*. Weinheim-Berlin 1992.

Walter, Guy (eigentlich: Walter Lindenberg) ** 17. 3. 1909 Hamburg; † 13. 8. 1992 München.* Chansonnier, Kabarettförderer, Redakteur

Seine Jugend verbrachte er überwiegend in Berlin, wo er als Regieassistent bei Otto Klemperer und Gustaf Gründgens an der Kroll-Oper arbeitete. Anfang der dreißiger Jahre ging er nach Frankfurt am Main und wirkte dort als Sänger im Frankfurter Rundfunkchor und in kabarettistischen Revuen von → *Mischa Spoliansky* mit, mußte jedoch nach 1933 sein Gesangs- und Musikstudium in Deutschland abbrechen. Zuvor hatte er sich durch ein Jurastudium gequält, das er zugunsten eines Literatur- und Theaterwissenschaftsstudiums abbrach.

Für den Juden Guy Walter, dessen Liebe dem deutschen und französischen Chanson galt, folgten dann dreizehn Jahre Exil in Frankreich, wo er sich bis zur Internierung in ein Lager in Villemalard bei Clichy als Kirchen- und Straßensänger durchschlug. Außerdem trat er in einem Pariser Emigrantenkabarett auf, das von Dr. Karl Wilzynski geleitet wurde, gemeinsam mit Lilli Palmer und anderen. Im September 1939 wurde er im Stadion Colombes inferniert und organisierte in den

Arbeitsbrigaden gemeinsam mit → *Peter Pan* und anderen Kabarett-Vorstellungen. Nach der Besetzung Frankreichs hielt er sich nur kurze Zeit im noch unbesetzten Teil Frankreichs auf und ging dann zurück nach Paris. Er erhielt falsche französische Papiere und sang wieder in Kirchen. Im Lager Gurs wirkte er in der Kabarettgruppe von Peter Pan mit und trat u.a. in der Revue »Schmocks höhnende Wochenschau« auf. (→ *Exilkabarett*)
Nach dem Zweiten Weltkrieg berief ihn die Radiodiffusion Française an den neugegründeten Südwestfunk. Seine eigene Sängerkarriere gab er zugunsten seiner fördernden Tätigkeit auf und wurde die Vaterfigur vieler Rundfunk-Redakteure. Er unterstützte angehende Kleinkünstler wie → *Hanns Dieter Hüsch*, Walter Andreas Schwarz, → *Kristin Horn*, Melitta Berg u.a., gleichzeitig ließ er die Größen der zwanziger Jahre wiederauferstehen, arbeitete mit → *Claire Waldoff* und → *Trude Hesterberg*, → *Blandine Ebinger* und → *Dora Dorette*, → *Max Hansen* und → *Willi Schaeffers* zusammen und widmete sich der Pflege des klassischen Kabaretts. 1962 übernahm er beim ZDF die Abteilung Kabarett/Kleinkunst und leitete sie bis zu seiner Pensionierung 1974. Guy Walter gehörte 1973 zu den ersten Trägern des → *Deutschen Kleinkunstpreises* und war zehn Jahre Vorsitzender des Förderkreises für das »Deutsche Kabarett-Archiv« in Mainz, das seinen Nachlaß verwaltet.

Wecker, Konstantin ** 1. 6. 1947 München.* Politischer Liedermacher
Der Sohn eines Opernsängers erhielt schon mit sechs Jahren Klavierunterricht. Studierte seit 1967 an der Münchner Musikhochschule Komposition und Gesang und war zur gleichen Zeit an verschiedenen Theatern als Korrepetitor tätig. Erste Auftrittserfahrungen sammelte er in Münchner Jazz- und Popgruppen. Studierte von 1968 bis 1971 an der Universität München Philosophie und Psychologie, komponierte erste Bühnenmusiken und brachte 1972 seine erste LP (»Sadopoetische Gesänge«) heraus. Stellte 1974 ein eigenes Ensemble zusammen. Gründete 1976 die »subkulturelle« GmbH Team Musikon und bezog ein eigenes Tonstudio in Eching. Produzierte Filmmusik. Erreichte 1977 den Durchbruch mit einer neuen musikalischen Formation und dem Song »Willy«, in dem er die mundartliche Geschichte von jenem »Willy« erzählte, der, weil er in einer Kneipe das Horst-Wessel-Lied nicht hören wollte, von neonazistischen Jugendlichen erschlagen wird. In seiner Ballade »Vaterland« ist der Held negativ: ein junger Neonazi distanziert sich von seinem sozialdemokratischen Vater.
1977 erhielt er in der Sparte Chanson den → *Deutschen Kleinkunstpreis*, 1978 wurde er »Künstler des Jahres«. Für seine LP »Genug ist nicht genug« erhielt er 1978 den Deutschen Schallplattenpreis der Phonoakademie; 1995 den »Kurt-Tucholsky-Preis«. 1980 stiftete er den Preis »Berliner Wecker«. Zahlreiche Rundfunk- und Fernsehauftritte. Erste Buchveröffentlichung: »Eine ganze Menge Leben«, Prosa und Lyrik, 1978. Neue Gedichtbände: »Man muß den Flüssen trauen«, 1980. »Lieder und Gedichte«, 1981. »Songbuch«, 1981.

📖 Schroeder, Bernd: *Das Konstantin-Wecker-Buch.* Reinbek 1983.

Wedekind, Frank **24. 7. 1864 Hannover; † 9. 3. 1918 München.* Dramatiker, Lyriker, Erzähler, Chansonnier, Chansonautor, Schauspieler

Frank Wedekind

Lebte seit seinem achten Lebensjahr mit den Eltern in der Schweiz. Wurde Journalist, Mitarbeiter der »Neuen Zürcher Zeitung«, dann Reklamechef bei der Firma »Maggi«. Reiste 1888 ein halbes Jahr mit einem Zirkus als Sekretär. 1889 erster Aufenthalt in Paris. 1890 Übersiedelung nach München, wo er sein erstes Stück, »Frühlings Erwachen«, schrieb. 1891 erneut in Paris, wo er das → *Cabaret artistique* kennenlernte. 1894 Aufenthalt in London. 1895 entstand die Tragödie »Erdgeist«. 1896 Beginn der drei Jahre dauernden Mitarbeit an der satirischen Zeitschrift »Simplicissimus« in München. Für ein dort veröffentlichtes satirisches Gedicht auf die Palästinafahrt Wilhelms II., »Im heiligen Land«, erhielt er eine halbjährige Haftstrafe wegen Majestätsbeleidigung, die er 1899/1900 auf der Festung Königstein verbüßte. 1900 schrieb er den »Marquis von Keith«. 1901 trat Wedekind mit seinen selbstkomponierten Chansons zur eigenen Lautenbegleitung bei den → *Elf Scharfrichtern* auf und ging auf Vortragsreisen, u.a. nach Wien, wo er 1901 beim → *Jung-Wiener Theater zum Lieben Augustin* auftrat. Sang seine Chansons 1903 im Kabarett »Die Sieben Tantenmörder« (München) und 1903/04 im → *Simplicissimus* (München). Damit war seine Zeit als Chansonnier vorbei. Nachdem er »König Nicolo« und »Die Büchse der Pandora« geschrieben hatte, ging er 1906 mit seiner Frau, der Schauspielerin Tilly Newes, die er im gleichen Jahr geheiratet hatte, nach Berlin, wo → *Max Reinhardt* und Victor Barnowsky seine Stücke aufführten, in denen er nun selber auftrat. 1908 Rückkehr nach München, 1911 entstand sein Drama »Franziska«, 1914 sein Drama »Simson oder Scham und Eifersucht«.
Frank Wedekind stellte als erster »Liedermacher« des deutschen Kabaretts in seiner Person die Einheit von Dichter und Interpret her. Wenn er mit unbewegter Miene und scharf akzentuierender Stimme seine Chansons vortrug, schlug gerade seine ungeschulte Vortragsart das Publikum in Bann. Seine Balladen brachten einen sozusagen blutig-satirischen Ton in das junge deutsche Kabarett.

Kutscher, Artur; Weinhöppel, Hans Richard: *Frank Wedekind – 53 Lautenlieder mit eigenen und fremden Melodien.* Berlin 1920. – Kutscher, Artur: *Frank Wedekind.* München 1922 (Neuausgabe München 1964). – Wedekind, Frank: *Ich hab' meine Tante geschlachtet.* Berlin 1966. – Irmer, Hans-Jochen: *Der Theaterdirektor Frank Wedekind.* Berlin 1975. – Becker, Friederike (Hrsg.): *Wedekind-Lautenlieder.* München 1989. – Wedekind, Frank: *Gedichte und Lieder* (2 Bände). München 1990.

Wegner, Bettina **4. 11. 1949 Berlin.* Liedermacherin
Nahm nach einer Ausbildung zur Bibliotheksfacharbeiterin (1964–1966) in Berlin Schauspielunterricht. Wurde aufgrund ihrer Teilnahme an einer Flugblattaktion gegen die Intervention der Warschauer Vertragsstaaten in der ČSSR 1968 ex-

 matrikuliert und zu 16 Monaten Haft auf Bewährung nach § 106 des DDR-Strafgesetzbuchs (staatsfeindliche Hetze) verurteilt und mußte sich als Fabrikarbeiterin im Berliner Elektroapparatewerk »bewähren«. 1970–1972 an der Berliner Stadtbibliothek und Abendschule; 1972/1973 Ausbildung zur Sängerin am »Zentralen Studio für Unterhaltungskunst«. Tritt seit 1973 als freischaffende Liedermacherin mit eigenen Liedern und lyrischen Texten auf. Moderierte im Berliner »Haus der jungen Talente« die Veranstaltungsreihe »Eintopp« (1973–1975) und »Kramladen« (1975/1976) in Berlin-Weißensee, jeweils bis zum staatlichen Verbot. Schloß sich im November dem Protest gegen die Ausbürgerung → *Wolf Biermanns* an, mit der Folge von Auftrittsverboten und zunehmenden Einschränkungen ihrer Arbeitsmöglichkeiten. Trat 1979 aus dem DDR-Schriftstellerverband aus. Veröffentlichte Schallplatten und Bücher in der BRD, so »Wenn meine Lieder nicht mehr stimmen« (1980, als Buch 1979); »Traurig bin ich sowieso« (1981, als Buch 1982); »Weine nicht – aber schrei« (1983). Wurde 1983 zur Übersiedlung in die BRD aufgefordert und mit einem Ermittlungsverfahren wegen Verdachts auf Zoll- und Devisenvergehen überzogen. Übersiedelte im Juli 1983 nach West-Berlin. Trat bei politischen Veranstaltungen auf (1983/1986 bei der »Aktion für mehr Demokratie« der BRD u.a.) und gab Konzerte, so »Aufrecht stehen«, »Heimweh« (1985). Sonja Schwarz-Arendt zeichnete im SFB-Hörfunk 1980 unter dem Titel »Immer wieder eine Lanze brechen« ein Porträt der Sängerin, die im SFB-Fernsehen 1978 mit dem Programm »Wenn meine Lieder nicht mehr stimmen« auftrat. Die ARD sendete 1982 ihre »Nacht der Lieder«. 1996 erhielt sie den erstmals vergebenen »Thüringer Kleinkunstpreis«.

Wehle, Peter **9. 5. 1914 Wien; † 18. 5. 1986 Wien.*
Kabarettist, Kabarettautor, Komponist
Der Sohn eines Rechtsanwalts studierte Jura, wurde Dr. jur. Ging als Autor und Interpret 1935/36 zum »Regenbogen«, wurde aber erst bekannt durch seine Zusammenarbeit mit → *Gerhard Bronner*, → *Georg Kreisler* und → *Helmut Qualtinger* seit 1956 in den Kabarettprogrammen im »Intimen Theater« und im → *Neuen Theater am Kärntnertor.* Spielte mit Bronner und anderen ferner im »Intimen Theater« kabarettistische Stücke (u.a. »Ich und der Teufel«, das er mit Bronner geschrieben hatte), spielte und schrieb für die Nachfolgekabaretts im *Neuen Theater am Kärntnertor.* Von 1950 bis 1957 musikalischer Leiter des Reisekabaretts »Die kleinen Vier« (gegründet von → *Gunther Philipp*). Trat seit 1959 mit Bronner in Duoprogrammen auf. Schrieb außer Chansons und Wiener Liedern, die er mitunter selber vortrug, Musikstücke für Film und Fernsehen. Promovierte 1975 über die »Wiener Gaunersprache« zum Dr. phil.

Wehle, Peter: *Der lachende Zweite – Wehle über Wehle.* Wien 1983.

Weigel, Hans **29. 5. 1908 Wien; † 13. 8. 1986 Maria Enzersdorf.*
Schriftsteller, Dramatiker, Kritiker, Kabarettautor
1927/28 lernte Weigel in Berlin die Kabarettrevuen von → *Friedrich Hollaender,* → *Marcellus Schiffer* und → *Mischa Spoliansky* kennen. Schrieb 1932 seinen ersten Sketsch (aufgeführt im → *Lieben Augustin* November 1932). 1933 Mitglied im

»Bund junger Autoren Österreichs«, schrieb er vom zweiten Programm an für die → *Stachelbeere* (in Zusammenarbeit mit deren Komponisten und Pianisten Hans Horwitz) und vom vierten Programm (1934) an für die → *Literatur am Naschmarkt* bis zu deren Ende März 1938. Ferner Mitarbeit am »Regenbogen« (1934) und am → *ABC* (1935).
Verfaßte zusammen mit → *Rudolf Spitz* zwei Spielzeiten hindurch für jedes Programm der *Stachelbeere* ein mehrbildriges → *Mittelstück*. Für die → *Literatur am Naschmarkt* schrieb er u.a. die Mittelstücke »Trubel im Parnaß«, »Marie oder Der Traum ein Film« und – zusammen mit → *Rudolf Weys* – »Per aspera ad acta«. 1938 floh Weigel in die Schweiz und schrieb dort seit 1943 Texte für den → *Kaktus*, u.a. (Ende 1944) ein »Requiem auf das Dritte Reich« (sämtlich unter dem Pseudonym »Hermann Kind«, weil ohne Arbeitsgenehmigung). Lebte von Herbst 1938 bis 1945 in Basel. Heimkehr Oktober 1945. Schrieb Theaterkritiken und Feuilletons für Wiener Zeitungen und Zeitschriften. Steuerte mit Alexander Steinbrecher Texte zu der Kabarettrevue »Seitensprünge« bei (1947/48 im »Kleinen Haus des Theaters in der Josefstadt«). Übersetzte die Werke Molières neu. Stellte seit 1965 für seine Frau, die Chansonniere Elfriede Ott, Soloprogramme zusammen und schrieb ihr auch eigene Texte.

Weigel, Hans: *In memoriam.* Wien 1979 – Ders.: *Ad absurdum – Satiren, Attacken, Parodien aus drei Jahrzehnten.* Graz 1980. – Ders.: *Gerichtstag vor 49 Leuten.* Wien 1981.

Weill, Kurt **2. 3. 1900 Dessau; † 3. 4. 1950 New York.* Komponist
Der Sohn eines jüdischen Kantors studierte bei Humperdinck und Busoni Komposition und wandte sich 1926 dem zeitkritischen Musiktheater zu. Obwohl er nie fürs Kabarett schrieb, sichert ihm die Einführung des originären deutschen Songs in das »epische Theater« → *Bertolt Brechts* einen bedeutsamen Platz in der Geschichte der gesungenen Zeitsatire.
Weills Songs in Brechts »Dreigroschenoper« (1928), »Happy End« (1929), »Mahagonny« (1930) u.a. mischten Elemente der zeitgenössischen Tanz- und Unterhaltungsmusik (Jazz) mit den Musikformen der Moritat, des Chansons und des Chorals mit neusachlicher Materialbehandlung zum das Bühnengeschehen kommentierenden Song. Für Georg Kaiser komponierte Weill 1933 die Musik zu dessen »Silbersee«. Nach seiner Emigration 1933 schuf er mit Brecht in Paris »Die sieben Todsünden der Kleinbürger«, ein Ballett mit Gesang. Seit 1935 schrieb er, in die USA emigriert, die Musik zu Broadway-Musicals (u.a. »Lady in the Dark«, 1940) und die Schuloper »Down in the Valley«. Seine kongeniale Interpretin war seine Frau → *Lotte Lenya.*

Sanders, Ronald: *Kurt Weill.* München 1980. – Schebera, Jürgen: *Kurt Weill – Leben und Werk.* Leipzig 1984.

Weinert, Erich **4. 8. 1890 Magdeburg; † 20. 4. 1953 Ost-Berlin.*
Schriftsteller, Kabarettautor, Kabarettist
Der Sohn eines Ingenieurs lernte Maschinenbau, besuchte von 1908 bis 1912 die Kunstgewerbeschule in Magdeburg und die Königliche Kunstschule in Berlin und machte sein Staatsexamen als akademischer Zeichenlehrer. 1912/13 Buchillustra-

 tor. Nach Kriegsdienst von 1914 bis 1918, von 1919 bis 1921 Lehrer an einer Kunstgewerbeschule. Schrieb satirische Gedichte und trug sie 1921 an der Leipziger → *Retorte* vor, die ihn daraufhin »in Permanenz« engagierte. Für sie schrieb er Gedichte, Szenen und Chansons. Unter dem Motto »Der verbogene Zeitspiegel« glossierte er in vielen Programmen satirisch das Zeitgeschehen.
1923 verließ er die »Retorte«, weil sie ihm zu »pseudoradikal« geworden war, und ging nach Berlin, wo er seine Satiren am → *Küka* vortrug, bis ihm dessen Besitzer, ein ehemaliger Major, wegen des Vortrags seines Gedichts »Der Kriegerverein feiert Denkmalsweihe« Hausverbot erteilte. Weinert hatte inzwischen seine satirischen Gedichte in Buchform veröffentlicht (»Der verbogene Zeitspiegel«, 1923; »Der Gottesgnadenhecht und andere Abfälle«, 1923; »Affentheater. Politische Gedichte«, 1925, u.a.) und trat nur noch selten in Kabaretts auf, so 1925 in der → *Rampe* (Berlin) und 1929 bei den → *Wespen*, wogegen seine Gedichte in vielen Kabaretts gesprochen und gesungen wurden, bei den »Optimisten« und bei verschiedenen → *Agitprop*-Gruppen. 1929 verfaßte er mit → *Hanns Eisler* für den »Roten Wedding« »Das Lied vom roten Wedding«. Von 1924 bis 1933 trat er mit seinen Liedern bei Versammlungen der KPD und ihrer Nebenorganisationen in ganz Deutschland auf und schrieb für kommunistische Zeitungen und Zeitschriften. 1929 trat er der KPD bei.
1933 übersiedelte er von einer Vortragsreise in der Schweiz nach Paris und ging 1935 nach Moskau. Nahm von 1937 bis 1939 auf republikanischer Seite am Spanischen Bürgerkrieg teil, kehrte 1939 über Paris in die Sowjetunion zurück. 1942 Propagandaaufrufe an die deutschen Truppen vor Stalingrad. Von 1943 bis 1945 Präsident des »Nationalkomitees Freies Deutschland«, 1946 Rückkehr nach Deutschland. Vizepräsident der Zentralverwaltung für Volksbildung in der sowjetisch besetzten Zone. 1950 Mitglied der Deutschen Akademie der Künste, Ost-Berlin. 1949 und 1952 Nationalpreise der DDR für Kunst und Literatur.
Erich Weinert gehörte in den zwanziger Jahren zu den wenigen bedeutenden Vertretern der »proletarischen« Satire, die auch, formal wie in der literarischen Qualität, ein bürgerliches Publikum ansprachen.

Erich Weinert, ein Dichter unserer Zeit. Berlin (Ost) 1958. – Weinert, Erich: *Gesammelte Werke.* Berlin (Ost) 1955. – Preuß, Werner: *Erich-Weinert-Bildbiografie.* Berlin (Ost) 1970.

Weinhöppel, Susanne ** 9. 2. 1958 München.* Harfenistin, Liedermacherin
Die Nachfahrin des → *Scharfrichter*-Komponisten Richard Weinhöppel (= → *Hannes Ruch*) begann 1979 mit dem Studium der Philosophie und wechselte 1980 zum Harfenstudium an die Musikhochschule, München. Machte 1985 ihren Abschluß als Konzertharfenistin und nahm nebenher Gesangs- und Schauspielunterricht. Gibt seit 1981 Konzerte mit schrägen und melancholischen Liedern und Chansons zur Harfe, 1985 mit dem → *Kurt Tucholsky*-Programm »Schleuder und Harfe«. Hatte mehrere Rundfunk- und Fernsehauftritte. 1989 präsentierte sie ihre feministischen Harfengesänge in dem Soloprogramm »Harfe und unpassende Lieder«, seit 1991 in dem Programm »Mit Ächzen und Krächzen«, für das Elke Heidenreich und Markus Fenner die Texte und Alfred Kaiserswerth die Musik geschrieben hatten. Danach folgte 1992 »Aus der Zeit« und 1994 »Gut Schabbes,

Heimat« (Ein jiddischer Liederabend), darin sang sie Lieder in einem »ganz persönlichen Heimatabend« von Träumen und Sehnsucht, von Krampf und Trauer. 1985 erwarb sie einen Preis im »Bundeswettbewerb Gesang«, Berlin; 1989 erhielt sie den »Stern der Woche« der Münchner »Abendzeitung« und 1992 den »Tollwood«-Förderpreis, München.

Weissert, Otto ** 1903 Mannheim; † 29. 10. 1969 Zürich.*
Dramaturg, Verwaltungsfachmann, Komponist, Kabarettgründer und -leiter
Studierte Germanistik in Heidelberg und München (Dr. phil. 1926). War von 1927 bis 1929 Dramaturg und Direktionssekretär am Zürcher Schauspielhaus, danach drei Jahre am »Deutschen Theater«, Berlin, von 1932 bis 1934 Direktor des Opern-Schauspielhauses am Stadttheater Königsberg. Gründete 1934, nachdem er das Gründungskapital aufgetrieben hatte, zusammen mit → *Walter Lesch* in Zürich das → *Cabaret Cornichon*, dessen geschäftlicher Direktor und gelegentlicher Komponist (unter dem Namen »Bertold Hein«) er wurde.
Er verließ das »Cornichon« 1949 und gründete mit → *Max Werner Lenz* das → *Cabaret Federal* im »Hirschen«, Zürich, und übersiedelte 1959 mit ihm in das von ihm gegründete »Theater am Hechtplatz«, wo er auch die musikalische Leitung des Eröffnungsprogramms, »Eusi chli Stadt«, übernahm. Seit 1959 war Weissert kaufmännischer Direktor des Zürcher Schauspielhauses.

Die Wendeltreppe Satirisch-literarisches Kabarett in Hamburg, gegründet 1946 von Hans Harbeck und → *Dirks Paulun* im »Winterhuder Fährhaus« als »Montagskabarett«, die beide hier, neben vielen anderen (→ *Willi Schaeffers,* → *Hans Reimann*, Fritz-Rudolf Eckardt, Max Ettlinger, Hans Leip, → *Lotar Olias,* → *Dieter Thierry,* → *Hans Scheibner,* Richard Germer, → *Balduin Baas,* → *Klaus-Günter Neumann,* Helmut Gauer, S.O. Wagner, Otto Stange, Jörg Peter Hahn u.a.), ihre Verse vortrugen.
Paulun, der 1954 mit anderen Künstlern den »Club der Spiratelisten« in der *Wendeltreppe* gründete, sprach seine Verse im Hamburger »Missingsch«, die er dann auch in zahlreichen Büchern veröffentlichte. Begonnen hat das Brettl in der von Hamburger Malern ausgestalteten Taverne des Winterhuder Fährhauses. Nach dem Tod des Besitzers, Otto Friedrich Behnke, zog es 1966 auf das Podium des »Remter« (Neue Rabenstraße 27), wo der Komponist und Pianist Hanns Kunz die Veranstaltungen leitete, viele junge Talente entdeckte und mit der Chansonsängerin Inge Rohwer selbstvertonte Texte vortrug. 1974 übersiedelte die *Wendeltreppe* in »Bubes Weinstuben« (Großneumarkt 10) und 1976 in die »Aalstuben« (Kanalstraße 9). 1979 begann die *Wendeltreppe* unter Leitung von Walter Odrowski erneut im »Remter« und ist seit 1982 als eingetragener Verein im Raimund-Saal im »Haus der Patriotischen Gesellschaft« (Trostbrücke 4) unter Leitung von Vera Hampelmann heimisch, die seit 1982 die Abende conférierte. 1986 beging das Kabarett sein vierzigjähriges Bestehen. 1988 übernahm Marion Muschter den Vorsitz des Vereins und damit die Leitung der *Wendeltreppe*, deren Programme und Gastspiele inzwischen zahllos sind, doch an jedem zweiten und vierten Montag im Monat im »Fleetenkieker« (Börsenbrücke 8–10) immer noch stattfinden.

Paulun, Dirks: *Wendeltreppe.* Hamburg 1960. – Holst, Friedrich (Hrsg.): *Die Wendeltreppe 90.* Hamburg 1990.

Hans Eckardt Wenzel und Steffen Mensching (links) 1992 in ihrem Programm »Die Meisenwürger von Friedrichshain«

Wenzel, Hans Eckardt ** 31. 7. 1955 Kropstädt (bei Wittenberg).*

Liedermacher, Kabarettist, Schriftsteller

Diente nach dem Abitur von 1974 bis 1976 in der Nationalen Volksarmee der DDR als Soldat. Studierte 1976–1981 Kulturwissenschaft an der Humboldt-Universität, Berlin, ist seit 1981 freischaffend tätig. Gehörte 1976–1984 zum Ensemble des Liedertheaters »Karls Enkel« und bestritt mit ihm zahlreiche Programme, so »Kommet, wir rücken näher zusammen« (1977); »Ziehharmonika« (1979); »Von meiner Hoffnung laß ich nicht – oder Der Pilger Mühsam« (1980); »Deutschland, meine Trauer« (1981); »Ich hab noch keine Bouilleabaisse gegessen – Lieder von Theodor Kramer« (1982); »Hammer-Rewüh« (1982); »Die komische Tragödie des 18. Brumaire des Louis Bonaparte – oder Ohrfeigen sind schlimmer als Dolchstöße« (1983) und »Spanier aller Länder« (1984). Daneben Arbeiten (Buch und Regie) für andere Interpreten (Gina Pietsch, Tobias Morgenstern, Erich Schmeckenbecher u. a.). Arbeitete seit 1979 (zunächst innerhalb der Gruppe »Karls Enkel«) mit dem Liedermacher Steffen Mensching (* 1958, Berlin) zusammen. 1982 brachten sie ihr erstes Duo-Programm, »Neues aus der DaDaeR« heraus, danach »Altes aus der DaDaeR« (1988) und »Letztes aus der DaDaeR« (1989). 1990 wurde das Programm verfilmt. Seit 1990 folgten die Duo-Programme »Hundekomödie«, »Die Meisenwürger von Friedrichshain« (1991); »Der Abschied der Matrosen vom Kommunismus« (1993); »Die Hammer-Rewüh« (Wiederaufnahme 1994) sowie »Weihnachten in Afrika« (1994).

Am 18.9. 1989 war Wenzel Mitunterzeichner der Resolution der Rockmusiker und Liedermacher in der DDR. Trat am 4. November 1989 bei der Großdemonstration auf dem Alexanderplatz in Berlin auf. Erste Gedichte von ihm erschienen 1981 im »Poesiealbum«, 1982 erschien sein erster eigener Gedichtband *Lied vom wilden Mohn*, danach *Antrag auf Verlängerung des Monats August* (1987); *Malinche – Legende von Liebe und Verrat* (1992); Textbuch von »Letztes aus der DaDaeR/Hundekomödie« (1990). 1987 erschien seine erste Schallplatte »Stirb mit mir ein Stück«, danach »Reisebilder« (1989); »Der Abschied der Matrosen vom Kommunismus« (1993); »Vollmond« (1995). Von Steffen Mensching erschienen die Bücher *Poesiealbum* (1979); *Erinnerung an eine Milchglasscheibe* (1982); *Tuchfühlung* (1987); *Pygmalion – Roman* (1991); *Berliner Elegien* (1995), und 1988 hatte er »In einem Atem« sein DDR-Film-Debüt.
Wenzel und Mensching erhielten 1990 den Förderpreis zum »Deutschen Kleinkunstpreis« und 1995 den »Deutschen Kabarettpreis« der Stadt Nürnberg.

Werbezirk, Gisela **8. 4. 1875 Preßburg; † 15. 4. 1956 Hollywood.*
Schauspielerin, Komikerin, Kabarettistin
Ging nach dem Schulabschluß nach Wien und nahm dort Schauspielunterricht. Debütierte 1905 neben Max Pallenberg in Preßburg und wurde 1906 an das »Theater in der Josefstadt« in Wien verpflichtet. 1920 trat sie als Kabarettistin im → *Simplicissimus* (Wien) auf und danach auch in anderen Kabaretts, so 1925 im Berliner → *Kabarett der Komiker.* Früh schon filmte sie, so 1916 in »Sanni, der Seefahrer«, 1924 in »Die Stadt ohne Juden« und 1929 in »Das Kabinett des Doktor Larifari«. Von 1920 bis 1934 gastierte sie an zahlreichen Theater- und Kabarettbühnen, die sie durch die Ursprünglichkeit ihrer Komik eroberte. 1938 emigrierte sie von Wien nach Hollywood, wo sie an Walter Wicclairs Exilbühne »Freie Bühne« und bei → *Kurt Robitschek* im wiedergegründeten → *Kabarett der Komiker* auftrat. In Nebenrollen sah man sie noch in einigen Hollywoodfilmen. 1953 zog sie sich von Bühne und Film zurück.

Werkmeister, Lotte **26. 12. 1885 Berlin; † 15. 7. 1970 Potsdam.*
Schauspielerin, Vortragskünstlerin, Komikerin
Debütierte mit 17 Jahren am »Victoriatheater« in Magdeburg. Nahm 1908 in Köln Gesangsunterricht und kam über das dortige »Metropoltheater« 1913 nach Berlin, zunächst an das »Theater des Westens«. Spielte dann u.a. 1923 am »Metropoltheater« und 1924 am »Theater im Admiralspalast«. 1928 wirkte sie, neben → *Max Ehrlich*, Ida Wüst, Hans Moser, → *Kurt Gerron,* → *Paul Morgan,* → *Max Hansen,* → *Trude Hesterberg,* → *Wilhelm Bendow,* → *Willy Rosen* und → *Paul Nikolaus* in den Programmen des → *Kabaretts der Komiker* mit. 1929 trat sie mit neuem Repertoire in der »Scala« und im »Wintergarten« auf. Sie ging auch auf Gastspielreisen, am Flügel begleitet von ihrem Mann Heinrich Lukas (Jaksch), der viele erfolgreiche Chansons für sie schrieb. Zwischen 1917 und 1943 war sie in insgesamt 41 Filmen zu sehen. Nach 1945 ist sie noch am Berliner Friedrichstadtpalast sowie einigen Varietés und Kabaretts außerhalb Berlins aufgetreten.

Carle, Wolfgang: *Lotte Werkmeister – Eenmal in der Woche muß ick weenen.* Berlin 1970.

 Werner, Pe ** 13. 10. 1960 Heidelberg.* Liedermacherin und Autorin
Begann in den siebziger Jahren mit Folk- und Rockliedern, 1980 mit Kleinkunst und Kabarett und Mitte der achtziger Jahre mit Sybille Ruisinger im Liedermacher-»Duo PS« mit dem Programm »Rosa Zeiten! Alarmstufe Pink!«, für das sie 1990 mit dem Schweizer Kleinkunstpreis »Oltener Tonne« ausgezeichnet wurden. 1988/1989 spielte Pe Werner im Ensemble des Kabaretts → *Die Dusche* in Mannheim in dem Programm »Jetzt schlägt's dreizehn«. 1991 schrieb, spielte und sang sie ihr erstes Soloprogramm, »Der kleine Lebenshunger zwischendurch«, mit dem Pianisten Ulf Weidmann (* 1964), danach das Programm »Beflügelt« (1994).
1989 erschien ihre erste LP, »Weibsbilder«, danach folgten »Kribbeln im Bauch« (1991); »Los« (1993); »Pe Werner« (1994) und »Auf die leise Tour« (1995). 1991 erhielt sie den »Preis der Deutschen Schallplattenkritik« und den Textdichterpreis der GEMA (»Fred-Jay-Preis«) und 1994 als beliebteste Interpretin »Die goldene Stimmgabel«.

📖 Rogler, Marianne (Hrsg.): *Front Frauen.* Köln 1995.

Die Wespen Politisch-satirisches Kabarett in Berlin, entstanden aus den »Abenden des Leon-Hirsch-Verlages«, bei denen bekannte Autoren und Kabarettisten auftraten. Gegründet im Herbst 1926 von dem Buchhändler Leon Hirsch ohne festes Domizil. Da *Die Wespen* politische Kabarettsatire der arbeitenden Bevölkerung nahebringen wollten, gastierten sie in Kneipen rund um den Alexanderplatz, meist jedoch im »Hackebär«, einem großen Bier- und Tanzlokal in der Großen Frankfurter Straße.
Das Stammensemble bestand aus dem Komponisten Claus Clauberg, dem Schauspieler Hugo Döblin, → *Annemarie Hase*, Li Holms, der Conférencière und Rezitatorin → *Resi Langer* und den selbst vortragenden Autoren → *Karl Schnog* und → *Erich Weinert.* Außer kabarettistischen gab es auch artistische und Tanzdarbietungen. Unter den Mitwirkenden veschiedener Programme waren → *Ernst Busch,* → *Hanns Eisler,* → *Erich Kästner,* Walther Kiaulehn, → *Hellmuth Krüger,* → *Julia Marcus,* → *Erich Mühsam,* Elisabeth Neumann, → *Günter Neumann,* → *Paul Nikolaus,* → *Igor Pahlen,* Theodor Plivier, → *Roda-Roda,* Renée Stobrawa, → *Ilse Trautschold,* Sonja Wronko. Zu einer Benefizvorstellung für den kranken Leon Hirsch, der »Nacht der Fünfundzwanzig«, kamen im November 1931 u.a. zusammen: Inge Bartsch, Ernst Busch, → *Max Ehrlich,* → *Werner Finck,* → *Fritz Grünbaum,* Paul Hörbiger, → *Walter Mehring,* → *Paul Morgan,* Paul Nikolaus, → *Hans Reimann,* → *Peter Sachse,* → *Karl Schnog.* Im Sommer 1932 wurden *Die Wespen* aufgrund einer »Notverordnung« verboten. Um ihre Mitglieder zu unterstützen, lasen am 2.10. 1932 im Schubert-Saal zehn Autoren aus ihren Werken, darunter – außer den bereits Genannten – Else Lasker-Schüler.

📖 Schütte, Wolfgang U.: *Mit Stacheln und Sticheln – Die Wespen 1929–1933.* Leipzig 1987.

Weys, Rudolf ** 30. 9. 1898 Graz; † 4. 3. 1978 Wien.*
Schriftsteller, Kabarettgründer, Kabarettautor
Ursprünglich Buchhändler, gründete er 1933 den »Bund junger Autoren Österreichs«, aus dem zuerst die → *Stachelbeere* und im Herbst 1933, mit Weys als

Hauptautor, die → *Literatur am Naschmarkt* hervorgingen. Für dieses Theaterkabarett erfand er das → *Mittelstück*, ein »in sich geschlossenes, 20- bis 30minütiges Mehrbilderstück, zwischen Servier- und Zahlpause placiert« (Weys).
Für die »Literatur« schrieb er bis zu deren Ende im März 1938 zahllose zeitkritische Mittelstücke (u.a. »Die Metamorphosen des Herrn Knöllerl«, »A.E.I.O.U. oder Wenn Österreich den Krieg gewonnen hätte«, »1913«, »Per aspera ad acta oder Die drei Wünsche« [zusammen mit → *Hans Weigel*], »Pratermärchen«) sowie Chansons und Szenen (»Nach Sonnenuntergang«, »Die Kellnerprüfung« u.a.). Nach der Auflösung der »Literatur am Naschmarkt« und der Zulassung eines scheinbar nazitreuen Nachfolgekabaretts unter dem Namen → *Wiener Werkel* 1938 versuchte Weys, zusammen mit der »arischen Abteilung« (Weys) der *Literatur* deren alten Geist zu retten, und führte Kabarettnummern verfolgter oder mit Schreibverbot belegter alter Kollegen unter Pseudonymen auf. Im Juni 1945 erhielt er denn auch die Lizenz zur Wiedereröffnung der »Literatur«, allerdings nun unter dem Namen »Literatur im Moulin Rouge«, konnte sich (mit Christl Räntz, der eigentlichen Direktorin) jedoch nicht halten und gab am 10.1. 1946 das Unternehmen auf. 1946/47 schrieb er Texte für den neuerstandenen → *Lieben Augustin*, 1948 für das »Kleine Brettl« und erlebte 1963 eine Wiederaufführung seines »A.E.I.O.U.« und 1967 seines »1913«. Längere Zeit hindurch schrieb er für den Österreichischen Rundfunk eine kritische Theatersendung und für Zeitungen und Zeitschriften Filmkritiken. Außerdem hielt er die Geschichte der Wiener Kleinkunstbühnen zwischen den Kriegen in drei Büchern fest:

Rudolf Weys: *Literatur am Naschmarkt.* Wien 1947; *Cabaret und Kabarett in Wien.* Wien-München 1970; *Wien bleibt Wien – und das geschieht ihm ganz recht.* Wien 1974.

Hanne Wieder 1958 in der »Kleinen Freiheit«, München im Programm »Der große Dreh« als »Zersägte Dame«

Wieder, Hanne **8. 5. 1929 Hannoversch-Münden; † 11. 5. 1989 München.* Schauspielerin, Kabarettistin, Chansonniere
Die Tochter eines Polizeigenerals besuchte die Schauspielschule des Staatstheaters Karlsruhe und debütierte 1946 im »Neuen Theater«, Stuttgart, in »Woyzeck«. Am gleichen Abend sang sie ein Chanson des SPD-Politikers Carlo Schmid. Danach Engagement in Tübingen, wo sie die Eboli in »Don Carlos« gab. Spielte von Juli 1947 bis Dezember 1951 im Ensemble des → *Kom(m)ödchen*, 1952 beim → *rendezvous*, Hamburg, und im Hamburger »Theater im Zimmer«, 1953 bis 1955 bei den → *Amnestierten*. 1956 am »Nordmark-Theater«, Schleswig (u.a. die Iduna in »Feuerwerk«).

Für »Das Privatleben der Helena« holte 1957 → *Trude Kolman* sie an ihre → *Kleine Freiheit*, München, und brachte sie in den → *Hollaender*-Revuen 1957/58 zu überregionalem Ruhm. 1960 spielte Hanne Wieder dort in dem Kuby-Stück »Die Dame aus Bonn oder Das Ritterkreuz«. Danach filmte sie (»Das Mädchen Rosemarie«, 1958, »Das Spukschloß im Spessart«, 1960 u.a.), sang und spielte in Musicals (»Irma la Douce«, 1962 in der »Kleinen Freiheit«, »Kiss me Kate«, »CanCan«), wirkte in der Schweizer Erstaufführung von → *Brecht*/ → *Weills* »Mahagonny« als Jenny mit und in Brecht/Weills »Die sieben Todsünden« an der »Deutschen Oper«, West-Berlin, und sang seit September 1977 in der »Deutschen Oper am Rhein« die »Öffentliche Meinung« in Offenbachs »Orpheus in der Unterwelt«. Trat in Boulevardstücken auf (»Amanda«, »Céline«, »Eine fast vollkommene Frau«) und im Fernsehen (»Fragen Sie Frau Erika...«). Dozentin für Musical und Chanson an der Hochschule für Musik, West-Berlin.

Mit → *Theo Lingen* gab sie 1965 einen Brecht-Abend und 1977 einen Abend mit »Liedern, Songs und Chansons der zwanziger Jahre«, mit dem sie, conferiert von → *Klaus Budzinski*, auf Tourneen bis nach Israel ging. Mit diesem Programm und einem Programm moderner Songs und Chansons von Mischa Mleinek (»Hanne Wieder da«, seit Januar 1984), mit denen sie zwischen ihren Theater- und Musicalverpflichtungen gastierte, fand sie zu ihrem künstlerischen Schwerpunkt, dem literarischen Chanson der Hollaender, → *Klabund* und → *Tucholsky* zurück, das sie in der Tradition der großen Chansonnieren der zwanziger Jahre als eine der wenigen deutschsprachigen Chansonsängerinnen nach 1945 zu neuer Blüte gebracht hat. – Für »Das Mädchen Rosemarie« erhielt sie den Preis der Deutschen Filmkritik 1958/59.

Wiener, Hugo ** 16. 2. 1904 Wien; † 14. 5. 1993 Wien.*

Schriftsteller, Komponist, Librettist, Chanson- und Kabarettautor

Nach Musikstudium Statist am »Raimund-Theater«, Wien. Schrieb dort sein erstes → *Couplet* (für → *Fritz Imhoff*). Wurde Korrepetitor, dann Klavierbegleiter in der → *Hölle*. 1924 dritter Kapellmeister am »Apollo-Theater«. Seit 1928 Librettist, wurde er im gleichen Jahr Hausautor an der Revuebühne »Femina«, für die er in zehn Jahren 65 Programme schrieb. Verfaßte bis 1938 mehrere Operetten.

Emigrierte nach dem »Anschluß« nach Kolumbien und schrieb für → *Cissy Kraner* Chansons in Spanisch und Englisch. Die – inzwischen verheirateten – beiden Künstler begannen in Caracas (Venezuela) eine gemeinsame Karriere, die sie nach ihrer Rückkehr nach Wien 1948 am → *Simplicissimus* (Wien), dessen Hausautor Wiener zusammen mit → *Karl Farkas* wurde, fortsetzten. Cissy Kraner trug dort zu seiner Begleitung u.a. sein Chanson »Der Nowak läßt mich nicht verkommen« vor. Nach Farkas' Tode (1971) schrieb Wiener drei Jahre lang die »Simpl«-Programme allein, verfaßte Komödien und Bearbeitungen bekannter Operetten und Musicals für Bühne und Fernsehen, schrieb Drehbücher und arbeitete ständig an den ZDF-Sendereihen »Spaß mit Musik«, »Das verrückte Paar« und »Traumland Operette« mit.

Hugo Wiener hat über 100 Kabarettprogramme verfaßt und etwa 400 Chansons geschrieben und vertont. Auslandstourneen durch die BRD, die Schweiz, nach Israel und Südamerika. Schrieb seit 1972 obendrein humoristische Bücher. 1982 wurde sein musikalisches Lustspiel »Die kluge Mama« (Musik: Erwin Halletz) mit Marika Rökk in Köln uraufgeführt.

Wiener, Hugo: *Doppelconférence.* Wien 1972. – Ders.: *Zeitensprünge – Erinnerungen eines alten Jünglings.* Wien 1991. – Kraner, Cissy : *Aber der Hugo ließ mich nicht verkommen – Lieder und Erinnerungen* (aufgezeichnet von Georg Markus). Wien 1994.

Wiener Werkel Literarisch-politisches Kabarett in Wien, hervorgegangen aus der nach dem »Anschluß« Österreichs aufgelösten → *Literatur am Naschmarkt,* deren »arische Abteilung« (→ *Rudolf Weys*) unter der Direktion von Adolf Müller-Reitzner am 29.1. 1939 in der Liliengasse 3, Wien I., im vormaligen »Moulin Rouge« das *Wiener Werkel* eröffnete.
Abgeschirmt von dem idealistisch gesinnten Nationalsozialisten Müller-Reitzner, der vom Gaupropagandaamt Wien die Lizenz erhalten hatte, versuchten die nichtjüdischen Autoren und Darsteller der *Literatur am Naschmarkt,* ihre Zeitkritik mehr oder weniger verschlüsselt fortzusetzen. Zur Eröffnung übernahm man das »Pratermärchen« von Rudolf Weys, neu war ein wienerisches Traumspiel, »Herrn Sebastian Kampels Höllenfahrt« mit der Musik von J.C. Knaflitsch, für das als Autoren offiziell Weys und Franz Paul zeichneten, das tatsächlich aber von den »nichtarischen« Autoren → *Fritz Eckhardt* und Kurt Nachmann stammte. Von Eckhardt war auch das → *Mittelstück* »Das chinesische Wunder«, eine Parabel auf das Arrangiertalent der Leute von »Wi-En« gegenüber der Besatzungsmacht, den»Tokioten«. Trotz mehrfacher Beanstandungen durch offizielle NS-Stellen (u.a. gegen eine Nummer von Fritz Feldner, »Interview mit einer Kuh«) konnte sich das *Wiener Werkel* bis zur allgemeinen Theaterschließung im Herbst 1944 halten – nach dem Tode von Müller-Reitzner im März 1943 dank der politisch tadelfreien Haltung und der geschickten Texte seiner Witwe Christl Räntz, die das *Wiener Werkel* nach seiner Wiederzulassung durch die Besatzungsmacht im Juni 1945 als *Literatur im Moulin Rouge* inoffiziell weiterführte. (Die Lizenz hatte Rudolf Weys erhalten.)
Das Ensemble des *Wiener Werkel* bestand aus Rosl Dorena, Hugo Gottschlich, Wilhelm Hufnagl, Josef Meinrad, Erna Michall, Walter von Varndal, Otto Wegrostek. Später spielten hier u.a. Friedl Hofmann, Robert Horky, Rolf Olsen, Hans Putz, Christl Räntz, Traute Witt. Regie: Adolf Müller-Reitzner; Musik: J. C. Knaflitsch. In der *Literatur im Moulin Rouge* traten u.a. auf: Rosl Dorena, Edith Jarno, Otto Kerry, Theo Prokop, Christl Räntz, Emmerich Schrenk, Walter von Varndal, Guido Wieland. Am 20.1. 1946 hörte die *Literatur im Moulin Rouge* auf zu bestehen und wurde zum »Kleinen Haus des Theaters in der Josefstadt« (heute: »Theater im Zentrum«).

Weys, Rudolf: *Wien bleibt Wien, und das geschieht ihm ganz recht. Cabaret-Album 1933–1945.* Wien 1974. – Veigl, Hans (Hrsg.): *Bombenstimmung – Das Wiener Werkel.* Wien 1994.

Wilde Bühne Literarisch-politisches Kabarett in Berlin, gegründet 1921 von → *Trude Hesterberg,* eröffnet am 15.9. 1921 im Keller des »Theaters des Westens«, Kantstr. 12. Im ersten Programm, aufgeführt vor geladenen Gästen, herrschte – vornehmlich in den Texten von → *Leo Heller* – das Berliner Kaschemmenmilieu nach dem Vorbild der Poesie → *Aristide Bruants* vor.

Anzeige 1921

Doch schon mit ihrem zweiten Programm wurde die *Wilde Bühne* literarischer, vor allem dank → *Walter Mehring*, der nun zum Hausautor wurde und von dem in der *Wilden Bühne* viele große Chansons gesungen wurden, u.a. »An den Kanälen«, »Die Kälte«, »Die kleine Stadt«, das »Börsenlied«, »Die Arie der großen Hure Presse« (sämtlich von Trude Hesterberg), »Die Kartenhexe« (von → *Annemarie Hase*), »Dressur« (von → *Kurt Gerron*). Ferner schrieben für die *Wilde Bühne*: → *Kurt Tucholsky* (»Das Leibregiment«, gesungen von Trude Hesterberg), → *Klabund* (»Mit'n Zopp«, gesungen von Annemarie Hase), → *Marcellus Schiffer* (»Die Linie der Mode«, gesungen von → *Margo Lion*), → *Hans Janowitz* und → *Erich Kästner* (unter dem Pseudonym »Ernst Fabian«). Als Komponisten und/oder Pianisten wirkten hier: Claus Clauberg, → *Werner Richard Heymann,* → *Friedrich Hollaender* und → *Mischa Spoliansky.* Zu den Autoren, die ihre Gedichte selbst vortrugen, gehörten → *Max Herrmann-Neisse*, Klabund, Walter Mehring, → *Joachim Ringelnatz* und → *Bertolt Brecht*, der im Januar 1922 hier zur Laute seine Ballade vom Mörder Apfelböck und seine »Legende vom toten Soldaten« vortrug und damit wütende Proteste des Publikums auslöste. Unter den Darstellern ragten heraus: Alfred Beierle, → *Wilhelm Bendow*, Mady Christians, → *Blandine Ebinger*, Kurt Gerron, → *Paul Graetz*, Annemarie Hase, → *Kate Kühl*, Margo Lion und Trude Hesterberg.

Die *Wilde Bühne* galt nächst dem → *Schall und Rauch* (II) als bedeutendstes literarisch-politisches Kabarett der ersten Nachkriegszeit. Ausgesprochen literarisch und politisch war allerdings nur ein begrenzter Teil des Programms. Ansonsten wechselten pikante → *Couplets* mit »Slawischen Volksgesängen« und komischen Monologen Wilhelm Bendows ab, dessen imaginäres Telefongespräch mit dem inhaftierten Wettschieber Max Klante und die ihm von Tucholsky geschriebene »Tätowierte Dame« ihm Lacherfolge sicherten. Nach einem Brand gab Trude Hesterberg die *Wilde Bühne* auf und ging wieder zu Operette und Revue. In den wiederhergestellten Räumen eröffnete am 15.2. 1924 Wilhelm Bendow sein → *Tütü.*

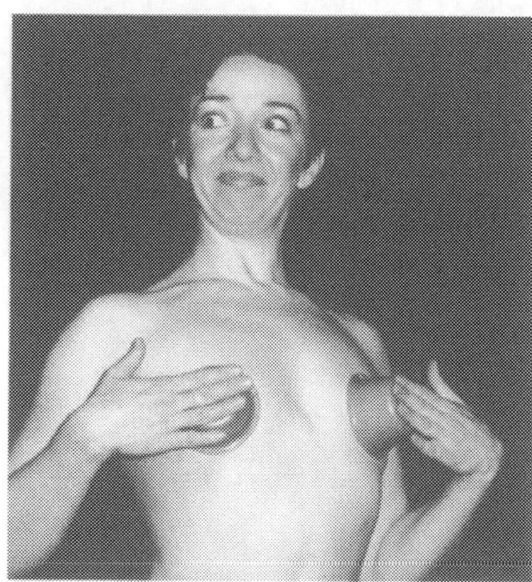

Rosa K. Wirtz 1994 in ihrem Soloprogramm »Herzdosen«

Wirtz, Rosa K. **3. 3. 1955 Bonn.*
Kabarettistin und Kabarettautorin
Die gelernte Sozialpädagogin brachte am 26.12. 1991 ihr »Geschmackloses Solo« heraus. Am 13.1. 1994 folgte im »Atelier-Theater«, Köln, ihr zweites selbstgeschriebenes Soloprogramm »Herzdosen«, als scharfe Attacke auf Biedermän-

ner und Biederfrauen. Wirkte in verschiedenen Fernsehsendungen mit, so in »90 Jahre gegen den Zeitgeist« (Kanal 4, 1994); »Mitternachtsspitzen« (WDR); »Hüsch & Co« (SR 1994) und »Saukomisch – Comedy aus dem Münchner ›Schlachthof‹« (BR 1995). 1993 initiierte sie das Kabarett-Festival »Front-Frauen« in Köln und ging danach mit wechselnden Teilnehmerinnen auf Tournee. Nahm 1995 in Berlin am Frauen-Kabarett-Festival und -Symposion »Witz & Donner« teil. 1994 wurde sie mit dem Kleinkunstpreis »St. Ingberter Pfanne« und dem Förderpreis zum → *Deutschen Kleinkunstpreis* ausgezeichnet.

Treffpunkt Theater. Köln 1994. – *Künstlerinnen in NRW.* Dortmund 1995. – Rogler, Marianne (Hrsg.): *Front-Frauen.* Köln 1995.

Witt, Herbert **29. 10. 1900 Angerburg (Masuren); † 30. 1. 1980 München.*
Schauspieler, Tänzer, Chansonautor, Drehbuchautor
1918 Soldat. Kam über Provinzbühnen ans Staatstheater Dresden und Ende der zwanziger Jahre nach Berlin. Wurde 1929, nachdem seine Schwester Traute Witt 1929 in der → *Katakombe* einen Text von ihm vorgetragen hatte, dort mit Traute zusammen als singendes Grotesktanzpaar engagiert. Nach Schließung der *Katakombe* traten beide 1935 im → *Tatzelwurm* auf. 1935 schrieb Herbert Witt Texte für das → *Tingeltangel-Theater* und danach unpolitische Unterhaltungsprogramme für den Berliner Rundfunk sowie Drehbücher (»Träumerei«, 1943).
Er gehörte von 1945 an zum Autorenteam der → *Schaubude*, München, schrieb 1947 für die Revue »Wir sind noch einmal sitzen geblieben« im → *Ulenspiegel*, Berlin, 1953 für das → *Kom(m)ödchen*, Düsseldorf. Seine besten Interpretinnen waren: → *Ursula Herking* (»Achtung! Fräulein Grün«, »The Singing Star«), → *Trude Hesterberg*, Loni Heuser (»Die listige Witwe«), → *Tatjana Sais*, Karl Schönböck (»Der Kautschgast«), → *Hanne Wieder* (»Career Woman«). Witt schrieb ferner »kabarettistische Feuilletons« für Funk und Fernsehen und den Film »Das Herz der Welt« (1951), für den er mit Harald Braun den Bundesfilmpreis erhielt.

Witz Spezifisch sprachliche Form des → *Komischen*, eine vornehmlich mündlich verbreitete Kleinsterzählung, deren meist nur in wenigen Sätzen aufgebaute Spannung sich in einer überraschenden, weil nicht erwarteten Wendung, der → *Pointe*, löst. Das Lachen entzündet sich an der unvermuteten Verquickung von Unzusammengehörigem, sich Widerstrebendem, oft nur durch Klangähnlichkeit und Vieldeutigkeit der Wörter scheinbar Übereinstimmendem. Es gibt auch pointenlose Witze, deren Wirkung auf dem Ausbleiben der spannungsvoll erwarteten Pointe beruht. Der Witz kann spielerischer Art (Nonsens-Lyrik), kritischer (→ *Ironie*), spöttischer (→ *Satire*) und boshafter (→ *Sarkasmus*) Art sein. Er stellt überkommene Wertungen und Auffassungen in Frage, enthüllt blitzartig oder suggeriert absichtsvoll die Verkehrtheit einer Sachlage (politischer Witz), die Fragwürdigkeiten in Sitten, Überlieferungen, Charakteren und Institutionen. Von den drei Witzarten – dem literarischen, dem Bildwitz und dem gesprochenen Witz – gehört der gesprochene in vielfältiger Form zum Kabarett jeder Prägung. Er ist die meistverwendete Form der → *Komik.*

 Wollenberger, Werner ** 6. 6. 1927 Heilbronn; † 17. 10. 1982 Zürich.*
Publizist, Kabarettautor und -regisseur, Kritiker
In Basel aufgewachsen, studierte er an der dortigen Universität Germanistik und schrieb anschließend für die »Basler Nachrichten« und die satirische Zeitschrift »Nebelspalter«. Schrieb seit August 1947 für das → *Kikeriki* Texte und führte dort auch Regie. Bei einem Gastspiel im »Hirschen«, Zürich, der Spielstätte des → *Cabaret Federal*, 1950, wurden er und → *César Keiser* in das Autorenteam des »Federal« aufgenommen. Schrieb bis 1960 für das »Federal«, führte 1958 dort auch Regie und schrieb zur Eröffnung des »Theaters am Hechtplatz«, Zürich, das »Federal«-Programm »Eusi chli Stadt«.
Von 1960 bis 1969 schrieb er für die Programme des Duos → *Voli Geiler/Walter Morath*, von 1954 bis 1956 für die → *Kleine Freiheit*, München, von 1949 bis 1962 für das → *Kom(m)ödchen*, Düsseldorf, 1969 für Stephanie Glaser und Walter Roderer, 1973 für → *Elsie Attenhofers* Soloprogramm »Herrliche Zeiten«, ferner für Margrit Rainer und Ruedi Walter u.a. Am bekanntesten wurden seine Chansons »Frau Burger«, »Wenn es in Zürich fünf Uhr schlägt«, »Was wiegt ein Wort«, »Brief aus Prag«, »Berliner Ballade« (für das »Federal«), »Memoiren (Anna, den Tee!)« für Voli Geiler. Von 1962 bis 1967 war er Chefredakteur der »Zürcher Woche«, 1969 Co-Chefredakteur der »Weltwoche«, von 1970 bis 1977 war er künstlerischer Berater am Zürcher Schauspielhaus. Wollenberger schrieb außerdem für Funk und Fernsehen der Schweiz: für Walter Roderer die Samstag-Hörfunkreihe »Der Barbier von Seldwyla«, für Ruedi Walter die TV-Reihe »Fall für Mändli«, ferner die Sendungen »Spott und Musik«, »Wochenrückblick für die Schweizer im Inland«, moderierte die Filmvorschau »Demnächst« des Schweizer Fernsehens und schrieb Kolumnen, Theater- und Filmkritiken.

Wollschon, Gerd ** 11. 2. 1944 Zobten (Schlesien).*
Kabarettist, Kabarettautor, Kabarettgründer
Studierte in Köln Theaterwissenschaften und Psychologie. Gründete im Januar 1966 mit vier Kommilitonen den → *Floh de Cologne* und schrieb dafür die meisten Texte. Wollschon schrieb als erster Beat- und Rocksongs in deutscher Sprache und war an der Entwicklung des einheimischen Politrocks beteiligt, wie ihn der *Floh de Cologne* seit 1969 pflegte. Verließ 1976 nach zehn Jahren die Gruppe und agiert nach einem → *Tucholsky*-Programm (»Die zufällige Republik«, 1978) seit 1979 als Solokabarettist mit eigenen Programmen: »FDGO & Co.KG oder Von Haussuchungen bitten wir abzusehen« (1979/80), das gleichzeitig als Buch erschien, »Der mündliche Staatsbürger – Ohne Scheiß kein Preis« (1981), »Neues aus Schizophrenien« (1982).
Gründete 1977 den »Satire-Verlag«, Köln, in dem er folgende Bücher herausgab: *Sudel-Lexikon – Satirisches Wörterbuch für gelernte Deutsche* (1977), *Satire-Jahrbuch* (1978), *Hanns Dieter Hüsch – Den möcht' ich seh'n...* (1978), *Hanns Dieter Hüsch – Hagenbuch hat jetzt zugegeben...* (1979), *Das Wolfgang Neuss Buch* von Volker Kühn (1981), *Sudel-Lexikon 2* (1983). Im Eschborn-Verlag erschien von Wollschon *Der Duft von Freiheit und Adenauer – Ein starkes SPD-Stück* (1982). Schrieb ferner satirische Hörspiele und Fernsehsendungen (»Goldener Sonntag« mit → *Hanns Dieter Hüsch*). Machte Ende 1981 alle zwei Wochen beim HR Funkkabarett (»Aus dem Schublädchen des Gerd Wollschon«).

Wollschon gab als treibende Kraft des *Floh de Cologne* entscheidende Anstöße zur Abkehr vom herkömmlichen Nummernkabarett und zur Hinwendung zur geschlossenen Form, zur Textcollage und zum Experiment mit dramatischen und musikalischen Elementen. Als Solokabarettist verzichtete er auf theatralisch-komödiantische Effekte und auch, entgegen seiner einstigen Arbeit beim »Floh de Cologne«, auf direkte Agitation. – 1986 wanderte er nach Nicaragua aus.

Wollschon, Gerd: *Sudel-Lexikon.* Köln 1977/1983.

Wolter, Ralf **28. 11. 1926 Berlin.* Schauspieler, Kabarettist, Komiker

Einer Akrobaten- und Komikerfamilie entstammend, lernte er schon früh Akkordeon und Klavier spielen. Als Partner von → *Wolfgang Neuss* und → *Wolfgang Müller* war er in den Berliner Kabaretts »Greiffi« (1945), »Rauchfang« (1949), in Düsseldorf bei »Mutter Ey« (1949) und in Frankfurt am Main im »Struwwelpeter« (1949) engagiert. 1947 war er Mitbegründer und Darsteller des kurzlebigen Berliner Kabaretts »Dachluke« und 1948 des Berliner Kabaretts »Zaungäste«. 1950 Autor, Pianist und Darsteller in → *Werner Fincks* → *Mausefalle* (Stuttgart), im selben Jahr auch in der → *Bonbonniere* (Hamburg). 1954–1959 schrieb er Texte für die → *Stachelschweine.*

Bereits 1951 gelangte er zum Film und debütierte in »Die Frauen des Herrn S.«, dem weitere 120 Spielfilme (»Wir Wunderkinder, 1958; »Wir Kellerkinder«, 1960; »Eins, zwei, drei«, 1961 u.a.) folgten. Als kauzige, schlitzohrige, skurrile Type wirkte er auch in den zwölf Karl-May-Filmen mit. Er machte zahlreiche Theatertourneen, spielte in Musicals (»Kiss me Kate«, 1955; »Anything Goes«, 1993 u.a.) in Berlin und in ungezählten Rundfunk- und Fernsehsendungen.

Wolzogen, Ernst von **23. 4. 1855 Breslau; † 30. 8. 1934 München.*

Erzähler, Dramatiker, Conférencier, Kabarettautor, -gründer und -leiter

Der Sohn eines preußischen Reichsfreiherrn und einer britischen Mutter wurde nach Internatserziehung freier Schriftsteller, zuerst 1882 in Berlin, von 1893 bis 1899 in München. Schrieb humoristische Erzählungen, Romane (»Die tolle Komteß« u.a.) und kleine Lustspiele und war vor 1900 Spielleiter am »Akademisch-Dramatischen Verein« in München.

Mit einigen Chansons in der von → *Otto Julius Bierbaum* herausgegebenen Anthologie »Deutsche Chansons (Brettl-Lieder)« vertreten, versuchte er, das von ihm erstrebte (und als Begriff geprägte) → *Überbrettl* zur Eröffnung der Jugendstilausstellung auf der Mathildenhöhe bei Darmstadt 1900 zu etablieren, ging aber, als sich der Plan zerschlagen hatte, nach Berlin und eröffnete hier am 18.1. 1901 sein »Buntes Theater (Überbrettl«), an dem er auch conferierte. Nach einer Tournee mit ihm im Sommer 1901 eröffnete er am 28.11. 1901 sein »Buntes Theater« (ohne Zusatz) an anderer Stelle,

Ernst von Wolzogen

 schied aber zu Beginn der Spielzeit 1902 aus dem Unternehmen aus. Nach München zurückgekehrt, war er wieder als freier Autor tätig. Über seine »Überbrettl«-Zeit schrieb er: *Das Überbrettl* (in »Ansichten und Aussichten«, Berlin 1908), *Verse zu meinem Leben*, Berlin 1907, *Wie ich mich ums Leben brachte*, Braunschweig 1922.

Wortspiel Im weitesten Sinne das Spiel mit Wörtern, das durch eine Verschmelzung zweier oder mehrerer Wörter, die als solche nichts miteinander zu tun haben, entweder nur komisch wirkt oder darüber hinaus eine unerwartete neue Bedeutung gewinnt, wie etwa die Zusammensetzung »Benzyniker« schlagwortartig einen Menschen bezeichnet, der ungeachtet der durch Abgase geschädigten Umwelt zynisch seinen kraftstoff-fressenden Roadster durch die Gegend jagt. Zahllos sind die wortspielerisch zusammengesetzten Namen von Kabaretts wie → *Floh de Cologne*, → *Die Machtwächter*, das → *Kom(m)ödchen*, → *Kabarest* oder die Programmtitel wie »Das Jüngste Gerücht«, »Im gleichen Schrott und Trott« usw. Daneben gibt es das zweideutige, versteckte Wortspiel, bei dem gleiche Wörter in verschiedener Bedeutung auftreten. Als einer der ersten deutschsprachigen Kabarettisten verwandte Arthur Pserhofer (1873–1907), der bereits an den Berliner »Überbrettl«-Gründungen wirkte, diese verfeinerte Art, indem er in seine Conférencen Wortspiele einflocht wie »Es gibt im Menschenleben Augenblicke, wo es im Augenblicke Menschenleben gibt« oder »In ein Theater können weniger Personen hineingehen, als hineingehen«. Seinem Beispiel folgten seitdem fast alle → *Conférenciers* und → *Alleinunterhalter* wie → *Werner Finck*, → *Wolfgang Neuss*, → *Martin Buchholz* u.a.

Woyda, Gerhard ** 4.4.1925 Willenberg (Ostpreußen).*
Komponist, Pianist, Kabarettautor und -leiter
Kam nach den Zweiten Weltkrieg nach Hamburg, studierte dort an der Musikhochschule Musik, daneben als Barpianist tätig. 1947 vom Leiter des »Comedian Quartetts«, Herbert Imlau, als musikalischer Begleiter engagiert. Tourneen durch die damaligen Westzonen bis 1947. Schrieb 1949 Bühnenmusiken für die »Junge Bühne«, Hamburg, war von 1950 bis 1952 musikalischer Leiter und Komponist beim → *rendezvous*, von 1953 bis 1955 bei der »Kleinen Komödie«, Hamburg. Ging 1957 als Komponist und Begleiter zu den → *Amnestierten*, machte sich 1961 in Stuttgart selbständig. Zuerst Leiter, Autor, Komponist und Begleiter des → *(Kleinen) Renitenztheaters*, seit 1991 neben Sebastian Weingarten künstlerischer Leiter des Hauses.

Die Wühlmäuse West-Berliner Kabarett, eröffnet am 22. 12. 1960 von → *Dieter Hallervorden* als Abspaltung einer Gruppe (Hallervorden, Rotraud Schindler, Barbara Ratthey und Wilfried Herbst) vom Ensemble der → *Bedienten*. In ihrem ersten Quartier in der Martin-Luther-Str. brachte Hallervorden mit seiner Frau Rotraud Schindler, sonst aber wechselnden Ensemblemitgliedern zwölf Programme heraus, darunter: »Der Humor hat seine Schuldigkeit getan« (Dezember 1960), »Völker, hört die Skandale!« (November 1963, mit Dokumentationen), »Kleiner Mann, was tun!« (April 1964), »Bonn Quichotte« (November 1964). Zum Ensemble gehörten nun Rolf Bauer, → *Doris Bierett*, Siegrid Hackenberg, Dieter Hallervorden, Käthe Jänicke, Joachim Kemmer, Dieter Kursawe und Hans Guido Weber.

1965 trennten sich D. Bierett, S. Hakkenberg, D. Kursawe u. a. von den *Wühlmäusen* und gründeten zusammen mit → *Volker Ludwig* das → *Reichskabarett.*

»Die Wühlmäuse«, Titelseite des Programmheftes 1964

1966 bezogen die *Wühlmäuse* ein eigenes Quartier im »Theater an der Lietzenburger (Straße)«, das Hallervorden am 2. 5. 1966 mit dem Programm »Haben Sie Lust? – Politik und Zoologie« von Heino Müller eröffnete, ein als »kabarettistisches Theater« (Hallervorden) aufgezogenes Programm über den Menschen als schwaches Lustwesen mit Hallervorden als »Mann mit der Nickelbrille«. Mit »Glückliche Maschinen« (Mai 1967) gab man ein weiteres Beispiel »durchkomponierten Kabaretts«: den Menschen als Opfer der selbstgeschaffenen Computerwelt. → *Joachim Roering* schrieb Hallervorden 1968 das Programm »Der brave Demokrat Schmidt« (eine Satire »Über die Spielregeln der Demokratie in Deutschland«, Februar 1968). Am 4. 9. 1967 hatte Hallervorden ein Soloprogramm mit zwölf Satiren von Slawomir Mrozek, »Seltsame Begegnungen«, herausgebracht und war mit ihm auf Tournee gegangen.

Nach einem Dutzend Programmen in der Lietzenburger Straße begann er mit den Programmen: »Aus dem Tagebuch des Monsieur Klamotte« (1974), »Klamotten für Kichererbsen« (1976), »Des Wahnsinns kesse Beute« (1977), »Plem Plem« (1978), »Wir wühlen – Sie wählen« (1980) und »Zelle-Riesalat und Gitter-Speise« (1981) die *Wühlmäuse* mehr und mehr der unverbindlichen Slapstick-Komik anzupassen. Unter der Regie von Klaus Dieter Lang waren seine Partner jetzt Rotraud Schindler, Kurt Schmidtchen und Gerhard Wollner, mit denen er auf ausgedehnte Tourneen ging. 1985 spielte Hallervorden mit Ensemble bei den Wühlmäusen das Stück »Laus im Pelz«. In diese Zeit fällt auch der Aufstieg Hallervordens zum »Blödler vom Dienst« (»Hamburger Abendblatt«) in Film und Fernsehen, »Didi«, von dem er sich erst Anfang der neunziger Jahre abwandte. Nach Umbau und Neueröffnung am 23. 1. 1986 steht das »Theater in der Lietzenburger (Straße)« Gruppen und Einzelkabarettisten ausschließlich als Gastspielbühne zur Verfügung.

440 **Der Würfel** Gegründet 1958 von → *Kuno Knöbl* als Studentenkabarett in Graz, eröffnet September 1958 mit dem Programm »Im Feuerofen«. Mitgründer und -spieler: Dieter Gogg, Helmut Knoll, Udo Simonitsch und Gerhard Steffen. Die Einnahmen wurden für die Gründung des »Forums Stadtpark« in Graz gestiftet. 1961 engagierte → *Gerhard Bronner* den *Würfel* mit dessen Programm »Weh dem, der rügt!« als Gastensemble an das → *Neue Theater am Kärntnertor.* Die Texte hatten geschrieben: Kuno Knöbl und Peter Orthofer. Kompositionen und Begleitung: Dieter Gogg. Darsteller: Isa Franke, Kuno Knöbl, Monika Orthofer, Peter Orthofer, Udo Simonitsch, Gerhard Steffen. Am 27.9. 1961 brachte Bronner am gleichen Ort ein personell wie textlich gemischtes Programm heraus, »Wedel sei der Mensch«, mit Texten von Gerhard Bronner, Kurt Nachmann, Dieter Gogg, Kuno Knöbl und Peter Orthofer. Darsteller: Felix Dvorak, Erich Frank, Kuno Knöbl, Irina Ladwig, Eva Pilz, Gerhard Steffen.

Nach einem weiteren gemischten Programm (»Sumper fidelis«, April 1962) mit zusätzlich Miriam Dreifuss, → *Peter Lodynski* und Günter Tolar eröffneten Knöbl und Lodynski im Keller des »Café Savoy« in der Himmelpfortgasse 27, Wien I., am 18.12. 1963 das »Theater im Savoy« als eigenständiges Wiener Kabarett mit dem Programm »Nerz beiseite«. Nach sieben Programmen dort übersiedelte das Ensemble 1967 wieder ins »Neue Theater am Kärntnertor« und spielte dort das Programm »Spuren im Schmäh« (November 1968), konnte sich aber nicht halten und löste sich im Januar 1969 auf. Knöbl strukturierte die Gruppe als Fernsehensemble um und brachte für ORF und ARD verschiedene Kabarettserien heraus, u.a. »Lodynski's Flohmarkt Company«. Im »Theater im Savoy« spielten des weiteren zeitweise noch: Martin Flossmann, Fritz Goblisch, Cissy Kraner, Eva Pilz, Herwig Seeböck und Hugo Wiener.

Zauner, Walter ** 15. 8. 1945 Lindau/Bodensee.*
Kabarettist, Kabarettautor, Komponist
Arbeitete nach dem Studium der Theaterwissenschaften, Germanistik und Geschichte an der Universität München mit → *Philip Arp* und Anette Spola am »Theater am Sozialamt«, München. Seit 1979 Kabarettist. War von 1979–1990 Hauptautor, Komponist und Darsteller an dem Revuekabarett → *Blackout* und seit 1986 Mitglied des Münchner → *Aschentonnen-Quartetts*, ebenfalls als Hauptautor, Komponist und Darsteller. Schrieb 1988 für die Gastspielstätte → *Drehleier*, München, »Die Revue«. 1990–1995 Mitglied des Kabaretts → *Bauer, Beier, Zauner* als alleiniger Autor, Komponist und Darsteller. Tritt in denselben Funktionen seit 1995 als Duo mit Angelika Beier als »Beier&Zauner Kabarett« auf. Schreibt außerdem Sketsche und Texte für den Hörfunk des BR (»Neues vom Brettl«), für die Sendungen »Fünf vor Zwölf« und »Fünf vor Fünf« (SWF) sowie für »Spaß am Samstag« (WDR). Wirkte in Alfred Bioleks »Showbühne« und »Mensch Meier«, sowie im »Kanapee« des Fernsehens von Radio Bremen sowie – auch als Autor – in der ORF-Produktion »Stille Nacht, bis es kracht« mit. Arbeitete kurze Zeit am »Kanal fatal« mit und hatte mehrere Auftritte in »SONNTAKTE« des NDR.

Zeitberichter, Die Rechtsextremes politisches Kabarett, gegründet von → *Gerd Knabe*, eröffnet am 19. 4. 1952 in Eschwege mit dem Programm »Nur nicht gleich den Mut verlieren«. Bald danach gastierten sie vierzehn Tage lang im »Intimen Theater«, Frankfurt/Main. 1954 heiratete Knabe seine Partnerin Peppi Kausch. 1971 wurden sie in Knüllwald-Nausis seßhaft.
Die Zeitberichter gastierten mit ihren insgesamt 28 Programmen bis 1979 vornehmlich auf rechtsradikalen Veranstaltungen wie NPD-Kundgebungen, SS-Treffen, Heimattreffen und kulturpolitischen Tagungen. Innerhalb von fast 30 Jahren haben sie über 8000 Gastspiele absolviert. Ihre Programme sind auf zehn Langspielplatten erschienen (u.a. »Deutschland ist größer als die Bundesrepublik«), die in hohen Auflagen verbreitet sind, sowie in mehreren selbstverlegten Büchern. Danach gastierte Gerd Knabe 1979–1990 als Solist mit vier verschiedenen Programmen unter Titeln wie »Persönliches und Programmatisches«, »Heiterkeit ist Trumpf« u.a.

Knabe, Gerd: *Kabarette sich, wer kann – 25 Jahre Zeitberichter.* Knüllwald-Nausis 1977.

Zeitschriften Regelmäßig erscheinende Druckschriften unterhaltenden, allgemeinbildenden oder fachlichen Inhalts, meist in Heftform. Der satirische Zeitschriftentyp heutiger Prägung, der vom politisch-satirischen Blatt bis zur humoristischen Zeitschrift und zum Witzblatt reicht, entstand in Deutschland um 1848 und brachte zunächst Humor und Kritik in häufig gereimten Wortbeiträgen und Zeichnungen (Karikatur).
Bereits seit 1513 gab es, im Gefolge der Erfindung des Buchdrucks um 1440 und der technischen Vervollkommnung des Holzschnitts, gedruckte Flugschriften und Flugblätter polemisch-satirischen Inhalts. Während der Französischen Revolution nahm das Flugblatt teilweise die Form einer Zeitschrift an, so der »Père Duchesne« von Jean René Hébert, der zwischen 1790 und 1794 wöchentlich in einer Auflage

 von 800.000 Exemplaren erschien, von denen 50.000 gratis an die Armen verteilt wurden. Die erste politisch-satirische Zeitschrift im modernen Sinne, »La Caricature«, erschien 1830, in dem Jahr, in dem Louis Philippe, der »Bürgerkönig«, den Thron bestieg. Die technischen Voraussetzungen waren durch Alois Senefelders Erfindung des Flachdruckverfahrens (1796) gegeben; 1826 setzte sich die von ihm entwickelte Lithografie als relativ unkomplizierte Vervielfältigungstechnik durch. Zur Weiterentwicklung des Bilddrucks trug die Erfindung der Schnellpresse (1811) bei, die 1872 vom Rotationsdruck (erfunden 1860) abgelöst wurde. Die Verschärfung der Pressegesetze 1835 führte dazu, daß nach vielfachen Verboten »La Caricature« ihr Erscheinen einstellen mußte.

Gleichen Charakter trugen die in Deutschland entstehenden satirischen Zeitschriften: 1829 in Berlin »Eulenspiegel« (Hrsg. E.M. Oettinger); 1830 in Berlin »Don Quixote« (Hrsg. Adolf Glaßbrenner); 1831 in Berlin »Figaro«; 1836 in Hamburg »Argus«; 1842 in Leipzig »Charivari« und die »Freikugeln«; 1844 in München »Fliegende Blätter« (mit Moritz von Schwind, Carl Spitzweg, Wilhelm Busch, Thomas Theodor Heine u.a., erschienen bis 1944); 1846 in Leipzig »Der Leuchtturm«; 1847 »Der Berliner Charivari« und »Die Düsseldorfer Monatsblätter«. Das Revolutionsjahr 1848 brachte dann eine Flut von satirischen Zeitschriften: »Freie Blätter« (Hrsg. Adolf Glaßbrenner); »Berliner Krakehler«; »Der Satyr«; »Volkstribun«; »Teufel in Berlin«; »Leipziger Reibeisen«; aus dem »Leuchtturm« wurde die »Deutsche Reichsbremse«. Die Titel der Zeitschriften charakterisieren ihr Programm und ihre Funktion: »Schildwacht«; »Eklige Blätter«; »Fortschritt«; »Die Lichtputzer« u.a. Die berühmteste aus dem Jahr 1848, der »Kladderadatsch« (Hrsg. David Kalisch, Albert Hofmann, später Adolf Glaßbrenner, Johannes Trojan, → *Hans Reimann*, Ernst Lissauer u.a.), wurde bereits am ersten Tag des Erscheinens mit 4000 Exemplaren verkauft, sie bestand bis 1944. Nach dem Scheitern der bürgerlichen Revolution wandelten sich die satirischen Kampfblätter, sofern sie überlebten (z.B. die »Fliegenden Blätter«), zu unpolitischen Familienwitzblättern.

Am 21.10. 1878 erlangte das »Gesetz gegen die gemeingefährlichen Bestrebungen der Sozialdemokratie« Rechtskraft; nach diesem Gesetz konnten die Behörden sozialistische Vereine und Verbindungen jeder Art, sowie Druckschriften, die sozialistische Ideen propagierten, verbieten. In dieser Situation der vollständigen Knebelung wurde 1879 in Hamburg der »Wahre Jacob« (Hrsg. J. Heinrich Wilhelm Dietz; mit Wilhelm Blos, Max Kegel, → *Hans Hyan*, → *Erich Mühsam*, → *Karl Schnog* u.a., bis 1933) gegründet. 1882 entstand das zweite bedeutende satirische Blatt, der »Süddeutsche Postillon«. Bereits 1890 hatten beide rund 100.000 Abonnenten; 1909 waren es bereits eine Viertelmillion. Deutlich unterschied sich mit hohem Kunstanspruch der 1896 in München gegründete »Simplicissimus« (Hrsg. Albert Langen; mit Th.Th. Heine, → *Frank Wedekind*, → *Ludwig Thoma*, Karl Arnold, Dr. Owlglass u.a.; bis 1944; 1954–67 neu herausgegeben von Olaf Iversen) von der Ausrichtung des »Wahren Jacob«, obwohl er mutige Kritik an bestehenden Mißständen und Personen im Kaiserreich unter Wilhelm II. übte. Seit 1931 erschien das satirische Blatt »Die Brennessel« (Hrsg. Wilhelm Weiß, Hans Reimann u.a.), das bald zum Sprachrohr der NSDAP wurde.

Im sozialistisch-kommunistischen Spektrum bieten die Blätter »Knüppel« (1919–23; Hrsg. Wieland Herzfelde; mit John Heartfield, George Grosz u.a.); »Eulenspiegel« (1928–33, seit 1931 unter dem Titel »Roter Pfeffer«; Hrsg. Otto Nagel, Fritz Erpenbeck; mit Heinrich Zille, → *Kurt Tucholsky,* → *Erich Weinert* u.a.); »Lachen Links« (1924–27; Hrsg. Erich Kuttner, Friedrich Wendel) entsprechende Identifikationsangebote, wie auch die dadaistischen Satire-Blätter »Jedermann sein eigner Fußball« (1919; Hrsg. Wieland Herzfelde); »Die Pleite« (1919–23; Hrsg. Wieland Herzfelde; mit John Heartfield, George Grosz, → *Walter Mehring* u.a.); »Merzhefte« (1923–31; Hrsg. → *Kurt Schwitters*).
Weitere, dem Kabarett nahestehende oder von diesem initiierte Zeitschriften waren »Die Pille« (1920–21; Hrsg. Bernhard Gröttrup; mit → *Paul Nikolaus,* Ossip Kalenter, Hardy Worm u.a.); »Glossarium« (1921; Hrsg. Gerhard Schäke); »Der Scharfrichter« (1924; Hrsg. Wilhelm Stahn; mit Erich Mühsam, → *Joachim Ringelnatz* u.a.); »Stachelschwein« (1924–29; Hrsg. Hans Reimann; mit Hans Harbeck, → *Hellmuth Krüger,* → *Friedrich Hollaender,* → *Karl Schnog* u.a.); »Der Kreuz- und Querschnitt« (1925; Hrsg. Leon Hirsch); »Weltbrille« (1928–29; Hrsg. Alfred Posner; mit → *Max Colpet,* → *Erich Kästner,* Walter Mehring u.a.); »Die Ente« (1931–33; Hrsg. Hardy Worm; mit Erich Kästner, Erich Weinert, Erich Mühsam, → *Roda Roda,* Karl Holtz u.a.); »Blauer Montag« (1924; Hrsg. Erich Weinert); »Spectaculum« (1921–23; Hrsg. Kabarett → *Retorte,* Leipzig); »Die Frechheit« (1924–32; Hrsg. → *Kabarett der Komiker,* Berlin). Nach 1933 ändert sich der Charakter der Witzblätter, sie fungierten nun als reine Werbeträger des Systems.

Ähnlich muß die Situation in der DDR nach 1945 beurteilt werden; man war bemüht, analog der satirischen Zeitschrift »Krokodil« in der Sowjetunion, einen neuen Typ zu schaffen: nicht Systemkritik, sondern Kritik an den Verfehlungen des »Klassenfeindes« wurde Aufgabe der Satire. Die 1949 in der DDR gegründete Zeitschrift »Frischer Wind«, die 1953 in »Eulenspiegel« umbenannt wurde (Hrsg. Peter Nelken u.a.; mit Lothar Kusche, Hansgeorg Stengel, Helmut Weiss, Nils Werner u.a.) steht in diesem Traditionszusammenhang; seit der Wiedervereinigung 1989 ist die wöchentliche Erscheinungsweise auf eine monatliche reduziert. In der Schweiz erscheint seit 1875 unter wechselnden Herausgebern und Mitarbeitern der »Nebelspalter«. Im besetzten Deutschland erschien der »Ulenspiegel« (1945–50; Hrsg. Günther Weisenborn, Herbert Sandberg, Karl Schnog, Friedrich Wolf; mit Wolfgang Weyrauch, → *Dieter Thierry,* → *Werner Finck,* Bele Bachem, Horst Lommer u.a.); »Fieberkurve« (1945–46; Hrsg. Werner Finck); »Der Insulaner« (1948–49; Hrsg. → *Günter Neumann*); »Der deutsche Michel« (1948–65; Hrsg. Richard Salis, Gerd Semmer u.a.).
Angesichts der »belanglosen Ärgernisse der Demokratie« (Otto Iffland 1954 bei der Neuherausgabe des »Simplicissimus«) verliert die satirische Zeitschrift in der Bundesrepublik ihre Funktion. 1961 erschien monatlich die Zeitschrift »pardon« (Hrsg. Hans A. Nikel u.a.; 1980–82 unter neuer Leitung von → *Henning Venske* u.a.). Weitere, oft kurzlebige Satireblätter folgten: »Fallbeil« (1962–64; Hrsg. Richard Salis, Karl Albrecht); »Satire« (1968–74; Hrsg. Hans Firzlaff, Hans-Peter Woile; danach 1975–83 als »Niespulver«). Neben satirisch-politischen Studentenzeitschriften (1966 in Marburg/Berlin: »Satt«; 1966–68 in Berlin: »Sodom und

Gomorra« u. a.) erschienen vor allem während der Studentenbewegung (oft in Verbindung mit der Außerparlamentarischen Opposition [APO]) Mitte bis Ende der sechziger Jahre eine Reihe scharf politischer Satire-Blätter. Doch blieben sie meistens auf das Publikum der alternativen Szene beschränkt: »Das Letzte« (1968; Hrsg. Bernhard Verlage, Leopold Unger u. a.); »Eintopf« (1968–70; Hrsg. Detlef Rohde, Heiner Hojer); »Exitus« (1968–69; Hrsg. Klaus Bär, E. A. Rauter). Elemente kämpferischer Satire wiesen vor allem die um 1970 erscheinenden Schüler- und Lehrlings-Zeitschriften auf: »Rote Rübe«, »Lehrlings-Arbeiter-Schüler-Zeitung«, Frankfurt am Main; »LZ«, Zeitung für Lehrlinge und Jungarbeiter, Hamburg; »Hundert Blumen«, Berlin; »Elda«, Große Freiheit Presse, Hamburg. Besondere Bedeutung kommt den sogenannten »Underground-Comics« (z. B. des amerikanischen Zeichners Crumb) zu.
In der Gegenwart erscheinen: »Titanic« (Gegr. 1979; mit Bernd Eilert, Robert Gernhardt, Eckhard Henscheid, Peter Knorr, Marie Marcks, Clodwig Poth, Friedrich Karl Waechter u. a.); in Frankreich: »Charivari«, »Le Canard Enchaîné«; in den USA: »Mad«; in England: »Punch«; in Rußland: »Krokodil«.

Vandrey, Max: *Am Anfang war die Presse.* München 1961. – Riha, Karl (Hrsg.): *Über Zeitungen – Satire, Agitation, Kritik.* Gießen 1973. – Hakel, Hermann: *Streitschrift gegen alle.* Wien 1975. – Stroech, Jürgen: *Die illegale Presse 1933–1939.* Frankfurt/Main 1979. – Hippen, Reinhard: *Kabarett der spitzen Feder – Streitzeitschriften.* Zürich 1986.

Zensur *»Eine Zensur findet nicht statt«* (Art. 5 des Grundgesetzes der Bundesrepublik Deutschland).
»Eine Zensur kommt selten allein« (Kabarettistenerfahrung mit der Anwendung von Art. 5 GG in der Verfassungswirklichkeit der BRD).
Die Zensur kabarettistischer Satire ist so alt wie diese selbst. Ohne Zensur, zumindest ohne die Drohung mit ihr, ohne die Erwägungen, Bemühungen, Versuche, zeitkritisches Kabarett zu zügeln, zu unterdrücken oder ihm die breite Öffentlichkeit vorzuenthalten, hätte die darstellende Satire wie jede andere allerdings ihre Daseinsberechtigung verwirkt. Sämtliche Fälle offener oder versteckter Zensur von seiten des Staates; von Nötigung von seiten mächtiger Interessenverbände, vor allem wirtschaftlicher; von verschleierter Zensur, die sich hinter einem falsch verstandenen Ausgewogenheitsgebot in Rundfunkgesetzen verbirgt (→ *Medienkabarett*) – sämtliche derartige Fälle gesondert aufzuzählen, würde den Rahmen dieses Lexikons sprengen. Es genüge die Feststellung, daß Zensur in mannigfaltigen Verklausulierungen grundgesetzwidrig ausgeübt wird, und zwar von denen, die zu ihrer Rechtfertigung den Schutz der freiheitlich-demokratischen Grundordnung ins Treffen führen. Oft wird diesen Einflüssen auch erst der Weg durch andere Scheingefechte (z. B. der mangelnden künstlerischen Qualifikation) geebnet. Die gravierendsten Fälle von Kabarettzensur in Deutschland von 1901 bis 1980 zählt die Publikation des → *Deutschen Kabarett-Archivs* zu seiner Ausstellung »Sich fügen heißt lügen – 80 Jahre deutsches Kabarett« auf, allerdings ohne die grundsätzliche Kabarettzensur, eine Vorzensur, in der ehemaligen DDR zu erwähnen.
Einen der eklatantesten Eingriffe gegen eine den Mächtigen unliebsame Kabarettsendung leistete sich am 22. Mai 1982 der Intendant des Bayerischen Fernsehens,

indem er seinen Sender aus der ARD-Gemeinschaftssendung des »Scheibenwischer« über die Folgen radioaktiver Verseuchung durch Kernkraftwerke ausblendete. Dabei scherte er sich nicht um Artikel 112,2 der bayerischen Staatsverfassung, in dem »Beschränkungen des Rundfunkempfanges sowie des Bezugs von Druckerzeugnissen« für »unzulässig« erklärt sind.

Houben, H.H.: *Der ewige Zensor.* Kronberg/Taunus 1978. – Kienzle, Michael; Menck, Dirk (Hrsg.): *Zensur in der BRD.* München 1980. – Hippen, Reinhard (Hrsg.): *Sich fügen heißt lügen – 80 Jahre deutsches Kabarett.* Mainz 1981. – Breuer, Dieter: *Geschichte der literarischen Zensur in Deutschland.* Heidelberg 1982. – Petersen, Klaus: *Zensur in der Weimarer Republik.* Stuttgart 1995.

Zepler, Bogumil ** 1858 Breslau; † 1919 Krummhübel (Riesengebirge).* Komponist, Pianist

Studierte nach seiner Promotion zum Dr. med. Komposition bei Heinrich Urban in Berlin. Komponierte seine erste Oper, »Cavalleria Berolina«, danach Buffo-Einakter, Opern, Operetten, Ballettsuiten für Orchester und zahlreiche Lieder. 1901 komponierte er Chansons für die Berliner Kabaretts → *Schall und Rauch (I),* → *Überbrettl,* sowie 1902 für den »Hungrigen Pegasus; 1903 wirkte er als musikalischer Begleiter im »Cabaret zum siebenten Himmel« mit. Zu Zeplers Überbrettl-Produktionen gehören Kompositionen zu Texten von Hugo Salus (»Mädel kauf ein«, »Der Königssohn«), Alfred Walter Heymel (»Bestellung«), Hans Brennert (»Gelbstern«), → *Leo Heller* (»Das Lied vom Mädel«), → *Ernst von Wolzogen* (»Das Laufmädel«) u.a. Arnold Schönberg hat in den Jahren 1902 und 1903 mehrere Kompositionen Zeplers orchestriert, u.a. die Operette »Diogenes«. 1907 schrieb Zepler auch die Musik zu einer »Salomo-Parodie« von Hans Brennert.

Zimmermann, Osy (eigentlich: Oswald Paul Zimmermann) ** 2. 4. 1946 Zug (Schweiz).* Kabarettist und Kabarettautor

War ursprünglich Schriftsetzer und arbeitete in der Werbebranche, begann nebenbei eine Ausbildung in Musik, Gesang und Pantomime. Stellte 1977 sein erstes Soloprogramm, »Tell solo«, als eigenes Musik-Kabarett vor und bezeichnete sich als »Cabrietist«. Seit 1979 arbeitet er selbständig mit Kindern und Erwachsenen und leitet Workshops (Kreativkurse). 1980 folgte sein zweites Soloprogramm, »Zimmitationen« (auch als Platte erschienen), das er in der Schweiz, Österreich und Deutschland zeigte, danach die selbstverfaßten Programme »Unterwegs für Sie« (1982); »Lieder-licher Abend« (1985); »Orlando und sein Bruder« (1987); »Winterreise« (1991) und »Jungfernreise« (1994). Trat verschiedentlich in Rundfunk- und Fernsehsendungen auf, so 1982 und 1985 im »Sprungbrettl« (SDR); »Studiobrettl« (SWF); »Zimmermanns Zimmitationen« 1983 im Fernsehen (SWF III). Erhielt 1983 den → *Salzburger Stier.*

Zimmerschied, Siegfried ** 7. 10. 1953 Passau.* Kabarettist, Kabarettautor

War Ministrant, Pfarrjugendführer, studierte 1973/74 vier Semester Religionspädagogik an der Domschule Würzburg. Gründete 1974/75 (mit → *Bruno Jonas*) in Passau das Ministrantenkabarett → *Die Verhohnepeopler.* 1976 im Ensemble des → *(Münchner) Rationaltheaters.* 1977 erstes Soloprogramm, »Zwischenmenschen«, dem die Soloprogramme folgten: »Haltungsschäden« (1978), »A ganz a

Siegfried Zimmerschied

miesa, dafeida, dreckada Dreck san Sie« (1979), »Passauereien« (1982). Brachte 1982 mit seinem »Passauer Volkstheater – Neubayerischer Bilderbogen« (zusammen mit Michael Homann und Regina Zeller) ein Volkskabarett und 1983 mit »Für Frieden und Freiheit – Ein Holzweg in 14 Stationen« ein satirisches Volksstück heraus (15. 11. 1983 im »Scharfrichterhaus«, Passau, zusammen mit Michael Homann, Martina Kolbinger und Rosemarie Reinhard). Bereist mit seinen Soloprogrammen und Stücken Bayern, seit 1980 auch Norddeutschland. Im Oktober 1984 erneut ein Soloprogramm, »Betondepp'n« (mit Barbara Dorsch und Elfie Kienzl als Gästen), danach »Klassentreffen« (1987), »Ausschwitz'n – Eine deutsche Tugend« (1989), »Passauer Kalendarium« (1992) und »Danemliegn« (1994).
Siegfried Zimmerschied ist der satirisch unerbittlichste Kritiker von »Provinzmuff« und Klerikalismus seiner Passauer Heimatstadt. Jahrelang boykottierte ihn die Passauer Monopolzeitung »Passauer Neue Presse«, wurden Verfahren wegen Gotteslästerung und Beleidigung gegen ihn angestrengt. Sein »Hirtenbrief (An alle schwarzen Schafe)« erschien 1979–1982 unregelmäßig mit einer Auflage von 14000 Stück und ging regelmäßig gratis an jeden Passauer Haushalt. Zimmerschied erhielt 1979 den → *Deutscher Kleinkunstpreis*, 1982 den »Berliner Wecker« und 1985 den »Ernst-Hofrichter-Preis«, 1986 die »Ludwig-Thoma-Medaille«.

Zimmerschied, Siegfried: *A ganz a miesa, dafeida, dreckata Dreck san Sie.* Passau 1982. Ders.: *Ausschwitz'n.* Viechtach 1990.

Zink, Anka ** 1963 Bonn.* Autorin, Kabarettistin, Regisseurin
Betätigte sich während ihres Studiums der Soziologie und der Volkswirtschaft in Bielefeld als Werkstudentin und Journalistin. War 1983 Gründungsmitglied des Köln/Bonner Kabaretts → *Springmaus*, in deren Programmen sie bis 1988 auftrat. Wirkte dann als Darstellerin und Autorin im Ensemble des Düsseldorfer Kabaretts → *Kom(m)ödchen* (»Solange der Vorrat reicht«, 1989; »Wir sind so frei«, 1990). Übernahm 1991 die künstlerische Leitung des Gastspielhauses »Anno Tubac« in Bonn. Führte Regie beim Duo »V.E.V.-Kabarett« mit Frank Küster und → *Dieter Nuhr* (»Schrille Stille«, 1990; »Zipfeltreffen«, 1992 u.a.). Schrieb und spielte 1991 ihr erstes Soloprogramm, »Alle Männchen werden Prüder«, mit dem Komponisten und Pianisten Steve Nobles. Es folgten die mit Co-Autor Moritz Netenjakob (auch Regie) geschriebenen Soloprogramme »Da gehen wir hin« (1993) und »A.D.A.M. – Ein Abend für Optimisten« (1995). Wirkte im Hörfunk mit in »Unterhaltung à la carte« (WDR 1993); »Brettlzeit« (DLF 1993); »Romanzen in Moll« (WDR II, 1995) und im Fernsehen (seit 1993 als Partnerin von Dirk Bach) in der »Dirk-Bach-Show« (ZDF); »Mitternachtsspitzen« (WDR 1994); »Einstweilige Vergnügung« (Pro 7, 1993) u.a. mit.

Zinner, Hedda ** 20. 5. 1905 Lemberg.* Schauspielerin, Schriftstellerin, Lyrikerin
Besuchte 1923–1925 die Schauspiel-Akademie in Wien, debütierte am »Raimund-Theater«, gefolgt von Engagements u.a. in Stuttgart, Baden-Baden und Breslau. Ging 1929 nach Berlin und schrieb erste Reportagen für die »Rote Fahne«, das Zentralorgan der KPD, seit 1930 auch Gedichte und Songs (auch unter den Pseudonymen Elisabeth Frank und Hannchen Lobesam), die sie auf Arbeiterversammlungen vortrug. 1933 emigrierte sie nach Wien, dann nach Prag, wo sie das linksgerichtete Kabarett »Studio 34« gründete. 1935 ging sie mit ihrem Mann, dem Schriftsteller Fritz Erpenbeck (6.4. 1897–9.1. 1975), nach Moskau und arbeitete dort für den Rundfunk. 1945 Rückkehr in die DDR. Schrieb hier zahlreiche zeitkritische Theaterstücke, so »Ravensbrücker Ballade« (1961) sowie Erzählungen, Romane, Drehbücher, Hör- und Fernsehspiele.

Zote Witz oder komische Redensart voll derber, vulgärer, zynischer → *Komik*; im Gegensatz zu pikanten oder respektlosen → *Witzen.* In besonderem Maße befaßt sich die Zote mit dem Sexuellen; oft verwendet sie unter dem Schein des Moralischen versteckt zweideutige → *Wortspiele.* Von jüngeren Comedy-Unterhaltern (→ *Comedy*), die sich auch Kabarettisten nennen, wie z.B. Ingo Appelt, Tom Gerhardt, Günther Grünwald u.a. bedenkenlos angewandt.

Die ZWEIfler Satirisch-literarisches Kabarett-Duo in Mannheim, gegründet 1979 von Michael Angierski (* 1959, Mannheim) und Elmar Thümer (* 1959, Hannover) mit dem Programm »Lästereien, Parodien, alltägliche Katastrophen«. Zuerst spielte das Duo seit 1979 unter dem Namen »Anges & Elmar«, seit 1987 ist es als *Die ZWEIfler* unterwegs. Sie brachten bis 1996 insgesamt elf selbstverfaßte Programme heraus, darunter: »Es ist nicht alles Schein, was trügt!« (1987); »Darf's etwas quer sein?« (1989); »Der ZWEIfler-Report: Nackter Wahnsinn aus zehn Jahren Kabarett« (1990); »Programm gefällig?« (1990); »Noch jemand zugestiegen?« (1992); »Treten Sie zurück!« (1994); »Moment mal...« (1995) und »Selber schuld« (1996). *Die ZWEIfler* bestritten auch verschiedene Rundfunk- und Fernsehsendungen. 1986 und 1989 erhielten sie den »Kleinkunstpreis« der Stadt Mannheim und 1989 den ersten Preis beim nordbadischen Kleinkunst-Wettbewerb »Terpsi«.

Die Zwiebel Literarisch-politisches Kabarett in München, gegründet 1954 von → *Michael Burk*, eröffnet im Mai 1954 im Keller des »Carlton Tea Room«, Brienner Str. 12, mit dem Programm »Beschränkt in alle Ewigkeit«. Texte: Michael Burk, Gert Fischer, Jane Furch, Peer Frank Günther, Walter Kolbenhoff. Musik: → *Bernhard Eichhorn*, Walter Schell van Reth (auch Begleitung). Darsteller: Michael Burk, Carla Hagen, Carl Erhardt Hardt, Fritz Korn, Fee von Reichlin, Dr. Heinz Thiele. Regie: Peter Hamel. Als Autoren kamen hinzu: im zweiten Programm (»Fähnchen am Spieß«, Herbst 1954) → *Per Schwenzen*, im dritten Programm (»Gebt nur 10 Jahre Zeit!«, Frühjahr 1955) → *Max Colpet*, im achten Programm (»Stachusmelodie«, Winter 1957) → *Klaus Peter Schreiner*, im sechsten Programm (»Blumen für Frau Müller«, Januar 1957) → *Oliver Hassencamp*, im zwölften Programm (»Die Sahne hoch«, Sommer 1960) → *Therese Angeloff*. Weitere Autoren: → *Thaddäus Troll*, Karlheinz Graudenz, Horst Huckauf, → *Hannes Stütz*, Alf Tamin, → *Joachim Hackethal* u.a. Weitere Darsteller: Anita Bucher, Wolf Euba, Silvia Frank, → *Ursula Herking*, Horst Huckauf, Monika John, Erich Kleiber, Hans Lux, Axel Muck, Ilse Petri, Walter van Raay, Wolf Rahtjen, → *Hannes Stütz*, Edith Teichmann, Selma Urfer. Nach dem 23. Programm (»Der goldene Stuß«, 16.4. 1968) verkaufte Burk *Die Zwiebel* zum 1.11. 1968 an Wolf Rahtjen und begann, Unterhaltungsromane zu schreiben. Da der »Carlton Tea Room« die Räume zum 30.6. 1970 kündigte, mußte Rahtjen den Kabarettbetrieb einstellen.
Die Zwiebel versuchte, die Mitte zwischen dem literarischen Regiekabarett der → *Kleinen Freiheit* (gegründet 1951) und der schwabingerischen Unbekümmertheit der → *Kleinen Fische* (gegründet 1953) zu halten. Leiter, Hauptautor und Hauptdarsteller war bis 1968 Michael Burk. Die in seiner Person gegebene Mischung von bajuwarischer Hintersinnigkeit und flinkem Großstadtwitz bestimmte zumindest bis 1959 Stil und Gesicht der *Zwiebel*. Danach zog sich Burk als Autor und Darsteller zurück, bis er mit dem Programm »Ohne Rücksicht auf Verluste« (1964) zu schärfster politischer Satire ausholte (auch textlich und personal), die er jedoch nur drei Programme durchhielt. Mit dem unverbindlichen »Goldenen Stuß« hörte er auf.

Literatur

Kabarett-Anthologien

Allos, Dr. (Hrsg.): *Buntes Brettl Buch – eine Sammlung der besten Kleinkunstvorträge.* Leipzig 1925.

Bemmann, Helga (Hrsg.): *Immer um die Litfaßsäule rum – Gedichte aus acht Jahrzehnten Kabarett.* Berlin 1982.

– (Hrsg.): *Fürs Publikum gewählt – erzählt. Prosa aus sechs Jahrzehnten Kabarett.* Berlin 1967.

– (Hrsg.): *Das Herz auf der Zunge. Deutschsprachige Chansons aus 100 Jahren.* Berlin 1979.

Bretteleien – Eine Sammlung der besten Brettlgedichte. Wien 1926.

Budzinski, Klaus (Hrsg.): *So weit die scharfe Zunge reicht – Die Anthologie des deutschsprachigen Cabarets.* München 1964.

– (Hrsg.): *Linke Lieder – Protestsongs.* München–Bern–Wien 1966.

– (Hrsg.): *Vorsicht – Die Mandoline ist geladen – Deutsches Kabarett seit 1964.* Frankfurt/Main 1970.

Deutsche Chansons – Brettl Lieder. Berlin 1901.

Ehrenfeld, Alexander (Hrsg.): *Brettl-Almanach.* Zürich 1901.

Finck, Werner (Hrsg.): *Kavaliere, Käuze, Kerle – Ein Kabarettbuch.* Frankfurt/Main 1947/1979.

Glanzmann, Max-Jürg (Hrsg.): *Mys nächschte Lied – 20 Jahre Schweizer Chanson.* Zürich 1976.

Gordon, Paul (Hrsg.): *Das Kabarett – Eine Sammlung von Sketchen für die Kleinkunstbühne.* Berlin 1930.

– (Hrsg.): *Das Kabarett 1950 – Eine Sammlung von Einaktern und Sketchen für die Kleinkunstbühne.* Berlin 1950.

Greul, Heinz (Hrsg.): *Chansons der zwanziger Jahre.* Zürich 1962.

– *Die Elf Scharfrichter,* Zürich 1962.

Greuner, Ruth (Hrsg.): *Zeitzünder im Eintopf – Antifaschistische Satire 1933–1945.* Berlin 1975.

Hakel, Hermann (Hrsg.): *Mein Kollege der Affe – Ein Kabarett.* Wien 1959.

– (Hrsg.): *Wigl Wogl – Kabarett und Varieté in Wien.* Wien 1962.

Hoche, Karl (Hrsg.): *Die Lage war noch nie so ernst – Eine Geschichte der Bundesrepublik in ihrer Satire.* Frankfurt/Main 1984.

Jahn, Hans / Kost, Karl (Hrsg.): *Herz an der Rampe – Ausgewählte Chansons, Songs und Dichtungen.* Buenos Aires 1944.

Kühn, Volker (Hrsg.): *Kleinkunststücke – Eine Kabarett-Bibliothek in fünf Bänden.* Weinheim 1987–1994.

Kruse, Georg Richard (Hrsg.): *Kabarett. Eine Sammlung kleiner Stücke, Szenen und Vorträge für gesellige Kreise. 3 Bändchen.* Leipzig 1916.

Lammel, Inge (Hrsg.): *Das Lied im Kampf geboren.* Heft 2: *Lieder der Agitprop-Truppen vor 1945.* Leipzig 1959.

Lehmann, Hyazinth (Hrsg.): *Bänkel und Brettl – Ein Vortragsbuch für das Haus-Cabaret aus drei Jahrzehnten.* Wiesbaden 1953.

Lommer, Horst (Hrsg.): *Das Tausendjährige Reich.* Berlin 1946.

Pablé, Elisabeth (Hrsg.): *Rote Laterne – Schwarzer Humor. Chansons dieses Jahrhunderts.* Salzburg o.J.

– (Hrsg.): *Blutrote Laterne – Tiefschwarzer Humor. Ungeschminkte Liebeslieder.* Salzburg 1969.

Piotrowski, Gudrun/Biskupek, Matthias: *Es sind alle so nett – Szenen, Lieder und Monologe aus dem Kabarett der Eidgenossen.* Berlin 1993.

Rösler, Walter (Hrsg.): *Gehn ma halt a bisserl unter – Kabarett in Wien von den Anfängen bis heute.* Berlin 1991.

Salm, Carl (Hrsg.): *Das Kabarettbuch.* Köln 1923.

– (Hrsg.): *Vom Brettl fürs Brettl – Verse, Prosa, Sketche.* Leipzig o.J.

Schaeffers, Willi (Hrsg.): *Bunte Palette. Vortragsbuch für Jedermann.* Berlin 1953.

Schütte, Wolfgang U. (Hrsg.): *Vom Untergang des Abendlandes – Kabarett-Texte der zwanziger Jahre.* Berlin 1983.

Singer, Erich (Hrsg.): *Bänkelbuch – Neue deutsche Chansons.* Leipzig 1920.

Sternstunden des Kabaretts. Von Peter Ensikat u.a. München 1996.

Strohmeyer, Klaus (Hrsg.): *Zu Hitler fällt mir noch ein – Satire als Widerstand.* Reinbek 1989.

Teller, Oscar (Hrsg.): *Davids Witz-Schleuder. Jüdisch-politisches Cabaret – 50 Jahre Kleinkunstbühnen in Wien, Berlin, London, New York, Warschau und Tel Aviv.* Darmstadt 1982.
Tomayer, Horst / Volland, Ernst (Hrsg.): *Lachend in die 80er? – Satire im bürgerlichen Deutschland.* Berlin 1976.
Veigl, Hans (Hrsg.): *Luftmenschen – Jüdisches Kabarett in Wien 1890–1938.* Wien 1992.
– (Hrsg.): *Nachtlichter – Sezessionistisches Kabarett.* Wien 1993.
Vom Brettl unserer Tage – Gedichte und Chansons. München 1947.
Wenng, Walter (Hrsg.): *Das schiefe Podium – Ein buntes Brettl Buch.* Berlin 1921
Weys, Rudolf (Hrsg.): *Wien bleibt Wien, und das geschieht ihm ganz recht – Cabaret-Album 1930–1945.* Wien 1974.

Allgemeine Werke über das Kabarett

Appignanesi, Lisa: *The Cabaret.* London 1975 (Deutsch: *Das Kabarett.* Stuttgart 1976).
Arp, Hans / Huelsenbeck, Richard / Tzara, Tristan: *Die Geburt des Dada.* Zürich 1957.
Bartsch, Udo (Hrsg.): *Unterhaltungskunst A-Z.* Berlin 1977.
Bayersdorfer, Hans Peter: *Literatur und Theater im Wilhelminischen Zeitalter.* Tübingen 1978.
Bemmann, Helga: *Berliner Musenkinder-Memoiren – Eine heitere Chronik von 1900–1930.* Berlin 1981.
Berger, Manfred: *Kabarett nach vorn – Zu einigen Problemen der Kabarettbewegung.* Berlin 1966.
Bergius, Hanne: *Das Lachen Dadas – Die Berliner Dadaisten und ihre Aktionen.* Gießen 1989.
Beyer, Wolfgang: *Lachhaft – Neues Kabarett in Österreich.* St. Andrä-Wördern 1996.
Bierbaum, Otto Julius: *Stilpe* (Roman). Berlin 1897.
Bollinger, Hans / Magnaguagno, Guido u.a.: *Dada in Zürich.* Zürich 1985.
Buchner, Eberhard: *Varieté und Tingeltangel in Berlin.* Berlin/Leipzig 1905.
Bühne und Brettl. Illustrierte Zeitschrift für Bühne und Kunst 1–4. Berlin 1901–1905.
Budzinski, Klaus: *Die Muse mit der scharfen Zunge – Vom Cabaret zum Kabarett.* München 1961.
– *Die öffentlichen Spaßmacher – Das Kabarett in der Ära Adenauer.* München 1966.
– *Pfeffer ins Getriebe – So ist und wurde das Kabarett.* München 1982.
– *Das Kabarett – 100 Jahre literarische Zeitkritik – gesprochen, gesungen, gespielt* (Lexikon). Düsseldorf 1985.
– *Wer lacht denn da? – Kabarett von 1945 bis heute.* Braunschweig 1989.
Bullivant, Keith (Hrsg.): *Das literarische Leben in der Weimarer Republik.* Königstein 1978.
Carco, Francis: *De Montmartre au Quartier latin.* Paris 1927.
– *Monmartre à vingt ans.* Paris 1938.
– *La Belle Époque au temps de Bruant.* Paris 1954.
Cotta, Johannes: *Der Kabarettkünstler nebst einem Abriß der Geschichte des deutschen Kabaretts – Praktische Anleitung zur Berufswahl.* Leipzig 1926.
Dachs, Robert: *Sag beim Abschied ... – Genies aus dem Wiener Kaffeehaus.* Wien 1994.
Deißner-Jenssen, Frauke (Hrsg.): *Die zehnte Muse – Kabarettisten erzählen.* Berlin 1982.
Donnay, Maurice: *Autour du Chat Noir.* Paris 1926.
Einsporn, Petra-Maria: *Juvenals Irrtum – Über die Antinomie der Satire und des politischen Kabaretts.* Diss. Frankfurt/Main 1985.
Ewers, Hanns Heinz: *Das Cabaret.* Berlin/Leipzig 1904.
Fleischer, Michael: *Eine Theorie des Kabaretts – Versuch einer Gattungsbeschreibung* (an deutschem und polnischem Material). Bochum 1989.
Fräulein, Martin/Ilg, Christiane: *Kabarett ein Spiegel der Zeit.* Münster 1991.
Gebhardt, Horst (Hrsg.): *Kabarett heute – Erfahrungen, Standpunkte, Meinungen.* Berlin 1987.
Greul, Heinz: *Bretter, die die Zeit bedeuten – Die Kulturgeschichte des Kabaretts.* Köln/Berlin 1967.
Günther, Ernst/Hofmann, Heinz P./Rösler, Walter (Hrsg.): *Kassette 1–11 – Ein Almanach für Bühne, Podium und Manege.* Berlin 1977–1988.
Günther, Ernst: *Geschichte des Varietés.* Berlin 1981.
Guilbert, Yvette: *Autres temps, autres chants.* Paris 1946.
– *Die Kunst, ein Chanson zu singen* (Hrsg. Walter Rösler). Berlin 1981.

Gumppenberg, Hanns von: *Lebenserinnerungen – Aus dem Nachlaß des Dichters.* Berlin/Zürich 1929.
Heinrich-Jost, Ingrid: *Hungrige Pegasusse – Anfänge des deutschen Kabaretts in Berlin.* Berlin 1981.
Herbert, Michel: *La Chanson à Montmartre.* Paris 1967.
Herrmann-Neisse, Max: *Kabarett – Schriften zum Kabarett und zur bildenden Kunst* (Hrsg. Klaus Völker). Frankfurt/Main 1988.
Hippen, Reinhard/Lücking, Ursula: *Sich fügen heißt lügen – 80 Jahre deutsches Kabarett.* Mainz 1981.
Hippen, Reinhard: *Das Kabarett-Chanson – Typen, Themen, Temperamente.* Zürich 1986.
– *Satire gegen Hitler – Kabarett im Exil.* Zürich 1986.
– *Es liegt in der Luft – Kabarett im Dritten Reich.* Zürich 1988.
– *Erklügelte Nervenkultur – Kabarett der Neopathetiker und Dadaisten.* Zürich 1991.
Hörburger, Christian: *Nihilisten, Pazifisten, Nestbeschmutzer – Gesichtete Zeit im Spiegel des Kabaretts.* Tübingen 1993.
Hösch, Rudolf: *Kabarett von gestern – Nach zeitgenössischen Berichten, Kritiken und Erinnerungen (1900–1933).* Berlin 1967.
– *Kabarett von gestern und heute – Nach zeitgenössischen Berichten, Kritiken, Texten und Erinnerungen (1933–1970).* Berlin 1972.
Hofmann, Gerhard: *Das politische Kabarett als geschichtliche Quelle.* Frankfurt/Main 1976.
Hoffmann-Ostwald, Daniel: *Auf der roten Rampe – Erlebnisberichte und Texte aus der Arbeit der Agitproptruppen vor 1933.* Berlin 1963.
Huff, Hartmut: *Liedermacher, Songpoeten, Mundartsänger, Blödelbarden, Protestsänger.* München 1980.
Hyspa, Vincent: *Souvenirs du cabaret – Du Chat Noir au Chien Noir.* Paris 1938.
Jaques-Charles: *Cent Ans de Music Hall.* Paris/Genf 1966.
Jelavich, Peter: *Munich and Theatrical Modernism – Politics, Playwriting and Performance 1890–1914.* London 1985.
– *Berlin Cabaret – Studies in Cultural History.* Cambridge/Mass. und London 1993.
Jendricke, Bernhard: *Die Nachkriegszeit im Spiegel der Satire.* Frankfurt/Main 1982.
Kalina, Ján L.: *Svet Kabaretu (Die Welt des Kabaretts).* Bratislava 1966.
Keiser, César: *Herrliche Zeiten 1916–1976 – 60 Jahre Cabaret in der Schweiz.* Bern 1976.
Kirchenwitz, Lutz: *Folk, Chanson und Liedermacher in der DDR – Chronisten, Kritiker, Kaisergeburtstagssänger.* Berlin 1993.
Kirchhof, Peter K. (Hrsg.): *Ein Spaß braucht keine(n) – Das Kabarett in Deutschland.* Düsseldorf 1995.
Klossowski, Erich: *Die Maler von Montmartre.* Berlin 1904.
König, Ernst: *Das Überbrettl Ernst von Wolzogens und die Berliner Überbrettl-Bewegung* (Diss). Kiel 1956.
Kothes, Franz-Peter: *Die theatralische Revue in Berlin und Wien 1900–1938 – Typen, Inhalte, Funktionen.* Wilhelmshaven 1977.
Kühn, Volker: *Das Kabarett der frühen Jahre.* Berlin 1988.
– *Die zehnte Muse – 111 Jahre Kabarett.* Köln 1993.
Lang, Manfred: *Kleinkunst im Widerstand: Das »Wiener Werkel« – Das Kabarett im Dritten Reich* (Diss.), Wien 1966.
Lareau, Alan: *An Unhappy Love – The Struggle for a Literary Cabaret in Berlin 1919–1935.* Diss. Wisconsin/Madison 1990.
Lareau, Alan: *The Wild Stage – Literary Cabarets of the Weimar Republik.* Columbia 1995.
Leimbach, Berthold (Hrsg.): *Tondokumente der Kleinkunst und ihre Interpreten 1898–1945.* Göttingen 1991.
Meerstein, Günter: *Das Kabarett im Dienste der Politik.* Dresden 1938.
Mehring, Walter: *Berlin Dada – Eine Chronik mit Fotos und Dokumenten.* Zürich 1959.
Meyer, Reinhard: *Dada in Zürich und Berlin 1916–1920 – Literatur zwischen Revolution und Reaktion.* Kronberg 1973.
Moeller-Bruck, Arthur: *Das Varieté.* Berlin 1902.
Moszkowski, Alexander: *Das Panorama meines Lebens.* Berlin 1925.
Mühsam, Erich: *Namen und Menschen – Unpolitische Erinnerungen.* Berlin 1977.
Müller, C. Wolfgang/Hammer, Conrad: *Narren, Henker, Komödianten.* Bonn 1956.
Müller-Müller (Hrsg.): *Kabarett-Jahrbuch 1921.* Düsseldorf 1921.

– (Hrsg.): *Kabarett-Jahrbuch 1922.* Düsseldorf 1922.
Neef, Wilhelm: *Das Chanson – Eine Monographie.* Leipzig 1972.
Osthoff, Otto (Hrsg.): *Das literarische Kabarett* (Heft 1–5). München 1946/1947.
Otto, Rainer/Rösler, Walter: *Kabarettgeschichte.* Berlin 1981.
Pacher, Maurus: *Sehn Sie, das war Berlin – Weltstadt nach Noten.* Frankfurt/Main 1987.
Pelzer, Jürgen: *Kritik durch Spott – Satirische Praxis und Wirkungsprobleme im westdeutschen Kabarett (1945–1974).* Frankfurt/Main 1985.
PEM (d.i. Paul Markus): *Heimweh nach dem Kurfürstendamm – Aus Berlins glanzvollsten Tagen und Nächten.* Berlin 1952.
Reisner, Ingeborg: *Kabarett als Werkstatt des Theaters – Literarische Kleinkunst in Wien vor dem Zweiten Weltkrieg* (Diss.). Wien 1961.
Richard, Lionel: *Cabaret – Kabarett – Von Paris nach Europa.* Paris 1991 (Deutsch: Leipzig 1993).
Riha, Karl (Hrsg.): *Dada Berlin – Texte, Manifeste, Aktionen.* Stuttgart 1977.
– *Moritat, Bänkelsong, Protestballade – Kabarettlyrik und engagiertes Lied in Deutschland.* Königstein 1979.
– *Kabarett – Weimarer Republik, Drittes Reich – Avantgardismus, Parteilichkeit, Exil 1918–1945.* Reinbek 1983.
– / Wende-Hohenberger, Waltraud: *Dada Zürich – Texte, Manifeste, Dokumente.* Stuttgart 1992.
Rösler, Walter: *Das Chanson im deutschen Kabarett 1901–1933.* Berlin 1980.
– (Hrsg.): *Hundert Jahre Kabarett – Sonderausstellung der DDR im Märkischen Museum.* Berlin 1982.
Rotermund, Erwin: *Die Parodie in der modernen deutschen Lyrik.* München 1963.
Rothschild, Thomas: *Liedermacher – 23 Porträts.* Frankfurt/Main 1980.
Ruttkowski, Wolfgang Victor: *Das literarische Chanson in Deutschland.* Bern/München 1966.
Schäffner, Lothar: *Das Kabarett, der Spiegel des politischen Geschehens.* Diss. Kiel 1969.
Scherbera, Jürgen: *Damals im Romanischen Café – Künstler und ihre Lokale im Berlin der zwanziger Jahre.* Braunschweig 1988.
Scheu, Friedrich: *Humor als Waffe – Politisches Kabarett in der Ersten Republik.* Wien 1977.
Schifferli, Peter (Hrsg.): *Die Geburt des Dada – Dichtung und Chronik der Gründer.* Zürich 1957.
Schmidt, Felix: *Das Chanson – Herkunft, Entwicklung, Interpretation.* Ahrensburg/Paris 1968.
Schmitz, Walter (Hrsg.): *Die Münchner Moderne – Die literarische Szene in der »Kunststadt« um die Jahrhundertwende.* Stuttgart 1992.
Schulz-Koehn, Dietrich: *Vive la Chanson – Kunst zwischen Show und Poesie.* Gütersloh 1969.
Schumann, Werner: *Unsterbliches Kabarett.* Hannover 1948.
Schutte, Jürgen/Sprengel, Peter (Hrsg.): *Die Berliner Moderne 1885–1914.* Stuttgart 1987.
Schweizer Liedermacher – Porträts und Materialien. Bern 1976.
Segal, Harold B.: *Turn-of-the-Century Cabaret – Paris, Barcelona, Berlin, Munich, Vienna, Cracow, Moscow, St. Petersburg, Zürich.* New York 1987.
Shattuck, Roger: *Die Belle Époque – Kultur und Gesellschaft in Frankreich 1885–1918.* New York 1955 (Deutsch: München 1963).
Valbel, Horace: *Les Chansonniers et les Cabarets artistiques.* Paris 1885.
Veigl, Hans: *Lachen im Keller – Von den Budapestern zum Wiener Werkel. Kabarett und Kleinkunst in Wien.* Wien 1986.
Vogel, Benedikt: *Fiktionskulisse. Poetik und Geschichte des Kabaretts.* Paderborn 1993.
Weigel, Hans: *Gerichtstag vor 49 Leuten – Rückblick auf das Wiener Kabarett der dreißiger Jahre.* Graz/Wien/Köln 1981.
Weihermüller, Manfred: *Discographie der deutschen Kleinkunst.* Band 1–3. Bonn 1991–1993.
Weys, Rudolf: *Cabaret und Kabarett in Wien.* München 1970.
Wolzogen, Ernst von: *Ansichten und Aussichten – Ein Erntebuch. Gesammelte Studien über Musik, Literatur, Theater.* Berlin 1908.
– *Wie ich mich ums Leben brachte – Erinnerungen und Erfahrungen.* Brunswick/Hamburg 1922.
Zimmermann, Hans-Dieter (Hrsg.): *Lechzend nach Tyrannenblut – Ballade, Bänkelsang und Song.* Colloquium über das populäre und das politische Lied. Berlin 1972.
Zivier, Georg/Kotschenreuther, Hellmut/Ludwig, Volker: *Kabarett mit K – Fünfzig Jahre große Kleinkunst.* Berlin 1974.
– *Kabarett mit K – Siebzig Jahre große Kleinkunst.* Berlin 1989.

Deutscher Kleinkunstpreis

vergeben vom Mainzer unterhaus seit 1972

Liste der Preisträger (chronologisch)

1972 Hanns Dieter Hüsch
1973 Franz Hohler (Kabarett)
Guy Walter (Sonderpreis)
1974 Helmut Ruge (Kabarett)
Hannes Wader (Chanson)
Günther Lüders (Kleinkunst)
1975 Die Machtwächter (Kabarett)
Schobert & Black (Chanson)
Ernst Stankowski (Kleinkunst)
1976 Emil Steinberger (Kabarett)
Christof Stählin (Chanson)
Ortrud Beginnen (Kleinkunst)
Gert Fröbe (Sonderpreis der Stadt Mainz)
1977 Dieter Hildebrandt (Kabarett)
Konstantin Wecker (Chanson)
Franz Josef Bogner (Kleinkunst)
Michael Bauer (Förderpreis der Stadt Mainz)
1978 Jochen Steffen (Kabarett)
Klaus Hoffmann (Chanson)
Otto Grünmandl (Kleinkunst)
Mathias Richling (Förderpreis der Stadt Mainz)
1979 Siegfried Zimmerschied (Kabarett)
Wolf Biermann (Chanson)
Loriot – Vicco von Bülow (Kleinkunst)
Die Drei Tornados (Förderpreis der Stadt Mainz)
1980 Gerhard Polt (Kabarett)
Aernschd Born (Chanson)
Floh de Cologne (Kleinkunst)
Karl Napp's Chaos-Theater (Förderpreis der Stadt Mainz)
1981 Das Kom(m)ödchen (Kabarett-Ehrenpreis)
Walter Mossmann (Chanson)
Kaspar Fischer (Kleinkunst)
Biermös'l-Blos'n (Förderpreis der Stadt Mainz)
1982 Hanns Dieter Hüsch (Kabarett-Ehrenpreis)
Kristin Horn (Chanson)
Jörg Hube (Kabarett)
Der Wahre Anton (Förderpreis der Stadt Mainz)
1983 Wolfgang Neuss (Kabarett-Ehrenpreis)
Franz Josef Degenhardt (Chanson)
Die Schmetterlinge (Kleinkunst)
Claudia Schlenger & Hanns Meilhamer (Förderpreis der Stadt Mainz)
1984 Dietrich Kittner (Kabarett-Ehrenpreis)
Ulla Meinecke (Chanson)
Werner Schneyder (Kleinkunst)
Marianne Delgorge (Förderpreis der Stadt Mainz)
1985 Helen Vita (Kabarett-Ehrenpreis)
Lukas Resetarits (Kabarett)
Liederjan (Chanson/Lied)
Erwin Grosche (Förderpreis der Stadt Mainz)
1986 Jockel Tschiersch & Ottfried Fischer (Kabarett)
Dieter Süverkrüp (Chanson-Ehrenpreis)
Sibylle und Michael Birkenmeier (Kleinkunst)
Miki Malör (Förderpreis der Stadt Mainz)
1987 Mathias Richling (Kabarett)
Gisela May (Chanson-Ehrenpreis)
Clown Pello (Kleinkunst)
Richard Rogler (Förderpreis der Stadt Mainz)
1988 Hannelore Kaub (Kabarett-Ehrenpreis)
Georg Ringsgwandl (Lied/Chanson)
Ernst Jandl und das Vienna Art Orchestra (Kleinkunst)
Knobi-Bonbon-Kabarett (Förderpreis der Stadt Mainz)
1989 Martin Buchholz (Kabarett)
Linard Bardill (Lied/Chanson)
Theater Wilde Mischung (Kleinkunst)
Theater Cache-Cache (Förderpreis der Stadt Mainz)
1990 Achim Konejung & Horst Schroth (Kabarett)
Lisa Fitz (Lied/Chanson)
Josef Hader (Kleinkunst)
Hans-Eckardt Wenzel & Steffen Mensching (Förderpreis der Stadt Mainz)
1991 Georg Schramm (Kabarett)
Manfred Maurenbrecher & Richard Wester (Lied/Chanson)
Wolfgang Krause-Zwieback (Kleinkunst)
Herrchens Frauchen (Förderpreis der Stadt Mainz)
1992 Richard Rogler (Kabarett)
Mad Dodo (Lied/Chanson)
Otto Grünmandl (Kleinkunst-Ehrenpreis)

Sissi Perlinger (Förderpreis der Stadt Mainz)
1993 Matthias Beltz (Kabarett)
Georgette Dee & Terry Truck (Lied/Chanson)
Missfits (Kleinkunst)
Musikgruppe Broadlahn (Förderpreis der Stadt Mainz)
1994 Matthias Deutschmann (Kabarett)
Reinhard Mey (Lied/Chanson-Ehrenpreis)
Gruppo di Valtorta (Kleinkunst)
Rosa K. Wirtz (Förderpreis der Stadt Mainz)
1995 Volker Pispers (Kabarett)
Tim Fischer (Lied/Chanson)
Ars Vitalis (Kleinkunst)
Stiller Has (Förderpreis der Stadt Mainz)

Liste der Preisträger (alphabetisch)

Ars Vitalis (Kleinkunst), 1995

Bardill, Linard (Lied/Chanson), 1989
Bauer, Michael (Förderpreis der Stadt Mainz), 1977
Beginnen, Ortrud (Kleinkunst), 1976
Beltz, Matthias (Kabarett), 1993
Biermann, Wolf (Chanson), 1979
Birkenmeier, Sibylle und Michael (Kleinkunst), 1986
Bogner, Franz Josef (Kleinkunst), 1977
Born, Aernschd (Chanson), 1980
Broadlahn (Förderpreis der Stadt Mainz), 1993
Buchholz, Martin (Kabarett), 1989

Cache Cache, Theater (Förderpreis der Stadt Mainz), 1989

Dee, Georgette (Chanson), 1993
Degenhardt, Franz Josef (Chanson), 1983
Delgorge, Marianne (Förderpreis der Stadt Mainz), 1984
Deutschmann, Matthias (Kabarett), 1994
Dodo, Mad (Chanson), 1992
Drei Tornados, Die (Förderpreis der Stadt Mainz), 1979

Fischer, Kaspar (Kleinkunst), 1979
Fischer, Ottfried & Tschiersch, Jockel (Kabarett), 1986
Fischer, Tim (Chanson), 1995
Fitz, Lisa (Lied/Chanson), 1990
Floh de Cologne (Kleinkunst), 1980
Fröbe, Gert (Sonderpreis der Stadt Mainz), 1976

Grosche, Erwin (Förderpreis der Stadt Mainz), 1976
Grünmandl, Otto (Kleinkunst-Ehrenpreis), 1992
Gruppo di Valtorta (Kleinkunst), 1994

Hader, Josef (Kleinkunst), 1990
Herrchens Frauchen (Förderpreis der Stadt Mainz), 1991
Hildebrandt, Dieter (Kabarett), 1977
Hoffmann, Klaus (Chanson), 1978
Hohler, Franz (Kabarett), 1973
Horn, Kristin (Chanson), 1982
Hube, Jörg (Kabarett), 1982
Hüsch, Hanns Dieter (1. Preis), 1972 (Kabarett-Ehrenpreis), 1982

Jandl, Ernst (Kleinkunst), 1988

Karl Napp's Chaos-Theater (Förderpreis der Stadt Mainz), 1981
Kaub, Hannelore (Kabarett-Ehrenpreis), 1988
Kittner, Dietrich (Kabarett-Ehrenpreis), 1984
Knobi-Bonbon (Förderpreis der Stadt Mainz), 1988
Kom(m)ödchen, Das (Kabarett-Ehrenpreis), 1981
Konejung, Achim und Schroth, Horst (Kabarett), 1990
Krause-Zwieback, Wolfgang (Kleinkunst), 1991

Liederjan (Lied/Chanson), 1985
Loriot – Vicco von Bülow (Kleinkunst), 1979
Lüders, Günther (Kleinkunst), 1974

Machtwächter, Die (Kabarett), 1975
Malör, Miki (Förderpreis der Stadt Mainz), 1986
Maurenbrecher, Manfred (Lied/Chanson), 1991
May, Gisela (Chanson-Ehrenpreis), 1987
Meinecke, Ulla (Chanson), 1984
Mey, Reinhard (Lied/Chanson-Ehrenpreis), 1994

Missfits (Kleinkunst), 1993
Mossmann, Walter (Chanson), 1981

Neuss, Wolfgang (Kabarett-Ehrenpreis), 1983

Pello, Clown (Kleinkunst), 1987
Perlinger, Sissi (Förderpreis der Stadt Mainz), 1992
Pispers, Volker (Kabarett), 1995
Polt, Gerhard (Kabarett), 1980

Resetarits, Lukas (Kabarett), 1985
Richling, Mathias (Förderpreis der Stadt Mainz), 1978 (Kabarett) 1987
Ringsgwandl, Georg (Lied/Chanson), 1988
Rogler, Richard (Förderpreis), 1987 (Kabarett), 1992
Ruge, Helmut (Kabarett), 1974

Schlenger, Claudia & Meilhamer, Hanns (Förderpreis der Stadt Mainz), 1983
Schneyder, Werner (Kleinkunst), 1984
Schobert & Black (Chanson), 1975
Schramm, Georg (Kabarett), 1991
Schroth, Horst und Konejung, Achim (Kabarett), 1990

Stählin, Christof (Chanson), 1976
Stankovski, Ernst (Kleinkunst), 1975
Steffen, Jochen (Kabarett), 1978
Steinberger, Emil (Kabarett), 1976
Stiller Has (Förderpreis der Stadt Mainz), 1995
Süverkrüp, Dieter (Chanson-Ehrenpreis), 1986

Vita, Helen (Kabarett-Ehrenpreis), 1985

Wader, Hannes (Chanson), 1974
Wahre Anton, Der (Förderpreis der Stadt Mainz), 1983
Walter, Guy (Sonderpreis), 1973
Wecker, Konstantin (Chanson), 1977
Wenzel, Hans-Eckardt & Mensching, Steffen (Förderpreis der Stadt Mainz), 1990
Wilde Mischung (Förderpreis der Stadt Mainz), 1989
Wirtz, Rosa K. (Förderpreis der Stadt Mainz), 1994

Zimmerschied, Siegfried (Kabarett), 1979

Salzburger Stier

vergeben von der AUDS (Arbeitsgemeinschaft für Unterhaltung der deutschsprachigen Sender) seit 1982

Liste der Preisträger (chronologisch)

1982 Deutschland: Pate: Hanns Dieter Hüsch; Preisträger: Bernhard Lassahn
Österreich: Pate: Werner Schneyder & Dieter Hildebrandt; Preisträger: Gerald Fratt & Christian Schacherreiter
Schweiz: Pate: Franz Hohler; Preisträger: Joachim Rittmeyer

1983 Deutschland: Pate: Gerhard Polt; Preisträger: Claudia Schlenger & Hanns Meilhamer
Österreich: Pate: Gerhard Bronner; Preisträger: Erwin Steinhauer
Schweiz: Pate: Emil (Steinberger); Preisträger: Osy Zimmermann

1984 Deutschland: Pate: Hannelore Kaub & Das Bügelbrett; Preisträger: Vorläufiges Frankfurter Fronttheater
Österreich: Pate: Otto Grünmandl; Preisträger: Die Killertomaten
Schweiz: Pate: César Keiser & Margrit Läubli; Preisträger: Michael Birkenmeier

1985 Deutschland: Pate: Helmut Ruge & Dick Städtler; Preisträger: Jockel Tschiersch & Ottfried Fischer
Österreich: Pate: Lukas Resetarits; Preisträger: Josef Hader
Schweiz: Pate: Elsie Attenhofer; Preisträger: Mad Dodo

1986 Deutschland: Pate: Lore Lorentz; Preisträger: Harald Schmidt
Österreich: Pate: Erwin Steinhauer; Preisträger: Andreas Vitasek
Schweiz: Pate: Kaspar Fischer; Preisträger: sauce claire

1987 Deutschland: Pate: Jörg Hube; Preisträger: Georg Ringsgwandl
Österreich: Pate: Hans Peter Heinzl; Preisträger: Schlabarett
Schweiz: Pate: Helen Vita; Preisträger: Sabine Rasser

1988 Deutschland: Pate: Mathias Richling; Preisträger: Frieder Noegge
Österreich: Pate: Georg Kreisler; Preisträger: Leo Lukas
Schweiz: Pate: Osy Zimmermann; Preisträger: Kathrin Brenk
1989 Deutschland: Pate: Harald Schmidt; Preisträger: Werner Koczwara
Österreich: Pate: Josef Hader; Preisträger: Irene S.
Schweiz: Pate: Vreni Schmidlin; Preisträger: Lorenz Keiser
1990 Deutschland: Pate: Biermös'l-Blos'n; Preisträger: Georg Schramm
Österreich: Pate: Schlabarett; Preisträger: Menubeln
Schweiz: Pate: Michael und Sibylle Birkenmeier; Preisträger: Linard Bardill
1991 Deutschland: Pate: Hanns Dieter Hüsch; Preisträger: Michael Quast
Österreich: Pate: Otto Grünmandl; Preisträger: Thomas Maurer
Schweiz: Pate: Franz Hohler; Preisträger: Birgit Steinegger & Viktor Giacobbo
1992 Deutschland: Pate: Die Distel; Preisträger: Die Missfits
Österreich: Pate: Andreas Vitasek; Preisträger: Karl Ferdinand Kratzl
Schweiz: Pate: Joachim Rittmeyer; Preisträger: Götterspaß
1993 Deutschland: Pate: Matthias Beltz; Preisträger: Gruppo di Valtorta
Österreich: Pate: Cissy Kraner und Herbert Prikopa; Preisträger: I. Stangl
Schweiz: Pate: Linard Bardill; Preisträger: Geschwister Pfister
1994 Deutschland: Pate: Lisa Fitz; Preisträger: Rüdiger Hoffmann
Österreich: Pate: Gerhard Bronner; Preisträger: Dolores Schmidinger
Schweiz: Pate: Franz Hohler; Preisträger: Acapickels
1995 Deutschland: Pate: Bruno Jonas; Preisträger: Faltsch Wagoni
Österreich: Pate: Georg Kreisler; Preisträger: Afront Theater
Schweiz: Pate: Osy Zimmermann; Preisträger: Stiller Has
1996 Deutschland: Pate: Dieter Hildebrandt Preisträger: Holger Paetz
Österreich: Pate: Werner Schneyder Preisträger: Günther Paul
Schweiz: Pate: Sibylle und Michael Birkenmeier
Preisträger: Massimo Rocchi

Liste der Preisträger (alphabetisch)

Acapickels, 1994
Afront Theater, 1995

Bardill, Linard, 1990
Birkenmeier, Michael, 1984
Brenk, Kathrin, 1988

Faltsch, Wagoni, 1995
Fratt, Gerald & Christian Schacherreiter, 1982

Geschwister Pfister, 1993
Götterspaß, 1992
Gruppo di Valtorta, 1992

Hader, Josef, 1985
Hoffmann, Rüdiger, 1994

Irene S., 1989

Keiser, Lorenz, 1989
Killertomaten, Die, 1984
Koczwara, Werner, 1989
Kratzl, Karl Ferdinand, 1992

Lassahn, Bernhard, 1982
Lukas, Leo, 1988

Mad Dodo, 1985
Maurer, Thomas, 1991
Menubeln, 1990
Missfits, Die, 1992

Noegge, Frieder, 1988

Paetz, Holger, 1996
Paul, Günther, 1996

Quast, Michael, 1991

Rasser, Sabine, 1987
Ringsgwandl, Georg, 1987
Rittmeyer, Joachim, 1982
Rocchi, Massimo, 1996

sauce claire, 1986
Schlabarett, 1987
Schlenger, Claudia & Hanns Meilhamer, 1983
Schmidinger, Dolores, 1994

Schmidt, Harald, 1986
Schramm, Georg, 1990

Stangl, I., 1992
Steinegger, Birgit & Viktor Giacobbo, 1991
Steinhauer, Erwin, 1983
Stiller, Has, 1995

Tschiersch, Jockel & Ottfried Fischer, 1985

Vorläufiges Frankfurter Fronttheater, 1984
Vitasek, Andreas, 1986

Zimmermann, Osy, 1993

Gastspielstätten

Altbau Irsee
Kleinkunstbühne mit 120 Plätzen und mit Galerie in 87660 Irsee, Klosterring 9, seit 1.7. 1978 unter Leitung von Klaus Michelfelder. Zur Unterstützung existiert ein Förderverein, da bisher alle Zuschußanträge abgelehnt wurden. Veranstaltet werden Gastspiele aus den Bereichen Kabarett, Kleinkunst, Theater, Liedermacher, Klassik, Folklore, Blues, Jazz u.a., sowie Ausstellungen.

Alte Mälzerei
Kulturzentrum mit Gastspielbühne in 93053 Regensburg, Galgenbergstraße 20, in der Trägerschaft des »Kunst- und Kulturförderverein Alte Mälzerei e.V.« unter der künstlerischen Leitung von Alex Bolland. Veranstaltet werden Gastspiele aus den Bereichen Kabarett, Kleinkunst, Liedermacher, Folk, Blues, Jazz u.a. 1996 veranstaltete die »Alte Mälzerei« erstmalig ein Kleinkunstfestival, in dessen Rahmen ein Kabarett-Förderpreis (→ *Kabarett-Preise*) in Höhe von 2000 DM an eine Kabarett-Gruppe (mindestens drei Personen) verliehen wurde.

Alte Mühle
Kulturzentrum mit Gastspielbühne in 61118 Bad Vilbel, Lohstraße 13, seit 1991 unter Leitung von Klaus Rother (Programmgestaltung). Veranstaltet werden Gastspiele aus den Bereichen Kabarett, Kleinkunst, Freie Theatergruppen, Kindertheater, Varieté, Literatur, Klassik, Tanz, Jazz u.a., sowie Ausstellungen, Theaterworkshops und Burgfestspiele.

Atelier-Theater
Gastspielstätte in 50674 Köln, Roonstraße 78, seit 1980 unter Leitung von Mehmet Fistik. Veranstaltet werden Gastspiele aus den Bereichen Kabarett, Kleinkunst, Freie Theatergruppen, Pantomime, Folk, Rock u.a.

Bar jeder Vernunft
Gastspielstätte in 10719 Berlin, Schaperstraße 24, eröffnet mit Gastronomie in einem holländischen Spiegelzelt im Juni 1992 unter künstlerischer Leitung von Holger Klotzbach und Lutz Deisinger. Veranstaltet werden Gastspiele aus den Bereichen Kabarett, Kleinkunst, Chanson, Liedermacher, Music-Comedy, Klassik, Lesungen u.a. Eigenproduktionen: »Tabanac« (1993); »Im weißen Rößl« (1994, auch als Buch); »Ich Dich ewig«, Briefwechsel zwischen Adele Sandrock und Arthur Schnitzler (1995). Freitags und Samstags wird ein »Nachtsalon« veranstaltet.

Das Bierkabarett
Gastspielstätte in A 5162 Oberturm (Österreich), Seestraße 16, seit 1.3. 1992 unter Leitung von Raoul Grabner. Veranstaltet werden nur Gastspiele aus dem Bereich Kabarett. Der Name ist dem Untertitel des 1912 von Egon Dorn in Wien gegründeten → *Simplicissimus* (Simpl) entnommen. Raoul Grabners »Kabarettungsverein« bringt monatlich die Informationsbroschüre »Lachen im Keller« heraus.

Blaue Biwwel
Gastspielstätte mit 220 Plätzen in 56068 Koblenz, Entenpfuhl 9, unter der künstlerischen Leitung von Berti Hahn. Veranstaltet werden Gastspiele aus den Bereichen Kabarett, Kleinkunst, Chanson, Comedy, Varieté u.a.

Bühne im Hof
Gastspielstätte in A 3100 St. Pölten (Österreich), Linzer Straße 19, unter der künstlerischen Leitung von Mimi Wunderer. Veranstaltet werden Gastspiele aus den Bereichen Kabarett, Kleinkunst, Theater, Tanz, Pantomime, Comedy, Klassik, Jazz, Rock u.a.

BÜZ
Kulturzentrum und Gastspielstätte in 32425 Minden, Seidenbeutel 1, am Johanneskirchhof unter Leitung von Marianne Prodlo (Programmgestaltung). Veranstaltet werden Gastspiele aus den Bereichen Kabarett, Kleinkunst, Theater, Musik u.a. Im Oktober 1995 veranstaltete das BÜZ erstmals ein »Kabarett-Festival«.

Burgtheater
Kleinkunstbühne in 90403 Nürnberg, Füll 13, in der Trägerschaft des Vereins »Burgtheater e.V.« unter der künstlerischen Leitung von Rolf Gerber. Veranstaltet werden Gastspiele aus den Bereichen Kabarett, Kleinkunst, Chanson, Jazz, Blues, Puppen- und Figurentheater u.a. Seit 1991 wird hier einmal im Jahr der »Deutsche Kabarettpreis« (→ *Kabarett-Preise*) in Höhe von 6000 DM und ein Kabarett-Förderpreis in Höhe von 4000 DM vergeben, der von der Stadt Nürnberg gestiftet und vom »Burgtheater« verliehen wird.

Cabaret Queue
Gastspielstätte mit 120 Plätzen in 44263 Dortmund, Hermannstraße 74, seit 1995 unter Leitung von Georg Delfmann (Programmgestaltung) und Birgit Stade (Gastronomie). Veranstaltet werden Gastspiele aus den Bereichen Kabarett, Kleinkunst, Performance, Varieté, Jazz, Blues, Folk u.a., sowie seit 1994 einmal jährlich das »Dortmunder Dilettanten Festival«.

Café Hahn
Gastspielstätte mit 200 Plätzen in 56072 Koblenz-Gülz, Neustraße 15, unter der künstlerischen Leitung von Berti Hahn und unterstützt von einem »Förderverein Kultur im Café Hahn e.V.«. Veranstaltet werden Gastspiele aus den Bereichen Kabarett, Kleinkunst, Folk, Soul, Blues, Rock u.a.

Café Spielplatz
Kleinkunstbühne in 73525 Schwäbisch Gmünd, Münsterplatz 12. Veranstaltet werden vorwiegend Gastspiele aus den Bereichen: Kabarett, Kleinkunst, Chanson, Ballett, Comedy u.a.

Comedia Colonia
Gastspielstätte mit 300 Plätzen in 50676 Köln, Löwengasse 7–9, seit 1982 gegründet und geleitet von Klaus Schweizer und Hermann Jutkeit. Seit einigen Jahren wird das Theater von der Stadt Köln und vom Land Nordrhein-Westfalen finanziell unterstützt. Das Haus bietet theaterpädagogische und soziokulturelle Projekte für Kinder und Jugendliche sowie generationsübergreifende Workshops an. Das eigene Kinder- und Jugendtheater »Ömmes & Oimel« zeigt regelmäßig seine Programme im Haus, bevor es bundesweit auf Tournee geht. Veranstaltet werden Gastspiele aus den Bereichen Kabarett, Kleinkunst, Comedy, Musik u.a., sowie Ausstellungen.

Daschi
Kleinkunstbühne, Marstallstraße 12, 99084 Erfurt. Inhaber: Wolfgang Staub.

Dieselstrasse
Kultur- und Kommunikationszentrum mit Gastspielbühne in 73734 Esslingen (Pliensauvorstadt), Dieselstraße 26, in der Trägerschaft eines eingetragenen Vereins. Eröffnet in einem Haus in der Martinstraße 44, das am 12. 12. 1983 durch einen Brand vernichtet wurde, seitdem ab 7. 3. 1984 in der Dieselstraße. Veranstaltet werden Gastspiele aus den Bereichen Kabarett, Kleinkunst, Kindertheater, Jazz, Rock, Literatur u. a., sowie einmal im Jahr ein zweitägiges Open-Air-Festival auf der Esslinger Burg.

Erasmus
Kleinkunstbühne des Landesverbands Brandenburg des Humanistischen Verbands Deutschland (HVD), Kurfürstenstr. 14, 14473 Potsdam. Leitung: Gerhard Wruck.

Fabrik
Gastspielstätte in 22765 Hamburg, Barnerstraße 36, in einer stillgelegten Fabrik unter der künstlerischen Leitung von Horst Dietrich. Veranstaltet werden überwiegend Gastspiele aus dem musikalischen Bereich, daneben Kabarett, Kleinkunst und Comedy.

Fauteuil
Kellertheater in Basel, Spalenberg 12, gegründet 1957 von Roland Rasser, dem Sohn von → *Alfred Rasser* und damaligen Leiter des → *Gigampfi*; eröffnet am 27. 11. 1957 mit dem »Gigampfi«-Programm »Pscht-wytersage«. Hauptautoren: Bernhard Baumgartner, Walter Probst, Sabine Rasser, Hanspi Rittmann. Regie: Rolf Lansky. Komponist und Begleiter: Arth Paul.
Bis 1963 brachte das Théatre Fauteuil jährlich ein bis zwei »Gigampfi«-Programme. Seitdem dient es hauptsächlich als Podium für Kabarett- und Kleinkunst-Gastspiele mit eingeschobenen Eigenproduktionen wie dem Soloprogramm »Wisse Sie's Neyscht?« von *Alfred Rasser* (1958), der »Basler Revue« (1974/75), der »Fauteuil«-Operette »Offenbach am Spalebärg« (1976), der »Neuen Basler Revue« (1976/77), den Fasnachtsprogrammen »Fauteuil-Pfyfferli« (seit 1976), »Kai Zyt – Staizyt« (1982), »Dr Komet kunnt« (1983/84). Im *Théatre Fauteuil* haben seit 1964 (und seit 1971 in dem im ersten Stock untergebrachten kleineren »Tabourettli« sowie im reinen Gastspielhaus »Kaisersaal«) fast alle namhaften Kabarettgruppen und Kabarettsolisten aus vielen europäischen Ländern gastiert.

fools garden
Kleinkunstbühne, Lerchenstraße 113, 22767 Hamburg. Leitung: Hanne Mögler.

Frankfurter Hof
Gastspielstätte in 55116 Mainz, Augustinerstraße 55, seit 11. 3. 1991 in der Trägerschaft der Stadt Mainz, künstlerische Leitung: Ludwig Jamtzer. Veranstaltet werden Gastspiele aus den Bereichen Theater, Kabarett, Chanson, Comedy, Rock, Soul, Ethno, Literatur, Varieté u. a. sowie Filme und Ausstellungen.

Fresche Keller
Kleinkunstbühne in 63682 Ortenberg, Alte Markt Straße 38, seit April 1988 unter Leitung von Hans Schwab. Der Name Fresche Keller kommt von der Bäckersfamilie, die einst am Ort ansässig war. Veranstaltet werden Gastspiele aus den Bereichen Kabarett, Kleinkunst, Theater, Kinder- und Puppentheater, Comedy u.a., sowie eigene Theaterproduktionen, die Hans Schwab inszeniert.

Friedrichsbau
Varieté in 70175 Stuttgart, Friedrichstraße 24, seit 1994 unter der Leitung von Peter Schwenkow. Die Programme werden zum Teil vom → *Wintergarten*, Berlin, übernommen.

Futura
Kleinkunstbühne mit Galerie in 92670 Windischeschenbach, Hauptstraße 26, seit 1987 unter Leitung der »Gruppe Futura« '87 e.V.«. Geschäftsführer und künstlerischer Leiter ist Erwin Schlott. Die Gastspielstätte ist mit geringen Fördermitteln ausgestattet. Veranstaltet werden Gastspiele aus den Bereichen Kabarett, Kleinkunst, Comedy, experimentelles Theater, Musiktheater, Folk, Blues, Jazz, Liedermacher, Klassik und Ausstellungen, sowie die einzige Artothek (Verleih aktueller Kunst) Ostbayerns.

HAI
Gastspielstätte im Haidhauser Bürgersaal mit rund 220 Plätzen in 81667 München, Rosenheimer Straße 123. Veranstaltet werden Gastspiele aus den Bereichen Kabarett, Kleinkunst, Folk, Jazz, Literatur u.a.

halbNeun
Kleinkunstbühne mit Galerie in 64283 Darmstadt, Sandstraße 32, seit 1983. Gründer und Leiter sind die Brüder Heinrich und Jürgen Keller. Seit 1991 existiert ein »Förderverein für das halbNeun Theater e.V.«. Veranstaltet werden Gastspiele aus den Bereichen Kabarett, Kleinkunst, Comedy, Chanson, Folk, Liedermacher, Varieté u.a.

Hamburger Kammerspiele
Theater und Gastspielstätte mit 417 Plätzen und mit »Logensaal« (denkmalgeschützter, ehemaliger jüdischer Logensaal) mit 100 Plätzen in 20146 Hamburg, Hartungsstraße 9–11, seit 10.9. 1995 künstlerisch geleitet von Otto Sander und Ulrich Waller, Geschäftsführer ist Jürgen Hunke. Das 1903 gebaute Theater, daß am 10.12. 1945 unter Leitung von Ida Ehre eröffnet wurde, soll unter neuer Leitung (Ulrich Tukur) als Theaterbetrieb (mit eigenem Ensemble) und als Gastspielbühne betrieben werden mit Gastspielen aus den Bereichen Kabarett, Kleinkunst, Literatur, Comedy u.a.

Heppel & Ettlich
Kleinkunsttheater in 80801 München, Kaiserstraße 67, seit 1975, gegründet und geleitet von Wolfgang Ettlich, Henry Heppel und Lutz Neumann. Veranstaltet werden Gastspiele aus den Bereichen Kabarett, Kleinkunst, Comedy, Chanson, Liedermacher u.a., sowie jeden Montag ein »Fast-Food-Improvisationstheater «. Seit 1988 veranstalten sie jährlich ein »Münchner Kabarettfestival«.

Hinterhaus
Gastspielstätte mit Galerie in 65185 Wiesbaden, Karlstraße 15. 28. 3. 1978 entstanden aus dem Kabarett »Hinterhaus«, danach unter der Leitung der Gruppe Tripol e. V., Geschäftsführer: Klaus Siebolz. Veranstaltet werden Gastspiele aus den Bereichen Kabarett, Kleinkunst, Comedy, Chanson, Theater, Musik u. a.

Hinterhoftheater
Kleinkunstbühne, gegründet 1978 im Rückgebäude Gabelsbergerstraße 50, München, 1980 verlegt nach 80937 München, Sudetendeutsche Straße 40 in das »Wirtshaus am Hart« mit rund 130 Plätzen unter der künstlerischen Leitung von Günter Knoll. Veranstaltet werden überwiegend Kabarett- und Kleinkunst-Gastspiele sowie hauseigene Kabarett-Produktionen (z. B. →*Aschentonnenquartett* u. a.).

Hoftheater Scherzheim
Gastspielstätte in 77839 Lichtenau-Scherzheim, am 15. 5. 1982 eröffnet und geleitet von Rita und Elmar Bantz (Chefsprecher des SWF). Veranstaltet werden Gastspiele aus den Bereichen: Kabarett, Kleinkunst, Chanson, Pantomime, Liedermacher u. a., außerdem alljährlich Talkshow »Leute vom Bau«. Hier gastierte zum erstenmal das Kabarett »BaBaRuFus« (Baden-Badener Rundfunksprecher) mit Jochen Bartels, Christine Davis, Edmund Högemann, Klaus Langer, Walter Netzsch (†), Baldur Seifert, Ludwig Thiesen, Ute Verhoolen, Lilo Winter, Ellen Xenakis, Wolfgang Zinke und dem musikalischen Leiter Rolf Hans Müller (†) am Klavier.

Kammgarn
Kulturzentrum mit Gastspielstätte in 67603 Kaiserslautern, am 8. 5. 1988 gegründet und geleitet von Richard Müller. Veranstaltet werden Gastspiele aus den Bereichen Kabarett, Kleinkunst, Chanson, Liedermacher, Comedy, Folk, Jazz, Rhythm & Blues u. a.

Kampnagel
Gastspielstätte in 22303 Hamburg, Jarrestraße 20–24, vornehmlich für Gastspiele von Tanz- und Theatergruppen sowie für Co-Produktionen mit freien Hamburger Gruppen, daneben Eigenproduktionen im Bereich des Kinder- und Tanztheaters. Seit 1986 findet hier unter der künstlerischen Leitung von Ulrich Waller einmal im Jahr ein »Kabarett-Festival« statt.

Keller-Kunst-Keller
Kleinkunstkeller in 55218 Ingelheim, Grundstraße 102. Veranstaltet werden Gastspiele aus den Bereichen Kabarett, Kleinkunst, Folk, Jazz u. a.

KK (Kino und Kleinkunst)
Gastspielstätte in 65760 Eschborn, Jahnstraße 3, in der Trägerschaft des »Volksbildungswerkes Eschborn e. V.«. Neben dem Kino-Betrieb werden Gastspiele aus den Bereichen Kabarett, Kleinkunst, Comedy, Chanson, Musik, Theater u. a. veranstaltet.

Klappsmühl' am Rathaus
Kleinkunstbühne in 68159 Mannheim, D 6, 3 am Rathaus, seit 31. 12. 1982 unter Leitung von Klaus-Jürgen Hoffmann und Walter Schmitter, die hier die Uraufführungen der Programme ihres

Kabaretts → *Die Dusche* veranstalten, außerdem Gastspiele aus den Bereichen Kabarett, Kleinkunst und Chanson.

Kleines Theater
Gastspielstätte in A 5020 Salzburg, Hauptstraße 50, unter gleicher Adresse der »Urbankeller« und das »Schallmoos«. In allen Theaterräumen werden Gastspiele durchgeführt aus den Bereichen Kabarett, Kleinkunst, Comedy, Theater, Chanson, Liedermacher u.a., sowie Veranstaltungen einmal im Jahr zur Kabarett-Woche »Motz-Art-Festival«.

Kleines Theater Lÿz
Kleinkunstbühne in 57074 Siegen, St.-Johann-Straße 18. Veranstaltet werden Gastspiele aus den Bereichen Kabarett, Kleinkunst, Musik, Akrobatik, Zauberei u.a.

Kochsmühle
Gastspielstätte in 63785 Obernburg, Untere Wallstraße 8–10, unter der künstlerischen Leitung von → *Urban Priol.* Veranstaltet werden Gastspiele aus den Bereichen Kabarett, Kleinkunst, Chanson, Folk u.a.

Kresslermühle
Kultur- und Kommunikationszentrum mit Gastspielbühne in 86150 Augsburg, Barfüßerstraße 4, seit 1977 in der Trägerschaft der Stadt Augsburg. Veranstaltet werden Gastspiele aus den Bereichen Kabarett, Kleinkunst, Theater, Literatur, Jazz u.a., sowie alljährlich ein Theaterfestival und Deutschkurse für Ausländer.

Kulturfabrik Roth
Gastspielstätte in 91154 Roth, Stiebenstraße 7, seit Mai 1992 in der Trägerschaft der Stadt Roth, unter der künstlerischen Leitung von Ruth Kiefer. Veranstaltet werden Gastspiele aus den Bereichen Kabarett, Kleinkunst, Chanson, Comedy, Folk, Jazz, Blues, Tanz, Theater u.a.

Kulturladen KFZ
Soziokulturelles Zentrum mit Gastspielbühne in 36037 Marburg, Schulstraße 6, seit 1976 in der Trägerschaft des Vereins »Initiative Kommunikations- und Freizeit-Zentrum e.V.«. Veranstaltet werden Gastspiele aus den Bereichen Kabarett, Kleinkunst, Chanson, Theater, Folk, Jazz, Blues, Rock, Comedy, Literatur u.a., sowie Vorträge und Diskussionen.

Laboratorium
Gastspielstätte in 70180 Stuttgart, Wagenburgstr. 147, unter künstlerischer Leitung von Rolf Graser. Veranstaltet werden Gastspiele aus den Bereichen Kabarett, Kleinkunst, Liedermacher, Folk, Blues, Theater u.a.

Le Fou
Kleinkunstbühne in 44145 Dortmund, Nordmarkt, seit 3. 3. 1996. Veranstaltet werden Gastspiele aus den Bereichen Kabarett, Kleinkunst, Travestie, Chanson, Blues, Jazz, Varieté, Literatur und das

»Dortmunder Marionettentheater«. In den Kellerräumen befindet sich auch eine Cocktail- und Tanzbar.

Manufaktur
Gastspielstätte mit 250 Plätzen in 73614 Schorndorf, Hammerschlag 8, unter der künstlerischen Leitung von Andrea Kostka. Veranstaltet werden Gastspiele aus den Bereichen Kabarett, Kleinkunst, Liedermacher, Literatur, Tanz, Jazz, Blues, Rock u. a.

Mehringhof-Theater
Gastspielstätte in 10961 Berlin (Kreuzberg), Gneisenaustraße 2a, seit April 1985 unter Leitung von Christian Luschtinetz und Jörg Born (bis 1993). In dem 1979 von einer eigenen Grundstücksverwaltungs-GmbH gekauften Mehringhof gibt es ca. dreißig selbstverwaltete Projekte, Betriebe und Vereine. Der Kaufpreis für Grund und Gebäude wurde über Kredite finanziert, die über die Miete aller Projekte getilgt werden. Seit April 1985 war das neueröffnete Theater Spielstätte des »CaDeWe« (Cabaret des Westens) und wurde nach dessen Auflösung von dem Berliner Kabarett »Compagnia Mastodontica« übernommen. Daneben finden bis heute zahlreiche Gastspiele aus den Bereichen Kabarett und Kleinkunst statt.

Meidricher Kleinkunstbühne
Gastspielstätte in 47137 Duisburg, Werner-Wild-Straße 12, seit 1992 unter Leitung von Detlef Appenzeller (Geschäftsführer) in der Trägerschaft der Stadt Duisburg. Veranstaltet werden Gastspiele aus den Bereichen Kabarett, Kleinkunst, Comedy, Jazz, Blues u. a.

Mons Tabor e. V.
Kleinkunstbühne in 56412 Oberelbert, Im Winkel 2, unter Leitung von Uli Schmidt. Veranstaltet werden Gastspiele aus den Bereichen Kabarett, Kleinkunst, Liedermacher, Comedy, Folk u. a., sowie seit 1994 die »Westerwälder Kabarettnacht«.

Mousonturm
Künstlerhaus mit zwei Gastspielstätten in 60316 Frankfurt, Waldschmidtstraße 4, seit 1989 unter der künstlerischen Leitung von Dieter Buroch, in der Trägerschaft der »Kulturgesellschaft Frankfurt mbH«. Das Haus beherbergt Künstlerateliers, Ausstellungsbereiche und ein Café. Veranstaltet werden Gastspiele aus den Bereichen Tanztheater, Kabarett, Kleinkunst, Chanson, Liedermacher, Literatur u. a. Auf Initiative des Künstlerhauses Mousonturm wurde 1995 zum ersten Mal, zusammen mit elf Produzenten, der mit 270 000 DM dotierte »Deutsche Tanzpreis für Choreographie« vergeben.

Neue Welt
Gastspielstätte in 85049 Ingolstadt, Griesbadgasse 7, seit 3. 10. 1983 unter der Leitung von Walter Hader und Josef Janernig. Veranstaltet werden Gastspiele aus den Bereichen Kabarett, Kleinkunst, Comedy, Folk, Jazz u. a.

Neues Theater Höchst
Gastspielstätte mit 275 Plätzen in 65929 Frankfurt am Main, Emmerich-Josef-Straße 46a seit 21. 10. 1987 unter der künstlerischen Leitung von Dusan Ointner und Ralf Ebert (Kabarett,

Kleinkunst), Gerald Zier (Varieté), Bertold Dirnfellner (Literatur). Betreiber ist der »Bund für Volksbildung Frankfurt/Main e.V.«. Veranstaltet werden Gastspiele aus den Bereichen Kabarett, Kleinkunst, Varieté, Chanson, Musik, Literatur, Comedy u.a. sowie eigene »Varieté-am-Sonntag«-Produktionen.

Niedermair
Kleinkunstbühne mit Galerie in A 1080 Wien, Lenaugasse 1a, in der Trägerschaft des »Vereins zur Förderung der Kleinkunst« unter der Leitung von I. Stangl. Daneben Theaterverlag »Bunte Bühne« (Leitung: Barbara Klein). Veranstaltet werden Gastspiele aus den Bereichen Kabarett, Kleinkunst, Kindertheater, Chanson u.a., sowie eigene Theaterproduktionen.

Pantheon
Gastspielstätte mit Galerie, Café und Cocktail-Bar in 53113 Bonn (Bonn-Center), Bundeskanzlerplatz, seit 1989 unter der künstlerischen Leitung von Rita Bals, Richard Herten, → *Heinrich Pachl* und Rainer Pause. Veranstaltet werden Gastspiele aus den Bereichen Kabarett, Kleinkunst, Varieté, Folk, Jazz, Kino u.a. Seit 1989 veranstaltet hier der WDR-Hörfunk das »WDR-Kabarettfest«. 1995 wurde erstmals der → *Kabarett-Preis* »Prix-Pantheon« an den Sieger eines Kleinkunst- und Kabarett-Wettbewerbes vergeben, der jährlich stattfinden soll.

Patet e.V.
Verein »Kleinkunst im Odenwald«, 1. Vorsitzender: Dr. Lothar Mertens. Veranstaltungen in der Kellerbühne Michelstadt, Erbacher Straße 17, 64720 Michelstadt.

Pinguin
Kleinkunstbühne in 95326 Kulmbach, Röhrenplatz 1, seit 1985 unter der Leitung von Ulrich Wagner. Veranstaltet werden Gastspiele aus den Bereichen Kabarett, Kleinkunst, Jazz, Folk u.a.

Podium
Kleinkunstbühne mit Galerie in 87600 Kaufbeuren, Innere Buchleuthenstraße 28, seit 1982 zuerst in der Trägerschaft des »Arbeitskreises Kultur SPD«, seit Juni 1993 in der Trägerschaft des »Kulturvereins Podium Kaufbeuren e.V.«. Veranstaltet werden Gastspiele aus den Bereichen Kabarett, Kleinkunst, Chanson, Liedermacher, Theater, Folk, Jazz u.a., sowie Vorträge und Ausstellungen.

Posthofkeller
Kleinkunstbühne in 65795 Hattersheim, Saceller Straße 6, seit September 1984 in der Trägerschaft des »Kulturforums Hattersheim der Kleinkunst«. Veranstaltet werden Gastspiele aus den Bereichen Kabarett, Kleinkunst, Liedermacher, Comedy, Jazz u.a. Seit 1993 wird alle zwei Jahre ein »Kabarett-Festival« veranstaltet.

Puls
Kleinkunstbühne in 85356 Freising, zuerst von 1987 bis Frühjahr 1996 in der Kölbestraße 2, seit Herbst 1996 im »Lindenkeller«, in der Trägerschaft des Kulturamts der Stadt Freising. Die künstlerische Leitung haben Hartmut Fischer (Kabarett) und Fritz Andersen (Musik). Veranstaltet werden Gastspiele in den Bereichen Kabarett, Kleinkunst, Pantomime, Folk, Liedermacher u.a.

Pumpe Die
Gastspielstätte in 24103 Kiel, Haßstraße 22, seit 1979 in der Trägerschaft des Vereins »Die Pumpe e. V.«, Programmgestaltung: Beate Jänicke. Veranstaltet werden Gastspiele aus den Bereichen Kabarett, Kleinkunst, Folk, Rock u. a.

Pumpwerk
Kultur- und Kommunikationszentrum mit Gastspielbühne in 26382 Wilhelmshaven, An der Deichbrücke, in der Trägerschaft der Stadt als »Freizeit in Wilhelmshaven GmbH«. Geschäftsführer: Helmut Bär. Veranstaltet werden Gastspiele aus den Bereichen Kabarett, Kleinkunst, Chanson, Liedermacher, Comedy, Musical, Kindertheater, Folk, Heavy Metal, Rock, Varieté u. a., sowie seit 1991 einmal im Jahr ein »Internationales Festival der Kleinkunst«. Seit 1986 wird hier einmal jährlich durch eine Jury der »Kleinkunstpreis der Stadt Wilhelmshaven«, dotiert mit 5000 DM, (→ *Kabarett-Preise*) als »Knurrhahn« vergeben.

Profil
Kleinkunstbühne in 86825 Bad Wörishofen, Eichwaldsstraße 18, seit 1983 im Gasthof »Goldenes Rössle« in der Trägerschaft des »Kleinkunstvereins Profil«, Vorsitzender Stefan Ibel, Programmgestaltung Jutta Quilitsch. Veranstaltet werden Gastspiele aus den Bereichen Kabarett, Kleinkunst, Comedy, Theater, Jazz, Lesungen u. a., sowie eigene Theaterproduktionen.

Radieschen
Kleinkunstbühne in 10179 Berlin, Am Köllnischen Park 6–7, seit 1990 unter der Leitung von Gerd Hoffmann und Matthias Kihr. Während Hoffmann und Kihr mit ihren selbstgeschriebenen Duo-Programmen (z. B. 1995 »Schwarz-Rot-Geld«, 1996 »Porentief deutsch« u. a.) auf Gastspielreisen unterwegs sind, finden auf ihrer Kleinkunstbühne Gastspiele anderer Solisten und Kabarettgruppen statt.

Satirikon
Gastspielstätte in 45131 Essen, Giradetstraße 2–38 (Giradet-Haus), in der Trägerschaft des Vereins »Theater im Giradet-Haus e. V.« unter Leitung von Andreas Kunze und Reiner Oldach. Veranstaltet werden Gastspiele aus den Bereichen Kabarett, Kleinkunst, Chanson, Liedermacher, Pantomime, Theater, Folk, Rock, Kindertheater u. a., sowie Schauspielkurse.

Scala
Gastspielstätte mit 510 Plätzen in 71638 Ludwigsburg, Stuttgarter Straße 2, unter der künstlerischen Leitung von Meinrad Huber. Veranstaltet werden Gastspiele aus den Bereichen Kabarett, Kleinkunst, Liedermacher, Folk, Blues, Jazz, Theater, Comedy u. a., sowie Filmvorführungen.

Scharfrichterhaus → *im Hauptteil des Lexikons*

Scheinbar
Varieté und Gastspielstätte mit ca. 60 Plätzen in 10829 Berlin, Monumentenstraße 9, seit Januar 1986 unter der künstlerischen Leitung von Stefan Linne. Veranstaltet werden Gastspiele aus den Bereichen Kabarett, Kleinkunst, Chanson, Comedy, Musik, Varieté, Musik u. a.

Schlachthof
Gastspielstätte im »Wirtshaus im Schlachthof« mit ca. 370 Plätzen in 80337 München, Zenettistraße 9. Das Wirtshaus wurde 1876–1878 erbaut und 1993–1994 originalgetreu renoviert. Die künstlerische Leitung der Gastspielbühne hat Günter Knoll. Veranstaltet werden Gastspiele aus den Bereichen Kabarett, Kleinkunst, Chanson, Liedermacher, Folk, Jazz, Soul u. a.

Schmidt
Gastspielstätte mit 250 Plätzen in 20359 Hamburg, Spielbudenplatz 24, seit 8. 8. 1988. Gegründet von Corny Littmann und Ernie Reinhardt und gemeinsam betrieben mit Mario Rispo und Sturl Salomon. Veranstaltet werden Gastspiele aus den Bereichen Kabarett, Kleinkunst, Chanson, Travestie, Comedy, Musiktheater, Varieté u.a., daneben Eigenproduktionen z.B. »Blaue Jungs« (1988); »Edith Piaf: Ich bereue nichts – Revue meines Lebens« (1994); »Le Cirque« von Jacques Offenbach (1995) u.a. Am 1. 9. 1991 eröffnete Corny Littmann das größere Gastspielhaus → *Schmidts Tivoli* in Hamburg.

Schmidts Tivoli
Gastspielstätte mit ca. 600 Plätzen in 20359 Hamburg, Spielbudenplatz 27–28, seit 1. 9. 1991. Gründer und Leiter Corny Littmann, Geschäftsführer Johannes Wienand und Norbert Aust. Veranstaltet werden Gastspiele aus den Bereichen Kabarett, Kleinkunst, Chanson, Liedermacher, Comedy, Musiktheater, Varieté u.a., sowie Eigenproduktionen, z.B. »Marlene Jaschke ist Carmen« (1991); »Beiß mich« (1992); »Cabaret« (1993); »Ladybos« (1994); »Fifty-Fifty« (1994); »Im weißen Rössl« (1995). Die in den dritten Programmen gesendete »Schmidts-Mitternachtsshow«, die zuerst 1990 aus der Gastspielstätte → *Schmidt* und dann aus Schmidts Tivoli übertragen wurde, machte das hauseigene Team mit Corny Littmann, Marlene Jaschke und Ernie Reinhardt populär. Am 7. 6. 1992 sendete der WDR II die »Schmidts-Mitternachtsshow« in verstümmelter Form, weil Moderator Littmann ein AIDS-Präventions-T-Shirt trug. Im Frühjahr 1993 sendete der BR III die Show nicht, da die Sendung in einer Sauna aufgenommen wurde.

Spessartgrotte
Kleinkunstbühne in 97737 Gemünden-Langenprozeiten, Mainuferstraße 4, seit 1986 unter Leitung von Helga Hartmann. Veranstaltet werden Gastspiele aus den Bereichen Kabarett, Kleinkunst, Chanson, Liedermacher, Folk, Jazz, Rhythm & Blues, Rock u.a., sowie Theater-Eigenproduktionen.

Die Spindel
Kleinkunstbühne in 41061 Mönchengladbach, Abteistraße 11 (Haus Erholung), unter Leitung von T. Binici. Freunde der Spindel gründeten am 6. Juli 1985 den Freundeskreis »Die Spindel« e.V. Veranstaltet werden Gastspiele aus den Bereichen Kabarett, Kleinkunst, Chanson, Kindertheater u.a.

TAK (Theater am Küchengarten)
Gastspielstätte in 30449 Hannover, Stephaniesstraße 29; 1987 gegründet und dann geleitet von → *Dietrich* und Christel *Kittner* als Nachfolge-Spielstätte des »Theater an der Bult« (tab) in Hannover. Diente ursprünglich als Bühne für die Kittner-Programme, daneben fanden Gastspiele statt. Seit 1993 als Theater GmbH von Horst Jantzen als geschäftsführendem Direktor als reines Gastspielhaus für Kabarett, Kleinkunst, Chanson, Liedermacher u.a. geleitet.

Der Teufelhof
Kleinkunstbühne mit Gastronomie, Galerie und einem 50-Plätze-Theater mit flexibler Einrichtung sowie einem 100 Plätze Theater für Gastspiele in CH 4051 Basel, Leonhardsgraben 47 unter der Leitung von Dominique Thommay-Kreschaurek. Veranstaltet werden Gastspiele aus den Bereichen Kabarett, Kleinkunst, Chanson, Liedermacher, Literatur, Folk, Jazz, Comedy u.a. Dreimonatlich erscheint die Teufelhof-Information »Das Blatt«.

Theatercafé
Gastspielstätte mit 99 Plätzen in 79098 Freiburg, Bertoldstraße 46, als Bestandteil der Städtischen Bühnen in der Trägerschaft der Stadt Freiburg. Künstlerischer Leiter: Wolfgang Schröder. Veranstaltet werden Gastspiele aus den Bereichen Kabarett, Kleinkunst, Chanson, Entertainment, Literatur u.a.

Theater 50
Gastspielstätte in 01067 Dresden, Maternisstraße 17, unter der künstlerischen Leitung von → *Olaf Böhme*, der hier seine eigenen Kabarett-Programme herausbringt und Kabarett-Gastspiele hereinnimmt.

Theaterhaus
Seit 29.3. 1985 Gastspielstätte mit zwei Hallen in einem alten Fabrikareal (erbaut 1932) in 70327 Stuttgart, Ulmer Straße 241. Gründer und Leiter: Werner Schretzmeier. Veranstaltet werden Gastspiele aus den Bereichen Kabarett, Kleinkunst, Comedy, Jazz, Literatur u.a., sowie Jugend- und Tanztheater, daneben zahlreiche Theatereigenproduktionen. 1995 wurden »Festwochen des deutschen Humors« durchgeführt.

Theater im Fraunhofer
Gastspielstätte mit Wirtshaus in 80469 München, Fraunhoferstraße 9, seit 1975 unter der Leitung von Josef Bachmaier. Veranstaltet werden Gastspiele aus den Bereichen Kabarett, Kleinkunst, Chanson, Folk u.a., sowie ein Werkstattkino.

Theater links der Isar
Theater und Gastspielstätte mit 100 Plätzen in 80469 München, Auenstraße 19. Veranstaltet werden Gastspiele aus den Bereichen Kabarett, Kleinkunst, Liedermacher, Jazz, Blues u.a., sowie eigene Theaterproduktionen.

Tigerpalast
Varieté-Theater mit 170 Plätzen (Restaurant und Bar) in 60313 Frankfurt, Heiligenkreuzgasse 16–20, seit Oktober 1988 unter der Direktion von Johnny Klinke und der künstlerischen Leitung von Margarete Dillinger. Für die Varieté-Revuen werden internationale Artisten verpflichtet und singende Kleinkünstler (Maria Happel, Georgette Dee, Alix Dudel u.a.), Chansonniers (Max Raabe u.a.) und Kabarettisten (→ *Matthias Beltz*, → *Achim Konejung*, → *Heinrich Pachl*, → *Horst Schroth* u.a.).

TIK (Theater im Keller)
Seit 31.1. 1988 Gastspielstätte im »Hochheimer Hof« in 65239 Hochheim am Main, Mainzer Straße 22/28. Gründerin und Leiterin: Angelika Kohl. Veranstaltet werden Gastspiele aus den Bereichen Kabarett, Kleinkunst, Chanson, Liedermacher, Jazz, Gospel, Lesungen u.a.

Tufa (Tuchfabrik Trier)
Gastspielstätte in 54290 Trier, Wechselstraße 4–6, in der Trägerschaft des Vereins »Tuchfabrik Trier e.V.«, Geschäftsführer: Roman Schleimer. Veranstaltet werden Gastspiele aus den Bereichen Kabarett, Kleinkunst, Theater, Literatur, Varieté, Chanson, Folk, Jazz, Rock, Kindertheater u.a., sowie Ausstellungen und ein umfassendes Kursprogramm.

UFA-Fabrik
Internationales Kultur-Centrum mit Gastspielstätte in 12103 Berlin, Viktoriastraße 10–13, seit 1979 unter Leitung von Sigrid Niemer und Juppy Becker. Veranstaltet werden Gastspiele aus den Bereichen Kabarett, Kleinkunst, Chanson, Musik, Varieté u.a. Im Oktober 1995 veranstaltete die UFA-Fabrik das Festival und Symposion »Witz & Donna« (Frauen-Komik-Kabarett).

unterhaus → *im Hauptteil des Lexikons*

Unterton (Jörg Maurers Unterton)
Seit 1.1. 1994 Gastspielstätte mit 98 Plätzen in 80799 München, Kurfürstenstraße 8. Gründer und Leiter: Jörg Maurer. Veranstaltet werden Gastspiele aus den Bereichen Kabarett, Kleinkunst, Comedy, Chanson, Liedermacher, Jazz u.a., sowie zahlreiche Theatereigenproduktionen.

Vorstadt-Varieté
Gastspielstätte in »Stiegl's Braugewölbe«, A 5020 Salzburg, Bräuhausstraße 9. Veranstaltet werden Gastspiele aus den Bereichen Kabarett, Kleinkunst, Comedy, Theater, Chanson, Liedermacher u.a., sowie einmal im Jahr die Kabarett-Woche »Motz-Art-Festival«.

Wintergarten
Varieté in 10785 Berlin, Potsdamer Straße 96, seit 25.9. 1992 unter der Direktion von Peter Schwenkow und der künstlerischen Leitung von André Heller und Bernhard Paul, geführt als »Theater Betriebs GmbH«. Für die einzelnen Programme werden internationale Artisten und Chansonniers verpflichtet (z.B. Max Raabe, Robert Kreis), sowie Künstler aus den Bereichen Comedy, Varieté, Zirkus u.a.

Zeche Carl
Soziokulturelles Zentrum mit Gastspielbühne in 45326 Essen, Wilhelm-Nieswandt-Allee 100, seit 1983 in der denkmalgeschützten Schachtanlage mit ihrem markanten Malakowturm, in der Trägerschaft des Vereins »Initiative Zentrum Zeche Carl e.V.« unter der künstlerischen Leitung von Bärbel König-Bargel (Kabarett, Theater). Veranstaltet werden Gastspiele aus den Bereichen Kabarett, Kleinkunst, Liedermacher, Theater, Folk, Jazz, Rock, Blues, Pop, Diskussionen u.a., daneben Kurse, Workshops und Kinderateliers.

470 **Zehntscheuer**
Kleinkunstbühne in 88212 Ravensburg, Grüner-Turm-Straße 30, in der Trägerschaft des Vereins »Förderkreis Zehntscheuer e.V.« in Verbindung mit dem Kultur- und Verkehrsamt der Stadt. Künstlerische Leitung: Wolfgang Engelsberger. Veranstaltet werden Gastspiele aus den Bereichen Kabarett, Kleinkunst, Chanson, Pantomime, Flamenco, Folk, Jazz, Blues u.a.

Kabarett-Agenturen

Beckermanagement
Klaus Becker
Bahnstraße 15
64624 Oldenburg
Tel. 06251/2332; Fax 06251/69139

Extra's Kultur Spectrum
Edith Börner
Essenerstraße 20
44139 Dortmund
Tel. 0231/100030; Fax
0231/100130

Marion Germer & Sol de Sully
Blutenburgstraße 45
80636 München
Tel. 089/1297286; Fax
089/1237110

Keil-Mahler Veranstaltungen
Claudia Keil-Mahler
Fundstraße 19
30161 Hannover
Tel. 0511/315489; Fax 0511/332326

Kessler Künstlermanagement GmbH
Rheinstraße 48
55116 Mainz
Tel. 06131/229300; Fax
06131/238245

Kontor für Kunst und Kultur
Egbert Silkenbeumer, Susanne Becker
Gabelsbergerstraße 11
50674 Köln
Tel. 0221/442120; Fax
0221/418575

Kontrapunkt Köln
Regina Kahle, Margret Gehlen
Annastraße 45
50678 Köln
Tel. 0221/3100405/6; Fax
0221/3100407

Kulturbureau Freiburg
Klaus Meier
Scheffelstraße 42
79102 Freiburg
Tel. 0761/709867

Kultur Kontakt
Verena Burr
Bubsheimer Straße 10
78598 Königsheim
Tel. 07429/3679; Fax 07429/3670

Lachmesse e.V.
Arnulf Eichhorn
Denkmalsblick 13
04277 Leipzig
Tel. 0341/8780570; Fax
0341/8780570

Netzwerk: Frau und Kabarett
Rosa K. Wirtz
An der Eiche 1
50678 Köln
Tel. 0221/328090; Fax
0221/328090

Null Problemo
Jörg Schmidt
Haus der Sense
55590 Sein-Bockenheim
Tel. 06703/9311-0; Fax
06703/9311-93

Rampensau
Susanne Stallmann, Gerhard Winterle
Tauroggener Straße 39
10589 Berlin
Tel. 030/2614893; Fax
030/3449626

Barbara Quiehl-Masmeier
Suarezstraße 62
14057 Berlin
Tel./Fax: 030/3240430

Rosa Tränert Promotion
Verbindungsstraße 42
40723 Hilden
Tel. 02103/22570; Fax 02103/22584

Theatertransfer
Michael Hilleckenbach
Volksgartenstraße 20
50677 Köln
Tel. 0221/312088; Fax 0221/328097

Scala
Robert Weißenberger
Parkstraße 2
60322 Frankfurt
Tel. 069/550887; Fax 069/595094

Urs Art
Urs Wiegering
Schlüterstraße 77a
20146 Hamburg
Tel. 040/452477; Fax 040/452488

Namenregister

Bildquellen

Budzinski, Klaus 32 (Foto: Raimund Kutter), 56, 118, 138, 182, 223, 256, 266, 269, 279, 282 (Foto: Heinz Köster), 311, 329, 330, 331, 332, 342, 347, 348, 357, 359, 369, 376, 413, 423, 431 (Foto: Sabine Toepfer)
Forster, Renate von 21
Frauendorf, Uwe 2
Gruchot, Peter 77
Hennch, Klaus 151
Nölke, Uwe 124
Pispers, Volker 303
Stiftung Deutsches Kabarettarchiv 8, 14, 15 (Foto lks.: Willi Saeger), 17, 23, 26, 28, 29, 38, 39, 44, 48 (Foto: Frank Roland-Beeneken), 50, 53, 55, 71, 74 (Foto: Willi Saeger), 85, 91, 92, 99, 100 (Foto: Marina Schinz), 104 (Foto: Wilfried Kaute), 111, 115, 125, 126 (Foto: Bernd Weisbrod), 127, 128, 131 (Foto: Lukas Beck), 139, 140, 141, 143, 146 (Foto: Felicitas Timpe), 147, 153 (Foto: Felicitas Timpe), 155 (Foto: Oda Sternberg), 157 (Foto: Klaus Hennch), 158, 160, 162, 181, 188, 191, 195, 196 (Foto: Bernd Weisbrod), 201, 204, 215, 217, 230, 231 (Foto: Eberhard Aug), 233, 236, 241, 245, 249, 259, 275, 277, 284, 290, 300, 307, 316, 319 (Foto: Isser), 323 (Foto: Harry Croner), 329, 333 (Foto: Bernd Weisbrod), 336 (Foto: Eusebius Wirdeier), 340, 345, 346, 362, 387, 401, 408, 417, 419, 420, 428, 434 (Foto: Melanie Grande), 437, 439, 446
Süddeutscher Verlag, Bilderdienst 206
Ullstein Bilderdienst 43

VERLAG J. B. METZLER

Gisold Lammel
Deutsche Karikaturen
Vom Mittelalter bis heute
1995. VI, 329 Seiten, 350 s/w-Abb.,
16 Seiten Farbtafeln, gebunden
ISBN 3-476-01311-1

Gisold Lammel zeichnet die seit langem fehlende Geschichte der Karikatur in Deutschland nach, kenntnisreich und kompetent. Von den Sticheleien der Kupfer- und Stahlstecher des Mittelalters über die spitzen Federn und Bleistifte des 19ten Jahrhunderts, bis hin zum giftigen Filz- und Tuschestrich heute.
Eine Auswahl von über 360 der aus Wort- und Bildwitz bestehenden Abbildungen, teilweise in Farbe, sind dem Werk beigegeben, um stilbildende und aktuelle Bezüge herzustellen.

»Die einzelnen Kapitel dieses Buchs fügen sich mit ihren historischen Darstellungen und den leserfreundlich erläuterten Abbildungen zu einer kompletten Geschichte deutscher Politik und Kultur im Spiegel der Karikatur zusammen.« *Westdeutscher Rundfunk*

VERLAG J. B. METZLER

Klaus Petersen
Zensur in der Weimarer Republik
1995. VI, 346 Seiten, gebunden
ISBN 3-476-01293-X

Mit diesem Buch liegt zum ersten Mal eine umfassende Darstellung über die kontinuierliche Behinderung, Unterdrückung und Verfolgung öffentlicher Äußerungen der Jahre 1918 bis 1933 vor. Klaus Petersen legt seiner Arbeit einen historischen Zensurbegriff zugrunde, der sich die jüngsten juristischen und soziologischen Analyseansätze zunutze macht. Die Repressivmaßnahmen in den einzelnen Medien – Plakate und Flugblätter, die Presse, Literatur und Kunst, Theater und Kabarett, Kino und Radio – werden auf dem Hintergrund ihrer ökonomischen, sozialen, verwaltungsrechtlichen und politischen Voraussetzungen sorgfältig untersucht. Der Autor liefert mit dieser Untersuchung nicht nur die Darstellung und Analyse der Zensur, sondern auch einen Beitrag zur Mentalitätsgeschichte jener Epoche.

»Das Ergebnis von Petersens vierjähriger Recherche in deutschen Archiven ist die wichtigste Neuerscheinung zur Kultur- und Mentalitätsgeschichte der Weimarer Republik. Seine Arbeit wird zum Standardwerk avancieren.« *Der Tagesspiegel*

J.B. METZLER VERLAG

Geschichte des deutschen Films
Herausgegeben von Wolfgang Jacobsen, Anton Kaes, Hans Helmut Prinzler, in Zusammenarbeit mit der Stiftung Deutsche Kinemathek, Berlin
1993. 596 Seiten, 300 s/w-Abb., gebunden
ISBN 3-476-00883-5

Einhundert Jahre deutscher Film: Die Geschichte der bewegten Bilder, ihrer Regisseure und Schauspieler; reichhaltig illustriert, mit einer umfangreichen Chronik zum Nachschlagen.

»Die Haupttugenden dieser ›Geschichte des deutschen Films‹: Die Vielfalt der Informations- und Argumentationsebenen, gewährleistet durch eine kluge Gliederung und durch die Vielzahl sachkundiger Autorinnen und Autoren. Die Klarheit und Übersichtlichkeit, zu der eine gut lesbare Sprache ebenso beiträgt wie die sorgfältige Zusammenstellung von Texten und Bildern, darüber hinaus ein Randspalten-Glossarium mit kommentierenden Zitaten von Produzenten und Kritikern ... Die Aktualität des Buches.« *Deutschlandfunk*